WEGE DURCH DIE GESCHICHTE

Grundkurs Geschichte 13

Gymnasium Bayern

Herausgegeben von Rudolf Berg

Erarbeitet von
Rudolf Berg, Dr. Waltraud Müller-Ruch
und Hermann Ruch

Cornelsen

A Der Zweite Weltkrieg
von Rudolf Berg M.A., München

B Nachkriegsdeutschland 1945–1955
von Rudolf Berg M.A., München

C Deutschland 1950–1990
von Rudolf Berg M.A., München

D Europäische Einigung und neuere weltpolitische Konstellationen
von Dr. Waltraud Müller-Ruch, Hermann Ruch und Rudolf Berg M.A., München

Verlagsredaktion: Dr. Wolfgang Jäger
Technische Umsetzung: Jutta Debo

Umschlagbild: Haushaltsdebatte im Deutschen Bundestag zu Bonn im Januar 1979

1. Auflage Druck 5 4 3 2 Jahr 99 98 97 96
Alle Drucke dieser Auflage können im Unterricht nebeneinander verwendet werden.

Druck: Cornelsen Druck, Berlin
ISBN 3-464-64373-5
Bestellnummer 643735

gedruckt auf säurefreiem Papier, umweltschonend hergestellt aus chlorfrei gebleichten Faserstoffen

Liebe Kollegiatinnen und Kollegiaten,

der „Grundkurs Geschichte 13" reicht vom Anfang der 30er bis zum Beginn der 90er Jahre des 20. Jahrhunderts. Für die deutsche und die nordatlantische Geschichte bedeutet das, daß fünf Nachkriegsjahrzehnte im Zusammenhang mit der nationalsozialistischen Außenpolitik sowie mit dem Verlauf und den Ergebnissen des Zweiten Weltkrieges betrachtet werden. Einige ihrer Entwicklungen fanden in diesem Zeitraum ihren Abschluß: Deutsche Frage, Kalter Krieg und Staatssozialismus in Mitteleuropa waren Folgen jener Nachkriegsgeschichte, welche von der Sowjetunion maßgeblich mitgeprägt wurde, und verschwanden auch mit deren Selbstauflösung Ende 1991. Andere in der Nachkriegszeit entstandene Entwicklungen prägen weiterhin unsere Gegenwart und Zukunft, so die zivile und militärische Nutzung der Kernenergie, der Nord-Süd-Konflikt oder der europäische Einigungsprozeß. Daher führt das vorliegende Buch an wesentliche Brennpunkte der Zeitgeschichte im engeren und weiteren Sinn heran.

Der Aufbau des Buches folgt einem festen Schema:
Jeder der vier Teile beginnt mit einer **Auftakt-Doppelseite.** Diese führt mit Bild und Text in die Epoche ein, ohne eigentlich einen Lerntext zu bieten. Sie will eher zum Gespräch und Nachdenken anregen.
Die **Stundenkapitel** innerhalb der vier Teile bestehen aus einem Darstellungs- und einem Quellenteil. Der **Darstellungsteil** ist zum Studieren und Lernen gedacht; deshalb sind hier die Hauptgesichtspunkte in Kästchen am Beginn eines Abschnittes hervorgehoben und neue Begriffe nicht nur definiert, sondern auch fett gedruckt. Fremde Ausdrücke, die im Text nicht näher behandelt werden, sind mit einem Sternchen versehen und im **Lexikon** am Buchende erläutert.
Die **Bild- und Textquellen** erschließen und vertiefen einzelne Aspekte des Kapitels. Die meisten Abbildungen (B) sind also in der Absicht ausgewählt, wie Textquellen auch studiert und analysiert zu werden. Deshalb sind sie in der Regel mit Arbeitsaufträgen versehen wie alle Arbeitsmaterialien (M). Da die Quellenanalyse Teil der Abiturprüfung in Geschichte ist, werden Einführungen in die Arbeit mit unterschiedlichen Quellengattungen geboten **(Methodenseiten).**
Jeder Epochenteil endet mit weiterführenden Aufgaben **(Zusammenhänge und Perspektiven),** einer **Wiederholungsseite**, auf der eine **Zeittafel** mit den Definitionen von Zentralbegriffen zu finden ist, und einem **Essay**, der in Form einer zeitgenössischen Quelle einen wichtigen Aspekt der behandelten Epoche vertieft. Das **Literaturverzeichnis** weist auf einige Standardtitel der Geschichtswissenschaft zu den einzelnen Teilen des Buches hin. Das Buch schließt mit einem umfangreichen **Register**, das die Namen, Orte und historischen Fachbegriffe aller Kapitel erschließt.

Wir hoffen, daß Ihnen dieses Buch den Abiturerfolg erleichtert.

Der Herausgeber

Inhaltsverzeichnis

A Der Zweite Weltkrieg

Soldat der Roten Armee hißt die sowjetische Flagge auf dem Deutschen Reichstag.

Der Erste Weltkrieg hatte das Ende der alten monarchischen Welt, den Eintritt der USA in die Weltpolitik und für Europa eine dreißigjährige Krise in Politik, Wirtschaft und Gesellschaft bewirkt. Der Zweite Weltkrieg leitete dann das Ende der europäischen Großmächte, den Aufstieg der Sowjetunion als zweiter Supermacht neben den USA und mit dem Sieg der Alliierten über Japan die Wende im pazifischen Raum ein.
Neben den weltpolitischen Veränderungen bedeutete der Zweite Weltkrieg mit über 60 Mio. Toten ein Ende des Fortschrittsoptimismus des 18. und 19. Jahrhunderts, welcher die Menschheitsgeschichte als eine stetige Höherentwicklung der Humanität und des Vernunftprinzips verstanden hatte.
Dabei konnte die Entwicklung der Atombombe während des Krieges in den USA noch als technischer Fortschritt gegen die finsteren Mächte des NS-Imperialismus gefeiert werden. Die Atompilze über Hiroshima und Nagasaki Anfang August 1945 bewirkten allerdings nicht nur den japanischen Waffenstillstand. Die Hunderttausende der Atombombenopfer bezeichneten auch den Beginn einer neuen Dimension menschlicher Zerstörungsmöglichkeiten und den Eintritt in die Epoche der Politik im Schatten der Bombe und des Overkills.
Mit dem Holocaust, der physischen Vernichtung von 6 Mio. europäischer Juden durch den NS-Staat, erreichten die Verbrechen gegen die Menschlichkeit im Zweiten Weltkrieg ihren Gipfel. Der Umstand, daß diese Verbrechen im Namen Deutschlands verübt wurden, belastet alle künftigen Generationen von Deutschen mit einer besonderen politischen Verantwortung.
Unter allen Kriegsbeteiligten hatte die Sowjetunion unter dem deutschen Angriff am meisten zu leiden. 20 Mio. Tote und ein zerstörtes Land westlich der Linie Leningrad-Stalingrad sind das Ergebnis dieses Krieges. In ihm entwickelte sich mit amerikanischer Unterstützung die Sowjetunion zur neuen Supermacht. Stalin mobilisierte im Abwehrkampf alle Kräfte des Riesenlandes, nachdem er eben begonnen hatte, die Industrialisierung zu forcieren und die ganze Gesellschaft mit einem mörderischen Terror zu überziehen. Im Gegensatz zu den Westalliierten entwickelte er ein klares Kriegsziel: „Dieser Krieg ist nicht wie in der Vergangenheit; wer immer ein Gebiet besetzt, erlegt ihm auch sein eigenes gesellschaftliches System auf. Jeder führt sein eigenes System ein, soweit seine Armee vordringen kann. Es kann gar nicht anders sein." (M. Djilas, Gespräche mit Stalin. Frankfurt 1962, S. 146)
Der „Große Vaterländische Krieg" bedeutete für Stalin die Stabilisierung seiner Machtstellung, der Sieg in diesem Krieg die Festigung der Sowjetunion und die Ausweitung ihres Machtbereiches im Westen bis an die Elbe. Östlich der Linie Lübeck-Triest war Europa nach dem Krieg sowjetisch beherrscht.
Das Hissen der Sowjetfahne auf dem Reichstagsgebäude in Berlin symbolisiert den Sieg über Hitlers Diktatur wie über den deutschen Imperialismus und die Etablierung der neuen Weltmacht Sowjetunion, nun ihrerseits belastet mit dem Stigma einer menschenverachtenden Diktatur. Der Befreier war mit dem neuen Unterdrücker identisch. Wegen seines hohen Symbolwertes wurde diese Aufnahme Yevgeni Khaldeis nachgestellt, d. h. nachdem die Sowjetfahne bereits auf der Kuppel des Reichstagsgebäudes wehte, wurde dieses später berühmt gewordene Foto im Rahmen des Films „Kampf um Berlin" zu Propagandazwecken angefertigt. Die Schwarz-Weiß-Aufnahme ist nachträglich koloriert worden.

I Hitlers Außenpolitik und die internationale Lage

1 Programmatische NS-Ziele und Revisionspolitik

Ziele von Hitlers Außenpolitik

Die Außenpolitik der Weimarer Republik hatte die Beziehungen zu den Siegermächten weitgehend normalisiert und Deutschland mit dem Sitz im Völkerbundsrat auch die Anerkennung als Großmacht gebracht. Die Revision des Versailler Vertrages war bereits in wichtigen Punkten gelungen: Die Besatzungstruppen waren schon 1930 vorzeitig aus dem Rheinland abgezogen, die Reparationen bis auf eine geringe Restzahlung gestrichen und die militärische Gleichberechtigung Deutschlands 1932 grundsätzlich anerkannt.

Die NS-Regierung knüpfte an die Weimarer Revisionspolitik an, ging aber tatsächlich weit über eine Revision des Versailler Vertrages hinaus. Hitler, der die Außenpolitik als seine ureigene Domäne betrachtete, gab seine **„Lebensraum"-Politik** keineswegs auf. Er hatte bereits in „Mein Kampf" die Absicht, den Ersten Weltkrieg noch einmal zu führen, mit dem Ziel verbunden, ein **„Großgermanisches Weltreich"** in der Mitte Europas zu gründen. Den 85 Mio. Volksdeutschen in Europa wollte Hitler vor allem durch **Eroberungen im Osten** „Lebensraum", d.h. Siedlungsraum in Polen und Rußland, schaffen. Dazu mußten Bolschewismus und Judentum vernichtet werden. Am Ende sollte die **Weltherrschaft der deutsch-germanischen Herrenrasse** stehen.

Nach seiner Regierungsübernahme am 30. Januar 1933 setzte Hitler dieses Vorhaben Schritt für Schritt in die Tat um. Bereits am vierten Tag seiner Kanzlerschaft weihte er die Generäle der Reichswehr in seine Pläne zur „Germanisierung des Ostens" ein (M 1). 1936 proklamierte er in der geheimen Denkschrift zum Vierjahresplan das Ziel der Kriegsbereitschaft der deutschen Armee für 1940, und 1937 war dieser geheime Plan bereits soweit ausgearbeitet, daß bis spätestens 1943/45 Polen und die Sowjetunion erobert sein sollten. Italien und England sollten hierfür als Bündnispartner gewonnen und Frankreichs innenpolitische Schwäche genutzt werden (vgl. Hoßbach-Protokoll S. 20 f.).

Scheinkontinuität in Hitlers Außenpolitik

Im Gegensatz zu diesen geheimen Zielen bediente sich Hitler zur Vorbereitung der Eroberungspolitik einer Taktik der **öffentlichen Friedensbeteuerungen** (M 2; B 3), in deren Zusammenhang sein Nichtangriffspakt mit Polen vom Januar 1934 gehört. Gleichzeitig propagierte er die Ziele der Weimarer Revisionspolitik. Angeblich wollte er die **Wiederherstellung der nationalen Größe** nur mit anderen Mitteln erreichen. Der Anschein der Kontinuität wurde noch durch die Übernahme der konservativen Beamten des Auswärtigen Amtes bestärkt. Hitlers Taktik war erfolgreich: Das Versprechen eines „Großdeutschen Reiches", das Deutschland zur europäischen Vormacht machen sollte, sicherte der NS-Außenpolitik nach den als schmachvoll erlebten Jahren der Weimarer Republik die allgemeine Begeisterung der deutschen Bevölkerung.

Vertragskündigungen und Kriegsvorbereitung

Indem er Friedenssicherung und Wiedergewinnung der Autonomie für Deutschland propagierte, nutzte der NS-Staat jede Gelegenheit, dem Aufrüstungsziel einen Schritt näher zu kommen. So bot im Oktober 1933 die Weigerung Frankreichs, einen britischen Abrüstungsplan zu unterzeichnen, für Hitler die willkommene Möglichkeit zum **Austritt aus dem Völkerbund**. Deutschland aber war damit an keine internationale Rüstungsbegrenzung mehr gebunden und hatte freie Hand für die Aufrüstung gewonnen.

Nachdem 1934 ein Putschversuch der SS in Österreich (Ermordung von Österreichs Diktator Dollfuß) und damit ein nationalsozialistischer Vereinigungsplan für Deutschland und Österreich mißlungen war, geriet im Januar 1935 die Volksabstimmung über die nationale Zugehörigkeit des **Saarlandes** zum Triumph für den NS-Staat. Mehr als 90 % der Stimmberechtigten votierten für den Beitritt zum Reich. Im Kielwasser dieses Erfolgs führte die NS-Regierung im März 1935 die allgemeine einjährige **Wehrpflicht** ein und verstieß damit offen gegen den Versailler Vertrag* (M 3). Zwar versicherten sich Großbritannien, Frankreich und Italien in **Stresa**, gegen solche einseitige Vertragsverletzungen Deutschlands vorzugehen; auch der Völkerbund protestierte. Aber bereits im Juni schloß Großbritannien mit Deutschland ein Abkommen, das entgegen dem Versailler Vertrag das Verhältnis der englischen und deutschen Flotte mit 100:35 festlegte (U-Boote 1:1). Mit diesem **Flottenabkommen** war die deutsche Wiederbewaffnung international akzeptiert. Die militärische Handlungsfreiheit innerhalb des Reiches war jetzt nur noch durch die Entmilitarisierungsbestimmungen für das Rheinland begrenzt. Als Italien mit seinem Krieg in Abessinien und Frankreich durch ein Bündnis mit der Sowjetunion die Aufmerksamkeit der Welt auf sich zogen, ließ Hitler am 7. März 1936 Truppen in die entmilitarisierte Zone einrücken. Gleichzeitig mit der **Rheinlandbesetzung** kündigte er den Pakt von Locarno* (M 4). Zwar mobilisierte Frankreich sogleich, aber England zeigte sich desinteressiert an einem Konflikt. Daher blieb es bei Protesten der Westmächte. Hitler ließ sich seinen Erfolg durch eine Volksabstimmung wie beim Austritt aus dem Völkerbund bestätigen und genoß im Sommer 1936 anläßlich der Olympischen Spiele in Deutschland seine internationale Anerkennung.

Internationale Krisen der 30er Jahre

Die Mühelosigkeit, mit der der NS-Staat in drei Jahren einen außenpolitischen Erfolg nach dem anderen erzielte, wurzelte nicht nur in Geschick, Risikobereitschaft und Glück. Einen entscheidenden Anteil daran hatte die internationale Lage in den 30er Jahren.
Die **USA** waren mit der Bewältigung ihrer Wirtschaftskrise (1933: 35 % Arbeitslose, 1938: 26 %) beschäftigt und orientierten sich zum pazifischen Raum. Die **Sowjetunion** wurde durch einen Umstrukturierungsprozeß in Atem gehalten, zu dem die Kollektivierung der Landwirtschaft und die Zwangsindustrialisierung ebenso gehörten wie die Schauprozesse zur Säuberung der KPdSU von möglichen Gegnern Stalins. **Großbritanniens** Aufmerksamkeit richtete sich besonders auf Ostasien und den Mittelmeerraum. Durch Japans Besetzung der Mandschurei 1931 und den Ausbruch des chinesisch-japanischen Krieges 1937 sah es seine asiatischen Interessen ebenso gefährdet wie durch den Krieg Italiens gegen Abessinien 1935/36 seine Seewege.
Zwischen 1936 und 1939 fesselte dann der Spanische Bürgerkrieg das europäische Interesse. Zusätzliche Konflikte in Kontinentaleuropa waren deshalb für Großbritannien unerwünscht. Es versuchte, die wegen des Versailler Vertrages bestehenden Gegensätze zu beseitigen, setzte sich für eine Revision des Vertrages ein und vertrat ab 1937 gegenüber Deutschland die sogenannte **Appeasementpolitik**: Deutschlands Forderungen sollten um der Friedenserhaltung willen so weit wie möglich anerkannt und damit Hitler zufriedengestellt und gezähmt werden. **Frankreichs** Außenpolitik geriet dadurch immer mehr in Bedrängnis.

Hitler als antikommunistischer Bündnispartner

Großbritannien sah in Hitler auch einen Garanten für die Eindämmung der Sowjetunion und des internationalen Kommunismus. Die Kommunistenverfolgung der Nationalsozialisten veranlaßte viele europäische Staaten, dem Deutschen Reich entgegenzukommen. Daß Deutschland als **Bollwerk gegen den Bolschewismus** auftrat, bot ebenfalls eine Grundlage für die Annäherung Mussolinis an Hitler, nachdem Mussolinis Intervention gegen den österreichischen Staatsstreich von 1934 Hitler brüskiert

B 1 Guernica. Ölgemälde von Pablo Picasso, 1937 (Format 351 x 782). Im April hatte die deutsche Legion Condor das baskische Städtchen Guernica bombardiert, um General Francos Falange im Spanischen Bürgerkrieg (1936–1939) zu unterstützen. Hitler und Mussolini verhalfen dem Aufstand Francos zum Sieg über die legale republikanische Regierung.

hatte. 1936 wurde die sogenannte Achse Berlin-Rom gegründet, die eine Abstimmung der deutsch-italienischen Politik bedeutete (B 2). Auf der Grundlage des Antikommunismus kam Deutschland zudem zu einem Bündnis mit Japan. Dem deutsch-japanischen **Antikominternpakt** vom November 1936 trat Italien ein Jahr später bei. Italien war in seinem Abessinienkrieg von der Nützlichkeit deutscher Waffenlieferungen überzeugt und im Spanischen Bürgerkrieg durch ein gemeinsames Eingreifen auf seiten Francos im politischen Einverständnis bestärkt worden (B 1). Eröffneten also internationale Konflikte und Krisen der NS-Außenpolitik Spielräume, so sicherte der NS-Antikommunismus der Reichsregierung eine gewisse Unterstützung durch England, Japan und Italien.

M1 Hitlers geheimes politisches Programm am 3. Februar 1933

Aufzeichnungen über eine Besprechung mit den Befehlshabern von Heer und Marine, die sogenannte Liebmann-Aufzeichnung.

Ziel der Gesamtpolitik allein: *Wiedergewinnung der pol. Macht.* Hierauf muß gesamte Staatsführung eingestellt werden (alle Ressorts!).

1. *Im Innern.* Völlige Umkehrung der gegenwärt. innenpol. Zustände in D. Keine Duldung der Betätigung irgendeiner Gesinnung, die dem Ziel entgegensteht (Pazifismus!). Wer sich nicht bekehren läßt, muß gebeugt werden. Ausrottung des Marxismus mit Stumpf und Stiel. Einstellung der Jugend u. des ganzen Volkes auf den Gedanken, daß nur d. Kampf uns retten kann u. diesem Gedanken gegenüber alles zurückzutreten hat. [...] Ertüchtigung der Jugend u. Stärkung des Wehrwillens mit allen Mitteln. Todesstrafe für Landes- u. Volksverrat. Straffste autoritäre Staatsführung. Beseitigung des Krebsschadens der Demokratie!

2. *Nach außen.* Kampf gegen Versailles. Gleichberechtigung in Genf; aber zwecklos, wenn Volk nicht auf Wehrwillen eingestellt. Sorge für Bundesgenossen.

3. *Wirtschaft!* Der Bauer muß gerettet werden! Siedlungspolitik! Künft. Steigerung d. Ausfuhr zwecklos. Aufnahmefähigkeit d. Welt ist begrenzt u. Produktion ist überall übersteigert. Im Siedeln liegt einzige Mögl., Arbeitslosenheer z. T. wieder einzuspannen. Aber braucht Zeit u. radikale Änderung nicht zu erwarten, da Lebensraum für d[eutsches] Volk zu klein.

4. *Aufbau der Wehrmacht* wichtigste Voraussetzung für Erreichung des Ziels: Wiedererringung der pol. Macht. Allg. Wehrpflicht muß wieder kommen. Zuvor aber muß Staatsführung dafür sorgen, daß die Wehrpflichtigen vor Eintritt nicht schon durch Pazif., Marxismus, Bolschewismus vergiftet werden oder nach Dienstzeit diesem Gifte verfallen.

Wie soll pol. Macht, wenn sie gewonnen ist, gebraucht werden? Jetzt noch nicht zu sagen. Vielleicht Erkämpfung neuer Export-Mögl., vielleicht – und wohl besser – Eroberung neuen Lebensraums im Osten u. dessen rücksichtslose Germanisierung. Sicher, daß erst mit pol. Macht u. Kampf jetzige wirtsch. Zustände geändert werden können. Alles, was jetzt geschehen kann – Siedlung – Aushilfsmittel.

Wehrmacht wichtigste u. sozialistischste Einrichtung d. Staates. Sie soll unpol. u. überparteilich bleiben. Der Kampf im Innern nicht ihre Sache, sondern der Nazi-Organisationen. Anders wie in Italien keine Verquickung v. Heer u. SA beabsichtigt. - Gefährlichste Zeit ist die des Aufbaus der Wehrmacht. Da wird sich zeigen, ob Fr[ankreich] *Staatsmänner* hat; wenn ja, wird es uns Zeit nicht lassen, sondern über uns herfallen (vermutlich mit Ost-Trabanten).

(Vierteljahreshefte für Zeitgesch. 2/1954, S. 434 ff.)

1 *Stellen Sie Hitlers außenpolitisches Programm zusammen.*

2 *Nennen Sie die innenpolitischen Bedingungen dieses Programms.*

B 2 Italiens „Duce" Benito Mussolini und Deutschlands „Führer" Adolf Hitler bilden im Herbst 1936 die „Achse Berlin-Rom".

M2 Hitlers öffentliche Friedensbeteuerungen

Aus der Reichstagsrede vom 17. Mai 1933.

Die Generation dieses jungen Deutschlands, die in ihrem bisherigen Leben nur die Not, das Elend und den Jammer des eigenen Volkes kennenlernte, hat zu sehr unter dem Wahnsinn gelitten, als daß sie beabsichtigen könnte, das gleiche anderen zuzufügen. Unser Nationalismus ist ein Prinzip, das uns als Weltanschauung grundsätzlich allgemein verpflichtet. Indem wir in grenzenloser Liebe und Treue an unserem eigenen Volkstum hängen, respektieren wir die nationalen Rechte auch der anderen Völker aus dieser selben Gesinnung heraus und möchten aus tiefinnerstem Herzen mit ihnen in Frieden und Freundschaft leben. Wir kennen daher auch nicht den Begriff des „Germanisierens". Die geistige Mentalität des vergangenen Jahrhunderts, aus der man glaubte, vielleicht aus Polen oder Franzosen Deutsche machen zu können, ist uns genau so fremd, wie wir uns leidenschaftlich gegen jeden umgekehrten Versuch wenden. Wir sehen die europäischen Nationen um uns als gegebene Tatsachen. Franzosen, Polen usw. sind unsere Nachbarvölker, und wir wissen, daß kein geschichtlich denkbarer Vorgang diese Wirklichkeit ändern könnte. [...]

Deutschland ist nun jederzeit bereit, auf Angriffswaffen zu verzichten, wenn auch die übrige Welt ihrer entsagt. Deutschland ist bereit, jedem feierlichen Nichtangriffspakt beizutreten; denn Deutschland denkt nicht an einen Angriff, sondern an seine Sicherheit! [...] Die Deutsche Regierung wünscht, sich über alle schwierigen Fragen politischer und wirtschaftlicher Natur mit den anderen Nationen friedlich und vertraglich auseinanderzu-

B 3 NS-Friedenspropaganda der 30er Jahre. Während die Rüstungsausgaben ständig gesteigert wurden, herrschten in Hitlers Reden die Friedensbeteuerungen vor.

setzen. Sie weiß, daß jeder militärische Akt in Europa auch im Falle seines vollständigen Gelingens, gemessen an seinen Opfern, in keinem Verhältnis steht zum möglichen endgültigen Gewinn.
(F. A. Six [Hrsg.], Dokumente der Deutschen Politik. Bd. 1. Berlin [7]1942, S. 102 ff.)

1 *Erörtern Sie, inwiefern Hitler taktische und ernsthafte Argumente für eine Friedenspolitik vorbringt.*

M3 Die Einführung der allgemeinen Wehrpflicht

Aus dem „Gesetz für den Aufbau der Wehrmacht" vom 16. März 1935.

Die Reichsregierung hat folgendes Gesetz beschlossen, das hiermit verkündet wird:
§ 1. Der Dienst in der Wehrmacht erfolgt auf der Grundlage der allgemeinen Wehrpflicht.
§ 2. Das deutsche Friedensheer einschließlich der überführten Truppenpolizeien gliedert sich in 12 Korpskommandos und 36 Divisionen. [...]
(Reichsgesetzblatt 1935, Teil I, Nr. 28, S. 375)

1 *Klären Sie die Rechtslage für dieses Gesetz. Welche Folgen hatte diese Rechtslage?*

M4 Besetzung des Rheinlandes und Kündigung der Locarno-Verträge

Aus Hitlers Reichstagsrede am 7. März 1936.

Frankreich hat die ihm von Deutschland immer wieder gemachten freundschaftlichen Angebote und friedlichen Versicherungen unter Verletzung des Rheinpaktes mit einem ausschließlich gegen Deutschland gerichteten militärischen Bündnis mit der Sowjetunion beantwortet. Damit hat der Rheinpakt von Locarno aber seinen inneren Sinn verloren und praktisch aufgehört zu existieren. Deutschland sieht sich daher auch seinerseits nicht mehr als an diesen erloschenen Pakt gebunden an. Die Deutsche Regierung ist nunmehr gezwungen, der durch dieses Bündnis neugeschaffenen Lage zu begegnen, einer Lage, die dadurch verschärft wird, daß der französisch-sowjetische Vertrag seine Ergänzung in einem genau parallel gestalteten Bündnisvertrag zwischen der Tschechoslowakei und der Sowjetunion gefunden hat. Im Interesse des primitiven Rechts eines Volkes auf Sicherung seiner Grenzen und zur Wahrung seiner Verteidigungsmöglichkeiten hat daher die Deutsche Reichsregierung mit dem heutigen Tage die volle und uneingeschränkte Souveränität des Reiches in der demilitarisierten Zone des Rheinlandes wiederhergestellt.
Um aber jeder Mißdeutung ihrer Absichten vorzubeugen und den rein defensiven Charakter dieser Maßnahmen außer Zweifel zu stellen, sowohl als ihrer ewig gleichbleibenden Sehnsucht nach einer wirklichen Befriedung Europas zwischen gleichberechtigten und gleichgeachteten Staaten Ausdruck zu verleihen, erklärt sich die Deutsche Reichsregierung bereit, auf der Grundlage der nachstehenden Vorschläge[1] neue Vereinbarungen für die Aufrichtung eines Systems der europäischen Friedenssicherung zu treffen.
(P. Meier-Benneckenstein [Hrsg.], Dokumente der Deutschen Politik. Bd. 4. Berlin 1937, S. 125 ff.)

1 1. Errichtung einer entmilitarisierten Zone mit Frankreich und Belgien, 2. Nichtangriffspakt mit Belgien und Frankreich auf 25 Jahre, 3. Nichtangriffspakt mit ČSR, 4. Wiedereintritt in den Völkerbund.

1 *Was verbirgt sich hinter der Formulierung von der Wiederherstellung der „vollen und uneingeschränkten Souveränität des Reiches in der entmilitarisierten Zone des Rheinlandes"?*

2 *Was bedeutet die Kündigung der Locarno-Verträge?*

2 Expansionspolitik und „Großdeutsches Reich"

Von der englischen Bereitschaft zur Revision des Versailler Vertrages profitierte die NS-Außenpolitik auch bei der Bereinigung strittiger Grenzfragen. Die Siegermächte von 1918 hatten eine Vereinigung Österreichs mit dem Deutschen Reich ebenso abgelehnt wie ein Selbstbestimmungsrecht der Deutschen im Sudetenland, in Westpreußen oder Danzig. Lord Halifax, der Außenminister der Regierung Chamberlain, signalisierte Hitler 1937 bei seinem Besuch auf dem Obersalzberg die Bereitschaft Großbritanniens, eine friedliche Lösung der Danziger, österreichischen und sudetendeutschen Frage zu akzeptieren, wohingegen sich Österreichs Kanzler vergeblich um eine englische Garantie für die österreichische Souveränität bemühte.

Das deutsch-österreichische Verhältnis 1934–38

Wie in Deutschland hatte die Weltwirtschaftskrise in Österreich eine solche Staatskrise ausgelöst, daß das Parlament funktionsunfähig wurde. Bürgerwehren von sozialistischer und konservativer Seite wurden geschaffen, und der christlich-soziale Bundeskanzler Dollfuß konnte 1933 eine Diktatur errichten, die sich auf die katholisch-konservative Heimwehr stützte und ähnliche Züge trug wie die Diktatur in Italien und Deutschland (sogenannter **Austrofaschismus**). 1934 scheiterte ein sozialistischer Aufstand dagegen ebenso wie ein nationalsozialistischer Putschversuch, bei dem Dollfuß getötet wurde. Mit dem neuen Bundeskanzler Schuschnigg hatte Papen als deutscher Botschafter in Wien 1936 eine Vereinbarung über das deutsch-österreichische Verhältnis getroffen. Als Preis für eine Respektierung der österreichischen Souveränität erwartete demnach das Deutsche Reich nicht nur eine militärische und außenpolitische Zusammenarbeit (vor allem gegen die Tschechoslowakei) und eine Beseitigung der Zollschranken, sondern auch eine Regierungsbeteiligung der österreichischen Nationalsozialisten, die trotz des Parteiverbots von 1934 eine bedeutende Machtstellung erreicht hatten. Mit Hitler hoffte man, so eine legale „Machtergreifung" der Nationalsozialisten in Österreich zu erreichen. Obwohl der Nationalsozialist Seyß-Inquart in die österreichische Regierung berufen worden war, wurden beim Landesleiter der illegalen NSDAP Österreichs Aufstandspläne gefunden, die eine Zusammenarbeit mit der deutschen Wehrmacht vorsahen. In dieser bedrohlichen Situation folgte Schuschnigg im Februar 1938 Hitlers Aufforderung, ihn auf dem Obersalzberg zu besuchen. In einer Atmosphäre der Erpressung kam das **Berchtesgadener Abkommen** zustande, wonach die österreichischen Nationalsozialisten sich freier politisch entfalten und größere Kompetenzen in der Regierung beanspruchen durften.

Volksabstimmungsplan und deutscher Einmarsch

Nach dieser Erfahrung ergriff Schuschnigg die Flucht nach vorne und setzte eine Volksabstimmung für den 13. März an. Diese Befragung verband die Zustimmung für die Unabhängigkeit Österreichs mit dem Votum für die katholisch-konservative Diktatur Schuschniggs. Weil für eine verfassungsgemäße Volksabstimmung die Vorbereitungszeit zu knapp war, traten Organisationsprobleme auf, die Hitler die Handhabe lieferten, den Verzicht auf die Abstimmung zu verlangen. Schuschnigg kam dem Verlangen nach, aber nun forderte am 11. März die Reichsregierung ultimativ den Rücktritt Schuschniggs zugunsten von Seyß-Inquart. Weil Mussolini sich mit Hitlers Österreich-Plänen einverstanden erklärte, hatte Schuschnigg auch in Italien keinen Rückhalt mehr und trat zurück. Obwohl nun ein **Nationalsozialist österreichischer Bundeskanzler** war, marschierte die deutsche Wehrmacht am 12. März 1938 in Österreich ein (M 5).

„Anschluß" Österreichs ans Deutsche Reich am 14. 3. 1938

Der **Einmarsch der deutschen Truppen** löste überraschenderweise einen solchen Jubel insbesondere bei der Jugend Österreichs aus (B 4), daß Hitler seinen Plan einer Marionettenregierung in einem formal unabhängigen Österreich fallen ließ und Österreich nun voll in das Deutsche Reich integrierte. Der Zusammenschluß mit Deutschland war seit dem Ersten Weltkrieg bis in die Reihen der österreichischen Sozialisten hinein ein populäres Ziel. In der auch von den Kirchen unterstützten **Volksabstimmung** sprachen sich 99,7 % der Österreicher für den „Anschluß" ans Deutsche Reich aus (M 6). Mit dem neuen „Großdeutschen Reich" erfüllte sich für viele Deutsche und Österreicher ein alter Traum. Die überrumpelten Westmächte beließen es bei scharfen Protesten gegen den deutschen Alleingang.

Die Deutschen in der Tschechoslowakei 1919–1937

Die Tschechoslowakei (ČSR) war 1919 in Paris unter Mißachtung des Nationalitätenprinzips geschaffen worden. Die deutsche Bevölkerungsgruppe, die sogenannten Sudetendeutschen, wurde von der Majorität der Tschechen mit Waffengewalt an einem Beitritt zum Deutschen Reich gehindert. Im tschechoslowakischen **Vielvölkerstaat** dominierten stets die Tschechen die Regierung. Sie verweigerten den Deutschen als zweitgrößter Gruppe die versprochene Gleichberechtigung, auch wenn deutsche Sozialdemokraten an der Regierung beteiligt waren. Die Wirtschaftskrise der 30er Jahre brachte eine Stärkung der Rechtsparteien in den deutschsprachigen Gebieten der Tschechoslowakei. Die **Sudetendeutsche Partei** Konrad Henleins, eine deutsche Sammlungspartei, die sich erst 1937 zur NSDAP bekannte, erreichte 1935 bereits 67 % der deutschen Stimmen, bei den Gemeindewahlen 1938 sogar 91 %. Sie verlangte bis 1937 nur innerstaatliche Autonomie für die Sudetendeutschen in der ČSR. Mit zunehmender finanzieller Abhängigkeit vom Reich wurde sie aber immer stärker als Instrument zur **Sprengung des tschechoslowakischen Staatsverbandes** und zur Vorbereitung eines kriegerischen Konfliktes benutzt. Dabei war klar, daß alle Forderungen nach einem Anschluß der Sudetendeutschen ans Reich auf eine Entwaffnung und Entmachtung der Tschechen hinausliefen, weil alle Grenzbefestigungen und der größte Teil der Industrie in den deutschbesiedelten Randgebieten lagen (Karte 1).

Sudetenkrise

England wollte wie schon beim Österreich-„Anschluß" entschieden den Krieg vermeiden. Daher zog der englische Premier Chamberlain den Weg der Vereinbarungen mit Deutschland einem antideutschen Bündnis vor. Im September 1938 traf er dreimal mit Hitler zusammen, um eine friedliche Lösung der Sudetenfrage zu erreichen. Hitler aber wollte mit Maximalforderungen eine kriegerische Lösung erzwingen. Es war für ihn der Testfall der Einsatzbereitschaft des Heeres.
Chamberlain kam Hitlers Forderungen in allen Punkten entgegen und vertrat nach seinem ersten Treffen mit Hitler das **Recht der Sudetendeutschen auf Selbstbestimmung**. Er erreichte auch die Zustimmung Frankreichs unter der Bedingung einer internationalen Garantie für die Sicherheit der Resttschechei. Die tschechische Staatsspitze unter Benesch und Hodža stimmte einer Abtretung aller Distrikte mit mehr als 50 % deutschsprachiger Bewohner ebenfalls zu (21. 9. 1938). Als Chamberlain dieses Ergebnis Hitler mitteilte, forderte dieser die Erlaubnis zum Einmarsch der deutschen Armee in das Sudetenland. Jetzt mobilisierten Tschechen und Franzosen ihre Armeen, England setzte die Flotte in Alarmbereitschaft. Um aber nicht wegen einer geringfügigen Meinungsverschiedenheit einen Krieg zu riskieren, lenkte Chamberlain ein, darüber hinaus trat Mussolini als Vermittler auf. Am 29. 9. trafen sich die Regierungschefs von Großbritannien, Frankreich, Italien und Deutschland, um ohne Mitwirkung der Tschechen im Münchener Abkommen (M 7) den **deutschen Einmarsch im Sudetenland** ab 1. 10. 38 zu regeln.

Karte 1 Das „Großdeutsche Reich" im Oktober 1938 und die Zerschlagung der ČSR 1939.

– *Welche außenpolitischen Forderungen Hitlers sind 1938 erfüllt? (Beschränken Sie sich nicht nur auf territoriale Forderungen.)*

„Erledigung der Resttschechei" im März 1939

Obwohl Hitler am 26. 9. 38 versichert hatte, das Sudetenland sei Deutschlands letzte territoriale Forderung, sollten doch die Garantien Englands und Frankreichs für die restliche Tschechoslowakei bald geprüft werden. Bereits Ende Oktober 1938 wurden infolge eines deutsch-italienischen Schiedsspruchs ein Teil der Karpatho-Ukraine und das südliche Grenzgebiet der Slowakei an Ungarn abgetreten. Von nun an betrieb Hitler die Zerschlagung der Tschechoslowakei durch eine slowakische Unabhängigkeitsbewegung. Nach einem erpresserischen Ultimatum Hitlers erklärten die Slowaken am 14. März 1939 ihre Unabhängigkeit. In der folgenden Nacht eröffnete Hitler dem nach Berlin zitierten tschechischen Staatspräsidenten Hacha, daß soeben deutsche Truppen auf Prag marschierten. Mit der Drohung, Prag aus der Luft zu zerstören, nötigte Hitler Hacha, auf Widerstand gegen die deutsche Besetzung zu verzichten (M 8). Von der Prager Burg aus proklamierte Hitler dann am 16. März 1939 das **„Protektorat Böhmen und Mähren"** (B 5). Auch diesen Akt nahmen die Westmächte hin, aber nun war ihre Bereitschaft zur Kriegsvermeidung erschöpft. Hitler jedoch konnte auf eine ununterbrochene Erfolgsserie zurückblicken (B 6; Karte 1).

B 4 Hitlers Ansprache vom Balkon der Hofburg zu den auf dem Heldenplatz versammelten Wienern am 15. März 1938. Erst die begeisterte Aufnahme führte zu Hitlers Entschluß, Österreich ans Deutsche Reich „anzuschließen", statt dort eine Marionettenregierung zu unterhalten.

M5 Deutsches Ultimatum und Einmarsch in Österreich

Aus den Protokollen der Telefonate von Görings Luftfahrtministerium vom 11. März 1938.

Telefonate Görings (F. = Feldmarschall) mit dem österreichischen Innenminister Seyß-Inquart (= S.):

17.26–17.31 Uhr: [F.]: [...] es muß jetzt sofort dem Bundespräsidenten [Miklas] mitgeteilt werden, daß er unverzüglich Ihnen die Macht zu übergeben hätte als Bundeskanzler und daß er das Ministerium so anzunehmen hat, wie es gesagt worden war [...] Also bitte folgendes: Sie möchten sich sofort zusammen mit dem Generalleutnant Muff[1] zum Bundespräsidenten begeben und ihm sagen, wenn nicht unverzüglich die Forderungen, wie benannt, Sie kennen sie, angenommen werden, dann erfolgt heute noch der Einmarsch der bereits an der Grenze aufmarschierten und anrollenden Truppen auf der ganzen Linie und die Existenz Österreichs ist vorbei! [...] Sagen Sie ihm, es gibt keinen Spaß jetzt. [...] Der Einmarsch wird nur dann aufgehalten, und die Truppen bleiben an der Grenze stehen, wenn wir bis 7.30 die Meldung haben, daß der Miklas die Bundeskanzlerschaft Ihnen übertragen hat. [...] Wenn der Miklas das nicht in 4 Stunden kapiert, muß er jetzt eben in 4 Minuten kapieren.

S.: Na, gut!

Telefonat Görings mit dem deutschen Staatssekretär Keppler in Wien:

20.48–20.54 Uhr: Ich möchte Ihnen kurz berichten. Also Bundespräsident Miklas hat sich geweigert, etwas zu machen. Die Regierung ist aber trotzdem außer Funktion getreten. [...]

Göring: [...] Die Hauptsache ist, daß sich jetzt Inquart der ganzen Regierung bemächtigt. Rundfunk, alles besetzt hält ...

Keppler: Wir haben ja jetzt die Regierung.

Göring: Ja eben. Ihr seid auch die Regierung. Nun passen Sie auf: Folgendes Telegramm soll der Seyß-Inquart hersenden: Schreiben Sie es auf: „Die provisorische österreichische Regierung, die nach der Demission der Regierung Schuschnigg ihre Aufgabe darin sieht, die Ruhe und Ordnung in Österreich wieder herzustellen, richtet an die Deutsche Regierung die dringende Bitte, sie in ihrer Aufgabe zu unterstützen und ihr zu helfen,

B 5 Das Ende der Tschechoslowakei. Motorisierte deutsche Truppen beim Einzug in Prag am 15. März 1939.

– *Vergleichen Sie B 4 und B 5. Erklären Sie die Unterschiede in der Reaktion der Bevölkerung.*

Blutvergießen zu verhindern. Zu diesem Zweck bittet sie die deutsche Regierung um baldmöglichste Entsendung deutscher Truppen." [...]
Also, bitte, legen Sie ihm das Telegramm vor und sagen Sie ihm, wir bitten - er braucht das Telegramm ja gar nicht zu schicken, er braucht nur zu sagen: einverstanden.
Keppler: Jawohl.

Telefonat zwischen Dr. Dietrich (Berlin) und Staatssekretär Keppler (Wien):
21.00 Uhr: Dr. Dietrich: Ich brauche dringend das Telegramm!
Keppler: Sagen Sie dem Generalfeldmarschall, daß Seyß-Inquart einverstanden wäre!
Dr. Dietrich: Das ist hervorragend. Ich danke Ihnen!
(Der Prozeß gegen die Hauptkriegsverbrecher vor dem Internationalen Militärgerichtshof. Bd. XXXI. Nürnberg 1948, S. 355 ff.)

1 Deutscher Militärattaché in Wien.

1 *Beschreiben Sie Ablauf, Stil und Motive des „Österreich-Anschlusses".*

M6 Aufruf der österreichischen Bischöfe vom 28. März 1938 zur Volksabstimmung über den „Anschluß" Österreichs

Wir erkennen freudig an, daß die nationalsozialistische Bewegung auf dem Gebiet des völkischen und wirtschaftlichen Aufbaues sowie der Sozial-Politik für das Deutsche Reich und Volk namentlich für die ärmsten Schichten des Volkes Hervorragendes geleistet hat und leistet. Wir sind auch der Überzeugung, daß durch das Wirken der nationalsozialistischen Bewegung die Gefahr des alles zerstörenden gottlosen Bolschewismus abgewehrt wurde.
Die Bischöfe begleiten dieses Wirken für die Zukunft mit ihren besten Segenswünschen und werden auch die Gläubigen in diesem Sinne ermahnen. Am Tage der Volksabstimmung ist es für uns Bischöfe selbstverständliche nationale Pflicht, uns als Deutsche zum Deutschen Reich zu bekennen, und wir erwarten auch von allen gläubigen Christen, daß sie wissen, was sie ihrem Volke schuldig sind.
(J. u. K. Hohlfeld [Hrsg.], Dokumente der Deutschen Politik und Geschichte von 1848 bis zur Gegenwart. Bd. 4. Berlin 1951, S. 426)

1 *Erklären Sie die Motive der österreichischen Bischöfe für diesen Aufruf zur Volksabstimmung.*

M7 Das „Münchener Abkommen" vom 29. September 1938

Deutschland, das Vereinigte Königreich, Frankreich und Italien sind unter Berücksichtigung des Abkommens, das hinsichtlich der Abtretung des sudetendeutschen Gebiets bereits grundsätzlich erzielt wurde, über folgende Bedingungen und

B 6 Die Summe der Innen- und Außenpolitik des NS-Staates. Plakat zu Hitlers 50. Geburtstag am 20. April 1939.

– *Erörtern Sie das Verhältnis Hitlers zur Revisionspolitik der Weimarer Republik.*

Modalitäten dieser Abtretung und über die Modalitäten dieser Abtretung [...] übereingekommen und [...]

1. Die Räumung beginnt am 1. Oktober.

2. Das Vereinigte Königreich, Frankreich und Italien vereinbaren, daß die Räumung des Gebiets bis zum 10. Oktober vollzogen wird, und zwar ohne Zerstörung irgendwelcher bestehender Einrichtungen, und daß die Tschechoslowakische Regierung die Verantwortung dafür trägt, daß die Räumung ohne Beschädigung der bezeichneten Einrichtungen durchgeführt wird.

3. Die Modalitäten der Räumung werden im einzelnen durch einen internationalen Ausschuß festgelegt, der sich aus Vertretern Deutschlands, des Vereinigten Königreichs, Frankreichs, Italiens und der Tschechoslowakei zusammensetzt.

4. Die etappenweise Besetzung des vorwiegend deutschen Gebiets durch deutsche Truppen beginnt am 1. Oktober. [...]

München, den 29. September 1938

Adolf Hitler, Neville Chamberlain, Ed. Daladier, Mussolini (Reichsgesetzblatt 1938. Teil II, Nr. 49, S. 853 ff.)

1 *Nennen Sie die wesentlichen Bestimmungen des Münchener Abkommens. Wo liegen seine Probleme?*

M8 Besetzung der Tschechei am 15. März 1939

Hitler hatte den Staatspräsidenten der ČSR Hacha nach Berlin zitiert, nachdem er die Slowaken veranlaßt hatte, sich für unabhängig zu erklären. Das folgende Protokoll gibt die Unterredung zwischen 1 und 2 Uhr morgens wieder.

Morgen um 6 Uhr rücke von allen Seiten her die deutsche Armee in die Tschechei ein, und die deutsche Luftwaffe werde die tschechischen Flughäfen besetzen. Es gäbe zwei Möglichkeiten. Die erste sei die, daß sich das Einrücken der deutschen Truppen zu einem Kampf entwickelt. Dann wird dieser Widerstand mit allen Mitteln mit Brachialgewalt gebrochen. Die andere ist die, daß sich der Einmarsch der deutschen Truppen in erträglicher Form abspielt, dann würde es dem Führer leicht, bei der Neugestaltung des tschechischen Lebens der Tschechoslowakei ein großzügiges Eigenleben, eine Autonomie und eine gewisse nationale Freiheit zu geben.

Wir erlebten im Augenblick einen großen geschichtlichen Wendepunkt. Er wolle die Tschechen nicht quälen und nicht entnationalisieren. Er täte dieses alles auch nicht aus Haß, sondern um Deutschland zu schützen. Wenn im Herbst vorigen Jahres die Tschechoslowakei nicht nachgegeben hätte, so wäre das tschechische Volk ausgerottet worden. Keiner hätte ihn dann daran gehindert. Sein Wille sei, daß das tschechische Volk sich national ausleben solle, und er glaube fest, daß eine Form zu finden sei, in der den tschechischen Wünschen weitgehend entgegengekommen werde. Käme es morgen zum Kampf, so würde der Druck Gegendruck erzeugen. Man würde sich gegenseitig aufreiben, und es sei ihm dann nicht mehr möglich, die versprochenen Erleichterungen zu geben. Die tschechische Armee würde in zwei Tagen nicht mehr existieren. [...]

Hacha sagt, daß für ihn die Situation völlig klar und daß hier jeder Widerstand nutzlos sei.

(J. u. K. Hohlfeld [Hrsg.], Dokumente der Deutschen Politik und Geschichte von 1848 bis zur Gegenwart. Bd. 5. Berlin 1951, S. 18 f.)

1 *Vergleichen Sie den politischen Stil hier mit M 5.*

2 *Welche Motive Hitlers werden erkennbar?*

Zeittafel zur nationalsozialistischen Außenpolitik 1933-1939

1933

20. 7. Abschluß des Reichskonkordats mit dem Vatikan
14. 10. Austritt aus dem Völkerbund

1934

26. 1. Nichtangriffspakt mit Polen
25. 7. NS-Putsch in Österreich

1935

13. 1. Volksabstimmung im Saargebiet
16. 3. Wiedereinführung der allgemeinen Wehrpflicht
18. 6. Deutsch-britisches Flottenabkommen

Revisionspolitik:
Bemühungen der Reichsregierungen, Bestimmungen des Versailler Vertrages aufzuheben, u. a. Reparationen, Entwaffnungsbestimmungen, Grenzen betreffend

1936

7. 3. Remilitarisierung des Rheinlandes
1. 8. Beginn der Olympischen Spiele in Berlin
9. 9. Verkündigung des „Vierjahresplanes"
25. 10. Begründung der „Achse Rom – Berlin"
25. 11. Antikominternpakt zwischen Deutschland und Japan

1937

25.–28. 9. Besuch Mussolinis in Deutschland
5. 11. Hitlers Ansprache vor den Oberbefehlshabern der drei Wehrmachtteile und dem Reichsaußenminister („Hoßbach-Niederschrift")
6. 11. Italien tritt dem Antikominternpakt bei
19. 11. Lord Halifax besucht Hitler auf dem Obersalzberg

Lebensraumpolitik:
Plan des NS-Imperialismus, für 80 Mio. Deutsche Siedlungsraum im Osten zu schaffen

Appeasementpolitik:
englische Politik des dosierten Entgegenkommens gegenüber Hitler, um den Frieden in Europa zu sichern

1938

4. 2. Entlassung des Reichskriegsministers Blomberg und des Oberbefehlshabers des Heeres Fritsch. Hitler wird „Oberbefehlshaber der Wehrmacht", Ribbentrop löst Neurath als Reichsaußenminister ab
12. 3. Einmarsch deutscher Truppen in Österreich
13. 3. Gesetz über die „Wiedervereinigung Österreichs mit dem Deutschen Reich"
30. 5. Hitlers Weisung an die Wehrmacht zur Zerschlagung der Tschechoslowakei
18. 8. Rücktritt des Chefs des Generalstabes des Heeres Beck
15. 9.–24. 9. Drei Unterredungen des britischen Premierministers Neville Chamberlain mit Hitler anläßlich der Sudetenkrise
29. 9. Münchener Abkommen
1. 10. Beginn des Einmarsches deutscher Truppen in die sudetendeutschen Gebiete

„Anschluß" Österreichs:
Infolge der Besetzung durch die Deutsche Wehrmacht Aufgehen Österreichs im zentralistischen Deutschen Reich; legitimiert durch eine Volksabstimmung

1939

15. 3. Einmarsch deutscher Truppen in die Tschechei
16. 3. Bildung des Reichsprotektorats Böhmen und Mähren
23. 3. Einmarsch deutscher Truppen ins Memelgebiet

Zerschlagung der ČSR:
Ende der ČSR durch die Unabhängigkeitserklärung der Slowakei und die Besetzung Böhmens und Mährens durch die Deutsche Wehrmacht

Quellenkritik: Entstehungs- und Wirkungszusammenhang von Dokumenten

Text 1
Aus dem sog. Hoßbach-Protokoll über die Ausführungen Hitlers vor dem Reichskriegsminister, den Oberbefehlshabern des Heeres, der Marine und der Luftwaffe sowie dem Reichsaußenminister am 5. November 1937

Der Führer führt sodann aus:
Das Ziel der deutschen Politik sei die Sicherung und die Erhaltung der Volksmasse und deren Vermehrung. Somit handele es sich um das Problem des Raumes.
Die deutsche Volksmasse verfüge über 85 Millionen Menschen, die nach der Anzahl der Menschen und der Geschlossenheit des Siedlungsraumes in Europa einen in sich so fest geschlossenen Rassekern darstelle, wie er in keinem anderen Land wieder anzutreffen sei und wie er andererseits das Anrecht auf größeren Lebensraum mehr als bei anderen Völkern in sich schlösse. Wenn kein dem deutschen Rassekern entsprechendes politisches Ergebnis auf dem Gebiet des Raumes vorläge, so sei das eine Folge mehrhundertjähriger historischer Entwicklung und bei Fortdauer dieses politischen Zustandes die größte Gefahr für die Erhaltung des deutschen Volkstums auf seiner jetzigen Höhe. Ein Aufhalten des Rückganges des Deutschtums in Österreich und in der Tschechoslowakei sei ebensowenig möglich als die Erhaltung des augenblicklichen Standes in Deutschland selbst. [...]
Zur Lösung der deutschen Frage könne es nur den Weg der Gewalt geben, dieser [könne] niemals risikolos sein. Die Kämpfe Friedrichs d. Gr. um Schlesien und die Kriege Bismarcks gegen Österreich und Frankreich seien von unerhörtem Risiko gewesen, und die Schnelligkeit des preußischen Handelns 1870 habe Österreich vom Eintritt in den Krieg ferngehalten. Stelle man an die Spitze der nachfolgenden Ausführungen den Entschluß zur Anwendung von Gewalt unter Risiko, dann bleibe noch die Beantwortung der Fragen „Wann" und „Wie". Hierbei seien drei Fälle zu entscheiden:
FALL 1: Zeitpunkt 1943–1945.
Nach dieser Zeit sei nur noch eine Veränderung zu unseren Ungunsten zu erwarten.
Die Aufrüstung der Armee, Kriegsmarine, Luftwaffe sowie die Bildung des Offizierkorps seien annähernd beendet. Die materielle Ausstattung und Bewaffnung seien modern, bei weiterem Zuwarten läge die Gefahr ihrer Veraltung vor. Besonders der Geheimhaltungsschutz der „Sonderwaffen" ließe sich nicht immer aufrecht erhalten. Die Gewinnung von Reserven beschränke sich auf die laufenden Rekrutenjahrgänge, ein Zusatz aus älteren unausgebildeten Jahrgängen sei nicht mehr verfügbar.
Im Verhältnis zu der bis dahin durchgeführten Aufrüstung der Umwelt nähmen wir an relativer Stärke ab. Wenn wir bis 1943/45 nicht handelten, könne infolge Fehlens von Reserven jedes Jahr die Ernährungskrise bringen, zu deren Behebung ausreichende Devisen nicht verfügbar seien. Hierin sei ein „Schwächungsmoment des Regimes" zu erblicken. Zudem erwarte die Welt unseren Schlag und treffe ihre Gegenmaßnahmen von Jahr zu Jahr mehr. Während die Umwelt sich abriegele, seien wir zur Offensive gezwungen.
Wie die Lage in den Jahren 1943/45 tatsächlich sein würde, wisse heute niemand. Sicher sei nur, daß wir nicht länger warten können. [...]
FALL 2:
Wenn die sozialen Spannungen in Frankreich sich zu einer derartigen innenpolitischen Krise auswachsen sollten, daß durch letztere die französische Armee absorbiert und für eine Kriegsverwendung gegen Deutschland ausgeschaltet würde, sei der Zeitpunkt zum Handeln gegen die Tschechei gekommen.
FALL 3:
Wenn Frankreich durch einen Krieg mit einem anderen Staat so gefesselt ist, daß es gegen Deutschland nicht „vorgehen" kann.
Zur Verbesserung unserer militär-politischen Lage müsse in jedem Fall einer kriegerischen Verwicklung unser 1. Ziel sein, die Tschechei und gleichzeitig Österreich niederzuwerfen, um die Flankenbedrohung eines etwaigen Vorgehens nach dem Westen auszuschalten. [...]

(Akten zur Deutschen Auswärtigen Politik 1918–1945. Serie D. Bd. 1. Baden-Baden 1950, S. 25 ff.)

Das Hoßbach-Protokoll spielte beim Nürnberger Kriegsverbrecher-Prozeß nach dem Zweiten Weltkrieg eine entscheidende Rolle bei der Anklage der deutschen Militärführung als Mitschuldige an der Führung eines Angriffskrieges. Aus dem Protokoll gehe hervor, daß die Militärführung sich als willenloses Werkzeug mit dem Diktator zum Angriffskrieg verschworen habe – so die Anklage.

Text 2
Oberst Hoßbach 1948 zu seinen Aufzeichnungen

Die „Niederschrift" über die Sitzung ist durch mich einige Tage nach dem 5. November 1937 im Gebäude des Reichskriegsministeriums vorgenommen und mit dem Datum des 10. November 1937 versehen worden. [...] Als Grundlage dienten mir meine während der Besprechung gemachten stichwortartigen Notizen und mein Gedächtnis. Da ich über keine stenographischen Fertigkeiten verfüge, war ich zu einer wortgetreuen und vollinhaltlichen Wiedergabe der Sitzung nicht in der Lage. [...]

Die Diskussion nahm zeitweilig sehr scharfe Formen an, vor allem in einer Auseinandersetzung zwischen Blomberg und Fritsch einerseits und Göring andererseits, an der Hitler sich vorwiegend als aufmerksamer Zuhörer beteiligte. Der Anstoß der strittigen Fragen ist mir nicht mehr erinnerlich. Mit Genauigkeit ist mir jedoch im Gedächtnis haften geblieben, daß die Schärfe des Gegensatzes in der Sache und in der Form ihren Eindruck auf Hitler nicht verfehlt hatte, wie ich aus seinem Mienenspiel entnehmen konnte. Seiner ganzen Einstellung nach mußte das Verhalten Blombergs und Fritschs dem „Führer" deutlich gemacht haben, daß seine politischen Gedankengänge nur nüchterne sachliche Gegenäußerungen anstatt Beifall und Zustimmung gefunden hatten. Und er wußte zur Genüge, daß die beiden Generale jeder unsererseits herausgeforderten kriegerischen Verwicklung ablehnend gegenüberstanden. Es ist vor der Geschichte eine Unterlassungssünde meinerseits, daß die Stellungnahme Blombergs und Fritschs bei der Besprechung am 5. 11. 1937 nicht in vollständigem Umfange und nicht in der tatsächlich erfolgten dialektischen Schärfe in meiner Niederschrift vom 10. 11. 1937 angeführt worden ist.

Ich bin der Überzeugung, daß Hitler als Nachwirkung der Besprechung vom 5. 11. 1937 den Bruch mit der Wehrmachtsführung, jedenfalls bestimmt mit Fritsch, vielleicht aber auch mit Blomberg, innerlich vollzogen hat.

(F. Hoßbach, Von der militärischen Verantwortlichkeit in der Zeit vor dem 2. Weltkrieg. Göttingen 1948, S. 28 ff.)

1 *Untersuchen Sie Text 1, der den Kenntnisstand der Geschichtswissenschaft der 40er Jahre repräsentiert.*
– Welcher Eindruck entsteht hier vom Verhalten der Minister und Militärs?
– Welches Verhältnis zum Angriffskrieg wird bei den verschiedenen Anwesenden erkenntlich?

2 *Untersuchen Sie Text 2 hinsichtlich des Angriffskrieges. Vergleichen Sie das Bild vom Verhalten der Militärs mit Text 1.*

3 *Erörtern Sie die Schuld der deutschen Militärs bei der Führung des Angriffskrieges ausgehend von Hoßbachs „Niederschrift" und späterer Erläuterung.*

II Der Krieg 1939–1945

1 Von den Blitzkriegen zum Weltkrieg (1939–1941)

Konflikt mit Polen

Hitlers Bruch des Münchener Abkommens durch die Zerschlagung der ČSR veranlaßte England zum **Abschied von der Appeasementpolitik** und zu einer Eindämmungspolitik gegenüber Deutschland. Dazu gehörte eine **Garantieerklärung für Polen** im März 1939: England sicherte Polen (wie später auch Griechenland, Rumänien und der Türkei) seinen Beistand zu, falls deren Unabhängigkeit bedroht wäre. Nachdem Hitler bisher zur Vorbereitung eines Angriffs auf Frankreich vergeblich um eine Allianz mit Polen geworben hatte, entschloß er sich am 3. April 1939 zur Vorbereitung eines Angriffskrieges gegen Polen. Er kündigte den deutsch-polnischen Nichtangriffspakt sowie das deutsch-englische Flottenabkommen und schloß im Mai mit Italien den sog. Stahlpakt*. Mit der Sowjetunion kam es im August zum Abschluß eines Nichtangriffspaktes, des sog. **Hitler-Stalin-Paktes**, in dessen geheimen Zusatzabkommen Europa zwischen Deutschem Reich und Sowjetunion in Interessensphären aufgeteilt wurde, wobei Polen beseitigt werden sollte (M 9, Karte 2a). Damit hatte der NS-Staat und Organisator der Antikominternpakte ausgerechnet in seinem Erzfeind Sowjetunion den Rückhalt für seine Kontinentalexpansion gefunden, den es immer vergeblich in England gesucht hatte (B 7).

Blitzkrieg gegen Polen 1939

Obwohl der Hitler-Stalin-Pakt zeigt, daß es Hitler gegenüber Polen nicht um eine Revision des Versailler Vertrages ging, hatte er seit März wiederholt Revisionsforderungen an Polen gestellt (Danzig* ans Reich, Abstimmung im Korridor*, Landweg nach Ostpreußen). Diese wurden von der ebenfalls expansionistischen polnischen Regierung abgelehnt. Nach einem vergeblichen Ultimatum zur Durchsetzung seiner Forderungen befahl Hitler am 1. September 1939 den **Angriff auf Polen** und eröffnete damit den Zweiten Weltkrieg. Denn England und Frankreich erklärten dem Deutschen Reich wegen dieses Überfalls den Krieg (M 10). Sie kamen allerdings dem überfallenen Polen nicht zu Hilfe.
Die modern gerüstete deutsche Armee besiegte Polen in einem Blitzkrieg* innerhalb von vier Wochen (B 8). Am 17. September begann die Rote Armee vertragsgemäß, den polnischen Osten zu besetzen. **Polen** wurde zwischen Deutschland und der Sowjetunion **aufgeteilt**, der Westteil in das Reichsgebiet eingegliedert, der Osten in die Sowjetunion, der Süden und das Gebiet um Warschau als „Generalgouvernement“ von Deutschland verwaltet (Karte 2b).
Estland und Lettland waren bereits im Hitler-Stalin-Pakt zum sowjetischem Interessengebiet geschlagen worden, jetzt kam noch Litauen hinzu. Die deutsche Bevölkerung wurde aus dem Baltikum ausgesiedelt. In einem erpresserischen Akt gliederte Stalin die baltischen Staaten in die Sowjetunion ein und griff Finnland an, das sich allerdings im sog. Finnischen Winterkrieg erfolgreich wehrte.

Blitzsieg über Frankreich 1940

Im Westen führten England und Frankreich trotz ihrer Kriegserklärung noch keinen Krieg gegen das Deutsche Reich („Sitzkrieg“*). Als England jedoch im April 1940 Truppen in Norwegen landen wollte, um Schwedens Erzlieferungen an Deutschland zu unterbinden, antwortete Hitler mit der **Besetzung Dänemarks und Norwegens** und befahl am 10. Mai 1940 den **Angriff auf Frankreich**. Der Sieg über Englands Kriegspartner sollte England zu einer Teilung der Interessensphären mit dem Deutschen Reich zwingen (England Seeherrschaft, Deutschland Kontinentalherrschaft).

Karte 2 Überfall auf Polen und Krieg im Westen (1939/40)

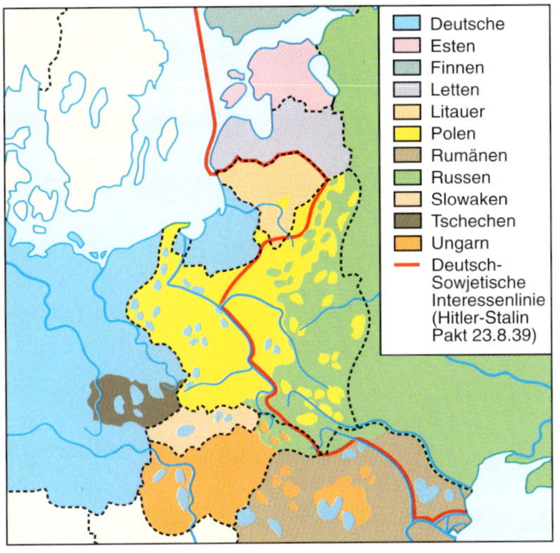

a) Politische und ethnische Grenzen in Osteuropa zum Zeitpunkt des Hitler-Stalin-Paktes.

b) Das Ergebnis des Krieges gegen Polen 1939.

1 *Welche Territorialentwicklung zeichnet sich im Osten Europas ab? (Vgl. Sie dazu die Position der Sowjetunion in den 1920er Jahren.)*

2 *Wie verhält sich die Aufteilung der Interessenssphären zum Nationalitätenprinzip (Sprachgrenzen) im Osten Polens?*

3 *Was geschieht mit dem polnischen Staat? Wo bewegen sich die Grenzkorrekturen im Rahmen von Revisionen des Versailler Vertrages?*

4 *Erschließen Sie aus den militärischen Erfolgen des Jahres 1940 die innen- und außenpolitische Stellung Hitlers, der den Westfeldzug entgegen den Warnungen seiner Generäle durchgeführt hat.*

c) Das Ergebnis des Krieges im Westen.

Wie 1914 erfolgte der Angriff auf Frankreich von Norden her, also unter Verletzung der Neutralität Belgiens und diesmal auch Hollands. Obwohl Frankreich als stärkste Militärmacht des Kontinents galt, erreichten die deutschen Panzerverbände nach 14 Tagen die Kanalküste und schlossen dort die englischen Truppen ein. Hitler ließ diese über den Kanal entweichen, um einen Friedensschluß mit England vorzubereiten. Am 14. Juni besetzte die Wehrmacht kampflos Paris (B 9). Nach dem **Waffenstillstand** am 22. Juni wurde der Norden Frankreichs deutsches Besatzungsgebiet, im Süden bildete sich eine zur Kollaboration* bereite französische Regierung in Vichy (Karte 2c).

Weil England ein deutsches Friedensangebot ausschlug (M 11) und mit den USA eine gemeinsame Politik gegen Deutschland und Japan organisierte, machte Hitler den Versuch, durch Luftangriffe eine Invasion der englischen Insel vorzubereiten, was aber im Herbst 1940 wegen Erfolglosigkeit eingestellt wurde. Ab Februar 1941 wurde der Kampf gegen England an der Seite Italiens in Libyen fortgesetzt (Deutsches Afrikakorps).

Krieg gegen die Sowjetunion 1941

Nach dem Fehlschlag einer Interessenteilung mit England wollte Hitler zu einer Absprache über die Aufteilung Asiens mit der Sowjetunion und Japan kommen. Stalin zeigte sich daran nicht interessiert. Nachdem er 1940 die baltischen Staaten und den Südosten Finnlands annektiert hatte, wollte er sich weiter nach Westen ausdehnen (Bessarabien, Bukowina, Dardanellen). Hitler fürchtete nun um seine Erdöllieferungen aus Rumänien und befahl am 18. Dezember 1940, bis Mai 1941 den Angriff auf die Sowjetunion vorzubereiten (M 12).
Weil Italiens Einfall in Albanien und Griechenland fehlgeschlagen und in Jugoslawien ein Staatsstreich die mit Deutschland verbündete Regierung gestürzt hatte, entschloß sich Hitler am 6. April 1941 zur Sicherung der Südflanke für den Rußlandfeldzug und begann mit der **Eroberung Jugoslawiens und Griechenlands**. Nach deren Kapitulation am 17. und 21. April befahl er den **Angriff auf die Sowjetunion am 22. Juni 1941**. Drei Heeresgruppen sollten in einem erneuten Blitzkrieg Leningrad, Moskau und Kiew einnehmen und vor Wintereinbruch einen Waffenstillstand erzwingen. Kiew war eingenommen, Leningrad eingeschlossen und Moskau erreicht, als der Wintereinbruch den deutschen Angriff zum Erliegen brachte und die sowjetische Gegenwehr freisetzte, weil Japan neutral blieb und England wie die USA der Sowjetunion Hilfe zusagten (Karte 3).

Kriegseintritt der USA 1941

Japan, auf dessen Hilfe Hitler gesetzt hatte, griff am 7. Dezember 1941 die US-Marine in Pearl Harbor auf Hawaii an und eroberte dann den Pazifik und Südostasien (Indochina, Sumatra, Java, Borneo, Philippinen, Celebes, Neuguinea). Hitler ergriff am 11. Dezember 1941 die Gelegenheit zur **Kriegserklärung an die USA**. Die USA waren durch Rüstungslieferungen seit 1939 indirekt an der englischen Kriegsführung beteiligt (Cash-and-Carry-Klausel*). Seit März 1941 konnte England im Rahmen des **Leih- und-Pacht-Gesetzes** amerikanische Kriegsmaterialien in unbegrenzter Höhe ohne Gegenleistung erhalten (M 13); im November 1941 wurde auch die Sowjetunion in dieses Programm einbezogen.
Mit dem Kriegseintritt Japans und der USA war der europäische Krieg an der Jahreswende 1941/42 endgültig zum **Weltkrieg** ausgeweitet worden.

M9 Das Geheimprotokoll zum Vertrag zwischen Deutschland und der UdSSR vom 23. August 1939, dem sogenannten Hitler-Stalin-Pakt

Aus Anlaß der Unterzeichnung des Nichtangriffsvertrages zwischen dem Deutschen Reich und der Union der Sozialistischen Sowjetrepubliken haben die unterzeichneten Bevollmächtigten der beiden Teile in streng vertraulicher Aussprache die Frage der Abgrenzung der beiderseitigen Interessensphäre in Osteuropa erörtert. Diese Aussprache hat zu folgendem Ergebnis geführt:
1. Für den Fall einer territorial-politischen Umgestaltung in den zu den baltischen Staaten (Finnland, Estland, Lettland, Litauen) gehörenden Gebieten bildet die nördliche Grenze Litauens zugleich die Grenze der Interessensphären Deutschlands und der UdSSR. Hierbei wird das Interesse Litauens am Wilnaer Gebiet beiderseits anerkannt.

B 7 Karikatur zum Hitler-Stalin-Pakt von David Low, 1939.

– *Rekapitulieren Sie Hitlers Position gegenüber Marxismus und Bolschewismus, und erklären Sie dann den Sinn der Karikatur.*

2. Für den Fall einer territorial-politischen Umgestaltung der zum polnischen Staate gehörenden Gebiete werden die Interessensphären Deutschlands und der UdSSR ungefähr durch die Linie der Flüsse Narew, Weichsel und San abgegrenzt.
Die Frage, ob die beiderseitigen Interessen die Erhaltung eines unabhängigen polnischen Staates erwünscht erscheinen lassen und wie dieser Staat abzugrenzen wäre, kann endgültig erst im Laufe der weiteren politischen Entwicklung geklärt werden.
In jedem Falle werden beide Regierungen diese Frage im Wege einer freundschaftlichen Verständigung lösen.
3. Hinsichtlich des Südostens Europas wird von sowjetischer Seite das Interesse an Bessarabien betont. Von deutscher Seite wird das völlige politische Desinteressement an diesen Gebieten erklärt.
[...]
(E. M. Carroll/F. Th. Epstein [Hrsg.], Das nationalsozialistische Deutschland und die Sowjetunion 1939–1941. Akten aus dem Archiv des Auswärtigen Amts. Berlin 1948, S. 84–86)

1 *Nennen Sie die Vereinbarungen des Hitler-Stalin-Paktes. Wo stehen die entscheidenden Punkte?*
2 *Welche Folgen hatte der Vertrag für das Verhältnis von Kommunisten und Nationalsozialisten in Europa zwischen 1939 und 1941?*

M10 Das englische Ultimatum vom 3. September 1939 und die Reaktion der Reichsregierung im Bericht des Dolmetschers Dr. Schmidt

Ich blieb in einiger Entfernung vor Hitlers Tisch stehen und übersetzte ihm dann langsam das Ultimatum[1] der britischen Regierung. Als ich geendet hatte, herrschte völlige Stille. [...] Wie versteinert saß Hitler da und blickte vor sich hin. Er war nicht fassungslos, wie es später behauptet wurde, er tobte auch nicht, wie es wieder andere wissen wollten. Er saß völlig still und regungslos an seinem Platz. Nach einer Weile, die mir wie eine Ewigkeit vorkam, wandte er sich Ribbentrop zu, der wie erstarrt am Fenster stehen geblieben war. „Was nun?" fragte Hitler seinen Außenminister mit einem wütenden Blick in den Augen, als wolle er zum Ausdruck bringen, daß ihn Ribbentrop über die Reaktion der Engländer falsch informiert habe. Ribbentrop erwiderte mit leiser Stimme: „Ich nehme an, daß die Franzosen uns in der nächsten Stunde ein gleichlautendes Ultimatum überreichen werden."
Da meine Aufgabe nun erledigt war, zog ich mich zurück und sagte den draußen im Vorzimmer Wartenden, die mich umdrängten: „Die Engländer haben uns soeben ein Ultimatum überreicht. In zwei Stunden besteht zwischen England und

Deutschland Kriegszustand." Auch hier im Vorraum herrschte bei dieser Ankündigung Totenstille. Göring drehte sich zu mir um und sagte: „Wenn wir diesen Krieg verlieren, dann möge uns der Himmel gnädig sein!"
Goebbels stand in einer Ecke, niedergeschlagen und in sich gekehrt, und sah buchstäblich aus wie der bewußte begossene Pudel. Überall sah ich betretene Gesichter, auch bei den kleineren Parteileuten, die sich im Raum befanden. Coulondre[2] übergab kurz danach Ribbentrop ein auf 5 Uhr nachmittags befristetes Ultimatum gleichen Inhalts.
(P. Schmidt, Statist auf diplomatischer Bühne. Bonn [2]1950, S. 463 f.)

1 Die britische Regierung kündigte dem Deutschen Reich den Kriegszustand an, falls dieses nicht innerhalb von zwei Stunden den Angriff auf Polen einstelle und sich zurückziehe.
2 Der französische Botschafter in Berlin.

1 *Erklären Sie die Gründe für das englische und französische Ultimatum.*
2 *Erschließen Sie aus den Reaktionen der Beteiligten das Kalkül der Reichsregierung.*

B 8 Blitzkriegstrategie gegen Polen und Frankreich. Da die Deutsche Wehrmacht für einen langandauernden konventionellen Krieg 1939 nicht gerüstet war, erfand sie eine neue Strategie. Mit Hilfe massierter Panzerverbände, die durch Bomber aus der Luft unterstützt wurden, überrannte sie die feindlichen Stellungen und erzwang eine schnelle Entscheidung im Krieg. Das bezeichnet man als Blitzkrieg.

M11 Englands Haltung gegenüber Deutschland nach dem Angriff auf Frankreich

Aus Churchills Rede nach seiner Regierungsübernahme (13. Mai 1940).

Ich habe nichts zu bieten als Blut, Mühsal, Tränen und Schweiß. Uns steht eine Prüfung von allerschwerster Art bevor. Wir haben viele, viele lange Monate des Kämpfens und des Leidens vor uns. Sie werden fragen: Was ist unsere Politik? Ich erwidere: Unsere Politik ist, Krieg zu führen, zu Wasser, zu Lande und zur Luft, mit all unserer Macht und mit aller Kraft, die Gott uns verleihen kann; Krieg zu führen gegen eine ungeheuerliche Tyrannei, die in dem finsteren, trübseligen Katalog des menschlichen Verbrechens unübertroffen bleibt. Das ist unsere Politik. Sie fragen: Was ist unser Ziel? Ich kann es in einem Wort nennen: Sieg - Sieg um jeden Preis, Sieg trotz allem Schrecken, Sieg, wie lang und beschwerlich der Weg dahin auch sein mag; denn ohne Sieg gibt es kein Weiterleben. Möge man darüber im klaren sein: kein Weiterleben für das Britische Weltreich; kein Weiterleben für all das, wofür das Britische Weltreich eingetreten ist; kein Weiterleben für den jahrhundertealten Drang und Impuls des Menschengeschlechts, seinem Ziel zuzustreben. Doch ich übernehme meine Aufgabe voll Energie und Hoffnung. Ich bin dessen gewiß, daß es nicht geduldet werden wird, daß unsere Sache Schiffbruch erleide. So fühle ich mich in diesem Augenblick berechtigt, die Hilfe aller zu fordern, und ich rufe: „Auf denn, laßt uns gemeinsam vorwärtsschreiten mit vereinter Kraft."
(W. S. Churchill, Reden. Bd. 1. Zürich 1946, S. 321)

1 *Analysieren Sie Churchills Ziele, Mittel und Motive im Krieg gegen Hitler-Deutschland.*
2 *Worauf gründete Churchill seine Kampfbereitschaft? Hat er seine Ziele erreicht?*

M12 Die Vorbereitung des Kriegs gegen die Sowjetunion: Hitlers Weisung Nr. 21 vom 18. Dezember 1940 zum sogenannten Fall Barbarossa

Die deutsche Wehrmacht muß darauf vorbereitet sein, auch vor Beendigung des Krieges gegen England Sowjetrußland *in einem schnellen Feldzug niederzuwerfen* (Fall Barbarossa). [...]
Den *Aufmarsch* gegen Sowjetrußland werde ich gegebenenfalls acht Wochen vor dem beabsichtigten Operationsbeginn befehlen.
Vorbereitungen, die eine längere Anlaufzeit benötigen, sind – soweit noch nicht geschehen – schon jetzt in Angriff zu nehmen und bis zum 15. 5. 1941 abzuschließen.
Entscheidender Wert ist jedoch darauf zu legen, daß die Absicht eines Angriffs nicht erkennbar wird.
Die Vorbereitungen der Oberkommandos sind auf folgender Grundlage zu treffen:
I. Allgemeine Ansicht:
Die im westlichen Rußland stehende Masse des russischen *Heeres* soll in kühnen Operationen unter weitem Vortreiben von Panzerkeilen vernichtet, der Abzug kampffähiger Teile in die Weite des russischen Raumes verhindert werden.
In rascher Verfolgung ist dann eine Linie zu erreichen, aus der die russische Luftwaffe reichsdeutsches Gebiet nicht mehr angreifen kann. Das Endziel der Operation ist die Abschirmung gegen das asiatische Rußland aus der allgemeinen Linie Wolga-Archangelsk. So kann erforderlichenfalls das letzte Rußland verbleibende Industriegebiet im Ural durch die Luftwaffe ausgeschaltet werden.
(Akten zur Deutschen Auswärtigen Politik 1918-1945. Serie D: 1937–1941. Bd. XI. 2. Baden-Baden 1964, S. 750 f.)

1 *Versuchen Sie, die Art der geplanten Kriegsführung zu charakterisieren. Welche Folgen für die Kriegsvorbereitung hatte das?*

2 *Vergleichen Sie die territorialen Ziele des Rußlandfeldzuges mit Hitlers Lebensraumprogramm in „Mein Kampf" (siehe auch Liebmann-Aufzeichnung M 1 oder Hoßbach-Protokoll S. 20 f.).*

B 9 Plakat um 1939/40 mit der von Hitler 1935 eingeführten deutschen Kriegsflagge.

– *Stellen Sie Faktoren zusammen, auf die sich in den ersten Kriegsjahren in Deutschland eine Siegeszuversicht gründen konnte.*

M13 Das amerikanische Leih- und Pachtgesetz vom März 1941

Roosevelts Reaktion auf Churchills Bitte um kostenlose Kriegslieferungen vom Dezember 1940.
Wie Stettinius[1] berichtet, hatte der Präsident [Roosevelt] schon im Spätsommer bei einer Sitzung der beratenden Kommission für Schiffsraumfragen vorgeschlagen: „Es sollte nicht notwendig sein, daß die Engländer ihre Guthaben flüssig machen und Schiffe in den Vereinigten Staaten bauen lassen, noch daß wir ihnen zu diesem Zweck Geld leihen. Es ist kein Grund vorhanden, weshalb wir nicht ein fertiges Schiff nehmen und es ihnen für die Dauer des Notstandes verpachten sollten." [...]
Auf dieser Grundlage wurde das auf alle Zeiten hinaus berühmte Leih- und Pachtgesetz sogleich ausgearbeitet und die Vorlage dem Kongreß unterbreitet. Ich bezeichnete es im Parlament später als „die uneigennützigste Tat in der Geschichte aller Nationen".
(W. S. Churchill, Memoiren. Der Zweite Weltkrieg. Bd. 2.2. Stuttgart 1954, S. 298 ff.)

1 1944/45 US-Außenminister

1 *Erklären Sie die Bereitschaft zu diesem Akt der Hilfeleistung durch die neutralen USA.*

2 *Welche Folgen für den Kriegsverlauf hatte das Leih- und Pachtgesetz?*

2 Kriegswende und totaler Krieg (1942–1944)

Die Folgen des amerikanischen Kriegseintritts für das Reich

Die USA und England hatten sich bereits im Januar 1941 auf die Forderung der bedingungslosen Kapitulation Deutschlands geeinigt und im Februar beschlossen, zuallererst Deutschland niederzukämpfen (**„Germany first"**). Das änderte sich auch nach dem japanischen Angriff nicht, und man richtete eine gemeinsame Kommandobehörde ein. Seit August 1942 war auch Stalin in die gemeinsame Planung einbezogen. Mit Hilfe der amerikanischen Materialüberlegenheit, die sowohl England wie der Sowjetunion zugutekam, wurde 1942 der deutsche Angriff gestoppt.
In Rußland setzte die **Kapitulation der 6. deutschen Armee in Stalingrad** am 31. Januar 1943 ein Signal für die Wende im Krieg (B 11). Diese 220 000 Mann waren im November 1942 von sowjetischen Truppen eingekesselt worden, und Hitler hatte ihnen einen Ausbruch verboten (M 15). Jetzt geriet die russische Front in Bewegung; bis zum Herbst 1943 war sie auf die Linie Leningrad-Krim, bis April 1944 auf die Linie Dorpat-Odessa zurückgedrängt.
In Afrika schlug England am 3. November 1942 das Deutsche Afrikakorps und die Italiener bei **El Alamein** zurück, und in Algier und Marokko waren am 7./8. November bereits amerikanische und britische Truppen gelandet. Nachdem im Mai 1943 das **Deutsche Afrikakorps** im Zweifrontenkrieg **kapituliert** hatte, unternahmen Briten und Amerikaner am 10. Juli eine **Landung auf Sizilien.** Zwei Wochen darauf wurde Mussolini vom italienischen König und von Marschall Badoglio gestürzt; diese schlossen am 3. September einen Waffenstillstand mit den Alliierten. Die deutschen Truppen in Italien setzten jedoch Mussolini in Norditalien als Gegenregierung wieder ein, errichteten südlich von Neapel eine neue Front und hielten diese bis Mai 1944 (Karte 5, S. 52)).
Im **U-Boot-Krieg** überholten die amerikanischen Werften in der Schiffsproduktion 1942 die Versenkungsverluste. Die Erfindung der Radar-Ortung schaltete dann die deutschen U-Boote praktisch aus. Im Luftkrieg gelang es den deutschen Abfangjägern ab 1942 nicht mehr, die Bombenangriffe von amerikanischen Großverbänden über deutschen Städten und Industrieanlagen zu verhindern.
Mit der **Landung der Alliierten in der Normandie** (Nordfrankreich) am 6. Juni 1944 besaß Hitler keine Möglichkeit mehr, den Krieg noch militärisch zu gewinnen.

Flächenbombardements auf deutsche Städte

Hitlers Weigerung, die Flugzeugproduktion auf Abfangjäger zu konzentrieren, erlaubte es den Alliierten seit 1942, ihre britisch-amerikanischen Großverbände bei Tag und Nacht über das Reichsgebiet fliegen zu lassen (erster 1 000-Bomber-Angriff auf Köln 1942). Die Flächenbombardements trafen vor allem die Zivilbevölkerung in nord- und westdeutschen Städten (Ruhrgebiet). Bei einem Großangriff auf Hamburg im Juli 1942 starben z. B. 30 000 Menschen. Die **militärisch sinnlosen Luftangriffe** sollten eine Kapitulationsbereitschaft in der deutschen Bevölkerung erzeugen, riefen aber nur einen erbitterten **Durchhaltewillen** hervor.

Von den Blitzkriegen zum totalen Krieg

Der Halt der deutschen Truppen vor Moskau und der Kriegseintritt der USA bewirkten die Wende von den Blitzkriegen zum langandauernden Krieg (M 14, 15). Diesen aber hatte die NS-Regierung vermeiden wollen. Denn das Deutsche Reich besaß 1933 ein Heer von 100 000 Berufssoldaten ohne Luftwaffe, ohne Marine, ohne Panzer. Trotz der enormen Aufrüstungsanstrengungen war es bis 1939 auf einen langen Ermüdungskrieg wie 1914–18 nicht vorbereitet. Nur der **Blitzkriegstrategie** mit raschen Panzervorstößen, gedeckt von Sturzkampfbombern, und einigen glücklichen Umständen waren die Siege über Polen, Frankreich und die Balkanstaaten zu verdanken. Als 1942 klar wurde, daß der Blitzkrieg gegen die Sowjetunion fehlgeschlagen war, begann die NS-Regierung widerstrebend, die Kräfte für einen totalen Krieg* zu mobilisieren (B 10).

Kriegswirtschaft 1939–43

Weil die NS-Führung die Hauptursache der Revolution von 1918 in der schlechten Versorgungslage und der Arbeitskräftemobilisierung für die Kriegsführung des Ersten Weltkrieges erblickte, wollte sie eine erneute revolutionäre Situation durch Rücksicht auf die materiellen Bedürfnisse der Deutschen einerseits und durch Einschüchterung und Überwachung andererseits vermeiden. Deshalb sollte eine **friedensähnliche Kriegswirtschaft** ab 1939 eine Erinnerung an den totalen Krieg verhindern.
Die **Grundlage** für diese Politik waren die Siege, die Lebensmittel- und Rohstofflieferungen aus den besetzten Ländern ermöglichten, und eine rücksichtslose **Besatzungs- und Ausbeutungspolitik** (s. S. 36 ff.) zur Beschaffung von 7 Mio. zivilen Zwangsarbeitern („Fremdarbeiter“), die zusammen mit den Kriegsgefangenen bis zu 20 % aller Arbeitskräfte in Deutschland stellten. Darüber hinaus wurde der Krieg nicht wie im Ersten Weltkrieg über Kriegsanleihen, sondern über Steuererhöhungen und **Tribute** der eroberten Länder finanziert (M 17). Im Rahmen des staatlichen Zuteilungssystems war die Versorgungslage der Arbeiter bis 1943 nicht schlechter als 1939, allerdings bestanden erhebliche Unterschiede in der Qualität von Kriegs- und Vorkriegsware. Der Einsatz von Zwangsarbeitern machte eine totale Mobilisierung aller deutschen Arbeitskräfte überflüssig, was sich vor allem in einem geringeren Anteil der Frauenarbeit als etwa im England der Kriegszeit niederschlug (M 17c).

Proklamation des totalen Krieges

Erst der Verlust der militärischen Initiative nach Stalingrad ließ der NS-Führung die Proklamation des totalen Krieges durch Goebbels am 18. Februar 1943 geboten erscheinen (M 16). Eine wirkliche **Umstellung der deutschen Wirtschaft** auf die Erfordernisse der Kriegswirtschaft erfolgte jedoch erst **ab September 1943**. Unter Leitung des Ministers für „Rüstung und Kriegsproduktion“, Albert Speer, wurden Ausschüsse von Fachleuten aus Staat und Wirtschaft eingerichtet. Ihre Maßnahmen zur Rationalisierung und Konzentration der Produktion führten zu einer **Verdreifachung der Rüstungsproduktion** von Anfang 1942 bis Mitte 1944.
Demgegenüber gelang es nicht, in nennenswertem Umfange deutsche Facharbeiter in der Produktion zu ersetzen und für den Fronteinsatz zu mobilisieren. So führte die NS-Regierung auch ab 1943 wirtschaftlich nur bedingt einen totalen Krieg. Die deutsche Rüstungsproduktion erreichte nur etwa ein Viertel von der der Alliierten (M 17a). Die Bombenangriffe der Westalliierten beeinträchtigten die deutsche Produktion um 30 %. Besonders nachteilig wirkte sich der Rohstoff- und Treibstoffmangel aus. Damit wurde das Kriegsende seit Sommer 1944 absehbar. An der „inneren Front“ gegen „Wehrkraftzersetzer“ und Saboteure allerdings ließ die Proklamation des totalen Krieges die Todesurteile durch den Volksgerichtshof sprunghaft ansteigen.

Deutsche Gesellschaft im Krieg

So wie die Speersche Rüstungsproduktion zu **Modernisierungen** in der Industrieproduktion führte (Rationalisierung, Konzentration und Beschleunigung), so beförderten die Kriegszwänge den sozialen Wandel. Erstmals wurden jetzt Kündigungsschutz und Lohnfortzahlung im Krankheitsfall für Arbeiter eingeführt. Die Norm der volksgemeinschaftlichen Solidarität im Krieg beförderte das Gleichheitsprinzip; traditionelle Verhaltensunterschiede zwischen Gruppen und Klassen wurden sowohl durch das Rationierungsprinzip beim Lebensmittel- und Kleidungshandel, aber auch beim Arbeitseinsatz abgeschliffen.

B 10 a / b Die ideologische Rechtfertigung des Krieges gegen die Sowjetunion im Plakat 1941

– *Untersuchen Sie die beiden Plakate.*
– *Interpretieren Sie die Intention des Krieges gegen die UdSSR.*
– *Erklären Sie den Zusammenhang aus der NS-Ideologie.*

M14 Der Verlauf des Rußlandfeldzuges im Kriegstagebuch Halders vom Juli/August 1941

3. 7. (12. Tag des Ostfeldzuges): [...] Es ist also wohl nicht zuviel gesagt, wenn ich behaupte, daß der Feldzug gegen Rußland innerhalb 14 Tagen gewonnen wurde. Natürlich ist er damit noch nicht beendet. Die Weite des Raumes und die Hartnäckigkeit des mit allen Mitteln geführten Widerstandes werden uns noch viele Wochen beanspruchen. [...]

8. 7. 12.30 Uhr: Vortrag beim Führer (in seiner Befehlsstelle) [...] Aussprache, Ergebnis: Feststehender Entschluß des Führers ist es, Moskau und Leningrad dem Erdboden gleichzumachen, um zu verhindern, daß Menschen darin bleiben, die wir dann im Winter ernähren müssen. Die Städte sollen durch die Luftwaffe vernichtet werden. [...]

11. 8. (51. Tag): [...] In der gesamten Lage hebt sich immer deutlicher ab, daß der Koloß Rußland, der sich bewußt auf den Krieg vorbereitet hat, mit der ganzen Hemmungslosigkeit, die totalitären Staaten eigen ist, von uns unterschätzt worden ist. [...] Wir haben bei Kriegsbeginn mit etwa 200 feindlichen Divisionen gerechnet. Jetzt zählen wir bereits 360. Diese Divisionen sind sicherlich nicht in unserem Sinne bewaffnet und ausgerüstet, sie sind taktisch vielfach ungenügend geführt. Aber sie sind da. Und wenn ein Dutzend davon zerschlagen wird, dann stellt der Russe ein neues Dutzend hin. Die Zeit dazu gewinnt er dadurch, daß er nah an seinen Kraftquellen sitzt, wir immer weiter von ihnen abrücken.

(H.-A. Jacobsen [Hrsg.], Generaloberst Halder. Kriegstagebuch. Bd. 3. Stuttgart 1963, S. 36 ff.)

1 *Beschreiben Sie den anfänglichen Kriegsverlauf.*
2 *Worin erblickt Halder die Ursache für die Fehleinschätzung der sowjetischen Kräfte?*

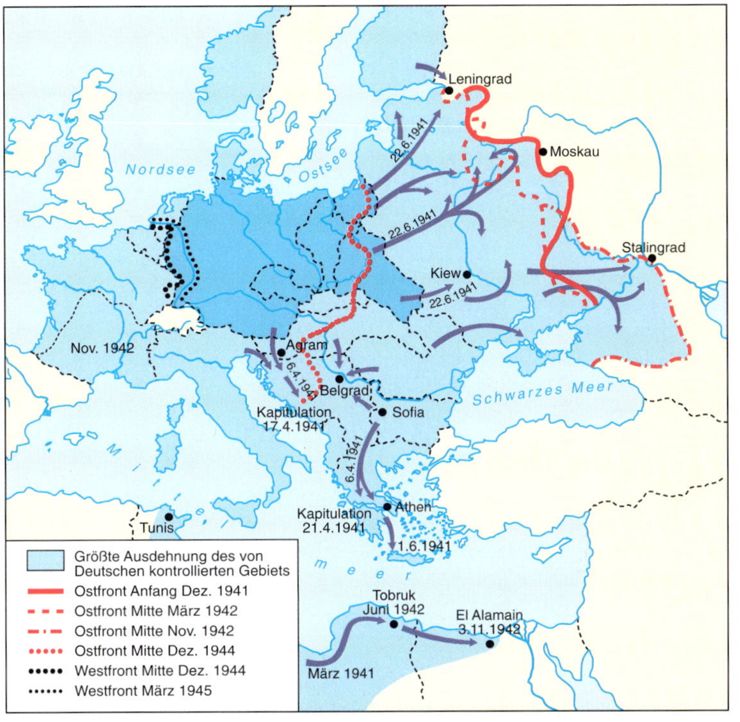

Karte 3 Das weiteste deutsche Vordringen im Zweiten Weltkrieg.

– *Rekapitulieren Sie die Stationen des Kriegs gegen die Sowjetunion anhand dieser Karte.*

M15 Stalingrad

a) Hitler über die Einnahme von Stalingrad am 8. November 1942

Ich wollte zur Wolga kommen, und zwar an einer bestimmten Stelle, an einer bestimmten Stadt. Zufälligerweise trägt sie den Namen von Stalin selber. Aber denken Sie nur nicht, daß ich aus diesem Grunde dorthin marschiert bin – sie könnte auch ganz anders heißen –, sondern weil dort ein ganz wichtiger Punkt ist.

Dort schneidet man nämlich 30 Millionen Tonnen Verkehr ab, darunter fast 9 Millionen Tonnen Ölverkehr. Dort floß der ganze Weizen aus diesen gewaltigen Gebieten der Ukraine, des Kubangebietes zusammen, um nach Norden transportiert zu werden. Dort ist das Manganerz befördert worden; dort war ein gigantischer Umschlagplatz. Den wollte ich nehmen und – wissen Sie ... wir sind bescheiden, wir haben ihn nämlich!

Es sind nur noch ein paar ganz kleine Plätzchen da. Nun sagen die anderen: „Warum kämpfen sie denn nicht schneller?" – Weil ich dort kein zweites Verdun haben will, sondern es lieber mit ganz kleinen Stoßtrupps mache. Die Zeit spielt dabei gar keine Rolle. [...]

(Völkischer Beobachter, Berliner Ausgabe vom 10. November 1942)

1 *Erklären Sie die strategische und die symbolische Bedeutung von Stalingrad.*

b) Aus einem anonymisierten Brief[1] aus dem letzten Flugzeug, das vor der Kapitulation der 6. Armee den Kessel von Stalingrad im Januar 1943 verlassen hat

Wir sind uns klar darüber, schweren Führungsfehlern zum Opfer gefallen zu sein, auch wird die Aufreibung der Festung Stalingrad unserem Volk und Volkstum überhaupt schwersten Schaden zufügen. Aber trotzdem glauben wir noch an eine glückhafte Auferstehung unseres Volkes. Dafür werden ja Männer wahrhaften Herzens Sorge tragen! Es wird bei Euch zu Hause ganze Arbeit geleistet werden müssen, um allen Wahnwitzigen, Narren und Verbrechern das Handwerk zu legen. Und die da nach Hause kommen, werden sie wegfegen wie Spreu vor dem Wind! Wir sind preußische Offiziere und wissen, was wir zu tun haben, wenn es an uns herankommt.

(Beilage zur Wochenzeitung „Das Parlament" vom 28. 12. 1955, S. 796 f.)

1 Das Führerhauptquartier hat alle Briefe dieser Maschine beschlagnahmen und anonym auswerten lassen. 57 % der Soldaten äußerten sich darin ablehnend zur Kriegsführung, 37 % indifferent.

1 *Was bedeutet der Untergang der 6. deutschen Armee*
a) für die betroffenen Soldaten,
b) für die deutsche Kriegsführung und Innenpolitik?

M16 Aus Goebbels Proklamation des totalen Krieges in seiner Rede am 18. Februar 1943 im Berliner Sportpalast

Die Engländer behaupten, das deutsche Volk habe den Glauben an den Sieg verloren.

Ich frage euch: Glaubt ihr mit dem Führer und mit uns an den endgültigen totalen Sieg des deutschen Volkes?

Ich frage euch: Seid ihr entschlossen, dem Führer in der Erkämpfung des Sieges durch dick und dünn und unter Aufnahme auch der schwersten persönlichen Belastungen zu folgen?

Zweitens: Die Engländer behaupten, das deutsche Volk ist des Kampfes müde.

Ich frage euch: Seid ihr bereit, mit dem Führer als Phalanx der Heimat hinter der kämpfenden Wehrmacht stehend diesen Kampf mit wilder Entschlossenheit und unbeirrbar durch alle Schicksalsfügungen fortzusetzen, bis der Sieg in unseren Händen ist?

Drittens: Die Engländer behaupten, das deutsche Volk hat keine Lust mehr, sich der überhandnehmenden Kriegsarbeit, die die Regierung von ihm fordert, zu unterziehen.

Ich frage euch: Seid ihr und ist das deutsche Volk entschlossen, wenn der Führer es befiehlt, zehn, zwölf und, wenn nötig, vierzehn und sechzehn Stunden täglich zu arbeiten und das Letzte herzugeben für den Sieg?

Viertens: Die Engländer behaupten, das deutsche Volk wehrt sich gegen die totalen Kriegsmaßnahmen der Regierung. Es will nicht den totalen Krieg, sondern die Kapitulation.

Ich frage euch: Wollt ihr den totalen Krieg? Wollt ihr ihn, wenn nötig, totaler und radikaler, als wir ihn uns heute überhaupt noch vorstellen können? [...]

(W. Hofer [Hrsg.], Der Nationalsozialismus. Dokumente 1933–1945. Neuausgabe Frankfurt/M. 1982, S. 250 ff.)

1 *Erklären Sie Goebbels Rede aus der Kriegslage.*

2 *Befragen Sie Zeitzeugen über die Stimmung und die allgemeine Einschätzung der Lage 1943.*

M17 Statistiken zum „totalen Krieg"

a) Rüstungsproduktion 1943

	Deutsches Reich	England	USA	Sowjetunion	Japan
insges. in Mrd. Dollar	13,8	11,1	37,5	13,9	4,9
Flugzeuge	25 220	26 300	30 912	34 900	16 700
Panzer	12 100	7 500	16 508	24 100	800
Kanonen	109 300	132 100	38 386	178 700	29 400

(Nach H.-U. Thamer, Verführung und Gewalt. Deutschland 1933–1945. Berlin 1986, S. 720 f.)

b) Deutsche Industrieproduktion, 1939-1944

Jahr	Insgesamt	Waffen u. Gerät	Konsumgüter	Wohnungsbau
1939	100	100	100	100
1940	97	176	95	95
1941	99	176	96	53
1942	100	254	86	23
1943	112	400	91	–
1944	110	500	86	14

* Mengenindex

(H.-U. Thamer, Verführung und Gewalt. Deutschland 1933–1945. Berlin 1986, S. 718.)

c) Tribute der okkupierten Gebiete und deutsche Staatsausgaben 1940–1944 (in Mrd. Mark)

Jahr	Staatsausgaben	Kontributionen	Kontributionen in % der Gesamtausgaben
1940	62	8	11,4
1941	84	19	18,4
1942	100	28	21,9
1943	114	40	26,0
1944	134	48	26,4

(J. Kuczynski, Die Geschichte der Lage der Arbeiter. Bd. II. Erster Teil. Berlin 1953, S. 110)

B 11 Stalingrad im Februar 1943. Fotografie von Georgi Zelma. Der Kampf um Stalingrad war von Hitler symbolisch betrachtet worden, so wurde auch die Kapitulation der 6. Deutschen Armee dort zum Symbol der Kriegswende. Von ursprünglich 200 000 Soldaten gingen 90 000 in Gefangenschaft, 5 000 kehrten später heim. Von Februar 1943 an zerbrach die Ostfront unaufhaltsam.

d) Mobilisierung der Arbeitskräfte im Deutschen Reich einschließlich Österreich, Sudeten- und Memelgebiet (in Mio.), 1939-1944

Jahr	Zivile Arbeitskräfte			Wehrmacht		
	Deutsche		Ausländer und	insgesamt	kumulierte	Aktiv-
	Männer	Frauen	Kriegsgefangene	einberufen	Verluste	bestand
1939 (Ende Mai)	24,5	14,6	0,3	1,4	–	1,4
1940 –	20,4	14,4	1,2	5,7	0,1	5,6
1941 –	19,0	14,1	3,0	7,4	0,2	7,2
1942 –	16,9	14,4	4,2	9,4	0,8	8,6
1943 –	15,5	14,8	6,3	11,2	1,7	9,5
1944 –	14,2	14,8	7,1	12,4	3,3	9,1
1944 (Ende Sept.)	13,5	14,9	7,5	13,0	3,9	9,1

(H.-A. Jacobsen, Der Weg zur Teilung der Welt. Koblenz/Bonn 1977, S. 269 [gekürzt])

1 *Vergleichen Sie den Rüstungswettlauf der kriegführenden Nationen 1943. Beurteilen Sie die Siegesaussichten.*

2 *Untersuchen Sie M 17d. Erklären Sie die Möglichkeit des konstanten Frauenanteils und der Produktionssteigerung bei sinkendem Männeranteil in der deutschen Produktion.*

3 *Erklären Sie die Rolle ausländischer Arbeiter und Kriegsgefangener (d) sowie der Tribute (c) für die Führung des totalen Krieges 1943/44.*

Bildquelle: Propagandakunst

Hans Schmitz-Wiedenbrück: Arbeiter, Bauern, Soldaten. 1941 ausgestellt auf der Großen Deutschen Kunstausstellung in München.

Bei der Kunst im NS-Staat handelt es sich (ähnlich wie beim sozialistischen Realismus*) um eine Gattung Bildender Kunst, mit der sich eher der Historiker als der Kunsthistoriker beschäftigt. Während der Kunsthistoriker meist an jahrhundertübergreifenden Entwicklungsprozessen in der künstlerischen Formensprache interessiert ist, erhält der Historiker durchaus auch von kunstgeschichtlich weniger ergiebigen Zeugnissen wichtige mentalitätsgeschichtliche oder politische Aufschlüsse.

Das 19. Jahrhundert hatte sowohl für Schriftsteller als auch für Maler den Durchbruch des Individualismus gebracht, so daß sich nun dank eines literarischen bzw. Kunstmarktes ein Künstler frei von einem Mäzen oder einem traditionellen Auftraggeber wie Kirche oder Fürst entfalten konnte. Ein Kunstwerk war nun hauptsächlich Ausdruck einer künstlerischen Persönlichkeit und deren Subjektivität. Die NS-Kulturpolitik aber verordnete von Anbeginn einen Kunstbegriff, der Kunst als ausschließlich individuellen Ausdruck und existentielle Erfahrung verbietet. Kunst ist für den NS-Staat vor allem Teil staatlicher Repräsentation und Prachtentfaltung. Von der Reichskulturkammer wurden alle Künste gelenkt und mit Auflagen versehen. Die im NS-Staat erwünschte Bildende Kunst wurde ab 1937 in der jährlichen „Großen Deutschen Kunstausstellung" im „Haus der Deutschen Kunst" in München gewürdigt. Ihre Themen waren von der NS-Weltanschauung und ihr Stil von Hitlers traditionalistischer Kunstauffassung vorgegeben, womit die gesamte Moderne seit der Jahrhundertwende als „undeutsch" und „entartet" galt. Das geheime Ziel der NS-Kulturpolitik bestand darin, alle Kunst zur Propagandakunst im Dienste des NS-Staates zu machen.

Hans Schmitz-Wiedenbrücks Triptychon* „Arbeiter, Bauern, Soldaten", das auf der Großen Deutschen Kunstausstellung 1941 gezeigt wurde, entspricht ganz den Erwartungen des NS-

Plakat 1942

Plakat 1943

– *Interpretieren Sie die Bilder unter Berücksichtigung der NS-Ideologie und mit Bezug auf die militärische Lage ab 1941.*

Regimes an Kunst und reflektiert seine Entstehungssituation. Bildaufbau und Formensprache sind traditionell. Die Form des Triptychons geht auf die Sakralkunst des Mittelalters zurück (Altarbild) und nutzt den symmetrischen Bildaufbau, um anstelle des Heilsgeschehens die entscheidenden Kräfte der Kriegszeit, die allegorischen Vertreter der Waffengattungen Heer, Luftwaffe und Marine, heroisch ins Bildfeld zu rücken. Die Frontsoldaten des Mittelteils sind flankiert von den Sinnbildern der „Heimatfront", den Bergarbeitern für die Industrieproduktion und den Viehzüchtern für die Landwirtschaft. Der Malstil ist spätrealistisch wie Ende des 19. Jahrhunderts an der Schwelle zum Impressionismus in Deutschland. Auffällig ist der „Kamerablick" der Arbeiter und des Bauern auf den Seitenteilen, der an Fotoaufnahmen erinnert, und der für den Betrachter starken Aufforderungscharakter besitzt. In Verbindung mit der entschlossenen heroischen Positur der Frontsoldatensinnbilder im Mittelteil wird die stumme Botschaft vermittelt, daß alle Deutschen zur Unterstützung der „Volksgemeinschaft" im Kriege zusammenzustehen haben.

3 Deutsche Besatzungspolitik und Widerstandsbewegungen

Kennzeichen deutscher Besatzungspolitik

Die deutsche Besatzungsmacht trat in den westlichen und nördlichen Gebieten Europas anders in Erscheinung als im **Osten**. Das war ein Ergebnis der nationalsozialistischen Lebensraumpläne. Während der Osten mit unmenschlicher Härte als deutscher **Siedlungsraum** vorbereitet wurde, hielt man die Stellung Skandinaviens, der Beneluxländer und Frankreichs im künftigen Großgermanischen Reich offen (M 18). Gleichwohl zeigte sich in allen besetzten Gebieten die **Konkurrenz** von deutschem **Militär** und von **SS-Einheiten**. Während die Militärs eine weltanschaulich neutrale Militärverwaltung einzuführen versuchten, war Himmler bestrebt, mit Hilfe von SS und Sicherheitspolizei im ganzen besetzten Europa die Herrenmenschenideologie und Rassenpolitik durchzusetzen. Selbstverwaltungsmöglichkeiten der Besiegten wurden zurückgedrängt, Distanzen auch zu den befreundeten faschistischen Bewegungen der einzelnen Länder aufgebaut und rigoros Judendeportationen durchgeführt. Mit dem amerikanischen Kriegseintritt wuchs der **wirtschaftliche Druck** auf die besetzten Länder, weil sie zunehmend – wie Norwegen und die Ukraine – zur Stützung der deutschen Zivil- und Rüstungswirtschaft beitragen mußten.

Gründe für den Widerstand gegen die deutsche Besatzung

Die meisten Widerstandskräfte erwachten erst infolge einer **herrischen deutschen Besatzungspolitik**. Im Baltikum und in der Ukraine z. B. wurden die deutschen Truppen als Befreier begrüßt. Erst die gnadenlose Unterwerfungs-, Ausrottungs- und Auspressungspolitik im Sinne der Ideologie vom deutschen Herren-

B 12 Fotografie eines Pogroms im litauischen Kowno 1941. Die deutsche Sicherheitspolizei hatte Zuchthäusler freigelassen und mit Eisenrohren ausgestattet, um von ihnen Juden totschlagen zu lassen. Pogrome und systematische Erschießungen durch sogenannte Einsatzgruppen sollten Kommunismus und Judentum im Osten vernichten.

volk, das sich Sklavenvölker im Osten schaffte, mobilisierte hier Widerstand (M 19c). Dieser wuchs um so mehr, als Ernteerträge ohne Rücksicht auf die hungernde Bevölkerung beschlagnahmt und Arbeiter ins Reich verschleppt wurden.
Im Westen, vor allem in Frankreich, war zunächst eine gewisse Bereitschaft zur **Kollaboration*** mit der deutschen Besatzungsmacht vorhanden. Erst die deutsche Politik der Zurücksetzung der kooperationsbereiten Franzosen und die Verschleierung der französischen Zukunft in einem NS-Europa führte 1941 zu einer bürgerlichen Widerstandsbewegung, zu der nach dem deutschen Angriff auf die Sowjetunion auch die Kommunisten stießen. So wie der **Krieg gegen die Sowjetunion** in ganz Europa den kommunistischen Widerstand gegen deutsche Besatzungen auslöste, führten die **Judenverfolgungen und -deportationen** ab 1942 zu Widerstandsbewegungen in Dänemark und Holland. Diese fanden mit den militärischen Rückschlägen der deutschen Wehrmacht ständigen Zulauf. Die **Geiselerschießungen** als Vergeltungsschläge für Sabotage-Akte und Attentate der Widerstandsbewegungen lösten ein System von Terror und Gegenterror aus, das wachsende Verbitterung bei der Zivilbevölkerung und die Bindung von immer mehr Truppen im Partisanenkampf zur Folge hatte (M 19b).

Nord- und Westeuropa

Im Norden und Westen Europas regierten in den besetzten Ländern z. T. eigene **Zivilregierungen**, so in Dänemark (bis 1943), in Norwegen (ab 1942), den Niederlanden und Südfrankreich. Freilich waren diese Regierungen abhängig von Reichskommissaren und deutschen Militärspitzen. Belgien, Nord- und Westfrankreich standen unter deutscher Militärverwaltung, Luxemburg und Elsaß-Lothringen wurden de facto Reichsgebiet. Mit zunehmender wirtschaftlicher Ausbeutung und militärischen Niederlagen wuchsen die Widerstandsbewegungen in den besetzten Ländern. In Norwegen war der Widerstand von der Exilregierung in London organisiert, in Dänemark wurde er von protestantischen Theologen bestärkt, und in Frankreich vereinigte sich 1943 die **Résistance** mit den Kräften des „Freien Frankreich"* von General de Gaulle. Ab 1943 traten allgemein deutsche Befehlshaber an die Stelle der Zivilregierungen. Sie griffen mit Hilfe von Himmlers Polizeimacht zu Terrormaßnahmen als Vergeltung für Sabotageakte (z. B. Vernichtung des gesamten Dorfes Oradour 1944). In den französischen Widerstandsgruppen aber wurde die Nachkriegspolitik Frankreichs teilweise vorgeprägt.

Balkan

Auf dem Balkan teilten sich Deutschland und Italien die Besatzungsgebiete und schufen an der Stelle Jugoslawiens eigene befreundete Staaten. In Griechenland und Jugoslawien entstanden monarchistische und kommunistische Partisanenbewegungen, die sowohl gegen die Besatzungsmächte als auch untereinander hartnäckige Kämpfe führten. In Jugoslawien setzte sich Titos kommunistische Bewegung durch, in Griechenland mit Hilfe Englands die monarchistische.

Polen

Im Osten Europas trug die deutsche Besatzungspolitik von Anfang an andere Züge. In **Polen** wurden die ins Reich eingegliederten Gebiete (vgl. Karte 2b) sogleich von Himmlers SS und Sicherheitspolizei **„germanisiert"**, d. h. die polnische Bevölkerung wurde deportiert oder vertrieben, und Deutsche aus dem Baltikum wurden angesiedelt. Alle Polen waren entrechtet und nur mehr „Schutzangehörige" des Reiches. Die Juden wurden in Gettos zusammengetrieben. Im Generalgouvernement wurde zwar primär die wirtschaftliche Ausbeutung betrieben, aber im Zuge von Himmlers „Volkstumspolitik" wurde ab 1940 die polnische Führungsschicht – weitgehend Juden – ebenso vernichtet wie die jüdische Bevölkerung (B 12). Die schwachen Proteste der Militärs gegen die Einsatzkommandos der SS waren weithin vergeblich. Erst als die deutschen Truppen im Rußlandfeldzug zurückgeschlagen wurden, trat die polnische Widerstandsbewegung hervor, die mit der polnischen Exilregierung in London in Verbindung stand (B 13). Ihr **Warschauer Aufstand** vom August 1944 aber verblutete, weil die sowjetischen Truppen vom östlichen Weichselufer aus untätig zusahen und die Westalliierten ihnen wegen der Entfernung nur unzulänglich helfen konnten.

Sowjetunion

Im Krieg gegen die Sowjetunion erreichte die NS-Rassenpolitik ihren Höhepunkt. Im **Kommissarbefehl** wurde der Wehrmacht die Vernichtung der politisch-militärischen Führungsschicht befohlen (M 19) sowie die Deportation und Tötung der jüdischen Bevölkerung systematisch fortgesetzt. Über diesen Vernichtungskampf hinaus wurde im Juli 1941 ein **„Generalplan Ost"** aufgelegt, nach dem Polen, das Baltikum, Weißrußland und Teile der Ukraine innerhalb von 30 Jahren deutsch besiedelt werden sollten. 31 Mio. der Ortsansässigen wollte man nach Sibirien vertreiben, nur 14 Mio. „Germanisierungsfähige" sollten bleiben. Das zu erobernde Gebiet sollte in vier Reichskommissariate eingeteilt werden; das Kommissariat Ukraine und Ostland wurde nach dem deutschen Vorstoß bis Moskau auch tatsächlich errichtet. Ziel der Eroberung und der Besetzung der europäischen Sowjetunion war die endgültige Beseitigung einer Militärmacht westlich des Urals und damit die Absicherung des geplanten Großgermanischen Reiches nach Osten.
Die Umsiedlungs-, Vernichtungs- und Ausbeutungsaktionen im Sinne der Lebensraum- und Rassenpolitik führten auch bei den sowjetfeindlichen Bevölkerungsteilen zu einer **beispiellosen Partisanenbewegung** (B 14). Erst mit der Partisanenbewegung wurde Stalins Abwehrkampf gegen Hitler zum **„Großen Vaterländischen Krieg der Sowjetunion"**.

B 13 „Vergeltungsaktion" deutscher Soldaten im Generalgouvernement Polen an polnischen Partisanen 1942.

B 14 Eine Partisanengruppe in Weißrußland 1943. Ausbeutungspolitik, Rassismus und Kommissarbefehl riefen in den besetzten Gebieten der Sowjetunion eine beispiellose Partisanenbewegung hervor, die immer mehr Wehrmachtstruppen von der Front fernhielt.

M18 Aus einer Rede von Reinhard Heydrich, Chef des Reichssicherheitshauptamtes, über Grundsätze der nationalsozialistischen „Neuordnungs"-Politik am 2. Oktober 1941

Und nun haben wir unter der Führung des Führers unendlich viel Räume in Europa besetzt als militärische Voraussetzung für die weitere Führung und siegreiche Beendigung des Krieges. […]
Das eine sind die Räume mit germanischen Menschen, das sind jene Menschen, die unseres Blutes sind und daher an sich unseres Charakters sind. Es sind jene Menschen, die durch eine schlechte politische Führung und Einfluß des Judentums irgendwie verbogen sind, die sich erst langsam zurückführen müssen zu den Grundelementen des Gegenwartsdenkens. Es sind das die Räume, die ich sehe: Norwegen, Holland, Flandern, so wie in späterer Zukunft ich sehe: Dänemark, Schweden. Es sind jene Räume, die germanisch besiedelt sind und die in irgendeiner Art, darüber müssen wir uns hier im klaren sein, ob im Staatenbund, Gau oder sonstwie zu uns gehören werden. Es ist klar, daß wir diesen Menschen gegenüber eine ganz andere Art der Behandlung finden müssen als gegenüber den andersrassigen, slawischen und ähnlichen Völkern. […]
Das zweite sind die Osträume, die zum Teil slawisch besiedelt sind, das sind die Räume, in denen man wissen muß, daß Güte nur als Schwäche ausgelegt wird, das sind die Räume, wo der Slawe selber gar nicht will, daß er gleichberechtigt behandelt wird, wo er gewöhnt ist, daß der Herr sich mit ihm nicht gemein macht. Das sind also die Räume, die wir nun im Osten zu führen und zu behalten haben. Das sind die Räume, in denen eine deutsche Oberschicht nach der militärischen Entwicklung bis weit nach Rußland hinein, bis weit an den Ural einmal in der ganz klaren Führungsform als Rohstoffbasis, als Arbeiter für große auch Kulturaufgaben, als Heloten, wenn ich es ganz drastisch sagen will, für uns eingesetzt werden muß. […]
Dann kommt der großpolnische Raum, der das nächste Gebiet ist, das man ganz allmählich deutsch besiedeln muß, aus dem das polnische Element allmählich nach dem Osten verdrängt werden muß. Dann kommt die Ukraine, die auch zunächst mit einer gewissen Mittellösung allmählich aus dem großrussischen Raum unter Anwendung und Ausnutzung der gewissen noch im Unterbewußtsein schlummernden völkischen eigenen Gedanken als große Rohstoff- und Ernährungsbasis unter deutscher Führung weiterleben soll. Ohne daß man etwa diesem Volk etwa dort eine kulturelle Festigung oder Stärkung geben kann […].
(W. Ruge/W. Schumann [Hrsg.], Dokumente zur deutschen Geschichte 1939–1942. Frankfurt/M. 1977, S. 87 f.)

1 *Beschreiben Sie Heydrichs Zukunftsperspektiven.*
2 *Erörtern Sie die Auswirkungen der geplanten Besatzungspolitik im Westen bzw. im Osten.*

M19 Deutsche Besatzungspolitik in der Sowjetunion

a) Aus dem sogenannten Kommissarbefehl[1] vom 6. Juni 1941

Im Kampf gegen den Bolschewismus ist mit einem Verhalten des Feindes nach den Grundsätzen der Menschlichkeit oder des Völkerrechts *nicht* zu rechnen. Insbesondere ist von den *politischen Kommissaren aller Art* als den eigentlichen Trägern des Widerstandes eine haßerfüllte, grausame und unmenschliche Behandlung unserer Gefangenen zu erwarten.

Die Truppe hat sich bewußt zu sein:

1. In diesem Kampf ist Schonung und völkerrechtliche Rücksichtnahme diesen Elementen gegenüber falsch. Sie sind eine Gefahr für die eigene Sicherheit und die schnelle Befriedung der eroberten Gebiete.
2. Die Urheber barbarisch asiatischer Kampfmethoden sind die politischen Kommissare. Gegen diese muß daher *sofort* und ohne Weiteres mit aller Schärfe vorgegangen werden.

Sie sind daher, wenn im Kampf oder Widerstand ergriffen, grundsätzlich sofort mit der Waffe zu erledigen.

(W. Michalka [Hrsg.], Das Dritte Reich. Bd. 2. München 1985, S. 56)

1 Mit politischen Kommissaren waren sowohl die politischen Offiziere der Roten Armee gemeint als auch alle anderen Funktionäre der KPdSU.

b) Aus dem sogenannten Geiselmordbefehl vom 16. September 1941 zur Zerschlagung von Widerstand in den besetzten sowjetischen Gebieten

a) Bei jedem Vorfall der Auflehnung gegen die deutsche Besatzungsmacht, gleichgültig wie die Umstände im einzelnen liegen mögen, muß auf kommunistische Ursprünge geschlossen werden.

b) Um die Umtriebe im Keime zu ersticken, sind beim ersten Anlaß unverzüglich die schärfsten Mittel anzuwenden, um die Autorität der Besatzungsmacht durchzusetzen und einem weiteren Umsichgreifen vorzubeugen. Dabei ist zu bedenken, daß ein Menschenleben in den betroffenen Ländern vielfach nichts gilt und eine abschreckende Wirkung nur durch ungewöhnliche Härte erreicht werden kann. Als Sühne für ein deutsches Soldatenleben muß in diesen Fällen im allgemeinen die Todesstrafe für 50–100 Kommunisten als angemessen gelten. Die Art der Vollstreckung muß die abschreckende Wirkung noch erhöhen.

(Der Prozeß gegen die Hauptkriegsverbrecher vor dem Internationalen Militärgerichtshof. Bd. 2. Nürnberg 1946, S. 487 f.)

1 *Welche Folgen dürfte zunächst der Kommissarbefehl (beachten Sie das Datum!), sodann der Geiselmordbefehl gehabt haben?*

2 *Welche Motive stehen hinter dieser Art von Kriegsführung?*

c) Aus Görings Richtlinien zur Ausbeutung der Sowjetunion, die sogenannte Grüne Mappe vom Juni 1941

I. Nach den vom Führer gegebenen Befehlen sind alle Maßnahmen zu treffen, die notwendig sind, um die sofortige und höchstmögliche Ausnutzung der besetzten Gebiete zugunsten Deutschlands herbeizuführen. Dagegen sind alle Maßnahmen zu unterlassen oder zurückzustellen, die dieses Ziel gefährden könnten.

II. Die Ausnutzung der neu zu besetzenden Gebiete hat sich in erster Linie auf den Gebieten der Ernährungs- und der Mineralölwirtschaft zu vollziehen. Soviel wie möglich Lebensmittel und Mineralöl für Deutschland zu gewinnen, ist das wirtschaftliche Hauptziel der Aktion. Daneben müssen sonstige Rohstoffe aus den besetzten Gebieten der deutschen Kriegswirtschaft zugeführt werden, soweit das technisch durchführbar und im Hinblick auf die draußen aufrechtzuerhaltende Produktion möglich ist. Was Art und Umfang der in den besetzten Gebieten zu erhaltenden, wieder herzustellenden oder neu zu ordnenden gewerblichen Produktion anlangt, so ist auch das in allererster Linie nach den Erfordernissen zu bestimmen, die die Ausnutzung der Landwirtschaft und der Mineralölwirtschaft für die deutsche Kriegswirtschaft stellt. […]

Völlig abwegig wäre die Auffassung, daß es darauf ankomme, in den besetzten Gebieten einheitlich die Linie zu verfolgen, daß sie baldigst wieder in Ordnung gebracht und tunlichst wieder aufgebaut werden müßten.

(D. Eichholtz/W. Schumann [Hrsg.], Anatomie des Krieges. Neue Dokumente über die Rolle des deutschen Monopolkapitalismus bei der Vorbereitung und Durchführung des zweiten Weltkrieges. Berlin 1969, S. 333 f.)

1 *Erklären Sie den Sinn der Ausbeutungspolitik.*

2 *Erschließen Sie Wirkungen der wirtschaftlichen Ausbeutung der Sowjetunion bei der sowjetischen Bevölkerung.*

3 *Von welchem Endziel, die russische Bevölkerung betreffend, geht Göring aus?*

4 Vernichtungspolitik

Vernichtungskrieg in Polen und der Sowjetunion

Die Vernichtung von Kommunismus und Judentum war das erklärte Ziel Hitlers. Nach dem üblichen politischen Sprachgebrauch hätte das Verdrängung oder Entmachtung heißen können. Im Krieg zeigte sich dann, daß damit tatsächlich die physische Vernichtung, die Tötung aller Kommunisten und Juden gemeint war. Nachdem im Krieg gegen Polen polnische Juden und polnische Führungsschicht gleichermaßen Opfer der NS-Einsatzgruppen geworden waren, wurde der Krieg gegen die Sowjetunion von Hitler von Anfang an als politischer und rassischer Vernichtungskrieg definiert. In einer Ansprache vor Offizieren am 30. März 1941 erhob er ebenso wie im „Kommissarbefehl" vom 6. Juni 1941 die **Vernichtung der politischen Führungsschicht** der Sowjetunion zum Gebot für jeden Soldaten (M 19a). Geltendes Kriegsrecht und traditionelle Moralvorstellungen wurden außer Kraft gesetzt. Damit war die vorher und andernorts geltende Trennung von Militär- und SS-Bereich beseitigt. Die Militärs wurden zum Vollstrecker der NS-Politik in Rußland.

Von der Verfolgung zur Vernichtung der europäischen Juden

Neben dem Lebensraum-Konzept bildete der rassenideologische Antisemitismus den zweiten tragenden Pfeiler der NS-Weltanschauung. Deshalb bildeten die Entrechtung und Verfolgung der Juden das Kernstück der NS-Innenpolitik vor dem Krieg. Gleichermaßen wurden auch die „Zigeuner"* Deutschlands, die Sinti und Roma, Opfer der NS-Rassenpolitik. Mit dem Krieg nahm dann diese Politik einen neuen Charakter an. Am 30. Januar 1939 hatte Hitler vor dem Reichstag gedroht, ein künftiger Krieg werde die „Vernichtung der jüdischen Rasse in Europa" zur Folge haben. Tatsächlich ist das Schicksal der deutschen und europäischen Juden aufs engste mit der Kriegsentwicklung verbunden.
Vom Krieg gegen Polen 1939 bis zum Stocken der russischen Front 1941 wurden verschiedene Pläne zur Deportation der Juden verfolgt. Zunächst sollten im polnischen Osten Gettos nach dem Muster von Warschau, Lodz und Lublin, dann nach dem Sieg über Frankreich 1940 die Umsiedlung nach Madagaskar und während des Vormarsches in der Sowjetunion die Vertreibung nach Sibirien die **„territoriale Endlösung"** bringen. Die besetzten und verbündeten Länder wurden deshalb nach und nach zur Übernahme der deutschen Judengesetze veranlaßt (B 15), so Frankreich und später Rumänien, Italien, Ungarn; Dänemark wehrte sich standhaft dagegen. Als aber die deutschen Truppen im November 1941 an der russischen Front festsaßen, wurden alle diese Pläne fallengelassen. Göring beauftragte am 31. Juli 1941 Heydrich im Namen des „Führers" mit den „Vorbereitungen für eine Gesamtlösung der Judenfrage im deutschen Einflußbereich in Europa". Im Juni bereits hatte Himmler dem Kommandanten des KZ Auschwitz befohlen, große Vergasungsanlagen zu besorgen. Im Dezember 1941 begann dann der Holocaust*, die systematische physische Vernichtung der Juden Europas.

Die sogenannte Endlösung der Judenfrage

Die **„Wannsee-Konferenz"** aller betroffenen Staatssekretäre unter der Leitung von Heydrich koordinierte im Januar 1942 die Organisation zum Transport von Millionen europäischer Juden in den Osten. Damit hatte die **„physische Endlösung"** der „Judenfrage" zur Tötung aller als jüdisch eingestuften Menschen begonnen. Da die NS-Führung bei diesem beispiellosen verbrecherischen Unterfangen das Licht der Öffentlichkeit scheute, wurden alle Vorbereitungen und Vernichtungsaktionen unter striktem Stillschweigen abgewickelt. In den außerhalb des Altreiches gelegenen **Vernichtungslagern*** Auschwitz, Birkenau, Sobibor, Belzec, Majdanek, Treblinka, Chelmno (Karte 4) wurden nach Angaben des Transportorganisators der Vernichtungszüge Eichmann bis August 1944 4 Mio. Juden getötet und darüber hinaus 2 Mio. auf andere Weise beseitigt (B 16).

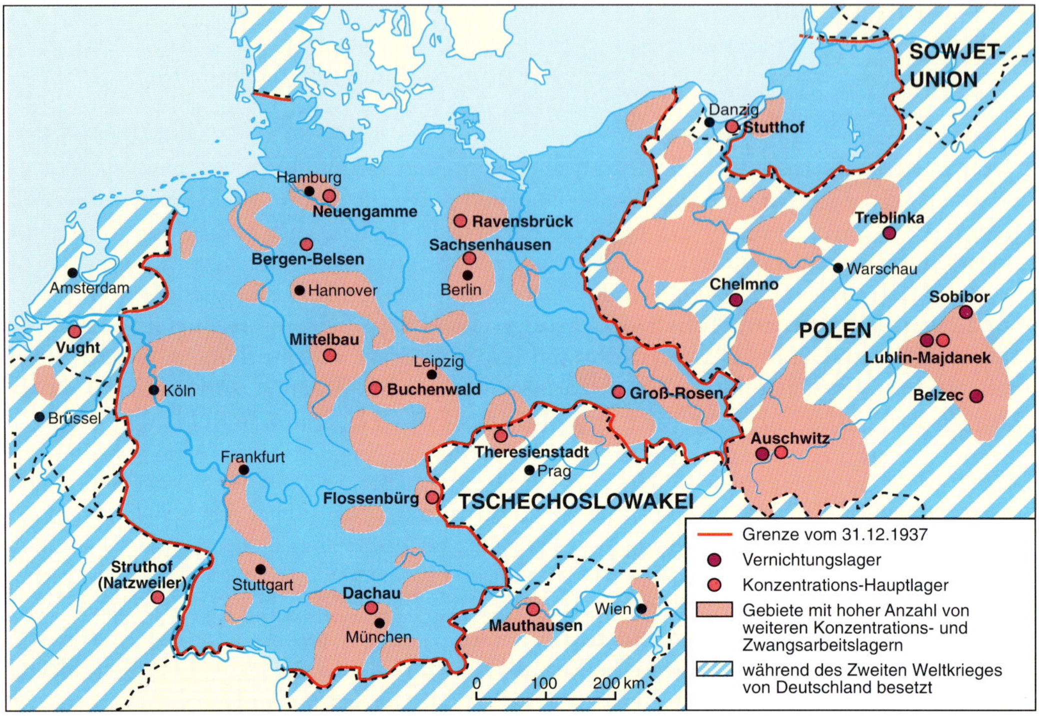

Karte 4 Die offiziellen staatlichen Konzentrationslager 1944.

– *In welchen Gebieten liegen die Vernichtungslager? Warum? Vgl. Karte 2b.*

Arbeitsfähige Häftlinge mußten Zwangsarbeit im Lager oder in Rüstungsbetrieben leisten. Mangelhafte Ernährung führte häufig zum Tod. Das erfüllte das zynische Ziel der sog. **„Vernichtung durch Arbeit"**. Andere Häftlinge mußten unmenschliche medizinische Versuche erdulden. Ein Großteil der Juden Europas wurde gleich nach dem Transport in die Vernichtungslager durch Gas oder Erschießen getötet (M 20). Ein Statistiker des RSHA* hielt für März 1943 4,5 Mio. Juden als Opfer der Vernichtungsaktionen fest. Lebten 1939 9,2 Mio. Juden in Europa, so waren es 1945 nur mehr 3,1 Mio (M 21).
Welche Bedeutung Hitler und Himmler ihrem Mordprogramm beimaßen, zeigt sich an den militärischen Nachteilen, die sie durch den Abzug von Transportkapazitäten in Kauf nahmen. Das **rassische Dogma** hatte **Priorität** vor den militärischen Notwendigkeiten. Wahrscheinlich hat Hitler versucht, sein erklärtes Ziel der „Entfernung der Juden" aus Europa noch zu verwirklichen, als er die NS-Weltherrschaft bereits verloren gab.

Vernichtung „lebensunwerten Lebens"

Neben Juden, Zigeunern und sowjetischen Kriegsgefangenen (als sog. Untermenschen) waren auch körperlich und geistig Behinderte Opfer der NS-Vernichtungspolitik. In der sog. **„Kinderaktion"** wurden 1939/40 5000 behinderte Neugeborene getötet und im sog. **Euthanasie-Programm** etwa 70–80000 unheilbare Kranke. Erst die öffentlichen Proteste katholischer und evangelischer Bischöfe führten 1941 zur Einschränkung der Tötungen.

M20 Aus dem Bericht des SS-Offiziers Kurt Gerstein über Massenvergasungen im KZ Belzec am 18. August 1942

Am anderen Morgen um kurz vor sieben Uhr kündigt man mir an: In zehn Minuten kommt der erste Transport! Tatsächlich kam nach einigen Minuten der erste Zug von Lemberg aus an. 45 Waggons mit 6 700 Menschen, von denen 1 450 schon tot waren bei ihrer Ankunft. Hinter den vergitterten Luken schauten, entsetzlich bleich und ängstlich, Kinder durch, die Augen voll Todesangst, ferner Männer und Frauen. Der Zug fährt ein: 200 Ukrainer reißen die Türen auf und peitschten die Leute mit ihren Lederpeitschen aus den Waggons heraus. Ein großer Lautsprecher gibt die weiteren Anweisungen: Sich ganz ausziehen, auch Prothesen, Brillen usw. Die Wertsachen am Schalter abgeben, ohne Bons oder Quittung. Die Schuhe sorgfältig zusammenbinden (wegen der Spinnstoffsammlung), denn in dem Haufen von reichlich 25 Meter Höhe hätte sonst niemand die zugehörigen Schuhe wieder zusammenfinden können. Dann die Frauen und Mädchen zum Friseur, der mit zwei, drei Scherenschlägen die ganzen Haare abschneidet und sie in Kartoffelsäcken verschwinden läßt. „Das ist für irgendwelche Spezialzwecke für die U-Boote bestimmt, für Dichtungen oder dergleichen!" sagt mir der SS-Unterscharführer, der dort Dienst tut. –

Dann setzt sich der Zug in Bewegung. [...] – So steigen sie die kleine Treppe herauf, und dann sehen sie alles. Mütter mit Kindern an der Brust, kleine nackte Kinder, Erwachsene, Männer und Frauen, alle nackt – sie zögern, aber sie treten in die Todeskammern, von den anderen hinter ihnen vorgetrieben oder von den Lederpeitschen der SS getrieben. Die Mehrzahl, ohne ein Wort zu sagen. Eine Jüdin von etwa 40 Jahren mit flammenden Augen ruft das Blut, das hier vergossen wird, über die Mörder. Sie erhält fünf oder sechs Schläge mit der Reitpeitsche ins Gesicht, vom Hauptmann Wirth persönlich, dann verschwindet auch sie in der Kammer. – Die Kammern füllen sich. Gut vollpacken – so hat es der Hauptmann Wirth befohlen. Die Menschen stehen einander auf den Füßen. 700 bis 800 auf 25 Quadratmetern, in 45 Kubikmetern! Die SS zwängt sie physisch zusammen, soweit es überhaupt geht. – Die Türen schließen sich. Währenddessen warten die anderen draußen im Freien, nackt. Man sagt mir: Auch im Winter genauso! [...]

Mit den Dieselauspuffgasen sollen die Menschen zu Tode gebracht werden. Aber der Diesel funktioniert nicht! Der Hauptmann Wirth kommt. Man sieht, es ist ihm peinlich, daß das gerade heute passieren muß, wo ich hier bin. Jawohl, ich sehe alles! Und ich warte. Meine Stoppuhr hat alles brav registriert. 50 Minuten, 70 Minuten - der Diesel springt nicht an! Die Menschen warten in ihren Gaskammern. Vergeblich. Man hört sie weinen, schluchzen. [...] Der Hauptmann Wirth schlägt mit seiner Reitpeitsche dem Ukrainer, der dem Unterscharführer Heckenholt beim Diesel helfen soll, zwölf-, dreizehnmal ins Gesicht. Nach 2 Stunden 49 Minuten – die Stoppuhr hat alles wohl registriert – springt der Diesel an. Bis zu diesem Augenblick leben die Menschen in diesen vier

B 15 Felix Nussbaum, Selbstbildnis mit Judenpaß, 1943. Die deutschen Judengesetze wurden nicht nur in den besetzten, sondern auch in den befreundeten und z. T. neutralen Ländern übernommen. Ab 1941 war das Tragen des Judensterns Pflicht. 1942 begannen in Europa die Deportationen in die Vernichtungslager, meist organisiert von den örtlichen Behörden.

Kammern, viermal 750 Menschen in viermal 45 Kubikmetern! - Von neuem verstreichen 25 Minuten. Richtig, viele sind jetzt tot. Man sieht das durch das kleine Fensterchen, in dem das elektrische Licht die Kammern einen Augenblick beleuchtet. Nach 28 Minuten leben nur noch wenige. Endlich, nach 32 Minuten ist alles tot. – Von der anderen Seite öffnen Männer vom Arbeitskommando die Holztüren. Man hat ihnen - selbst Juden – die Freiheit versprochen und einen gewissen Promillesatz von allen gefundenen Werten für ihren schrecklichen Dienst. Wie Basaltsäulen stehen die Toten aufrecht aneinander gepreßt in den Kammern. Es wäre auch kein Platz, hinzufallen oder auch nur sich vornüber zu neigen. Selbst im Tode noch kennt man die Familien. Sie drücken sich, im Tode verkrampft, noch die Hände, so daß man Mühe hat, sie auseinanderzureißen, um die Kammern für die nächste Charge freizumachen. Man wirft die Leichen – naß von Schweiß und Urin, kotbeschmutzt, Menstruationsblut an den Beinen, heraus. Kinderleichen fliegen durch die Luft. Man hat keine Zeit, die Reitpeitschen der Ukrainer sausen auf die Arbeitskommandos. Zwei Dutzend Zahnärzte öffnen mit Haken den Mund und sehen nach Gold. Gold links, ohne Gold rechts. Andere Zahnärzte brechen mit Zangen und Hämmern die Goldzähne und Kronen aus den Kiefern. – [...]

Alle meine Angaben sind wörtlich wahr. Ich bin mir der außerordentlichen Tragweite dieser meiner Aufzeichnungen vor Gott und der gesamten Menschheit voll bewußt und nehme es auf meinen Eid, daß nichts von allem, was ich registriert habe, erdichtet oder erfunden ist, sondern alles sich genauso verhält.

(Gerstein hat dieses Erlebnis bereits 1942 einem schwedischen Botschaftsangehörigen mitgeteilt und am 4. 5. 1945 niedergeschrieben.)

(Vierteljahreshefte für Zeitgeschichte, 1/1953, Heft 2, S. 189 ff.)

1 *Untersuchen Sie Ziel und Verhalten der Täter.*

2 *Erörtern Sie Gründe für die Duldsamkeit der Opfer.*

3 *Am nationalsozialistischen Vernichtungswerk waren insgesamt etwa 200 000 Deutsche beteiligt. Versuchen Sie die Personengruppen zusammenzustellen, deren Mithilfe notwendig war, um den Holocaust durchzuführen.*

B 16 Auf der Rampe bei der Ankunft im KZ Auschwitz. Auschwitz war das größte Vernichtungslager im Osten. An der Bahnrampe sonderte ein SS-Arzt die Arbeitsfähigen von den für den Tod Bestimmten („Selektion").

B 17 Skulptur von Nandor Glid, Gedenkstätte Yad Vashem in Jerusalem. Die Plastik erinnert an die Millionen Juden, die in Vernichtungslagern ums Leben kamen.

– *Die nationalsozialistischen Verbrechen belasten nach einem halben Jahrhundert Deutschland. Erörtern Sie konkrete Konsequenzen aus dieser besonderen Verantwortung für uns Deutsche (etwa gegenüber dem Rechtsradikalismus).*

M21 Schätzungen über den Umfang der Ausrottung der europäischen Juden

	Mindestzahl	Höchstzahl	in % der jüd. Bevölkerung	US-Schätzungen
Deutschland[1]	160 000	180 000		195 000
Österreich	58 000	60 000	50 %	53 000
Tschechoslowakei[1]	233 000	243 000		255 000
Dänemark	(weniger als 100)		1 %	1 000
Frankreich	60 000	65 000		140 000
Italien	8 500	9 000	22 %	20 000
Belgien	25 00	28 000		57 000
Holland	104 000	104 000	56 %	120 000
Luxemburg	3 000	3 000		3 000
Norwegen	700	700	38 %	1 000
Jugoslawien	55 000	58 000	80 %	64 000
Griechenland	57 000	60 000	81 %	64 000
Bulgarien[2]	–	–		5 000
Rumänien[2]	200 000*	220 000*	34 %	530 000
Ungarn[2]	180 000	200 000	75 %	200 000
Polen[2]	2 350 000*	2 600 000*	90 %	3 271 000
Sowjetunion[2]	700 000*	750 000*	28 %	1 050 000
				6 029 500
		Abzügl. DP's		308 000
	4 194 200	4 581 200*		5 721 500

* Verläßliche Zahlenangaben liegen in diesem Fall nicht vor. Es handelt sich also nur um annähernde Schätzungen.
[1] Grenzen von 1937 [2] Vorkriegsgrenzen

(G. Reitlinger, Die Endlösung. Berlin 1956, S. 573 [Prozentzahlen ergänzt])

1 *Wo hat das Vernichtungsprogramm am verheerendsten gewirkt?*

2 *Setzen Sie sich mit der Leugnung des Holocaust durch Rechtsradikale auseinander; ziehen Sie dazu einschlägige Forschungen heran (z. B. Wolfgang Benz [Hrsg.], Dimensionen des Völkermordes, München [Oldenbourg] 1991; J.-C. Pressac/D. Czech/H. Langbein, Menschen in Auschwitz, München [Piper] 1994).*

5 Kriegs- und Friedensziele der Alliierten

England, Frankreich und die USA traten aus ganz verschiedenen Gründen in den Krieg ein, vertraten ursprünglich unterschiedliche Ziele und fanden erst durch den gemeinsamen Gegner zu einheitlichen Kriegs- und Friedenszielen. Zwischen 1941 und 1945 einigten sie sich über die bloße Kriegsführung hinaus auch auf **Prinzipien einer gemeinsamen Weltpolitik der Nachkriegszeit.** Ihre Beschlüsse hatten erheblichen Einfluß auf die deutsche Kriegsführung und die Möglichkeiten eines deutschen Widerstands gegen die NS-Diktatur.

Atlantik-Charta 1941
Casablanca 1943

Schon vor dem Kriegseintritt der USA hatte **Roosevelt** im Januar 1941 jene **vier Freiheiten** verkündet, welche für die Anti-Hitler-Allianz maßgebliche Grundsätze einer künftigen Weltpolitik werden sollten: Rede- und Religionsfreiheit, Freiheit von Angst und Not für alle Nationen (M22). Hierauf aufbauend beschlossen Churchill und Roosevelt in der sogenannten **Atlantik-Charta** vom 14.8.1941, nach der Vernichtung der NS-Diktatur auf Annexionen zu verzichten, das Selbstbestimmungsrecht der Völker zu achten und den Frieden durch eine politische und wirtschaftliche Zusammenarbeit der Völker auf der Grundlage des freien Handels zu sichern (M 23). Dieser Erklärung schlossen sich bis 1.1.1942 alle gegen die Achsenmächte* und Japan kriegführenden Mächte an, also auch die Sowjetunion, und bereiteten so die **Vereinten Nationen** vor. Alle Unterzeichner erklärten auch, daß sie keinen Sonderfrieden mit den Achsenmächten eingingen.
Dieser Beschluß wurde auf der Konferenz von Casablanca im Januar 1943 noch verschärft: Die USA und Großbritannien forderten angesichts der Umzingelung von Stalingrad durch die Rote Armee die **bedingungslose Kapitulation Deutschlands.** Das schloß für Deutschland die Möglichkeit aus, sich auf die Atlantik-Charta zu berufen; damit war es auf Gedeih und Verderb dem Siegerwillen ausgeliefert (B 18). Diese Forderung der West-Alliierten wurde auf der Außenministerkonferenz in Moskau im Oktober wiederholt. Hier beschlossen Churchill, Roosevelt und Stalin, die „Großen Drei", die Fortsetzung ihrer Zusammenarbeit auch nach dem Krieg.

Konferenz von Teheran
28. 11.–1. 12. 1943

Im Herbst 1943 trafen Churchill, Roosevelt und Stalin in Teheran erstmals zusammen, um die Verhältnisse für ein Nachkriegseuropa zu besprechen. Das Hauptthema war hier die Grenze Polens nach der Eroberung durch die Rote Armee, die jetzt bereits vor der polnischen Ostgrenze stand. Stalin beanspruchte die Grenze des Hitler-Stalin-Paktes und Königsberg. Dagegen forderte die polnische Exil-Regierung in London die Ostgrenze des Rigaer Friedens von 1921, etwa 150 km weiter östlich gelegen, und als Westgrenze die Oder und die Lausitzer Neiße. Churchill wollte zwar die sowjetische Vormacht im Nachkriegseuropa vermeiden, brauchte aber Stalins Hilfe zum Sieg über Deutschland und stimmte deshalb Stalins Forderung einer **Westverschiebung Polens** zu. Polen sollte mit Gebieten im Westen, also mit Ostpreußen und der Oder als Westgrenze entschädigt werden.
Ein anderes Thema betraf die **Zerstückelung des besiegten Deutschland**, um für immer seine Militärmacht zu brechen. Roosevelt schlug eine Aufteilung in fünf kleine Staaten und damit die **Zerschlagung Preußens** vor, wohingegen Churchill eine Isolation Preußens und einen Zusammenschluß der süddeutschen Staaten mit Österreich bevorzugte. Stalin neigte eher zu Roosevelts Vorschlag, ein Beschluß wurde aber nicht gefaßt.
Die Zerstückelungspläne führten 1944 zum Plan des US-Finanzministers Henry Morgenthau, Deutschland in einen Agrarstaat zurückzuverwandeln. Diesen sogenannten **Morgenthauplan** gab aber der US-Präsident im September 1944 wieder auf.

B 18 Propagandaplakat der Alliierten mit der Aufschrift: Diesmal bis nach Berlin.

– *Erörtern Sie Motive und Probleme der Allianz von USA und UdSSR.*

Konferenz von Jalta 4.–11. 2. 1945

Nachdem sich Churchill mit Stalin im Oktober 1944 über den sowjetischen Einfluß auf dem Balkan verständigt und die Rote Armee Baltikum, Polen und Balkan erobert hatte, trafen sich USA, Großbritannien und die Sowjetunion in Jalta auf der Krim, um zunächst die polnische und dann die deutsche Frage zu behandeln. Die Sowjetunion hatte in den eroberten polnischen Gebieten im Dezember 1944 eine **kommunistische polnische Regierung** eingesetzt, die sich anschickte, mit Billigung Stalins die deutschen Gebiete bis zu **Oder und Neiße** zu besetzen, obwohl die Westmächte die polnische Westgrenze erst im Friedensvertrag regeln wollten. Sogleich nach der polnischen Besetzung begann die Vertreibung von 12 Mio. Deutschen aus dem Osten. Stalin wollte damit vollendete Tatsachen schaffen.

Die „Großen Drei" waren sich in Jalta einig, daß in Deutschland nicht nur der Nationalsozialismus beseitigt und eine Entwaffnung durchgeführt werden müßten, sie stimmten auch in Plänen über die wirtschaftliche Zukunft Deutschlands, in der Forderung von Reparationen und in der Absicht der Zerstückelung Deutschlands überein. Allerdings war man sich im Gegensatz zu Teheran nur in der grundsätzlichen Absicht über eine Zerstückelung einig, nicht über das Wie (M 24a, b).

Londoner Abkommen 1944

Über die Aufteilung von **Besatzungszonen** hatte man sich jedoch bereits endgültig im **Londoner Protokoll** vom 14. 11. 1944 verständigt. Die Sowjetunion erhielt den östlichen Teil des Gebietes des Deutschen Reiches von 1937 (entlang der Linie Lübecker Bucht, Westgrenze Mecklenburg, Provinz Sachsen, Thüringen, Dreiländereck Sachsen, Bayern, Tschechoslowakei), Großbritannien den nordwestlichen und die USA den südwestlichen Teil sowie zusätzlich Bremen und Bremerhaven. Die Vereinbarung galt auch, nachdem die Westalliierten Thüringen und große Teile Mecklenburgs und Sachsens erobert hatten. Analog wurde Großberlin in drei Sektoren aufgeteilt. In den Zonen sollte ein gemeinsamer **Kontrollrat** für eine einheitliche Verwaltung sorgen.

Offene Fragen

Das gemeinsame Vorgehen sollte ebenfalls die Wirtschaft Deutschlands betreffen. Über Richtlinien gab es aber keine Einigung in Jalta. Auch in Sachen **Reparationen** fällte man keine Beschlüsse, aber es war klar, daß Stalin aus einer Gesamtsumme von 20 Mrd. Dollar die Hälfte für die Sowjetunion beanspruchte, Churchill dagegen die Höhe der Reparationen offenhalten wollte. Weil Roosevelt amerikanische Truppen nicht länger als zwei Jahre nach einem Sieg über Deutschland in Europa lassen wollte, forderte Churchill eine **Beteiligung Frankreichs an der Besatzung** Deutschlands. Stalin war zwar dagegen, überließ es aber den USA und Großbritannien, aus ihren Besatzungsgebieten Teile an die Franzosen abzutreten (M 24c, d).

M22 Roosevelts Verkündung der „Vier Freiheiten"

Ansprache vor dem Kongreß vom 6. Januar 1941

In der Zukunft, die wir jetzt zu sichern versuchen, hoffen wir, eine Welt schaffen zu können, die sich auf vier wesentliche menschliche Freiheitsrechte gründet.

Erstens – Redefreiheit, und zwar in der ganzen Welt.

Zweitens – Freiheit für jeden einzelnen, Gott auf seine Weise zu verehren, und zwar überall in der Welt.

Drittens – Freiheit von aller Not – das bedeutet, international gesehen, wirtschaftliche Abkommen, die in jedem Lande den Einwohnern gesunde Friedensverhältnisse sichern –, und zwar überall in der Welt.

Viertens – Freiheit von aller Angst – das bedeutet, international gesehen, eine weltumfassende Abrüstung, so gründlich und bis zu einem solchen Grade, daß kein Land mehr in der Lage ist, irgendeines seiner Nachbarländer gewaltsam anzugreifen –, und zwar überall in der Welt.

Das sind nicht etwa Träume von einem fernen tausendjährigen Reiche. Das ist eine bestimmte Grundlage für eine Welt, wie wir sie in unserer Zeit und in unserer Generation schaffen können.

(P. Baudisch, Roosevelt spricht. Stockholm 1945, S. 128 f.)

1 *Bestimmen Sie den verfassungstheoretischen Kern der vier Freiheiten. Skizzieren Sie ihre geschichtliche Entwicklungslinie.*

2 *Wo finden sich diese Grundsätze im Grundgesetz der Bundesrepublik Deutschland?*

M23 Die Atlantik-Charta der Regierungen der USA und Englands vom 14. August 1941

Erstens, ihre Länder streben nach keiner Vergrößerung, weder auf territorialem Gebiet noch anderswo.

Zweitens, sie wünschen keine territorialen Änderungen, die nicht mit dem frei zum Ausdruck gebrachten Wunsch der betreffenden Völker übereinstimmen.

Drittens, sie achten das Recht aller Völker, sich die Regierungsform zu wählen, unter der sie leben wollen. Sie wünschen die obersten Rechte und die Selbstregierung der Völker wiederhergestellt zu sehen, denen sie mit Gewalt genommen wurden.

Viertens, sie werden, unter gebührender Achtung ihrer bestehenden Verpflichtungen, danach streben, daß künftig alle Staaten, große und kleine, Sieger und Unterlegene, gleicherweise Zugang zum Handel und den Rohmaterialien der Welt haben, die sie für das Gedeihen ihrer Wirtschaft benötigen.

Fünftens, sie wünschen die engste Zusammenarbeit aller Nationen auf wirtschaftlichem Gebiet, um bessere Löhne, wirtschaftlichen Fortschritt und soziale Sicherheit zu gewährleisten.

Sechstens, nach der endgültigen Vernichtung der Nazityrannei hoffen sie auf einen Frieden, der allen Nationen die Möglichkeit bietet, innerhalb der eigenen Grenzen sicher zu leben, und der allen Menschen die Sicherheit gibt, in ihren Ländern frei von Not und Furcht zu leben.

Siebtens, ein solcher Friede würde allen Menschen gestatten, ungehindert die Meere und Ozeane zu überqueren.

Achtens, sie glauben, daß alle Nationen der Welt, sowohl aus praktischen wie aus sittlichen Gründen, dazu kommen werden, auf Gewaltanwendung zu verzichten. Da kein künftiger Friede aufrecht zu erhalten ist, so lange die Rüstungen zu Land, zur See und in der Luft von Nationen weiterhin zum Angriff außerhalb der Grenzen eingesetzt werden, glauben sie auch, daß es wesentlich ist, diese Nationen zu entwaffnen, bis ein umfassenderes und dauerndes System der allgemeinen Sicherheit geschaffen wurde. Ebenso werden sie jeden Schritt, der dazu dient, friedliebenden Völ-

B 19 Churchill, Roosevelt und Stalin bei der Konferenz in Jalta auf der Krim im Februar 1945. Obwohl Churchill bereits sorgenvoll auf die sowjetische Expansion blickte („Wir haben das falsche Schwein geschlachtet"), setzte er Stalin hier nichts entgegen. Der todkranke Roosevelt träumte von der „Einen Welt", in der die UNO den Frieden der Nachkriegswelt sicherte.

kern die erdrückende Last der Rüstung zu erleichtern, unterstützen und fördern.
(W. S. Churchill, Reden. Bd. 2. Zürich 1946, S. 325 f.)

1 *Untersuchen Sie die zwischen den USA und England am Anfang des Krieges vereinbarten Prinzipien der internationalen Politik.*

2 *Welches Vertragswerk garantiert heute diese u. ä. Prinzipien der internationalen Politik?*

M24 Die Konferenz der „Großen Drei" (Roosevelt, Churchill, Stalin) in Jalta vom 4.-11. Februar 1945

a) Alliierte Aufteilungspläne für Deutschland nach dem Protokoll des amerikanischen Diplomaten Charles Bohlen vom 5. Februar 1945

Der Premierminister [Churchill] sagte, daß nach seiner Meinung keine Notwendigkeit bestünde, mit irgendeinem Deutschen irgendeine Frage über ihre Zukunft zu besprechen – daß die bedingungslose Übergabe uns das Recht gäbe, die Zukunft Deutschlands zu bestimmen, was am besten im zweiten Stadium nach der bedingungslosen Übergabe geschehen könnte. Er betonte, daß die Alliierten unter diesen Bedingungen sich alle Rechte vorbehalten über das Leben, das Eigentum und die künftige Tätigkeit der Deutschen.
Marschall Stalin sagte, daß er nicht der Ansicht sei, daß die Frage der Aufteilung eine zusätzliche Frage sei, sondern eine von höchster Wichtigkeit. [...]
Der Premierminister bemerkte, [...] daß wir das Schicksal eines Achtzig-Millionen-Volkes behandelten und daß dies mehr als achtzig Minuten Überlegung erforderte. Dies könnte erst etwa einen Monat, nachdem unsere Truppen Deutschland besetzt hätten, entschieden werden. [...]
(Die Konferenzen von Malta und Jalta. Dokumente vom 17. Juli 1944 bis 3. Juni 1945. Department of State USA. Deutsche Ausgabe. Düsseldorf o. J., S. 573 ff.)

b) Artikel III des veröffentlichten offiziellen „Protokolls über die Verhandlungen auf der Krim-Konferenz" vom 11. Februar 1945

Es wurde beschlossen, daß Artikel 12 (a) der Kapitulationsbedingungen für Deutschland wie folgt geändert werden sollte:
"Das Vereinigte Königreich, die Vereinigten Staaten von Amerika und die Union der Sozialistischen Sowjet-Republiken werden die oberste Autorität gegenüber Deutschland innehaben. In Ausübung dieser Autorität werden sie solche Schritte einschließlich der völligen Entwaffnung, Entmilitarisierung und Aufteilung Deutschlands unternehmen, die sie für den zukünftigen Frieden und die Sicherheit für erforderlich halten."
(ebenda, S. 903)

c) Beschlüsse zur Reparationsfrage im Jalta-Protokoll

1. Deutschland hat Naturalleistungen aufzubringen für die Verluste, die es im Laufe des Krieges den alliierten Ländern verursacht hat. Die Reparationen sollen in erster Linie diejenigen Länder erhalten, welche die Hauptlasten des Krieges getragen, die schwersten Verluste erlitten und den Sieg über den Feind organisiert haben.
4. Hinsichtlich der festzulegenden Gesamtsumme der Reparationen wie auch der Verteilung unter die von der deutschen Aggression betroffenen Länder haben die sowjetische und amerikanische Delegation folgendes beschlossen:
„Die Moskauer Reparations-Kommission soll bei ihren einleitenden Untersuchungen als Gesprächsgrundlage den Vorschlag der sowjetischen Regierung benutzen, wonach sich die Gesamtsumme der Reparationen [...] auf 20 Milliarden Dollar belaufen und 50 % hiervon an die Union der Sozialistischen Sowjetrepubliken abgeführt werden soll."
(ebenda, S. 904)

d) Überlegungen zur Bildung einer französischen Besatzungszone in Jalta am 5. Februar 1945

Präsident [Roosevelt]: Jetzt zur nächsten Frage - eine Besatzungszone für Frankreich [...]
Premierminister: [...] Die Franzosen wünschen eine Zone, und ich bin dafür, ihnen eine zuzubilligen [...] Was wir alle wünschen ist dies: daß sie die Sowjetzone nicht berührt. Wollen unsere russischen Alliierten zustimmen, daß die Briten und Amerikaner sich einig werden über eine Zone, die sie den Franzosen zuteilen? [...]
Stalin: Ich denke, es könnte Komplikationen in unserer Arbeit geben, wenn wir ein viertes Mitglied haben [...]
Präsident: Ich kann das Volk und den Kongreß dahin bringen, völlig für den Frieden mitzuarbeiten, aber nicht dazu, eine lange Zeit eine Armee in Europa zu unterhalten. Zwei Jahre würden das Äußerste sein.
Premierminister: Ich hoffe, daß dies den Umständen entspricht. Auf alle Fälle werden wir die Franzosen brauchen, um uns zu helfen [...]
Stalin: [...] Ich stimme zu, daß die Franzosen groß und stark sein sollten, aber wir können nicht vergessen, daß in diesem Kriege Frankreich dem Feinde die Tore öffnete. Das ist eine Tatsache. Wir würden nicht so viele Verluste und Zerstörungen in diesem Kriege gehabt haben, wenn die Franzosen dem Feinde nicht die Tore geöffnet hätten. Die Kontrolle und Verwaltung Deutschlands darf nur für die Mächte sein, die von Anfang an fest gegen Deutschland gestanden haben, und insoweit gehört Frankreich nicht zu dieser Gruppe.
Premierminister: Wir waren zu Beginn des Krieges alle in Schwierigkeiten, und Frankreich erlag den neuen Panzern, und ich gebe zu, daß es uns in diesem Kriege keine große Hilfe war. Aber es bleibt die Tatsache, daß es der Nachbar der Deutschen ist, und zwar der wichtigste Nachbar. [...] Wir brauchen seine Abwehrkraft gegen Deutschland. [...] Wenn die Amerikaner nach Hause gegangen sind, muß ich ernstlich an die Zukunft denken [...]
(ebenda, S. 588 f.)

1 *Worin sind sich die „Großen Drei" in Jalta einig?*
2 *Worin sehen Sie Hindernisse für eine Einigung auf der ganzen Linie und in allen Details?*

6 Das Kriegsende 1945

Der militärische Zusammenbruch des Deutschen Reiches

Aufgrund der erdrückenden Überlegenheit der Alliierten waren seit 1944 alle deutschen Truppen auf dem Rückzug. Im Westen zogen sie sich bis September 1944 zum Westwall* zurück, im Osten erzwang die Rote Armee im Oktober, die Front auf die Linie Ostpreußen-Warschau-Karpaten zurückzunehmen. Jetzt begannen Millionen Deutscher, nach Westen zu fliehen. Unter der Wucht einer sowjetischen Großoffensive im Januar 1945 wurde Ostpreußen vom Reich abgeschnitten, Schlesien von der Roten Armee erobert (Karte 5). Die Welle der Flucht nach Westen erreichte ihren Höhepunkt. Als am 13. Februar Dresden mit Flüchtlingen überfüllt war, wurde es vollständig zerbombt (M 25; B 20). Ende März setzten die Westalliierten über den Rhein und leiteten die Endphase des Krieges ein: Sie rückten über Süddeutschland nach West-Böhmen vor und trafen sich am 25. April östlich von Leipzig mit den Sowjets.

Die deutsche Kapitulation am 8. Mai 1945

Hitler hatte bis zuletzt **Durchhaltebefehle** gegeben. Unter dem Eindruck des Zusammenbruchs im von der Roten Armee eingeschlossenen Berlin befahl er noch, vor den heranrückenden Alliierten alles zu zerstören (**Nero-Befehl**, M 26) und beging am 30. April 1945 **Selbstmord**. In seinem Testament setzte er Großadmiral Dönitz als Reichspräsident und Oberbefehlshaber ein. Dieser nahm sogleich Kapitulationsverhandlungen auf und versuchte, diese durch getrennte Verhandlungen mit Briten und Amerikanern solange hinauszuzögern, bis der größte Teil der Truppen und Flüchtlinge aus dem Osten über die Elbe gekommen war. Die **Gesamtkapitulation** fand in der Nacht vom 8. zum 9. Mai 1945 statt.

Die Kapitulation Japans

Im Pazifik leisteten die japanischen Streitkräfte den USA erbitterte Gegenwehr. Die Amerikaner mußten seit Anfang 1944 Insel um Insel erkämpfen. Von Australien aus nahmen USA und Australien 1944 Neuguinea ein, von den Marshall-Inseln und Guam aus Anfang 1945 die Philippinen, um dann im April auf Okinawa im Süden Japans zu landen (Karte 6). Bei der Kapitulation Deutschlands rechnete man damit, daß der Krieg mit Japan noch mehr als ein Jahr dauern könne.
Um Japan zur sofortigen Kapitulation zu zwingen, bewegten die USA die Sowjetunion zur Kriegserklärung gegen Japan und eröffneten eine vernichtende **Luftoffensive**. In deren Rahmen zündeten sie über den japanischen Städten **Hiroshima und Nagasaki** (6. bzw. 9. 8. 1945) die ersten **Atombomben**. Sie waren ursprünglich gebaut worden, weil die USA befürchteten, das Deutsche Reich könnte diese als erste entwickeln. Angesichts der furchtbaren Opfer von Hunderttausenden von Zivilisten in diesen beiden Städten akzeptierte Japan am **15. August 1945** den **Waffenstillstand.** Der Zweite Weltkrieg war damit beendet.

Kriegsopfer und -zerstörungen

Der Zweite Weltkrieg mit seinem europäischen, atlantischen und pazifischen Schauplätzen hat etwa **60 Mio. Todesopfer** gefordert. Im Vergleich zur Sowjetunion mit 20 Mio. Toten (davon 7 Mio. Zivilisten), Polen mit etwa 6 Mio. Toten (davon 5,7 Mio. Zivilisten) oder Japan mit 1,8 Mio. Toten (davon 0,6 Mio. Zivilisten) hatte Deutschland nicht die Hauptlast an Menschenopfern zu beklagen. Die Zahl der 5,5 Mio. toten Deutschen (davon 1,6 Mio. Zivilisten) war aber dreimal so hoch wie im Ersten Weltkrieg. Zu den Leidtragenden des Krieges gehörten außerdem 1,6 Mio. **Kriegsbeschädigte**, die 750 000 von den Sowjets **Verschleppten** und die 11 Mio. Wehrmachtsangehörigen, die bei Kriegsende in **Gefangenschaft** waren und von denen noch über eine Million in russischer Kriegsgefangenschaft

Karte 5 Der militärische Zusammenbruch Deutschlands.

– *Fertigen Sie eine Übersicht über die Etappen des deutschen Rückzuges in Nordafrika, Italien, Frankreich und im Osten an.*

starb. Die Zahl der zivilen **Todesopfer auf der Flucht** kann nicht mehr festgestellt werden; sie beträgt mehrere Millionen (M 28).

Die größten Kriegszerstörungen trugen in Europa Polen und die westlichen Teile der Sowjetunion; dort nahmen auch die Todesopfer den größten Anteil an der Bevölkerung ein (in der Sowjetunion 10 %). Die alliierten Luftangriffe auf die deutschen Städte hatten insgesamt über ein Drittel des Wohnungsbestandes des Deutschen Reiches zerstört oder schwer beschädigt. Großstädte und das Ruhrgebiet waren besonders betroffen (M 27). Auch deutsche Industrieanlagen wurden im Luftkrieg getroffen; hier allerdings waren die Zerstörungen östlich der Elbe größer als im Westen.

Der Zweite Weltkrieg ist nach Opfern und Schäden die größte Katastrophe in der Menschheitsgeschichte.

Die Gründung der UNO 1945

Entsprechend **Roosevelts Konzept der „Einen Welt“**, nach dem eine künftige Weltpolitik den Frieden durch Vereinbarungen der Großmächte sichern sollte, hatte sich die Anti-Hitler-Koalition in Teheran und Jalta auf eine gemeinsame Außenpolitik verständigt. Bestandteil dieser Politik sollte ein neuer Staatenbund nach dem Vorbild des Völkerbundes sein. Deshalb wurden am 26. Juni 1945 in San Francisco die **Vereinten Nationen (United Nations Organisation/UNO) gegründet**. Ihr gehörten zunächst 51 Staaten an; ihre **Charta** baute im wesentlichen auf Roosevelts „Vier Freiheiten“ und der Atlantik-Charta von 1941 auf.
Die drei Siegermächte des Weltkrieges vereinbarten am 2. August 1945 in Potsdam bei Berlin, die Friedensschlüsse mit ihren Kriegsgegnern und die **Friedenssicherung** für die Zukunft in Zusammenarbeit mit der UNO zu bewältigen. Die Vorarbeiten zu den Friedensverträgen wurden in die Hände eines Rates der Außenminister gelegt, welcher halbjährlich in den Metropolen der Alliierten tagen sollte.

Karte 6 Der Krieg in Südostasien und im Pazifik.

– *Welche Gründe und welche Voraussetzungen hatte die japanische Expansion in Südostasien und im Pazifik?*
– *Welche Folgen hatte sie für den Krieg in Europa?*

M25 Aus dem Tagebuch-Bericht eines Hitlerjungen über die Bombardierung Dresdens am 13. Februar 1945

Den Angriff auf Dresden haben wir überstanden. Es ist mir immer noch wie ein Wunder, daß ich mit dem letzten Soldatentransport aus der Hölle herauskam. Hier von Coswig aus haben wir das Furchtbare gesehen: die Weihnachtsbäume[1] standen taghell am Himmel, die Phosphorkanister fielen in unvorstellbarer Menge und erst die Bomben!
Ein furchtbares Gefühl ist das, so untätig mitansehen zu müssen, wie Himmel und Erde brennen. Bei der MA[2] in Swinemünde standen wir doch wenigstens unseren Mann und konnten uns gegen die Angriffe wehren und dazwischenfunken. Aber hier war es ganz anders: Man wußte, daß da Tausende von Menschen sterben und verbrennen, und man konnte nur schauen und schauen und die Wut kriegen. Denn das war kein buntes Feuerwerk an der Ostsee, das da war die Hölle, das Fegefeuer.
Es müssen viele, viele Bombenteppiche gewesen sein, um 22 Uhr begann es, und nach Mitternacht fielen immer noch die Bomben. Der Alarm hörte gar nicht mehr auf. Es gab überhaupt keine Entwarnung mehr.
Wir wurden gegen Morgen zusammengetrommelt und auf Lastwagen geladen. Die Sanitäter und die alten Frontsoldaten zuerst, dann wir Jungen.
Als wir in Dresden-Neustadt ankamen, war schon heller Vormittag, dabei hatte man das Gefühl, es

B 20 Blick vom Rathausturm auf die zerstörte Innenstadt von Dresden 1945.

sei gar nicht Nacht gewesen. Was wir sahen, war grauenhaft, ich war erschüttert. Mehr kann ich einfach nicht sagen. Die Feder sträubt sich, so etwas zu beschreiben. Wir kamen auch gar nicht dazu, aufzuräumen oder zu helfen. Es war gar nicht möglich, in die Innenstadt vorzudringen. Ein Offizier sagte uns, wir sollten einen großen Graben um den Kern von Dresden ausschaufeln, dort hinein würde eine breite Kalk- und Schwefelschicht gestreut, damit aus dem Riesengrab sich keine Seuchen verbreiten. Man spricht von über 200 000 Toten. Man kann es aber nur schätzen, denn auf dem Hauptbahnhof sind viele Tausende von schlesischen Flüchtlingen gewesen, die alle verbrannt sind. Keiner kennt ihre Zahl, keiner kennt ihre Namen.

Dresden ein Riesengrab! Und vor ein paar Wochen habe ich es noch in seiner ganzen Pracht gesehen. Nun ist es für immer dahin, alles ist zerstört. Aber das ist nicht so erschütternd. Viel schlimmer ist der Tod der vielen Menschen. Denn vielleicht sind auch Vater und Mutter und Waltraud auf der Flucht, und in Stettin geschieht das gleiche mit den pommerschen Flüchtlingen wie hier mit den Schlesiern. Doch ich will mich zwingen, nicht daran zu denken. Stur bleiben, stur bleiben, sonst halte ich nicht durch.

Zu langen Überlegungen hatten wir auch in Dresden-Neustadt nicht viel Zeit. Denn mittags kam neuer Alarm. Sofort hieß es: mit den Fahrzeugen raus aus der Stadt. Ehe wir mit unseren klapprigen Holzvergasern in Gang kamen, fielen schon wieder die Bomben. Wir flüchteten in einen Keller, der aber so überfüllt war, daß wir nur kurz dort drinblieben. Sobald die erste Einflugwelle vorbei war, sprangen wir wieder auf unseren Wagen und brausten in Richtung Coswig. Hinter uns Einschlag auf Einschlag. Der Bombenteppich immer hinter uns her, Neustadt war dran, das war offensichtlich. Doch wir kamen wieder heil heraus.

Ich bin total erledigt. Was ist das: Krieg? Das ist Mord! Wo ist noch „Front"! Ist das hier nicht viel schlimmer, was die Zivilisten erleiden als das, was Soldaten vorne durchstehen? Und das Schrecklichste: nicht helfen können!

(K. Granzow, Tagebuch eines Hitlerjungen 1943–1945. Bremen 1965, S. 26)

1 Markierungsfeuer für die Bomberverbände
2 Marineartillerie

1 *Wie war es möglich, daß England und die USA Tausende von Bombern täglich von England aus über ganz Deutschland einsetzen konnten?*

2 *Welches Ziel verfolgten die Westalliierten mit dem Bombenkrieg, der hauptsächlich die Zivilbevölkerung traf und damit ein Kriegsverbrechen war?*

M26 Zusammenbruch des Deutschen Reiches

a) Aus dem Bericht des Ministers für Kriegsproduktion, Albert Speer, über die Wirtschaftslage des Reiches am 15. März 1945

Seit dem Verlust von Oberschlesien vollzieht sich der wirtschaftliche Zusammenbruch des Reiches immer schneller. Durch die erneuten entscheidenden Einschränkungen in der Kohleversorgung ist dieser Vorgang in katastrophaler Weise beschleunigt.

Es ist daher in 4–8 Wochen mit dem endgültigen Zusammenbruch der deutschen Wirtschaft mit Sicherheit zu rechnen.

Dann ist weder ein Rüstungsausstoß gewährleistet, noch werden die Reichsbahn und die Schiffahrt in der Lage sein, die ihnen übertragenen Transporte – vielleicht noch mit Ausnahme der operativen Transporte – durchzuführen.

Nach diesem Zusammenbruch kann der Krieg auch militärisch nicht fortgesetzt werden.

(Der Prozeß gegen die Hauptkriegsverbrecher vor dem Internationalen Militärgerichtshof. Bd. XLI. Nürnberg 1949, S. 420 ff.)

b) Führerbefehl „Verbrannte Erde" vom 19. März 1945, auch „Nero-Befehl" genannt

Betr.: Zerstörungsmaßnahmen im Reichsgebiet.

Der Kampf um die Existenz unseres Volkes zwingt auch innerhalb des Reichsgebietes zur Ausnutzung aller Mittel, die die Kampfkraft unseres Feindes schwächen und sein weiteres Vordringen behindern. Alle Möglichkeiten, der Schlagkraft des Feindes unmittelbar oder mittelbar den nachhaltigsten Schaden zuzufügen, müssen ausgenützt werden. Es ist ein Irrtum, zu glauben, nicht zerstörte oder nur kurzfristig gelähmte Verkehrs-, Nachrichten-, Industrie- und Versorgungsanlagen bei der Rückgewinnung verlorener Gebiete für eigene Zwecke wieder in Betrieb nehmen zu können. Der Feind wird bei seinem Rückzug uns nur eine verbrannte Erde zurücklassen und jede Rücksichtnahme auf die Bevölkerung fallenlassen.

Ich befehle daher:

1) Alle militärischen Verkehrs-, Nachrichten-, Industrie- und Versorgungsanlagen sowie Sachwerte innerhalb des Reichsgebietes, die sich der Feind für die Fortsetzung seines Kampfes irgendwie sofort oder in absehbarer Zeit nutzbar machen kann, sind zu zerstören. [...]

(ebenda, S. 430 f.)

c) Aus dem Brief des Reichsministers Speer an Hitler vom 29. März 1945

Als ich Ihnen am 18. März meine Schrift übergab, war ich der festen Überzeugung, daß die Folgerungen, die ich aus der gegenwärtigen Lage zur Erhaltung unserer Volkskraft zog, unbedingt Ihre Billigung finden werden. [...] Sie machten mir jedoch am Abend Ausführungen, aus denen [...] klar [...] hervorgeht: Wenn der Krieg verloren geht, wird auch das Volk verloren sein. Dieses Schicksal ist unabwendbar. Es sei nicht notwendig, auf die Grundlagen, die das Volk zu seinem primitivsten Weiterleben braucht, Rücksicht zu nehmen. Im Gegenteil sei es besser, selbst diese Dinge zu zerstören. Denn das Volk hätte sich als das schwächere erwiesen, und dem stärkeren Ostvolk gehöre dann ausschließlich die Zukunft. Was nach dem Kampf übrigbleibe, seien ohnehin nur die Minderwertigen; denn die Guten seien gefallen.[1]

(G. Schönbrunn [Hrsg.], Weltkriege und Revolutionen 1914–1945. München [3]1979, S. 543)

1 *Vergleichen Sie die Folgerungen von Speer und Hitler aus der Lage im Frühjahr 1945.*

2 *Welche Folgen hätte Hitlers Befehl gehabt? (Er wurde nie voll durchgeführt, u. a. weil Speer sich widersetzte.)*

3 *Erläutern Sie die Stimmigkeit von Hitlers Befehl mit seiner Weltanschauung.*

M27 Kriegszerstörter und kriegsbeschädigter Wohnraum[1] in Deutschland

	Wohnungen vor dem Kriege insgesamt (in 1000)	davon (in %) total zerstört	be-schädigt	unzer-stört
brit. Zone	5 026	22	35	43
amerik. Zone	3 778	14	21	65
franz. Zone	1 210	10	15	75
Trizone:	10 014	18	27	55
russ. Zone	4 373	7	12	81
Berlin	1 563	39	45	25
4-Zonen-Gebiet	15 950	16	25	59

1 Berechnungen des Soziographischen Instituts an der Universität Frankfurt/Main (1948)

(Bundesministerium für Vertriebene, Flüchtlinge und Kriegsgeschädigte [Hrsg.], Dokumente deutscher Kriegsschäden. Bd. II. 2. Bonn 1960, S. 13)

1 *Ordnen Sie die Zerstörungen nach Wichtigkeit.*

2 *Vergleichen Sie die Kriegszerstörungen an Wohnraum in den vier Besatzungszonen.*

3 *Klären Sie Ursachen und Folgen der Unterschiede.*

M28 Kriegstote im Ersten und Zweiten Weltkrieg (in Mio.)

	I. Weltkrieg	II. Weltkrieg		
	Soldaten	Soldaten	Zivilbevölkerung	
			Bombenkrieg	anderes
Deutschland	1,936897	3,76	0,432	1,2236
Volksdeutsche (ohne Österreich)	–	0,432	–	1,02
Österreich(-Ungarn)	1,0	0,23	0,104	–
Rußland	2,0	13,6	–	7,0
Frankreich	1,14	0,34	–	0,47
Großbritannien	1,184	0,326	0,06	–
Italien	0,615	0,33	–	–
Polen	–	0,32	–	4,2
Jugoslawien	–	0,41	–	1,28
USA	0,125	0,259	–	–
Japan	–	1,2	0,6	–
Gesamtverluste in der Welt (geschätzt, Brockhaus)	10,0	16,0	20–30 Millionen	
Ziviltote	0,5			

(Gebhardt, Handbuch der Deutschen Geschichte. Bd. 4. Stuttgart [9]1978, S. 807)

1 *Vergleichen Sie die Zahl der Toten im I. und II. Weltkrieg. Bestimmen Sie die Ursachen der Veränderungen. Erklären Sie die Zahlen der Ziviltoten in Polen, Jugoslawien und der Sowjetunion.*

Karte 7 Kriegszerstörungen in den Städten der Besatzungszonen

– Bestimmen Sie die Schwerpunkte der alliierten Luftangriffe.

– Welche unmittelbaren Folgen resultieren aus diesen Zerstörungen?

III Deutscher Widerstand 1933–1945

Widerstand und Resistenz

Auch wenn das die Alliierten während des Krieges nicht sehen wollten, so ging doch Deutschland zwischen 1933 und 1945 nicht in der NS-Bewegung auf. Es gab auch „das andere Deutschland“. Sein Spektrum reichte von einer weitverbreiteten Resistenz* gegen die NS-Ideologie und viele ihrer Erscheinungsformen (so im Katholizismus und im Adel) bis zum aktiven Widerstand gegen den NS-Staat, der von politischer Opposition (z. B. in KPD und SPD) bis zur bewaffneten Aktion (wie am 20. Juli 1944) reichte. Allein bis 1939 war eine Million Menschen durch die KZs gegangen, und bis 1945 wurden 12 000 Todesurteile vollstreckt. Der größte Teil der Inhaftierten und Hingerichteten gehörte sicherlich zur Opposition gegen NS-Bewegung und -Staat, wenn auch nur ein kleiner Teil zum bewaffneten, gewaltsamen Widerstand. Das tatsächliche Ausmaß des nicht nationalsozialistischen Deutschland wurde allerdings nicht nur von der NS-Propaganda verschleiert, sondern auch durch die Zersplitterung der oppositionellen Gruppen und Grüppchen verdunkelt.

Kirchen und einzelne Christen

In Bayern wurde der totale NS-Herrschaftsanspruch vor allem durch die katholische Kirche eingedämmt. Wenn sie auch keine Strategie zur Ablösung der NS-Diktatur entwickelte, versuchte sie doch energisch und mit Erfolg ihre Autonomie zu wahren (M 29). Auf protestantischer Seite tat es die Bekennende Kirche* ihr gleich. Nur selten aber setzten sich die Kirchen ein, wenn außerhalb ihres Wirkungsbereiches Gerechtigkeit oder Menschenwürde vom NS-Staat verletzt wurden. In solchen Zusammenhängen traten aber einzelne Christen hervor. Vor dem Krieg war das mutige Auftreten von **Martin Niemöller** für die Bekennende Kirche beispielgebend, während des Krieges dann **Dietrich Bonhoeffers** Wirken im Widerstandskreis von Abwehrchef Canaris. Aus der katholischen Kirche traten die Münchener Jesuiten **Augustin Rösch** und **Alfred Delp** in Kontakt zum Kreisauer Kreis. Die öffentlichen Proteste gegen das Euthanasieprogramm von **Th. Wurm** für die evangelische und die Bischof **Galens** für die katholische Kirche waren ebenso mutige wie wirkungsvolle Beispiele persönlichen Einsatzes im Kampf gegen inhumane Praktiken des NS-Staates.

Kommunisten und Sozialdemokraten

Der politisch motivierte Widerstand gegen die NS-Diktatur, der eine Beseitigung des Nationalsozialismus zum Ziel hatte, ging zunächst vor allem von den alten oppositionellen Parteien KPD und SPD aus (M 30), griff aber während der Kriegszeit auch auf Militärkreise und Jugendliche bzw. Studenten über. Hier wurden nicht nur gewaltfreie Aktionen, sondern auch Attentats- und Staatsstreichpläne entwickelt.

Die **KPD** reagierte auf ihr Verbot 1933 mit der Gründung **konspirativer Zirkel** und der Suche nach einer Zusammenarbeit mit der SPD (**Volksfrontpolitik***). Ihr Ziel einer Volkserhebung gegen den NS-Staat erreichte sie nicht, vielmehr hatte die Gestapo bis 1935 den kommunistischen Widerstand zerschlagen; er lebte erst nach dem Angriff auf die Sowjetunion wieder auf. Die Hälfte der 300 000 KPD-Mitglieder kam 1933–45 ins Gefängnis. Und von den hingerichteten politischen Gefangenen gehörten wiederum etwa 50 % der KPD an. So hatte der kommunistische Widerstand die **höchste Zahl der Opfer**.

Obwohl die **Exil-SPD** im Januar 1934 im Prager Manifest die Zusammenarbeit mit den Kommunisten gutgeheißen hatte, betrieb die SPD-Parteileitung keine Zusammenarbeit mit der KPD. Das blieb linkssozialistischen Jugendorganisationen wie „Neu-Beginnen“, „Internationaler Sozialistischer Kampfbund“ oder „Sozialistische Arbeiterpartei Deutschland“ vorbehalten, die auch konspirativ arbeiteten. Die SPD-Parteileitung zog es vor, den Sturz Hitlers über die **Zusammenarbeit mit bürgerlichen, aristokratischen und militärischen Kreisen** zu verfolgen.

B 21 Generalfeldmarschall von Witzleben vor dem Volksgerichtshof wegen seiner Beteiligung am Aufstand vom 20. Juli 1944.
Im Vordergrund rechts Roland Freisler, der Präsident des Volksgerichtshofes. Wie von Beck war von Witzleben einer der frühesten NS-Gegner in der Wehrmachtsführung. Vor der Münchener Konferenz 1938 hatte er schon die Verhaftung Hitlers geplant.

Jugendliche, Studenten, Einzelne

Mit Kriegsbeginn traten erstmals jugendliche Widerstandsgruppen in deutschen Großstädten auf, die häufig aus der christlichen Jugendbewegung kamen. Sie wurden mit aller Härte verfolgt und meist mit Todesurteilen bestraft.
Nach der Kriegswende im Winter 1941/42 gab es erstmals auch studentischen Widerstand. An der Münchener Universität bildete sich eine Gruppe um die Geschwister Hans und Sophie Scholl, Christoph Probst, Alexander Schmorell, Willi Graf und den Philosophieprofessor Kurt Huber (B 22). Sie nannte sich **„Weiße Rose"**, forderte in Flugblättern zur Abwendung vom Nationalsozialismus auf und begriff sich als Teil des europäischen Widerstands gegen den Nationalsozialismus (M 31). Nach einem Flugblattabwurf im Lichthof der Universität am 18. 2. 1943 wurden die Gruppe und ihr Umkreis (80 Personen in Süddeutschland, 50 in Hamburg) verhaftet. Die Münchener Gründungsgruppe wurde vom Volksgerichtshof zum Tode verurteilt und hingerichtet. Ähnlich erging es der Hamburger Gruppe.
Wagemutig war auch der Einsatz einzelner nichtorganisierter NS-Gegner. Angesichts von Hitlers Politik der Kriegsdrohung in der Sudetenkrise entschloß sich z. B. der schwäbische Schreiner **Georg Elser**, Hitler bei seiner traditionellen Rede im Münchener Bürgerbräukeller am 8. November 1939 zu töten. Das Attentat mißlang nur durch einen Zufall.

Militärischer Widerstand

Die offensichtliche Aussichtslosigkeit einer Massenmobilisierung gegen den NS-Staat in Deutschland ließ **Staatsstreichpläne** alter Machteliten erfolgversprechend erscheinen. In der **Wehrmachtführung** gab es seit der Sudetenkrise 1938 Pläne zur Entmachtung Hitlers. Dessen Kriegskurs beschwor in den Augen leitender Militärs die Zerstörung Deutschlands herauf. Abwehrchef Canaris, Generalstabschef v. Beck, dessen Nachfolger Halder und der Oberbefehlshaber des Heeres v. Brauchitsch trieben vor dem Angriff auf Polen und vor dem Westfeldzug ihre Putschpläne weit voran, gaben sie aber wegen mangelnder Unterstützung von seiten Englands und aus Scheu vor Landesverrat und Eidbruch auf. Hitlers Popularität infolge seines Kriegsglücks machte weitere Staatsstreichpläne zunichte. Erst die drohende Niederlage nach Stalingrad und El Alamein und die näherrückende Ostfront ließen dem Widerstandskreis um Beck und den ehemaligen Leipziger Oberbürgermeister Goerdeler einen Regierungswechsel nach einem Attentat gegen Hitler aussichtsreich erscheinen.

Attentat und Putschversuch am 20. Juli 1944

Der Kommandant des Ersatzheeres **Graf Schenk von Stauffenberg** entschloß sich im Juli 1944 zum Attentat auf Hitler und bereitete den Putsch mit dem **Beck-Goerdeler-Kreis** generalstabsmäßig vor. Am 20. Juli 1944 legte er im Führerhauptquartier eine Zeitzünderbombe, um anschließend in Berlin den Putsch zu überwachen. Hitler aber überlebte den Anschlag. Die Nachricht davon ließ in allen Reichsteilen den Umsturz zusammenbrechen. Die Verschwörerkreise wurden verhaftet und entweder standrechtlich oder nach Volksgerichtshofurteilen hingerichtet (B 21).
Das Ziel des Beck-Goerdeler-Kreises war zwar die Wiederherstellung des Rechtsstaates in Deutschland, politisch bevorzugte man jedoch ein autoritäres zentralistisches System, evtl. eine Monarchie. Deutschland sollte auch nach Hitler europäische Vormacht bleiben. Im Gegensatz dazu strebte der sog. **Kreisauer Kreis**, der zusammen mit dem Beck-Goerdeler-Kreis vernichtet wurde, obwohl er mit dem Putsch nichts zu tun hatte, ein demokratisches und föderalistisches Nachkriegsdeutschland in einer europäischen Union an.

Bedeutung der Widerstandsbewegung

Die Auflehnung gegen Hitler kostete die Vertreter kommunistischer, sozialistischer, bürgerlicher, kirchlicher, militärischer und adliger Kreise in Deutschland gleichermaßen Freiheit und Leben. In der Widerstandserfahrung entstanden Anknüpfungspunkte für die Entwicklung einer Verfassungs- und Gesellschaftsordnung Deutschlands nach dem Krieg. Besonders für die Bundesrepublik Deutschland wurde hier ein gesellschaftlicher Konsens hergestellt, der von den gemeinsamen Erfahrungen der Verletzung der Menschenwürde und des materialen Rechtsstaates* herrührte und die Notwendigkeit der **Überwindung von historischen Gruppenegoismen** (besonders des Adels und des Bürgertums) vor Augen führte. Die Widerstandsbewegungen stellten die Kontinuität zu den deutschen Freiheitsbewegungen her und begünstigten die Verankerung der Menschenwürde, des Rechtsstaats-, Demokratie-, Sozialstaats- und Bundesstaatsprinzips im Grundgesetz der Bundesrepublik Deutschland.

M29 Resistenz kirchlicher Kreise: Aus dem Monatsbericht der Ortsgruppe Wilhelmsthal, Kreis Kronach (Gau Bayerische Ostmark), 21. Juni 1936

Seit der Verlesung des Hirtenbriefes ist eine große Erregung unter den Leuten. Die ehemaligen prominenten Mitglieder der Bayerischen Volkspartei, vereinigt im katholischen Arbeiterverein, treten mit dem Selbstbewußtsein des Siegers auf, verweigern den Deutschen Gruß und sagen wieder: Grüß Gott! Die Unterschriftensammlung für die Schwestern (klösterlichen Lehrerinnen) haben sie mit einer Schnelligkeit und Tatkraft durchgeführt, die staunenswert ist. Der Kampf wird wieder geführt mit dem Schlagwort: Die Religion ist in Gefahr! Es dreht sich hier nicht um die Unterrichtserteilung durch klösterliche Lehrkräfte, sondern um die katholische Schule und die Klosterschwestern überhaupt [...]
Wenn sogar alte Kämpfer und Gemeinderäte, die oft genug von mir aufgeklärt worden sind über den Zweck der Regierungsmaßnahmen, unterschreiben und sagen: „Ich bin ein katholischer Christ. Jetzt geht's um die Religion!", dann ist das ein Zeichen, daß die Autorität der Partei und des Staates schwer erschüttert ist. Man beginnt sich wieder umzustellen und geht ins Lager der Klerikalen über, weil dort die Macht und die Stärke gewittert wird.

(M. Broszat/E. Fröhlich/F. Wiesemann [Hrsg.], Bayern in der NS-Zeit. Soziale Lage und politisches Verhalten der Bevölkerung im Spiegel vertraulicher Berichte, München 1977, S. 507 f. [= Widerstand und Verfolgung in Bayern 1933–1945, Band I])

1 *Klären Sie Motive, Ziele und Grenzen der kirchlichen Resistenz.*

M30 Aus einem Gestapo-Bericht über kommunistischen und sozialdemokratischen („marxistischen") Widerstand 1937

Im Jahre 1937 wurden wegen illegaler kommunistischer Betätigung 8068 Personen gegenüber 11 687 Personen im Jahre 1936 festgenommen. Davon ist über ca. 50 % im Jahre 1937 im Vergleich zu ca. 60 % im Jahre 1936 Haftbefehl verhängt worden. Hierbei handelt es sich nicht in allen Fällen um Personen, die bis zu ihrer Festnahme illegal tätig waren, sondern ein großer Teil von ihnen ist erst neuerdings einer staatsfeindlichen Tätigkeit in früheren Jahren überführt worden.

Aufgetauchte kommunistische und marxistische Hetzschriften:

Es sind im Jahre 1937: 927 430 (1936: 1 643 200) Hetzschriften zur Verbreitung gelangt, wovon ca. 70 % kommunistische Erzeugnisse sind.

Die Gesamtzahl setzt sich zusammen aus:

84 000 (1936: 222 000) getarnten Broschüren,
788 000 (1936: 1 234 000) anderen Schriften,
die im Buchdruck, sowie aus
55 430 (1936: 187 200) Schriften,
die im Abzugsverfahren hergestellt waren.

(G. Weisenborn [Hrsg.], Der lautlose Aufstand. Hamburg 1953, S. 135)

1 *Welche Rückschlüsse läßt die Zahl der Widerstandsaktionen auf die Strategie der beiden Parteien zu?*

M31 Das vorletzte Flugblatt der „Weißen Rose" (Ende Januar 1943)

Aufruf an alle Deutschen!

Der Krieg geht seinem sicheren Ende entgegen. Wie im Jahre 1918 versucht die deutsche Regierung alle Aufmerksamkeit auf die wachsende U-Bootgefahr zu lenken, während im Osten die Armeen unaufhörlich zurückströmen, im Westen die Invasion erwartet wird. Die Rüstung Amerikas hat ihren Höhepunkt noch nicht erreicht, aber heute schon übertrifft sie alles in der Geschichte seither Dagewesene. Mit mathematischer Sicherheit führt Hitler das deutsche Volk in den Abgrund. *Hitler kann den Krieg nicht gewinnen, nur noch verlängern!* Seine und seiner Helfer Schuld hat jedes Maß unendlich überschritten. Die gerechte Strafe rückt näher und näher!

Was aber tut das deutsche Volk? Es sieht nicht und es hört nicht. Blindlings folgt es seinen Verführern ins Verderben. Sieg um jeden Preis! haben sie auf ihre Fahnen geschrieben. Ich kämpfe bis zum letzten Mann, sagt Hitler – indes ist der Krieg bereits verloren.

Deutsche! Wollt Ihr und Eure Kinder dasselbe Schicksal erleiden, das den Juden widerfahren ist? Wollt Ihr mit dem gleichen Maße gemessen werden wie Eure Verführer? Sollen wir auf ewig das von aller Welt gehaßte und ausgestoßene Volk sein? Nein! Darum trennt Euch von dem nationalsozialistischen Untermenschentum! Beweist durch die Tat, daß Ihr anders denkt! Ein neuer Befreiungskrieg bricht an. Der bessere Teil des Volkes kämpft auf unserer Seite. Zerreißt den Mantel der Gleichgültigkeit, den Ihr um Euer Herz gelegt! Entscheidet Euch, *ehe es zu spät ist!*

Glaubt nicht der nationalsozialistischen Propaganda, die Euch den Bolschewistenschreck in die Glieder gejagt hat! Glaubt nicht, daß Deutschlands Heil mit dem Sieg des Nationalsozialismus auf Gedeih und Verderben verbunden sei! Ein Verbrechertum kann keinen deutschen Sieg erringen. Trennt Euch rechtzeitig von allem, was mit dem Nationalsozialismus zusammenhängt! Nachher wird ein schreckliches, aber gerechtes Gericht kommen über die, so sich feig und unentschlossen verborgen hielten.

Was lehrt uns der Ausgang dieses Krieges, der nie ein nationaler war?

Der imperialistische Machtgedanke muß, von welcher Seite er auch kommen möge, für allezeit unschädlich gemacht werden. Ein einseitiger preußischer Militarismus darf nie mehr zur Macht gelangen. Nur in großzügiger Zusammenarbeit der europäischen Völker kann der Boden geschaffen werden, auf welchem ein neuer Aufbau möglich sein wird. Jede zentralistische Gewalt, wie sie der preußische Staat in Deutschland und Europa auszuüben versucht hat, muß im Keime erstickt werden. Das kommende Deutschland kann nur föderalistisch sein. Nur eine gesunde föderalistische Staatsordnung vermag heute noch das geschwächte Europa mit neuem Leben zu erfüllen. Die Arbeiterschaft muß durch einen vernünftigen Sozialismus aus ihrem Zustand niedrigster Sklaverei befreit werden. Das Truggebilde der autarken Wirtschaft muß in Europa verschwinden. Jedes Volk, jeder einzelne hat ein Recht auf die Güter der Welt!

Freiheit der Rede, Freiheit des Bekenntnisses, Schutz des einzelnen Bürgers vor der Willkür verbrecherischer Gewaltstaaten, das sind die Grundlagen des neuen Europas.

Unterstützt die Widerstandsbewegung, verbreitet die Flugblätter!

(I. Scholl, Die Weiße Rose. Frankfurt 1979, S. 127)

1 *Klären Sie Motivation, Zielsetzung und Mittelwahl der „Weißen Rose".*

B 22 Die Geschwister Hans und Sophie Scholl mit Christoph Probst aus der Münchener Gruppe der „Weißen Rose". Wie die Jugend allgemein war auch die Studentenschaft größtenteils für den NS-Staat. Nach Stalingrad bildete sich in München die erste studentische Widerstandsgruppe.

Zusammenhänge und Perspektiven

1 *Vergleichen Sie die Bemühungen der Weimarer Außenpolitik zur Revision des Versailler Vertrages und ihre Erfolge mit denen Hitlers! Wo sehen Sie Ursachen der Veränderungen in den 30er Jahren?*
2 *Erörtern Sie, inwieweit die Integration Österreichs und des Sudetenlandes 1938 ins Deutsche Reich tatsächlich einen jahrhundertalten großdeutschen Traum erfüllte. Wo erwies sich das Großdeutsche Reich als Illusion? Wie war die Integration 1848 gedacht gewesen?*
3 *Untersuchen Sie das Schicksal Polens von 1800 bis 1945. Beachten Sie dabei besonders das deutsch-polnische und das polnisch-russische Verhältnis. (Literatur: Informationen zur politischen Bildung 142/143)*
4 *Die Sowjetunion hatte mit 20 Mio. Toten die höchsten Opfer des II. Weltkriegs zu tragen. Klären Sie die militärischen, ideologischen, wirtschaftlichen Ursachen.*
5 *Forschen Sie nach dem Schicksal der jüdischen Bürger in ihrer Stadt / Ihrem Regierungsbezirk. Wer konnte emigrieren, wer wurde deportiert? Wer hat Juden geholfen?*
6 *Erörtern Sie Konsequenzen, die sich aus der Verantwortung Deutschlands für den Mord an den Juden Europas ergeben.*
7 *Vergleichen Sie die Rolle der USA im I. und im II. Weltkrieg.*
8 *Befragen Sie Zeitzeugen aus Ihrer Verwandtschaft und Bekanntschaft über Erfahrungen im Bombenkrieg bzw. über die letzten Kriegstage.*
9 *Untersuchen Sie in Ihrem Regierungsbezirk die Geschichte des Widerstands. Achten Sie dabei besonders auf jugendliche und studentische Widerstandskreise und deren Motivation.*
(Hilfsmittel: Bayern in der NS-Zeit. 6 Bde., München 1977 ff.)

Zeittafel zum Deutschen Reich im Zweiten Weltkrieg

1939	**I Der Angriff auf Polen**
21. 3.	Deutsche Revisionsforderung an Polen
23. 8.	Hitler-Stalin-Pakt: Aufteilung Polens und des Baltikums
25. 8.	Englisch-polnischer Beistandspakt
1. 9.–	Polenfeldzug der Deutschen Wehrmacht;
6. 10.	Besetzung Ostpolens durch die Sowjetunion
Nov.	Finnisch-sowjetischer Winterkrieg nach sowjet. Einfall

Blitzkrieg: Strategie zur Erzwingung eines raschen Sieges durch konzentrierten Einsatz modernster Kampfmittel (z. B. Kombination starker Panzerverbände, motorisierter Artillerie und massiver Luftangriffe)

1940	**II Der Krieg im Westen**
9. 4.	Deutsche Besetzung Dänemarks und Norwegens
10. 5.	Deutscher Angriff auf Frankreich über die Benelux-Länder
22. 6.	Waffenstillstand mit der Regierung Pétain, vergebliches Friedensangebot an England
27. 9.	Dreimächtepakt Deutschland, Italien, Japan

1941	**III Der Angriff auf die Sowjetunion**
14. 2.	Deutsches Afrikakorps zur Unterstützung Italiens
6. 4.	Deutscher Balkanfeldzug nach Putsch in Belgrad
11. 4.	Amerikanisches Leih- und Pachtgesetz
22. 6.	Deutscher Angriff auf die Sowjetunion
6. 12.	Sowjetische Gegenoffensive vor Moskau
7. 12.	Japanischer Überfall auf US-Flotte in Pearl Harbor
11. 12.	Hitlers Kriegserklärung an die USA

Vernichtungskrieg: gemäß NS-Rassen- und Raumdoktrin Ausrottung des Gegners zur Herrschaftserweiterung

1942	**IV Kriegswende**
20. 1.	Wannsee-Konferenz: Beschluß zur „Endlösung der Judenfrage"
3. 11.	Britischer Durchbruch bei El Alamein
7./8. 11.	Landung in Marokko und Algier

rassische Vernichtungspolitik: Liquidierung der konkurrierenden bzw. „minderwertigen Rassen" auf dem Weg zur Weltherrschaft

bedingungslose Kapitulation: Auslieferung des Besiegten an die Siegerwillkür

1943	
14.–	Alliierte Konferenz in Casablanca: Deutschlands
24. 1.	bedingungslose Kapitulation gefordert
31. 1.	Kapitulation der 6. Armee in Stalingrad (bis 2.2.)
18. 2.	Goebbels verkündet den totalen Krieg; Mitglieder der „Weißen Rose" verhaftet
13. 5.	Kapitulation des Deutschen Afrikakorps in Tunis
10. 7.	Landung der Alliierten auf Sizilien
28. 11.	Alliierte Konferenz in Teheran: Aufteilung Deutschlands

totaler Krieg: im Unterschied zum Krieg der Armeen die Mobilisierung aller Kräfte des Volkes zur Erzwingung des Sieges

1944	**V Zusammenbruch Deutschlands**
6. 6.	Invasion der Alliierten in der Normandie
20. 7.	Attentat auf Hitler gescheitert

1945	
12. 1.	Großoffensive der Sowjets auf Ostpreußen/Schlesien
4.–11.2.	Alliierte Konferenz von Jalta: Teilung Europas
30. 4.	Selbstmord Hitlers im eingeschlossenen Berlin
8./9. 5.	Deutsche Gesamtkapitulation
26. 6.	Gründung der UNO
15. 8.	Waffenstillstand mit Japan

Politik der Einen Welt: Roosevelts Konzept zur Friedenssicherung durch Konferenzen und UNO

Europäische Widerstandsbewegungen und Europagedanke (1945)

Die europäischen Widerstandsbewegungen bildeten sich in eben jenen Kreisen heraus, die 1938 das Münchener Abkommen bejubelt hatten und bei denen der Kriegsausbruch nur Bestürzung hervorgerufen hatte. Diese Widerstandsbewegungen entstanden erst, nachdem die Nationalisten aller Schattierungen und die Prediger des Hasses ihre Chance, Kollaborateur zu werden, gehabt hatten, so daß die fast zwangsläufige Hinwendung der Nationalisten zum Faschismus und die Unterwürfigkeit der Chauvinisten gegenüber dem fremden Eindringling unter der gesamten Bevölkerung als erwiesen galten. […] Die Untergrundbewegungen waren, mit anderen Worten, das unmittelbare Produkt des Zusammenbruchs, erstens des durch Quislingregierungen ersetzten Nationalstaates und zweitens des Nationalismus als der entscheidenden Triebkraft der Nationen. Diejenigen, die dann den Kampf aufnahmen, kämpften gegen den Faschismus und nichts anderes. Und das überrascht nicht; was aber gerade wegen seiner strikten, beinahe logischen Konsequenz doch überrascht, ist der Umstand, daß all diese Bewegungen sofort eine positive politische Parole fanden, die den nichtnationalen, aber dennoch recht populären Charakter des neuen Kampfes deutlich erkennen ließ. Diese Parole hieß schlicht „EUROPA".*

Von daher ist es ganz natürlich, daß das „deutsche Problem", so, wie es von den Experten präsentiert wird, beim europäischen Widerstand nur auf ein sehr geringes Interesse gestoßen ist. Man erkannte dort sofort, daß das alte Festhalten am „deutschen Problem" nur die Probleme des „ideologischen Krieges" verschleiern und daß die Ächtung Deutschlands nur eine Lösung der Europafrage verhindern würde. […] So manch wohlmeinender Korrespondent, der bei den Deutschlandexperten in die Schule gegangen ist, war davon schockiert, daß es keinen persönlichen Haß gegen Deutsche gab und daß in den befreiten Ländern ein politischer Haß auf Faschisten, Kollaborateure und dergleichen vorhanden war, unabhängig von deren Staatsangehörigkeit.

Die Worte, die Georges Bidault, der ehemalige Chef der französischen Résistance und jetzige Außenminister, unmittelbar nach der Befreiung von Paris an die verwundeten deutschen Soldaten richtete, bringen auf knappe und großartige Weise die Gefühle derer zum Ausdruck, die gegen Nazideutschland nicht mit der Feder, sondern unter Einsatz ihres Lebens kämpften. Er sagte: „Deutsche Soldaten, ich bin der Chef der Résistance. Ich bin gekommen, um Ihnen gute Besserung zu wünschen. Mögen Sie sich bald in einem freien Deutschland und in einem freien Europa befinden."

Daß selbst in einer solchen Situation unbeirrt am Europagedanken festgehalten wurde, ist charakteristisch. […] Der holländische Untergrund formulierte es folgendermaßen: „Wir erleben im Augenblick … eine Krise staatlicher Souveränität. Eines der zentralen Probleme des künftigen Friedens wird lauten: Wie können wir bei Aufrechterhaltung kultureller Autonomie zur Bildung größerer Einheiten auf der politischen und ökonomischen Ebene gelangen? … Ein dauerhafter Friede ist jetzt nur vorstellbar unter der Voraussetzung, daß die Staaten einen Teil ihrer ökonomischen und politischen Souveränität einer höheren europäischen Autorität unterstellen: Wir lassen die Frage offen, ob ein europäischer Rat, eine Föderation, die Vereinigten Staaten von Europa oder irgendeine andere Form von Einheit gebildet werden wird." […]

Der Hauptgrundsatz des französischen Widerstands hieß: libérer et fédérer; und mit „föderieren" war eine föderative vierte Republik in einem föderativen Europa gemeint (im Gegensatz zum „zentralistischen Staat, der zwangsläufig totalitär wird"). Daß dies die Hauptvoraussetzung für einen dauerhaften Frieden sei, darauf insistieren in fast identischen Begriffen französische, tschechische, italienische, norwegische und holländische Untergrundzeitungen – obwohl, soweit ich weiß, nur der französische Untergrund so weit gegangen ist, festzustellen , daß eine föderative Struktur Europas sich auf ähnliche föderative Struktruren in den Einzelstaaten gründen muß.

(Hannah Arendt, Zur Zeit. Politische Essyas. Hrsg. v. M. L. Knott, Berlin [rotbuch] 1986, S. 31 ff.)

Ossip Zadkine, Die zerstörte Stadt. Bronzeplastik 1951–1953, Rotterdam.

Ähnlich wie die Bewegung zur Nationalstaatsgründung des 19. Jahrhunderts im Nationaldenkmal ihren unübersehbaren öffentlichen Ausdruck fand (s. „Grundkurs Geschichte 12“, S. 24 f.), so manifestierten sich auch der Erste und der Zweite Weltkrieg als entscheidende Wendepunkte der europäischen Geschichte und als die größten Katastrophen des Jahrhunderts in Denkmälern. An den Ersten Weltkrieg erinnerten auf seiten von Siegern und Besiegten noch meist Heldendenkmäler. Vereinzelt, wie bei Ernst Barlach und Käthe Kollwitz, fand die trauernde Erinnerung an die gefallenen Söhne auch in der Figur der klagenden Mutter oder der traditionellen Pieta* ihren plastischen Ausdruck. Für die Zeit nach dem Zweiten Weltkrieg finden sich Heldendenkmäler nur noch bei den Siegerstaaten. Charakteristisch für die Erinnerung an den Zweiten Weltkrieg ist jedoch nicht nur in Deutschland das Mahnmal, d. h. ein Denkmal, das die Erinnerung an das Schreckliche und die unendlichen Leiden wachhalten will, um bei Beteiligten wie Nachgeborenen das Andenken an die Opfer ebenso wachzuhalten wie den Willen, jeder Wiederholung zu wehren. Seit einem halben Jahrhundert richten sich Mahnmale in der ganzen Welt gegen Krieg und Kriegszerstörungen sowie gegen Konzentrationslager und Massenvernichtung (B 17a), die während des Zweiten Weltkrieges so schrecklich Gestalt gewonnen haben.
Im Mai 1940 wurde Rotterdam durch die deutsche Luftwaffe nahezu vollständig zerbombt. Die Verteidiger der Stadt hatten erst kapituliert, als das Bombergeschwader bereits im Anflug auf die Stadt war und nicht mehr gestoppt werden konnte. Die Zerstörung Rotterdams steht wie die von Guernica, Warschau, Coventry und Dresden für den ebenso gigantischen wie verbrecherischen und militärisch sinnlosen Zerstörungswillen, wie er erstmals im Zweiten Weltkrieg gegen die Zivilbevölkerung hervorbrach.
Der 1890 in Smolensk geborene französische Bildhauser Ossip Zadkine wählte für sein Mahnmal für das zerstörte Rotterdam eine Bronzefigur auf einem Granitsockel. Obwohl er Schmerz, Verzweiflung, Zerstörung und Abwehr in Gestalt einer Personifikation faßt (wie auch Picasso in „Guernica“, s. B 1), ist seine Plastik radikal antinaturalistisch. Expressionistische Haltung und kubistische Abstraktion kennzeichnen den Aufbau seiner menschlichen Gestalt. Ihre aufrüttelnde Kraft jedoch gewinnt die Figur durch den zersprengten Rumpf. So fallen hier Wehrlosigkeit und Kriegszerstörung in einem sichtbaren Aufschrei gegen den Luftkrieg zusammen.

- *Interpretieren Sie die Plastik von O. Zadkine.*
- *Wie setzt der Künstler das Thema „Flächenbombardement“ um?*
- *Mit welchen Ausdrucksmitteln arbeitet Zadkine?*
- *Versuchen Sie, die Wirkung dieser Plastik auf sich zu beschreiben.*

B Nachkriegsdeutschland 1945–1955

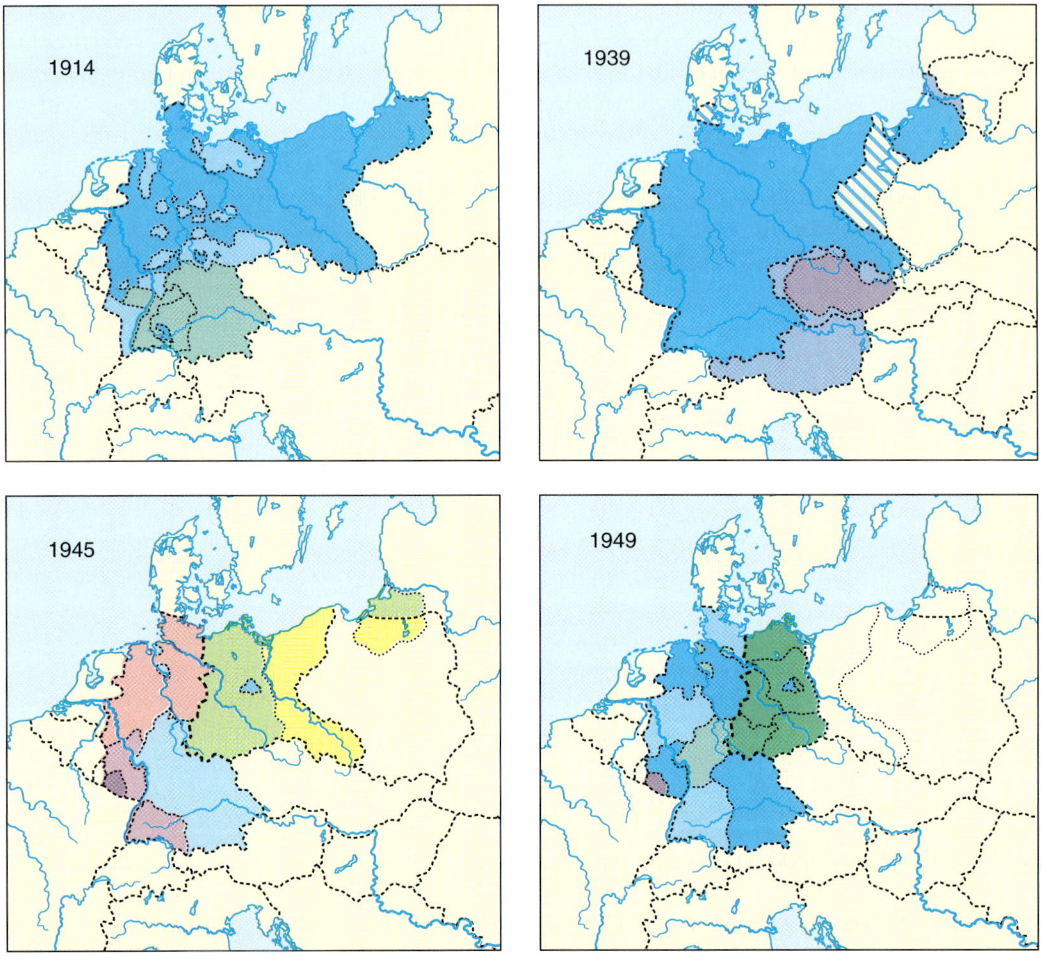

Deutschland 1914 – 1939 – 1945 – 1949.

Nach dem Ersten Weltkrieg verhinderten die USA und England eine Auflösung des Deutschen Reiches, weil sie dieses als Schutzwall gegen das bolschewistische Rußland benötigten. Am Ende des Zweiten Weltkrieges ließ sich diese Strategie nicht mehr durchhalten, da die Sowjetunion als wichtigster Bündnispartner der Westalliierten mit am Verhandlungstisch saß. Aus der vollständigen Niederlage und der Besetzung Deutschlands ergab sich die Auflösung des Deutschen Reiches und aus dem allmählichen Interessengegensatz der Alliierten die deutsche Teilung unter Abtrennung des Ostens. Mit dem Ende des Deutschen Reiches 1945 war Deutschland zu einem bloß noch geographischen Begriff geworden. Das Protokoll der 2. Sitzung der Potsdamer Konferenz vom 18. Juli 1945 hält die neue Lage in aller Schärfe fest:

Churchill: Was bedeutet „Deutschland" jetzt? Kann man es in dem Sinne verstehen wie vor dem Kriege?
Truman: Wie faßt die sowjetische Delegation diese Frage auf?
Stalin: Deutschland ist das, was es nach dem Kriege wurde. Ein anderes Deutschland gibt es jetzt nicht. So verstehe ich diese Frage.
Truman: Kann man von Deutschland sprechen, wie es 1937, vor dem Kriege, war?
Stalin: So wie es 1945 ist.
Truman: Es hat 1945 alles eingebüßt. Deutschland existiert jetzt faktisch nicht.
Stalin: Deutschland ist, wie man bei uns sagt, ein geographischer Begriff. Wollen wir es vorläufig so auffassen! Man darf nicht von den Ergebnissen des Krieges abstrahieren.
Truman: Ja, aber es muß doch irgendeine Definition des Begriffes „Deutschland" erfolgen. Ich meine, das Deutschland von 1886 oder 1937 ist nicht dasselbe wie das Deutschland von heute, 1945.
Stalin: Es hat sich infolge des Krieges verändert, und so fassen wir es auf.
Truman: Ich bin damit völlig einverstanden, aber es muß trotzdem eine gewisse Definition des Begriffes „Deutschland" erfolgen [...]
Stalin: Lassen Sie uns die Westgrenze Polens festlegen, und dann wird die deutsche Frage klarer werden. Es ist für mich sehr schwierig auszudrücken, was jetzt unter Deutschland zu verstehen ist. Das ist ein Land, das keine Regierung, das keine fixierten Grenzen hat, weil die Grenzen nicht von unseren Truppen festgelegt werden. Deutschland hat überhaupt keine Truppen, Grenztruppen eingeschlossen, es ist in Besatzungszonen zerteilt. Und nun definieren Sie, was Deutschland ist! Es ist ein zerschlagenes Land.
Truman: Vielleicht nehmen wir die Grenzen von 1937 zum Ausgangspunkt?
Stalin: Ausgehen kann man von überall. Von irgend etwas muß man ausgehen. In diesem Sinne kann man auch das Jahr 1937 nehmen. [Churchill stimmte ebenfalls zu.]

(H. Michaelis/E. Schraepler [Hrsg.], Ursachen und Folgen. Bd. 23. Berlin o. J., S. 428 f.)

I Die Hinterlassenschaft des Krieges

1 Die Herrschaft der Alliierten über Deutschland: Potsdamer Abkommen und Besatzungszonen

Herrschaft der Alliierten ohne Annexion

Nachdem das Deutsche Reich unter Reichspräsident Dönitz am 8. Mai 1945 die bedingungslose Kapitulation unterzeichnet hatte, die alliierten Truppen Deutschland besetzt hatten und die deutsche Regierung wegen der sowjetischen Furcht vor einer deutschen Zusammenarbeit mit den Westalliierten verhaftet worden war, herrschten die Alliierten in ihren Besatzungszonen unmittelbar über Deutschland (B 1). Als völkerrechtliches Novum übernahmen die Alliierten in der **Berliner Deklaration** vom 5. Juni 1945 die alleinige Hoheitsgewalt über Deutschland, ohne daß damit eine Annexion im völkerrechtlichen Sinne vollzogen worden wäre. Die vier Siegermächte erklärten, ihre Besatzungszonen gemeinsam über einen **Kontrollrat** aus den vier Oberkommandierenden regieren zu wollen. Ein Koordinationsausschuß und ein Kontrollstab zur Verwaltung standen diesem Kontrollrat in Berlin zur Seite. Beschlüsse sollte dieses Herrschaftsorgan der Alliierten nur gemeinsam fassen können.

Konferenz von Potsdam 17. 7.–2. 8. 1945

Als der Alliierte Kontrollrat am 5. 6. in Berlin zusammentrat, waren grundlegende Fragen der gemeinsamen Deutschlandpolitik der „Großen Drei" noch offen. Diese sollten auf der Konferenz in Potsdam geklärt werden, an der für den verstorbenen Roosevelt der neue amerikanische Präsident Truman, zunächst Churchill und – nach seiner Abwahl – Premier Attlee sowie Stalin teilnahmen (B 2). Dieser war an größter Machtausweitung interessiert, während Großbritannien das verhindern wollte, aber in Truman keine Unterstützung fand. Die USA waren nämlich zu sehr mit der Beendigung ihres Krieges gegen Japan beschäftigt. Dieses letzte Treffen der drei Siegermächte drohte lange keine Einigung zu bringen und kam nur durch einen amerikanischen **Kompromißvorschlag** zu einem Ergebnis.

Minimalkonsens in der Deutschlandpolitik

Der Kompromiß der Alliierten wurde im sogenannten **Potsdamer Abkommen** vom 2. August 1945 festgehalten (M 1). Es handelt sich dabei um ein kurzes Kommuniqué über die Hauptergebnisse der Konferenz und beruhte auf einem Protokoll der Beschlüsse, das erst 1947 vollständig veröffentlicht wurde. Das Potsdamer Abkommen enthält Vereinbarungen über eine gemeinsame Deutschlandpolitik wie über die Grundlinien der Weltpolitik der Alliierten.

Bei der Behandlung Deutschlands wollte man im Gegensatz zu den Beschlüssen von Jalta einheitlich und gemeinsam vorgehen, konnte sich aber nur auf fünf **Prinzipien** einigen: Demilitarisierung, Denazifizierung, Dezentralisierung, Demontagen und Demokratisierung waren die **„5 D's"** der alliierten Nachkriegspolitik in Deutschland.

Dezentralisierung und Demontagen dienten in erster Linie der Entmilitarisierung Deutschlands. Konzerne sollten entflochten, Waffen-, Schiffs- und Flugzeugproduktion verboten und kriegswichtige Stoffe nur streng kontrolliert hergestellt werden. Durch Konzentration auf Landwirtschaft und friedliche Industrien wollte man eine deutsche Kriegsgefahr für immer bannen (M 1: III. B.). Darüber hinaus erhofften sich vor allem die Sowjets von den Demontagen entscheidende Hilfen zum Wiederaufbau ihres Landes. Deshalb waren sie in der Reparationsfrage hartnäckiger als die Westalliierten (M 1: IV.).

B 1 Besetzung einer deutschen Großstadt durch die US-Armee im April 1945. Nach der Verhaftung der Regierung Dönitz im Mai 1945 herrschten die Alliierten in ihren Besatzungszonen unmittelbar über Deutschland. Der Alliierte Kontrollrat vom 5. Juni war ihr gemeinsames Herrschaftsorgan.

Deutschland wurde im Protokoll stets als **politische und wirtschaftliche Einheit** angesprochen mit zentraler Verwaltung und einer künftigen deutschen Regierung, die vom Alliierten Kontrollrat überwacht werden sollte (M 1: III. A.1; B.16). Freilich betrachtete Stalin die polnisch verwalteten Gebiete östlich von Oder und Neiße als faktisch von Deutschland getrennt: Die Westalliierten stimmten dem vorbehaltlich einer Friedensvertragsregelung zu (IX.). Die dort wohnenden Deutschen wollte man nach Westen umsiedeln (XIII.). Zur Demokratisierung Deutschlands sollten Kriegsverbrecher zur Verantwortung gezogen, der Nationalsozialismus ausgerottet und demokratische Grundsätze im Erziehungs- und Justizwesen eingeführt werden (III. A. 3.–6). Eine dauerhafte deutsche Demokratie wollten die Alliierten durch Dezentralisierung sowie durch Rede- und Pressefreiheit fördern (III. A. 7.–10.).

Grenzen des Kompromisses von Potsdam

Freilich handelte es sich beim Konsens in Potsdam um vage Kompromisse, die darüber hinwegtäuschten, daß man **wichtige Grundsätze nicht definiert** hatte. So besaßen Sowjetunion und USA grundlegend verschiedene Vorstellungen über Reparationen und die künftige Wirtschaftsform Deutschlands. Entnazifizierung und Dezentralisierung wurden ganz unterschiedlich wichtig genommen und deshalb später auch ganz verschieden gehandhabt. Über den Begriff der Demokratie hatte man sich in Potsdam nicht verständigt, so daß sich an ihm später ständig Konflikte zwischen Ost- und Westmächten entzündeten. Überhaupt verdeckten die Kompromißformeln von Potsdam, daß die Alliierten mit dem Sieg über Deutschland die Grundlage für eine weitere gemeinsame Politik verloren hatten. Das zeigte sich auch in der Frage der Nachkriegsgrenzen Deutschlands.

Karte 1 Das besiegte und besetzte Deutschland und Groß-Berlin mit Sektorengrenzen. 1945.

– *Rekapitulieren Sie die Gründe für die Vierzonenverwaltung Deutschlands und Berlins.*

West-Zonen, SBZ und Berlin

Einseitige Entschlüsse und eine Politik vollendeter Tatsachen führten zu neuen Grenzen* innerhalb des Besatzungsgebietes. Die Oder-Neiße-Linie als Westgrenze Polens wurde in Potsdam nicht förmlich anerkannt, Großbritannien lehnte insbesondere die Neiße-Linie ab, doch die sowjetische Politik, die deutschen Ostgebiete einer polnischen Regierung zur Verwaltung zu überlassen, erzwang die Verschiebung der Lösung dieser Frage bis zu einem Friedensvertrag. Tatsächlich behandelte man das **polnisch verwaltete Ostdeutschland** nun so, als gehöre es **nicht mehr zum alliierten Besatzungsgebiet**. Das nördliche Ostpreußen wurde der Sowjetunion zugesprochen (Karte 1).
Gemäß Londoner Abkommen (S. 47) waren die Besatzungszonen lediglich Verwaltungseinheiten. Churchill hatte sie 1943 vorgeschlagen, um die Sowjetunion aus Mitteleuropa herauszuhalten, weil er befürchtete, die Rote Armee könne früher als die Westalliierten am Rhein sein. Die Sowjetunion, die den östlichen Teil Deutschlands in den Grenzen von 1937 erhalten hatte, verstieß aber gegen das Londoner Abkommen, als sie das Gebiet östlich von Oder und Neiße ohne Konsultation der Westalliierten den Polen abtrat. Sie hielt sich auch nicht an die Vereinbarungen von Jalta und Potsdam, als sie begann, in der SBZ eine eigene Zentralverwaltung aufzubauen, eine wirtschaftliche und soziale Umgestaltung durchzuführen und eigene Reparationsgrundsätze zu verwirklichen. Damit setzte eine **Abtrennung der Ostzone** von den Westzonen bereits im Jahre 1945 ein. Das war der Beginn der Verwandlung der Demarkationslinie* zur unüberwindlichsten Grenze in Mitteleuropa.

B 2 Gruppenfoto der Regierungschefs und Außenminister der Siegermächte auf der Konferenz von Potsdam im Juli/August 1945. Von den „Großen Drei" der Kriegskonferenzen war nur noch Stalin dabei. Truman (Mitte, sitzend) ersetzte den verstorbenen Roosevelt und Attlee (links sitzend) den abgewählten Churchill.

Großberlin in den Grenzen von 1920 sollte von den Siegermächten gemeinsam besetzt und geteilt werden. Als Sitz des Alliierten Kontrollrates kam ihm eine Sonderrolle zu. Als dann bei der Kapitulation die US-Armee mit den Briten bis nach Mecklenburg und über Thüringen und Leipzig hinaus nach Sachsen vorgestoßen war, räumte sie vertragsgemäß dieses Gebiet im Juni 1945 bis zur Londoner Demarkationslinie, die Sowjets überließen ihnen gleichzeitig die Westsektoren von Berlin (Karte 1).
Die Ausgliederung einer französischen Besatzungszone entsprechend den Beschlüssen von Jalta aus der amerikanischen und englischen Zone bis zum 26. 7. 1945 war für die späteren Ländergrenzen der Bundesrepublik von größerer Bedeutung. Die bayerische Pfalz und Teile Hessens sowie des preußischen Rheinlands kamen durch die französische Besetzung erstmals unter eine gemeinsame Verwaltung und wurden später zum Land Rheinland-Pfalz zusammengeschlossen. Auch alle übrigen Ländergrenzen entstammen – mit Ausnahme Bayerns – der Besatzungszeit.

M1 Aus dem „Potsdamer Abkommen" vom 2. August 1945

III. Deutschland

A. Politische Grundlinien

1. Im Einklang mit dem Abkommen über den Kontrollapparat in Deutschland wird die oberste Gewalt in Deutschland von den Oberbefehlshabern der Streitkräfte der Vereinigten Staaten von Amerika, des Vereinigten Königreiches, der Union der Sozialistischen Sowjet-Republiken und der

Französischen Republik gemäß den Anweisungen der betreffenden Regierungen ausgeübt, und zwar von jedem von ihnen einzeln in seiner eigenen Besetzungszone und von allen in ihrer Eigenschaft als Mitglieder des Kontrollausschusses (= Kontrollrat) gemeinsam in Fragen, die Deutschland als Ganzes betreffen.

2. Soweit dies durchführbar ist, soll die deutsche Bevölkerung überall in Deutschland der gleichen Behandlung unterworfen werden.

3. Die folgenden für die Besetzung Deutschlands geltenden Ziele sollen für den Kontrollausschuß maßgebend sein:

I) Vollständige Entwaffnung und Entmilitarisierung Deutschlands und Ausschaltung oder Beaufsichtigung der gesamten deutschen Industrie, die für Rüstungszwecke eingesetzt werden kann. [...]

II) Das deutsche Volk von der Vollständigkeit seiner militärischen Niederlage zu überzeugen, ferner davon, daß es der Verantwortung für das Schicksal, das es auf sich herabbeschworen hat, nicht entgehen kann, da seine eigene rücksichtslose Kriegführung und der fanatische Widerstand der Nazis die deutsche Wirtschaft vernichtet und Not und Chaos unvermeidlich gemacht haben.

III) Die nationalsozialistische Partei und die ihr angeschlossenen und von ihr beaufsichtigten Organisationen zu zerstören, alle von den Nazis geschaffenen Verbände und Anstalten aufzulösen, Maßnahmen zu treffen, die ihr Wiederaufleben in jeder Form unmöglich machen, und jede nationalsozialistische und militaristische Tätigkeit oder Propaganda zu verhindern.

IV) Einen Wiederaufbau des deutschen politischen Lebens auf demokratischer Grundlage und eine friedliche Teilnahme Deutschlands am internationalen Leben vorzubereiten.

4. Alle Nazigesetze, die die Grundlage für das Hitler-Regime bildeten oder eine unterschiedliche Behandlung von Personen wegen ihrer Rassen- oder Glaubenszugehörigkeit oder ihrer politischen Ansichten vorsahen, sind aufzuheben. Eine derartige unterschiedliche Behandlung soll weder im Recht noch in der Verwaltung noch auf anderen Gebieten geduldet werden.

5. Kriegsverbrecher und Personen, die an der Vorbereitung oder Ausführung von Unternehmungen der Nazis teilgenommen haben, die die Begehung von Grausamkeiten oder Kriegsverbrechen mit sich brachten oder zu solchen führten, sollen verhaftet und vor Gericht gestellt werden. Naziführer, einflußreiche Helfer der Nazis, hohe Beamte der Naziorganisationen, -anstalten und -verbände und andere Personen, die die Besetzung oder die durch sie zu erreichenden Ziele gefährden, sollen verhaftet und interniert werden.

6. Alle Mitglieder der Nazipartei, die nicht nur der Form nach in ihr tätig gewesen sind, und alle anderen Personen, die den Zielen der Alliierten feindlich gegenüberstehen, sollen ihrer öffentlichen und halböffentlichen Ämter sowie ihrer verantwortlichen Stellungen in wichtigen Privatunternehmungen enthoben werden. Sie sind durch Personen zu ersetzen, die auf Grund ihrer politischen und moralischen Eigenschaften für fähig angesehen werden, bei der Schaffung echter demokratischer Verwaltungs- und Lebensformen in Deutschland mitzuwirken.

7. Das deutsche Unterrichtswesen soll einer Kontrolle unterstellt werden, die nationalsozialistische und militaristische Doktrinen völlig ausschließt und die erfolgreiche Heranbildung demokratischer Ideen ermöglicht.

8. Das Justizwesen soll im Einklang mit den Grundsätzen der Demokratie, des Rechtsschutzes durch Gesetze und gleicher Rechte für alle Bürger ohne Ansehen der Rasse, der Nationalität oder des Glaubensbekenntnisses umgestaltet werden.

9. Die Verwaltung Deutschlands soll auf eine politische Dezentralisierung und den Aufbau von verantwortungsbewußten örtlichen Verwaltungsstellen gerichtet sein. Zu diesem Zwecke

I) sollen, so schnell dies mit den Erwägungen der militärischen Sicherheit und den Zwecken der militärischen Besetzung zu vereinbaren ist, überall in Deutschland örtliche Verwaltungskörper, die vom Volke selbst auf demokratischer Grundlage und vor allem durch Wahlkörperschaften gebildet sind, wiederhergestellt werden;

II) sollen überall in Deutschland alle demokratischen politischen Parteien, deren Mitglieder das Recht der Versammlung und der freien öffentlichen Meinungsäußerung genießen, erlaubt und gefördert werden;

III) sollen die Grundsätze der Volksvertretung und des Wahlrechts so schnell in den Bezirks-, Provinzial- und Staats-(Landes-)Verwaltungen eingeführt werden, wie durch ihre erfolgreiche Anwendung in den örtlichen, vom Volke selbst gebildeten Verwaltungskörpern gerechtfertigt ist;

IV) soll im gegenwärtigen Zeitpunkt keine deutsche Zentralregierung gebildet werden. Nichtsdestoweniger sollen unter der Leitung von Staatssekretären deutsche zentrale Verwaltungsbehörden auf bestimmten wichtigen Gebieten geschaffen werden, namentlich auf dem Gebiete des Finanz-, Verkehrs- und Nachrichtenwesens, ferner des Außenhandels und der Industrie. Diese Behörden werden unter der Leitung des Kontrollausschusses stehen.

10. Vorbehaltlich der Notwendigkeit, die militärische Sicherheit aufrechtzuerhalten, sollen Rede-, Presse- und Religionsfreiheit hergestellt und die Achtung vor religiösen Anstalten und Organisationen gewahrt werden. [...]

B. Wirtschaftliche Grundlinien

11. Um Deutschlands Stärke als Militärmacht zu zerstören, soll die Erzeugung von Waffen, Munition und Gegenständen des militärischen Bedarfs sowie aller Arten von Flugzeugen und seetüchtigen Schiffen verboten und verhindert werden. [...]

12. Die deutsche Wirtschaft soll sobald wie möglich dezentralisiert werden, um die gegenwärtig bestehende übermäßige Konzentrierung wirtschaftlicher Machtmittel zu beseitigen, wie sie namentlich in Kartellen, Syndikaten, Trusts und anderen monopolistischen Abkommen zum Ausdruck gebracht wird.

13. Bei der Organisierung der deutschen Wirtschaft ist das Hauptgewicht auf die Entwicklung der Landwirtschaft und der einheimischen, für friedliche Zwecke arbeitenden Industrie zu legen.

14. Während der Dauer der Besetzung soll ganz Deutschland als eine wirtschaftliche Einheit behandelt werden. [...]

16. Bei der Schaffung und Durchführung der durch den Kontrollausschuß beschlossenen Aufsicht ist ein deutscher Verwaltungsapparat zu bilden. [...]

17. Es sollen unverzüglich Maßnahmen getroffen werden, um

a) wesentliche Instandsetzungsarbeiten der Verkehrsmittel durchzuführen;

b) die Kohlenerzeugung zu erhöhen;

c) die landwirtschaftliche Erzeugung auf ihren Höchststand zu bringen;

d) die Notstandsarbeiten im Wohnwesen und bei lebenswichtigen Betrieben vorzunehmen. [...]

IV. Deutschlands Reparationen

Im Einklang mit der auf der Krim-Konferenz getroffenen Entscheidung, wonach Deutschland gezwungen werden soll, eine möglichst vollständige Entschädigung für die Verluste und die Not zu leisten, die es den Vereinten Nationen verursacht hat und für die das deutsche Volk sich seiner Verantwortlichkeit nicht entziehen kann, ist das nachstehende Reparationsabkommen getroffen worden: [bezieht sich u. a. auf Demontagen, für die UdSSR z. T. auch aus den Westzonen]

VI. Die Stadt Königsberg und benachbarte Gebiete

[...] Die Konferenz hat sich grundsätzlich mit dem Vorschlag der Sowjetregierung einverstanden erklärt, wonach die Stadt Königsberg und die benachbarten, oben beschriebenen Gebiete [...] endgültig an die Sowjetunion übertragen werden sollen. [...]

IX. Polen

B. In bezug auf die Westgrenze Polens ist das nachstehende Abkommen getroffen worden:

[...] Die drei Regierungschefs geben erneut ihrer Ansicht Ausdruck, daß die endgültige Festsetzung der Westgrenze Polens einer Regelung in den Friedensverträgen vorbehalten bleiben soll.

Die drei Regierungschefs stimmen dahin überein, daß bis zur endgültigen Regelung der Westgrenze Polens die folgenden Gebiete der Verwaltung des Polnischen Staates unterstellt und als solche nicht als ein Teil der sowjetrussischen Besetzungszone in Deutschland angesehen werden sollen:

[Gebiete östlich der Oder und Neiße]

XIII. Geregelte Überführung der deutschen Bevölkerung

Die Konferenz hat bezüglich der Ausweisung von Deutschen aus Polen, der Tschechoslowakei und Ungarn das nachstehende Abkommen getroffen:

Die drei Regierungen haben die Frage von allen Seiten erwogen und sind zu der Ansicht gelangt, daß eine Überführung der deutschen Bevölkerung oder deutscher Bevölkerungselemente, die in Polen, der Tschechoslowakei und Ungarn geblieben sind, nach Deutschland vorgenommen werden muß. Sie sind sich darüber einig, daß diese Überführung auf eine geregelte und menschliche Weise erfolgen soll. [...]

Die tschechoslowakische Regierung, die Provisorische Regierung Polens und der Kontrollausschuß in Ungarn werden [...] angewiesen, inzwischen weitere Ausweisungen einzustellen [...]

Genehmigt:

J. V. Stalin Harry S. Truman C. R. Attlee

(Zitiert nach: H. Krause/K. Reif [Hrsg.], Die Welt seit 1945. München 1980, S. 72 ff.)

1 *Stellen Sie die Kernaussagen zu folgenden Punkten zusammen:*
a) Politische Grundsätze für Deutschland,
b) Wirtschaftliche Grundsätze für Deutschland,
c) Reparationen,
d) Nationalsozialisten und Kriegsverbrecher,
e) Gebietsabtrennungen (Verwaltungsgebiete) und Deutsche im Osten.

2 *Nennen Sie die geplanten Schritte zur Demokratisierung Deutschlands. Was verstehen die USA, was die UdSSR unter Demokratie?*

3 *Untersuchen Sie, wessen Interessen primär befriedigt werden.*

2 Flucht und Vertreibung

Der Zweite Weltkrieg forderte für Deutschland nicht nur Opfer an Leben und Sachwerten, sondern brachte auch für Millionen von Überlebenden den **Verlust der Heimat** mit sich. Schon in der Folge des Ersten Weltkrieges waren 700 000 Deutsche aus Posen und Westpreußen ins Deutsche Reich ausgewiesen und verdrängt worden. Nun bewirkte der Zweite Weltkrieg eine beispiellose Bevölkerungsverschiebung nach Westen.

Flucht

Nach der Eroberung Polens waren 1939/40 800 000 Volksdeutsche aus allen möglichen Teilen Osteuropas im Warthegau und in der Steiermark angesiedelt worden. Das Wanken der Ostfront nach dem Fall von Stalingrad löste unter den Volks- und Reichsdeutschen des Ostens eine **erste Fluchtwelle** aus. Man befürchtete zu Recht Übergriffe der sowjetischen Truppen und Racheakte der Polen und Tschechen, denen von den deutschen Eroberern vielfältiges Unrecht zugefügt worden war. Als die Rote Armee näherrückte, setzte zuerst im Sommer 1944 im Baltikum und Memelland und dann im Herbst in Ostpreußen eine Fluchtwelle nach Westen ein, die sich mit dem Zusammenbruch der deutschen Ostfront in der russischen Winteroffensive des Januar und Februar 1945 überschlug: Millionen Deutscher im Osten kämpften sich im Wettlauf mit der Roten Armee im härtesten Winter und nur mit dem Nötigsten versehen über die Landstraßen zu Elbe und Donau durch (M 2a; B 3, 4). Etwa eine Million überlebte diese Strapazen nicht.
Nach der Kapitulation im Mai kehrten viele der Geflohenen in der Hoffnung auf geordnete Verhältnisse in ihre Heimat zurück. Im Juni jedoch schlossen die Polen die Oderübergänge nach Osten und begannen, mit Schikanen, Zwangsarbeitsverpflichtungen und Racheakten die deutsche Bevölkerung zu vertreiben oder in Konzentrationslager im Hinterland zu verbringen. Das löste eine **zweite Fluchtwelle** aus, in deren Folge Ende 1945 **2,5 Mio. Flüchtlinge** in den Westzonen ankamen. Dort wurden sie vor allem in Bayern, Niedersachsen und Schleswig-Holstein untergebracht. Die sowjetisch besetzte Zone (SBZ) aber hatte bereits ein Drittel mehr aufgenommen.

Vertreibung

Der Art. XIII. des **Potsdamer Abkommens** sah die Umsiedlung der Deutschen östlich von Oder und Neiße, aus Ungarn und der Tschechoslowakei vor. Schon vorher hatten Polen und Tschechen widerrechtlich und wahllos mit Ausweisungen und Vertreibungen begonnen (M 3; B 5). Die planmäßigen Vertreibungen setzten aber erst 1946 ein; bei ihrem Abschluß waren **12 Mio. Vertriebene** in den vier Besatzungszonen angekommen (M 4b; Karte 2), wo sie nach einem Kontrollratsbeschluß vom November 1945 verteilt wurden. Die Umsiedler sollten nach der alliierten Vereinbarung von Potsdam Geld und ein Minimum persönlicher Habe mitnehmen dürfen. Die Aussetzung der Umsiedlungen durch das Potsdamer Abkommen und die humanitären Bestimmungen wurden allerdings oft mißachtet, und die Vertreibung war häufig von Repressalien oder auch Verbrechen begleitet (M 3c). So kamen die Vertriebenen **meist mittellos** in den Zonen an.

Lebensbedingungen der Flüchtlinge und Vertriebenen

Infolge der Zerstörung der Städte wurden Flüchtlinge und Vertriebene in den ländlichen Regionen untergebracht, in den Westzonen vor allem in Bayern, Niedersachsen und Schleswig-Holstein. Die französische Zone hatte die Aufnahme zunächst ganz verweigert und im Oktober 1946 nur 1,5 % aufgenommen, wohingegen die SBZ 20,8 % und die übrigen Westzonen 13,4 % übernahmen (M 4a). Das Verteilungsproblem wurde trotz eines Ministerpräsidentenbeschlusses der Länder im Dezember 1947 noch

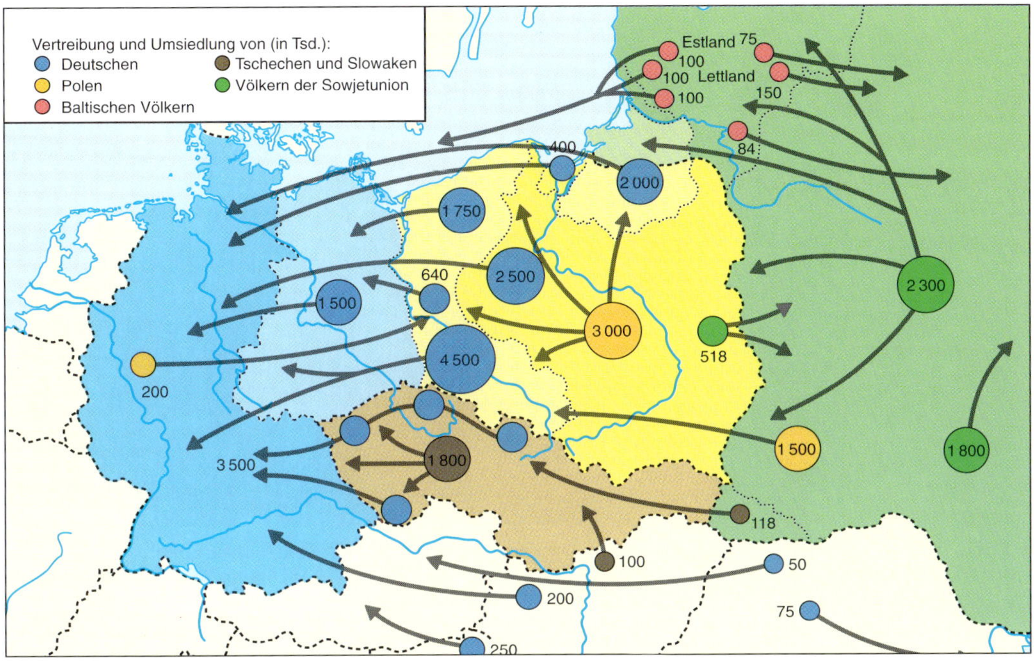

Karte 2 Flucht, Vertreibung und Umsiedlung 1945–1950.

– *Welche Nationalitäten sind von den Bevökerungsverschiebungen betroffen? Klären Sie die Zahl der Betroffenen.*
– *Klären Sie die Ursachen der Fluchtwellen und die Gründe der Umsiedlungen. Bewerten Sie dieses Mittel der Politik.*

lange nicht gelöst. Es verschärfte sich sogar noch durch eine **dritte Fluchtwelle aus der SBZ**. Ende 1946 war bereits eine Million wegen Arbeitsbedingungen, Kommunistenfurcht, Repressalien oder Strafverfolgung in die Westzonen geflohen.
Bei der allgemeinen wirtschaftlichen Misere im Nachkriegsdeutschland lebten Flüchtlinge und Vertriebene meist in **größter materieller Not**. Gerade sie litten unter der schlechten Ernährungslage. Wenn sie Arbeit bekamen, mußten sie oft die schlechter bezahlten Tätigkeiten übernehmen. 1948 wurden sie von der Währungsreform und der zunehmenden Arbeitslosigkeit besonders benachteiligt. Noch lange blieben sie auf Massenquartiere und Notunterkünfte angewiesen (Lager, Fabrikhallen, Bunker, Nissenhütten*), obwohl durch die sogenannte Wohnraumbewirtschaftung* alle Möglichkeiten zur normalen Unterbringung in Wohnhäusern ausgeschöpft wurden. Unerträgliche Enge in den Wohnräumen, Mangel an Haushaltsgegenständen, unterschiedliche Lebensgewohnheiten bescherten erhebliche **Konflikte mit der alteingesessenen ländlichen Bevölkerung** und belastete die Integration der Ostdeutschen im Westen. Allerdings machte die Flüchtlingsfrage international auf das wirtschaftliche Problem im Nachkriegsdeutschland aufmerksam und leitete so internationale Hilfsmaßnahmen ein.
Die Integration der Flüchtlinge und Vertriebenen war eines der größten wirtschaftlichen, sozialen und innenpolitischen Probleme nach dem Kriege. Es ist eine der herausragenden Leistungen der Bundesrepublik Deutschland, in den 50er und 60er Jahren diese Integration glücklich vollzogen zu haben. Die Sudetendeutschen wurden so zu „Bayerns viertem Stamm".

B 3 Flucht über das gefrorene Haff im Januar 1945. Den nördlichen Ostpreußen blieb vor der anrückenden Roten Armee nur der Weg zu Schiff über die Ostsee oder über das z. T. brüchige Eis des Kurischen bzw. Frischen Haffs.

M2 Die Flucht

a) Schilderung der Flucht einer jungen Frau aus Ostpreußen (Niederschrift 1951)

Bis zum 10. Februar 1945 blieben wir in Braunsberg. Täglich mußten wir stundenlang nach Lebensmitteln und Kohlen anstehen. Das Gedröhn der Stalinorgeln[1] kam von Tag zu Tag näher. Licht und Gas fiel aus. Wir lebten mit zehn Personen in einem Zimmer. Wir faßten den Entschluß, die Stadt zu verlassen. In der Dunkelheit verließen wir mit einigen anderen Leidensgefährten unser Domizil und tappten uns durch eine stockfinstere Nacht auf einer von Menschenleichen und Tierkadavern besäten Landstraße vorwärts. Hinter uns blieb das brennende Braunsberg zurück; links von uns – um Frauenburg – tobte eine erbitterte Schlacht. Gegen Mitternacht erreichten wir – völlig verdreckt und verschlammt – das Städtchen Passarge am Frischen Haff. In einer Scheune erwarteten wir den neuen Tag. Hein P., unser genesender Soldat, und seine Mutter konnten nicht mehr weiter. Wir mußten sie zurücklassen, als wir unseren Fußmarsch zum Frischen Haff fortsetzten. Inzwischen war die eisige Kälte anhaltendem Regenwetter gewichen. Wir erreichten den Uferrand des Frischen Haffs, verpusteten einige Minuten und traten dann den Marsch zur gegenüberliegenden Nehrung an. Das Eis war brüchig; stellenweise mußten wir uns mühsam durch 25 cm hohes Wasser hindurchschleppen. Mit Stöcken tasteten wir ständig die Fläche vor uns ab. Zahllose Bombentrichter zwangen uns zu Umwegen. [...]

Ich sah Frauen Übermenschliches leisten. Als Treckführerinnen fanden sie instinktiv den sichersten Weg für ihre Wagen. Überall auf der Eisfläche lag verstreuter Hausrat herum; Verwundete krochen mit bittenden Gebärden zu uns heran, schleppten sich an Stöcken dahin, wurden auf kleinen Schlitten von Kameraden weitergeschoben.

Sechs Stunden dauerte unser Weg durch dieses Tal des Todes. Dann hatten wir, zu Tode ermattet, die Frische Nehrung erreicht. In einem winzigen Hühnerstall sanken wir in einen flüchtigen Schlaf. Unsere Mägen knurrten vor Hunger.

Am nächsten Tag liefen wir in Richtung auf Danzig weiter. Unterwegs sahen wir grauenvolle Szenen. Mütter warfen ihre Kinder im Wahnsinn ins Meer. Menschen hängten sich auf; andere stürzten sich auf verendete Pferde, schnitten sich Fleisch heraus, brieten die Stücke über offenem Feuer; Frauen wurden im Wagen entbunden. Jeder dachte nur an sich selbst – niemand konnte den Kranken und Schwachen helfen.

(H. Michaelis/E. Schrapeler [Hrsg.], Ursachen und Folgen. Berlin 1958 ff. Bd. 22, S. 388 ff.)

1 Sowjetischer Raketenwerfer

B 4 Flüchtlingstreck durch Schlesien im Januar/Februar 1945. Millionen sind in diesem harten Winter auf der Flucht nach Westen, ihre Opfer sind ungezählt.

b) Erlebnisbericht eines Bauern in Niederschlesien über den Einmarsch sowjetischer Truppen (berichtet am 26. September 1952)

Als die ersten russischen Panzer mit Infanterie ankamen, waren wir sofort Uhren, Ringe und andere Sachen los. Kurz darauf kam Infanterie an, und da war der Teufel los. Sofort wurden die ersten Frauen vergewaltigt, von Kindern von 12 Jahren bis zur Greisin über 80 Jahre, was ich selbst aus nächster Nähe gesehen habe. Mein zweites Dienstmädchen, Helene T., wurde von den Russen dreizehnmal hintereinander gebraucht. Es verging kein Tag, wo es ruhig war. Die jungen Mädchen und Frauen lagen meistens die Nächte im Garten unter den Sträuchern. Setzte sich ein Mann für sie ein, wurde er erschossen oder erschlagen, wie Bauer Hermann Wende erschossen mit Frau und Tochter, Kaufmann Theodor Ruscher und Max Leesch, Max Peisker erschossen. Rentner Scholz mit Frau mit dem Spaten erschlagen. Ein 12 Jahre altes Mädchen wurde von der Mutter geschützt, Mutter erschossen, Mädchen gebraucht. Es gab fast keine Frau, die nicht geschändet wurde. Eine Greisin, Frau Rahn, viermal gebraucht. Frau Schneidermeister Pfeifer aus Jeschen erhängte aus Verzweiflung ihre drei Kinder im Alter von acht bis dreizehn Jahren und sich dann selbst.

Aus dem Dorf Jeschen wurden fast restlos alle männlichen Personen verschleppt und sind verschollen, ebenso aus Lossen, die da waren. Die meisten sind verschollen. Ob Partei oder nicht.

(Dokumentation der Vertreibung. Bd. I, 1. Bonn 1954, S. 432 f.)

1 *Informieren Sie sich über die strategische Lage in Ostpreußen und in Schlesien im Februar 1945.*

2 *Klären Sie die Motive zur Flucht.*

M3 Die Vertreibungen

a) Aus dem Erlebnisbericht einer Frau über die Ausweisung aus Brandenburg durch die Polen im Juni 1945 (berichtet am 5. Juli 1952)

Niemand von uns hatte mit einer Ausweisung gerechnet. Wohl kamen eine Woche vorher die Zivilpolen, und uns wurde gesagt, daß wir nun polnisch verwaltet würden. Die Zivilpolen benahmen sich anständig, sie plünderten wohl auch noch, aber viel hatte der Russe ja nicht übriggelassen. Aber Vergewaltigungen kamen da kaum vor.

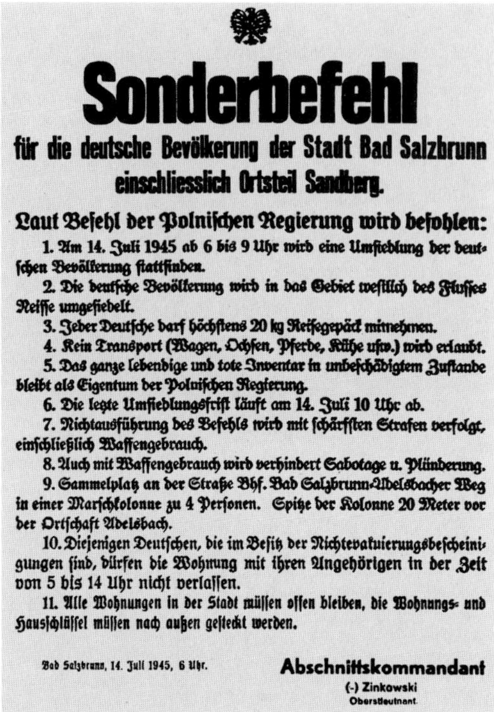

Sonderbefehl

für die deutsche Bevölkerung der Stadt Bad Salzbrunn einschliesslich Ortsteil Sandberg.

Laut Befehl der Polnischen Regierung wird befohlen:

1. Am 14. Juli 1945 ab 6 bis 9 Uhr wird eine Umsiedlung der deutschen Bevölkerung stattfinden.
2. Die deutsche Bevölkerung wird in das Gebiet westlich des Flusses Neisse umgesiedelt.
3. Jeder Deutsche darf höchstens 20 kg Reisegepäck mitnehmen.
4. Kein Transport (Wagen, Ochsen, Pferde, Kühe usw.) wird erlaubt.
5. Das ganze lebendige und tote Inventar in unbeschädigtem Zustande bleibt als Eigentum der Polnischen Regierung.
6. Die letzte Umsiedlungsfrist läuft am 14. Juli 10 Uhr ab.
7. Nichtausführung des Befehls wird mit schärfsten Strafen verfolgt, einschließlich Waffengebrauch.
8. Auch mit Waffengebrauch wird verhindert Sabotage u. Plünderung.
9. Sammelplatz an der Straße Bhf. Bad Salzbrunn-Adelsbacher Weg in einer Marschkolonne zu 4 Personen. Spitze der Kolonne 20 Meter vor der Ortschaft Adelsbach.
10. Diejenigen Deutschen, die im Besitz der Nichtevakuierungsbescheinigungen sind, dürfen die Wohnung mit ihren Angehörigen in der Zeit von 5 bis 14 Uhr nicht verlassen.
11. Alle Wohnungen in der Stadt müssen offen bleiben, die Wohnungs- und Hausschlüssel müssen nach außen gesteckt werden.

Bad Salzbrunn, 14. Juli 1945, 6 Uhr.

Abschnittskommandant
(-) Zinkowski
Oberstleutnant.

B 5 Polnischer Befehl zur Umsiedlung der Deutschen 1945. Die Vertreibung der Ostdeutschen aus Ostpreußen, Pommern, Schlesien und dem Sudetenland laut Potsdamer Abkommen kostete etwa drei Millionen Menschen das Leben.

– *Untersuchen Sie die Umstände der Umsiedlung in diesem Sonderbefehl.*

Bis dann am Morgen des 23. Juni 1945 die polnische Soldateska erschien, die sogenannten Lubliner Polen, und die gesamte Bevölkerung Soraus, gegen 29 000 Menschen, an diesem Tag auswies. Nur ganz wenige, die in den Fabriken für den Russen arbeiteten, durften bleiben. Mir ließen sie wie allen genau zehn Minuten Zeit. Ich konnte nun bloß mein einjähriges Enkelkind die drei Treppen herunterschleppen, danach den Kinderwagen, den sie mir auch schon teilweise ausgeplündert hatten, dann für den Kleinen heimlich einige Lebensmittel aus den Verstecken holen, und als ich dann noch für mich aus meiner Wohnung meinen Mantel holen wollte, ließ mich der Pole nicht mehr herein mit dem Vermerk, die zehn Minuten wären herum. Ein Polenmädel zog mir noch mein letztes Paar Schuhe von den Beinen, mit denen ich wochenlang geschlafen hatte, damit sie mir der Russe nicht wegnahm, und warf mir ein paar alte Tennisschuhe meines Sohnes, vier Nummern zu groß, hin. [...]
Es war ein Elendszug, denn Züge gingen ja nicht, und so zogen, man kann wohl sagen drei Monate lang, die Ausgewiesenen Schlesiens und Ost-Brandenburgs auf diesen Landstraßen entlang; Kinderwagen, Leiterwagen, Schiebkarren, Sportwagen, man sah die unmöglichsten Gefährte. Von morgens 4.00 Uhr bis abends 7.00 Uhr durfte man auf den Landstraßen bleiben, dann schlief man entweder im Walde, in schmutzigen Scheunen und leeren Wohnungen, dort ließ uns aber der Pole nicht immer herein. Bettelarm zogen wir da lang, denn schon längst hatte uns der Russe Geld, Papiere und Sparkassenbücher und natürlich Schmuck, Uhren, Trauring usw. abgenommen.
Ich bin hier oft im Westen gefragt worden, warum ich denn meinen Schmuck nicht besser versteckt hätte, so z. B. in Rocksäumen, Haar usw. Wenn ich dann den Leuten hier berichte, daß ich wohl sechsmal in der Scheide nach Schmuck untersucht worden bin, dann fangen sie so etwas an zu staunen.
(Dokumentation der Vertreibung. Bd. I. 2. Bonn 1955, S. 688 f.)

b) Die Vertreibung der Deutschen aus Brünn (Daily Mail vom 6. August 1945)
Letzten Monat beschlossen junge Revolutionäre der tschechischen Nationalgarde, die Stadt Brünn zu reinigen. Kurz vor 9 Uhr früh marschierten sie durch die Straßen und riefen alle Deutschen auf, sich bis 9 Uhr mit einem Stück Handgepäck vor ihren Haustüren einzufinden, um die Stadt für immer zu verlassen. Die Frauen hatten zehn Minuten Zeit, ihre Kinder anzuziehen und zu packen. Vor der Tür waren Schmuck, Uhren, Geld und Pelze an die Wachen abzugeben. Nur die Eheringe durften sie behalten. Dann ging unter Bewachung, mit gezogenem Revolver, der Marsch zur österreichischen Grenze los, die bei Dunkelheit erreicht wurde. Die Tschechen schoben die Deutschen über die Grenze, aber die österreichischen Grenzwachen verweigerten ihnen den Einlaß. So blieben sie auf freiem Feld und verbrachten dort die Nacht. Sie sind noch immer auf dem Feld, das sich inzwischen in ein Konzentrationslager verwandelt hat. Sie leben von dem, was ihnen die Wachen von Zeit zu Zeit zukommen lassen, bestimmte Rationen erhalten sie nicht. Jetzt wütet eine Typhusepidemie unter ihnen. 25 000 Männer, Frauen und Kinder mußten diesen Zwangs-

marsch von Brünn machen. Im ganzen Land entstehen jetzt Konzentrationslager für die Deutschen, die wahllos dorthin gebracht werden, um auf die deutschen Einreisevisa zu warten. Sogar deutsche Juden und Antinazis, die erst kürzlich aus Konzentrationslagern der Gestapo befreit wurden, sind davor nicht sicher.
(Archiv der Gegenwart 1945, S. 353)

c) Bericht über den Deutschenpogrom am 31. August 1945 in Aussig.
Militär umgab die Elbebrücken, und als um 16.10 Uhr kommunistische Provokateure in Begleitung von Leuten in russischen Uniformen eintrafen, begann man mit den ‚Exekutionen'. Die Deutschen, die weiße Armbinden trugen und von der Arbeit heimkehrten, wurden die ersten Opfer auf der Beneš-Brücke. Das Militär, das vom Vorsitzenden des Ortsnationalausschusses in Aussig a.E., Herrn Vondra, aufgefordert worden war, jedes Massaker zu verhindern, folgte dieser Aufforderung nicht und mordete mit. Eine Mutter, die ihr Kind im Wagen über die Brücke fuhr, wurde mit Latten erschlagen, mit dem Kind über das Geländer in die Elbe geworfen, unter Begleitfeuer aus Maschinenpistolen.
Ein weiterer Vorfall, der mir in Erinnerung blieb und mich mein ganzes Leben begleiten wird, war jener deutsche Antifaschist, der nach vier Jahren aus dem Konzentrationslager zurückkehrte und als Monteur bei der Firma Brönner beschäftigt war. Diesem deutschen Kämpfer gegen den Faschismus, Brainl, wurden die Haare ausgerissen und dann der Bauch durchschossen. Er starb auf der Stelle.
Dergleichen Vorfälle gab es Hunderte. Auf der Brücke und auf dem Hauptplatz wurden Leute erschlagen und in die sogenannten Luftschutz-Wasserbehälter geworfen. In drei Stunden waren mehr als 2 000 Menschen erschlagen. Die Toten wurden geplündert, von internierten Deutschen auf Autos geladen und zur Kremation nach Theresienstadt gefahren. Die Begleiter der Toten kehrten nicht zurück.
(Dokumentation der Vertreibung. Bd. I., 2. Bonn 1960, S. 284 ff.)

1 *Stellen Sie fest, um welchen Teil Brandenburgs es sich in M 3a handelt und wo Brünn und Aussig liegen.*

2 *Welche Motive und welche Rechtsgrundlage stehen hinter diesen Ausweisungen der deutschen Bevölkerung durch Polen und Tschechen?*

3 *Erörtern Sie das Problem, Unrecht mit Unrecht zu vergelten.*

M4 Statistik Flucht und Vertreibung

a) Gesamtbevölkerung (ohne DP's*) und Vertriebene 1946–1949
(Zahlen in 1000. E = Einwohner. V = Vertriebene)

		1939	1.7.1946	1.10.1949
Bayern	E	7 038	8453	9225
	V	–	1236	1928
Westzonen	E	39350	42718	47446
	V	–	4637	7558
SBZ	E	15157	(17200)	(18800)
	V	–	(2 700)	(4 500)
Berlin	E	4339	3142	3293
	V	–	(100)	(130)
4-Zonen-	E	58846	63	69,5
Deutschland	V	–	7437	12188

(Bayerisches Staatsministerium des Innern, Statistischer Informationsdienst. Nr. 120. Juni 1950)

1 *Untersuchen Sie die Bevölkerungsveränderung 1939–45 in den verschiedenen Zonen.*

2 *Was bedeuten die Veränderungen für die Versorgungslage?*

b) Bevölkerungsbilanz für die Ostgebiete des Deutschen Reiches (Gebietsstand 31. 12. 1937) und die deutschen Siedlungsgebiete im Ausland 1945–1950

	deutsche Bevölkerung 17. 5. 1939 (in Mio.)	Vertriebene Sept. 1950 (in Mio.)	Zurückgebliebene deutsche Bevölkerung Sept. 1950
Ostdeutschland	9,5	7,1	1,1
Ostpreußen	2,4	1,9	0,1
Ostpommern	1,8	1,4	0,05
Ostbrandenburg	0,6	0,4	0,01
Schlesien	4,5	3,2	0,8
Auslandsdeutsche	7,4	4,9	1,4
Baltikum	0,2	0,1	0,01
Danzig	0,3	0,2	0,004
Polen	1,3	0,6	0,4
ČSR	3,4	3,0	0,2
Ungarn	0,6	0,2	0,2
Jugoslawien	0,5	0,2	0,008
Rumänien	0,7	0,2	0,4
insgesamt	16,9	12,0	2,5

(Nach: Gebhardt, Handbuch der Deutschen Geschichte. Bd. 4. Stuttgart ^{9}1978, S. 808)

1 *Von wo stammen die meisten Vertriebenen?*

2 *Wo blieben die meisten zurück? Wo leben heute noch Volksdeutsche im Ausland?*

II Politischer Neubeginn in Deutschland

1 Ziele der Besatzungsmächte und Errichtung der Länder

Demokratische Aktivitäten im befreiten Deutschland

Trotz der ungeheuren Zerstörungen, der riesigen Völkerwanderung, der ständig wachsenden Nahrungs- und Wohnungsnot begann mit dem Einzug der alliierten Truppen und dem Verschwinden des Nationalsozialismus ab April 1945 ein erstaunliches politisches Leben in Deutschland. Aus den KZs oder Zuchthäusern befreite Demokraten, Christen, Gewerkschafter, Sozialisten und Kommunisten gründeten örtliche **Partei- und Gewerkschaftsgruppen**. Es kam z. T. zu Zusammenschlüssen von KPD- und SPD-Organisationen. **Antifaschistische Ausschüsse** schlossen sich vielfach in Betrieben und Gemeinden zusammen. Widerstandskreise fanden hier ein neues Betätigungsfeld (M 5).

Allerdings stand der umstandslosen Aufnahme demokratischer Aktivitäten in Deutschland die Belastung durch die NS-Vergangenheit im Wege. Für ein neues demokratisches Deutschland stellte sich zunächst das Problem der Aufarbeitung des deutschen Wegs in die Diktatur, die Frage nach der Schuld an den NS-Verbrechen und den Lehren daraus für die Zukunft. Kriegsende und Ende des Nationalsozialismus bedeuteten für viele Deutsche eine Neuorientierung in philosophischer, religiöser, gesellschaftlicher und politischer Hinsicht.

Wegen der Zerstörung der Verkehrswege, des Zusammenbruchs allen Brief- und Telefonverkehrs und des allgemeinen Papiermangels waren alle deutschen politischen Organisationen örtlich und regional eng begrenzt. Obwohl die **Alliierten** sich auf ihren Konferenzen für eine Demokratisierung Deutschlands ausgesprochen hatten, sahen sie in deutschen politischen Bestrebungen eine Gefahr und reagierten mit **Verboten**: Antifaschistische Ausschüsse wurden aufgelöst, Parteien und Gewerkschaften strengsten **Kontrollen** unterworfen und nur allmählich überregional zugelassen. Ausgangssperre, Zensur, Lizenzierungsverfahren, Papierzuteilungen waren Mittel, mit denen politische Gruppierungen gegängelt werden konnten (B 7).

Volksfrontstrategie und Kollektivschuldtheorie

Die Gründe für diese Zurückhaltung der Alliierten waren unterschiedlich. Die **Sowjets** befürworteten als erste politische Aktivitäten in Deutschland. Sie flogen deutsche Exilkommunisten aus Moskau ein, unterstützten antifaschistische Ausschüsse, suchten die Zusammenarbeit mit deutschen Demokraten und wollten mit Hilfe befreundeter Kommunisten in einem deutschen antifaschistischen Parteienbündnis ihre Interessen in der deutschen Politik wahren. Im Rahmen dieser Volksfrontpolitik* forderten sie am 10. Juni 1945 zur Gründung von Parteien und Gewerkschaften auf (M 6b).

Die **Amerikaner** waren während des Krieges zur Überzeugung gelangt, daß alle Deutschen am NS-Regime und am Krieg schuld seien. Der sogenannte Morgenthau-Plan sah deshalb die Bestrafung aller Deutschen vor. Deutschland sollte in ein Agrarland verwandelt werden. Auch nachdem im September 1944 dieser Plan aufgegeben wurde, bestimmten Vorstellungen von Niederhalten und Vergeltung sowie Mißtrauen die amerikanische, aber auch die englische und französische Besatzungspolitik des Jahres 1945 (M 6a). Für die Besatzungssoldaten der englischen und amerikanischen Zone galt das Verbot der Kontaktaufnahme mit Deutschen (Fraternisierungsverbot). Den politischen Organisationen der Deutschen, auch wenn sie noch so bescheiden im Umfang und demokratisch in den Zielen waren, wurde größtes Mißtrauen entgegengebracht (M 6c). Erst ein Jahr nach Kriegsende entkrampfte sich das Verhältnis.

Wegen dieser unterschiedlichen Auffassungen im Lager der Alliierten war der **Kontrollrat selten einig** (B 6). So kam es, daß in der Praxis jede der Militärregierungen Entscheidungen für ihre eigene Zone treffen mußte, obwohl das Potsdamer Abkommen theoretisch die Grundlage für eine gemeinsame Deutschlandpolitik gelegt hatte. Damit war die Verwaltung nicht nur im Vier-Zonen-Deutschland dezentralisiert, sondern auch die Entwicklung jeder Zone den politischen, wirtschaftlichen, gesellschaftlichen Interessen der jeweiligen Besatzungsmacht überlassen. Die Tendenz zur Dezentralisierung wurde noch durch die Gründung von Ländern innerhalb der Besatzungszonen verstärkt (Karte 3).

Sowjetisch Besetzte Zone

Die Sowjetische Militär-Administration in Deutschland (SMAD) suchte mit der aus Moskau eingereisten „Gruppe Ulbricht" die Zusammenarbeit mit Sozialdemokraten und bürgerlichen Politikern, betrieb also eine konsequente **Volksfrontpolitik** zur **Zentralisierung*** und **Sozialisierung*** der SBZ. Deshalb wurden dort schon im Juni 1945 antifaschistische Parteien und Gewerkschaften zugelassen. In den ebenso rasch eingerichteten Ländern Mecklenburg, Sachsen, Thüringen und in den Provinzen Brandenburg, Sachsen(-Anhalt) setzten sie viele sozialdemokratische und bürgerliche deutsche Politiker ein. Sie behielten aber den sowjetfreundlichen Kommunisten die Schlüsselstellungen vor, so etwa in den Zentralverwaltungen, die im Juli 1945 eingerichtet und den Ländern übergeordnet wurden. Damit war die Basis für die Sowjetisierung der SBZ geschaffen, die seit 1947 vorangetrieben wurde.

Französische Zone

Aus sicherheitspolitischen Gründen verfolgte Frankreich in der **französischen Zone** eine Politik der rigorosen **Niederhaltung** Deutschlands. Um eine deutsche Einheit zu verhindern, unterstützte Frankreich **separatistische Bewegungen**, verzögerte die Zulassung von Parteien und isolierte seine Zone nicht nur von den anderen, sondern auch die Landesteile innerhalb seiner Zone voneinander. Hohe Reparationen schufen wirtschaftliche Abhängigkeit. Die Saar wurde dem französischen Wirtschaftsgebiet angeschlossen. Als 1947 die Länder Baden, Württemberg-Hohenzollern und Rheinland-Pfalz mit deutschen Verwaltungen entstanden, durften sie keine Kontakte untereinander oder zu anderen Zonen pflegen.

Britische Zone

Großbritannien lehnte diese Zersplitterungspolitik ab. Die Briten wollten ihre Zone zentral regiert wissen und richteten erst später die Länder Niedersachsen, Nordrhein-Westfalen (1946) und Schleswig-Holstein (1948) ein, die aber durch deutsche **Zentralämter** für Wirtschaft und Landwirtschaft verbunden waren. So wurde hier der Nahrungskrise am ehesten begegnet. In der Zulassung von Parteien und Gewerkschaften aber verfuhren die Briten sehr zurückhaltend; zahlreiche Auflagen herrschten bis Frühjahr 1946 vor. Dann jedoch ließ man hier die ersten länderübergreifenden Zusammenschlüsse zu.

Amerikanische Zone

Die US-Militärregierung in Frankfurt am Main setzte eine **bundesstaatliche Ordnung** und **liberale Wirtschaftsprinzipien** in der amerikanischen Zone durch und gab die stärksten zonenübergreifenden Impulse. Bereits im Mai 1945 wurden örtliche deutsche Verwaltungen (Bürgermeister, Landräte) und deutsche Länderregierungen in Württemberg-Baden, Groß-Hessen und Bayern ernannt. Diese Länder in der amerikanischen Zone hatten zwar bereits alle drei Gewalten inne, die Militärregierung sicherte sich aber den generellen Vorbehalt (M 7). Im September 1945 wurde von den drei Ländern ein Länderrat in Stuttgart gebildet, der die Gesetzgebung und die Regierungstätigkeit in der amerikanischen Zone aufeinander abstimmte. Freilich hatte Bayern hier aufgrund seiner Größe und seiner territorialen Unversehrtheit eine gewisse Dominanz.

M5 **Amerikanische Nachrichtendienstanalyse über die antifaschistische Bewegung in Deutschland vom 30. Juni 1945**

Das Versagen des deutschen Volkes, das Nazi-Regime zu stürzen, führte bei vielen alliierten Beobachtern zu der Erwartung, die Besatzung würde eine deutsche Gesellschaft vorfinden, die so sehr vom Nationalsozialismus durchdrungen und durch die Verbindung von Terror und nationaler Niederlage so apathisch sei, daß selbst die anfänglichen Aufgaben der sozialen Reorganisation nur einzeln ausgewählten Beamten übertragen werden könnten, die unter der aktiven Kontrolle der Militärregierung die Voraussetzungen dafür schufen, daß die normalen Formen menschlichen Zusammenlebens wieder entstünden. [...]

Östlich des Rheins entstand jedoch ein neues soziales Phänomen, das den früheren Erwartungen und auch der Erfahrung im Rheinland völlig widerspricht. Es handelt sich um die örtlichen Massenorganisationen aktiver Anti-Nazis (sie selbst nennen sich Anti-Faschisten, die spontan entstanden sind und beabsichtigen – so ihre eigenen Worte – alle politisch gesunden Kräfte in der Bevölkerung zu mobilisieren, um dadurch die Voraussetzungen für ein neues demokratisches Deutschland zu schaffen. Es werden immer noch neue Organisationen dieser Art ermittelt, nicht nur weil die nachrichtendienstliche Erfassung Deutschlands unvollkommen ist, sondern auch deshalb, weil selbst jetzt noch laufend solche Gruppen gebildet werden.

(U. Borsdorf/L. Niethammer [Hrsg.], Zwischen Befreiung und Besatzung. Analysen des US-Geheimdienstes über Positionen und Strukturen deutscher Politik 1945. Wuppertal 1976, S. 107)

1 *Fassen Sie das amerikanische Bild vom deutschen politischen Leben 1945 in Thesen zusammen.*

2 *Welches Bild von den politischen Vorstellungen der Deutschen herrschte offenbar bei den Amerikanern vor?*

M6 **Besatzungspolitik der Alliierten**

a) Der Ausgangspunkt der amerikanischen Besatzungspolitik

Direktive JCS 1067 an den Oberbefehlshaber der Besatzungstruppen der USA über die Ziele der Militärregierung in Deutschland vom 26. 4. 1945.

4. Grundlegende Ziele der Militärregierung in Deutschland:

a) Es muß den Deutschen klargemacht werden, daß Deutschlands rücksichtslose Kriegführung und der fanatische Widerstand der Nazis die deutsche Wirtschaft zerstört und Chaos und Leiden unvermeidlich gemacht haben und daß sie nicht der Verantwortung für das entgehen können, was sie selbst auf sich geladen haben.

b) Deutschland wird nicht besetzt zum Zwecke seiner Befreiung, sondern als ein besiegter Feindstaat. Ihr Ziel ist nicht die Unterdrückung, sondern die Besetzung Deutschlands, um gewisse wichtige alliierte Absichten zu verwirklichen. Bei der Durchführung der Besetzung und Verwaltung müssen Sie gerecht, aber fest und unnahbar sein. Die Verbrüderung mit deutschen Beamten und der Bevölkerung werden Sie streng unterbinden. [...]

(Germany 1947–1949. The Story in documents. Washington 1950, S. 22 ff. Zitiert nach: Informationen zur politischen Bildung. Nr. 157. Bonn 1974, S. 3)

1 *Nennen Sie die Ziele der US-Militärregierung in Deutschland 1945. Klären Sie die Motive.*

2 *Informieren Sie sich über den sogenannten Morgenthau-Plan. (Henry Morgenthau war 1934–45 US-Finanzminister.) Vergleichen Sie seine Absichten mit der Direktive JCS 1067.*

b) Aus dem Befehl Nr. 2 der Sowjetischen Militäradministration in Deutschland (SMAD) vom 10. Juni 1945

1. Auf dem Territorium der sowjetischen Besatzungszone in Deutschland ist die Bildung und Tätigkeit aller antifaschistischen Parteien zu erlauben, die sich die endgültige Ausrottung der Überreste des Faschismus und die Festigung der Grundlage der Demokratie und der bürgerlichen Freiheiten in Deutschland und die Entwicklung der Initiative und Selbstbetätigung der breiten Massen der Bevölkerung in dieser Richtung zum Ziele setzen.

2. Der werktätigen Bevölkerung der sowjetischen Besatzungszone in Deutschland ist das Recht zur Vereinigung in freien Gewerkschaften und Organisationen zum Zweck der Wahrung der Interessen und Rechte der Werktätigen zu gewähren. Den gewerkschaftlichen Organisationen und Vereinigungen ist das Recht zu gewähren, Kollektivverträge mit den Arbeitgebern zu schließen sowie Sozialversicherungskassen und andere Institutionen für gegenseitige Unterstützung, Kultur-, Bildungs- und andere Aufklärungsanstalten und -organisationen zu bilden.

(H. Michaelis/E. Schraepler [Hrsg.], Ursachen und Folgen. Berlin 1958 ff. Bd. 24. S. 254 f.)

1 *Erklären Sie die Ziele und Motive der sowjetischen Besatzungspolitik.*

B 6 Sitz des Alliierten Kontrollrats im ehemaligen Berliner Kammergericht. 1945 waren die Alliierten noch entschlossen, ganz Deutschland nach einheitlichen Richtlinien gemeinsam zu regieren. Infolge immer schärfer werdender Interessengegensätze verließen die Sowjets 1948 den Kontrollrat.

c) Aus einem US-Memorandum über die Grundsätze für die Zulassung von politischen Parteien vom 22. September 1945

2. Als erster Schritt zur Durchführung einer allmählichen Entwicklung demokratischer Regierungen in Deutschland gestattet die Militärregierung die Bildung demokratischer Parteien innerhalb der Kreise. [...]

3. Die örtlichen Antragsteller müssen ihre Wünsche wegen der Bildung politischer Parteien in ihren Kreisen bei der örtlichen Militärregierung vortragen. Sie haben der örtlichen Militärregierung ausgefüllte Fragebogen einzureichen unter gleichzeitiger Angabe ihres geplanten Parteiprogrammes. Die örtliche Militärregierung wird den Antragstellern alle ihre Forderungen in bezug auf die Organisation bekanntgeben. [...]

4. Öffentliche Versammlungen und Aussprachen werden von der örtlichen Militärregierung gestattet werden auf Grund eines besonderen Antrages, der Zeitpunkt, Ort, Zweck der Versammlung und die Namen und Anschriften aller in Aussicht genommenen Redner enthalten muß.

(Mitteilungsblatt für das Land Hessen, Nr. 5 vom 22. 9. 1945)

MILITÄRREGIERUNG

AUSGANGSBESCHRÄNKUNG

1. Es ist allgemein verboten sich von einer Stunde nach Sonnenuntergang bis Sonnenaufgang im Freien aufzuhalten, es sei denn dass ein Erlaubnisschein der Militärregierung vorgezeigt werden kann.

2. Militärwachen und -posten sind ermächtigt, auf alle im Freien beobachteten Personen zu schiessen (einerlei ob sie im Besitz eines Erlaubnisscheines sind oder nicht), die sich zu verstecken oder sich der Vernehmung oder Verhaftung zu entziehen versuchen.

3. Zuwiderhandlungen gegen diese Bekanntmachung sind auf Grund der Rechtsgebung der Militärregierung mit Geldstrafe und Gefängnis strafbar.

IM AUFTRAGE DER MILITÄRREGIERUNG

B 7 Verordnung der Militärregierung, 1945.

– *Erörtern Sie den Sinn einer solchen Verordnung.*
– *Erschließen Sie die Auswirkungen solcher Arbeits- und Lebensbedingungen auf den Alltag.*

1 *Vergleichen Sie die Politik der SMAD mit der der US-Militärregierung in Deutschland (M 6 a/b).*
2 *Woher rührt die Vorsicht der amerikanischen Besatzungsmacht?*

d) Aus Hans Werner Richter, „Deutschland – Brücke zwischen Ost und West" (1. Oktober 1946)

Sie [die junge deutsche Generation] soll erzogen werden. Im Osten zum Sozialismus, im Westen zur Demokratie. Jenseits der Elbe zur Planung, zur kollektiven Gemeinschaft, zum sozialistischen Staat, diesseits der Elbe zur Freiheit der Persönlichkeit, zur liberalistischen Ordnung, zum demokratischen Rechtsstaat. [...] Abgeschnitten von der geistigen Umwelt, nimmt sie dennoch jene Veränderungen wahr, die sich in dem politischen Leben der europäischen Völker ankündigen. Veränderungen, die sich hinter den Regierungserlassen wie

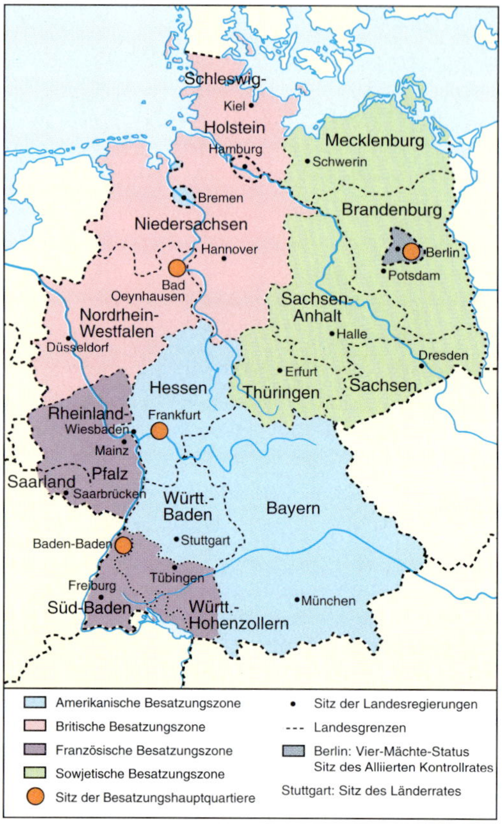

Karte 3 Die deutschen Länder unter den Besatzungsmächten bis 1949.

1 *Wie kommt es zu einer französischen Zone in Deutschland?*

2 *Welches Land behält seine ursprünglichen Grenzen? Welches ist verschwunden? Welche Länder werden neu gebildet?*

3 *Wie kommt es zur Abgrenzung der SBZ?*

geistige Unruheherde ständig auszudehnen beginnen. Es ist der geistige Aufbruch einer jungen europäischen Generation, der sich dort bemerkbar macht. In ihm zeigt sich die Tendenz zur Synthese in einer höheren Ordnung und wird der Wille zur Verschmelzung heterogener Anschauungen sichtbar. Es ist die Synthese zwischen der Freiheit der Persönlichkeit und der gesellschaftlichen Gemeinschaft, zwischen dem Recht auf individuelle Unabhängigkeit und wirtschaftliche Planung, zwischen der Demokratie und dem Sozialismus. […]

Die Brückenbildung als sozialistisches Land und demokratischer Staat zwischen dem Westen und zwischen dem Osten, zwischen der Sowjetunion und den demokratischen Staaten ist Deutschlands politische Möglichkeit. Die junge Generation Deutschlands wird in ihrem Willen zum Sozialismus und zur größten europäischen Einheit diese Möglichkeit nicht übersehen.

(H. Schwab-Felisch [Hrsg.], Der Ruf. Eine deutsche Nachkriegszeitschrift. München 1962, S. 46–49)

1 *In welcher politischen Lage sieht H. W. Richter das besetzte Deutschland von 1945/46?*

2 *Welche Chance erblickt er in dieser Zwangslage?*

M7 Errichtung der Länder in der amerikanischen Zone, Proklamation Nr. 2 vom 19. 9. 1945

Artikel I

Innerhalb der Amerikanischen Besatzungszone werden hiermit Verwaltungsgebiete gebildet, die von jetzt ab als Staaten bezeichnet werden: jeder Staat wird eine Staatsregierung haben. Die folgenden Staaten werden gebildet: [Groß-Hessen; Württemberg-Baden. Bayern wie es 1933 bestand, ausschließlich des Kreises Lindau]

Artikel III

1. Jeder der hierdurch gebildeten Staaten hat unter Vorbehalt der übergeordneten Machtbefugnis der Militärregierung volle gesetzgebende, richterliche und vollziehende Gewalt, soweit deren Ausübung nicht mit früher und zukünftig getroffenen Maßnahmen des Kontrollrates für Deutschland oder einer von diesem errichteten zentralen deutschen Behörde im Widerspruch steht.

2. Bis zu diesem Zeitpunkt, an dem die Schaffung demokratischer Einrichtungen möglich sein wird, genügt es für die Gültigkeit staatlicher Gesetzgebung, daß sie von dem Ministerpräsidenten genehmigt und verkündet wird.

(F. Brandl [Hrsg.], Das Recht der Besatzungsmacht. O. O. 1947, S. 455 f. u. S. 337 ff.)

1 *Welche Länder werden nach 1945 neu gegründet?*

2 *Von Wahlen ist hier nirgendwo die Rede, wohl aber von Regierungen und Verwaltungspositionen. Wie werden diese besetzt?*

3 *Was ist an diesem Gesetz typisch für die Besatzungspolitik der Amerikaner?*

2 Nürnberger Prozeß, Entnazifizierung und Antifaschismus

Obwohl die Gegensätze zwischen den USA und der Sowjetunion nach der Potsdamer Konferenz stetig wuchsen, hielten die Alliierten doch an zentralen Punkten des Abkommens fest. Denazifizierung, Demilitarisierung und Demokratisierung sollten die notwendige moralische Erneuerung Deutschlands einleiten und den Rahmen abstecken für die politische Entwicklung in den Besatzungszonen.

Nürnberger Prozeß

Nach dem Verbot aller Nazi-Organisationen bildete die **Bestrafung der deutschen Kriegsverbrecher durch die Alliierten** den Auftakt zur Entnazifizierung Deutschlands. Nachdem die Siegermächte von Plänen zur pauschalen Exekution der Hauptschuldigen abgekommen waren, wurde ein **Internationaler Militärgerichtshof** eingerichtet, der 24 bedeutende Partei- und Staatsfunktionäre sowie Organisationen der NSDAP todeswürdiger Verbrechen anklagte. Es ging dabei um drei Verbrechensarten (M 8):
- **Kriegsverbrechen**, d. h. Verstöße gegen die Haager Konvention* (z. B. Tötung von Kriegsgefangenen, Mißhandlung der Zivilbevölkerung, Beschießung nicht verteidigter Orte);
- **Verbrechen gegen die Menschlichkeit**, d. h. Verstöße gegen Strafgesetze im Zusammenhang mit Judenverfolgung und -vernichtung, Euthanasie;
- **Verbrechen gegen den Frieden**; dabei handelt es sich um eine ganz neu geschaffene Norm, abgeleitet aus dem Verzicht auf den Angriffskrieg im Briand-Kellog-Pakt* von 1928.

In dem mit Sorgfalt geführten Prozeß in Nürnberg vom 20. 11. 45 bis 1. 10. 46 wurden zahlreiche Geheimdokumente des Dritten Reiches offengelegt und das riesige Ausmaß verbrecherischer Politik im Namen des Deutschen Volkes bekanntgemacht (B 8). Der Gerichtshof fällte insgesamt **abgewogene Urteile**: Nur vier Nazi-Organisationen stufte er als verbrecherisch ein

B 8 Verhandlungssaal des Internationalen Militärtribunals in Nürnberg 1946. Auf der Anklagebank hinten rechts Göring, Heß, v. Ribbentrop, Keitel. Der Nürnberger Prozeß eröffnete die Untersuchung der NS-Verbrechen und versuchte, das Völkerrecht fortzuentwickeln.

B 9 Amerikanisches Plakat, 1945. Eine Konsequenz der amerikanischen Kollektivschuldtheorie war die ständige Konfrontation mit den Naziverbrechen. Dadurch sollte das Fundament für die Umerziehung und die Demokratisierung geschaffen werden.

(Führerkorps der NSDAP, Gestapo, SD, SS), 12 von 24 Angeklagten wurden zum Tode, 3 zu lebenslänglicher Haft, 4 zu Zeitstrafen verurteilt, 3 gar freigesprochen.
In den Besatzungszonen und auch im Ausland hatte der Nürnberger Kriegsverbrecher-Prozeß zahlreiche **Nachfolgeprozesse**. In der amerikanischen Zone z. B. gab es 12 Prozesse gegen Ärzte, Juristen, Industrielle, SS- und OKW-Mitglieder, die zu 36 Todesurteilen und zahlreichen Berufsverboten führten. Letztere wurden aber häufig rasch wieder aufgehoben. Nach Gründung der beiden deutschen Staaten wurde die Verfolgung von NS-Verbrechen fortgesetzt; ihre Effektivität gab aber häufig Anlaß zu Kritik. Insgesamt dürften die Alliierten etwa 60 000 wegen Kriegsverbrechen verurteilt haben.

Kritik am Nürnberger Prozeß

Anklagepunkte und Militärgerichtshof des Nürnberger Prozesses waren unumstritten. Die Anklage wegen „Verbrechen gegen den Frieden" setzte ein internationales Verbot des Angriffskrieges voraus, das es nicht gab. Also wurde hier gegen das Verbot rückwirkender Gesetze verstoßen. Darüber hinaus sah die Haager Konvention keine internationale Strafsanktionen vor, d. h. die Einsetzung des Internationalen Militärgerichtshofs stellte – nach der Verhaftung der deutschen Regierung, die selbst solche Prozesse eingeleitet hatte – einen Vergeltungsakt der Sieger dar. Schließlich weigerten sich die Alliierten, die Anklagepunkte auch auf ihre eigene Kriegsführung anzuwenden und schufen damit ungleiches Recht. Allerdings hat der Nürnberger Prozeß doch zur Weiterentwicklung des Völkerrechtes beigetragen (vgl. UN-Menschenrechtserklärung 1948, Europäische Menschenrechtskonvention 1953).

Entnazifizierung im Westen

Der Nürnberger Prozeß hatte die Aufgabe, den verbrecherischen Charakter des NS-Regimes offenzulegen. Die Beseitigung des Einflusses der Nazis im Nachkriegsdeutschland und die Bestrafung aller aktiven Nationalsozialisten sollte die Entnazifizierung bewirken. Gemäß ihrer Kollektivschuldtheorie gingen die Amerikaner zunächst davon aus, daß alle Deutschen am Nazismus schuldig waren (B 9).

Nach Massenverhaftungen und der Entlassung aller Beamten und leitenden Kräfte in den Betrieben durch den Kontrollrat im Jahr 1945 wollten die Amerikaner die aktiven Nationalsozialisten durch eine Untersuchung aller erwachsenen Deutschen zur Rechenschaft ziehen. Nach dem **Befreiungsgesetz** vom 5. März 1946 mußten alle Deutschen einen **Fragebogen** mit 133 Positionen beantworten und sich vor **Spruchkammern** verantworten. Der Entnazifizierungspaß entschied dann über Strafen wie über Lebensmittelkarte oder Wahlrecht.
Nach der Bearbeitung von Millionen von Fällen erwies sich dieses Entnazifizierungsverfahren als großer Fehlschlag. Die meisten NSDAP-Mitglieder wurden als „Mitläufer" eingestuft und durch Leumundszeugnisse („Persilscheine") entlastet (M 9 a). Eher unbedeutende Nazis erhielten oft harte Strafen, während man gegen hohe NS-Funktionäre zwar Prozesse vorbereitete, aber ab Beginn des Kalten Krieges 1948 nicht mehr durchführte. So „hängte"man die Kleinen und ließ die Großen „laufen".

Antifaschismus im Osten

Weil nach dem verlorenen Krieg alle gegen den Nationalsozialismus und seinen Staat waren, hatten es die Sowjets leicht, sich mit ihrer Volksfrontstrategie in den Rahmen einer antifaschistischen Bewegung zu stellen. Sie luden alle, auch ehemalige NSDAP-Mitglieder, soweit sie keine Funktionäre waren, zum Neuaufbau ein. Der allgemein akzeptierte Antifaschismus entwickelte sich zur Integrationsideologie. Indem Adel und Bürgertum pauschal des Komplotts mit dem NS-Staat bezichtigt wurden, konnte die Enteignungspolitik als Kampf gegen den Faschismus ausgegeben werden (M 9 b). Da die SMAD ihre politischen, gesellschaftlichen und wirtschaftlichen Eingriffe als „Antifaschismus" deklarierten, vermied sie den Anschein, sie wolle der SBZ lediglich das Sowjetsystem aufzwingen.
Alle wahren oder vermuteten Gegner der Sowjetisierung konnten so als „Faschisten" denunziert und verfolgt werden. NS-Funktionäre sowie unliebsame adlige Grundbesitzer und Besitzbürger wurden deshalb gleichermaßen in **Internierungslager*** (meist ehemalige KZs) verbracht. Etwa 200 000 füllten die Lager der SBZ in der Nachkriegszeit, davon ca. 45 000 ohne Gerichtsverfahren als Kriegsverbrecher Verurteilte. 65 000 – 80 000 der Lagerinsassen kamen zu Tode, ca. 25 000 wurden in die Sowjetunion deportiert.

Neuaufbau von Parteien in der SBZ

In Erziehung und Schule wollten die Sowjets durch eine antifaschistische und marxistische Ausrichtung der Lehrpläne für eine Verbreitung ihrer Auffassung von Demokratie sorgen (B 10). Vor allem sollte die Zulassung von Parteien, die sich im Antifaschismus einig waren, einen politischen Neubeginn in der SBZ schaffen. Bereits im Juni 1945 rief die SMAD zur Gründung von Parteien auf und ließ im Juni und Juli **KPD, SPD, CDU und LDPD** (Liberal-Demokratische Partei Deutschlands) als Parteien sowie **FDGB** (Freier Deutscher Gewerkschaftsbund) und **KB** (Kulturbund zur demokratischen Erneuerung) als **Massenorganisationen** zu. Für eine einheitliche antifaschistische Politik der Parteien der SBZ wurde am 14. Juli 1945 der „Block der antifaschistisch-demokratischen Parteien" gegründet, in dem sich die KPD ihren Einfluß sicherte.
Um eine Mehrheit zu erreichen, verzichtete die KPD auf spezifisch kommunistische Propaganda, vertrat einen eigenen deutschen Weg zum Sozialismus* ohne Sowjetsystem und strebte seit Oktober 1945 eine Verschmelzung mit der SPD an. Im Gegensatz zur Exil-SPD in London (Erich Ollenhauer) und zur Westzonen-SPD (Kurt Schumacher) gab der SPD-Zentralausschuß in Berlin (Otto Grotewohl) dem Druck der SMAD nach und war zur Verschmelzung bereit (M 10 a). Im April 1946 wurde auf getrennten Parteitagen in Berlin die **Vereinigung von SPD und KPD zur SED** beschlossen, aber nur in der SBZ vollzogen (M 10 b; B 11).
Das SED-Programm sah die Schaffung einer Diktatur des Proletariats mit rein gesetzlichen Mit-

teln vor. In den freien Wahlen für Kommunen und Landtage im Herbst 1946 erreichte die SED z. T. absolute Mehrheiten, die zum allergrößten Teil auf die ehemaligen SPD-Wähler zurückgingen (M 11). Die CDU kam auf etwa 20 %, die LDPD auf etwa 10-25 %; diese bürgerlichen Parteien zeigten eine steigende Tendenz. Vor dem Hintergrund des zunehmenden Ost-West-Konfliktes setzte 1947 eine Ausrichtung der SED an die KPdSU ein, die bürgerlichen Parteien wurden durch die Aufnahme von Massenorganisationen (FDGB, FDJ, KB etc.) in den antifaschistischen Block* und die Zulassung von zwei neuen **Parteien** (**NDPD**: Nationaldemokratische Partei, **DBD**: Demokratische Bauernpartei) zurückgedrängt. Freie und geheime Wahlen fanden nicht mehr statt. An ihre Stelle traten Plebiszite zu einer Einheitsliste*.
Anfang 1948 beendete die SMAD den anfänglich propagierten deutschen Weg zum Sozialismus in der SBZ. Die SED wurde ab Sommer 1948 in eine marxistisch-leninistische Kaderpartei* wie die KPdSU umgewandelt. Das bedeutete die **Ausschaltung des sozialdemokratischen Elements** durch Säuberungsaktionen*. Gleichzeitig stellte die SED durch die Einführung der kasernierten Volkspolizei die Weichen für deutsche militärische Streitkräfte in der SBZ.

M8 Der Nürnberger Prozeß: Aus dem Artikel 6 des Statuts für den Internationalen Militärgerichtshof vom 8. August 1945

Die folgenden Handlungen, oder jede einzelne von ihnen, stellen Verbrechen dar, für deren Aburteilung der Gerichtshof zuständig ist. Der Täter solcher Verbrechen ist persönlich verantwortlich:
(a) Verbrechen gegen den Frieden: Nämlich: Planen, Vorbereitung, Einleitung oder Durchführung eines Angriffskrieges oder eines Krieges unter Verletzung internationaler Verträge, Abkommen oder Zusicherungen oder Beteiligung an einem gemeinsamen Plan oder an einer Verschwörung zur Ausführung einer der vorgenannten Handlungen;
(b) Kriegsverbrechen: Nämlich: Verletzungen der Kriegsgesetze oder -gebräuche. Solche Verletzungen umfassen, ohne jedoch darauf beschränkt zu sein, Mord, Mißhandlungen, oder Deportation zur Sklavenarbeit oder für irgendeinen anderen Zweck, von Angehörigen der Zivilbevölkerung von oder in besetzten Gebieten, Mord oder Mißhandlungen von Kriegsgefangenen oder Personen auf hoher See, Töten von Geißeln, Plünderung öffentlichen oder privaten Eigentums, die mutwillige Zerstörung von Städten, Märkten oder Dörfern oder jede durch militärische Notwendigkeit nicht gerechtfertigte Verwüstung;
(c) Verbrechen gegen die Menschlichkeit: Nämlich: Mord, Ausrottung, Versklavung, Deportation oder andere unmenschliche Handlungen, begangen an irgendeiner Zivilbevölkerung vor oder während des Krieges, Verfolgung aus politischen, rassischen oder religiösen Gründen, begangen in Ausführung eines Verbrechens oder in Verbindung mit einem Verbrechen, für das der Gerichtshof zuständig ist, und zwar unabhängig davon, ob die Handlung gegen das Recht des Landes verstieß, in dem sie begangen wurde, oder nicht.
Anführer, Organisatoren, Anstifter und Teilnehmer, die am Entwurf oder der Ausführung eines gemeinsamen Planes oder einer Verschwörung zur Begehung eines der vorgenannten Verbrechen teilgenommen haben, sind für alle Handlungen verantwortlich, die von irgendeiner Person in Ausführung eines solchen Planes begangen worden sind.
(Der Prozeß gegen die Hauptkriegsverbrecher vor dem Internationalen Militärgerichtshof. Bd. I. Nürnberg 1947, S. 10 f.)

1 *Nennen Sie die Anklagegründe im Nürnberger Prozeß. Bezeichnen Sie die Kreise der Betroffenen.*
2 *Welche Rechtsnormen sind ein Novum? Wo liegt deren Problematik? Wo deren Bedeutung?*

M9 Die Entnazifizierung

a) Bilanz in den Westzonen

Von 6 Mio. Fällen in den Westzonen wurden bearbeitet bis 1949 3 660 648. Davon wurden eingeordnet in die Kategorien

Hauptschuldige	1 667
Belastete	23 060
Minderbelastete	150 425
Mitläufer	1 005 874
Entlastete	1 213 873

(J. Fürstenau, Entnazifizierung. Ein Kapitel deutscher Nachkriegspolitik. Neuwied 1969, S. 228 f.)

1 *Beurteilen Sie den Erfolg des Entnazifizierungsverfahrens.*
2 *Wo sehen Sie problematische Wirkungen?*

B 10 Plakat zur Anwerbung von „Neulehrern" in der SBZ 1945. In allen Besatzungszonen waren NSDAP-Mitglieder aus dem Lehrdienst entlassen worden. Die SBZ gab bei der Einstellung der „Neulehrer" der antifaschistischen Gesinnung den Vorzug vor der Ausbildung und schuf 1946 die Einheitsschule.

B 11 SED-Plakat zum Vereinigungsparteitag 1946. Wilhelm Pieck von der KPD (links) und Otto Grotewohl von der SPD (rechts) beim historischen Händedruck am 22. April 1946, der die Verschmelzung der beiden Parteien in der SBZ besiegelte. 1948 wurde die sozialdemokratische Mehrheit aus der SED eliminiert.

b) Das Ende der Entnazifizierung in der SBZ 1948

Berlin, 20. April (ADN). Wie nunmehr bekannt wird, sind bis zur Auflösung der Entnazifizierungskommissionen in der sowjetischen Besatzungszone am 10. März 1948 zusammen mit 455 000 Entscheidungen vor Erlaß des SMV[1]-Befehls 201 rund 520 000 Naziaktivisten aus allen führenden Stellen entfernt worden.

Damit hat die sowjetische Besatzungszone den Punkt II der Moskauer Beschlüsse vom April 1947, der eine gründliche und schnelle Entnazifizierung Deutschlands innerhalb einer gesetzten Frist verlangt, als einzige der vier Besatzungszonen realisiert. Die wichtigen Gebiete der Volksbildung, Justiz und Polizei sind von Faschisten gesäubert und durch fortschrittlich-demokratische Kräfte ersetzt worden, die sich in ihren neuen Stellungen bereits voll bewährt haben. Durch weitere konsequente demokratische Maßnahmen wurde dem Faschismus jede wirtschaftliche Basis entzogen. So wurden im Zuge der Bodenreform bis Ende 1947 6807 Junker und Gutsbesitzer sowie 1605 ehemalige aktive Faschisten und Kriegsverbrecher enteignet und 2 917 826 ha Land an 466 065 Neubauern verteilt.

(Neues Deutschland vom 21. April 1948)

1 Sowjetische Militärverwaltung

1 *Skizzieren Sie das Entnazifizierungsverfahren in der SBZ nach der Quelle.*

2 *Wo sehen Sie die Unterschiede zur Entnazifizierung in der amerikanischen Zone?*

3 *Beurteilen Sie die Berechtigung der Behauptung, die SBZ habe im Unterschied zu den Westzonen erfolgreich entnazifiziert.*

M10 Die Parteientwicklung in der SBZ

a) Bericht der britischen Militärregierung über ein Treffen mit Grotewohl (SPD) am 4. 2. 1946

Grotewohl, anfangs noch guter Laune, sah mitgenommen und besorgt aus. Nach dem Essen kamen wir zur Sache, und als ich ihn nach den Einheitslisten fragte, sagte er, das Ende stehe kurz bevor. Ich sagte, wir könnten nicht verstehen, daß die SPD wirklich mit den Kommunisten zusammengehen könne, es gebe doch wahrlich noch einen Unterschied zwischen Freiheit und Totalitarismus. Grotewohl sagte, das sei keine Frage von Programmen, sondern nackter Tatsachen ... Sie würden nicht nur persönlich unter stärksten Druck gesetzt (er sagte, sie würden von russischen Bajonetten gekitzelt), ihre Organisation in den Ländern sei vollkommen unterwandert. Männer, die ihm noch vor vier Tagen versichert hätten, sie seien entschlossen, Widerstand zu leisten, flehten ihn nun an, die Sache hinter sich zu bringen. Auf diese Leute sei jede nur mögliche Art von Druck ausgeübt worden, von dem Versprechen, ihnen einen Arbeitsplatz zu besorgen bis zur Entführung am hellichten Tag, und wenn er, Grotewohl, zusammen mit dem Zentralausschuß den Widerstand fortsetzen würde, dann würden sie ganz einfach abgesetzt und durch Provinzausschüsse ersetzt werden. Im übrigen habe weiterer Widerstand auch keinen Sinn mehr, da sie sich von uns keine Hilfe mehr erhofften.

Auf meine Frage, was er damit meine, sagte Grotewohl, offensichtlich sei der „Eiserne Vorhang" (er gebrauchte diesen Ausdruck) unverrückbar. Die Franzosen würden jeden Ansatz zur Einheit Deutschlands abblocken, und unter diesen Umständen sei jede Unterstützung wirkungslos.

(R. Steininger, Deutsche Geschichte 1945–1961. Bd. 1. Frankfurt 1983, S. 164)

1 *Fassen Sie den Tenor des Gesprächs zusammen.*

2 *Welche Ursachen für die Zwangsfusion von SPD und KPD werden hier genannt?*

b) Aus dem Beschluß des Vereinigungsparteitags von KPD und SPD in der SBZ vom 22. April 1946

Die Sozialistische Einheitspartei Deutschlands kämpft als unabhängige Partei in ihrem Lande für die wahren nationalen Interessen ihres Volkes. Als deutsche sozialistische Partei ist sie die fortschrittlichste und beste nationale Kraft, die mit aller Kraft, die mit aller Energie gegen alle partikularistischen Tendenzen für die wirtschaftliche, kulturelle und politische Einheit Deutschlands eintritt.

Die Sozialistische Einheitspartei Deutschlands wird sich nach diesen Grundsätzen und Forderungen ein Programm geben, das vom Parteivorstand der Mitgliedschaft vorzulegen und vom nächsten ordentlichen Parteitag zu beschließen ist.

Die Einheit der sozialistischen Bewegung ist die beste Gewähr für die Einheit Deutschlands! Sie wird den Sieg des Sozialismus sichern! Der Sozialismus ist das Banner der Zukunft!

In diesem Zeichen werden wir siegen!

(Dokumente der Sozialistischen Einheitspartei Deutschlands. Bd. I. Berlin [2]1951, S. 9 f.)

1 *Untersuchen Sie diesen Beschluß auf traditio nelle kommunistische und sozialdemokratische Ziele hin.*

2 *Was geschieht mit den sozialdemokratischen Elementen der SED?*

M11 Wahlen im Osten

Landtagswahlen in der sowjetischen Besatzungszone vom 20. Oktober 1946

	Sachsen	Sachsen-Anhalt	Thüringen	Brandenburg	Mecklenburg	Gesamtergebnis
Wahlberechtigte	3,803 Mio.	2,696 Mio.	1,912 Mio.	1,656 Mio.	1,301 Mio.	11 368 Mio.
Wahlbeteiligung	92,5 %	91,6 %	90,7 %	91,5 %	90,1 %	91,6 %
	(in % der gültigen Stimmen)					
SED	49,1	45,8	49,3	43,5	49,5	47,5
CDU	23,3	21,9	18,9	30,3	34,1	24,5
LDP	24,8	29,9	28,5	20,5	12,5	24,6
Massenorganisationen	2,8	2,4	3,3	5,7	3,9	3,4

(Gebhardt, Handbuch der Deutschen Geschichte. Bd. 4. Stuttgart [9]1978, S. 839)

1 *Vergleichen Sie die Wahlergebnisse in den einzelnen Ländern.*

3 Pluralismus in den Westzonen

Demokratisierung

Die Demokratisierung im Westen Deutschlands verlief völlig anders als in der SBZ. Gemäß der noch vorherrschenden Kollektivschuldtheorie verhinderten die Westalliierten zunächst die Gründung überregionaler Parteien. Nach amerikanischem Verständnis sollte die deutsche Demokratie von den Gemeinden her aufgebaut werden. Öffentliche Ämter und wichtige Wirtschaftspositionen vergaben die Westalliierten nur an solche Personen, von deren demokratischer Gesinnung sie überzeugt waren. Dem entsprach z. B. die Praxis der Amerikaner bei der Bildung ihrer Länderregierungen; aber auch Lizenzen zum Betrieb von Unternehmen wurden nur an besonders Beleumundete oder an Personen mit sehr guten Beziehungen zu den Alliierten vergeben. Vor allem die Zulassung von Zeitungen wurde so gesteuert. Zur Erziehung neuer Demokraten erließen die Amerikaner ein **Reeducation-Programm**, das das Unterrichtswesen reformieren sollte.

Neuaufbau von Parteien in den Westzonen

In den Westzonen wurden Parteien nur zögernd zwischen September und Dezember 1945 zugelassen und einer strengen Militärkontrolle unterstellt. Es entstanden zunächst wieder die alten Parteien der Weimarer Republik (B 12). Die KPD trat mit einem gemäßigten, an die SPD angelehnten Programm auf (M 12a), stieß bei dieser aber mit ihren Vereinigungsplänen auf Ablehnung. Nach der SED-Gründung in der SBZ ordnete sich die KPD der SED-Führung unter und verlor zunehmend an Wählerschaft.

Die Sozialdemokraten

Die SPD reorganisierte sich in Hannover im Kreis um **Kurt Schumacher**. Dieser lehnte eine Anerkennung der SPD der SBZ ab und betonte statt des traditionellen marxistischen Programms der SPD liberale demokratische Züge. Zwar ging er noch von der Notwendigkeit des Klassenkampfes aus, sah aber auch die Wahrung der Menschenrechte als zentral für den Sozialismus an. Schumachers SPD wollte den Großgrundbesitz aufteilen, die Großindustrie und -finanz sowie die Energie- und Verkehrswirtschaft verstaatlichen und so den Boden für die Wirtschaftsdemokratie (Mitbestimmung der Arbeitnehmer) bereiten (M 12b). In politischer Hinsicht trat sie für parlamentarische Demokratie, zentrale Staatsgewalt, europäische Einbindung Deutschlands und deutsche Einheit ein.

Die Christdemokraten

Die **CDU** (Christlich-Demokratische Union) entstand als **neue Partei** aus einer überkonfessionellen christlichen und sozial weitgespannten **Sammelbewegung**. Die Erfahrung des Kirchenkampfes und des Widerstandes führten hier ehemalige Angehörige des Zentrums, der DDP, DVP, DNVP und der christlichen Gewerkschaften zusammen. Wegen der verschiedenen Entstehungszentren wurde die CDU als Bundespartei erst 1950 gegründet; die CSU blieb eigenständig. Das Sozial- und Wirtschaftsprogramm der CDU beruhte bis 1949 auf der Kapitalismuskritik der katholischen Soziallehre*, der Kritik an Teilen der Großindustrie im NS-Staat und auf dem Grundsatz der Mangelverwaltung durch Planwirtschaft* (M 12c). Deshalb sah das Ahlener Programm für die britische Zone 1947 die Sozialisierung* der Monopole, Wirtschaftsdemokratie und Planwirtschaft vor. Erst in den Düsseldorfer Leitsätzen von 1949 setzte sich eine marktwirtschaftliche Orientierung durch. Entscheidend dafür war Ludwig Erhards Konzept der sozialen Marktwirtschaft im Wirtschaftsrat und die Weichenstellung durch die Währungsreform (S. 103). Einflußreichster Politiker der CDU wurde ihr Vorsitzender in der britischen Zone seit 1947, der Kölner **Konrad Adenauer**, der spätere erste Kanzler der Bundesrepublik Deutschland.

Wie in der Weimarer Republik die BVP* so entstand nach dem Zweiten Weltkrieg in Bayern wieder ein organisatorisch eigenständiger Zweig der christlichen Partei, jetzt aber auf überkonfessioneller Grundlage. Die in Würzburg (Adam Stegerwald) und München (Josef Müller, Fritz Schäffer) gebildete **CSU** (Christlich-Soziale Union) hatte schon in ihrem Grundsatzprogramm 1946 die Planwirtschaft wie den Wirtschaftsliberalismus abgelehnt. Aus christlicher Ethik trat sie für sozial verpflichtetes Eigentum, Mitbestimmung der Arbeitnehmer im Betrieb und für den Föderalismus* ein. Der Mittelstandsbetrieb und staatliche Wirtschaftspolitik orientiert am Gemeinwohl waren die Leitlinien ihres Wirtschaftskonzepts (M 12 e).

Die Freidemokraten

Die Nachkriegs-SPD, -CDU und -CSU waren sich vor allem im Mißtrauen gegenüber dem kapitalistischen Großbetrieb einig und unterschieden sich damit von den Liberalen. Diese hatten durch die Öffnung von SPD und CDU traditionelle Wählergruppen verloren und konnten nur noch Wirtschaftsliberale und konfessionell Ungebundene gewinnen. Die verschiedenen z.T. recht schwachen Landesverbände der Liberalen vereinigten sich erst 1948 zur **FDP** (Freie Demokratische Partei). Ihr Vorsitzender Theodor Heuß wurde 1949 zum ersten Bundespräsidenten gewählt. Die FDP kannte kein allgemeinverbindliches Parteiprogramm, vertrat aber einen reinen Wirtschaftsliberalismus und war kulturpolitisch freiheitlich eingestellt (M 12 d).
Weitere Parteien der Nachkriegszeit wie die Deutsche Partei, Wirtschaftliche Aufbauvereinigung, Bayernpartei oder der Bund der Heimatvertriebenen und Entrechteten (BHE) entstanden erst später und verloren mit dem Ende der Nachkriegszeit wieder an Bedeutung.

Wahlen in den Westzonen 1946/47

In den Westzonen fanden 1946 / 47 mehrere Wahlen statt. Die Wahlen zu den **Gemeinde- und Länderparlamenten** wurden in der amerikanischen und französischen Zone von Volksabstimmungen zu den **Länderverfassungen** begleitet (M 13). Bei einer erstaunlich hohen Wahlbeteiligung zwischen 65 und 80 % erbrachten die Wahlen insgesamt einen kleinen Vorsprung der CDU/CSU vor der SPD. Absolute Mehrheiten entstanden nur in Schleswig-Holstein und Hamburg für die SPD und in Bayern für die CSU. In den Ländern wurden zumeist Koalitions- oder Allparteienregierungen gebildet, weil man angesichts der allgemeinen Not nur in einer engen Zusammenarbeit eine Rettung sah.

Neugründung des Freistaats Bayern

Der Umstand, daß das gesamte rechtsrheinische Bayern (ohne Lindau) in der amerikanischen Zone lag, führte dazu, daß Bayern als einziger Flächenstaat des Deutschen Bundes und Deutschen Reiches nach 1945 unverändert erhalten blieb. Die amerikanische Militärregierung hatte nach der Besetzung Bayerns bis Ende April 1945 die Entmilitarisierung und Entnazifizierung benutzt, um sofort in allen Städten und Landkreisen eine neue deutsche Verwaltung einzurichten, und am 28. Mai Fritz Schäffer (BVP) zum Ministerpräsidenten einer Bayerischen Regierung ernannt. Damit besaß Bayern erstmals seit 1933 wieder eine Gesamtverwaltung. Wegen Meinungsverschiedenheiten in der Militärregierung wurde Schäffer aber bereits nach vier Monaten entlassen und Wilhelm Hoegner (SPD) zum Ministerpräsidenten ernannt. Die Amerikaner bezeichneten ihr Verwaltungsgebiet Bayern als Staat und betrachteten den Ministerpräsidenten ab Dezember als verantwortlich für seine Regierungsgeschäfte. Hoegner berief im Februar 1946 einen Ausschuß zur Vorbereitung einer bayerischen Verfassung ein und ließ im Juni eine Verfassunggebende Landesversammlung wählen. Diese beriet den Verfassungsentwurf und legte ihn zu einer Volksabstimmung vor. Am 1. Dezember 1946 billigten 70 % der Wahlberechtigten die **neue Verfassung des Freistaats Bayern** (M 14).

B 12 Programmatische Ziele der Nachkriegsparteien in Plakaten.

a) SPD-Plakat 1947.

b) FDP-Plakat zur bayerischen Verfassung, 1946.

c) CDU-Plakat, 1947.

d) KPD-Plakat, 1946.

M12 Aus den Aufrufen und Programmen der neu zugelassenen Parteien der Westzonen zur Wirtschaftsordnung

a) Aus dem Aufruf des Zentralkomitees der Kommunistischen Partei Deutschlands vom 11. Juni 1945

6. Enteignung des gesamten Vermögens der Nazibonzen und Kriegsverbrecher. Übergabe dieses Vermögens in die Hände des Volkes zur Verfügung der kommunalen oder provinzialen Selbstverwaltungsorgane.

7. Liquidierung des Großgrundbesitzes, der großen Güter der Junker, Grafen und Fürsten und Übergabe ihres ganzen Grund und Bodens sowie des lebenden und toten Inventars an die Provinzial- bzw. Landesverwaltungen zur Zuteilung an die durch den Krieg ruinierten und besitzlos gewordenen Bauern. Es ist selbstverständlich, daß diese Maßnahmen in keiner Weise den Grundbesitz und die Wirtschaft der Großbauern berühren werden.

8. Übergabe aller jener Betriebe, die lebenswichtigen öffentlichen Bedürfnissen dienen (Verkehrsbetriebe, Wasser-, Gas- und Elektrizitätswerke usw.) sowie jener Betriebe, die von ihren Besitzern verlassen wurden, in die Hände der Selbstverwaltungsorgane der Gemeinden oder Provinzen bzw. Länder.

(O. K. Flechtheim, Die Parteien in der Bundesrepublik Deutschland. Hamburg 1973, S. 292 ff.)

b) Aus dem Aufruf des Berliner Zentralausschusses der SPD vom 15. Juni 1945

4. Wiederaufbau der Wirtschaft unter Mitwirkung der kommunalen Selbstverwaltung und der Gewerkschaften. Beschleunigte Wiederherstellung der Verkehrsmittel. Beschaffung von Rohstoffen. Beseitigung aller Hemmungen der privaten Unternehmerinitiative unter Wahrung der sozialen Interessen. [...]

6. Neuregelung des Sozialrechtes. Freiheitliche und demokratische Gestaltung des Arbeitsrechts. Einbau der Betriebsräte in die Wirtschaft. Mitwirkung der Gewerkschaften und Verbrauchergenossenschaften bei den Organisationen der Wirtschaft. [...]

8. Verstaatlichung der Banken, Versicherungsunternehmen und der Bodenschätze, Verstaatlichung der Bergwerke und der Energiewirtschaft. Erfassung des Großgrundbesitzes und der lebensfähigen Großindustrie und aller Kriegsgewinne für die Zwecke des Wiederaufbaus. Beseitigung des arbeitslosen Einkommens aus Grund und Boden und Mietshäusern. Scharfe Begrenzung der Verzinsung aus mobilem Kapital.

(O. K. Flechtheim [Hrsg.], Dokumente zur parteipolitischen Entwicklung in Deutschland seit 1945. Bd. 3. Berlin 1963, S. 1 ff.)

M13 Landtagswahlen in den Ländern der Westzonen 1946–1947

	Baden	Bayern	Bremen	Hamburg	Hessen	Niedersachsen
	18.5.1947	1.12.1946	12.10.1947	13.10.1946	1.12.1946	20.4.1947
Wahlberechtigte	0,695 Mio.	4,211 Mill.	0,338 Mill.	0.968 Mill.	2,380 Mill.	3,957 Mill.
Wahlbeteiligung	67,8 %	75,7%	67,8%	79,0%	73,2%	65,1%
			(in % der gültigen Stimmen)			
CDU/CSU	55,9	52,3	22,0	26,7	30,9	19,9
SPD	22,4	28,6	41,7	43,1	42,7	43,4
KPD	14,3	6,1	8,8	10,4	10,7	5,6
FDP	7,4[7]	5,6	13,9[8]	18,2	15,7	8,8
		WAV[2] 7,4	DP[1] 3,9	Zentrum 0,7		17,9
			Splittergr. 5,5	DKP[4] 0,3		Zentrum 4,1
			RSF[6] 1,1			

1 Deutsche Partei
2 Wirtschaftliche Aufbauvereinigung
3 Südschleswigscher Verein
4 Deutsche Konservative Partei
5 Deutsche Rechtspartei
6 Radikalsoziale Freiheitspartei
7 Demokratische Partei
8 Bremer Demokratische Volkspartei
9 Niedersächsische Landespartei
10 Liberaldemokratische Partei
11 Deutsche Volkspartei

c) Aus den Kölner Leitsätzen der Christlichen Demokraten vom Juni 1945

10. Das Recht auf Eigentum wird gewährleistet. Die Eigentumsverhältnisse werden nach dem Grundsatz der sozialen Gerechtigkeit und den Erfordernissen des Gemeinwohls geordnet. Durch gerechten Güterausgleich und soziale Lohngestaltung soll es dem Nichtbesitzenden ermöglicht werden, zu Eigentum zu kommen. Das Gemeineigentum darf soweit erweitert werden, wie das Allgemeinwohl es erfordert; Post und Eisenbahn, Kohlenbergbau und Energieerzeugung sind grundsätzlich Angelegenheiten des öffentlichen Dienstes. Das Bank- und Versicherungswesen unterliegt der staatlichen Kontrolle.

11. Das Ziel der Wirtschaft ist die Bedarfsdeckung des Volkes auf der Grundlage einer freien körperlichen Selbstverwaltung. Die Vorherrschaft des Großkapitals, der privaten Monopole und Konzerne wird gebrochen, Privatinitiative und Eigenverantwortlichkeit werden erhalten. Mittel- und Kleinbetriebe werden gefördert und vermehrt.

(H. Pütz [Hrsg.], Konrad Adenauer und die CDU in der britischen Besatzungszone 1946–1949. Bonn 1975, S. 105 ff.)

d) Aus den programmatischen Richtlinien der Freien Demokratischen Partei der britischen Zone vom 4. Februar 1946

5. Wie der Staat nicht Selbstzweck ist, sondern dem Volke dient, so auch die Wirtschaft. Erstes Ziel der Wirtschaftspolitik ist deshalb entsprechend dem Bedürfnis der breiten Masse die Steigerung der Erzeugung auf allen Gebieten zur Befriedigung des Lebensbedarfs der vermehrten Bevölkerung im verengten Raum. Das Ziel kann nur erreicht werden durch Wiedereinschaltung der freien Initiative unter Abbau der Wirtschaftsbürokratie. Die zur Überwindung von Notständen unentbehrliche Planung und Lenkung darf deshalb nicht bürokratisch sein, sondern muß in demokratischer Selbstverwaltung der Wirtschaft durch deren Organe unter kontrollierender Mitwirkung des Staates erfolgen.

(O. K. Flechtheim [Hrsg.], Dokumente zur parteipolitischen Entwicklung in Deutschland seit 1945. Bd. 1. Berlin 1963, S. 272 ff.)

e) Aus dem Grundsatzprogramm der Christlich-Sozialen Union (CSU) 1946

IV. Wirtschaftsordnung

1. Die Wirtschaft ist nicht Selbstzweck; sie muß dem Wohl der Gesamtheit wie des einzelnen dienen:

Wir anerkennen das Recht des Staates, die Wirtschaft nach Gesichtspunkten des Gemeinwohls zu lenken!

Wir lehnen die Planwirtschaft als Ausfluß eines kollektivistischen Denkens ab. Wir kämpfen gegen den Wirtschaftsliberalismus und treten ein für freie Entfaltung der Einzelpersönlichkeit im Rahmen seiner sozialen Pflichten.

	Nordrhein-Westfalen 20.4.1947	Rheinland-Pfalz 18.5.1947	Schleswig-Holstein 20.4.1947	Württemberg-Baden 24.11.1946	Württemberg-Hohenzollern 18.5.1947
Wahlberechtigte	7,861 Mio.	1,668 Mill.	1,595 Mill.	1,875 Mill.	0,616 Mill.
Wahlbeteiligung	67,3 %	77,9%	69,8%	71,7%	66,4%
		(in % der gültigen Stimmen)			
CDU/CSU	37,5	47,2	34,0	38,4	54,2
SPD	32,0	34,3	43,8	31,9	20,8
KPD	14,0	8,7	4,7	102	7,3
FDP	5,9[7]	9,8[10]	5,0	19,5[11]	17,7[11]
	Zentrum 9,8		SSV[3] 9,3		
	DRP[5] 0,5		DKP[4] 3,1		

(Gebhardt, Handbuch der Deutschen Geschichte. Bd. 4. Stuttgart [9]1978, S. 836)

1 *Vergleichen Sie die Wahlergebnisse in den einzelnen Ländern.*

2 *Ziehen Sie eine Bilanz im Vergleich mit der SBZ (M 11).*

3. Für Bayern ist der Mittelstandsbetrieb die Grundlage einer gesunden Wirtschaft:
Wir verlangen eine besondere Förderung des Klein- und Mittelbetriebes in Landwirtschaft, Handwerk, Handel, Gewerbe und Industrie und dessen Schutz gegen Auflösung und Aufsaugung. Soweit der wirtschaftliche Großbetrieb sich entwickelt und besteht, darf er unter keinen Umständen zu einem selbstsüchtigen und kapitalistischen Profitunternehmen ausarten.
(ebenda, S. 213 ff.)

1 *Vergleichen Sie die wirtschaftspolitischen Zielvorstellungen der neu zugelassenen Parteien.*
2 *Begründen Sie Gemeinsamkeiten und Unterschiede im Programm*
a) aus der Parteitradition,
b) aus den Erfahrungen von Weimar, Nationalsozialismus und Nachkriegszeit.

M14 Neugründung des Freistaates Bayern

a) Verfassung des Freistaates Bayern

Bayerisches
Gesetz- u. Verordnungsblatt
Amtliches Nachrichtenblatt der Bayerischen Landesregierung

Nr. 23 München, den 8. Dezember 1946

Verfassung des Freistaates Bayern

Angesichts des Trümmerfeldes, zu dem eine Staats- und Gesellschaftsordnung ohne Gott, ohne Gewissen und ohne Achtung vor der Würde des Menschen die Überlebenden des zweiten Weltkrieges geführt hat,
in dem festen Entschluß, den kommenden deutschen Geschlechtern die Segnungen des Friedens, der Menschlichkeit und des Rechts dauernd zu sichern,
gibt sich das Bayerische Volk, eingedenk seiner mehr als tausendjährigen Geschichte, nachstehende demokratische Verfassung.

b) Die FDP zu den Wirtschaftsbestimmungen des Verfassungsentwurfs

Ein Attentat auf die freie Wirtschaft!
Wir lesen in dem uns erst wenige Tage vor der Wahl zur *Verfassunggebenden Landesversammlung* zugegangenen Entwurf der bayerischen Verfassung u. A.:
In Artikel 113: Die Volkswirtschaft wird ... durch die Staatsregierung geleitet.
In Artikel 114: Zum Zwecke einer möglichst gleichmäßigen Befriedigung der wirtschaftlichen Bedürfnisse aller Staatsbürger können von der Staatsregierung ... besondere Bedarfsdeckungsgebiete auf genossenschaftlicher Grundlage gebildet werden.
In Artikel 115: An den Erzeuger-, Verteiler- und Verbrauchergenossenschaften können sich Stadt und Gemeinde beteiligen.
In Artikel 116: Eigentümer von beweglichen und unbeweglichen Sachen können Staat, Gemeinden ... und Einzelpersonen sein.
In Artikel 117: Das Eigentum an Bodenschätzen, ... Großbanken und Versicherungsunternehmen steht in der Regel den Körperschaften des öffentlichen Rechts zu.
In Artikel 122: Das Geld- und Kreditwesen wird gemäß den Bedürfnissen des Wirtschaftsplanes geregelt.
In Artikel 123: Die Verteilung der wirtschaftlichen Kredite ... ist Sache der Staatsregierung.
In Artikel 124: Der Außenhandel wird von der Staatsregierung geleitet.

Was bedeutet das alles?
Das bedeutet eine Verewigung der Planwirtschaft, die in Notzeiten für kurze Zeitspannen eine Notwendigkeit sein mag, aber auf die Dauer die freie Wirtschaft, die Initiative des freien Handwerks, Bauern, Kaufmanns oder Fabrikanten mit seinem Zwang im Konkurrenzkampf zum Wohle der Gemeinschaft Höchstleistungen zu erzielen, nie ersetzen kann.
(S. Boehnke/K. v. Zwehl [Hrsg.], „Angesichts des Trümmerfeldes ...“ München 1986 [= Veröffentlichungen zur Bayerischen Geschichte und Kultur 13/86], S. 104)

1 *Erklären Sie die Tendenz der Wirtschaftsverfassung im Verfassungsentwurf.*
2 *Vergleichen Sie den Entwurf mit der gültigen Verfassung (Art. 151 ff. BV).*

III Wirtschaftspolitische Entscheidungen 1945–1949

1 Allgemeines Wirtschaftselend, Reparationen und Sozialisierungen

Zusammenbruchsgesellschaft 1945–1948

Mit Jahresbeginn 1945 war das Deutsche Reich nicht nur militärisch, sondern auch wirtschaftlich am Ende. Die friedensähnliche Kriegswirtschaft mit ihrem Zuteilungssystem („Marken“) brach zusammen. Es begannen die Jahre eines beispiellosen Wirtschaftselends (M 15). 40 % des Wohnraums und 50 % der Industrie wie des Verkehrswesens (Bahnen) waren vernichtet. Der Grad der Zerstörung von Industrieanlagen östlich der Elbe war größer als der im Westen. Beim Wohnraum verhielt es sich umgekehrt. Schiffe, Flugzeuge und Kraftfahrzeuge wurden von den Besatzungsmächten beschlagnahmt. Neben Verkehrsmitteln fehlte auch Energie: Kohle, Gas und Strom waren streng rationiert und reichten weder zur Produktion noch zur Versorgung der Haushalte mit dem Nötigsten. Die Industrie lag deshalb vollständig darnieder und kam nur mühsam in Gang.
Infolge von Saatgut- und Arbeitskräftemangel und wegen besonders harter Winter und trockener Sommer gingen die Ernteerträge 1945-48 in den Besatzungszonen zurück. Die landwirtschaftlich reichen polnisch verwalteten Gebiete waren abgetrennt, und ein großer Füchtlingsstrom von Ost nach West vermehrte ständig die Hungernden. Die Nahrungsmittelkrise erreichte 1948 ihren Höhepunkt. Die Mindestrationen waren zwar auf das Existenzminium von 2 000 Kalorien pro Person und Tag festgesetzt, aber die Zuteilungen erreichten oft nur die Hälfte dieses Wertes (M 16a). Hamsterfahrten aufs Land zum Tausch von Lebensmitteln waren für die Großstadtbevölkerung oft der einzige Weg zum Überleben. **Hunger und Kälte** entfachten einen **Überlebenskampf** in der deutschen Bevölkerung. Krankheiten wie Tuberkulose und eine hohe Kindersterblichkeit kennzeichneten diese Jahre großer materieller Not (B 13).
Arbeitslosigkeit, nahezu vollständiger Verbrauchsgütermangel und der Verfall der Reichsmark erzeugten einen **Schwarzmarkt** (M 16b), auf dem Warentausch oder **Zigarettenwährung** die verbotenen Geschäfte bestimmten. Der harte Überlebenskampf führte zum Anstieg der Kriminalität. So verschärfte die alliierte Wirtschaftspolitik die unmittelbaren Kriegsauswirkungen und unterwarf die Bevölkerung bis 1948 einem Leben weit unter dem Existenzminimum.

Reparationen

Lange Zeit verschärfte die alliierte Besatzungspolitik das Wirtschaftselend (B 14). Intakte Industrie- und Verkehrsanlagen wurden im Westen wie im Osten als Reparationsleistungen demontiert und weggeschafft. Besonders für die SBZ spielten die Reparationen eine entscheidende Rolle. Sie hatte während der Kriegszeit eine höhere Industrieproduktion pro Einwohner als der Westen Deutschlands und wegen des höheren landwirtschaftlichen Anteils eine bessere Selbstversorgung. Auch die Kriegsschäden betrugen max. 20 % für die Industrie. Dennoch mußte die SBZ Ende 1946 einen Produktionsausfall von 75 % gegenüber 1944 hinnehmen. Drei Viertel dieses Ausfalls waren durch sowjetische Demontagen verursacht. Man schätzt, daß die **SBZ bzw. DDR bis 1953 66 Mrd. RM an Reparationen** an die Sowjetunion abgeführt hat.
Auch in den Westzonen sah der Industrieplan vom März 1946 die Demontage von 1800 Industrieanlagen vor, ungeachtet der wilden Demontagen. Allerdings wurde angesichts der Wirtschaftsnot und einer veränderten amerikanischen Außenpolitik dieser Plan im Oktober 1947 revidiert: nur noch ca. 700 Betriebe, u. a. aus der Rüstungsindustrie, sollten abgebaut werden. So blieben dem Westen mehr Industrieanlagen erhalten, als er 1936 besessen hatte. Die Gesamthöhe aller **Reparationsleistungen des Westens betrug bis 1951 ca. 20 Mrd. RM** (in den Preisen von

1938). 1949 konnte hier wieder die Produktion von 1936 erreicht werden, im Osten aber war das erst 1954 der Fall.

Sozialisierung und Bodenreform

Auf lange Sicht erwies sich auch die Wirtschaftspolitik in der **SBZ** als ein Hemmnis des wirtschaftlichen Aufschwungs. Noch vor der Potsdamer Konferenz leiteten gewerkschaftliche, sozialdemokratische und kommunistische Kräfte wirtschaftliche Reformen ein, die die SMAD im Herbst 1945 im Rahmen ihrer Politik des Antifaschismus durchsetzte. Im Juli wurden **Banken und Sparkassen entschädigungslos enteignet**, im September begann die **entschädigungslose Bodenreform** (Verteilung aller Ländereien über 100 ha an 500 000 Kleinbauern: B 15) und im Oktober wurde das gesamte **Vermögen von NS- und Wehrmachtsorganisationen beschlagnahmt**. Dabei wandelte man die Industriebetriebe z. T. in Sowjetische Aktiengesellschaften* um. Infolge einer Volksabstimmung in Sachsen wurde im Juni 1946 die **Schwer- und Schlüsselindustrie verstaatlicht** (M 17; B 16). Die Einführung der Planwirtschaft und weitere Verstaatlichungen* drängten 1948 die Produktion der Privatbetriebe in der SBZ auf 40 % zurück. Die 1947 gebildete deutsche Wirtschaftskommission erhielt 1948 ein Vollzugsorgan, das Anordnungen für die Bevölkerung erlassen und die sozialisierten Teile der Wirtschaft (das waren 40 %) zentral verwalten durfte. Als die Kommission Ende 1948 um Vertreter von Parteien, Massenorganisationen und Ländern erweitert wurde, besaß sie (wie der westdeutsche Wirtschaftsrat) vorstaatliche Züge. Diese Wirtschaftsreform wurde durch die Einführung der Einheitsschule* 1946 begleitet; sie sollte Bildungsprivilegien beseitigen und so eine Egalisierung der Gesellschaft bewirken. SED und SMAD legten durch die Wirtschafts- und Bildungsreform die Grundlagen für eine sozialistische Gesellschaft in der SBZ.
Diese Entwicklung trat in den **Westzonen** nicht ein, obwohl auch die Parteien und Gewerkschaften der Westzonen ähnliche Sozialisierungs- und Bodenreformpläne vertraten. Das lag vor allem am Widerstand der amerikanischen Besatzungsmacht, die sich auch gegenüber den Briten durchsetzen konnte (M 18). Weder Hessen (trotz erfolgreicher Volksabstimmung 1946) noch Nordrhein-Westfalen (Sozialisierungsgesetz für die Kohleindustrie 1948) machten von der Sozialisierung Gebrauch. Die Gewerkschaften, namentlich der 1949 gegründete überparteiliche Deutsche Gewerkschaftsbund, konnten in den Westzonen nur Teilziele ihrer Wirtschafts- und Sozialpolitik verwirklichen. Hierzu gehörte die **Mitbestimmung in der Montanindustrie**, d. h. die Arbeitnehmervertreter nahmen die Hälfte der Sitze im Aufsichtsrat eines Großbetriebes ein. Die **Industrie- und Handelskammern** verhinderten die Ausweitung dieses Prinzips auf andere Industriezweige. Obwohl die Westalliierten wie die Parteien und Gewerkschaften eine Bodenreform bis 1947 proklamierten, kam diese im Westen nicht voran. Das lag einmal an dem Mangel an Entschädigungsmitteln und an der Angst vor Ernteausfällen, zum andern an der geringen Verbreitung des Großgrundbesitzes westlich der Elbe (nur ca. 5 %, dagegen 30 % in der SBZ). Lediglich in der britischen Zone wurden ca. 20 % der Betriebe über 100 ha gegen Entschädigung enteignet.

M15 Der Politikwissenschaftler und spätere bayerische Kultusminister Hans Maier[1] über die Zusammenbruchgesellschaft

Die Jahre des Wirtschaftswunders haben jene Zeit der Improvisation und des Überlebens, des Schwarzmarkts, der Lebensmittelkarten, Trümmerfrauen und Kippensammler aus unserem Gedächtnis verdrängt [...]. Fast vergessen ist auch das Zurückgleiten in einen quasi staatlosen Naturzustand im Übergang zur Besatzungszeit, als die alte Ordnung zerbröckelte, die neue sich noch nicht gefestigt hatte und es kaum auffiel, wenn Plünderungen sich als Demontagen tarnten und da und dort Bevölkerung und Besatzungssoldaten gemeinsam über Lager, Materialsammlungen, Kohlehaufen in zerborstenen öffentlichen Gebäu-

B 13 Alltag in der Zusammenbruchgesellschaft

a) Die Hälfte der Deutschen lebte nach 1945 in provisorischen Wohnungen wie hier im Flüchtlingslager München-Allach noch 1951.

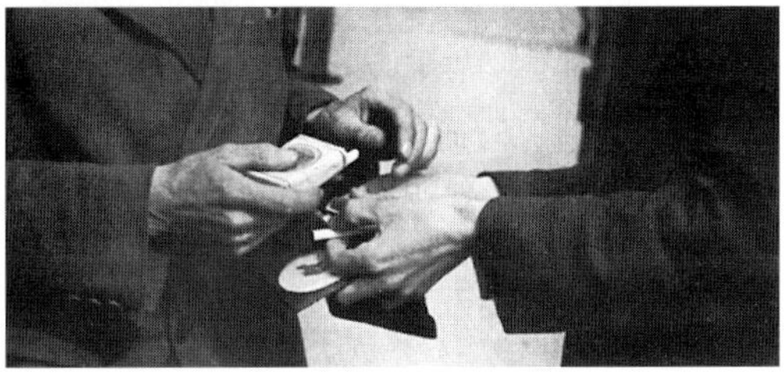

b/c) Hamsterzüge und Tauschhandel mußten das Überleben der städtischen Bevölkerung sichern.

d) Innenstadt nach dem Bombenkrieg: 400 Millionen Kubikmeter Schutt aus fünf Millionen zerstörten Wohnungen (40 % des Wohnraumes) prägten das Bild der deutschen Nachkriegsstadt.

B 14 Karikatur von David Low, 1947.
Die Frage für die Außenminister der Siegermächte lautete: „Wer soll für ihn aufkommen, wenn wir ihn nicht selbst für sich sorgen lassen?"

den herfielen, um Lebensmittel zu beschaffen oder sich vor der Kälte zu schützen... Wahrhaftig, will man das homo homini lupus[2] des Naturzustands an der Quelle studieren, so gibt es dafür kein besseres Beobachtungsfeld als jene Monate nach dem Krieg, als es zwar nichts zu essen, aber Kalorien gab, als die Todessignale der Sirenen schwiegen, aber noch kaum etwas zum Leben da war, als weder Post noch Personenverkehr funktionierten und die abendliche Ausgangssperre den aufgestauten antifaschistischen Elan in Grenzen hielt, damit er der Besatzungsmacht nicht gefährlich wurde. [...]
Von der „Gnade des Nullpunkts", über die manche damals räsonierten, spürten wir nichts. Denn jenes Jahr war gnadenlos.

1 Hans Maier wurde 1945 14 Jahe alt.
2 der Mensch ist des Menschen Wolf

(H. Maier, Das Ende, das ein Anfang war. Die letzten Tage des Dritten Reiches. Freiburg 1981, S. 81–86)

1 *Stellen Sie die Merkmale der Zusammenbruchsgesellschaft nach Maier dar.*

M16 Die Ernährungsfrage

a) Großes Dinner nach deutscher Art

Ein „big dinner in german style" setzte der Direktor der US-Militärregierung für Hessen seinen von drüben kommenden Gästen vor: eine Tasse Kaffee-Ersatz, einen Teller Gemüse-Wassersuppe, zwei Pellkartoffeln, 40 bis 50 Gramm Fleisch, eine Scheibe Schwarzbrot und 5 Gramm Margarine. Wert dieser kulinarischen Speisenfolge: 600 Kalorien. „Ein großes Essen", bestätigten wir bitter ernst. Sogar eine tolle Schwelgerei für Leute, deren Tagesration 700 Kalorien kaum übersteigt. Der Rest für Morgen und Abend wäre - ein Brötchen. Dennoch verdient die Bemühung des Amerikaners, seinen Landsleuten einmal zu zeigen, wie sehr wir Deutschen hungern, Dank. Vielleicht gelingt es einmal auf dem Umweg über den Magen, Verständnis und Entgegenkommen für unsere Selbsthilfeforderungen zu finden.
Walfang, synthetische Fetterzeugung, Ölkuchenveredelung, Fettimporte für Kohlemehrförderung wären Wege aus der Not, die den Besatzungsmächten keinen Dollar und kein Pfund Kosten verursachen würden. Aber diese Wege sind immer noch nicht freigegeben. Wir verlangen – als Menschenrecht und Völkerrecht – das Recht auf Arbeit und das Recht zu leben. Dem Hunger ohne Ende, der Arbeit ohne Hoffnung muß endlich der Garaus gemacht werden. Der große Hunger nach deutscher Art ist bei täglich nur 738 einseitigen Kalorien so groß, daß immer mehr und mehr Werktätige an ihren Arbeitsplätzen zusammenbrechen. Keine Versprechen verhindern das Dahinsiechen unseres Volkes. Keine trostreichen Worte verhindern weder das Kindersterben, noch schaffen sie Brot und Nährmittel. Brot und andere Lebensmittel schafft allein unsere Arbeit. Deshalb muß sie endlich freigegeben, die deutsche Wirtschaft von allen privategoistischen Hemmnissen befreit und die Friedensproduktion unserer noch brauchbaren Industrie erhöht werden.
(Hamburger Volkszeitung vom 16. 7. 1947)

1 *Informieren Sie sich über den Kaloriengehalt Ihrer „Tagesration" und vergleichen Sie sie mit diesem deutschen Essen von 1947.*
2 *Bestimmen Sie die Ursachen des Nahrungsmittelmangels 1945–49.*
3 *Welche Folgen hat diese Ernährungslage für Gesundheitszustand, Arbeitsverhalten und Zusammenleben?*

b) Schattenwirtschaft* und Schwarzmarkt*

Schwarzmarktgeschäfte in „geometrisch steigender Linie" [kennzeichneten die Zeit von 1945-1948]. Das Ausmaß der Güterunterschlagung lag nach Schätzungen zwischen „10 und 80 (!) %"; wahrscheinlich ist, „daß sich die Hälfte des gewerblichen Umsatzes durch Tausch und Schwarzmarkt außerhalb der Bewirtschaftung vollzog". Zu den begehrten Objekten gehörten Pelze, Schmuck und Silber, Teppiche, Möbel und Kunstgegenstände, die gegen Schuhwerk, warme Kleidung und Lebensmittel eingetauscht wurden. In den Akten des amerikanischen Kongresses findet sich der Fall eines Bergarbeiters, der in der Woche 60 Reichsmark verdiente. Gleichzeitig besaß er ein Huhn, das in der Woche durchschnittlich fünf Eier legte. Eins davon aß der Bergmann gewöhnlich selbst, die vier übrigen tauschte er gegen 20 Zigaretten ein. Diese stellten auf dem Schwarzen Markt bei einem Tagespreis von 8 RM einen Gegenwert von 160 RM dar. Das Huhn verdiente also mit seiner Leistung nahezu dreimal so viel wie sein Besitzer.

(Th. Eschenburg, Jahre der Besatzung. 1945–1949, Stuttgart 1983, S. 267)

1 *Erklären Sie die Ursachen für Währungsverfall und Schattenwirtschaft.*

M17 Sozialisierung in der SBZ

a) Aus der Verordnung über die landwirtschaftliche Bodenreform in der Sowjetischen Besatzungszone, 19. September 1945

Art. 1. Die demokratische Bodenreform ist eine unaufschiebbare nationale, wirtschaftliche und soziale Notwendigkeit. Die Bodenreform muß die Liquidierung des feudal-junkerlichen Großgrundbesitzes gewährleisten und der Herrschaft der Großgrundbesitzer im Dorf ein Ende bereiten, weil diese Herrschaft immer eine Bastion der Reaktion und des Faschismus in unserem Lande darstellte und eine der Hauptquellen der Aggression und der Eroberungskriege gegen andere Völker war. [...]

Der Grundbesitz soll sich in unserer deutschen Heimat auf feste, gesunde und produktive Bauernwirtschaften stützen, die Privateigentum ihres Besitzers sind.

Art. 2. Folgender Grundbesitz wird mit allen darauf befindlichen Gebäuden, lebendem und totem Inventar, Nebenbetrieben und dem sonstigen Vermögen, unabhängig von der Größe der Wirtschaft, entschädigungslos enteignet:

a) der Grundbesitz der Kriegsverbrecher und Kriegsschuldigen,

b) der Grundbesitz, der den Naziführern und den aktiven Verfechtern der Nazipartei und ihrer Gliederungen sowie den führenden Personen des Hitlerstaates gehörte, darunter allen Personen, die in der Periode der Naziherrschaft Mitglieder der Reichsregierung, der Landesregierungen und des Nazi-Reichstages waren.

3. Gleichfalls wird der gesamte feudal-junkerliche Boden und Großgrundbesitz mit über 100 ha mit

B 15 Plakat zur Bodenreform in der SBZ 1945.

– *Erklären Sie den Sinn des Plakates.*
– *Inwiefern ist die Bodenreform der SBZ in die Strategie des Antifaschismus eingebunden?*

B 16 Parolen zum sächsischen Volksentscheid über die Enteignung der Privatindustrie 1946 an der Fassade der SED-Zentrale in Leipzig.

allen Gebäuden, lebendem und totem Inventar, allen Nebenbetrieben und sämtlichem landwirtschaftlichem Vermögen entschädigungslos enteignet.

(J. Hohlfeld [Hrsg.], Dokumente der Deutschen Politik und Geschichte von 1848 bis zur Gegenwart. Bd. VI. Berlin 1952, S. 41 ff.)

1 *Nennen Sie die Gründe für die Bodenreform in der Quelle. Wie verhält sich das Ziel der Reform zu den Maximen des Marxismus?*

b) Aus dem sächsischen Gesetz über die Übergabe von Betrieben von Kriegs- und Naziverbrechern in das Eigentum des Volkes vom 30. Juni 1946 (aufgrund einer Volksabstimmung)

Artikel 1

Das ganze Vermögen der Nazipartei und ihrer Gliederungen und die Betriebe und Unternehmen der Kriegsverbrecher, Führer und aktiven Verfechter der Nazipartei und des Nazistaates, wie auch die Betriebe und Unternehmen, die aktiv den Kriegsverbrechern gedient haben und die der Landesverwaltung Sachsen übergeben wurden, werden als enteignet erklärt und in das Eigentum des Volkes übergeführt.

(P. Stulz/S. Thomas [Hrsg.], Die Deutsche Demokratische Republik auf dem Weg zum Sozialismus. Teil I. Berlin 1959, S. 96)

1 *Wer wird neuer Eigentümer der enteigneten Industriebetriebe? Informieren Sie sich über weitere Sozialisierungsmaßnahmen in der SBZ 1945–49.*

M18 Sozialisierung im Westen

Die britische Militärregierung an den Landtagspräsidenten von Nordrhein-Westfalen vom 23. 8. 1948

Der Militärgouverneur erkennt durchaus an, daß starke Strömungen in Nordrhein-Westfalen zugunsten der Sozialisierung der Kohleindustrie vorhanden sind, und daß es notwendig ist, die Regelung der Eigentumsfrage so schnell wie möglich herbeizuführen. Indessen ist es der Militärregierung nicht möglich, die Vollmacht zur Verkündigung der Verordnung zu erteilen [...] Und ebenso bin ich außerstande, meine Genehmigung zu dem vom Landtag verabschiedeten Gesetzentwurf betreffend die Sozialisierung der Kohlewirtschaft im Lande Nordrhein-Westfalen zu geben. Die Gründe hierfür sind folgende: Die im Land Nordrhein-Westfalen vorhandenen Kohlebergwerke gehören zum nationalen Vermögen, und aus diesem Grund sind alle weitreichenden Maßnahmen, die das Eigentum an ihnen und ihre Leitung berühren, Angelegenheiten, die auch die anderen Länder angehen. Die Militärregierung vertritt daher die Ansicht, daß die Frage der Sozialisierung der Kohleindustrie von einer deutschen Regierung und von keiner Landesregierung behandelt werden sollte.

(R. Steininger, Deutsche Geschichte 1945-1961. Bd. 2. Frankfurt 1983, S. 343)

1 *Klären Sie den Tatbestand.*

2 *Untersuchen Sie die Begründung der Militärregierung und erörtern Sie die wahren Motive.*

2 Marshall-Plan und Soziale Marktwirtschaft in den Westzonen

Marshall-Plan

Das Ende der Demontagen in den Westzonen wurde durch die Entscheidung der USA ausgelöst, die europäische Wirtschaftskrise, unter der auch Großbritannien und Frankreich litten, unter Einbeziehung Deutschlands zu beheben. Zu diesem Zweck legte der amerikanische Außenminister George Marshall im Juni 1947 einen Plan vor, mit Hilfe amerikanischer Kredite die **europäische Wirtschaft aufzurichten** und damit auch Absatzmärkte für die US-Überproduktion zu schaffen (M 20a). Die amerikanische Wirtschaftshilfe des Marshall-Planes wurde allen europäischen Staaten angeboten (B 17). Die Sowjetunion lehnte sie aber für den Osten ab, weil die Gefahr der Anbindung an die USA offensichtlich und die amerikanische Wirtschaftshilfe natürlich ein Teil der Eindämmungspolitik gegenüber der Sowjetunion war (s. unten S. 110 f.).
Hatte Deutschland seit Kriegsende bereits 1,62 Mrd. $ an Anleihen und Geschenken aus den USA erhalten und für Lebensmittel verwandt, so flossen 1948/49 weitere 1,56 Mrd. $ an die Westzonen, die nun der Beschaffung von Rohstoffen dienten (M 20b). Die USA gewährten die Gelder im Rahmen des European Recovery Program (ERP) über die Organisation für europäische wirtschaftliche Zusammenarbeit (OEEC). Dabei betrachteten sie die europäischen Mitglieder dieses Programms als eine Gruppe, die ihre Wirtschaften durch eine Zollunion zusammenführen sollten. Das war ein erster Schritt in Richtung auf eine wirtschaftliche Einigung Europas. Ähnliche Schritte bereitete der Molotow-Plan für den europäischen Osten vor.

Bi-Zone

Neben diesen Finanzierungshilfen verbesserte die amerikanische Initiative zur Verwaltungsvereinfachung die Voraussetzungen für den Wirtschaftsaufschwung der Westzonen. Im Juli 1946 hatten die USA allen Alliierten die wirtschaftliche Vereinigung der Zonen vorgeschlagen. Wegen der sowjetischen und französischen Vorbehalte schlossen sich am 1. Januar 1947 lediglich die amerikanische und die britische Zone zusammen. Ziel dieser Vereinigung war die wirtschaftliche Autarkie bis 1949. Im Juni 1947 wurde dieses Vereinigte Wirtschaftsgebiet (Bizone) der deutschen parlamentarischen Kontrolle unterstellt. Die Aufsicht lag bei einem **Wirtschaftsrat** in Frankfurt/Main, der aus Mitgliedern der Länderparlamente bestand (M 19). Im Februar 1948 erhielt dieser Wirtschaftsrat einen Länderrat (mit je zwei Vertretern pro Land) als Kontrollorgan zur Seite gestellt, ein Verwaltungsrat übernahm die Regierungsfunktion. Zusammen mit einem Deutschen Obergericht und einer Bank deutscher Länder war in diesem Vereinigten Wirtschaftsgebiet ein künftiges westdeutsches Staatsgebilde vorgezeichnet.

Soziale Marktwirtschaft

Die wichtigste Person in dieser deutschen Verwaltung der Doppelzone war der Wirtschaftsdirektor **Ludwig Erhard**. Er vertrat das Konzept der sozialen Marktwirtschaft. D. h. er befürwortete Privateigentum an Produktionsmitteln und lehnte Sozialisierungen ab, setzte auf Marktmechanismen statt auf Planwirtschaft, bestand aber auf einer staatlichen Wettbewerbsordnung im Gegensatz zum reinen Wirtschaftsliberalismus und bot zum Ausgleich von wirtschaftlichen Ungerechtigkeiten die Errichtung eines Sozialstaates an (M 21). Trotz des Widerstandes der SPD-Opposition setzte sich Erhard mit seinem wirtschaftspolitischen Konzept durch.

Währungsreform

Ein entscheidender Schritt zur wirtschaftlichen Gesundung wie zur staatlichen Einigung der Westzonen bildete die Festigung der Währung. Die Geldmenge war zwischen 1938 und 1945 von 56,4 Mrd. RM auf 298 Mrd. RM erhöht worden. Dieser Aufblähung der Geldmenge stand nach dem Krieg nur ein verschwindendes Warenangebot gegenüber. Damit waren für Reichsmark im Westen immer weniger Waren käuflich. Sollten Zigarettenwährung und Schwarzmarkt abgeschafft werden, mußte man eine neue Währung einführen (B 18). Nachdem die Westalliierten sich endlich auf die Grundsätze der Währungsreform geeinigt hatten, wurde die Technik des Verfahrens mit dem Wirtschaftsrat abgestimmt. **Am 21. 6. 1948 löste die DM die RM ab.** Die RM-Guthaben wurden radikal abgewertet: auf Bankguthaben in RM bekam der Einleger nur 6,5 % in DM, bei Schulden 10 % des Wertes. Damit waren vor allem die Kleinsparer geschädigt und zahlten für den verlorenen Krieg. Die Besitzer von Aktien und Sachwerten waren die großen Gewinner. Jedermann erhielt ein Überbrückungsgeld von 40 bzw. 60 DM. Mieten, Löhne und Gehälter wurden 1:1 in neuer Währung bezahlt. Nachdem lange Zeit vor der Währungsumstellung von Geschäftsleuten Waren gehortet worden waren, standen jetzt volle Lager zur Verfügung. Der Schwarzmarkt verschwand umgehend. Erhard steuerte das **Ende der Zwangswirtschaft** an, indem er Hunderte von Verordnungen aufhob, die Lebensmittelrationierung abschuf und bis zum Ende des Lohnstops im Oktober 1948 lediglich die Kontrolle der Miet- und Grundnahrungsmittelpreise beibehielt. Allerdings stiegen neben den Preisen nun auch die Arbeitslosenziffern an (1950: 10,3 %) (B 19). Auf die Währungsreform im Westen reagierte die Sowjetunion am 23. 6. 1948 mit der Währungsreform in der SBZ, die die Ost-Mark einführte. Die Bargeldabwertung betrug 1:10, das Kopfgeld 70 DM (Ost) und die Bankguthaben wurden gestaffelt zugunsten der Kleinsparer abgewertet. Jetzt war nur noch das Währungsproblem in Berlin ungelöst.

Berlin-Blockade
4. 6. 1948 – 12. 5. 1949

Seit der Weigerung der SPD Berlins 1946, sich mit der KPD zu vereinigen, arbeiteten SED und SMAD darauf hin, Berlin zu einem Teil der SBZ zu machen. Als am 24. Juni 1948 der sowjetische Militärgouverneur dem Berliner Senat die Einführung der DM-Ost befahl, widersetzte sich dieser, und die westlichen Stadtkommandanten führten die DM-West in den Westsektoren ein. Daraufhin unterbanden die Sowjets jeden Verkehr zu Wasser und zu Lande von und nach West-Berlin. Die **USA** demonstrierten in dieser Krise ihren Willen zu einer **eigenständigen Deutschland-Politik** und versorgten die zwei Millionen Berliner über eine **Luftbrücke** mit Lebensmitteln und Energie. Dieser beispiellose Kraftakt überzeugte die Sowjets von der Erfolglosigkeit ihrer Blockade, die sie im Mai 1949 beendete. Die USA aber verstärkten in dieser Zeit ihre Präsenz in Europa durch die Stationierung von Atombomben in England und die Gründung der NATO im April 1949. Von dieser machtpolitischen Basis aus trieben sie die Gründung der Bundesrepublik Deutschland auf dem Boden der Westzonen voran.

M19 Abkommen zwischen der englischen und amerikanischen Militärregierung über die Neugestaltung der bizonalen Wirtschaftsverwaltung vom 29. Mai 1947

Einleitung

Bis zur Errichtung von Verwaltungs- und Regierungsstellen für ganz Deutschland und um die Lösung von dringenden wirtschaftlichen Problemen und den Wiederaufbau des Wirtschaftslebens durch deutsche Stellen mit Verantwortlichkeit gegenüber dem Volk und mit einem umfassenden Aufgabenkreis zu fördern, haben die Militärregierungen der britischen und der amerikanischen Zone eine zweizonale Neugestaltung beschlossen zu dem alleinigen Zweck, eine vollständigere Wirtschaftseinheit nach Maßgabe des nachstehenden Planes herbeizuführen, der durch gleichzeitige Veröffentlichung einer Proklamation oder Verordnung der Militärregierungen in beiden Zonen zur Ausführung gebracht wird.

Allgemeine Grundsätze

1. Ein Organ, genannt Wirtschaftsrat (Economic Council), ist von den Landtagen der verschiedenen Länder zu wählen. 2. Außerdem ist ein haupt-

B 17 Plakat von 1948 für das Europäische Wiederaufbauprogramm (ERP), genannt Marshall-Plan.

B 18 Plakat von 1948. Kriegsinflation, Zerstörungen und Schattenwirtschaft untergruben die Reichsmark als Zahlungsmittel. Eine Fortsetzung des Schwarzmarktes hätte auch der D-Mark gefährlich werden können.

amtliches Koordinierungs- und Exekutivorgan, genannt Exekutivausschuß (Executive Committee), zu errichten. Seine Aufgaben und sein Verhältnis zum Wirtschaftsrat sind weiter unten bestimmt. 3. Die Verwaltung der verschiedenen zweizonalen Abteilungen ist Direktoren (Executive Directors) zu übertragen, die dem Wirtschaftsrat verantwortlich sind und der unmittelbaren Aufsicht des unten beschriebenen Exekutivausschusses unterstehen. 4. Den deutschen Stellen ist unter gebührender Berücksichtigung des Grundsatzes der Dezentralisierung der Verwaltung ein Höchstmaß von Verantwortung in Erfüllung zweizonaler Aufgaben von der Militärregierung zu übertragen. 5. Beschlüsse des Wirtschaftsrates und des Exekutivausschusses sind mit Mehrheitsentscheidung zu fassen.

(Zwischen Krieg und Frieden. Eine Quellensammlung. Berlin 1948, s. 66 ff.)

1 *Charakterisieren Sie den Inhalt des Abkommens.*
2 *Worin liegt seine Bedeutung?*

M20 Der Marshall-Plan

a) Aus der Rede von US-Außenminister George Marshall am 5. Juni 1947

Es ist nur logisch, daß die Vereinigten Staaten alles tun, was in ihrer Macht steht, um die Wiederherstellung gesunder wirtschaftlicher Verhältnisse in der Welt zu fördern, ohne die es keine politische Stabilität und keinen sicheren Frieden geben kann. Unsere Politik richtet sich nicht gegen irgendein Land oder irgendeine Doktrin, sondern gegen Hunger, Armut, Verzweiflung und Chaos. Ihr Zweck ist die Wiederbelebung einer funktionierenden Weltwirtschaft, damit die Entstehung politischer und sozialer Bedingungen ermöglicht wird, unter denen freie Institutionen existieren können. Ich bin überzeugt, daß eine solche Unterstützung nicht nach und nach entsprechend der jeweiligen Entwicklung von Krisen geleistet werden darf. Wenn die Regierung der Vereinigten Staaten in Zukunft Hilfsleistungen gewährt, so sollten diese

eine Heilungskur und nicht nur ein Linderungsmittel darstellen. Jeder Regierung, die bereit ist, beim Wiederaufbau zu helfen, wird die volle Unterstützung der Regierung der Vereinigten Staaten gewährt werden, dessen bin ich sicher. [...]
Es wäre weder angebracht noch zweckmäßig, wenn die Regierung der Vereinigten Staaten von sich aus ein Programm entwerfen würde, um die wirtschaftliche Wiederaufrichtung Europas durchzuführen. Das ist Sache der Europäer selbst. Die Initiative muß von Europa ausgehen, meine ich. Unsere Rolle sollte darin bestehen, den Entwurf eines europäischen Programms freundschaftlich zu fördern und später dieses Programm zu unterstützen, soweit das für uns praktisch ist. Es sollte ein gemeinsames Programm entworfen werden, hinter dem, wenn nicht alle, so doch eine Anzahl von europäischen Nationen stehen.
(E.-U. Huster u. a., Determinanten der westdeutschen Restauration 1945–1949. Frankfurt 1972, S. 341–343)

1 *Untersuchen Sie die Rede hinsichtlich Maßnahmen und Zielen.*
2 *Klären Sie die Motive Marshalls aus dem historischen Zusammenhang. Wie reagieren die europäischen Staaten auf das Angebot?*

b) Verteilung der von den USA gewährten Kredite auf die am Marshall-Plan beteiligten Länder
(April 1948 bis Januar 1952) (in Mio. Dollar)

Land	Insgesamt	%
Alle Länder	12 992,5	100
davon:		
England	3 165,8	24,4
Frankreich	2 629,8	20,2
Italien	1 434,6	11,0
Westdeutschland	1 317,3	10,1
Niederlande	1 078,7	8,3
Österreich	653,8	5,0
Griechenland	628,0	4,8
Belgien + Luxemburg	546,6	4,2
Dänemark	266,4	2,1
Norwegen	241,9	1,9
Türkei	184,5	1,4
Irland	146,2	1,1
Schweden	107,1	0,8
Portugal	50,5	0,4
Spanien	26,8	0,2

(A. Grosser, Das Bündnis. Die westeuropäischen Länder und die USA seit dem Krieg. München 1982, S. 456)

1 *Untersuchen Sie die Anteile der Marshall-Plan-Hilfe bei den Empfängern. Erklären Sie den Verteilungsschlüssel.*
2 *Versuchen Sie, den Anteil der Marshall-Plan-Hilfe am deutschen Wirtschaftswunder zu bestimmen.*

M21 Soziale Marktwirtschaft (1946)

Der Nationalökonom Alfred Müller-Armack prägte den Begriff und das Konzept des neuen Wirtschaftssystems, das Ludwig Erhard zum Aushängeschild der jungen Bundesrepublik machte.

Die Lage unserer Wirtschaft zwingt uns zu der Erkenntnis, daß wir uns in Zukunft zwischen zwei grundsätzlich voneinander verschiedenen Wirtschaftssystemen zu entscheiden haben, nämlich dem System der antimarktwirtschaftlichen Wirtschaftslenkung und dem System der auf freie Preisbildung, echten Leistungswettbewerb und soziale Gerechtigkeit gegründeten Marktwirtschaft.
Alle Erfahrungen mit wirtschaftlichen Lenkungssystemen verschiedenster Schattierungen haben erwiesen, daß sie unvermeidlich zu einer mehr oder weniger weitgehenden Vernichtung der Wirtschaftsfreiheit des einzelnen führen, also mit demokratischen Grundsätzen unvereinbar sind, und zweitens mangels zuverlässiger Maßstäbe infolge der Aufhebung des Preismechanismus nicht in der Lage sind, die verschiedenen Knappheitsgrade zuverlässig zu erkennen. Jede Lenkungswirtschaft hat daher in der Praxis am wirklichen volkswirtschaftlichen Bedarf „vorbeigelenkt".
Die angestrebte moderne Marktwirtschaft soll betont sozial ausgerichtet und gebunden sein. Ihr sozialer Charakter liegt bereits in der Tatsache begründet, daß sie in der Lage ist, eine größere und mannigfaltigere Gütermenge zu Preisen anzubieten, die der Konsument durch seine Nachfrage entscheidend mitbestimmt und die durch niedrige Preise den Realwert des Lohnes erhöht und dadurch eine größere und breitere Befriedigung der menschlichen Bedürfnisse erlaubt.
Durch die freie Konsumwahl wird der Produzent gezwungen, hinsichtlich Qualität, Sortiment und Preis seiner Produkte auf die Wünsche der Konsumenten einzugehen, die damit eine echte Marktdemokratie ausüben. Eine ähnliche, die Wirtschaft maßgeblich bestimmende Stellung vermag eine Lenkungswirtschaft der Masse der Verbraucher nicht einzuräumen. Demokratie und Lenkungswirtschaft sind eben nicht vereinbar.

B 19 Volle Schaufenster nach der Währungsreform. Während bis 1948 die Reichsmark verfiel, die Schattenwirtschaft blühte und Warenknappheit herrschte, wurden gegen D-Mark alle gehorteten Waren angeboten, allerdings zu meist unerschwinglichen Preisen.

– *Versuchen Sie, die Mienen der Frauen zu interpretieren. Wie wirkte sich die Währungsreform für den Normalverbraucher aus?*

Um den Umkreis der Sozialen Marktwirtschaft ungefähr zu umreißen, sei folgendes Betätigungsfeld künftiger sozialer Gestaltung genannt:

1. Schaffung einer sozialen Betriebsordnung, die den Arbeitnehmer als Mensch und Mitarbeiter wertet, ihm ein soziales Mitgestaltungsrecht einräumt, ohne dabei die betriebliche Initiative und Verantwortung des Unternehmers einzuengen.
2. Verwirklichung einer als öffentliche Aufgabe begriffenen Wettbewerbsordnung, um dem Erwerbsstreben der einzelnen die für das Gesamtwohl erforderliche Richtung zu geben.
3. Befolgung einer Anti-Monopolpolitik zur Bekämpfung möglichen Machtmißbrauches in der Wirtschaft.
4. Durchführung einer konjunkturpolitischen Beschäftigungspolitik mit dem Ziel, dem Arbeiter im Rahmen des Möglichen Sicherheit gegenüber Krisenrückschläge zu geben. Hierbei ist außer kredit- und finanzpolitischen Maßnahmen auch ein mit sinnvollen Haushaltssicherungen versehenes Programm staatlicher Investitionen vorzusehen.
5. Marktwirtschaftlicher Einkommensausgleich zur Beseitigung ungesunder Einkommens- und Besitzverschiedenheiten, und zwar durch Besteuerung und durch Familienzuschüsse, Kinder- und Mietbeihilfen an sozial Bedürftige.
6. Siedlungspolitik und sozialer Wohnungsbau.
7. Soziale Betriebsstruktur-Politik durch Förderung kleinerer und mittlerer Betriebe und Schaffung sozialer Aufstiegschancen.
8. Einbau genossenschaftlicher Selbsthilfe in die Wirtschaftsordnung.
9. Ausbau der Sozialversicherung.
10. Städtebauplanung.
11. Minimallöhne und Sicherung der Einzellöhne durch Tarifvereinbarungen auf freier Grundlage.

Es kommt also darauf an zu erkennen, daß der Übergang zur Marktwirtschaft als einem System freiheitlicher und demokratischer Wirtschaftsordnung zugleich die Gewinnung der deutschen Menschen für die Ideale der persönlichen Freiheit und Selbstbestimmung in sich schließt. Die letzten Ziele staatsbürgerlicher Freiheit müssen mit den Zielen der wirtschaftlichen Freiheit des einzelnen übereinstimmen.

(A. Müller-Armack, Vorschläge zur Verwirklichung der sozialen Marktwirtschaft. In: ders., Genealogie der Sozialen Marktwirtschaft. Bern 1974, S. 96 ff.)

1 *Was heißt Soziale Marktwirtschaft nach Müller-Armack? Wie begründet er ihre Notwendigkeit?*

2 *Nennen Sie Gründe für die Durchsetzung dieser Wirtschaftsverfassung in den Westzonen.*

Oral history: Befragung

Wir benutzen in Geschichte meist bildliche, dingliche, vor allem aber schriftliche Quellen, zu deren Wesen die Unveränderlichkeit gehört. In der Zeitgeschichte, der Geschichte der noch Lebenden also, spielt auch die **mündliche Quelle** eine Rolle. Hier bietet sich die Möglichkeit des **Gesprächs mit Zeitzeugen**, in dem der historisch Interessierte nachfragen, präzisieren und vertiefen kann. Diese Art, über Befragung von Zeitzeugen ein Bild von der Vergangenheit zu erhalten, hat in den vergangenen Jahrzehnten unter dem Begriff Oral history eine zunehmende Bedeutung gewonnen. Besonders in der Alltagsgeschichte, der Geschichte der „kleinen Leute", der „Geschichte von unten" und der Geschichte der Opfer, also da, wo statt Haupt- und Staatsaktionen Anschaulichkeit und das Allzu-Selbstverständliche interessiert, zeigt diese Methode ihre Stärken.

Freilich besitzen die mündlichen Quellen auch Nachteile. Die Unzuverlässigkeit des menschlichen Gedächtnisses ist bekannt. Die Erinnerung trügt vor allem dann, wenn bestimmte Erlebnisse häufiger gemacht oder durch spätere überlagert werden. Verwechslung ist eine ähnliche Fehlerquelle wie Verdrängung von Belastendem oder Verklärung wie Dämonisierung unter dem Eindruck von Gruppenmeinungen im Nachhinein.

Dennoch bleibt die Befragung von Zeitzeugen eine wichtige zeitgeschichtliche Quelle, die vor allem auch jedem Kollegiaten zugänglich ist – sei es in der eigenen Familie oder in Nachbarschaft und Bekanntenkreis. Wer heute ins Rentenalter eintritt, hat die Nachkriegszeit im Alter des Schülers, Studenten oder Berufsanfängers erlebt, in der Regel daher sehr bewußt. Ein Gespräch mit 60- bis 70jährigen kann insofern Ihr Bild von der Nachkriegszeit erheblich bereichern.

Der Gewinn aus einem Gespräch mit einem Zeitzeugen hängt jedoch wesentlich von Ihrer Vorbereitung ab. Auch wenn Sie vor allem am Alltag interessiert sind und nicht einen bestimmten historischen Sachverhalt zur Bereicherung der Forschung aufklären wollen, sollten Sie sich die grundsätzlichen Möglichkeiten der Gesprächsführung klarmachen.

Ein **offenes Interview**, in dem der Zeitzeuge einfach frei assoziiert, hat zwar die höchste Spontaneität und Frische, birgt aber die Gefahr des Abschweifens in sich. Man kommt leicht vom Hundersten ins Tausendste. Ein **gelenktes Interview**, wie man es vor allem aus den Massenmedien kennt, engt die Befragten ein und bringt nur Aufschlüsse über Gefragtes. Was der Interviewer vergißt, nicht weiß, kommt auch nicht zur Sprache. Überdies provozieren harte Fragen gerne auch dort scheinbar sichere Antworten, wo unsichere Kenntnisse vorhanden sind. Das **halboffene Interview** kombiniert deshalb freies Erzählen mit der Klärung von Punkten, die noch unklar oder gar nicht angesprochen sind. Auch hier hängt die Qualität der Befragung von der Vorbereitung des Interviewers ab. Als Interviewer sollten Sie den Befragten bei allgemeinen Aussagen stets Konkretisierungen abverlangen, Beispiele fordern und zur Veranschaulichung eigenes Erleben darstellen lassen.

Fragen aus einem Interview zum Thema „Stunde Null"

Kultur

1. Welche kulturellen Veranstaltungen, wie Theatervorstellungen und Konzerte, gab es in [...]?
2. Inwieweit spiegelten die Theaterstücke die neue Situation wider, und wie haben sie sich im Vergleich zur NS-Zeit verändert?
3. Wann wurde wieder Schulunterricht gegeben, und wie war er gestaltet?
4. Hatte sich die Zusammensetzung des Lehrerkollegiums an den Schulen verändert?
5. Wann wurden wieder die ersten öffentlichen Feste oder Nachbarschaftsfeste gefeiert, und wie liefen sie ab?
6. Wie war die allgemeine Nachkriegsstimmung?
7. Wie verlief das Familienleben allgemein, und wie veränderte es sich durch zugezogene Verwandte und Untermieter?
8. Was ist aus den alten Vereinen geworden, und welche wurden neu gegründet?
9. Was ist mit der HJ und dem BdM geschehen?
10. Wie sah der Gottesdienst nach dem Krieg aus, wie hat er sich verändert? Wo wurden die Gottesdienste abgehalten, waren sie zahlreich besucht?
11. Gab es wieder Prozessionen, und wenn, nahmen viele Gläubige daran teil? Wurde wieder Kommunion- und Konfirmationsunterricht erteilt?

Zukunftsvorstellungen

1. Welche Vorstellungen hatten Sie damals von der Zukunft der Stadt und des Landes?
2. Welche Absichten hatten Ihrer Meinung nach die Alliierten?
3. Hatten Sie Hoffnung, jemals wieder aus dem Elend herauszukommen?
4. Wie weit, glaubten Sie, würden die Deutschen selbst, die Parteien z. B., ein neues Deutschland aufbauen können?
5. Was für eine Zukunft hatte man, hatten Sie für unser Land im Auge, was für ein Deutschland sollte entstehen?

(W. Braukmann, „Hauptsache, Papa war wieder da [...]". Ein Oral-History-Projekt zum „Jahr Null". In: Geschichtsdidaktik. Jg. 7, 1982, S. 66)

– *Untersuchen Sie diesen Fragenkatalog.*
– *Beurteilen Sie die Qualität der einzelnen Fragen. Machen Sie Verbesserungen.*

IV Blockbildung und Teilung Deutschlands

1 Von der Anti-Hitler-Koalition zum Kalten Krieg

Konzept der Politik der „Einen Welt"

Auf den Kriegskonferenzen in Teheran und Jalta hatte sich die Anti-Hitler-Koalition aus USA, Großbritannien und der Sowjetunion nicht nur auf ein gemeinsames Vorgehen im Krieg, sondern auch auf eine gemeinsame Nachkriegspolitik verständigt (B 20). Damit bewegte man sich ganz in den Bahnen von **Roosevelts** Konzept der Politik der „Einen Welt". Alle Nachkriegsprobleme sollten mit Hilfe internationaler Verhandlungen im Rahmen der Vereinten Nationen gelöst werden. So verständigten sich im Sommer 1945 die Siegermächte in Potsdam auf Punkte ihrer künftigen gemeinsamen Weltpolitik (M 23). Die Friedensschlüsse mit ihren Kriegsgegnern und die Friedenssicherung für die Zukunft sollten in Zusammenarbeit mit den Vereinten Nationen bewältigt werden. Die Vorarbeiten zu den Friedensverträgen wurden in die Hände eines Rates der Außenminister gelegt, welcher halbjährlich in den Metropolen der Alliierten tagen sollte.

Interessengegensätze der Siegermächte

Wie Roosevelt, so wollte auch sein Nachfolger **Truman** in einer weltweiten Gleichgewichtspolitik lediglich eine Schiedsrichterrolle spielen und die amerikanischen Truppen möglichst bald aus Europa abziehen, zumal der Krieg gegen Japan noch lange zu dauern schien. Daher interessierte sich Truman in Potsdam lediglich für Friedensverträge, Besatzungsgrundsätze und Reparationen. Dabei blieben dringende Probleme der internationalen Politik unerledigt. Hierzu gehörte die Festlegung der deutschen Ostgrenze, die Frage nach der polnischen Regierung und der Besatzungspolitik. Auch über Persien und Rumänien konnte man sich nicht einigen. Hinter den verbalen Einigungsformeln von Potsdam standen bereits unterschiedliche und auch gegensätzliche Positionen, die aus den **neuen Machtverhältnissen** erwuchsen.
Die Sowjetunion war durch den Kriegsverlauf und mit Unterstützung von Großbritannien und den USA die europäische Vormacht geworden. Im Gegensatz zu den USA hatte sie nicht die Absicht, sich aus Mitteleuropa zurückzuziehen (M 24), sondern ihr Macht- und Gesellschaftssystem auszubauen. Dieses ideologische und machtpolitische Ziel entstand aus dem Sicherheitsbedürfnis und den wirtschaftlichen Problemen des schwer kriegsgeschädigten Landes. Stalin strebte einen **Ring befreundeter Satellitenstaaten** an der sowjetischen Westgrenze an.
Die Briten hatten schon lange das Vordringen der Sowjetunion nach Westen mit Sorge gesehen, glaubten aber, nur mit Hilfe der Roten Armee Hitler besiegen zu können, und schwiegen. Jetzt nach dem Krieg versuchten sie, den Einfluß der Sowjets zurückzudrängen, fanden aber in den USA keine Unterstützung (M 22). Roosevelts Konzept der „Einen Welt" hatte die USA blind gemacht für **Stalins Strategie der energischen Ausweitung des sowjetischen Herrschaftsgebietes** im Verlauf des Weltkrieges.

Sowjetische Expansion und Sowjetisierungspolitik*

Die Sowjetunion hatte bereits in den Kriegskonferenzen die Weichen für ihre Machtausweitung gestellt und nutzte ab 1944 das Vordringen der Roten Armee nach Westen, um in allen „befreiten Gebieten" Annexionen vorzunehmen oder Vasallenstaaten zu bilden. Schon 1940 hatte sie sich die baltischen Staaten und 1941 Ostpolen einverleibt. Dazu ließ sie sich Moldawien und die Karpatenukraine von Rumänien bzw. der Tschechoslowakei abtreten. Um sich diese Gebietsgewinne langfristig zu sichern, sorgte sie als Besatzungsmacht für die Bildung von **kommunistischen Marionettenregierungen** (wie in

Polen mit dem Lubliner Komitee) oder bediente sich einer **Volksfronttaktik** (wie in Rumänien, Bulgarien, Ungarn, ČSR). Dabei beteiligten sich die nationalen kommunistischen Parteien als verlängerter Arm der KPdSU an bürgerlichen Regierungen, um so über Polizei, Innenressort und Medien eine totale Kontrolle über Politik und Gesellschaft auszuüben (Karte 4).
Aber auch auf nicht eroberte Länder versuchte die Sowjetunion ihre Herrschaft auszuweiten. Im September 1945 weigerte sie sich, ihre Truppen aus dem Norden Persiens abzuziehen, und im November kündigte sie den Nichtangriffspakt mit der Türkei, weil sie Stützpunkte an den Dardanellen für sich beanspruchte. Als in Griechenland 1946 zwischen Kommunisten und von Großbritannien unterstützten Monarchisten ein Bürgerkrieg ausbrach, in dem Jugoslawien, Albanien und Bulgarien die griechischen Kommunisten unterstützten, wurde die Unvereinbarkeit der Interessen der Westalliierten mit denen der Sowjetunion offenbar. Mitten durch Europa entstand auf der Linie Triest-Stettin ein **„Eiserner Vorhang“** (Churchill), hinter dem Roosevelts „vier Freiheiten“ immer weniger Gültigkeit hatten (M 22).

Truman-Doktrin und Eindämmungspolitik

Entscheidend für eine neue Politik gegenüber der Sowjetunion war ein **Einstellungswandel der USA**, der neben den europäischen Erfahrungen von Einsichten des späteren US-Außenministers G. Marshall aus dem fernöstlichen Kriegsschauplatz herrührte.
Obwohl die Sowjetunion erst im letzten Augenblick, also nach dem Abwurf der Atombombe über Hiroshima den USA gegen Japan zu Hilfe gekommen war, besetzte es riesige Gebiete in Ostasien (so bis heute die Kurilen). In China brach Ende 1946 der Bürgerkrieg aus, in dem die Kommunisten sich laufend Vorteile verschafften. So erlebten die USA, daß nicht nur in Europa, sondern auch in Asien der Kommunismus im Vormarsch war. Sie gaben nun die Rooseveltsche Politik der „Einen Welt“ auf. In Japan und Italien hatten sie die Sowjetunion bereits aus der Besatzungspolitik ausgeschlossen. Im Frühjahr 1946 gab es Meinungsverschiedenheiten zwischen der Sowjetunion und den USA wegen der Wirtschaftspolitik in Deutschland, und General Clay stellte die Reparationslieferungen aus dem Ruhrgebiet an die Sowjets ein. Als nun Großbritannien Anfang des Jahres 1947 erklärte, es sei dem Druck der Sowjetunion in Griechenland und in der Türkei nicht mehr gewachsen, verkündete Präsident Truman am 12.3.47 die amerikanische Bereitschaft, in Staaten, wo die Freiheit von außen bedroht sei, materiell und personell zu helfen (**Truman-Doktrin:** M 25). Um diese neue Rolle der USA als westliche Führungsmacht zu unterstützen, entwarf der amerikanische Diplomat G. F. Kennan ein Konzept zur **Eindämmung (Containment) der sowjetischen Expansion** in allen Teilen der Erde.

Gründung der Kominform

Die Antwort der Sowjetunion auf diese US-Initiativen war die Gründung der **Kominform (Kommunistisches Informationsbüro)** am 30.9.1947. Nach außen eine Organisation zum Erfahrungsaustausch für kommunistische Parteien, diente es der Sowjetunion zur Kontrolle und Vereinheitlichung der europäischen Kommunisten (M 26). Neben der KPdSU unterzeichneten die kommunistischen Parteien in Frankreich, Italien, Polen, Tschechoslowakei, Bulgarien, Rumänien, Ungarn und Jugoslawien die Kominform-Erklärung, in der die ideologische und organisatorische Führung durch die Sowjetunion anerkannt wurde. So sicherte sich die Sowjetunion ihre Hegemonie über Länder, deren Souveränität nach außen hin weiterbestand.
Von nun an gab es für die Sowjetunion **zwei Lager** in der Welt: das friedliebende, demokratische und antiimperialistische des Ostens und das aggressive, demokratiefeindliche, imperialistische des Westens. Der Ost-West-Gegensatz beherrschte jetzt die internationale Politik. Das Zeitalter des **Kalten Krieges** hatte begonnen.

Außenministerkonferenzen der Siegermächte

Auf der Außenministerkonferenz von New York 1946 konnten die Siegermächte noch letzte Kompromisse finden für **Friedensverträge** mit Italien, Rumänien, Ungarn, Bulgarien und Finnland. Sie wurden im **Februar 1947 in Paris** unterzeichnet. Entsprechende Friedensverträge mit Deutschland und Österreich scheiterten im selben Jahr auf den Konferenzen von Moskau und London. Der neue US-Außenminister Marshall erkannte die polnische Westgrenze nicht mehr an, der sowjetische Außenminister Molotow wollte ganz Deutschland in den sowjetischen Einflußbereich integrieren und Frankreich keinen Friedensvertrag mit einer deutschen Regierung abschließen. Die ehemaligen Alliierten strebten also **keine Einigung über Gesamtdeutschland** mehr an. Die **USA** erklärten, daß sie ihre **Truppen auf unbestimmte Zeit in Deutschland** lassen wollten und daß sie an einem stabilen und produktiven Deutschland in wirtschaftlicher Hinsicht interessiert seien.

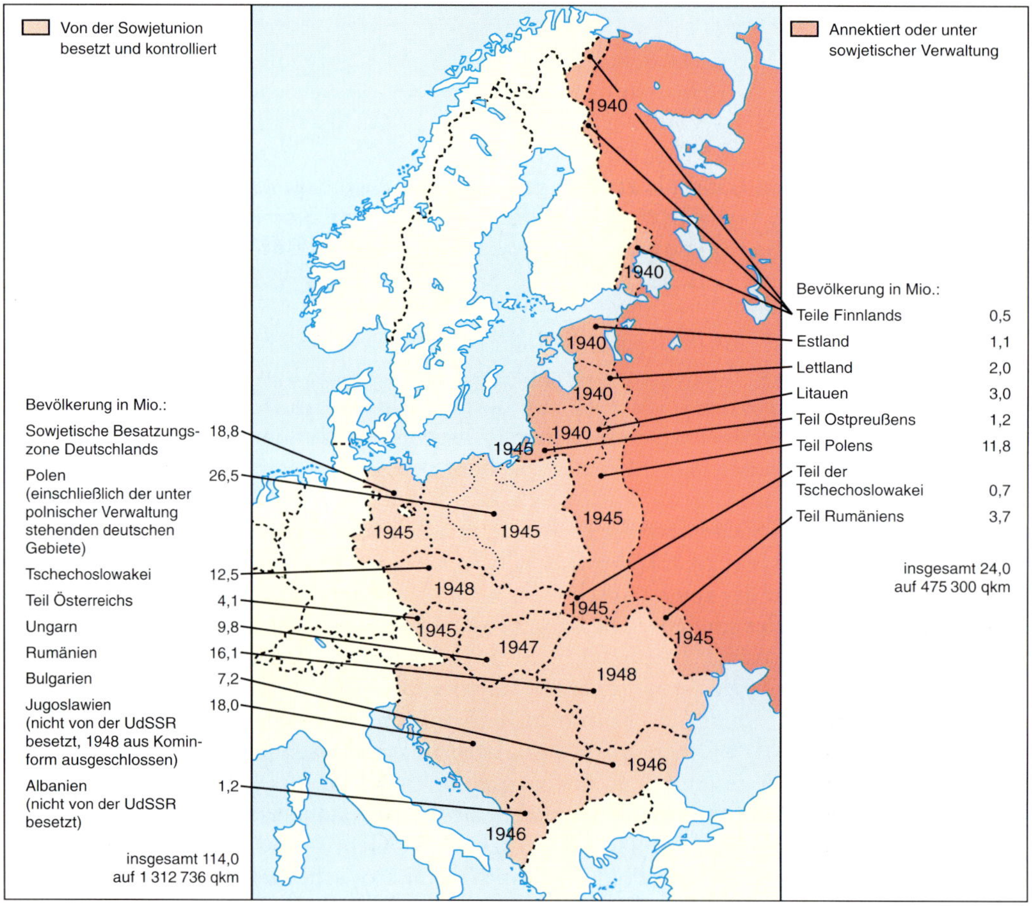

Karte 4 Die sowjetische Expansion 1940–1948.

– *Rekapitulieren Sie anhand der Karte den Verlauf des II. Weltkrieges im Osten, und informieren Sie sich über die Geschichte Polens, der Tschechoslowakei, Rumäniens, Bulgariens, Ungarns 1944/45.*
– *Erklären Sie das expansive Verhalten der Sowjetunion.*

M22 **Aus Churchills Telegramm an Präsident Truman vom 12. Mai 1945.**

Die Lage in Europa beunruhigt mich zutiefst. Ich erfahre, daß die Hälfte der in Europa stehenden amerikanischen Fliegerkräfte bereits die Verlegung nach dem Fernen Osten eingeleitet hat. Die Zeitungen sind voll von Nachrichten über den massiven Abzug der amerikanischen Armeen aus Europa hinaus. Auch unsere Armeen dürften auf Grund früherer Beschlüsse wesentlich reduziert werden. Die kanadische Armee zieht bestimmt ab. [...]

2. Was aber soll dann in bezug auf Rußland geschehen? Ich habe mich stets um die Freundschaft der Russen bemüht; aber ihre falsche Auslegung der Jalta-Beschlüsse, ihre Haltung gegen Polen, ihr überwältigender Einfluß auf dem Balkan bis hinunter nach Griechenland, die uns von ihnen in Wien bereiteten Schwierigkeiten, die Verkoppelung ihrer Macht mit der Besetzung und Kontrolle so ungeheurer und weiter Gebiete, die von ihnen inspirierte, kommunistische Taktik in so vielen anderen Ländern und vor allem ihre Fähigkeit, lange Zeit große Armeen im Feld stehen zu lassen, beunruhigen mich ebensosehr wie Sie. [...]

3. Ein eiserner Vorhang ist vor ihrer Front niedergegangen. Was dahinter vorgeht, wissen wir nicht. Es ist kaum zu bezweifeln, daß der gesamte Raum östlich der Linie Lübeck-Triest-Korfu schon binnen kurzem völlig in ihrer Hand sein wird. [...]

4. Die Aufmerksamkeit unserer Völker aber wird sich mit der Bestrafung Deutschlands, das ohnehin ruiniert und ohnmächtig darniederliegt, beschäftigen, so daß die Russen, falls es ihnen beliebt, innerhalb sehr kurzer Zeit bis an die Küsten der Nordsee und des Atlantik vormarschieren können.

(W. Churchill, Memoiren. I. Bd. VI. 2. Stuttgart 1954, S. 261 ff.)

1 *Skizzieren Sie Churchills Bild von Europa fünf Tage nach dem Waffenstillstand mit dem Deutschen Reich.*

2 *Welche Konsequenzen zieht die Konferenz von Potsdam aus dieser Analyse? Vgl. M 23 und M 1.*

M23 **Der außenpolitische Konsens der Siegermächte: Aus dem sogenannten Potsdamer Abkommen vom 2. August 1945**

I. [...]

Präsident Truman, Generalissimus Stalin und Ministerpräsident Attlee verlassen diese Konferenz, die das Band zwischen den drei Regierungen gefestigt und den Umfang ihrer gemeinsamen Arbeit und ihres gegenseitigen Einvernehmens erweitert hat, in der erneuten Zuversicht, daß ihre Regierungen und Völker zusammen mit denen der anderen Vereinten Nationen die Schaffung eines gerechten, dauernden Friedens gewährleisten werden.

II. Schaffung eines Rates der Außenminister

Auf der Konferenz wurde ein Übereinkommen bezüglich der Schaffung eines die fünf Hauptmächte vertretenden Rates der Außenminister erzielt, der die notwendigen Vorbereitungsarbeiten für die Friedensverträge fortsetzen [...]

(H. Krause/K. Reif [Hrsg.], Die Welt seit 1945. München 1980, S. 72 f.)

1 *Nennen Sie die Grundzüge der geplanten Nachkriegspolitik der Alliierten gemäß Potsdamer Abkommen.*

2 *Worin bestehen die Hindernisse für diese Politik der Alliierten?*

M24 **Größenverhältnis der Streitkräfte der Siegermächte in Europa 1945/46**

	1945	1946
USA	3,1 Mio.	0,39 Mio.
GB	1,32 Mio.	0,49 Mio.
Kanada	0,3 Mio.	–
SU	4 Mio.	3,5 Mio.

(G. Poser, Die NATO. München 1976, S. 13)

1 *Interpretieren Sie diese Statistik im Hinblick auf die neue Machtverteilung infolge des 2. Weltkriegs.*

2 *Welche Folge hätte der für 1947 geplante Rückzug der US-Truppen aus Europa gehabt?*

M25 **Truman-Doktrin, 12. März 1947**

Die griechische Regierung hat an die Vereinigten Staaten einen dringenden Ruf nach finanzieller und wirtschaftlicher Unterstützung gerichtet. [...]

In einer Anzahl von Ländern waren den Völkern kürzlich gegen ihren Willen totalitäre Regimes aufgezwungen worden. Die Regierung der Vereinigten Staaten hat mehrfach gegen Zwang und Einschüchterung bei der Verletzung des Jalta-Abkommens in Polen, Rumänien und Bulgarien protestiert. Und weiter muß ich feststellen, daß in einer Anzahl anderer Staaten ähnliche Entwicklungen stattgefunden haben.

Im gegenwärtigen Abschnitt der Weltgeschichte muß fast jede Nation ihre Wahl in bezug auf ihre Lebensweise treffen. Nur allzuoft ist es keine freie Wahl.

Die eine Lebensweise gründet sich auf den Willen der Mehrheit und zeichnet sich durch freie Ein-

richtungen, freie Wahlen, Garantie der individuellen Freiheit, Rede- und Religionsfreiheit und Freiheit vor politischer Unterdrückung aus.
Die zweite Lebensweise gründet sich auf den Willen einer Minderheit, der der Mehrheit aufgezwungen wird. Terror und Unterdrückung, kontrollierte Presse und Rundfunk, fingierte Wahlen und Unterdrückung der persönlichen Freiheiten sind ihre Kennzeichen. Ich bin der Ansicht, daß es die Politik der Vereinigten Staaten sein muß, die freien Völker zu unterstützen, die sich der Unterwerfung durch bewaffnete Minderheiten oder durch Druck von außen widersetzen.
Ich glaube, daß wir den freien Völkern helfen müssen, sich ihr eigenes Geschick nach ihrer eigenen Art zu gestalten.
Ich bin der Ansicht, daß unsere Hilfe in erster Linie in Form wirtschaftlicher und finanzieller Unterstützung gegeben werden sollte, die für eine wirtschaftliche Stabilität und geordnete politische Vorgänge wesentlich ist. [...]
Abgesehen von der Bewilligung von Geldmitteln bitte ich den Kongreß, die Entsendung von zivilen und militärischen Fachkräften nach Griechenland und der Türkei auf Ersuchen dieser beiden Länder zu genehmigen.
(H. Michaelis/E. Schraepler [Hrsg.], Ursachen und Folgen. Bd. 25. Berlin 1978, S. 146–150)

1 *Bestimmen Sie die Kernaussage dieser Rede.*

2 *Was ist Anlaß dieser Initiative des amerikanischen Präsidenten, was Ursache?*

3 *Inwiefern bedeutet die Truman-Doktrin einen neuen Abschnitt der Weltpolitik?*

M26 Deklaration über die Gründung des Kommunistischen Informationsbüros – Kominform (30. September 1947)

In der internationalen Situation sind als Folge des zweiten Weltkrieges und der Nachkriegszeit wesentliche Veränderungen eingetreten. [...]
Es bildeten sich zwei einander entgegengesetzte politische Richtungen heraus: auf dem einen Pol die Politik der UdSSR und der demokratischen Länder, die auf Untergrabung des Imperialismus und Festigung der Demokratie gerichtet ist, auf dem anderen die Politik der USA und Großbritanniens, die auf Stärkung des Imperialismus und Drosselung der Demokratie abzielt. [...] Darum müssen die kommunistischen Parteien im Widerstand gegen die Pläne der imperialistischen Expansion und Aggression, auf allen Gebieten, im staatlichen, politischen, wirtschaftlichen und ideologischen Bereich, an der Spitze stehen. Sie müssen sich zusammenschließen, ihre Bemühungen auf der Basis einer gemeinsamen antiimperialistischen und demokratischen Plattform vereinigen und alle demokratischen und patriotischen Träger des Volkes um sich scharen. In Anbetracht dessen sind die Beratungsteilnehmer übereingekommen: 1. Ein Informationsbüro aus Vertretern der Kommunistischen Partei vorgenannter Länder zu gründen. 2. Das Informationsbüro zu beauftragen, einen Erfahrungsaustausch zu organisieren und nötigenfalls die Tätigkeit der kommunistischen Parteien auf der Grundlage gegenseitigen Einvernehmens zu koordinieren.
(Keesing's Archiv der Gegenwart 1947, S. 1207)

1 *Skizzieren Sie Anlaß und Ursache für die Gründung der Kominform.*

2 *Nennen Sie die Ziele der Kominform im realpolitischen Zusammenhang.*

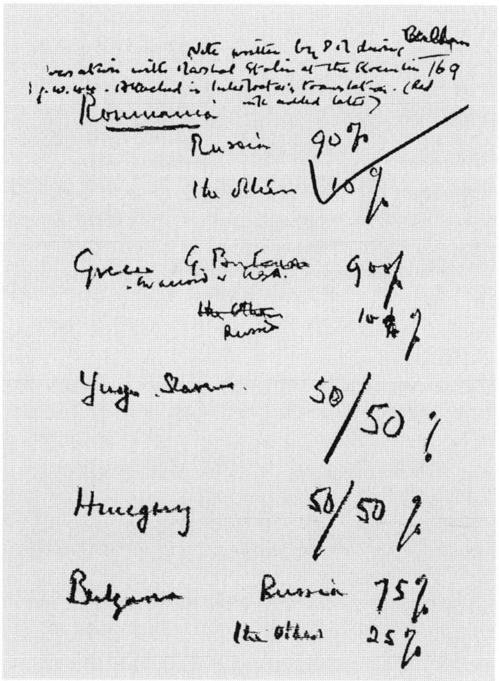

B 20 Churchills handschriftlicher Vorschlag an Stalin zur Aufteilung des Nachkriegsbalkans vom Oktober 1944. Der Haken oben stammt von Stalin und signalisiert dessen Einverständnis.

– *Entziffern Sie den Vorschlag Churchills.*
– *Erörtern Sie die Auswirkungen des Abkommens.*
– *Erschließen Sie Churchills Motive.*

2 Die Gründung der Bundesrepublik Deutschland

Die Initiative der Westalliierten

Im Juni 1947 scheiterte in München eine letzte Ministerpräsidentenkonferenz aller Länder der vier Besatzungszonen schon an der Tagesordnung. Jetzt betrieben die USA die westdeutsche Staatsgründung mit Energie.
Nach der Bildung des Vereinigten Wirtschaftsgebietes war nur noch der Beitritt der französischen Zone erforderlich, um aus der Bizone eine Trizone* mit staatlichem Charakter zu machen. Der Widerstand Frankreichs gegen eine solche westdeutsche Einigung schwand, als im März 1948 in Brüssel ein Verteidigungsbündnis zwischen Großbritannien, den Beneluxländern und Frankreich abgeschlossen wurde (die spätere Westeuropäische Union, WEU), das Frankreich gegenüber Deutschland Sicherheit versprach. Auf der **Londoner Außenministerkonferenz vom März 1948** einigten sich diese Länder mit den USA auf die Herstellung der westdeutschen Einheit. Weil die Sowjetunion von diesem Schritt nicht unterrichtet worden war trat der sowjetische Vertreter am 20. 3. 1948 aus dem Alliierten Kontrollrat aus, womit die gemeinsame Besatzungspolitik der Alliierten in den Zonen beendet war.
Im Juni beschloß dann die Londoner Konferenz die westdeutsche Staatsgründung. Wie in den von den westlichen Militärgouverneuren vorgelegten **„Frankfurter Dokumenten" vom 1. 7. 1948** präzisiert (M 27a), sollten die Ministerpräsidenten eine verfassunggebende Versammlung einberufen, deren Mitglieder von den Länderparlamenten zu wählen waren. Die Verfassung sollte eine bundesstaatliche demokratische Regierungsform und eine Garantie der Grundrechte des einzelnen enthalten, von den Militärgouverneuren genehmigt und von der Bevölkerung in einer Volksabstimmung gebilligt werden.

Grundgesetz als provisorische Verfassung

Da ein solches regelrechtes Vorgehen zur Staatsgründung im Westen Deutschlands den deutschen Ministerpräsidenten als hinderlich für eine spätere gesamtdeutsche Einigung erschien, entschlossen sie sich zu einer weniger endgültigen Verfahrenweise. Die Verfassung sollte als Provisorium entstehen (M 27b). Deshalb wurde sie „Grundgesetz" genannt, von einem „Parlamentarischen Rat" statt einer verfassunggebenden Versammlung beraten und verabschiedet und nicht vom ganzen Volk, sondern nur von den Länderparlamenten gebilligt. Gleichwohl sollte das Grundgesetz auch für alle Deutschen gelten, die nicht in den Westzonen lebten und die nicht an seiner Entstehung mitarbeiten konnten.

Verfassungskonvent und Parlamentarischer Rat

Die Arbeit des Parlamentarischen Rates wurde durch einen **„Ausschuß von Sachverständigen für Verfassungsfragen"** vorbereitet, der im August 1948 in Herrenchiemsee tagte und eine Vorlage ausarbeitete, deren Umrisse der **Parlamentarische Rat** weitgehend übernahm. In diesem Gremium, das am 1. 9. 1948 in Bonn zusammentrat, waren CDU/CSU und SPD gleich stark vertreten (je 27), die FDP (5), DP, Zentrum, KPD (je 2) stellten die Minderheit. Vorsitzender war Konrad Adenauer. Die Verfassungsväter definierten zunächst Berlin als vom Bund regiertes Land (Art. 23), die Alliierten bestanden aber auf dem Viermächtestatus von Berlin. So erhielt **Berlin** eine **Sonderstellung** (keine Gültigkeit der Bundesgesetze, nur beratende Funktion in Bundeseinrichtungen). Mit dem Namen „Bundesrepublik Deutschland" wollte man den provisorischen Charakter des westdeutschen Staates zum Ausdruck bringen. Denn am **Ziel der deutschen Wiedervereinigung** hielt man fest. Provisorische Bundeshauptstadt wurde Bonn.
Einig war man sich in der Verankerung der Grundrechte (M 28a). Strittig blieb im Parlamentarischen Rat bis zuletzt die **Stellung der Länder im Bund** und die Wirtschafts- und Sozialordnung. Als dann die Entscheidung für den Bundesstaat schon gefallen war, ging es noch um das Ausmaß

der Mitwirkung der Länder an der Gesetzgebung des Bundes. Über die Wirtschafts- und Sozialordnung konnte keine Einigung erzielt werden. Sozialismus und soziale Marktwirtschaft standen gegeneinander. Man einigte sich dahingehend, daß Fragen der Lebensgestaltung im Grundgesetz offenbleiben sollten.

Staatsaufbau im Grundgesetz

Die Konstruktion des Grundgesetzes folgte dem Leitgedanken, eine Wiederkehr des Nationalsozialismus und einer Diktatur vorzubeugen. Deshalb wurde zuallererst die grundgesetzliche Ordnung selbst durch besondere Maßnahmen geschützt (M 28b). Das Grundgesetz kann nur mit einer Zweidrittelmehrheit im Parlament geändert werden. Darüber hinaus wurden **unveränderliche Prinzipien** des Grundgesetzes festgesetzt (Art. 79, 3), nämlich der Schutz der **Menschenwürde**, der **Demokratie**, des **Rechtsstaates**, des **Sozialstaates** und des **Bundesstaates**. Der materiale Rechtsstaat wurde über die Grundrechte (Art. 1-19) und die vertikale und horizontale Gewaltenteilung gesichert, die liberale Demokratie über die Verankerung der Parteien und der Wahlen (Art. 20 und 21) im Verfassungstext. Feinde dieser Ordnung sollten energisch abgewehrt werden können, auch wenn es sich um Parteien handelte (Art. 21, 2). Das **Bundesverfassungsgericht** bildet hierfür das höchste Rechtsprechungsorgan.

Der Bundespräsident hat im Grundgesetz nur repräsentative Funktionen. Er wird deshalb auch nicht vom Volk, sondern von der Bundesversammlung gewählt (zur Hälfte von Bundestag und aus Vertretern der Länderparlamente gebildet). Das wichtigste Amt im Staat ist das des Bundeskanzlers (Schema 1). Nur das Bundesparlament, der Bundestag, kann den Kanzler wählen und durch die Wahl eines neuen Kanzlers abwählen (konstruktives Mißtrauensvotum nach Art. 67). Der Kanzler bestimmt die Richtlinien der Politik (**Kanzlerdemokratie**).

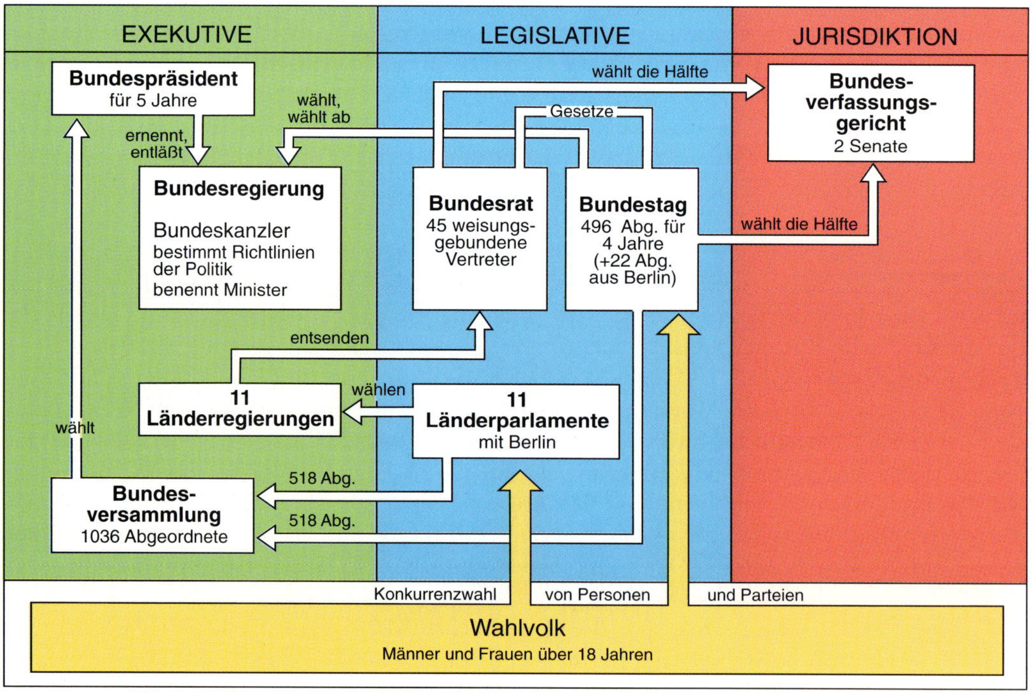

Schema 1 Der Staatsaufbau im Grundgesetz der Bundesrepublik Deutschland von 1949–1990.

Das **Verhältnis von Bund und Ländern** ist kompliziert geregelt. Innerhalb der vertikalen Gewaltenteilung hat der Bundestag zwar Vorrechte, der Bundesrat als Ländervertretung aber kann Gesetze verhindern, die in Länderbelange eingreifen. Alleiniges Gesetzgebungsrecht besitzt der Bund nur in Fragen der Außen-, Währungs- und später der Wehrpolitik. Den Ländern sind Kultur- und Kommunalpolitik allein überlassen. In allen anderen Bereichen müssen Bund und Länder sich einigen. Das Grundgesetz wurde am 8. Mai 1949 von 53 Mitgliedern des Parlamentarischen Rates gebilligt, 6 Abgeordnete der CSU, je zwei der DP, des Zentrums, der KPD stimmten dagegen. Mit Ausnahme Bayerns, dem die föderative Struktur zu schwach ausgeprägt erschien, ratifizierten alle Länder am 23. 5. 1949 die neue Verfassung und die Militärgouverneure genehmigten sie mit gewissen Vorbehalten (B 22).

Souveränitätsbeschränkungen

Die Vorbehaltsrechte der Alliierten entstammten alle dem Umstand, daß die neue Bundesrepublik Deutschland ein besetztes Land war, in dem die Westalliierten über eine **Alliierte Hohe Kommission** die oberste Regierungsgewalt ausübten. So wurden Außenhandel, Reparationen, Entmilitarisierung und Notstandsrecht ebenso von ihnen kontrolliert wie die Binnenwirtschaft über die Internationale Ruhrbehörde, in der USA, Großbritannien, Frankreich und Beneluxländer die deutsche Kohle- und Stahlproduktion aufteilten. Die **Souveränität der Bundesrepublik Deutschland** war also nicht nur hinsichtlich Berlins oder eines zukünftigen Friedensvertrages **eingeschränkt**. Der Erlaß eines **Besatzungsstatuts** der Alliierten im April 1949 begrenzte immerhin die Handlungsspielräume der Besatzungsmächte. Die erste Bundesregierung stand mithin vor schwierigen Aufgaben.

Erste Wahl von Bundestag und Bundesregierung

Nachdem der Wahlmodus in harten Auseinandersetzungen auf ein personalisiertes Verhältniswahlrecht* festgelegt worden war, wurde am **14. 8. 1949 der erste Deutsche Bundestag** gewählt. Die CDU/CSU erreichte 139, die SPD 131, die FDP 52, die DP 17 Mandate (B 23). Die erste Bundesregierung konnte aus derselben CDU/CSU-FDP-Koalition gebildet werden, die schon im Frankfurter Wirtschaftsrat zusammengearbeitet hatte. Im September wurde **Theodor Heuss zum ersten Bundespräsidenten** und **Konrad Adenauer zum ersten Bundeskanzler** gewählt (B 21).

B 21 Bundespräsident Heuss überreicht dem ersten Bundeskanzler, Konrad Adenauer, die Ernennungsurkunde.

M27 Der Weg zum westdeutschen Staat

a) Aus den „Frankfurter Dokumenten" vom 1. Juli 1948

Dokument Nr. 1

In Übereinstimmung mit den Beschlüssen ihrer Regierungen autorisieren die Militärgouverneure der amerikanischen, britischen und französischen Besatzungszone in Deutschland die Ministerpräsidenten der Länder ihrer Zonen, eine Verfassunggebende Versammlung einzuberufen, die spätestens am 1. September 1948 zusammentreten sollte.

Die Abgeordneten zu dieser Versammlung werden in jedem der bestehenden Länder nach den Verfahren und Richtlinien ausgewählt, die durch die gesetzgebende Körperschaft in jedem dieser Länder angenommen werden. [...]

Die Verfassunggebende Versammlung wird eine demokratische Verfassung ausarbeiten, die für die beteiligten Länder eine Regierungsform des föderalistischen Typs schafft, die am besten geeignet ist, die gegenwärtig zerrissene deutsche Einheit schließlich wiederherzustellen, und die Rechte der beteiligten Länder schützt, eine angemessene Zentralinstanz schafft und Garantien der individuellen Rechte und Freiheiten enthält. [...]

Die Ratifizierung in jedem beteiligten Land erfolgt durch ein Referendum, das eine einfache Mehrheit der Abstimmenden in jedem Land erfordert, nach von jedem Land jeweils anzunehmenden Regeln und Verfahren. Sobald die Verfassung von zwei Dritteln der Länder ratifiziert ist, tritt sie in Kraft und ist für alle Länder bindend.

(E. Deuerlein, Die Einheit Deutschlands. Frankfurt 1957, S. 324)

1 *Stellen Sie die Schritte zusammen, die die Militärgouverneure zur westdeutschen Staatsgründung vorschreiben.*

2 *Wie wird die Frage der deutschen Einheit behandelt?*

b) Die Position der westdeutschen Ministerpräsidenten

Aus der Antwortnote der Ministerpräsidenten an die Militärgouverneure (Koblenz, 10. 7. 1948)

Die Ministerpräsidenten glauben [...], daß, unbeschadet der Gewährung möglichst vollständiger Autonomie an die Bevölkerung dieses Gebietes alles vermieden werden müßte, was dem zu schaffenden Gebilde den Charakter eines Staates verleihen würde; sie sind darum der Ansicht, daß auch durch das hierfür einzuschlagende Verfahren zum Ausdruck kommen müßte, daß es sich lediglich um ein Provisorium handelt sowie um eine Institution, die ihre Entstehung lediglich dem augenblicklichen Stand der mit der gegenwärtigen Besetzung Deutschlands verbundenen Umstände verdankt.

In Anbetracht der bisherigen Unmöglichkeit einer Einigung der vier Besatzungsmächte über Deutschland müssen die Ministerpräsidenten besonderen Wert darauf legen, daß bei der bevorstehenden Neuregelung alles vermieden wird, was geeignet sein könnte, die Spaltung zwischen West und Ost weiter zu vertiefen. [...]

Für den Vorschlag der Ministerpräsidenten, von einem Volksentscheid Abstand zu nehmen, waren die gleichen Erwägungen maßgebend. Ein Volksentscheid würde dem Grundgesetz ein Gewicht verleihen, das nur einer endgültigen Verfassung zukommen sollte. [...]

Anlage 1

Stellungnahme der Ministerpräsidentenkonferenz zu dem Dokument Nr. 1

1. Die Ministerpräsidenten werden die ihnen am 1. Juli 1948 durch die Militärgouverneure der amerikanischen, britischen und französischen Besatzungszone übertragenen Vollmachten wahrnehmen.

2. Die Einberufung einer deutschen Nationalversammlung und die Ausarbeitung einer deutschen Verfassung sollen zurückgestellt werden, bis die Voraussetzungen für eine gesamtdeutsche Regelung gegeben sind und die deutsche Souveränität in ausreichendem Maße wiederhergestellt ist.

3. Die Ministerpräsidenten werden den Landtagen der drei Zonen empfehlen, eine Vertretung (Parlamentarischer Rat) zu wählen, die die Aufgabe hat,
a) ein Grundgesetz für die einheitliche Verwaltung des Besatzungsgebietes der Westmächte auszuarbeiten,
b) ein Wahlgesetz für eine auf allgemeinen und direkten Wahlen beruhende Volksvertretung zu erlassen. [...]

4. Die Wahlen zur Volksvertretung sollen noch im Laufe des Jahres 1948 durchgeführt werden.

(J. V. Wagner [Hrsg.], Der Parlamentarische Rat 1948–1951. Bd. I. Boppard 1974, S. 143 f., 146 f.)

1 *Nennen Sie die Modifikationen des Frankfurter Dokuments Nr. 1 durch die Ministerpräsidenten.*

2 *Begründen Sie die Haltung der Ministerpräsidenten.*

M28 Das Grundgesetz

a) Aus dem Bericht des Parlamentarischen Rates zum Entwurf des Grundgesetzes

Anders als in Frankreich war es in Deutschland nicht möglich, einen Grundrechtskatalog in toto zu übernehmen, der eine ähnliche Tradition aufweisen konnte. Wenn in Weimar in den Grundrechten und Grundpflichten der Versuch gemacht worden ist, die Grundzüge der Gemeinschaftsordnung des neuen Staates in der Verfassung zu verankern, insbesondere auch Grundsätze für die künftige kulturelle und soziale Lebensordnung aufzustellen, so konnte bei der gegenwärtigen Ungewißheit aller künftigen Entwicklungen in diesem Grundgesetz der Rahmen nicht soweit gespannt werden.
Vielmehr sahen die Beteiligten ihre Aufgabe darin, die Grundrechte im Sinne der alten klassischen Grundrechte zu gestalten. Nach einer Zeit fortgesetzter Bedrückung und schwerster Mißachtung der Menschenwürde mußte es als unerläßlich erscheinen, die Achtung vor der Menschenwürde und als eine der notwendigsten Grundlagen dafür die alten Freiheitsrechte zuzusichern. In den Grundrechten sollte also das Verhältnis des Einzelnen zum Staate geregelt werden, der Allmacht des Staates Schranken gesetzt werden, damit der Mensch in seiner Würde wieder anerkannt werde. Dabei wurden diese Rechte als vorstaatlich betrachtet und zwar je nach dem weltanschaulichen Standpunkt als von Gott gegebene und angeborene oder als naturgegebene und unveräußerliche Rechte. So kam es, daß in der Sitzung vom 21. September ausdrücklich beschlossen wurde, die sogenannten vorverfassungsmäßigen Rechte aufzunehmen.
(Parlamentarischer Rat, Bonn 1948/1949. Schriftlicher Bericht zum Entwurf des Grundgesetzes für die Bundesrepublik Deutschland. Drucksachen Nr. 850, 854, S. 5)

1 *Wie werden die Grundrechte im Grundgesetz durch den Parlamentarischen Rat begründet?*
2 *Welche Fragen sollen grundsätzlich im Grundgesetz offengehalten werden?*

b) Aus dem Grundgesetz für die Bundesrepublik Deutschland vom 23. 5. 1949

Präambel
Im Bewußtsein seiner Verantwortung vor Gott und den Menschen,
von dem Willen beseelt, seine nationale und staatliche Einheit zu wahren und als gleichberechtigtes Glied in einem vereinten Europa dem Frieden der Welt zu dienen, hat das Deutsche Volk in den Ländern Baden, Bayern, Bremen, Hamburg, Hessen, Niedersachsen, Nordrhein-Westfalen, Rheinland-Pfalz, Schleswig-Holstein, Württemberg-Baden und Württemberg-Hohenzollern,
um dem staatlichen Leben für eine Übergangszeit eine neue Ordnung zu geben,
kraft seiner verfassungsgebenden Gewalt dieses Grundgesetz der Bundesrepublik Deutschland beschlossen.
Es hat auch für jene Deutschen gehandelt, denen mitzuwirken versagt war.
Das gesamte Deutsche Volk bleibt aufgefordert, in freier Selbstbestimmung die Einheit und Freiheit Deutschlands zu vollenden.

I. Die Grundrechte
Artikel 1
(1) Die Würde des Menschen ist unantastbar. Sie zu achten und zu schützen ist Verpflichtung aller staatlichen Gewalt.
(2) Das deutsche Volk bekennt sich darum zu unverletzlichen und unveräußerlichen Menschenrechten als Grundlage jeder menschlichen Gemeinschaft, des Friedens und der Gerechtigkeit in der Welt.
(3) Die nachfolgenden Grundrechte binden Gesetzgebung, Verwaltung und Rechtsprechung als unmittelbar geltendes Recht.
Artikel 20
(1) Die Bundesrepublik Deutschland ist ein demokratischer und sozialer Bundesstaat.
(2) Alle Staatsgewalt geht vom Volke aus. Sie wird vom Volke in Wahlen und Abstimmungen und durch besondere Organe der Gesetzgebung, der vollziehenden Gewalt und der Rechtsprechung ausgeübt.
(3) Die Gesetzgebung ist an die verfassungsmäßige Ordnung, die vollziehende Gewalt und die Rechtsprechung sind an Gesetz und Recht gebunden.
Artikel 79
(1) Das Grundgesetz kann nur durch ein Gesetz geändert werden, das den Wortlaut des Grundgesetzes ausdrücklich ändert oder ergänzt.
(2) Ein solches Gesetz bedarf der Zustimmung von zwei Dritteln der Mitglieder des Bundestages und zwei Dritteln der Stimmen des Bundesrates.
(3) Eine Änderung dieses Grundgesetzes, durch welche die Gliederung des Bundes in Länder, die grundsätzliche Mitwirkung der Länder bei der Gesetzgebung oder die in den Artikeln 1 und 20 niedergelegten Grundsätze berührt werden, ist unzulässig.

Artikel 146
Dieses Grundgesetz verliert seine Gültigkeit an dem Tage, an dem eine Verfassung in Kraft tritt, die von dem deutschen Volke in freier Entscheidung beschlossen worden ist.
(Bundesgesetzblatt Nr. 1 vom 23. Mai 1949. S. 1 ff.)

1 *Definieren Sie den unveränderlichen Verfassungskern des Grundgesetzes. Was gehört alles zur Freiheitlich-demokratischen Grundordnung (FdGO)?*
2 *Begründen sie diese Verfassungskonstruktion einer streitbaren Demokratie im Grundgesetz.*
3 *Erläutern Sie die Bedeutung der Präambel und des Art. 146 in deutschlandpolitischer Hinsicht.*

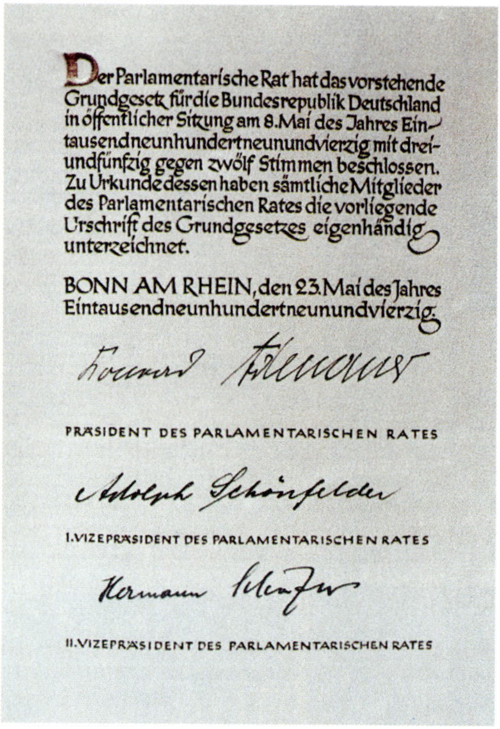

Der Parlamentarische Rat hat das vorstehende Grundgesetz für die Bundesrepublik Deutschland in öffentlicher Sitzung am 8. Mai des Jahres Eintausendneunhundertneunundvierzig mit dreiundfünfzig gegen zwölf Stimmen beschlossen. Zu Urkunde dessen haben sämtliche Mitglieder des Parlamentarischen Rates die vorliegende Urschrift des Grundgesetzes eigenhändig unterzeichnet.

BONN AM RHEIN, den 23. Mai des Jahres Eintausendneunhundertneunundvierzig.

PRÄSIDENT DES PARLAMENTARISCHEN RATES

Adolph Schönfelder

I. VIZEPRÄSIDENT DES PARLAMENTARISCHEN RATES

II. VIZEPRÄSIDENT DES PARLAMENTARISCHEN RATES

B 22 Inkraftsetzung des Grundgesetzes durch den Parlamentarischen Rat am 23. Mai 1949, nachdem es am 12. Mai von der Mehrheit der Länderparlamente ratifiziert worden war.

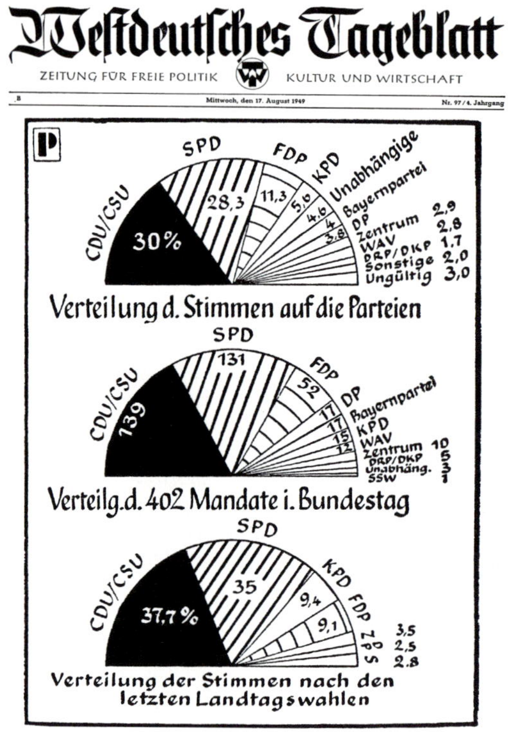

B 23 Wahlergebnis der Bundestagswahlen vom 14. August 1949[1]**.**

– *Untersuchen Sie die Ergebnisse auf mögliche Regierungsbildungen hin.*

1 Im Unterschied zu den späteren Bundestagswahlen (vgl. Schema 1) gab es 1949 keine 5%-Klausel und nur 402 Sitze im Bundestag.

3 Die Gründung der Deutschen Demokratischen Republik

Die Volkskongreßbewegung 1947-1949

Schon im November 1946 hatte die SED den **Entwurf einer gesamtdeutschen Verfassung für eine Deutsche Demokratische Republik** (DDR) vorgelegt. Zur Vorbereitung und Verabschiedung dieses Verfassungsentwurfs rief sie im Dezember 1947 den ersten Volkskongreß* in Berlin zusammen. Ein zweiter Volkskongreß wählte im März 1948 einen 400köpfigen **Deutschen Volksrat**, der eine von der SED revidierte Fassung des Entwurfs von 1946 annahm und einem dritten Volkskongreß zur Bestätigung vorlegen wollte (M 29b). Dieser dritte Volkskongreß wurde im Mai 1949 gewählt (M 29c). Für diese **Wahl** hatten die Blockparteien – erweitert um die Massenorganisationen – eine **Einheitsliste*** ihrer gemeinsamen Kandidaten erstellt, die der Wähler nur akzeptieren oder ablehnen konnte. Mit über 63 % Ja-Stimmen wurden nicht nur 1 600 Abgeordnete aus der SBZ gewählt, sondern auch 616 Delegierte aus den Westzonen. Am 30. Mai 1949 bestätigte der Volkskongreß die Verfassung der Deutschen Demokratischen Republik und wählte zugleich einen neuen Volksrat. Dieser setzte am 9. Oktober 1949 die Verfassung in Kraft (M 30); sie hatte bis 1968 Gültigkeit, entsprach aber nur wenig der politischen und gesellschaftlichen Wirklichkeit der DDR (M 31).

Die DDR-Verfassung von 1949

Die erste Verfassung der DDR beanspruchte, ein Modell für ganz Deutschland zu sein und schloß sich vielfach der Weimarer Reichsverfassung an. Im Gegensatz zur bürgerlich-liberalen Verfassungsbewegung aber vertrat sie den Leitgedanken der **Volksdemokratie**, d. h. die **Volkskammer** der DDR (Art. 50) sollte als **höchstes Verfassungsorgan** sowohl Gesetzgebungs- als auch oberste Regierungs- und Justizfunktion haben (Schema 2). Damit war das Prinzip der Gewaltenteilung bewußt ausgeschaltet. Die Volkskammer besaß das Recht zur Absetzung der Richter und kontrollierte so die Justiz (Art. 132). Nur bis 1952 besaß das Parlament gegenüber dem Ministerrat als Regierungsorgan bestimmte Kontrollbefugnisse. Dann übertrug man die entscheidenden Kontrollfunktionen über die Staatsverwaltung dem Ministerrat.

In der DDR-Verfassung war auch das Prinzip der repräsentativen Demokratie und des Parteienpluralismus aufgegeben. Das Wahlgesetz von 1950 interpretierte den Grundsatz der Verhältniswahl für die Volkskammer (Art. 51) im Sinne der Einheitslistenwahl und setzte an die Stelle der Parteienkonkurrenz das Blocksystem* (B 24, 25). In der DDR von 1949 war zwar die Mitwirkung der **Länder** an der Gesetzgebung der Republik gewährleistet. Die Länderkammer der DDR hatte aber nur ein Vetorecht und wurde – wie die Länder selbst – 1952 abgeschafft.

Im Gegensatz zum Grundgesetz legte die DDR-Verfassung die **Wirtschaftsordnung** als vom Parlament kontrollierte Planwirtschaft* fest (Art. 21). Die entschädigungslose Enteignung (Art. 24) setzte den Weg in eine sozialistische Gesellschaft fort, der mit der Sozialisierung* 1945 begonnen worden war.

Der Staatsgewalt waren in der DDR-Verfassung wie im Grundgesetz durch die klassischen liberalen Grundrechte klare Grenzen gezogen (Art. 6-18). Allerdings trat hier wie in den Bestimmungen für die Staatsorgane die Diskrepanz zwischen Verfassungsrecht und der Wirklichkeit deutlich hervor .

Bildung der Verfassungsorgane der DDR

Der am 30. Mai gewählte 400köpfige Volksrat erklärte sich mit Inkrafttreten der Verfassung zur provisorischen Volkskammer. So wurden auch Regierung und Länderkammer provisorisch gebildet. Diese wählten am 11.10.1949 **Wilhelm Pieck zum Präsidenten der Republik** und **Otto Grotewohl zum Ministerpräsidenten**. Verfassungsmäßige Wahlen sind erst im Oktober 1950 in der DDR durchgeführt worden.

Für sie, wie für alle späteren Wahlen, galt das Einheitslisten-Verfahren. Die DDR lehnte sich eng an die Stalinsche Politik an und betrieb eine Politik der Zentralisierung.
Die SMAD übertrug am 11. 11. 1949 die Verwaltungshoheit der Regierung der DDR, behielt sich aber (wie die Westmächte gegenüber der Bundesrepublik Deutschland) Vorbehalte hinsichtlich Entmilitarisierung, Demokratisierung, Reparationen, Außenhandel vor. Die Besatzungsbehörde, die „Sowjetische Kontrollkommission", sicherte sich aber auch den **Generalvorbehalt** für alle notwendigen weiteren Eingriffe.

M29 Der Weg zur DDR-Verfassung von 1949

a) Aus dem Aufruf zu einem Deutschen Volkskongreß vom 26. November 1947

Leider sind alle Bemühungen zur Bildung einer gesamtdeutschen Beratung der Parteien über die Vertretung der Interessen des deutschen Volkes auf der Außenministerkonferenz an dem Widerstande führender Männer der Sozialdemokratischen Partei Deutschlands und bürgerlicher Parteien in den westlichen Besatzungszonen gescheitert. [...]
Auf Grund bereits vorliegenden Einverständnisses vieler Organisationen schlagen wir vor: Alle antifaschistisch-demokratischen Parteien, Gewerkschaften und andere Massenorganisationen, Betriebsräte und Belegschaften großer Betriebe, Organisationen der Bauernschaft, Vertreter der Wissenschaft und der Kunst in ganz Deutschland sollen ihre Stimme gemeinsam für das deutsche Volk erheben.
Wir laden ein zu einem Deutschen Volkskongreß für Einheit und gerechten Frieden am 6. und 7. Dezember 1947 in Berlin, Staatsoper.
(Dokumente der Sozialistischen Einheitspartei Deutschlands. Bd. I. Berlin/DDR [2]1951, S. 260 f.)

1 *Stellen Sie die Stationen des Scheiterns einer gesamtdeutschen Lösung 1947 in einer Tabelle dar.*
2 *Nennen Sie die Ursachen des Scheiterns.*

b) Bildung des Deutschen Volksrates am 18. März 1948

Der Deutsche Volkskongreß beschließt die Wahl eines Deutschen Volksrates, bestehend aus 400 Mitgliedern.
Der Deutsche Volksrat ist das beratende und beschließende Organ, das zwischen den Tagungen des Volkskongresses tätig ist.
Der Deutsche Volksrat führt den Kampf für die Einheit Deutschlands und für einen gerechten Friedensvertrag.
(P. Stulz/S. Thomas [Hrsg.], Die Deutsche Demokratische Republik auf dem Weg zum Sozialismus. Teil I. Berlin/DDR 1959, S. 164)

1 *Wie ist der Deutsche Volksrat legitimiert?*
2 *Informieren Sie sich über die Verfassungsarbeit des Volksrates.*

c) Aus der Entschließung der 5. Tagung des Deutschen Volksrates vom 22. Oktober 1948

Der Deutsche Volksrat ist die einzige legitime Repräsentation des deutschen Volkes. Er fordert hiermit die Verwirklichung des Rechtsanspruchs des deutschen Volkes auf die Gestaltung seines staatlichen und gesellschaftlichen Lebens, die Schaffung einer freien, demokratischen deutschen Republik und den Abschluß eines Friedensvertrages. Er hat die konkreten Maßnahmen zur Beschreitung dieses Weges unternommen, legt hiermit dem deutschen Volk den Entwurf einer Verfassung für die Deutsche Demokratische Republik vor und stellt ihn zur freien Diskussion. Auf dem dritten Volkskongreß wird die Bilanz dieser Diskussion gezogen werden und diese Verfassung zur Beratung stehen.
(ebenda, S. 170 f.)

1 *Klären Sie den Geltungsanspruch der DDR-Verfassung.*
2 *Informieren Sie sich über die Art der Wahlen zum 3. Volkskongreß.*

M30 Aus der Verfassung der Deutschen Demokratischen Republik vom 7. Oktober 1949

Von dem Willen erfüllt, die Freiheit und die Rechte des Menschen zu verbürgen, das Gemeinschafts- und Wirtschaftsleben in sozialer Gerechtigkeit zu gestalten, dem gesellschaftlichen Fortschritt zu dienen, die Freundschaft mit allen Völkern zu fördern und den Frieden zu sichern, hat sich das deutsche Volk diese Verfassung gegeben.
A. Grundlagen der Staatsgewalt
Artikel 3
(1) Alle Staatsgewalt geht vom Volke aus.
(2) Jeder Bürger hat das Recht und die Pflicht zur Mitgestaltung in seiner Gemeinde, seinem Kreise, seinem Lande und in der Deutschen Demokratischen Republik.

(3) Das Mitbestimmungsrecht der Bürger wird wahrgenommen durch:
Teilnahme an Volksbegehren und Volksentscheiden. Ausübung des aktiven und passiven Wahlrechts.
Übernahme öffentlicher Ämter in Verwaltung und Rechtsprechung.
(4) Jeder Bürger hat das Recht, Eingaben an die Volksvertretung zu richten.

B. Inhalt und Grenzen der Staatsgewalt

I. Rechte des Bürgers

Artikel 6

(1) Alle Bürger sind vor dem Gesetz gleichberechtigt.
(2) Boykotthetze gegen demokratische Einrichtungen und Organisationen, Mordhetze gegen demokratische Politiker, Bekundung von Glaubens-, Rassen-, Völkerhaß, militaristische Propaganda sowie Kriegshetze und alle sonstigen Handlungen, die sich gegen die Gleichberechtigung richten, sind Verbrechen im Sinne des Strafgesetzbuches. Ausübung demokratischer Rechte im Sinne der Verfassung ist keine Boykotthetze.

Artikel 8

(1) Persönliche Freiheit, Unverletzlichkeit der Wohnung, Postgeheimnis und das Recht, sich an einem beliebigen Ort niederzulassen, sind gewährleistet. Artikel 9
(1) Alle Bürger haben das Recht, innerhalb der Schranken der für alle geltenden Gesetze ihre Meinung frei und öffentlich zu äußern und sich zu diesem Zweck friedlich und unbewaffnet zu versammeln. Diese Freiheit wird durch kein Dienst- oder Arbeitsverhältnis beschränkt; niemand darf benachteiligt werden, wenn er von diesem Recht Gebrauch macht.
(2) Eine Pressezensur findet nicht statt.

Artikel 15

(1) Die Arbeitskraft wird vom Staat geschützt.
(2) Das Recht auf Arbeit wird verbürgt. Der Staat sichert durch Wirtschaftslenkung jedem Bürger Arbeit und Lebensunterhalt. Soweit dem Bürger angemessene Arbeitsgelegenheit nicht nachgewiesen werden kann, wird für seinen notwendigen Unterhalt gesorgt.

II. Wirtschaftsordnung

Artikel 19

(1) Die Ordnung des Wirtschaftslebens muß den Grundsätzen sozialer Gerechtigkeit entsprechen; sie muß allen ein menschenwürdiges Dasein sichern.
(2) Die Wirtschaft hat dem Wohle des ganzen Volkes und der Deckung seines Bedarfes zu dienen; sie hat jedermann einen seiner Leistung entsprechenden Anteil an dem Ergebnis der Produktion zu sichern.
(3) Im Rahmen dieser Aufgaben und Ziele ist die wirtschaftliche Freiheit des einzelnen gewährleistet.

Artikel 20

(1) Bauern, Handel- und Gewerbetreibende sind in der Entfaltung ihrer privaten Initiative zu unterstützen. Die genossenschaftliche Selbsthilfe ist auszubauen.

Artikel 22

(1) Das Eigentum wird von der Verfassung gewährleistet. Sein Inhalt und seine Schranken ergeben sich aus den Gesetzen und den sozialen Pflichten gegenüber der Gemeinschaft.
(2) Das Erbrecht wird nach Maßgabe des bürgerlichen Rechts gewährleistet. Der Anteil des Staates am Erbe wird durch Gesetz bestimmt. [...]

Artikel 23

(1) Beschränkungen des Eigentums und Enteignungen können nur zum Wohle der Allgemeinheit und auf gesetzlicher Grundlage vorgenommen werden. Sie erfolgen gegen angemessene Entschädigung, soweit das Gesetz nichts anderes bestimmt. Wegen der Höhe der Entschädigung ist im Streitfall der Rechtsweg bei den ordentlichen Gerichten offenzuhalten, soweit ein Gesetz nichts anderes bestimmt.

Artikel 24

(1) Eigentum verpflichtet. Sein Gebrauch darf dem Gemeinwohl nicht zuwiderlaufen.
(2) Der Mißbrauch des Eigentums durch Begründung wirtschaftlicher Machtstellung zum Schaden des Gemeinwohls hat die entschädigungslose Enteignung und Überführung in das Eigentum des Volkes zur Folge.

Artikel 25

(1) Alle Bodenschätze, alle wirtschaftlich nutzbaren Naturkräfte sowie die zu ihrer Nutzbarmachung bestimmten Betriebe des Bergbaues, der Eisen- und Stahlerzeugung und der Energiewirtschaft sind in Volkseigentum zu überführen.

(Günter Albrecht [Hrsg.], Dokumente zur Staatsordnung der DDR. Bd. 1. Berlin/DDR 1959, S. 420 ff.)

1 *Vergleichen Sie die Verfassungsbestimmungen der DDR mit dem Grundgesetz.*

2 *Wo liegen die liberalen, wo die sozialistischen Anknüpfungspunkte? Wo die klaren Unterschiede?*

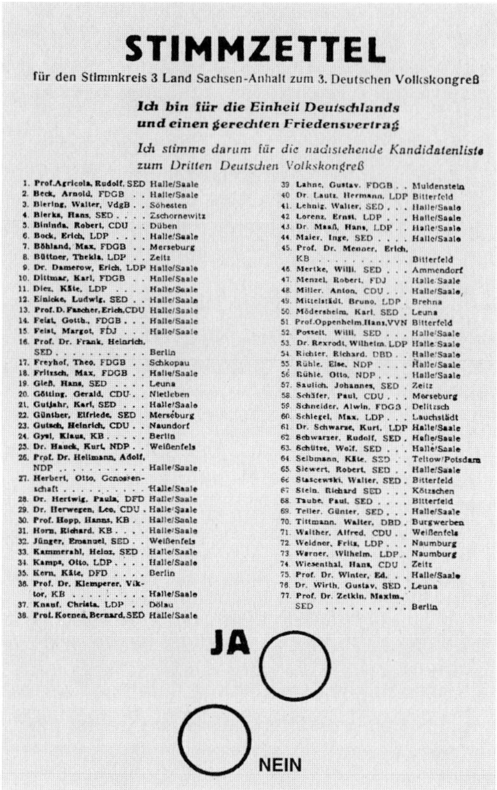

STIMMZETTEL

für den Stimmkreis 3 Land Sachsen-Anhalt zum 3. Deutschen Volkskongreß

Ich bin für die Einheit Deutschlands und einen gerechten Friedensvertrag

Ich stimme darum für die nachstehende Kandidatenliste zum Dritten Deutschen Volkskongreß

1. Prof. Agricola, Rudolf, SED . . . Halle/Saale
2. Beck, Arnold, FDGB . . . Halle/Saale
3. Biering, Walter, VdgB . . . Söhesten
4. Bierks, Hans, SED . . . . Zschornewitz
5. Bininda, Robert, CDU . . Düben
6. Bock, Erich, LDP . . . . Halle/Saale
7. Böhland, Max, FDGB . . Merseburg
8. Büttner, Thekla, LDP . . Zeitz
9. Dr. Damerow, Erich, LDP Halle/Saale
10. Dittmar, Karl, FDGB . . Halle/Saale
11. Diez, Käte, LDP . . . . Halle/Saale
12. Einicke, Ludwig, SED . . Halle/Saale
13. Prof. D. Fascher, Erich, CDU Halle/Saale
14. Feist, Gotth., FDGB . . . Halle/Saale
15. Feist, Margot, FDJ . . . Halle/Saale
16. Prof. Dr. Frank, Heinrich, SED . . . . Berlin
17. Freyhof, Theo, FDGB . . Schkopau
18. Fritzsch, Max, FDGB . . Halle/Saale
19. Gieß, Hans, SED . . . . Leuna
20. Götting, Gerald, CDU . . Nietleben
21. Gutjahr, Karl, SED . . . Halle/Saale
22. Günther, Elfriede, SED . Merseburg
23. Gutsch, Heinrich, CDU . . Naundorf
24. Gysi, Klaus, KB . . . . . Berlin
25. Dr. Hauck, Kurt, NDP . . Weißenfels
26. Prof. Dr. Hellmann, Adolf, NDP . . . . Halle/Saale
27. Herbert, Otto, Genossenschaft . . . . Halle/Saale
28. Dr. Hertwig, Paula, DFD Halle/Saale
29. Dr. Herwegen, Leo, CDU . Halle/Saale
30. Prof. Hopp, Hanns, KB . . Halle/Saale
31. Horn, Richard, KB . . . . Halle/Saale
32. Jünger, Emanuel, SED . . Weißenfels
33. Kammerahl, Heinz, SED . Halle/Saale
34. Kamps, Otto, LDP . . . . Halle/Saale
35. Kern, Käte, DFD . . . . Berlin
36. Prof. Dr. Klemperer, Viktor, KB . . . . Halle/Saale
37. Knauf, Christa, LDP . . Dölau
38. Prof. Koenen, Bernard, SED Halle/Saale
39. Lahne, Gustav, FDGB . . Muldenstein
40. Dr. Lautz, Hermann, LDP Bitterfeld
41. Lehnig, Walter, SED . . . Halle/Saale
42. Lorenz, Ernst, LDP . . . Halle/Saale
43. Dr. Maaß, Hans, LDP . . Halle/Saale
44. Maier, Inge, SED . . . . Halle/Saale
45. Prof. Dr. Menner, Erich, KB . . . . Bitterfeld
46. Mertke, Willi, SED . . . Ammendorf
47. Menzel, Robert, FDJ . . Halle/Saale
48. Miller, Anton, CDU . . . Halle/Saale,
49. Mittelstädt, Bruno, LDP . Brehna
50. Mödersheim, Karl, SED . Leuna
51. Prof. Oppenheim, Hans, VVN Bitterfeld
52. Posselt, Willi, SED . . . Halle/Saale
53. Dr. Rexrodt, Wilhelm, LDP Halle/Saale
54. Richter, Richard, DBD . . Halle/Saale
55. Rühle, Else, NDP . . . . Halle/Saale
56. Rühle, Otto, NDP . . . . Halle/Saale
57. Saulich, Johannes, SED . Zeitz
58. Schäfer, Paul, CDU . . . Merseburg
59. Schneider, Alwin, FDGB . Delitzsch
60. Schlegel, Max, LDP . . . Lauchstädt
61. Dr. Schwarze, Kurt, LDP Halle/Saale
62. Schwarzer, Rudolf, SED . Halle/Saale
63. Schütze, Wolf, SED . . . Halle/Saale
64. Selbmann, Käte, SED . . Teltow/Potsdam
65. Siewert, Robert, SED . . Halle/Saale
66. Stascewski, Walter, SED . Bitterfeld
67. Stein, Richard SED . . . Kötzschen
68. Taube, Paul, SED . . . . Bitterfeld
69. Teller, Günter, SED . . . Halle/Saale
70. Tittmann, Walter, DBD . Burgwerben
71. Walther, Alfred, CDU . . Weißenfels
72. Weidner, Fritz, LDP . . . Naumburg
73. Werner, Wilhelm, LDP . . Naumburg
74. Wiesenthal, Hans, CDU . Zeitz
75. Prof. Dr. Winter, Ed. . . Halle/Saale
76. Dr. Wirth, Gustav, SED . Leuna
77. Prof. Dr. Zetkin, Maxim., SED . . . . Berlin

JA

NEIN

B 25 Vor einem Wahllokal im Ostsektor Berlins zur Wahl des III. Deutschen Volkskongresses am 15. Mai 1949.

B 24 Stimmzettel der Einheitsliste zur Wahl zum III. Deutschen Volkskongreß am 15./16. Mai 1949.

– *Erklären Sie, um welche Art Wahl es sich hierbei handelt.*
– *Vergleichen Sie diese Wahl mit der von 1946.*

M31 Anonymer Brief aus der DDR an „Kameraden" in der Bundesrepublik, Ende Dezember 1949

Ich glaube, im Westen kann man sich überhaupt keine richtige Vorstellung davon machen, unter was für Umständen und unter welchem unangenehmen, ungeheuren politischen Druck wir hier vegetieren, welch mehr als unverschämten Lug und Trug wir uns täglich in Rundfunk und Presse bieten lassen müssen und welcher Gefahr für die persönliche Freiheit wir stündlich ausgesetzt sind. [...]

Die Sozialistische Einheitspartei (SED) beherrscht, von Russen gestützt und befohlen, natürlich zusammen mit den Massenorganisationen, die wie z. B. FDGB, Demokratischer Frauenbund und Freie Deutsche Jugend alle selbstverständlich auf dem Papier „überparteilich" sind, vollkommen das politische und öffentliche Leben. Die beiden sogenannten Bürgerlichen Parteien sind nur geduldet, damit man Demokratie spielen kann, und die beiden neuen Parteien: Nationaldemokraten und Bauernpartei sind reine Anhängsel der SED, um diejenigen Dummen zu fangen, die mit der SED nicht einverstanden sind, aber von den beiden bürgerlichen Blockparteien nichts wissen wollen. Die Führer der beiden letzteren sind alle ehemalige SED-Leute bzw. in Rußland geschult. Dort ausgebildet sind übrigens alle Ministerpräsidenten der 5 Länder Ostzone und alle maßgebenden SEDisten. [...]

Das allgemeine Spitzeltum ist eine Landplage, vor allem unter Arbeitskollegen in den Betrieben. In Geschäften und in der Bahn wird zwar viel geschimpft, aber jeder muß ständig gegenwärtig sein, daß er 1 Stunde später oder auf der nächsten Station von der schönen Volkspolizei abgeholt wird. Dieses ist ein Kapitel für sich. Natürlich soll sie ein sicheres Instrument in der Hand der SED

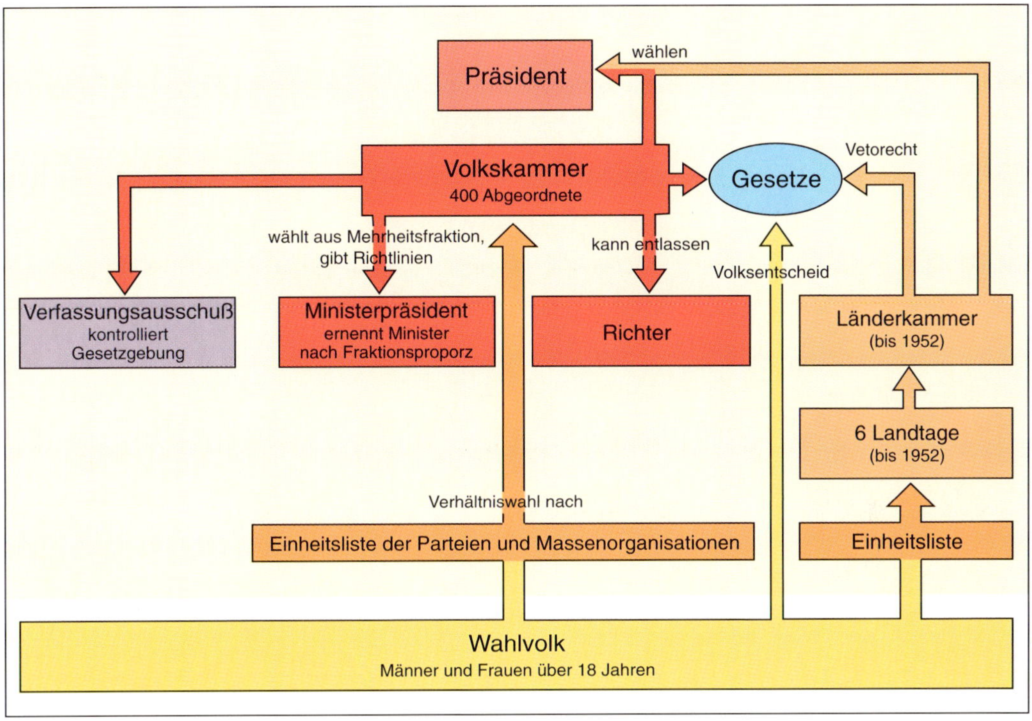

Schema 2 Die Staatsorgane der Deutschen Demokratischen Republik von 1949.

bzw. der Russen sein. So hat man jetzt alle diejenigen Polizisten, selbst alle Marxisten, entlassen, die Verwandte in den Westzonen haben. Die Zahl wird auf ca. 400 000 geschätzt, was natürlich offiziell bestritten wird. Aber wozu überall die Kasernenbauten, Schulungslager, Ausbildung in allen Waffengattungen? Eine Schande bloß, daß so viele ehemalige Wehrmachtsoffiziere sich bereit gefunden haben, in diesem Söldnerheer für russische Interessen Dienst zu tun. Selbstverständlich wettert unsere SED-Presse gegen den Militarismus in den Westzonen. Was man selbst geheim oder offen betreibt, wirft man dem Gegner vor.

(M. Overesch, Die Deutschen und die Deutsche Frage 1945–1955. Hannover 1985, S. 130/131)

1 *Vergleichen Sie das Alltagsbild von 1949 in der DDR mit den Verfassungsbestimmungen der DDR 1949.*

4 West- bzw. Ostintegration der beiden deutschen Staaten

Infolge des Kalten Krieges waren in Deutschland zwei Staaten entstanden, die z. T. entgegengesetzte politische, wirtschaftliche und soziale Ziele verfolgten und von fremden Truppen besetzt waren. Weder in ihrer Innen- noch in ihrer Außenpolitik besaßen die beiden Staaten Souveränität*.

Adenauer und das Ziel Souveränität

Mit Konrad Adenauer war ein Politiker zum Bundeskanzler gewählt worden, der zuerst für die Bundesrepublik Deutschland die Souveränität erlangen und dann die deutsche Einheit wiederherstellen wollte (B 26). Hierfür strebte er energisch die baldige Integration in die westliche Staatengemeinschaft an. Weil die Außenpolitik der Bundesrepublik ganz von den **Hohen Kommissaren**, den Vertretern der Westmächte, gestaltet wurde, bedeutete das von Adenauer ausgehandelte **Petersberger Abkommen** vom November 1949 erstmals gewisse außenpolitische Handlungsfreiheiten. Jetzt konnte die Bundesrepublik internationalen Organisationen beitreten und konsularische Vertretungen unterhalten. Als Gegenleistung bereitete Adenauer den **Beitritt zum Europarat und zur Internationalen Ruhrbehörde** vor. Der Europarat war 1949 von 10 europäischen Staaten zur Entwicklung einer gemeinsamen Zukunft gegründet worden. In der Ruhrbehörde wurde seit 1948 die alliierte Nutzung der Kohleförderung und der Stahlproduktion des Ruhrgebietes geregelt; deshalb lehnte die SPD den Beitritt zu ihr vehement ab (Adenauer als „Kanzler der Alliierten“).
Hatte die Bundesrepublik mit ihrem Beitritt zur Ruhrbehörde die Entwicklung einer europäischen Schwerindustrie gebilligt, so führte der Vorschlag des französischen Außenministers Robert Schuman zur Schaffung eines gemeinsamen europäischen Marktes für Kohle und Stahl (Schuman-Plan 1950) zur Gründung der **Montanunion** 1952, der auch Italien und die Beneluxländer beitraten.

Koreakrieg und deutscher Verteidigungsbeitrag

Der Weg in supranationale Organisationen hatte der jungen Bundesrepublik Deutschland außenpolitische Spielräume eröffnet, die innere Souveränität sollte sie durch die Remilitarisierung erlangen.
Der Ausbruch des **Koreakrieges** 1950, in dem sich das kommunistische China und Nordkorea auf der einen und Südkorea und die USA (im UN-Auftrag) auf der anderen Seite gegenüberstanden, hatte den Ost-West-Konflikt dramatisch zugespitzt, zum Abzug von amerikanischen Truppen aus Europa geführt und in der Bundesrepublik die Frage des Selbstschutzes vor einer möglichen sowjetischen Aggression aufgeworfen (M 32). Als die USA einen westdeutschen Verteidigungsbeitrag wünschten und der Europarat die Aufstellung einer Europaarmee unter Beteiligung der Bundesrepublik empfahl, trat Bundeskanzler Adenauer für einen deutschen Wehrbeitrag ein und rief damit eine heftige Kontroverse in der westdeutschen Gesellschaft hervor. Gleichwohl bereiteten die westlichen Außenminister eine **Europäische Verteidigungsgemeinschaft (EVG)** mit der Bundesrepublik Deutschland vor. Um den Beitritt der Bundesrepublik zur EVG zu verhindern, bot Stalin im März 1952 seine Zustimmung zur Wiedervereinigung Deutschlands an, wenn dieses neutral bliebe (M 34). Diese **Stalin-Note** wurde von der Bundesregierung aber nicht auf ihre Ernsthaftigkeit hin geprüft (B 27). Stattdessen unterzeichnete Adenauer im August 1952 den **Deutschlandvertrag** im Rahmen der EVG, durch den die Bundesrepublik nahezu vollständige innere Souveränität erhalten sollte (M 33). Die EVG scheiterte aber 1954 in der französischen Nationalversammlung, die den Verträgen die Ratifizierung* verweigerte. Damit war auch der Deutschlandvertrag nichtig.

B 26 Die „Teppichszene" vom 21. September 1949. Bundeskanzler Adenauer hielt sich bei seinem Antrittsbesuch nicht an die Anweisung, den Teppich den Hohen Kommissaren der Besatzungsmächte vorzubehalten.

– *Interpretieren Sie Adenauers Absichten bei diesem Schritt.*

Pariser Verträge: WEU- und NATO-Beitritt

Jetzt setzten sich USA und England für einen Beitritt der Bundesrepublik zu NATO und WEU ein. Die **WEU** (Westeuropäische Union) war 1948 als „Brüsseler Vertrag" zur kollektiven Verteidigung zwischen England, Frankreich, Italien und den Beneluxländern gegründet worden, die **NATO** (North Atlantic Treaty Organisation) dagegen 1949 als Verteidigungsbündnis gegen die Sowjetunion zwischen USA/Kanada westlich des Atlantiks und England/Frankreich/Italien/ Benelux/Dänemark/Norwegen/Portugal/Irland östlich des Atlantiks (M 35). In der NATO gilt der Primat der Politik; deshalb besitzt sie eine getrennte zivile und militärische Organisation, an deren Spitze der NATO-Rat der Außen- bzw. Verteidigungsminister der Mitgliedsstaaten steht.
Die Aufnahme der Bundesrepublik Deutschland in NATO und WEU wurde durch die sog. Pariser Verträge von 1954 geregelt, deren Bestandteil auch der Deutschlandvertrag von 1952 wurde (M 33). Damit endete der Besatzungsstatus, und die **Bundesrepublik** wurde weitgehend **souverän**. Ausgenommen davon waren nur **Friedensvertrag, Berlin und Deutschland als Ganzes** sowie der **Notstandsfall***, in dem die Alliierten weiterhin allein entscheiden sollten.

Debatte um die Verträge

Gegen diese Verträge zur Wiederbewaffnung opponierten SPD, Gewerkschaften und Teile der evangelischen Kirche vehement, weil mit ihnen Westintegration, Wiederbewaffnung und westdeutsche Souveränität den Vorrang vor der Wiedervereinigung erhielten (B 28). Eine **sowjetische Erklärung zur Deutschland-Frage** vom 15. Januar 1955 warf erneut die Alternative zwischen der Ratifizierung* der Pariser Verträge und der Wiedervereinigung nach freien Wahlen auf. Unter Hinweis auf das Fehlen freier Wahlen in der DDR lehnte Adenauer das sowjetische Angebot ab. Daraufhin ratifizierten die Vertreter der Regierungskoalition im Bundestag am 5. Mai 1955 die Pariser Verträge. Mit der Gründung der Bundeswehr wurde die allgemeine Wehrpflicht eingeführt.

Ostintegration der DDR

Als Reaktion auf den Marshall-Plan hatte die Sowjetunion 1949 den **Rat für gegenseitige Wirtschaftshilfe** (RGW oder COMECON) ins Leben gerufen. Nach Polen, der ČSR, Ungarn, Bulgarien und Rumänien trat 1950 auch die DDR bei. Die Führung lag in den Händen der Sowjetunion. Nachdem die DDR mit der **Sozialisierung*** der Industrie bereits das sowjetische Wirtschaftssystem übernommen hatte, vollzog sie in den 50er Jahren auch die **Kollektivierung*** der Landwirtschaft nach sowjetischem Vorbild. Nach dem fehlgeschlagenen Aufstand vom 17. Juni 1953, dem Tod Stalins 1953 und dem Beitritt der Bundesrepublik zur NATO gründete die Sowjetunion 1955 den **Warschauer Pakt**, um die Staaten des Ostblocks in diesem Verteidigungsbündnis enger zusammenzubinden.
Im September 1955 verlieh die Sowjetunion der DDR die innere Souveränität, die am 16. Januar 1956 dem Warschauer Pakt beitrat und sofort die kasernierte Volkspolizei in die Nationale Volksarmee (NVA) umwandelte.
Obwohl beide deutschen Staaten die Vorläufigkeit der separaten Entwicklung betonten, war mit ihren Verträgen die Teilung Deutschlands verfestigt worden (Karte 5).

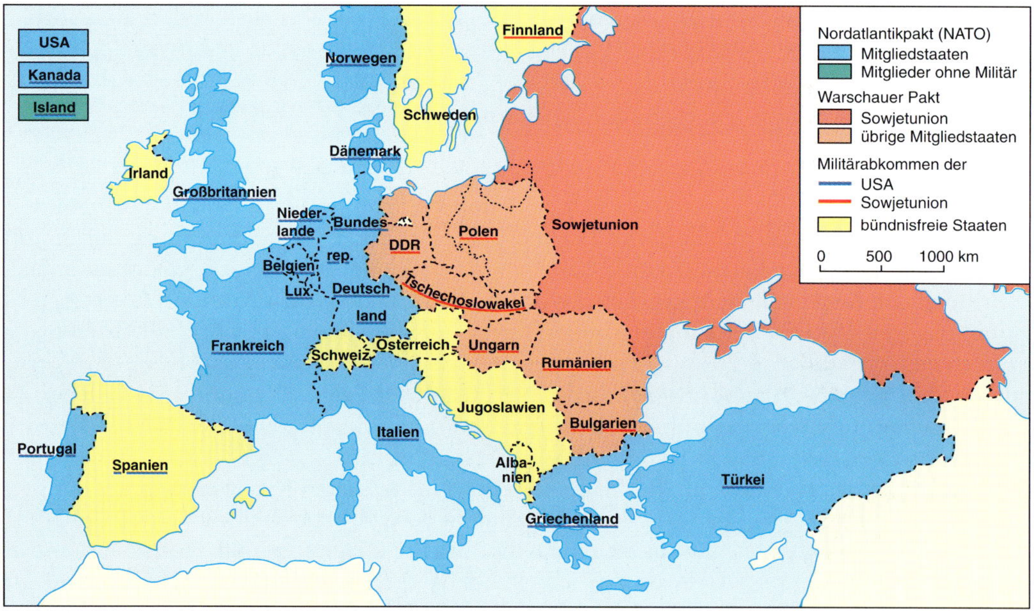

Karte 5 Europa im Kalten Krieg 1949–1990.

M32 **Korea-Krieg und westdeutsche Sicherheit: Aus dem Memorandum von Bundeskanzler Adenauer zur Sicherung des Bundesgebietes vom 29. August 1950**

I. Die Entwicklung im Fernen Osten hat innerhalb der deutschen Bevölkerung Beunruhigung und Unsicherheit ausgelöst. [...]

II. Der ganze Ernst der Situation ergibt sich aus der Betrachtung der in der Ostzone versammelten sowjetischen Kräfte und der dort im beschleunigten Aufbau befindlichen Volkspolizei. [...]

Die Nachrichten über die Zielsetzung, die von seiten der Sowjet- und der Ostzonenregierung diesen Truppen gegeben wird, lauten einheitlich dahin, [...] daß in der Ostzone Vorbereitungen zu einem Unternehmen getroffen werden, das unter vielen Gesichtspunkten an den Ablauf der Aktion in Korea mahnt. [...]

IV. Das Problem der Sicherheit des Bundes stellt sich zunächst unter dem äußeren Gesichtspunkt. Die Verteidigung des Bundes nach außen liegt in erster Linie in den Händen der Besatzungstruppen. Der Bundeskanzler hat wiederholt um die Verstärkung dieser Besatzungstruppen gebeten und erneuert diese Bitte hiermit in dringendster Form. [...]

Der Bundeskanzler hat ferner wiederholt seine Bereitschaft erklärt, im Falle der Bildung einer internationalen westeuropäischen Armee einen Beitrag in Form eines deutschen Kontingents zu leisten.

(K. v. Schubert, Sicherheitspolitik der Bundesrepublik Deutschland. Dokumentation 1945–1977. Köln 1978, S. 79 ff.)

1 *Geben Sie eine Situationsbeschreibung der Sicherheitslage aus Sicht der Bundesregierung für 1950.*

2 *Welche Lösungsmöglichkeiten sieht Adenauer? Wo liegen Probleme?*

M33 **Aus dem „Deutschlandvertrag" zwischen der Bundesrepublik Deutschland und den drei Westmächten von 1952 (in der Fassung vom 2. August 1954)**

Art. 1. (I) Mit dem Inkrafttreten dieses Vertrages werden die Vereinigten Staaten von Amerika, das Vereinigte Königreich von Großbritannien und Nordirland und die Französische Republik (in diesem Vertrag und in den Zusatzverträgen auch als „Drei Mächte" bezeichnet) das Besatzungsregime in der Bundesrepublik beenden, das Besatzungsstatut aufheben und die Alliierte Hohe Kommission sowie die Dienststellen der Landeskommissare in der Bundesrepublik auflösen.

(2) Die Bundesrepublik wird demgemäß die volle Macht eines souveränen Staates über ihre inneren und äußeren Angelegenheiten haben.

Art. 2. Im Hinblick auf die internationale Lage, die bisher die Wiedervereinigung Deutschlands und den Abschluß eines Friedensvertrages verhindert hat, behalten die Drei Mächte die bisher von ihnen ausgeübten oder innegehabten Rechte und Verantwortlichkeiten in bezug auf Berlin und auf Deutschland als Ganzes einschließlich der Wiedervereinigung Deutschlands auf einer friedensvertraglichen Regelung.

Art. 5. (2) Die von den Drei Mächten bisher innegehabten oder ausgeübten Rechte in bezug auf den Schutz der Sicherheit von in der Bundesrepublik stationierten Streitkräften, die zeitweilig von den Drei Mächten beibehalten werden, erlöschen, sobald die zuständigen deutschen Behörden entsprechende Vollmachten durch die deutsche Gesetzgebung erhalten haben und dadurch in den Stand gesetzt sind, wirksame Maßnahmen zum Schutz der Sicherheit dieser Streitkräfte zu treffen, einschließlich der Fähigkeit, einer ernstlichen Störung der öffentlichen Sicherheit und Ordnung zu begegnen. [...]

Art. 7. (I) Die Unterzeichnerstaaten sind darüber einig, daß ein wesentliches Ziel ihrer gemeinsamen Politik eine zwischen Deutschland und seinen ehemaligen Gegnern frei vereinbarte friedensvertragliche Regelung für ganz Deutschland ist, welche die Grundlage für einen dauerhaften Frieden bilden soll. Sie sind sich weiterhin darüber einig, daß die endgültige Festlegung der Grenzen Deutschlands bis zu dieser Regelung aufgeschoben werden muß.

(2) Bis zum Abschluß einer friedensvertraglichen Regelung werden die Unterzeichnerstaaten zusammenwirken, um mit friedlichen Mitteln ihr gemeinsames Ziel zu verwirklichen: Ein wiedervereinigtes Deutschland, das eine freiheitlich-demokratische Verfassung, ähnlich wie in der Bundesrepublik, besitzt und das in die europäische Gemeinschaft integriert ist.

(Europa-Archiv 1954, S. 7171 ff.)

1 *Stellen Sie die alliierten Vorbehalte für eine Souveränität der Bundesrepublik nach dem NATO-Beitritt zusammen.*

2 *Definieren Sie das deutschlandpolitische Problem dieses Vertrages.*

B 27 Plakat gegen die Stalin-Note 1952.

– *Beschreiben Sie das Plakat.*
– *Interpretieren Sie den Sinn von Bild und Text.*

M34 Aus der sog. Stalin-Note (Note der UdSSR an die amerikanische Regierung vom 10. März 1952)

Politische Leitsätze:

1. Deutschland wird als einheitlicher Staat wiederhergestellt. Damit wird der Spaltung Deutschlands ein Ende gemacht, und das geeinte Deutschland gewinnt die Möglichkeit, sich als unabhängiger, demokratischer, friedliebender Staat zu entwickeln.

2. Sämtliche Streitkräfte der Besatzungsmächte müssen spätestens ein Jahr nach Inkrafttreten des Friedensvertrages aus Deutschland abgezogen werden. Gleichzeitig werden sämtliche ausländischen Militärstützpunkte auf dem Territorium Deutschlands liquidiert.

3. Dem deutschen Volk müssen die demokratischen Rechte gewährleistet sein, damit alle unter deutscher Rechtsprechung stehenden Personen, ohne Unterschied der Rasse, des Geschlechts, der Sprache oder Religion, die Menschenrechte und die Grundfreiheiten genießen, einschließlich der Redefreiheit, der Pressefreiheit, des Rechts der freien Religionsausübung, der Freiheit der politischen Überzeugung und der Versammlungsfreiheit.

4. In Deutschland muß den demokratischen Parteien und Organisationen freie Betätigung gewährleistet sein; sie müssen das Recht haben, über ihre inneren Angelegenheiten frei zu entscheiden, Tagungen und Versammlungen abzuhalten, Presse- und Publikationsfreiheit zu genießen.

5. Auf dem Territorium Deutschlands dürfen Organisationen, die der Demokratie und der Sache der Erhaltung des Friedens feindlich sind, nicht bestehen.

7. Deutschland verpflichtet sich, keinerlei Koalitionen oder Militärbündnisse einzugehen, die sich gegen irgendeinen Staat richten, der mit seinen Streitkräften am Krieg gegen Deutschland teilgenommen hat.

Das Territorium:

Das Territorium Deutschlands ist durch die Grenzen bestimmt, die durch die Beschlüsse der Potsdamer Konferenz der Großmächte festgelegt wurden. [...]

Militärische Leitsätze:

1. Es wird Deutschland gestattet sein, eigene nationale Streitkräfte (Land-, Luft-und Seestreitkräfte) zu besitzen, die für die Verteidigung des Landes notwendig sind. [...]

(R. Steininger, Deutsche Geschichte 1945–1961. Bd. 2. Frankfurt 1983, S. 436 f.)

1 *Resümieren Sie Stalins Bedingungen für ein wiedervereintes Deutschland 1952.*

2 *Erörtern Sie die Gründe der Bundesregierung, dieses Angebot ungeprüft zu lassen.*

M35 Der NATO-Vertrag vom 4. April 1949

Präambel: Die vertragschließenden Parteien erklären von neuem ihren Glauben an die Ziele und Grundsätze der Satzung der Vereinten Nationen und ihren Wunsch, mit allen Völkern und allen Regierungen in Frieden zu leben. Sie sind entschlossen, die Freiheit, das gemeinsame Erbe und die Zivilisation ihrer Völker zu sichern, die sich auf die Grundsätze der Demokratie, der individuellen Freiheit und der Herrschaft des Rechts begründet. Im Streben nach Förderung der Stabilität und Wohlfahrt im Gebiet des nördlichen Atlantik haben sie deshalb beschlossen, ihre Bemühungen mit dem Ziel der kollektiven Verteidigung zur Aufrechterhaltung des Friedens und der Sicherheit zu vereinigen und einigen sich daher auf den folgenden nordatlantischen Vertrag.

B 28 Das Ziel der deutschen Einheit in westdeutschen Plakaten 1947-1953.

– *Erörtern Sie die Folgen der West- und Ostintegration der beiden deutschen Staaten für das Ziel der deutschen Einheit. Was heißt für die Parteien jeweils deutsche Einheit?*

Artikel 1. Die Parteien verpflichten sich, wie dies in der Satzung der Vereinten Nationen ausgeführt ist, jegliche internationale Streitigkeiten, in die sie verwickelt werden könnten, durch friedliche Mittel so beizulegen, daß der Völkerfriede und die internationale Sicherheit und Gerechtigkeit nicht gefährdet werden und sich in ihren internationalen Beziehungen jeder Drohung oder des Gebrauchs von Gewalt in jeglicher Form zu enthalten, die mit den Zielen der Vereinten Nationen unvereinbar ist.

Artikel 2. Die Parteien werden zur weiteren Entwicklung friedlicher und freundschaftlicher Beziehungen durch Ausbau ihrer freiheitlichen Einrichtungen, durch Herbeiführung eines besseren Verständnisses der Grundsätze, auf die sich diese Einrichtungen stützen, und durch Förderung der Stabilität und der Wohlfahrt beitragen. Sie werden sich bemühen, in ihrer internationalen Wirtschaftspolitik Konflikte zu beseitigen und werden die wirtschaftliche Zusammenarbeit untereinander fördern.

(Keesing's Archiv der Gegenwart v. 8. März 1949, S. 1859)

1 *Charakterisieren Sie die Ziele der NATO.*

Zusammenhänge und Perspektiven

1 *Erstellen Sie ein Referat über die Entwicklung des Völkerrechts in den drei Anklagepunkten des Nürnberger Prozesses (von den Haager Konferenzen über den Briand-Kellogg-Pakt bis zur UN-Charta und der Europäischen Menschenrechtskonvention).*

2 *Spüren Sie den Anfängen von CSU, SPD, FDP, KPD in Ihrer Stadt, Ihrem Landkreis 1945/46 nach.*

3 *Befragen Sie Ihre Großeltern über die Lebenssituation 1945–1949.*

4 *Informieren Sie sich über den Anteil der Flüchtlinge bzw. Vertriebenen in Ihrer Gemeinde/Stadt. Welcher Teil davon stammt aus der SBZ/DDR?*

5 *Stellen Sie diejenigen Bestimmungen des Grundgesetzes zusammen, die aus dem Bemühen stammen, eine erneute Diktatur in Deutschland zu verhindern.*

Zeittafel zur Entwicklung im besetzten Deutschland 1945–1955

1945	
5. 6.	Regierungsübernahme der Alliierten
11. 5.	US-Direktive JCS 1067 (Kollektivschuld)
5. 6.	Berliner Erklärung der Alliierten
Juni/Juli	Beginn der Vertreibungen östlich der Oder, im Sudetenland
10. 6.	Zulassung politischer Parteien in der SBZ
17. 7.-2. 8.	Potsdamer Konferenz
9. 9.	Gründung der Länder Hessen, Bayern, Württemberg-Baden
Okt.	Sowjetisierungspolitik in den von der Roten Armee besetzten Ländern
20. 11.	Beginn des Nürnberger Prozesses
1946	
5. 3.	Entnazifizierungsgesetz (US-Zone)
26. 5.	Ende der West-Reparationen an die UdSSR
1. 10.	Urteil von Nürnberg
Nov.	SED-Entwurf einer gesamtdeutschen Verfassung
1947	
1. 1.	Gründung der Bizone
12. 3.	Verkündung der Truman-Doktrin
30. 9.	Gründung des Kominform
1948	
23. 2.	Beginn der Londoner Sechsmächtekonferenz
5. 4.	Marshall-Plan
19./23. 6.	Währungsreform und Berliner Blockade (bis Mai 1949)
1. 7.	Überreichung der „Frankfurter Dokumente"
1. 9.	Der Parlamentarische Rat nimmt Arbeit in Bonn auf
1949	
25. 1.	RGW-Gründung
4. 4.	NATO-Gründung
8. 5.	Der Parlamentarische Rat verabschiedet Grundgesetz
30. 5.	Verfassung der DDR verabschiedet
14. 8.	Wahlen zum 1. Deutschen Bundestag
11. 10.	Wahl der ersten DDR-Regierung
24. 11.	„Petersberger Abkommen": Erster außenpolitischer Spielraum für die Bundesregierung
1950	
9. 5.	Schuman-Plan (Montanunion 1952)
1952	
10. 3.	Stalin-Note
26. 5.	Deutschlandvertrag zur EVG
1953	Aufstand vom 17. Juni; Tod Stalins
1955	
5. 5.	Beitritt der Bundesrepublik zu NATO und WEU Gründung des Warschauer Pakts (Beitritt der DDR 1956)

Kollektivschuldtheorie: Vorstellung, an der Hitler-Diktatur und ihren Verbrechen seien alle Deutschen schuld und folglich zu bestrafen

Volksfrontstrategie: Regierungsbildung von Sozialdemokraten und Kommunisten zur Besetzung von Schlüsselressorts durch die KP

Sowjetisierungspolitik: Bildung sowjetischer Satellitenstaaten durch Besatzungspolitik in den von der Roten Armee besetzten Ländern

Kalter Krieg: Ringen der Supermächte USA und UdSSR um maximalen Einfluß.

Truman-Doktrin: Erklärung der USA, allen Ländern zu Hilfe zu kommen, deren Freiheit durch die Sowjetunion bedroht ist

Marshall-Plan: Finanzhilfe der USA zum Wiederaufbau der Wirtschaft in den europäischen Ländern mit Kriegsschäden

Deutsche Teilung/Deutsche Frage: Gründung von zwei deutschen Staaten auf dem Boden des Deutschen Reiches von 1937

Stalin-Note: Angebot der Sowjetunion zur Wiedervereinigung Deutschlands, falls die Bundesrepublik der NATO fern und neutral bleibt

Europäische Einigung und das Problem der jungen Bundesrepublik (Geheimes Memorandum des US-Außenministeriums vom 1. Februar 1951)

Es ist eine politisch lebensfähige Bundesrepublik errichtet worden, aber nicht überall hat sich der Aufbau ihrer Institutionen völlig gesund entwickelt. Adenauer hat als Regierungschef gewisse autoritäre (allerdings keine faschistischen) Züge an den Tag gelegt; das gilt besonders für seine Neigung, das Parlament zu ignorieren; und zu viele ehemalige Nazis kehren wieder ins öffentliche Leben zurück. Zahlreiche Maßnahmen der Regierung entsprechen nicht unseren Demokratievorstellungen und können eher autoritäre als demokratische Elemente in Deutschland ermutigen. Während es bei den politischen Parteien und den Gewerkschaften Anzeichen von echter Demokratie gibt, gibt es ebenfalls Anzeichen für einen extremen Nationalismus und Neofaschismus. Bis heute gibt es dafür allerdings nur wenige Unterstützung in der Öffentlichkeit.

Die Lockerung der Kontrollen bei den verschiedenen Medien hat unsere Öffentlichkeitsarbeit vor besondes schwierige Probleme gestellt. Obwohl die Notwendigkeit einer weiteren Demokratisierung des deutschen Volkes ganz offensichtlich ist, müssen wir jetzt statt mit Vorschriften mit Überreden, Informieren und Beeinflussung auf kulturellem Gebiet arbeiten.

Auf wirtschaftlichem Gebiet hat die Marshallplan-Hilfe zu jenem markanten Anstieg der deutschen Produktion geführt, der seit der Währungsreform im Juni 1948 zu verzeichnen ist. Trotz dieser Hilfe ist Deutschland wirtschaftlich nicht gesund, und die Arbeitslosigkeit ist auch weiterhin relativ hoch. Bei der Lösung der strukturellen Probleme der deutschen Wirtschaft können wir nur wenig erreichen – wenn überhaupt –, bevor wir nicht das bei vielen Deutschen vorhandene Desinteresse und die Überzeugung, dies sei in erster Linie ein Problem der Alliierten, überwunden haben. Der dogmatische Glaube vieler Beamter und Unternehmer an einen extremen Wirtschaftsliberalismus hat außerdem die Durchführung bestimmter Regierungsmaßnahmen erschwert. […]

Das Dilemma, in dem wir uns mit unserer Politik befinden, wird besonders deutlich in der Frage einer deutschen Beteiligung an der Verteidigung Europas. Da der sowjetische Druck die frühe Verwendung deutscher Hilfsmittel unumgänglich macht, glauben wir, daß Deutschland so früh wie möglich in das westeuropäische Verteidigungssystem miteingebunden werden muß.

In den Beratungen über die Wiederbewaffnung haben die Deutschen jedoch für die militärische Zusammenarbeit Gleichberechtigung gefordert. Dies war einer von verschiedenen anderen Einwänden gegen den Pleven-Plan für eine europäische Armee und belastet die deutsch-französischen Beziehungen. Es kommt hinzu, daß die Deutschen, mit Blick auf die Rückgewinnung der vollen Souveränität, die Wiederbewaffnung bei ihrer Forderung nach weitreichenden politischen Zugeständnissen der Westmächte einsetzen. […] Da wir uns in einer Situation wiederfinden, in der wir die Deutschen fragen müssen, unsere Verbündeten zu werden, ist die deutsche Regierung in einer starken Verhandlungsposition. Als Ergebnis sind viele Zugeständnisse, die wir gewähren, eher auf den Zwang der Verhältnisse zurückzuführen als auf unseren eigenen freien Willen. Diese Situation beleuchtet mit aller Schärfe das Problem, auf welche Weise Deutschland in der Auseinandersetzung mit der Sowjetunion am besten so eng an den Westen gebunden werden kann, daß die Bundesrepublik unwiderruflich der Sache der freien Nationen verpflichtet wird, ohne daß wir uns in ähnlicher Weise verpflichten, die Rückgewinnung der ehemaligen Ostgebiete zu unterstützen.

Eine Möglichkeit, die Sache erfolgreich anzugehen ist, Deutschland am Zusammenschluß der westeuropäischen Staaten zu beteiligen […]. Als Folge daraus kann es sich als notwendig erweisen, das Verhältnis zur Bundesrepublik auf eine Vertragsbasis zu stellen, mit dem Ergebnis, daß die Bundesrepublik in wesentlichen Bereichen gleichberechtigt werden und aktiv jene Verpflichtungen übernehmen will, die sich für sie als Mitglied in der Gemeinschaft der westlichen Nationen ergeben.

(Rolf Steininger, Deutsche Geschichte 1945–1961. Bd. 2, Frankfurt/M. 1983, S. 402 f.)

C Deutschland 1950-1990

Berliner Mauer mit Brandenburger Tor im Ost-Sektor der Stadt – Symbol der Teilung Deutschlands und des Eisernen Vorhangs bis 1989. Nach einem Wort des Bundespräsidenten Richard von Weizsäcker war die Deutsche Frage solange offen, als das Brandenburger Tor geschlossen blieb.

Mit der Bundesrepublik und der DDR entstanden 1949 zwei Staaten in Deutschland, die weder innere noch äußere Souveränität besaßen. Die alliierten Besatzungsmächte (USA, Großbritannien, Frankreich für die Bundesrepublik, UdSSR für die DDR) hatten sich den Generalvorbehalt sowohl für die Innen- als auch für die Außenpolitik gesichert. Auch als 1955 die beiden deutschen Staaten wiederbewaffnet und offiziell in die Souveränität entlassen wurden, beeinflußte die Sowjetunion die innere und äußere Politik der DDR maßgeblich. Der Deutschlandvertrag sah für die Bundesrepublik vor, daß zur Sicherung der hier stationierten alliierten Truppen die Westalliierten solange wieder die Regierung übernehmen konnten, bis eine Notstandsverfassung (die 1968 beschlossen wurde) deren Sicherheit garantierte. Bezüglich eines Friedensvertrages, Berlins und Deutschlands als Ganzes behielten sich die vier alliierten Siegermächte alle Entscheidungen alleine vor.
Wenn man unter äußerer Souveränität nicht nur das Recht, Verträge mit anderen Staaten abzuschließen, sondern auch die Entscheidungsgewalt über Krieg und Frieden versteht, so erlangte die Bundesrepublik auch nach NATO- und WEU-Beitritt keine äußere Souveränität. Die Bundesrepublik war wie die DDR stets in supranationale Organisationen eingebunden: NATO, WEU, EWG bzw. EG hier, Warschauer Pakt, Bündnis mit der Sowjetunion und RGW dort banden die Handlungsmöglichkeiten der nationalen Außenpolitik. Überspitzt gesagt, wurde die westdeutsche Außenpolitik im Pentagon zu Washington, die ostdeutsche in Moskau gemacht. Neutral ausgedrückt: Die Einbindung in supranationale Organisationen ist das unverwechselbare Merkmal deutscher Politik über 45 Jahre hinweg gewesen. Das hatte zur Folge, daß hierzulande Politik nie Demonstration von Stärke und nationalem Selbstbewußtsein war, sondern stets Vermittlung, Kompromiß und Abstimmung mit den beiden Supermächten. Den deutschen Staaten war eine sehr moderne Politikform aufgezwungen, die andere Staaten wie Frankreich und England z. T. erst schmerzvoll erlernen müssen.
Weder der Bundesrepublik noch der DDR hat diese Phase der Entwicklung geschadet: Die Bundesrepublik wurde vier Jahrzehnte lang aus internationalen Konflikten herausgehalten. Die Bindung an Westeuropa und die USA bescherte ihr nicht nur Frieden, sondern auch wirtschaftlichen Wohlstand und ein hohes Maß an sozialer Sicherung.
Mit der Vereinigung der beiden deutschen Staaten infolge des Endes des Ost-West-Konfliktes gibt es erstmals seit 1945 ein souveränes Deutschland. Jetzt stellen sich erstmals auch neue Fragen der Außenpolitik. An ein vereintes Deutschland werden trotz gewisser Vorbehalte (etwa in England und Frankreich) andere Erwartungen gerichtet als an die alte Bundesrepublik. In der EG herrschte ein relatives Gleichgewicht zwischen Frankreich, Großbritannien, Italien mit jeweils etwa 50 Mio. Einwohnern und der Bundesrepublik mit etwa 60 Mio. Die 80 Mio. Deutschen in der heutigen EU haben die Gewichtung verändert. Deutschland kommt eine immer größere Rolle bei einer gemeinsamen europäischen Außenpolitik (GASP*), aber auch bei einer gemeinsamen Verteidigungspolitik (WEU) zu. Eine Norderweiterung der EU, vor allem aber eine Osterweiterung, wird diese Entwicklung noch verstärken.
Da nach dem Ende des Ost-West-Konfliktes nach über 40 Jahren wieder UN-Beschlüsse über militärische Einsätze gefaßt werden, muß auch das UN-Mitglied Deutschland über eine neue Rolle in den Vereinten Nationen nachdenken. Hierzu gehören besonders die Frage einer deutschen Beteiligung an humanitären Blauhelm-Einsätzen sowie das Problem einer Mitgliedschaft im UN-Sicherheitsrat. Die Tage, in denen die Bundesrepublik Deutschland als „wirtschaftlicher Riese und politischer Zwerg“ (Franz Josef Strauß) charakterisiert werden konnte, sind offenbar zu Ende.

I Die Bundesrepublik der Adenauerzeit 1949–1963

1 Die zweite deutsche Demokratie

Ausgangslage

Die neugegründete Bundesrepublik stand vor großen Problemen: Wohnungen und Industrieanlagen waren zerstört, die Nahrungsmittel knapp, die Arbeitslosenziffern hoch, die Flüchtlingsströme noch nicht versiegt. Jede westdeutsche Regierung mußte diese **Faktoren der Instabilität** bekämpfen, sollte sich Weimar nicht wiederholen.

Die Ära Adenauer

Konrad Adenauer war 1949 mit einer Stimme Mehrheit zum Kanzler gewählt worden und bildete wider Erwarten keine Große Koalition mit der SPD, sondern eine **kleine Koalition** mit CSU, FDP und DP (Deutsche Partei). Die SPD blieb die gesamte Regierungszeit Adenauers von der Regierung ausgeschlossen. Adenauers Regierungskoalition konnte nicht nur 1953 eine 2/3-Mehrheit erringen, sondern die CDU/CSU erreichte 1957 gar die absolute Mehrheit. Dieser Erfolg ließ sich 1961 nicht wiederholen, aber auch hier konnte Adenauer eine Koalitionsregierung bilden, so daß er zwischen 1949 und 1963 die junge Bundesrepublik nachhaltig prägte (M1). Man spricht von der Ära Adenauer. Die Gründe für Adenauers Erfolge sind vielfältig. Einmal galt dieser Kanzler als Garant für Westintegration und Abwehr des Kommunismus, zum andern bewies er Führungsstärke, Integrationskraft und eine glückliche Hand in der Sozialpolitik. Adenauer stand für **Stabilität** in einer schwierigen Zeit.

Kanzlerdemokratie

Adenauers Führungsstil trug entscheidend zur allgemeinen Zustimmung zum parlamentarischen Regierungssystem bei. Er verstand es nicht nur, auf der Grundlage eines Mehrparteiensystems zu regierungsfähigen Kompromissen zu kommen, sondern auch eine **straffe demokratische Führung** zu praktizieren. Das Grundgesetz behält es dem Kanzler vor, die Richtlinien der Politik zu bestimmen (Richtlinienkompetenz). Adenauer baute von Anfang an das Kanzleramt zu der entscheidenden Machtzentrale aus. Von hier aus steuerte er mit Hilfe einiger Spezialisten, die ihm zur Seite standen, die Politik.

Parteiendemokratie

In der Ära Adenauer wurden die Grundlagen für die erste **stabile Parteiendemokratie** gelegt, welche von der Bevölkerungsmehrheit in Deutschland akzeptiert wurde. Die Zersplitterung des Parteiensystems, die in Weimar die Regierungsbildung erschwert hatte, konnte in der Bundesrepublik vermieden werden. Noch dem ersten Deutschen Bundestag drohte die Parteienmisere der Weimarer Republik: zwölf Parteien waren gewählt worden, allerdings vereinigten die vier größten davon 70 % der Stimmen. Die Wahl zum zweiten Bundestag aber führte bereits eine **Konzentration des Parteiensystems** herbei, weil die **5 %-Klausel** Splitterparteien vom Bundestag ausschloß. Das **Verbot verfassungswidriger Parteien** (Sozialistische Reichspartei 1952, KPD 1956) durch das Bundesverfassungsgericht verfestigte das Parteiensystem, etablierte einen funktionsfähigen Parlamentarismus und stabilisierte das politische System der Bundesrepublik (M 2).

CDU/CSU als Volkspartei

Die entscheidende politische Kraft der Adenauerära waren die Unionsparteien. Anders als die katholische Zentrumspartei in Weimar waren CDU und CSU als einheitliche christliche Parteien ohne konfessionelle Bindung entstanden. Sie sollten als **Volksparteien für alle großen sozialen Gruppen wählbar** sein (M3). Ihrem Entstehen aus verschiedenen Landesverbänden gemäß waren die Unionsparteien **föderalistisch** organisiert und orientiert.

SPD-Opposition

Im Gegensatz zur Union war die SPD die klassische, **zentralistisch geführte Mitgliederpartei**, die noch das Bild einer sozialistischen Weltanschauungspartei vermittelte. Unter ihrem Nachkriegsvorsitzenden Schumacher betrieb sie eine offensive Oppositionspolitik gegen die Regierung. In der Außenpolitik verfolgte die SPD einen bewußt nationalen Kurs, der der Wiedervereinigung oberste Priorität einräumte und einen selbstbewußteren Umgang mit den westlichen Alliierten forderte. Scharfe Kritik übte man am marktwirtschaftlichen Wirtschaftsprogramm Erhards, dem Schumacher eine sozial gerechte Lösung der Wirtschaftsprobleme nicht zutraute. Die Erfolge der Regierungspolitik drückten die SPD unter die 30 %-Marke. Erst nach Schumachers Tod 1952 und unter dem Eindruck ihrer **Wahlniederlagen** von 1953 und 1957 beschritt sie mit dem **Godesberger Programm** von 1959 den Weg zu einer Volkspartei, die einen demokratischen Sozialismus mit den Zielen Freiheit, Gerechtigkeit und Solidarität anstrebte (M4).

Ausgestaltung des Sozialstaates

Die Innenpolitik stand in der Ära Adenauer zweifellos im Schatten der Außenpolitik; dennoch verstand es Adenauer, sich durch wichtige sozialpolitische Schritte die Zustimmung großer Wählergruppen zu sichern (M5). Die **Förderung des sozialen Wohnungsbaus** schuf 1950–1955 zwei Millionen preiswerter Wohnungen (B2), und das **Versorgungsgesetz** von 1950 sicherte 4,5 Millionen militärischer und ziviler Kriegsopfer eine Rente. Konnte die Regierung Adenauer solchermaßen die Kriegsgeschädigten ansprechen, so vermochten die Beendigung der Entnazifizierung und die Übernahme wie die Versorgung der meisten Beamten des NS-Staates durch das sog. **131er-Gesetz** zur Integration NS-Belasteter in den demokratischen Staat beizutragen. Freilich wurden nun auch schwer belastete NS-Funktionäre (wie Globke und Oberländer) in die Bundesregierung aufgenommen und Zweifel am radikalen demokratischen Neubeginn genährt.
Angesichts gewerkschaftlicher Streikdrohungen und einer noch ungefestigten Regierungsmehrheit scheute Adenauer Ende 1950 einen Zusammenstoß mit den Arbeitnehmerorganisationen

B 1 Der Sitz des Deutschen Bundestages in Bonn am Rhein seit 1949. Das Bundeshaus als Zentrum der „Bonner Republik" erhielt seine Gestalt durch den Ausbau von Hans Schwippert 1949.

und sicherte im **Montan-Mitbestimmungsgesetz** von 1951 den Arbeitnehmern der Montanindustrie die Hälfte der Aufsichtsratssitze in Bergbau- und Stahlbetrieben. Im Betriebsverfassungsgesetz 1952 jedoch konnten die Gewerkschaften diese paritätische Mitbestimmung nicht mehr verwirklichen. Zur Eingliederung der Vertriebenen und Flüchtlinge wurde 1952 der **Lastenausgleich** Gesetz, wonach Vermögende, die vom Krieg verschont blieben, Abgaben zu entrichten hatten, aus denen Entschädigungssummen an solche Flüchtlinge gezahlt wurden, die Immobilien oder Unternehmen verloren hatten. Die so begonnene Ausgestaltung des Sozialstaatsprinzips wurde 1957 durch die Einführung der **dynamischen Altersrente** fortgeführt. Damit wurde die Höhe der Renten am aktuellen Bruttoeinkommen ausgerichtet und das damalige Rentenniveau um 65 % angehoben. Ein problematischer Aspekt von Adenauers Sozialpolitik war der Umstand, daß ihre Einrichtungen so wirkungsvoll vor Bundestagwahlen verabschiedet wurden, daß sie als „Wahlgeschenke" wirken mußten. Darüber hinaus blieb so die Ausgestaltung des Sozialstaats an Steuereinnahmen aus dem Wirtschaftswachtstum gebunden, Wirtschaftskrisen mußten auf die Sozialpolitik durchschlagen. Kritiker sahen darin die Gefahr einer „Schönwetterdemokratie" begründet.

Antikommunismus und Verdrängung des NS-Erbes

Entsprechend der Totalitarismustheorie der 50er Jahre stellten Kommunismus und Nationalsozialismus die Hauptfeinde der Demokratie dar. KPD und Sozialistische Reichspartei (eine Nachfolgeorganisation der NSDAP) wurden deshalb verboten. Die Bonner Republik sollte vor dem Schicksal von Weimar geschützt werden. Gleichwohl wurde nicht der Nazismus, sondern der **Kommunismus** in der Adenauer-Zeit zum **Hauptgegner** der jungen Bundesrepublik. Das war in der Frontstellung der Bundesrepublik zur DDR und dem Ostblock begründet.

Adenauers Politik der Westbindung beruhte auf der Überzeugung, daß die eigentliche Gefahr für die junge deutsche Demokratie machtpolitisch und ideologisch von der Sowjetunion und dem von ihr beherrschten Ostblock ausging (B3). Scharf grenzte er die freiheitlich-demokratische Gesellschaftsordnung der Bundesrepublik vom stalinistischen System der DDR ab und integrierte die Bundesrepublik in die westliche Staatengemeinschaft. Der Antikommunismus

B 2 Neugablonz bei Kaufbeuren als Beispiel für die Lösung des Wohnungsproblems und der Flüchtlingsfrage durch Siedlungsausbau: Auf dem Gelände einer im Wald gelegenen Munitionsfabrik siedelten sich die aus Gablonz im Sudetenland vertriebenen Glas- und Schmuckmacher an.

war geeignet, grundlegende politische Differenzen auszugleichen, weil dieser bürgerlich-parlamentarische Staat im Verband mit den westeuropäischen Staaten den sowjetischen Einfluß fernhielt. Der Antikommunismus wurde zu einem zentralen Bestandteil des politischen Selbsverständnisses vieler Bürger in der Adenauerzeit (Funktion der **Integrationsideologie**).
Auch die SPD war strikt antikommunistisch ausgerichtet. Besonders Schumacher bekämpfte in allen seinen Reden das kommunistische System als zutiefst undemokratisch. Den Kommunisten warf er vor, daß sie sich zu Unrecht auf sozialistische Traditionen beriefen. Gegenüber Adenauer und den Fraktionen der Regierungskoalition hielt die SPD aber daran fest, daß das kapitalistische Wirtschaftssystem überwunden werden müsse, damit die staatsbürgerlichen Freiheitsrechte durch soziale und wirtschaftliche ergänzt wurden. Der Sozialismus könne nur durch Demokratie, die Demokratie nur durch den Sozialismus vollendet werden. Dieses Bekenntnis der Sozialdemokratie zum Sozialismus wurde von Adenauer oft dazu benutzt, der SPD mangelnde Abgrenzung zum Kommunismus bzw. eine kommunistenfreundliche Haltung vorzuwerfen.
Vor diesem Hintergrund wird klar, daß die Bundesregierung den Kampf gegen das Erbe der Nazis nicht mit gleicher Stärke führte. Einmal glaubte sie auf die fachliche Qualifikation bestimmter Experten angewiesen zu sein, auch wenn sie wie Globke die NS-Rassengesetze verbreiten halfen, zum andern vertraute man darauf, daß mit zeitlichem Abstand sich das braune Erbe verflüchtige. So wurde **Verdrängung der NS-Vergangenheit** zu einer folgenreichen politischen Strategie.

M1 Die Wahlen zum Deutschen Bundestag 1949–1961

	1949	1953	1957	1961
Beteiligung	78,5 %	86,0 %	87,8 %	87,7 %
CDU/CSU	31,0	45,2	50,2	45,3
SPD	29,2	28,8	31,8	36,2
FDP	11,9	9,5	7,7	12,8
DP	4,0	3,3	3,4	–
BP	4,2	1,7	–	–
Zentrum	3,1	0,8	–	–
DRP	1,8	1,1	1,0	0,8
GB/BHE	–	5,9	4,6	–
GDP	–	–	–	2,8
KPD	5,7	2,2	–	–
Sonstige	9,1	1,6	1,8	2,1

(Nach: O. K. Flechtheim [Hrsg.], Die Parteien der Bundesrepublik Deutschland. Hamburg 1973, S. 59)

1 *Erklären Sie an dieser Tabelle den Begriff Parteienkonzentration und nennen Sie Gründe für diesen Prozeß.*

B 3 Wahlplakat von 1949.

– *Untersuchen Sie Bildaufbau und Botschaft des Plakates. Kennen Sie Vorbilder?*

M2 Anträge der Bundesregierung auf Feststellung der Verfassungswidrigkeit der Sozialistischen Reichspartei (SRP) und der Kommunistischen Partei Deutschlands (KPD) vom 16. November 1951

I. Der Antrag gegen die SRP

1. Die SRP erweist sich nach ihrer Entstehungsgeschichte, nach ihren führenden Persönlichkeiten, nach ihrer inneren Organisation, nach ihrem Programm, nach ihrer Propaganda und nach dem Verhalten ihrer Anhänger als eine Nachfolgeorganisation der NSDAP. Einer ihrer Hauptredner hat ausdrücklich erklärt, die SRP habe die gleiche Blutgruppe wie die NSDAP.

2. Die SRP geht nach ihrem Charakter als Nachfolgeorganisation der NSDAP sowie auch nach ihrer ganzen Zielsetzung und dem Verhalten ihrer Anhänger darauf aus, die freiheitliche demokratische Grundordnung in der Bundesrepublik zu beeinträchtigen. [...]

II. Gegen die KPD

1. Die KPD handelt im Rahmen eines von den Machthabern in der Sowjetzone entworfenen und seit Jahr und Tag durchgeführten Angriffsplanes, in dem die KPD das Rückgrat der inneren Aggression darstellt.

2. Die Organisationsprinzipien der KPD – Diffamierung aller Andersdenkenden, Ablehnung jeder „Fraktionsmacherei", schärfster Druck durch die Parteikontrollkommissionen – erweisen die KPD als eine durch und durch undemokratische Organisation.

3. Die KPD erstrebt mit allen Mitteln – auch durch die „gewaltsame Zertrümmerung der bürgerlichen Staatsmaschine" – die „Diktatur des Proletariats", d. h. die Alleinherrschaft dieser Partei. [...]

(K.-J. Ruhl [Hrsg.], „Mein Gott, was soll aus Deutschland werden?" Die Adenauer-Ära 1949–1963. München [dtv] 1985, S. 251 f.)

1 *Fassen Sie den Sinn der Anträge zusammen.*

2 *Klären Sie die verfassungsrechtlichen Grundlagen für ein Parteienverbot in der Bundesrepublik.*

M3 Jakob Kaiser (CDU) 1957 über die CDU als Volkspartei

Die Christlichen Demokraten haben sich stets dazu bekannt, eine Volkspartei zu sein. Sie sind am Wohlstand des Mittelstandes, der Bauern, der Industrie, der freien Berufe ebenso interessiert wie am Aufstieg der Arbeiterschaft. Für den Ausgleich haben die verantwortlichen politischen Persönlichkeiten aus den verschiedenen Ständen zu sorgen.

Gerade dieser gesunde Ausgleichswille hat der Union nicht zuletzt auch das Vertrauen jener weiten Arbeiterkreise gesichert, die sich aus Weltanschauung und sozialer Einsicht nicht dem Klassenkampfwillen und dem Materialismus verschrieben haben. Mit Genugtuung kann man feststellen, daß es vor allem auch die Arbeiterschaft war, die den Christlichen Demokraten bei der Bundestagswahl 1953 den großen Zuwachs an Stimmen brachte. Das soll das Verdienst der anderen Schichten sicherlich nicht schmälern. Aber mit dem Vertrauen der Arbeiterschaft hat es doch noch seine eigene Bewandtnis. Es ist nicht so leicht, ihr Vertrauen zu erringen und zu halten. Es geht ihr nicht nur um das Materielle, sondern nicht zuletzt auch um die Anerkennung ihrer gesellschaftlichen Bedeutung, die andere Schichten längst besitzen. [...]

Drei Dinge müssen uns in den kommenden Wahlauseinandersetzungen vor allem bewegen: Erhaltung und Steigerung des Vertrauens der Arbeitnehmerschaft zur Union, Erhaltung und Stärkung des Vertrauens der breiten bürgerlichen Schichten und das Streben, den Heimatvertriebenen und Flüchtlingen eine politische Heimat bei uns zu sichern.

(Soziale Ordnung 1957, Nr. 4, S. 49 f.)

1 *Stellen Sie aus dem Text Merkmale einer Volkspartei zusammen.*

2 *Inwiefern unterscheidet sich die CDU vom Zentrum der Weimarer Republik?*

M4 Aus dem Godesberger Programm der SPD vom November 1959

Grundwerte des Sozialismus

[...] Die Sozialdemokratische Partei Deutschlands ist die Partei der Freiheit des Geistes. Sie ist eine Gemeinschaft von Menschen, die aus verschiedenen Glaubens- und Denkrichtungen kommen. Ihre Übereinstimmung beruht auf gemeinsamen sittlichen Grundwerten und gleichen politischen Zielen. Die Sozialdemokratische Partei erstrebt eine Lebensordnung im Geiste dieser Grundwerte. Der Sozialismus ist eine dauernde Aufgabe, Freiheit und Gerechtigkeit zu erkämpfen, sie zu bewahren und sich in ihnen zu bewähren. [...]

Grundforderungen für eine menschenwürdige Gesellschaft

[...] Im demokratischen Staat muß sich jede Macht öffentlicher Kontrolle fügen. Das Interesse der Gemeinschaft muß über dem Einzelinteresse stehen. In der vom Gewinn- und Machtstreben bestimmten Wirtschaft und Gesellschaft sind

Demokratie, soziale Sicherheit und freie Persönlichkeit gefährdet. Der demokratische Sozialismus erstrebt darum eine neue Wirtschafts- und Sozialordnung. [...]

Landesverteidigung

Die Sozialdemokratische Partei Deutschlands bekennt sich zur Verteidigung der freiheitlich demokratischen Grundordnung. Sie bejaht die Landesverteidigung. [...] Die Sozialdemokratische Partei fordert die völkerrechtliche Ächtung der Massenvernichtungsmittel auf der ganzen Welt. [...]

Wirtschafts- und Sozialordnung

[...] Die Autonomie der Arbeitnehmer- und Arbeitgeberverbände ist ein wesentlicher Bestandteil freiheitlicher Ordnung. Totalitäre Zwangswirtschaft zerstört die Freiheit. Deshalb bejaht die Sozialdemokratische Partei den freien Markt, wo immer wirklich Wettbewerb herrscht. Wo aber Märkte unter die Vorherrschaft von einzelnen oder von Gruppen geraten, bedarf es vielfältiger Maßnahmen, um die Freiheit in der Wirtschaft zu erhalten. Wettbewerb soweit wie möglich – Planung soweit wie nötig.

Eigentum und Macht

[...] Das private Eigentum an Produktionsmitteln hat Anspruch auf Schutz und Förderung, soweit es nicht den Aufbau einer gerechten Sozialordnung hindert. [...]

(Programm der deutschen Sozialdemokratie. Hrsg. Bundessekretariat der Jungsozialisten. Hannover 1963, S. 185 ff.)

1 *Stellen Sie die Kernziele des Godesberger Programms der SPD zusammen.*

M5 Sozialpolitik

a) Aus der Regierungserklärung des Bundeskanzlers Konrad Adenauer über eine umfassende Sozialreform vom 20. Oktober 1953

[...] Sozialpolitik ist nur möglich, wenn die Wirtschaft gedeiht, Beschäftigung gibt und Steuern liefert. Es ist weder Sozialpolitik noch ein Gedeihen der Wirtschaft möglich, wenn wir keine gesunde und feste Währung haben, für die die Finanzpolitik sorgen muß.

Zur Zeit bezieht *jeder dritte Einwohner* der Bundesrepublik von der Sozialversicherung, von der Arbeitslosenversicherung oder der Arbeitslosenfürsorge, vom Lastenausgleich, von der Fürsorge oder als verdrängter Beamter, als Kriegsbeschädigter, als Kriegshinterbliebener, als ehemaliger Berufssoldat oder als Witwe oder Waise *eine Rente.*

Es ist der ersten Bundesregierung gelungen, die jährlichen Aufwendungen für die soziale Sicherheit der Bevölkerung von 1949 bis 1953 nahezu zu verdoppeln. Das ist im hohen Maße ein Erfolg der sozialen Marktwirtschaft und einer guten Finanzpolitik; das laufend steigende Sozialprodukt hat eine entsprechend höhere Beteiligung der Sozialleistungsempfänger gestattet.

An dem wirtschaftlichen Aufstieg in der Bundesrepublik haben jedoch nicht alle Bevölkerungskreise gleichmäßig teilgenommen. Es waren bisher in erster Linie die im Arbeitsprozeß Tätigen, die sichtbaren Nutzen aus den Erfolgen der sozialen Marktwirtschaft zogen. Es wird das besondere Anliegen der Bundesregierung sein müssen, die Arbeitslosen einzugliedern und dem Bundestag Maßnahmen vorzuschlagen, durch die die wirtschaftliche Lage der Rentner, Invaliden, Waisen und Hinterbliebenen weiter verbessert wird.

(Verhandlungen des Deutschen Bundestages. 2. Wahlperiode 1953. Bd. 18. 3. Sitzung vom 20. 10. 1953, S. 13)

1 *Untersuchen Sie Bedingungen und Ziele von Adenauers Sozialpolitik.*

2 *Erörtern Sie mögliche Probleme von Adenauers Sozialpolitik (vgl. auch M 5c).*

b) Wohnverhältnisse in der Bundesrepublik Deutschland von 1950 bis 1956 (in Mio.)

	Herbst 1950	Herbst 1956
1. Wohnungen		
a) Normalwohnungen	9,438	12,734
b) Notwohnungen[a]	0,5405	0,4848
2. Haushaltungen in:		
a) Normalwohnungen	14,634	15,964
b) Notwohnungen	0,6268	0,5306
c) Unterkünfte[b]	0,7620	0,6052

a) Wohnungen in Behelfsheimen unter 30 qm, Wohnbaracken, Nissenhütten, Bunkern, Wohnlauben, Wellblechbaracken, Bretterbuden, Gebäuderesten, Wohnwagen, Kellerwohnungen usw.

b) Unterkünfte außerhalb von Wohnungen sind Lager, Fremdenheime, Gasthäuser und dgl.

(H. W. Jenkis, Wohnungswirtschaft und Wohnungspolitik in beiden deutschen Staaten. Hamburg 1976, S. 20)

1 *Vergleichen Sie die Zahlen für Wohnungen und Haushalte 1950 und erklären Sie diese Unterscheidung.*

2 *Untersuchen Sie die Veränderungen zwischen 1950 und 1956 und zeigen Sie Gründe dafür auf.*

2 Das „Wirtschaftswunder"

Wirtschaftsentwicklung der 50er Jahre

Die Grundlage für die politische und soziale Stabilitätsentwicklung der Ära Adenauer bildete das **Wirtschaftswachstum**. Es war im kriegszerstörten Deutschland und angesichts des Zustromes vieler Flüchtlinge so unerwartet und außergewöhnlich, daß man vom deutschen „Wirtschaftswunder" sprach.
Nach der Währungsreform standen infolge der Aufhebung der Zwangsbewirtschaftung durch Ludwig Erhard die Aussichten zunächst nicht günstig: Die Preise stiegen, und die Arbeitslosigkeit wuchs auf zwei Millionen. Erst mit dem weltweiten **Korea-Boom** setzte der wirtschaftliche Aufschwung in Westdeutschland ein (M6a). Das Sozialprodukt zeigte eine durchschnittliche Wachstumsrate von 8 % für die 50er Jahre und verdreifachte sich zwischen 1950 und 1960. 1958 war die **Vollbeschäftigung** erreicht und die Integration der Vertriebenen in die Erwerbsgesellschaft abgeschlossen. Ab Mitte der 50er Jahre stiegen auch die Löhne, die immer noch auf dem Niveau von 1929 standen; die sozialen Leistungen für die Arbeitnehmer verbesserten sich.

Gewerkschaften

Obwohl der Lebensstandard der Arbeitnehmer im Vergleich zu den Kapitaleignern nur langsam wuchs, verfolgten die Gewerkschaften eine moderate Lohnpolitik, um den Wirtschaftsaufschwung nicht zu gefährden. In dieser Stabilitätspolitik wurden sie von der neugegründeten Bundesbank unterstützt. Die Alliierten hatten bereits die Tarifautonomie wiederhergestellt.
Anstelle der Richtungsgewerkschaften* der Weimarer Republik entstanden in der Bundesrepublik Einheitsgewerkschaften* mit überparteilichen Zielsetzungen, oft nach dem Industriegewerkschaftsprinzip* organisiert. Der 1949 gegründete **Deutsche Gewerkschaftsbund** (DGB) bildete die größte gewerkschaftliche Dachorganisation in der Tradition der Freien Gewerkschaften, verstand sich aber immer weniger als politische Gegenmacht gegen die Regierung zur Überwindung des Kapitalismus, sondern als gesellschaftliche und wirtschaftliche Interessenorganisation der Arbeitnehmer zur Aushandlung der Tarifverträge, in welchen die Arbeitsbedingungen und -entgelte jährlich neu bestimmt und die Lebensverhältnisse der Bevölkerungsmehrheit beeinflußt wurden.

Gründe für das Wirtschaftswachstum der 50er Jahre

Zum deutschen „Wirtschaftswunder" trugen viele Faktoren bei. Entscheidende Weichen wurden bereits durch die Währungsreform und den Marshall-Plan gestellt. Ebenso wichtig waren die am Markt orientierte Wirtschaftspolitik unter dem Einfluß des Freiburger Neoliberalismus Walter Euckens und die steuerlichen Investitionsanreize (die Investitionen lagen in den 50er Jahren bei 30 % des Sozialprodukts). Eine bedeutende Voraussetzung bildete auch die Integration der Bundesrepublik in den Weltmarkt durch die Aufnahme in die OEEC* 1949, in GATT* und IMF* (1950 bzw. 1952). Günstig wirkte sich ebenfalls das Entschuldungsabkommen von 1953 aus, in dem der Bundesrepublik die Reparationen erlassen und die internationale Kreditfähigkeit hergestellt wurde. Der wirtschaftliche Aufschwung wurde zusätzlich gefördert durch die steigende internationale Nachfrage nach deutschen Produkten. Besonders der Maschinenbau- sowie die Elektro- und die chemische Industrie konnten ihre Erzeugnisse im Ausland absetzen. Deutschland besaß in den 50er Jahren noch ein relativ niedriges Lohnniveau und verfügte über reichlich qualifizierte Arbeitskräfte (nicht zuletzt aus dem Kreis der Vertriebenen und Flüchtlinge), so daß hochwertige Waren zu günstigen Preisen angeboten werden konnten. Hinzu kam, daß die D-Mark noch lange unterbewertet war. Die Kriegsschäden erzwangen zudem eine völlige Erneuerung der Produktionsanlagen, so daß bald auf modernsten Anlagen mit höchster **Produktivität** produziert wurde (M 9).

Wirtschaftlicher Strukturwandel

Das deutsche „Wirtschaftswunder“ schuf nicht nur die Grundlage für die wirtschaftliche Integration der Flüchtlinge, die Beseitigung der Nachkriegsarbeitslosigkeit und das allgemeine Ansteigen der Einkommen, sondern beschleunigte auch den seit der Industriellen Revolution begonnenen Strukturwandel der Wirtschaft (M6b). Die Landwirtschaft verlor weiter an Bedeutung. Waren 1950 noch fast 25 % der Beschäftigten in diesem Bereich tätig, arbeiteten 1960 nur noch 13 % im Agrarsektor (1970: 9 %). Dagegen stieg der Anteil der Beschäftigten im Handwerk und vor allem in der Industrie im gleichen Zeitraum von 43 % auf 48 % (bis 1970 42 %). Die höchsten Steigerungsraten wies der Dienstleistungssektor auf. Hatten 1950 33 % der Beschäftigten Dienstleistungen in Handel und Verkehr verrichtet, waren es 1960 bereits 39 % (1970: 42 %). Die Bundesrepublik entwickelte sich seit den 50er Jahren zu einer **modernen Industriewirtschaft mit einem stark ausgeprägten Dienstleistungssektor**; die Weichen für die gegenwärtige Dienstleistungsgesellschaft waren gestellt.

Schichtungs- und Konsumgesellschaft

In der Bundesrepublik entwickelte sich die moderne Industriegesellschaft mit einer hohen **sozialen Mobilität** und einer relativ **breiten Mittelschicht**. Sowohl die Bauern als auch Handwerker und Einzelhändler sowie die Angestellten profitierten vom „Wirtschaftswunder“, das ihnen steigende Einkommen brachte. Die Erhöhung des Lebensstandards und die bessere soziale Absicherung der Arbeiter schliff die noch im Kaiserreich scharf gezogenen Trennungslinien zwischen Proletariat und bürgerlichem Milieu ab. Die Konsumgewohnheiten und der Lebensstil von Arbeitern auf der einer Seite und den übrigen abhängig Beschäftigten glichen sich in dieser **Schichtungsgesellschaft** (Bolte–Zwiebel) (M 6 c) allmählich an. Auch die Unterschiede zwischen Stadt und Land nahmen ab. Diese Schichtungsgesellschaft bildet die soziale Grundlage für den politischen Pluralismus und die Überwindung des Obrigkeitsstaates.

B 4 Musik-Box und Petticoat. Nach der Indienstnahme der Jugend durch Partei und Militär in der NS-Diktatur entwickelte sich in den 50er Jahren vor allem unter amerikanischem Einfluß eine konsumorientierte Jugendkultur.

B 5 Messerschmitt-Kabinenroller und Zelt als Ausdruck von Motorisierung und Reisen als neuer Inbegriff von Freizeitverhalten der 50er Jahre.

Insgesamt kann man von einer weitreichenden Verbürgerlichung der deutschen Gesellschaft nach dem Zweiten Weltkrieg sprechen. Hierzu gehört nicht nur das Verschwinden des bevorrechteten Adels, sondern ganz allgemein eine Betonung des privaten Interesses vor dem Staatsinteresse und eine Orientierung des einzelnen am materiellen Wohlstand. In den 50er Jahren wurde erstmals die Befriedigung individueller materieller Bedürfnisse zu einem allgemein akzeptierten Phänomen. Das Ausmaß der Nachfrage nach Verbrauchsgütern ließ erstmals von einer **Konsumgesellschaft** sprechen. Unübersehbarer Ausdruck des Vorrangs der am individuellen Wohlstand orientierten Privatinteressen in der Gesellschaft der Adenauerära waren die sogenannten „**Wellen**". Die Hungerjahre bis 1950 wurden abgelöst von der „Freßwelle", diese von der „Bekleidungs-" und „Wohnwelle", bis dann die „Reisewelle" Mitte der 50er Jahre in die „Motorisierungswelle" überging (M7, 8). Darin verwirklichte sich die „Utopie" einer freien und mobilen Lebensgestaltung, zunächst in Form des Motorrads, dann des Kleinmobils („Leukoplastbomber") und endlich des Autos. Die **Auto- und Freizeitgesellschaft** bereitete sich vor (B 4, 5).

M6 Wirtschafts- und Sozialentwicklung der Adenauerära

a) Wirtschaftliche Entwicklung der Bundesrepublik 1949-1960

Jahr	Industrie-produktion (1950 =100)	Beschäftigte (Mio.)	Erwerbs-losigkeit (%)	Industrielle Erzeugerpreise (1950 = 100)	Lebenshaltung (1950 =100)	Brutto-stundenlohn (1950 = 100)
1949	80	13,5	10,3	103	107	95
1950	100	14,1	10,7	100	100	100
1951	118	14,5	10,2	119	108	115
1952	126	15,0	9,8	121	110	124
1953	139	15,6	8,4	118	108	130
1954	155	16,2	8,3	116	108	133
1955	178	17,1	7,9	119	110	142
1956	192	17,8	5,5	121	113	156
1957	203	18,3	3,7	124	115	170
1958	209	18,5		125	119	182
1959	225	18,9	3,0	124	121	191
1960	249	19,4		126	123	209

(K.-J. Ruhl [Hrsg.], „Mein Gott, was soll aus Deutschland werden?" Die Adenauer-Ära 1949-1963. München [dtv] 1985, S. 490)

1 *Untersuchen Sie Wirtschaftswachstum, Arbeitslosigkeit und Preisentwicklung nach der Tabelle.*

2 *Stellen Sie einige Ursachen des deutschen „Wirtschaftswunders" zusammen.*

b) Erwerbstätige nach Wirtschaftsbereichen (geschätzte Jahresdurchschnitte)

Wirtschaftsbereich	1950	1961	1970
Agrarsektor	24,6 %	12,9 %	8,8 %
Produzierendes Gewerbe	42,6 %	48,1 %	48,7 %
Dienstleistung mit Handel und Verkehr	32,8 %	39,0 %	42,5 %
	100,0 %	100,0 %	100,0 %

(Statistisches Jahrbuch der Bundesrepublik Deutschland. Wiesbaden 1966, S. 148; 1971, S. 124)

1 *Untersuchen Sie die Entwicklung in den Produktionssektoren 1950–1970.*

2 *Interpretieren Sie die sozialen Auswirkungen dieser Entwicklung.*

c) Statusaufbau und Schichtungen in der Bevölkerung der BRD 1960

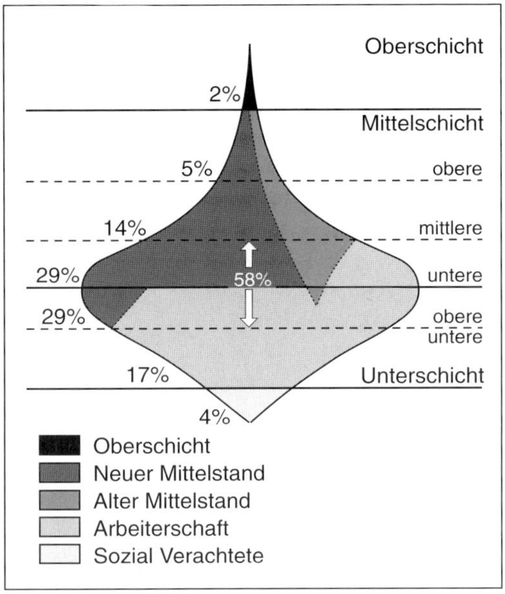

(K. M. Bolte, Deutsche Gesellschaft im Wandel. Bd. 1. Opladen [2]1967, S. 316)

1 *Beschreiben Sie die Hauptmerkmale der deutschen Gesellschaft um 1960 nach Boltes „Zwiebel".*

M7 Nachfragestruktur der privaten Haushalte nach Ausgabenarten 1950/1960/1970

	1950	1960	1970
Nahrungs- u. Genußmittel	43,0	38,6	30,6
Kleidung u. Schuhe	15,4	12,5	10,6
Wohnungsmiete	7,2	7,6	12,5
Elektrizität, Gas, Brennstoffe	3,0	3,9	3,7
Möbel, Hausgeräte usw.	12,1	13,5	12,3
Verkehr u. Nachrichtenübermittlung	5,7	7,8	13,6
Körper- u. Gesundheitspflege	3,2	3,6	4,6
Bildung u. Unterhaltung	6,6	7,6	7,3
Persönliche Ausstattung, Reisen	3,8	4,9	4,8

(K.-J. Ruhl [Hrsg.], „Mein Gott, was soll aus Deutschland werden?" Die Adenauer-Ära 1949–1963. München [dtv] 1985, S. 494)

1 *Untersuchen Sie die Veränderungen in der Nachfrage zwischen 1950 und 1970.*

2 *Begründen Sie die Veränderungen im Nachfrageprofil, und arbeiten Sie „Wellen" im Verbraucherverhalten heraus.*

M8 Anstieg der Motorisierung (1955)

Die Motorisierung in der Bundesrepublik hat seit dem Juli 1954 um weitere 10 % zugenommen. [...]

Auf 10 Einwohner kommt heute schon ein Kraftfahrzeug, während es vor 5 Jahren noch etwa 25 waren. Bei den Personenwagen ist der Anstieg gegenüber 1950 noch größer: Damals kam auf mehr als 90 Bundesbürger ein Personenauto, heute müssen sich nur noch 30 „in ein Auto teilen". Die Zahl der Krafträder einschließlich der Motorroller hat dagegen nur von 913 000 auf 2,4 Mill. zugenommen. [...]

Wie hat sich nun die soziale Gliederung der Halter von Kraftfahrzeugen entwickelt? [...] Sowohl bei den Neuzulassungen als auch bei den Besitzumschreibungen nimmt der Anteil der Arbeitnehmer ständig zu. Dadurch vergrößert sich auch der Anteil der Arbeitnehmer am Bestand der Personenfahrzeuge immer mehr. Dann ergibt sich, daß die Arbeitnehmer gerade beim Personenkraftverkehr in erster Linie Gebrauchtfahrzeuge kaufen, die ja für gelegentliche Fahrten immer noch brauchbar sind. Arbeiter, Angestellte und Beamte zusammen haben nahezu ein Drittel aller gebrauchten Personenwagen gekauft, dagegen nur 16,4 % der neuen. Gerade auf diesem Wege wird die Motorisierung der Arbeitnehmer immer weitere Fortschritte machen.

(C. Kleßmann/G. Wagner [Hrsg.], Das gespaltene Land. Leben in Deutschland 1945–1990. München 1993, S. 187 f.)

1 *Welche Veränderungen beobachtet der Zeitgenosse 1955?*

2 *Klären Sie Ursachen und Folgen des beschriebenen Motorisierungsvorgangs.*

M9 Zur Rationalisierung in Industrie und Verwaltung 1951–1962

Zunächst ist festzustellen, daß in den untersuchten Betrieben von 1951 bis 1957 im Durchschnitt jährlich *7% der Arbeitskräfte* freigesetzt wurden. Dennoch kam es kaum zu Entlassungen. Im allgemeinen war es möglich, die freigewordenen Kräfte im Betrieb umzusetzen, weil mit der Einführung technischer Neuerungen eine erhebliche *Produktionsausweitung* einherging. [...]

Interessant ist in dem Zusammenhang folgendes: In zehn ausgewählten Betrieben waren vor Einführung der technischen Neuerungen 29 200 Personen und zum Umstellungszeitpunkt – bei erhöhter Produktion – 55 000 Personen beschäftigt. Wäre die Produktion *nicht erweitert* worden und

B 6 Das „Thyssenhaus" (Verwaltungsgebäude der Phoenix-Rheinrohr AG) in Düsseldorf wurde 1957–1960 von den Architekten Hentrich und Petschnigg erbaut und kennzeichnet den Stil des neuen Zweckbaus.

hätten die Betriebe die Rationalisierungsmaßnahmen dennoch durchgeführt, so wären nur noch 14 100 Personen erforderlich gewesen. Die zehn Betriebe hätten andererseits, um den gegenwärtigen Ausstoß zu erreichen, bei Anwendung der alten Produktionsmethoden 138 000 Arbeitskräfte einsetzen müssen. Die Produktivitätssteigerungen bei den einzelnen Arbeitsgängen betrugen zwischen 10 und 500 %. [...]
In fast allen der untersuchten Betriebe hat sich der Anteil der ungelernten *Arbeiter stark verringert.* Dagegen nahm der Anteil der *angelernten* Arbeiter in nahezu allen untersuchten Fällen zu, weil an mechanisierten Arbeitsplätzen im allgemeinen vorwiegend angelernte Kräfte benötigt werden. Der Anteil der *Facharbeiter* im unmittelbaren Produktionsbereich hat sich ebenfalls verringert.
(Der Arbeitgeber 1963, Nr. 1/2, S. 14 f.)

1 *Rekapitulieren Sie das Maß der Rationalisierungsergebnisse in den 50er Jahren.*

2 *Erklären Sie, weshalb dieser Vorgang nicht zu wachsenden Arbeitslosenzahlen führt.*

M10 Anwerbung von Gastarbeitern (1961)

Wie die Bundesanstalt für Arbeitsvermittlung soeben bekanntgibt, wird in Zukunft neben der Anwerbung von Arbeitskräften in *Italien, Spanien* und *Griechenland* auch die Vermittlung von *türkischen* Arbeitskräften erfolgen. Auf Grund einer vorläufigen Absprache mit den zuständigen Stellen der türkischen Regierung sollen in Zusammenarbeit zwischen der Bundesanstalt und der türkischen Arbeitsverwaltung Arbeitskräfte in der Türkei angeworben und in die Bundesrepublik vermittelt werden. Aus gelegentlichen *Pressenotizen* der letzten Zeit war bereits zu entnehmen, daß eine solche Absicht bei den deutschen Stellen bestand; trotzdem ist die Meldung über die Verwirklichung dieser Pläne etwas überraschend. Denn einmal ist das Reservoir an Arbeitskräften in den bisherigen Anwerbeländern noch lange nicht erschöpft, zum andern sollen die der EWG angehörenden Länder bei der Anwerbung von Arbeitskräften einen gewissen Vorrang vor weiteren, bisher nicht einbezogenen Ländern haben. [...]
Vermittlungsaufträge für türkische Arbeitskräfte können den Arbeitsämtern ab sofort erteilt werden, vorerst jedoch nur, soweit es sich um Aufträge für männliche, nichtnamentliche Kräfte handelt. Bei ungelernten und anzulernenden männlichen Arbeitskräften, die in beliebig großer Zahl zur Verfügung stehen, können zunächst nur Aufträge auf Vermittlung von größeren Gruppen (mindestens 25 Kräfte) entgegengenommen werden. Darüber hinaus wird es vermutlich möglich sein, qualifizierte Kräfte der *Textilindustrie, Metallindustrie, des Nahrungs- und Genußmittelgewerbes, des Schiffsbaues, des Bau- und Bauausbaugewerbes, des Bergbaues* sowie *Steingewinner und -verarbeiter zu vermitteln.* Dabei muß aber beachtet werden, daß die qualifizierten türkischen Kräfte zwar über gewisse Berufskenntnisse und Berufserfahrungen verfügen, daß ihre praktische Ausbildung aber nicht so systematisch erfolgt, wie dies in der Bundesrepublik üblich ist. Für jede angeforderte türkische Arbeitskraft ist – vorbehaltlich einer endgültigen Regelung durch den Verwaltungsrat der Bundesanstalt – eine *Unkostenpauschale* in Höhe von 120 DM – entsprechend dem für die Anwerbung in Griechenland – und ein *Entfernungszuschlag* von 30 DM.
(C. Kleßmann/G. Wagner [Hrsg.], Das gespaltene Land. München 1993, S. 191 ff.)

1 *Beschreiben Sie den technischen Vorgang der Anwerbung türkischer Arbeitskräfte. Stellen Sie Gründe und Folgen dieses Vorganges zusammen.*

II Krisenjahre

1 Das Ende der Ära Adenauer und die erste Wirtschaftskrise

Schwierigkeiten der Opposition

Die Erfolge und das hohe Ansehen Adenauers machten der Opposition das Leben schwer. Grundsätzliche Gesellschafts- und Wirtschaftsreformen, wie sie von SPD und Gewerkschaften angestrebt wurden, waren lange Zeit unpopulär. Trotz hoher Wahlbeteiligung schien die überwiegende Mehrheit der Bevölkerung an Politik wenig interessiert. Viele Menschen zogen es nach den Erfahrungen mit dem Nationalsozialismus vor, sich ins Private zurückzuziehen und den eigenen Wohlstand zu mehren. Wiederaufbau, und zwar möglichst ohne großes politisches Engagement, nicht aber Neuaufbau oder Neuordnung, war die weit verbreitete Losung der Adenauerzeit. Sozialistische Vorstellungen konnten leicht durch den Hinweis auf die undemokratischen Zustände im kommunistischen System der DDR abgewertet werden. Erst die „Spiegel-Affäre" 1962 erschütterte nachhaltig die Autorität der Regierung Adenauers und führte zu einem innenpolitischen Meinungsumschwung, der die Handlungsspielräume der Opposition erweiterte und zu einer Politisierung einer breiten Öffentlichkeit führte.

„Spiegel"-Affäre 1962 und politischer Klimawechsel

In der Bundestagswahl 1961 hatten die Unionsparteien ihre absolute Mehrheit verloren und die FDP hatte mit über 12% ihr bestes Ergebnis erreicht. Eine Koalitionsregierung mit der FDP war unausweichlich, aber auch schwierig, weil diese Ludwig Erhard statt des 85jährigen Adenauer und die Ablösung von **Franz Josef Strauß** als **Verteidigungsminister** forderte. Nur die Androhung einer Koalition mit der SPD konnte die Liberalen in die neue Regierung Adenauer bringen.

Die Vorbehalte gegen Verteidigungsminister Strauß teilte die FDP mit der SPD und der kritischen Presse. Strauß vertrat entgegen der neuen amerikanischen Strategie Kennedys der flexiblen Antwort* das alte Konzept der massiven Abschreckung* in einem Atomkrieg und befürwortete nicht nur eine Atombewaffnung der Bundeswehr, sondern auch den atomaren Präventivschlag. Als Strauß 1961 zum CSU-Vorsitzenden gewählt wurde, ging das Nachrichtenmagazin „Der Spiegel" Unregelmäßigkeiten des Verteidigungsministers nach. Einen kritischen Artikel des „Spiegel" über ein Nato-Manöver nahm die Bundesregierung im Oktober 1962 zum Anlaß, den „Spiegel"-Verlag staatsanwaltschaftlich untersuchen und „Spiegel"-Mitarbeiter z.T. widerrechtlich verhaften zu lassen. Im Verlauf der Untersuchung dieser Vorgänge stellte sich heraus, daß die Vorwürfe gegen den „Spiegel" (Adenauer: „ein Abgrund von Landesverrat") unbegründet waren und daß zur Rechtfertigung der Polizeiaktionen auch das Parlament belogen worden war. Obwohl Strauß sowohl an der Vorbereitung als auch den Durchsuchungs- und Verhaftungsmaßnahmen mitgewirkt hatte, leugnete er diese Beteiligung mehrfach vor dem Bundestag.

Die Polizeiaktionen gegen den „Spiegel" riefen sofort **öffenlichen Protest** hervor (M11). 49 Schriftsteller der „Gruppe 47" verpflichteten sich, über den Fall zu berichten; 600 Hochschulprofessoren gaben kritische Erklärungen ab und studentische Demonstrationen schufen ebenso Öffentlichkeit wie Stellungnahmen der Evangelischen Kirche und der Gewerkschaften. Unter dem Eindruck dieser Politisierung der liberalen Öffentlichkeit erwirkte die SPD im Bundestag die Aufklärung der Abläufe. Als feststand, daß Strauß maßgeblichen Anteil an der „Affäre" hatte, traten die FDP-Minister zurück, um den Sturz von Strauß zu erzwingen; ihnen folgten die CDU/CSU-Minister. Zwar konnte Adenauer wieder eine neue Regierung bilden, nun ohne

Strauß, aber erstmals war in einem Konflikt mit dem Staat und seiner Regierung die liberale Öffentlichkeit als Sieger hervorgegangen.

Rücktritt Adenauers und Regierung Erhard

Adenauer hatte im Zusammenhang mit der „Spiegel"-Affäre seinen Rücktritt angekündigt. Als nun 1963 die Landtagswahlen in Rheinland-Pfalz und Berlin für die CDU verloren gingen, trat Konrad Adenauer mit 87 Jahren als Kanzler zurück. Ludwig Erhard, der populäre Wirtschaftsminister („Vater des Wirtschaftswunders") und Wunschkandidat der FDP, wurde im Oktober 1963 der zweite Kanzler der Bundesrepublik Deutschland. Kanzler Erhard setzte die Politik Adenauers fort, führte aber einen neuen Führungsstil ein, der Diskussion und Meinungsbildung zuließ. Die Bundestagswahl 1965 gewann die CDU/CSU und verfehlte nur knapp die absolute Mehrheit. Die FDP als Koalitionspartner war entschlossen, im Haushalt 1966 die unverhältnismäßig steigenden Staats- und Sozialausgaben zu beschränken. Erhard begnügte sich mit Maßhalteappellen und propagierte eine **„formierte Gesellschaft"** als Fortentwicklung seines Konzepts der sozialen Marktwirtschaft (M12). Die Gruppenegoismen sollten überwunden und das Bewußtsein der Menschen für das Ganze geschärft werden. Die Menschen mußten nach Erhard wieder lernen, daß der einzelne nicht für sich allein Vorteile gewinnen könne, sondern nur mit allen anderen zusammen.

Erhards Sturz

Nach einer Zeit langanhaltenden Wirtschaftsaufschwungs kam es in der Bundesrepublik 1966/67 zum ersten Mal zu einem tieferen Konjunktureinbruch mit Produktionsrückgängen und Arbeitslosigkeit (über 600 000 Anfang 1967). In der Bevölkerung machte sich Krisenangst breit, das Vertrauen in die Unionsparteien und den Kanzler nahm ab: In Nordrhein-Westfalen und Hessen siegte die SPD bei den Landtagswahlen, und die 1964 gegründete rechtsradikale **Nationaldemokratische Partei Deutschlands (NPD)** geriet zum Sammelbecken für Protestwähler und zog in Hessen, Bremen und Bayern ins Parlament ein. Als es Erhard bei den Haushaltsberatungen im Oktober 1966 nicht gelang, die CDU/CSU für Einsparungen zu gewinnen, kündigte die FDP die Koalition, vier ihrer Minister traten zurück. Während Erhard in seiner Minderheitenregierung resignierte (B 7), beschlossen Union und SPD eine Große Koalition.

B 7 „Sic transit gloria mundi ..." (So vergeht der Ruhm der Welt) – Karikatur der Stuttgarter Zeitung vom 12. Oktober 1966 auf den als Wirtschaftsminister berühmten „Vater des Wirtschaftswunders" und dem als Nachfolger Adenauers glücklosen Kanzler.

M11 Die „Spiegel"-Affäre 1962

a) Karl-Hermann Flach (FDP) zur Spiegel-Affäre (29. Oktober 1962)

Wer das Vorgehen der im Auftrage der Bundesanwaltschaft handelnden Sicherungsgruppe Bonn des Bundeskriminalamtes gegen den Herausgeber und die Redaktion des Nachrichtenmagazins *Der Spiegel* verfolgt hat, konnte sich des Gefühls nicht erwehren, daß in der Nacht vom Freitag zum Samstag das Kapitel „Zweite Nachkriegsdemokratie" der neuesten deutschen Geschichte im festen Griff einer zackigen deutschen Polizeiaktion zugeknallt werden sollte. Es ist mehr als ein Zufall, es ist ein Zeichen, daß der entscheidende Akt dieses Dramas, die Verhaftung des Redakteurs Conrad Ahlers, auf deutschen Antrag ausgerechnet von der Polizei des faschistischen Spanien vollzogen wurde.

Wenn es also morgens in aller Frühe bei uns klingelt, können wir uns nicht weiterhin in dem beruhigenden Gefühl strecken, daß es nur der Milchmann oder der Junge mit den Brötchen sein kann; wenn um Mitternacht jemand an unsere Türe schlägt, wissen wir nicht mehr genau, daß es sich schlimmstenfalls um einen Telegrammboten oder einen betrunkenen Weggenossen handeln kann, der sich in der Türe geirrt hat. Wir müssen damit rechnen, daß es die politische Polizei ist, die bei Nacht und Nebel nach Landesverrätern sucht. Wenn wir hören, daß Kinder weinen, weil zu später Stunde ihre Zimmer nach Belastungsmaterial gegen ihre Eltern durchstöbert wurden, daß man Redakteuren die Abzugsfahnen ihrer Artikel beschlagnahmte und der Zensur zuführte, wenn es heißt, daß die *Spiegel*-Redaktionen in Hamburg und Bonn schlagartig von bewaffneten Kommandos besetzt worden sind und der Kollege den Kollegen in der Nachbarredaktion telefonisch nicht mehr erreichen konnte, dann dürfen wir nicht mehr sicher sein, daß es sich um eine Geschichte aus Moskau, Prag oder Leipzig oder aber aus dem Berlin des Jahres 1944 handelt. [...]

(Frankfurter Rundschau vom 29.10.1962)

1 *Skizzieren Sie Ablauf und Problematik des staatsanwaltschaftlichen Vorgehens gegenüber dem „Spiegel" nach K.-H. Flach.*

b) Die „Spiegel"-Affäre im Bundestag. Aus der Debatte am 7. November 1962

Dr. Adenauer, Bundeskanzler: [...] Meine Damen und Herren, in der Erklärung, die Herr Ritzel eben vorgelesen hat, (anhaltende Zurufe von der SPD.) oder in dem, was er hinzugefügt hat, steht folgendes drin: einmal hier der Landesverrat, aber auch auf der anderen Seite der Schutz der Bürger hier vor den Mißgriffen der Minister, der Staatssekretäre und (Zustimmung bei der CDU/CSU. – Lebhafte Zurufe von der SPD.) Und dann, meine Damen und Herren, hat er eben hier erklärt: Die Sorgen um die Methoden, mit denen hier gearbeitet worden ist (Lebhafte Rufe von der SPD. Sehr richtig! – Abg. Seuffert: Haben Sie keine Sorgen? Hat der Justizminister keine Sorgen? – Zurufe von der SPD: Warum wollte der Justizminister zurücktreten? – Abg. Hermsdorf: Er versteht es nicht mehr, er versteht es nicht mehr!) Nun, meine Damen und Herren, (anhaltende Zurufe von der SPD.) wir haben (fortgesetzte Zurufe von der SPD.) einen Abgrund von Landesverrat im Lande. (Abg. Seuffert: Wer sagt das?) – Ich sage das. (Laute Rufe von der SPD: Aha! So? – Abg. Seuffert: Ist das ein schwebendes Verfahren oder nicht?) Denn, meine Damen und Herren, (Zuruf des Abg. Seuffert.) wenn von einem Blatt, das in einer Auflage von 500 000 Exemplaren erscheint, systematisch, um Geld zu verdienen, Landesverrat getrieben wird. (Erregte Zurufe von der SPD: Pfui! Huh! – Pfeifen und anhaltende Zurufe von der SPD, u.a. von den Abgeordneten Seuffert und Hermsdorf.)

Präsident D. Dr. Gerstenmaier: Meine Damen und Herren, ich bitte Sie, die Ordnung zu bewahren, die erforderlich ist, um die Diskussion weiterführen zu können. Es hat keinen Zweck. – Herr Abgeordneter Hermsdorf! – Herr Abgeordneter Hermsdorf, beruhigen Sie sich! [...]

Dr. Adenauer, Bundeskanzler: Ich bin sehr erstaunt. Sie wollten sich doch gar nicht vor den „Spiegel" stellen. (Beifall bei der CDU/CSU. – Anhaltende lebhafte Zurufe von der SPD.) Sie wollten doch nur die Methoden, mit denen ein Landesverrat aufgedeckt wird. Die passen Ihnen nicht. Das haben Sie doch eben gesagt. (Anhaltende Unruhe.) Meine Damen und Herren, ich wiederhole nochmals: Ich halte mich im Gewissen für verpflichtet, zu sagen, daß die Beamten des Bundesgerichts, der Bundesanwaltschaft, des Kriminalamts, des Kabinetts unser vollstes Vertrauen und den Dank des deutschen Volkes verdienen. (Beifall bei der CDU/CSU. – Abg. Seuffert: Warum haben Sie dann den Staatssekretär entlassen? – Weitere erregte Zurufe von der SPD.)

(Verhandlungen des Deutschen Bundestages. IV., 45. Sitzung. Protokoll der Fragestunde und der Bundestagsdebatte vom 7. 11. 1962)

1 *Charakterisieren Sie die Atmosphäre der Debatte.*

2 *Stellen Sie die erkennbaren Positionen von Regierung und Opposition dar.*

c) Der konservative Publizist Friedrich Sieburg zur „Spiegel"-Affäre (10. November 1962)

„Wer etwas gegen die Obrigkeit sagt, bei dem erscheint nachts die Polizei" – dieser Satz ist, auf die Affäre angewendet, in allen Stücken falsch, in bezug auf die Meinungswelle, die sie ausgelöst hat, ist er zutreffend. Der unpolitische Teil der Bevölkerung, also die Mehrheit, hat die Überzeugung gewonnen, daß Personen und Zeitungen, die die Regierung angreifen, von der Polizei heimgesucht und jeder Art obrigkeitlicher Gewaltanwendung ausgesetzt werden. Mag diese Vereinfachung auch bis zur Verfälschung gehen, mögen die Behörden nun Publizität gegen Publizität setzen und schlüssig nachweisen, daß von diesen Vorwürfen kein Wort wahr ist, die öffentliche Meinung hält Verwaltung und Justiz, die ihr bis gestern noch ein ungestörtes Leben jenseits aller politischen Pflichten und Entscheidungen gewährleistet haben, nunmehr für Werkzeuge der Gewalt, mit deren Hilfe unbequeme und aufsässige Leute zur Räson gebracht werden. Oder zum mindesten wächst die Zahl der Bürger, die an dieser Demokratie ein Haar finden und sich noch mehr von der Politik zurückziehen, „weil die Beamten doch tun, was sie wollen".

Es vermehrt sich aber auch die Zahl der Mutlosen, die ähnliche Dinge schon einmal erlebt zu haben glauben und ein unverbesserliches Deutschland am Werke vermuten, dessen obrigkeitliche Organe behutsam und zögernd sind, wenn es gilt, eine wirkliche Schande zu enthüllen, die aber von einer wilden Energie gepackt werden, wenn militärische Dinge in Rede stehen. Nein, ein Unglück ist geschehen, und es wird nie wieder werden wie vorher. Es nützt auch nichts, die Kritik an der Verwaltung dadurch zu dämpfen, daß man hinzufügt: „Wir sind gewiß keine Freunde des *Spiegels* und seiner Methoden." *Spiegel* hin, *Spiegel* her, seine Bedeutung ist bereits von Problemen überholt, die wichtiger sind als seine Redakteure und seine Leser. Man braucht auch, wie ein Regierungssprecher dies ungeschickt genug andeutete, kein Nachbeter sowjetzonaler Nörgeleien zu sein, um bei der „Affäre" für die bundesdeutsche Gemütlichkeit zu fürchten. Eine Freiheitsregung hat sich in unserem öffentlichen Leben bemerkbar gemacht. Sie ist bisher fast immer ausgeblieben, wenn man glaubte, auf sie hoffen zu dürfen. Aber nun ist sie zu spüren. Wird sie dauern? Das wäre das glückliche Ergebnis einer unglücklichen Sache.

(Frankfurter Allgemeine Zeitung, 10. 11. 1962)

1 *Resümieren Sie Schaden und möglichen Gewinn aus der „Spiegel"-Affäre nach F. Sieburg und achten Sie auf die tatsächlichen Folgen in der zweiten Hälfte der 60er Jahre.*

M12 Bundeskanzler Erhards Konzept der „Formierten Gesellschaft" 1965

Die „Formierte Gesellschaft" – das ist das Gegenteil einer uniformierten Gesellschaft sozialistischer Prägung oder kollektivistischen Geistes – bedarf zu ihrem Funktionieren nicht der imperialistischen Ausbeutung fremder Völker, und noch entschiedener lehnt sie das kommunistische System der Ausbeutung des eigenen Volkes ab. Was also heißt dann: „Formierte Gesellschaft"? Es heißt, daß diese Gesellschaft nicht mehr aus Klassen und Gruppen besteht, die einander ausschließende Ziele durchsetzen wollen, sondern daß sie, fernab aller ständestaatlichen Vorstellungen, ihrem Wesen nach kooperativ ist, d. h. daß sie auf dem Zusammenwirken aller Gruppen und Interessen beruht. Diese Gesellschaft, deren Ansätze im System der Sozialen Marktwirtschaft bereits erkennbar sind, formiert sich nicht durch autoritären Zwang, sondern aus eigener Kraft, aus eigenem Willen, aus der Erkenntnis und dem wachsenden Bewußtsein der gegenseitigen Abhängigkeit. Ergebnis dieser Formierung muß sein ein vitales Verhältnis zwischen sozialer Stabilität und wirtschaftlicher Dynamik, die Konzentration auf eine fortdauernde Erhöhung der Leistung, die Sicherheit einer expansiven Weiterentwicklung der Wirtschaft sowie die Förderung und Nutzbarmachung des technischen und wissenschaftlichen Fortschritts. Es ist eine Gesellschaft des dynamischen Gleichgewichts. Eine solche Gesellschaft ist nicht autoritär zu regieren, sondern kann ihrem inneren Wesen nach nur demokratisch sein. Aber sie braucht andere, modernere Techniken des Regierens und der politischen Willensbildung.

(J. Wilhelm [Hrsg.], Deutsche Geschichte 1962–1983. Dokumente in zwei Bänden. Bd. 1. Frankfurt/M. 1985, S. 32 f.)

1 *Versuchen Sie, Erhards Vorstellung von „Formierter Gesellschaft" nachzuzeichnen.*

2 *Erörtern Sie mögliche Widerstände gegen Erhards Konzept 1965.*

B 8 Horst Antes, Figur Schwarz-Weiß (1967), Aquatec auf Leinwand. – Wie in der Architektur so setzte sich auch in der Malerei der 50er und 60er Jahre die in den 20er Jahren entwickelte Ausdrucksform auf breiter Linie durch und bildete den Inbegriff „moderner Kunst".

2 Große Koalition und Außerparlamentarische Opposition

Große Koalition 1966-1969

Am 1. Dezember 1966 wählte der Bundestag mit seiner CDU/CSU-Mehrheit Kurt Georg Kiesinger (CDU) zum neuen Kanzler. Der SPD-Vorsitzende und Kanzlerkandidat seit 1961 Willy Brandt wurde Vizekanzler und Außenminister, Franz Josef Strauß (CSU) Finanz- und Karl Schiller (SPD) Wirtschaftsminister. Diese Regierung der Großen Koalition schaffte rasch wieder wirtschaftliche Stabilität, rief aber auch innenpolitische Instabilität hervor.

Wirtschaftspolitik als Krisenmanagement

Einer der Gründe für Erhards Scheitern war der Umstand, daß er sich von seinen neoliberalen Vorstellungen nicht lösen konnte, während im internationalen Rahmen neue wirtschaftspolitische Konzeptionen erprobt wurden. In den USA hatte Präsident Kennedy 1961 ein Reformprogramm begonnen, das nach seiner Ermordung 1963 von Johnson mit dem Great Society Program fortgeführt wurde, in dem der Staat in die Wirtschaftsplanung eingriff. Die neue Labourregierung Englands und die gaullistische Regierung Frankreichs versuchten gleichzeitig, die Wirtschaft planmäßig zu modernisieren, u.a. durch Umbau des Bildungswesens. Unter Erhard wurde zwar ein Gesetz zur Stabilisierung der Wirtschaft vorbereitet, es kam aber unter ihm nicht mehr zur Verabschiedung.
Im Juni 1967 verabschiedete der Bundestag das **Stabilitätsgesetz**, nach dem die Bundesregierung jährlich ein Wirtschaftsgutachten der „Fünf Weisen" einzuholen hat und auf die Einhaltung der vier Ziele Wirtschaftswachstum, Preisstabilität, Vollbeschäftigung und außenwirtschaftliches Gleichgewicht (**„magisches Viereck"**) verpflichtet wird. Im Rahmen einer **Globalsteuerung** nach John Maynard Keynes soll der Staat durch öffentliche Investitionen in Krisenzeiten Nachfrage und damit Beschäftigung schaffen (**antizyklische Konjunkturpolitik**). Regierung, Gewerkschaften und Unternehmerverbände arbeiten dazu in einer **„konzertierten Aktion"** zusammen. Der Erfolg dieser Politik war spektakulär: Waren die Investitionen 1966 um 8,4 % gesunken, so stiegen sie 1967 um 12,1 %, das Bruttosozialprodukt wuchs im Vergleich zum Vorjahr von 7,3 % (1967) auf 8,5 % 1968. 1969 war wieder Vollbeschäftigung erreicht. Ein Arbeits-

B 9 Der Kampf gegen die Notstandsgesetze wurde bereits lange vor 1968 von zahlreichen Oppositionsgruppen getragen, unter denen dann die studentischen besonders auffielen.

förderungsgesetz schuf nun die Grundlage für eine berufliche Weiterbildung in einem künftigen Fall von Arbeitslosigkeit. Ein Gesetz zur Lohnfortzahlung im Krankheitsfall stellte jetzt Arbeiter und Angestellte gleich.

Notstandsfall und innere Souveränität

Innenpolitisch bot die Große Koalition die Möglichkeit, durch eine **Verfassungsänderung** ein alliiertes Vorbehaltsrecht aus dem Deutschlandvertrag abzulösen. Solange die Bundesrepublik kein Notstandsrecht für den Ausnahmezustand (Aufstand, Naturkatastrophe, Krieg) besaß, konnten die West-Alliierten laut Deutschlandvertrag im Fall einer Gefahr für ihre in Deutschland stationierten Truppen wieder die Regierung übernehmen. Die Notstandsgesetzgebung war deshalb ein unerläßlicher Schritt zur Gewinnung der inneren Souveränität der Bundesrepublik. Weil aber gerade das Notstandsrecht 1933 dem Nationalsozialismus den Weg zur Diktatur geebnet hatte, konnten sich die Parteien lange auf keine neue Notstandsverfassung einigen.
Der entscheidende Punkt der Notstandsverfassung war die Möglichkeit, im Fall einer **Bedrohung der freiheitlich-demokratischen Grundordnung**, des **Spannungs- oder Verteidigungsfalls** Grundrechte aufzuheben (so Post- und Fernmeldegeheimnis, Freizügigkeit, freie Berufswahl) oder das Eigentumsrecht einzuschränken. Die Gegner der Notstandsgesetze sahen dabei die Gefahr, daß der Staat damit ein Willkürinstrument auch zur Beförderung demokratiefeindlicher Kräfte erhalten könnte (B 9, M14).
Der Bundestag verabschiedete die Notstandsverfassung am 30. Mai 1968 nach scharfen Debatten und gegen eine breite öffentliche Protestbewegung mit den Stimmen der CDU/CSU und einer Mehrheit von SPD-Abgeordneten. Die Notstandsgesetze und das Fehlen einer starken parlamentarischen Opposition ließen eine **Außerparlamentarische Opposition (APO)** entstehen, in der politisierte Studenten eine maßgebliche Rolle spielten.

Radikalisierungsprozesse

So stabilitätsbildend die Wirtschaftspolitik der Großen Koalition wirkte, so destabilisierend erwiesen sich Notstandsgesetzgebung und Ausschaltung des Konkurrenzmechanismus zwischen den großen Parteien. Beide Faktoren führten zum **Verlust von Integrationskraft** und zu Radikalisierungspozessen am linken und

B 10 Anti-Vietnam-Krieg-Demonstration auf dem Berliner Kurfürstendamm 1968.

– *Versuchen Sie aus der Fotografie die soziale Zusammensetzung des Zuges zu erschließen.*
– *Klären Sie die Bedeutung der mitgeführten Transparente, Fahnen und Bildnisse.*

rechten Rand der Parteien. Die rechtsradikale NPD erreichte 1968 mit 9,8 % ihr bestes Ergebnis bei den Landtagswahlen in Baden-Württemberg. Links von der SPD artikulierte sich die Außerparlamentarische Opposition (APO), die sich vor allem aus der neu entstandenen Studentenbewegung speiste.

Studentenbewegung

Ansätze zur Reform der erstarrten und nationalsozialistisch belasteten Ordinarienuniversität führten Anfang der 60er Jahre zu einer **Politisierung der Studentenschaft**. Daran hatte der neomarxistisch orientierte **Sozialistische Deutsche Studentenbund (SDS)** einen maßgeblichen Anteil. Innenpolitisch war es der Widerstand gegen die Notstandsgesetzgebung und die unpolitische oder konservative Welt der Elterngeneration, außenpolitisch der unerklärte Krieg der USA in Vietnam (B10), der die Studenten zu **Demonstrationen** in bisher unbekanntem Maße bewegte (M15a). Beflügelt wurde die Bewegung durch analoge Entwicklungen in den USA und in Frankreich, wo 1968 ein Studentenaufstand die Regierung de Gaulle hinwegzufegen drohte. Ihr **unorthodoxer Sozialismus** fand durch die Reformansätze in der ČSSR Nahrung, wo im Rahmen des „Prager Frühlings" ein „Sozialismus mit menschlichem Antlitz" erstrebt wurde, ehe die Panzer des Warschauer Pakts diesen Versuch niederwalzten.
Die deutsche Studentenbewegung mit ihren ungewohnten Aktionen und ihrer marxistisch wie psychoanalytisch geprägten Sprache rief Aggressionen hervor (M15b). Der Konflikt eskalierte, als in Berlin 1967 bei einer Demonstration ein Student von einem Polizisten erschossen und

B 11 Landkommune Anfang der 70er Jahre. Politisierung war die eine Seite der Studentenbewegung, Kulturrevolution die andere. Die Suche nach neuen Lebensformen drückte sich nicht nur in einem theoretischen Interesse an Verhaltens- und Erziehungsfragen, sondern auch in neuen Erziehungsversuchen und im Rückzug auf einfache Lebensformen auf dem Land aus.

Ostern 1968 der SDS-Führer Rudi Dutschke von einem Attentäter lebensgefährlich verletzt wurde. Die APO sah die Hauptschuldigen für diese Entwicklung in der Manipulation der Öffentlichkeit durch die Massenmedien, insbesondere der „Bildzeitung" des Springer-Konzerns („Enteignet Springer!"). Obwohl die Studentenbewegung nur in den Jahren der Großen Koalition eine unmittelbare politische Bedeutung hatte, danach aber zerfiel, hat sie mit ihren radikalen Demokratieansätzen, ihrem antikapitalistischen Denken und ihrer Sympathie für Befreiungsbewegungen das Reformpotential in der Bundesrepublik nachhaltig belebt.

Alternative Lebensentwürfe

Die deutsche Studentenbewegung ruhte auf einer internationalen, unpolitischen und kommerziell geprägten **Jugendkultur,** die Wohlstand und ein äußerlich einheitlicher Lebensstil ebenso kennzeichnete wie die Begeisterung für Pop-Musik, wie sie sich z.B. beim Konzert im amerikanischen Woodstock 1969 zeigte. Der Bruch mit den Einstellungen der Elterngeneration betraf sexuelle Tabus und die gesamte Lebensweise: Promiskuität, Hedonismus und unangepaßte Lebensführung einschließlich Drogenkonsum nährten Flower-power- und Hippie-Bewegung („Make love not war" - „Let the sunshine in"). In Deutschland beflügelten diese Ansätze anarchistisch beeinflußte Erziehungsansätze in der sog. antiautoritären **Kinderladenbewegung** (A.S.Neill: Summerhill) und experimentelle Wohnformen wie die politisch-libertinären **Kommunen** und später die Landkommunenbewegung (B11). Unorthodoxer Sozialismus nach Marx und Psychoanalyse nach Freud bildeten die gemeinschaftliche Theoriegrundlage dieser Versuche. Anregung fand diese Bewegung durch die sog. Frankfurter Schule, der u.a. Theodor W. Adorno, Max Horkheimer, Herbert Marcuse und Jürgen Habermas angehörten. Vor allem Marcuses Schriften übten einen großen Einfluß auf die Studentenbewegung aus.

M13 Briefwechsel zwischen Günter Grass und Willy Brandt zur Bildung der Großen Koalition (Dezember 1966)

Lieber Willy Brandt!

Bevor es zur Großen Koalition kommt, bevor also Sie zwischen den Herren Kiesinger und Strauß den Kronzeugen einer falschen Harmonie werden abgeben müssen, bitte ich Sie, den Vorsitzenden der SPD, einer Partei also, in die ich meine Hoffnungen setzte und setze, noch einmal die unabsehbaren Folgen einer solchen Entscheidung zu bedenken. [...]

Zwanzig Jahre verfehlte Außenpolitik werden durch Ihr Eintreten in eine solche Regierung bemäntelt sein. Der unheilbare Streit der CDU/CSU wird auf die SPD übergreifen. Ihre Vorstellung vom anderen Deutschland wird einer lähmenden Resignation Platz machen, die große und tragische Geschichte der SPD wird für Jahrzehnte ins Ungefähre münden. Die allgemeine Anpassung wird endgültig das Verhalten zu Staat und Gesellschaft bestimmen.

Die Jugend unseres Landes jedoch wird sich vom Staat und seiner Verfassung abkehren, sie wird sich nach Links und Rechts verrennen, sobald diese miese Ehe beschlossen sein wird. Meine kritische Sympathie Ihnen und der Sozialdemokratischen Partei Deutschlands gegenüber verpflichtet mich, Ihnen diese Gedanken mitzuteilen. [...]

Freundliche Grüße Ihr Günther Grass.

Lieber Günter Grass!

[...] Es wird kein Zudecken von Versäumnissen und Fehlern und keinen faden politischen Eintopf geben. Die Große Koalition wird zu einem Fehlschlag führen, wenn sie sich nicht deutlich von dem abhebt, was in die Regierungskrise geführt hat. Dies ist die begrenzte, heute mögliche Alternative zum bisherigen Trott. Die SPD wird sich messen lassen an ihren bisherigen Forderungen. In einer Koalition gleichwertiger Partner wird Politik erst recht nicht gegen die SPD gemacht werden können. [...]

Niemand sollte den Stab brechen, solange wir nicht die Chance gehabt haben zu beweisen, was jetzt möglich ist. Für uns ist dies ein neuer Beginn. Wir werden in das neue Kapitel der deutschen Geschichte wesentliche neue Elemente einführen. Dafür werden wir Verantwortung tragen und gerade das geistige Deutschland nicht enttäu-

schen. Ich danke Ihnen für die Offenheit und Verbundenheit, die wir uns erhalten sollten.
Freundliche Grüße Ihr Willy Brandt.
(Keesing' s Archiv der Gegenwart, 1966, S. 1284)

1 *Stellen Sie Grass' Bedenken den Absichten von Brandt entgegen.*

2 *Untersuchen Sie im folgenden, wer worin recht behalten hat.*

M14 Notstandsgesetzgebung 1968

a) Flugblatt des Kuratoriums „Notstand der Demokratie" vom 12. Mai 1968

Der Deutsche Bundestag wurde gestern, wie schon früher gegen oppositionelle Initiativen, auch gegen unseren Sternmarsch[1] mobilisiert.
Die autoritären Disziplinierungsappelle der Großen Koalition und ihrer parlamentarischen Anhänger müssen uns jedoch in unserem Widerstand bestätigen. Dieser Bundestag akzeptiert – ohne auch nur näher hinzusehen – Zwangsarbeitsverhältnisse, den Einsatz der Bundeswehr gegen Bundesbürger, seine eigene Ausschaltung durch NATO-Beschlüsse, die Aufhebung von Grundrechten und die Aushöhlung des Streikrechts. Es ist eine schamlose Täuschung der Öffentlichkeit, diesen Anschlag auf das demokratische Grundgesetz als „Vorsorge für Zeiten der Not" und „Sicherung des Rechtsstaates" zu bezeichnen. [...]
Diese „Volksvertreter" sind dabei, in den Disziplinierungskampagnen für die Große Koalition ihre Legitimation vollends verheizen zu lassen. Sie helfen mit, die neuerwachten demokratischen Regungen außerhalb des Parlaments zu dem inneren Feind zu stempeln, der ausgeschaltet werden soll. Sie haben Angst, wenn aus einer willigen Wählermasse, die sich nicht um Politik kümmert, massenhaft kritische Bürger aktiv werden.
Diese Bundestagssitzung war keine Antwort auf unsere politischen Forderungen. Eine vernünftige Antwort kann nur lauten:
ABSETZUNG DER NOTSTANDSGESETZE VON DER TAGESORDNUNG.
Dieser Bundestag ist über die beabsichtigten Verfassungsänderungen noch nicht einmal informiert. Er hat schon deshalb kein Recht, mit ihnen das Grundgesetz zu ändern.
Kuratorium „NOTSTAND DER DEMOKRATIE".

1 Am 11. Mai 1968 veranstalteten die Gegner der Notstandsgesetze einen Sternmarsch auf Bonn.

(I. Wilharm [Hrsg.], Deutsche Geschichte 1962–1983. Bd. 1, Frankfurt/M. 1985, S. 147)

b) Aus der Notstandsverfassung vom 24. Juni 1968

Art. 12a
(3) Wehrpflichtige, die nicht zu einem Dienst nach Absatz 1 oder 2 herangezogen sind, können im Verteidigungsfalle durch Gesetz oder aufgrund eines Gesetzes zu zivilen Dienstleistungen für Zwecke der Verteidigung einschließlich des Schutzes der Zivilbevölkerung in Arbeitsverhältnisse verpflichtet werden. [...]
(4) Kann im Verteidigungsfalle der Bedarf an zivilen Dienstleistungen im zivilen Sanitäts- und Heilwesen sowie in der ortsfesten militärischen Lazarettorganisation nicht auf freiwilliger Grundlage gedeckt werden, so können Frauen vom vollendeten achtzehnten bis zum vollendeten fünfundfünfzigsten Lebensjahr durch Gesetz oder aufgrund eines Gesetzes zu derartigen Dienstleistungen herangezogen werden. Sie dürfen auf keinen Fall Dienst mit der Waffe leisten. [...]
(6) Kann im Verteidigungsfalle der Bedarf an Arbeitskräften für die in Absatz 3 Satz 2 genannten Bereiche auf freiwilliger Grundlage nicht gedeckt werden, so kann zur Sicherung dieses Bedarfs der Deutschen, die Ausübung eines Berufs oder den Arbeitsplatz aufzugeben, durch Gesetz oder aufgrund eines Gesetzes eingeschränkt werden. [...]
Artikel 87a
(4) Zur Abwehr einer drohenden Gefahr für den Bestand oder die freiheitliche demokratische Grundordnung des Bundes oder eines Landes kann die Bundesregierung, wenn die Voraussetzungen des Artikels 91 Abs. 2 und die Polizeikräfte sowie der Bundesgrenzschutz nicht ausreichen, Streitkräfte zur Unterstützung der Polizei und des Bundesgrenzschutzes beim Schutze von zivilen Objekten und bei der Bekämpfung organisierter und militärisch bewaffneter Aufständischer einsetzen. Der Einsatz von Streitkräften ist einzustellen, wenn der Bundestag oder der Bundesrat es verlangen.
Artikel 91
(1) Zur Abwehr einer drohenden Gefahr für den Bestand oder die freiheitliche demokratische Grundordnung des Bundes oder eines Landes kann ein Land Polizeikräfte anderer Länder sowie Kräfte und Einrichtungen anderer Verwaltungen und des Bundesgrenzschutzes anfordern.
(F. Siebert, Von Frankfurt nach Bonn. Hundert Jahre deutsche Verfassungen. Frankfurt/M. 1982, S. 174, 215 f., 216 f.)

1 *Überprüfen Sie die Bedenken, die in a) gegen die Notstandgesetze erhoben werden anhand von b).*

M15 Zur Studentenbewegung

a) Peter Schneider, Rede im Audimax der Freien Universität Berlin (April 1967)

Wir haben uns da offenbar nicht klar ausgedrückt, wir wollen uns jetzt klar ausdrücken. Es geht tatsächlich um die Abschaffung von Ruhe und Ordnung, es geht um undemokratisches Verhalten, es geht darum, endlich nicht mehr sachlich zu sein. Wir haben in aller Sachlichkeit über den Krieg in Vietnam informiert, obwohl wir erlebt haben, daß wir die unvorstellbarsten Einzelheiten über die amerikanische Politik in Vietnam zitieren können, ohne daß die Phantasie unserer Nachbarn in Gang gekommen wäre, aber daß wir nur einen Rasen betreten zu brauchen, dessen Betreten verboten ist, um ehrliches, allgemeines und nachhaltiges Grauen zu erregen. Wir haben vollkommen demokratisch gegen die Notstandsgesetze demonstriert, obwohl wir gesehen haben, daß wir sämtliche Ränge des Zivildienstes aufzählen können, ohne irgendeine Erinnerung wachzurufen, aber daß wir nur die polizeilich vorgeschriebene Marschrichtung zu ändern brauchen, um den Oberbürgermeister und die Bevölkerung aus den Betten zu holen. Wir haben ruhig und ordentlich eine Universitätsreform gefordert, obwohl wir herausgefunden haben, daß wir gegen die Universitätsverfassung reden können, soviel und solange wir wollen, ohne daß sich ein Aktendeckel hebt, aber daß wir nur gegen die baupolizeilichen Bestimmungen zu verstoßen brauchen, um den ganzen Universitätsaufbau ins Wanken zu bringen. [...]
Da haben wir es endlich gefressen, daß wir gegen den Magnifizenzwahn und akademische Sondergerichte, gegen Prüfungen, in denen man nur das Fürchten, gegen Seminare, in denen man nur das Nachschlagen lernt, gegen Ausbildungspläne, die uns systematisch verbilden, gegen Sachlichkeit, die nichts weiter als Müdigkeit bedeutet, gegen die Verketzerung jeder Emotion, aus der die Herrschenden das Recht ableiten, über die Folterungen in Vietnam mit der gleichen Ruhe wie über das Wetter reden zu dürfen, gegen demokratisches Verhalten, das dazu dient, die Demokratie nicht aufkommen zu lassen, gegen Ruhe und Ordnung, in der die Unterdrücker sich ausruhen, gegen verlogene Rationalität und wohlweisliche Gefühlsarmut, – daß wir gegen den ganzen alten Plunder am sachlichsten argumentieren, wenn wir aufhören zu argumentieren und uns hier in den Hausflur auf den Fußboden setzen. Das wollen wir jetzt tun.

(P. Schneider, Ansprachen. Berlin [Wagenbach] 1970, S. 12 ff.)

1 *Stellen Sie die Zentralthemen der Studentenbewegung 1967 zusammen.*

2 *Untersuchen Sie die Begründung neuer Mittel in der politischen Auseinandersetzung bei P. Schneider.*

b) „Unsere APO, menschlich betrachtet" (1968)

Äußerlichkeiten, Visuelles, Details zunächst. Ich kam, ich sah, ich hörte: Es fiel mir ihre Anmut, ihre Wohlausgestattetheit, ihre provozierende Sorglosigkeit auf. Ästhetisch gesehen sind sie ein reines Vergnügen; sie haben Stil. Noch nie war eine Jugend in Deutschland auf eine so entschlossene und zugleich überzeugende Weise jung. Dies ist eine erstaunlich schöne Generation jener Deutschen, die doch in der Welt als die Häßlichen etikettiert werden. Die Mädchen in ihren verwegenen Pullovern, die Jungens mit ihren imponierenden Backenbärten, sie erinnern an die apartesten Modelle aus der Werbebranche. [...]
Obwohl sie gegen die Konsumform der Gesellschaft im Überfluß protestierten, bleiben sie doch zunächst einmal deren Geschöpfe und Kreationen. Maskottchen des Spätkapitalismus, könnte man in ihrer eigenen Sloganform sagen. Sicher ist, daß unsere florierende Ökonomie sie mitproduziert hat. Es sind Revolutionäre der Prosperität.
Das zweite, das ins Auge fällt, ist ihre soziale Herkunft. In Gesprächen stellt sich bald heraus, daß ihre beredtsten Vertreter fast durchweg Kinder aus wohlhabenden Bürgerhäusern sind. Man weiß das: Es sind Söhne von Kaufleuten, Anwälten, Ärzten, Industriellen. Arbeiterjugend ist, entsprechend der Klassenstruktur unserer Universitäten, nicht vertreten. [...]
Sie sprechen mit ihrem von Marcuse, Adorno, Habermas rasch übernommenen Soziologenjargon eine Sprache, die in ihrer starren, formelhaften Verkürzung an die Gebetsmühlen eines neuen Parteichinesisch erinnert. Es ist alles etwas zu rasch erstarrt und „umfunktioniert".
Schließlich fällt die Geste kindlich-großartiger Selbstsicherheit auf, die mitunter blitzschnell Züge des Terrorismus annehmen kann, wie immer bei Kindern. Ein leidenschaftlicher Aktionswille paart sich mit einem Machtanspruch, der Heiterkeit auslösen müßte, wäre das Establishment selbst nicht so verdutzt und ratlos.

(Die Zeit vom 18. 10. 1968)

1 *Stellen Sie die Thesen über die soziale Herkunft, die Charaktereigenschaften, Stärken und Schwächen für die APO zusammen.*

2 *Welche Einschätzungen erwiesen sich als prophetisch?*

III Sozialliberale und christlich-liberale Koalitionen 1969–1990

1 Reformpolitik und Terrorismus der 70er Jahre

Bundespräsidentenwahl 1969

Nach dem Rücktritt von Heinrich Lübke als zweitem Bundespräsidenten stellte die SPD mit Gustav Heinemann einen eigenen Präsidentschaftskandidaten auf. In der Wahl des SPD-Kandidaten mit den Stimmen der FDP spiegelte sich nicht nur die Auffassung der Bevölkerung, daß an den Erfolgen der Großen Koalition die SPD den Hauptanteil trage, es zeigte auch ein „Stück Machtwechsel" (Heinemann).

Machtwechsel 1969

Trotz der erfolgreichen Wirtschaftspolitik gab es in der Großen Koalition Differenzen; sie betrafen die Wirtschafts- wie die Ostpolitik. Als sich nun 1969 auf dem Freiburger Parteitag der FDP der linke Flügel unter Walter Scheel durchsetzte, der in der Ost- und Verteidigungspolitik der SPD nahestand, und die Bundestagswahl eine **Mehrheit von 12 Mandaten für SPD und FDP** ergab, gingen die Sozialdemokraten und die Liberalen das Wagnis ein, eine Koalitionsregierung zu bilden. Erstmals in der Geschichte der Bundesrepublik waren CDU/CSU in die Opposition gedrängt.
Willy Brandt wurde mit knapper Mehrheit zum **Kanzler** gewählt. In seiner Regierungserklärung betonte er die Kontinuität seiner Außenpolitik (Entspannung und neue Ostpolitik) und einen Erneuerungskurs in der Innenpolitik. In der Wirtschaftspolitik bürgte Wirtschaftsminister Schiller für eine Fortführung der Globalsteuerung.

Innere Reformen

Sein Reformprogramm stellte Kanzler Brandt unter das Motto **„Mehr Demokratie wagen"**(M16). Damit war die **Erweiterung von Bürgerrechten** im politischen Prozeß und im Wirtschaftsleben angekündigt und eine gesellschaftliche Aufbruchstimmung wie in der Studentenbewegung verstärkt worden („Erwartungsrevolution"). Die Herabsetzung von Volljährigkeits- und Wahlalter von 21 auf 18 Jahre sowie die Vorbereitung eines Mitbestimmungsgesetzes wiesen die Richtung zu **mehr Bürgerbeteiligung** in Staat und Wirtschaft. In gesellschaftlicher Hinsicht sollte eine Bildungsreform gleiche Chancen für alle beim sozialen Aufstieg gewährleisten und mit Universitätsausbau und Ausbildungsförderung (BAFöG) die höhere Ausbildung erweitern (M17). Der **Modernisierung der Wirtschaft** diente der nun forcierte Ausbau des Fernstraßennetzes ebenso wie die Forschungsförderung des Bundes. Verwaltungs- und Gebietsreformen ergänzten die Reformpolitik durch Zentralisierung, während Schwerbehindertengesetz und Wohngeldverbesserung das soziale Netz enger knüpften.

Ostverträge und Konstruktives Mißtrauensvotum

In der Ostpolitik strebte Brandt ein „geregeltes Nebeneinander" mit Sowjetunion, Polen, DDR und ČSSR an. Die Anerkennung der „Unverletzlichkeit" der Nachkriegsgrenzen (aber nicht deren Endgültigkeit) in den Verträgen mit der UdSSR und Polen 1970 (s. S.268f.) erregte besonders in den Reihen der Vertriebenenverbände solchen Widerstand, daß der **Streit um die Ostverträge** zur Zerreißprobe der sozialliberalen Regierung geriet: Durch Parteiwechsel verschwand die Mehrheit von SPD und FDP im Bundestag. Oppositionsführer Rainer Barzel aber verfehlte in einem Konstruktiven Mißtrauensvotum im April 1972 seine Kanzlerwahl um eine Stimme.
Kanzler Brandt beseitigte das **parlamentarische Patt**, indem er über die Vertrauensfrage den Weg zu **Neuwahlen** freimachte. Der Bundestagswahlkampf 1972 zeigte Brandt auf dem Höhe-

punkt seiner Popularität (B 12a). Er hatte im Herbst 1971 für seine Ostpolitik den Friedensnobelpreis erhalten und führte den Wahlkampf als Abstimmung über seine Außenpolitik. Polarisierung und Politisierung führten (B 12 b) zu einer Wahlbeteiligung von 91 % und brachten eine knappe SPD-Mehrheit (45 %), die mit den 8,4 % der FDP eine **Fortsetzung der sozialliberalen Koalition** erlaubte (s. S. 174). So kam es 1972 zum Grundlagenvertrag mit der DDR und 1973 zum Prager Vertrag mit der ČSSR (s. S. 270).

Extremistenbeschluß 1972

Obwohl die SPD sich gegen DDR und SED immer scharf abgegrenzt und Verteidigungsminister Helmut Schmidt den Wehretat kräftig erhöht hatte, erregten Demokratisierungs- und Ostpolitik bei der Union die Befürchtung, die **innere Sicherheit** der Bundesrepublik sei gefährdet. Diese Besorgnis wurde auch durch die sozialistische Studentenbewegung und die APO genährt, obwohl diese bereits im Zerfallen begriffen waren. Weil Rudi Dutschke einst als langfristiges Ziel der APO den „langen Marsch durch die Institutionen" des Staates proklamiert hatte, wollten die Unionsparteien, um Verfassungsgegner aus dem Staatsdienst fernzuhalten, zunächst die 1968 gegründete **Deutsche Kommunistische Partei (DKP)** als verfassungswidrige Nachfolgepartei der KPD vom Bundesverfassungsgericht verbieten lassen.
Um ein erneutes Parteiverbot zu vermeiden und dennoch eine **abwehrbereite Demokratie** zu verwirklichen, führte Kanzler Brandt im Januar 1972 einen Beschluß der Ministerpräsidenten der Länder herbei, **alle Bewerber für den öffentlichen Dienst**, insbesondere Beamtenanwärter, auf ihre Bereitschaft zu **überprüfen,** „jederzeit für die freiheitlich demokratische Grundord-

B 12 a Wahlplakat der SPD zur Bundestagswahl 1972. – Am Lenker des Motorrades Willy Brandt, hinter ihm Walter Scheel, der Außenminister, abseits Franz Josef Strauß.

– *Analysieren Sie die einzelnen Bild-Elemente und interpretieren Sie den Sinn des Plakates.*

B 12 b Plakat von Klaus Staeck, 1972.

– *Interpretieren Sie dieses Plakat vor dem Hintergrund der Politik der sozialliberalen Koalition.*
– *Inwiefern ist der Plakattext Reflex der Haltung der Opposition zur Regierung?*

nung einzutreten“ (M18a). Das Verfahren wurde zwar 1975 in einem Bundesverfassungsgerichtsurteil gutgeheißen, führte aber zu so heftigen Kontroversen über die Verhältnismäßigkeit der Mittel (Regelanfrage beim Verfassungsschutz über jeden Bewerber), daß die von SPD und FDP regierten Länder 1976 dieses Verfahren abschafften. Bis dahin war etwa eine halbe Million Bewerber überprüft, aber nur 460 abgelehnt worden (M18b).

Terrorismus

Wirkliche Gefahr für die innere Sicherheit drohte freilich weniger von DKP und Beamtenbewerbern aus Kreisen der APO als von politischen Terrorgruppen, die sich seit 1970 aus Kreisen der APO und der Studentenbewegung entwickelt hatten. Unter ihnen erlangten die **Rote Armee Fraktion (RAF)**, die „Bewegung 2. Juni“ und die „Revolutionären Zellen“ die größte Bedeutung. Die RAF z.B. war gegründet worden, nachdem der studentische Kaufhausbrandstifter Andreas Baader von der Journalistin Ulrike Meinhof und dem Anwalt Horst Mahler aus einem Berliner Gefängnis befreit worden war (Baader-Meinhof-Gruppe/Bande (B15)). Ihr Ziel war es, das „System“ der Bonner Demokratie zu beseitigen, das sie als Inbegriff einer neofaschistischen, kapitalistischen und imperialistischen Organisation zur Ausbeutung der Dritten Welt betrachteten. Dazu proklamierte die RAF den **bewaffneten Kampf** nach dem Vorbild südamerikanischer Stadtguerilla (M19a).
Die Blutspur des politischen Terrorismus zieht sich durch die ganzen 70er Jahre. Die Mordanschläge galten nicht nur militärischen Einrichtungen wie dem US-Hauptquartier in Europa (Heidelberg) oder der deutschen Botschaft in Stockholm; ihnen fielen auch Einzelpersonen wie Gerichtspräsidenten, Bankenchefs oder der Generalbundesanwalt zum Opfer. Ihm Jahr 1977 erreichte die Terrorwelle ihren Höhepunkt, als die RAF den Präsidenten der Arbeitgeberverbände Hans Martin Schleyer entführte, seine Begleitpersonen tötete und eine Lufthansa-Maschine mit Touristen entführte, um RAF-Gefangene freizupressen. Nachdem dies mißlungen war und führende Köpfe der RAF im Stuttgarter Gefängnis Stammheim Selbstmord begangen hatten, wurde Schleyer ermordet aufgefunden.
Die Terroristenverfolgungen und -verurteilungen führten zur **Verschärfung von Strafrecht, Strafprozeßrecht, Anwaltsordnung und Strafvollzugsrecht**. Den Ruf nach dem starken Staat aber konnte eine besonnene Politik der Bundesregierung abwehren (M19b).

M16 Aus der Regierungserklärung von Bundeskanzler Brandt vom 28. Oktober 1969

Wir wollen mehr Demokratie wagen. Wir werden unsere Arbeitsweise öffnen und dem kritischen Bedürfnis nach Information Genüge tun. Wir werden darauf hinwirken, daß nicht nur durch Anhörungen im Bundestag, (Abg. Dr. Barzel: Anhörungen?) sondern auch durch ständige Fühlungsnahme mit den repräsentativen Gruppen unseres Volkes und durch eine umfassende Unterrichtung über die Regierungspolitik jeder Bürger die Möglichkeit erhält, an der Reform von Staat und Gesellschaft mitzuwirken. […]
Wir werden dem Hohen Hause ein Gesetz unterbreiten, wodurch das aktive *Wahlalter* von 21 auf 18, das passive von 25 auf 21 Jahre herabgesetzt wird.
(Beifall bei den Regierungsparteien)
Wir werden auch die Volljährigkeitsgrenze überprüfen.
Mitbestimmung, *Mitverantwortung in den verschiedenen Bereichen unserer Gesellschaft* wird eine bewegende Kraft der kommenden Jahre sein. Wir können nicht die perfekte Demokratie schaffen. Wir wollen eine Gesellschaft, die mehr Freiheit bietet und mehr Mitverantwortung fordert. […]
Bildung und Ausbildung, Wissenschaft und Forschung stehen an der Spitze der Reformen, die es bei uns vorzunehmen gilt. […]
Schwere Störungen des gesamten Bildungssystems ergeben sich daraus, daß es bisher nicht gelungen ist, die vier Hauptbereiche unseres Bildungswesens – *Schule, Hochschule, Berufsausbildung und Erwachsenenbildung* – nach einer durchsichtigen und rationalen Konzeption zu koordinieren. Solange aber ein *Gesamtplan* fehlt,

ist es nicht möglich, Menschen und Mittel so einzusetzen, daß ein optimaler Effekt erzielt wird. [...] Besonders dringlich ist ein *langfristiger Bildungsplan* für die Bundesrepublik. Die Bundesregierung wird sich von der Erkenntnis leiten lassen, daß der zentrale Auftrag des Grundgesetzes, allen Bürgern gleiche Chancen zu geben, noch nicht annähernd erfüllt wurde. Die Bildungsplanung muß entscheidend dazu beitragen die soziale Demokratie zu verwirklichen.

(I. Wilharm [Hrsg.], Deutsche Geschichte 1962–1983. Bd. 2, Frankfurt/M. 1985, S. 27 ff.)

1 *Stellen Sie das Reformprogramm der Regierung Brandt in einer Übersicht zusammen.*

M17 Entwicklung der Abiturientenzahlen

Jahr	Zahl	Anteil an der gleichaltrigen Bevölkerung
1950	32 788	4,3 %
1960	56 637	5,9 %
1970	70 770	9,2 %
1979	127 220	14,7 %

(Informationen zur politischen Bildung 191, Bonn 1981, S. 34)

1 *Versuchen Sie, aus der Statistik die Schwerpunkte der Reformpolitik der Sozialliberalen Koalition zusammenzustellen.*

2 *Untersuchen Sie Kontinuität und Neuansatz anhand der Tabelle.*

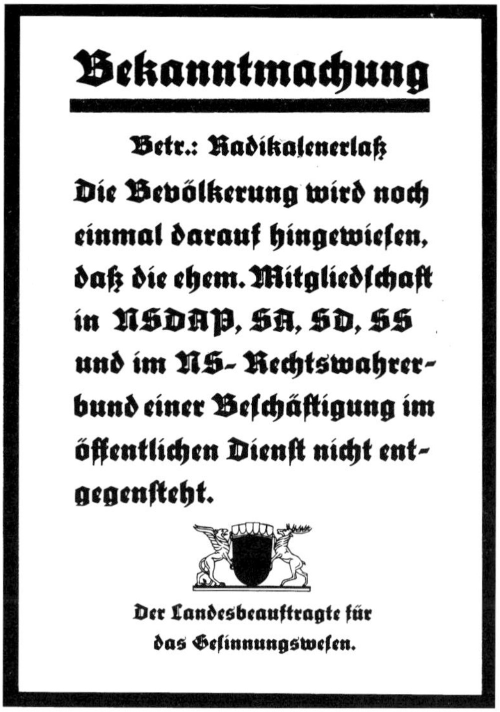

B 13 Plakat von Klaus Staeck, 1975.

– *Setzen Sie sich kritisch mit Text und Intention des Plakates auseinander, indem Sie sich die Praxis der Ausführung des Extremistenbeschlusses von 1971 vergegenwärtigen.*

M18 Extremistenbeschluß

a) Beschluß der Regierungschefs des Bundes und der Länder vom 28. Januar 1972 („Radikalenerlaß")

1. Nach den Beamtengesetzen in Bund und Ländern darf in das Beamtenverhältnis nur berufen werden, wer die Gewähr dafür bietet, daß er jederzeit für die freiheitliche demokratische Grundordnung im Sinne des Grundgesetzes eintritt,

sind Beamte verpflichtet, sich aktiv innerhalb und außerhalb des Dienstes für die Erhaltung dieser Grundordnung einzusetzen.

Es handelt sich hierbei um zwingende Vorschriften.

2. Jeder Einzelfall muß für sich geprüft und entschieden werden. Von folgenden Grundsätzen ist dabei auszugehen:

2.1 *Bewerber*

2.1.1 Ein Bewerber, der verfassungsfeindliche Aktivitäten entwickelt, wird nicht in den öffentlichen Dienst eingestellt.

2.1.2 Gehört ein Bewerber einer Organisation an, die verfassungsfeindliche Ziele verfolgt, so begründet diese Mitgliedschaft Zweifel daran, ob er jederzeit für die freiheitliche demokratische Grundordnung eintreten wird. Diese Zweifel rechtfertigen in der Regel eine Ablehnung des Einstellungsantrages.

3. Für Arbeiter und Angestellte im öffentlichen Dienst gelten entsprechend den jeweiligen tarifvertraglichen Bestimmungen dieselben Grundsätze.

(Ministeralblatt von Nordrhein-Westfalen, 1972, S. 324)

b) Der Journalist Franz Alt über den „Radikalenerlaß" 1976

Seit 1973 wurden nahezu eine halbe Million Bewerber für den öffentlichen Dienst „überprüft", aber nur wenige Dutzend abgewiesen, so ist zu erfahren. Das soll ein Trost sein! In Wirklichkeit sind die Zahlen ein Beweis für unnötige und unsinnige Schnüffelpraxis, für gefährlichen Sicherheitswahn und dilettantische deutsche „Gründlichkeit". Das ist auch so auf SPD-Parteitagen zu hören – dort wird freilich immer der Eindruck zu erwecken versucht, als träfen die Vorwürfe nur die CDU/CSU-regierten Länder. Aber in Bremen zum Beispiel wurde das DKP-Mitglied Horst Holzer als Hochschulprofessor schon abgelehnt, als er in München noch ungehindert lehren durfte. [...]
Es häufen sich aber auch die Fälle skandalöser Prüfungspraktiken. Da werden 25jährigen Akademikern 1975 ihre politischen Aussagen des Jahres 1968 vorgehalten. Damals waren sie 18! Oder: SPD-Mitglieder werden abgewiesen, weil sie in Organisationen mitarbeiten, in denen auch DKP-Mitglieder tätig sind. Wann werden eigentlich die ersten Mitglieder der CDU-Sozialausschüsse abgewiesen, weil sie in den Gewerkschaften sind, in denen auch Kommunisten arbeiten? [...]
Als Konservativer verstehe ich nicht, daß sich die Aufregung über verfassungsfeindliche Praktiken bei der Abwehr von Radikalen bisher überwiegend unter Linken und Liberalen abgespielt hat. Die Konservativen sollten sich doch als erste für die Wahrung und Verteidigung des Grundgesetzes einsetzen. Die jetzige Praxis ist unbrauchbar. Schon deshalb, weil sie davon ausgeht, daß 25jährige ihre politische Einstellung nie ändern.
(Zitiert in: Frankfurter Rundschau vom 12. Januar 1976)

1 *Vergleichen Sie Intention und Auswirkung des Extremistenbeschlusses anhand der Quellen a) und b).*

2 *Bewerten Sie diesen Weg der abwehrbereiten Demokratie auch im Hinblick auf mögliche künftige Entwicklungen.*

M19 Das Terror-Problem

a) Aus dem Gründungsaufruf der Rote Armee Fraktion (RAF) vom 5. Juni 1970

Den Jugendlichen im Märkischen Viertel habt ihr die Baader-Befreiungs-Aktion zu erklären [...]. Den kinderreichen Familien, den Jungarbeitern und Lehrlingen, den Hauptschülern, den Familien in den Sanierungsgebieten, den Arbeiterinnen von

B 14 Emblem der „Roten Armee Fraktion", das in den verschiedenen Generationen der Terrorgruppe bis in die 90er Jahre die Bekennerschreiben kennzeichnet.

Siemens und AEG-Telefunken, von SEL und Osram, den verheirateten Arbeiterinnen, die zu Haushalt und Kindern auch noch den Akkord schaffen müssen – verdammt!
Denen habt ihr die Aktion zu vermitteln, die für die Ausbeutung, die sie erleiden, keine Entschädigung bekommen durch Lebensstandard, Konsum, Bausparvertrag, Kleinkredite, Mittelklassewagen. Die sich den ganzen Kram nicht leisten können, die da nicht dran hängen. Die alle Zukunftsversprechen ihrer Erzieher und Lehrer und Hausverwalter und Fürsorger und Vorarbeiter und Meister und Gewerkschaftsfunkionäre und Bezirksbürgermeister als Lügen entlarvt haben und nur noch Angst vor der Polizei haben. Denen – und nicht den kleinbürgerlichen Intellektuellen – habt ihr zu sagen, daß jetzt Schluß ist, daß es jetzt losgeht, daß die Befreiung Baaders nur der Anfang ist! Daß ein Ende der Bullenherrschaft abzusehen ist! Denen habt ihr zu sagen, daß wir die Rote Armee aufbauen, das ist ihre Armee. Denen habt ihr zu sagen, daß es jetzt losgeht. – Die werden nicht blöde fragen, warum gerade jetzt? [...]
Ohne gleichzeitig die Rote Armee aufzubauen, verkommt jeder Konflikt, jede politische Arbeit im Betrieb und im Wedding und im Märkischen Viertel und in der Plötze und im Gerichtssaal zu Reformismus, d. h.: Ihr setzt nur bessere Disziplinierungsmittel durch, bessere Einschüchterungsmethoden, bessere Ausbeutungsmethoden. Das

B 15 Fahndungsplakat, die erste Generation der RAF betreffend. Solche Fahndungsaufrufe hingen während der 70er und 80er Jahre in allen öffentlichen Gebäuden, Banken und Sparkassen aus.

macht das Volk nur kaputt, das macht nicht kaputt, was das Volk kaputt macht! Ohne die Rote Armee aufzubauen, können die Schweine alles machen, können die Schweine weitermachen: Einsperren, Entlassen, Pfänden, Kinder stehlen, Einschüchtern, Schießen, Herrschen. Die Konflikte auf die Spitze treiben heißt: Daß die nicht mehr können, was die wollen, sondern machen müssen, was wir wollen. [...]

Die Klassenkämpfe entfalten. Das Proletariat organisieren. Mit dem bewaffneten Widerstand beginnen! Die Rote Armee aufbauen!

(J. Mieemeister/J. Staadt, [Hrsg.], Provokationen, Darmstadt 1980, S. 209–211)

1 *Stellen Sie Ziele und Mittel in der Konzeption der RAF zusammen.*

2 *Untersuchen Sie die Vorstellung von Proletariat in der Quelle.*

b) Kanzler Schmidt in seiner Regierungserklärung vom 20. April 1977 zum Terrorismus

Jedermann hat Anspruch auf ein ordnungsgemäßes Gesetzesverfahren. Ein Sonderprozeßrecht für Terroristen darf es nicht geben. Der Raubmörder und der terroristische Mörder müssen nach dem gleichen Recht, auch nach dem gleichen Verfahrensrecht, vor Gericht gezogen werden. Allerdings denken wir, daß jede rechtsstaatliche Möglichkeit der Konzentration und der Beschleunigung der Strafverfahren genutzt werden sollte. Aber ich wiederhole auch: Mit Gesetzgebung allein schaffen wir den Terrorismus nicht aus der Welt. Wir müssen ihm jeden *geistigen Nährboden* entziehen. Dazu ist es nötig, unseren Bürgern, zumal den jüngeren, die Einmaligkeit des liberalen Rechtsstaates in unserer nationalen Geschichte stärker erlebbar, stärker bewußtzumachen, als das bisher geschehen ist. [...]

[...] Wer einer falschen und verhängnisvollen Solidarisierung mit Desperados von großer krimineller Energie entgegenwirken will und wer die Täter von der Gemeinschaft total isolieren will, darf dabei nicht riskieren, daß die Freiheit der Person zu einem Ausstellungsstück wird, das nicht mehr berührt, sondern nur noch in der Vitrine besichtigt werden kann. Wir haben in Wahrheit zwei *Aufgaben* zu leisten: Zum ersten, den Terrorismus ohne Wenn und ohne Aber und ohne jede sentimentale Verklärung der Tätermotive zu verfolgen, bis er aufgehört haben wird, ein Problem zu sein. Aber die andere Aufgabe muß es sein, die Meinungsfreiheit kämpferisch und entschlossen zu verteidigen und über jeden Zweifel klarzumachen, daß Kritik an den vielerlei Obrigkeiten nicht nur statthaft ist, sondern daß sie für jeden demokratischen Staat prinzipiell erwünscht ist. Solche Kritik freilich legitimiert sich allein durch das vorbehaltlose Bekenntnis zu eben diesem freiheitlichen Rechtsstaat unseres Grundgesetzes, der den Wettbewerb der Ideen und Argumente garantiert. [...]

(Keesing' s Archiv der Gegenwart. 1977, S. 20968 ff.)

1 *Rekapitulieren Sie das Problem, das der Terrorismus nach Kanzler Schmidt aufwirft.*

2 *Erörtern Sie die Aussichten von Schmidts Konzept der Bekämpfung der Ursachen des Terrorismus.*

2 Ölkrise und Automatisierung

Ölschock 1973/74

Als 1973 im dritten Nahostkrieg die USA und die westlichen Länder Israel massiv unterstützten, ergriffen die arabischen Länder Sanktionsmaßnahmen, drosselten ihre Erdölproduktion und führten damit eine **Verdreifachung des Ölpreises** herbei. Ölverknappung und Energieverteuerung führten nicht nur zu einem Sonntagsfahrverbot für Kraftfahrzeuge, sondern zu einer Stagnation des Wirtschaftswachstums 1974 (Sinken des Sozialprodukts um 1,6 %, 1975 Rückgang um über 3 %) und einem Anwachsen der Arbeitslosigkeit (1974 1/2 Mio., 1975 über 1 Mio.(M21a, b)). Das Stimmungshoch der Reformjahre wich rasch der ernüchternden Einsicht in die **„Grenzen des Wachstums“**, welche der Club of Rome bereits 1972 im Bewußtsein der Weltöffentlichkeit verankern wollte.

Kanzlerwechsel

In dieser Lage erwies sich Kanzler Brandt als unfähig zum aktiven Krisenmanagement; die Bundesregierung stimmte z.B. jetzt noch einem 11%igen Tarifabschluß für den öffentlichen Dienst zu. Als sich dann im Mai 1974 herausstellte, daß Brandts persönlicher Referent Guilleaume ein DDR-Agent war, trat der Kanzler zurück. Zu seinem Nachfolger wurde am 16. Mai 1974 der Wirtschafts- und Finanzminister **Helmut Schmidt (SPD)** gewählt, der zusammen mit **Hans-Dietrich Genscher (FDP)** eine neue sozialliberale Koalition bildete. Bereits tags zuvor war Walter Scheel (FDP) neuer Bundespräsident geworden.

Tendenzwende

Nach der Instabilität der Reformphase war nun wieder **Stabilität** das oberste Ziel der Bunderegierung. Die Reformbereitschaft war gesunken, da angesichts sinkender Einnahmen kostspielige Reformen nicht mehr möglich waren. Das Problem einer Sockel-Arbeitslosigkeit von 1 Million verlangte die Konzentration der Kräfte auf die Schaffung von Wirtschaftswachstum. Kanzler Schmidt erwies sich immer mehr als der „Macher“, der wirtschaftliche und politische Stabilität garantierte. Er installierte das wirtschaftliche Krisenmanagement als festen Bestandteil der Regierungspolitik, setzte Schillers Globalsteuerungskonzept fort und wechselte von nachfrageorientierten Maßnahmen nach Keynes zur angebotsorientierten Wirtschaftspolitik, zu der die Senkung von Lohnkosten und Inflationsraten gehören. Trotz sinkenden bzw. rückläufigen Wachstums, importierter Inflation*, Ölpreisexplosion und schärfsten internationalen Wettbewerbs war Schmidts Politik erfolgreich. Die Bundesrepublik erlebte in den 70er Jahren einen Aufschwung und bildete eine Stabilitätsinsel in einer krisengeschüttelten Welt.

Trotz dieser positiven Bilanz gab es auch politische Defizite. Wegen der dramatisch erhöhten Energiekosten (trotz 25 % Einsparung mußte 1983 sechsmal soviel für Öl ausgegeben werden wie 1972) blieben Wirtschaftsstrukturgesetze wie Benzinpreisanhebung ebenso auf der Strecke wie sozialpolitische Reformen. Umweltschutzgesetze zur Wasser- und Luftreinhaltung erwiesen sich infolge des Widerstands der Unternehmen als Stückwerk.

Neue Technologien

In den 70er Jahren vollzog sich durch die **Einführung der elektronischen Datenverarbeitung** eine **„Bürorevolution“.** Buchungsvorgänge, Rechnungsstellungen, Lagerhaltungen, Bestellungen wurden automatisiert, rechnergestützte und rechnergesteuerte Sachbearbeitung eingeführt und Managementinformationssysteme installiert. Konstruktionsbüros stellten auf rechnergestützte Zeichnungen um

(CAD: Computer Assisted Design), in Fabrikhallen zogen **Industrieroboter** ein (M21d) und Fertigungsabläufe wurden erstmals von Großrechnern gesteuert (CIM: Computer Integrated Manufacturing (M22).

Dieser Automatisierungsvorgang „rationalisierte" viele traditionelle Arbeitsplätze hinweg, z.B. Handarbeit am Fließband oder buchhalterische Tätigkeit im Büro. Insofern trug die Automatisierung zur Arbeitslosigkeit bei. Vor allem gelang es nicht, die 50 % unqualifizierten unter den Dauerarbeitslosen in Arbeit zu bringen (**strukturelle Arbeitslosigkeit**). Andererseits schufen die neuen Technologien viele **Arbeitsplätze für Höherqualifizierte**, die durch die Bildungsreform Ende der 60er Jahre und den Ausbau von Universitäten und Fachhochschulen zunehmend zur Verfügung standen. Wirtschaft und Verwaltung nahmen die vom Bildungssystem zunächst über den Bedarf hinaus produzierte Qualifikation dankbar ab (M23).

Dieser Vorgang schuf einen **neuen Mittelstand** von höher qualifizierten unselbständigen Beschäftigten (Angestellten) im Dienstleistungsbereich (Planung, Marketing, Forschung, Entwicklung, Vertrieb, Werbung, Verwaltung) mit gößerem Selbstbewußtsein und Individualismus (M 21c). Das brachte einen **Wertewandel** hervor. Nach einer Untersuchung von 1976 rangierten neben Gesundheit, individueller Bildung und persönlichkeitsbezogener Arbeit (Platz 1-3) Freizeit, Sicherheit und Umweltfragen neben politischer Beteiligung auf den ersten neun Plätzen der Werteskala. Darin kündigten sich bereits die Orientierungen der 80er Jahre an.

Neue weltpolitische Rolle der Bundesrepublik

1976 konnte die Regierung Schmidt bereits das Fazit ziehen, daß die Bundesrepublik neben Japan am besten den Ölpreisschock bewältigt hatte. Die D-Mark war und blieb die stabilste Währung neben dem Schweizer Franken in Europa und repräsentierte die stärkste Wirtschaftskraft in der EG. Als 1979 die EG das Europäische Währungssystem mit festen Wechselkursen einführte, war die **Bundesrepublik die wirtschaftliche Führungsmacht in der EG** und nahm als vierte Macht an den Wirtschaftsgipfeln der Siegermächte des Zweiten Weltkrieges teil. Eine enge Zusammenarbeit mit Frankreich infolge von Schwankungen in der amerikanischen Außenpolitik erleichterte die Übernahme dieser neuen Aufgabe Westdeutschlands.

Zweiter Ölschock 1979

Die wirtschaftliche und außenpolitische Kompetenz der Regierung Schmidt hatte die Wirtschaftsdaten zum Gradmesser erfolgreicher Politik erhoben. Als nun 1979 eine zweite Welle von Ölpreiserhöhungen einsetzte, geriet die sozialliberale Regierung in Schwierigkeiten (M20). Die SPD, besonders deren Parteijugend, kritisierte die in ihren Augen geringe Reformbereitschaft von Kanzler Schmidt, die FDP aber sah in der SPD das Hindernis für eine wirkungsvolle Kostendämpfungspolitik. In dieser Zerreißprobe rettete die Polarisierung der **Bundestagswahlen von 1980** die Koalition. F. J Strauß als Kanzlerkandidat für die Union stellte den Wahlkampf unter das Motto „Freiheit statt Sozialismus", konnte aber die Mehrheit der SPD/FDP nicht brechen.

M20 **Bundeskanzler Helmut Schmidt zur Energiepolitik in seiner Regierungserklärung vom 24. November 1980**

Ich komme auf die einzelnen, wichtigsten Probleme nacheinander zu sprechen. Zunächst rede ich vom Öl. *Vom Öl unabhängiger zu werden* ist eine entscheidende wirtschaftliche und technische Aufgabe, vor der wir stehen. Ohne sichere Energieversorgung keine wirtschaftliche und soziale Stabilität, kein Wachstum, keine Leistungsfähigkeit – weder nach innen noch nach außen.
(Beifall bei der SPD und der FDP – Zurufe von der CDU/CSU)
Die zweite Ölpreisexplosion seit 1978 hat in unserer Volkswirtschaft unübersehbare Spuren hinterlassen: steigende Kosten und steigende Preise, Leistungsbilanzdefizit, steigende Arbeitslosigkeit. Die höhere Ölrechnung entzieht den Bürgern reales Einkommen in der Größenordnung von etwa 30 Milliarden Deutsche Mark pro Jahr! Dieser Kaufkraftentzug kann nicht binnenwirtschaftlich ersetzt werden.
Der Krieg in der Golf-Region hat uns die weltweiten Risiken der Energieversorgung drastisch vor Augen geführt. (Zuruf von der CDU/CSU: Und was haben Sie getan?) Zwar haben wir für den kommenden Winter volle Tanks, zwar haben wir zahlreiche Bezugsquellen, aber hohe Öl- und Erdgaspreise, dazu weltpolitisch bedingte Versorgungs- risiken werden den ganzen 80er Jahren ihren Stempel aufprägen. Seit 1973 haben sich die Bundesregierungen konsequent darauf eingestellt. Die Ziele unserer Politik sind und bleiben: Weg vom Öl, sparsamer und rationeller Einsatz von Energie, Vorrang der heimischen Kohle, begrenzter Ausbau der Kernenergie (Dr. Pobst [CDU/CSU]: Was heißt das? – Weitere Zurufe von der CDU/CSU: Ha, ha!) – ich komme darauf –. Entwicklung und Einführung erneuerbarer Energien.
[…]
Über die Notwendigkeit der friedlichen Nutzung der *Kernenergie* besteht international breite Übereinstimmung. Die Bundesregierung hält einen weiteren Ausbau der Kernenergie sicherheitstechnisch für vertretbar und auf absehbare Zukunft, d. h. jedenfalls für die nächsten Jahrzehnte, energiepolitisch für notwendig. Sie tritt daher für den *begrenzten Ausbau* der Kernenergie ein – selbstverständlich unter Vorrang der Sicherheit. Voraussetzung dafür ist die Gewährleistung der Entsorgung.
[…]
Die Bundesregierung erwartet weitere Beiträge an – wenn ich so sagen darf – *sanfter Energie*: aus Solaranlagen, aus Wärmepumpen, aus neuen Erfindungen insgesamt. Wir werden solche Entwicklungen weiterhin fördern.
(Verhandlungen des Deutschen Bundestages, IX, 24. 11. 1980)

1 *Definieren Sie, ausgehend von der Quelle, „Ölkrise".*

2 *Erläutern Sie die Maßnahmen der Bundesregierung, der Ölkrise zu begegnen.*

B 16 Ein elektronischer Schaltkreis der 60er Jahre. – „Halbleiter" bilden das Kernstück von Schaltungen, bei denen Transistoren, Widerstände, Dioden und Kondensatoren in einem winzigen Plättchen von wenigen Quadratmilimetern untergebracht sind (Chip). Sie ermöglichen Flüge in den Weltraum, Ferngespräche über Satelliten und elektronische Datenverarbeitung.

M21 Wirtschaftsentwicklung 1973–1983

a) Bruttosozialprodukt in Milliarden DM

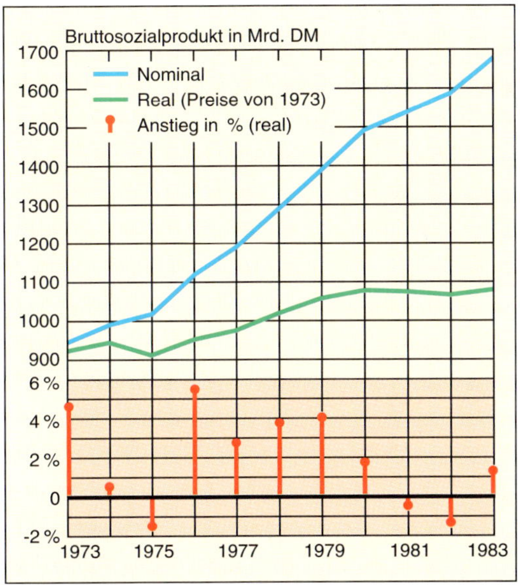

b) Arbeitslosigkeit

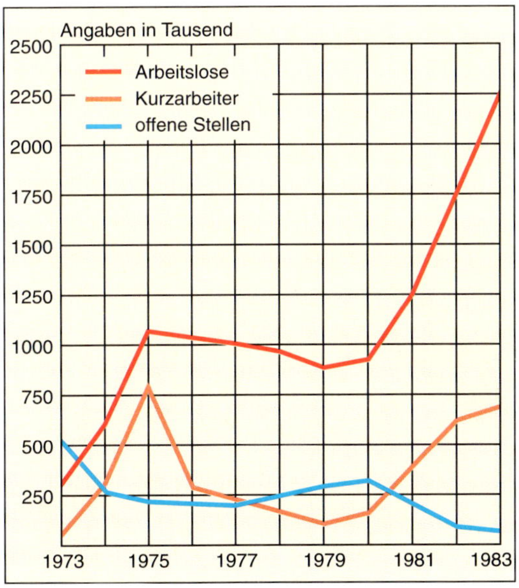

(Der Staatsbürger Nr. 6., Juni 1984, S. 1)

1 *Beschreiben Sie die Entwicklung auf dem Arbeitsmarkt 1973–1983.*

2 *Erklären Sie den Verlauf der Arbeitslosenkurve.*

c) Arbeitsplätze nach Wirtschaftssektoren 1970–1990

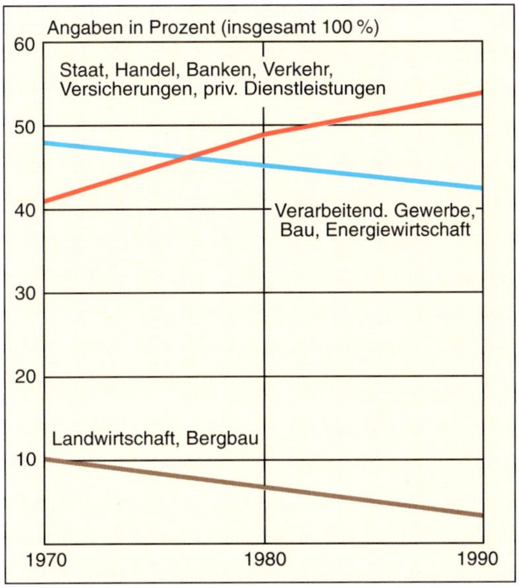

d) Vormarsch der Roboter

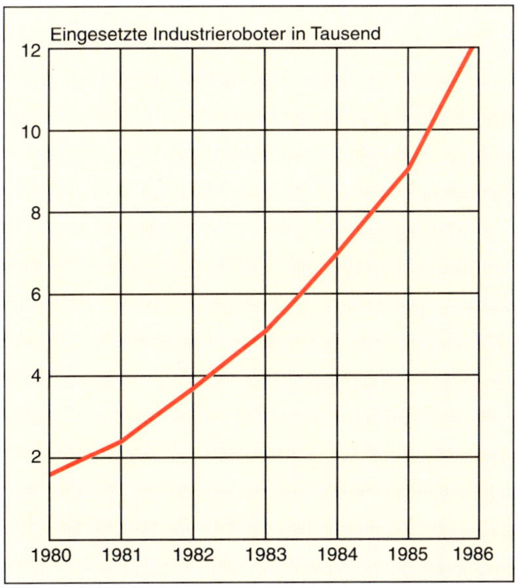

1 *Stellen Sie mit Hilfe Ihres Kurses Einsatzbereiche für Industrieroboter zusammen.*

2 *Versuchen Sie, bei der Industrie- und Handelskammer aktuelle Zahlen für Industrieroboter in Bayern oder Deutschland zu beschaffen.*

M22 Automatisierung durch die Rechnerintegrierte Fabrikation

Es ist ein ganz gewöhnlicher Donnerstagnachmittag. Eine zwangzigköpfige Gruppe läßt sich gerade ein CIM[1]-gesteuertes Fertigungssystem für Blechteile erklären. Assoziationen zur Roboterfabrik erwecken dabei vor allem die beiden Werkzeugtürme. Hundert Werkzeuge sind dort jeweils verfügbar, auf zehn übereinander liegenden Ebenen in jeweils zehn Kassetten. Je nach Auftrag sucht sich ein Industrieroboter das passende Werkzeug heraus – wie von Geisterhand bewegt. [...]

Das Besondere dieses Fertigungssystems ist nicht die komplette Automatisierung, computergesteuerte Maschinen gibt es schon seit einigen Jahren. Neu ist aber, daß die Steuerbefehle an diesen sogenannten CNC[2]-Maschinen nicht mehr per Lochstreifen eingegeben werden, sondern der Befehl jetzt aus fernen Büros über die Leitung kommt.

Die genau ausgeklügelte CIM-Leitung beginnt bei Jürgen Lauth, Gruppenleiter Programmierung [...] Über neunzig Bildschirme haben seine Mitarbeiter Zugang zu einem Informationssystem, das die Konstruktionsdaten gespeichert hat, den Auftragsbestand meldet, die Lagerbelegung kontrolliert, Arbeitsplatzdaten parat hat und über den Zustand der Maschinen Bescheid weiß. So kann beispielsweise genau überprüft werden, ob für die Aufträge auch genügend Material am Lager da ist oder die vorhandenen Werkzeuge ausreichen.

Mit Hilfe dieser Daten erteilen Jürgen Lauths Leute nun über die Leitung Aufträge in den Leitstand der Produktion. Hier, in dem rundumverglasten Büro mit Blick auf die Maschinen, verfolgt Günter Schelenz, zuständiger Mitarbeiter der Fertigungssteuerung, am Bildschirm, wie der Computer die übernommenen Aufträge den einzelnen Arbeitsplätzen zuweist. Auslastungslücken oder Kapazitätsengpässe an einem Arbeitsplatz kann er sofort am Bildschirm erkennen.

(Rheinischer Merkur, Christ und Welt vom 7. 8. 1987)

1 CIM-Computer Integrated Manufacturing
2 CNC-Computer Numerical Control

1 *Erklären Sie die Funktion des Rechners in diesem Fertigungsablauf.*

2 *Welche Anforderungen stellt diese Art der Fertigung an die Beschäftigten?*

M23 Folgen der Automatisierung für die Industriearbeiterschaft (1984)

Ausdrücklich sei noch einmal betont: Dies sind keine Aussagen über den industriellen Sektor. Vielmehr markieren die neuen Produktionskonzepte in unserem Verständnis *den* wahrscheinlichen Entwicklungspfad allein der industriellen Kernsektoren [...]: die Automobilindustrie, die Großchemie, der Werkzeugmaschinenbau usw. [...]

Für die innere Dynamik des sich herausbildenden Sozialgefüges scheinen uns vier Konstellationen und Gruppen von besonderer Bedeutung:

Innerhalb der industriellen Kernsektoren zunächst jene Rationalisierungsgewinner, die das personelle Fundament der neuen Produktionskonzepte ausmachen und die infolge ihres betrieblichen Status Gratifikationen reklamieren können. Zu diesen neuen Arbeiterkadern, die in das betriebliche Kräftespiel nicht nur beachtlichen Druck einbringen können, sondern die vielleicht sogar mit einem Machtzugewinn aus der Entwicklung herauskommen, rechnen wir in erster Linie die modernen Produktions-Facharbeiter und die Instandhaltungsspezialisten [...]

Dieser Gruppierung steht die Gruppe Rationalisierungsdulder gegenüber: Sie haben einen traditionellen Arbeitsplatz in den Kernsektoren, dürften aber aufgrund persönlicher Merkmale – fortgeschrittenes Alter, Fehlen polyvalenter Qualifikationen, oft Ausländer und Frauen – für einen Arbeitseinsatz entlang der neuen Produktionskonzepte kaum brauchbar sein. [...]

Die dritte Gruppe sind die Arbeiter der krisenbestimmten Branchen. Solange einzelne und Teilkollektive noch eine betriebliche Perspektive sehen, dominieren in diesen Belegschaften oft interne Konkurrenzen und blockieren kollektives Handeln. [...]

Wo traditionell kampfstarke Belegschaften angetroffen werden, wird eventuell ein enormes Aktivitätspotential freigesetzt, wie die ernsthaften Anstrengungen um alternative Produktionsgestaltungen und die Betriebsbesetzungen vor allem in den Werften zeigen.

Schließlich sind als vierte Gruppe die Arbeitslosen zu nennen, die immer weniger Chancen haben, überhaupt noch in den Produktionssektor hineinzukommen.

(H. Kern/M. Schumann, Das Ende der Arbeitsteilung? München 1984, S. 21 f.)

1 *Fassen Sie die Prognose von Kern/Schumann zusammen.*

2 *Erörtern Sie, ob sich die Prognose in den 90er Jahren bewahrheitet hat.*

3 Umweltfrage und neue politische Bewegungen

Ökologie-Problem

In den 70er Jahren trat die Umweltfrage immer deutlicher ins öffentliche Bewußtsein. Erstmals wurden die Folgen des sauren Regens im **Waldsterben** sichtbar (B17). Der Dioxin-Unfall im oberitalienischen **Seveso** 1976 und die radioaktive Wolke des Kernkraftwerks **Harrisburg** (USA) 1979 alarmierten nicht zuletzt jene Teile der jungen Akademiker, die in der Studentenbewegung antikapitalistisch politisiert und durch die Wachstumskrise wie den Club of Rome auf die Ökologiefrage gestoßen worden waren. Die ökologische Frage lautete, wie ein menschliches Wirtschaften in einer Welt endlicher Rohstoffe gesichert werden kann, wenn das Gleichgewicht natürlicher Lebensbedingungen durch die Folgen der industriellen Produktion immer mehr gestört wird (Problem der industriellen Abfallproduktion, des Ressourcenverschleißes, der Umweltverschmutzung, der Belastung von Wasser, Luft, Lebensmitteln auch durch radioaktive Abfälle).

Bürgerinitiativen

Infolge der Ausblendung des Umweltschutz- und Kernkraftthemas durch Kanzler Schmidt in der SPD (wie in FDP und Union überhaupt) organisierte sich die alternative Politik in Bürgerinitiativen (B18). Der 1972 gegründete **Bundesverband Bürgerinitiativen Umweltschutz (BBU)** vereinigte z.B. 1978 1 000 Initiativen mit 300 000 Beteiligten. Insgesamt waren 1979 etwa 1,8 Mio. Bundesbürger in Bürgerinitiativen aktiv (also ebenso viele wie es Parteimitglieder gab). Diese außerparlamentarische Opposition der Umweltschutzbewegung richtete sich vor allem gegen großtechnische Systeme wie den Ausbau von Kernkraftwerken (KKW) und Großflughäfen (M24). Die **Anti-Kernkraft-Demonstrationen** (Wyhl 1975, Brockdorf 1976, Kalkar 1977) wurden mit massiven Polizeieinsätzen bekämpft; das radikalisierte diese Bewegung.

Die Grünen

Wegen ihres basisdemokratischen und spontaneistischen Selbstverständnisses, ihres Vertrauens in das persönliche Engagement bzw. die Aktion und ihrer Ablehnung festgefügter Organisationen und Verwaltungen lehnte diese Alternativbewegung eine Parteigründung lange ab. Erst als radikalsozialistische und fundamentalistische Ökologen einen Kompromiß fanden und Regionalparteien Wahlerfolge aufweisen konnten, wurde die Partei „Die Grünen" zur Bundestagswahl 1980 gegründet (B20, M25). Sie erhielt 1,5 % der Stimmen. Lange Jahre war die neue Partei Flügelkämpfen zwischen Pragmatikern („Realos") und Fundamentalopposition („Fundis") ausgesetzt, bis sich Ende der 80er Jahre die Realos durchsetzten. Dennoch zwangen die Grünen als parlamentarischer Arm der Umweltbewegung schon bald die Altparteien, ein **Umweltprogramm** zu entwickeln. Das gilt besonders für die SPD, der sie zunächst Stimmen abnahmen.

Koalitionswechsel 1982

Die Wirtschaftskrise 1981/82 infolge des zweiten Ölpreisschocks von 1979/80 schwächte die sozialliberale Koalition. Die **Arbeitslosigkeit** stieg (1983: 2,2 Mio.), und die SPD verlangte ein Beschäftigungsprogramm auch auf Kosten einer weiteren **Staatsverschuldung**, die FDP jedoch forderte **Haushaltseinsparungen** bei den Sozialleistungen und eine stärker angebotsorientierte Wirtschaftspolitik mit **Steuerentlastungen für die Unternehmen**. Die SPD wurde durch den Streit zwischen Kanzler- und Arbeitnehmerflügel gelähmt und sank in der Wählergunst unter 30 %. Die FDP dagegen entschloß sich zur Durchsetzung ihres Wirtschaftsprogrammes zum Koalitionswechsel.
Als die FDP Kanzler Schmidt die Garantie zur Fortsetzung der Koalition verweigerte, entließ dieser die FDP-Minister und strebte Neuwahlen an. Die FDP aber, der der Koalitionswechsel in

Landtagswahlen schwere Verluste einbrachte, einigte sich mit der CDU/CSU auf ein **konstruktives Mißtrauensvotum**. Auf diesem Wege wurde im Oktober 1982 **Helmut Kohl (CDU)** zum neuen **Bundeskanzler** gewählt. Die Neuwahlen fanden erst im Frühjahr 1983 statt. Die CDU/CSU errang dabei 48,6 %, die FDP 7 % (vgl. S. 174). Die Wähler trauten dieser christlich-liberalen Koalition eine größere wirtschaftliche Kompetenz zu. Erstmals zogen jetzt die Grünen in den Bundestag ein; sie erhielten 5,6 % der Stimmen.

Anspruch und Wirklichkeit der „Wende"

Die Union proklamierte mit dem Regierungswechsel die „Wende" der deutschen Außen- und Innenpolitik, belebte die Frage der nationalen Identität und versprach: „Leistung muß sich wieder lohnen." Zur allgemeinen Überraschung aber setzte die Regierung Kohl/Genscher die Ost- und Deutschlandpolitik der sozialliberalen Koalition fort. Einen Neuansatz brachten nur ihre **Einschränkungen im Sozialbereich** (BAFöG, Rentenerhöhung, Bildungsausgaben, Ende des sozialen Wohnungsbaus). Zwar sollte die Investitionskraft der Wirtschaft gestärkt werden. Das gelang jedoch nur begrenzt: die Investitionen erreichten auch 1990 nicht die Höhe von 1980 (20 %). Obwohl in erheblichem Umfang in den 80er Jahren neue Arbeitsplätze geschaffen wurden, blieb die Sockelarbeitslosigkeit von fast 2 Mio. erhalten.

Nachrüstungsdebatte

Das erste Jahr der Regierung Kohl stand im Zeichen der innenpolitischen Auseinandersetzung über den Vollzug des NATO-Doppelbeschlusses von 1979 zur „Nachrüstung" Europas mit amerikanischen Pershing II-Raketen und Marschflugkörpern, falls die UdSSR nicht ihre in den 70er Jahren stationierten SS 20-Raketen aus Mitteleuropa abzöge. Da die UdSSR die Abrüstung verweigerte und der amerikanische Präsident Reagan, begleitet von einer entspannungsfeindlichen Rhetorik, das Wettrüsten der Supermächte anheizte, befürchtete eine **Friedensbewegung** aus Teilen der SPD, der Grünen und von Bürgerinitiativen den erneuten Übergang vom „Kalten" zum „Heißen Krieg" (M26). Sie suchte deshalb auf dem Weg gewaltiger Demonstrationen die Raketenstationierung in Deutschland zu verhindern (B19). Im Bundestag fand die Nachrüstung jedoch eine Mehrheit, auch wenn damals niemand ahnen konnte, daß gerade das ebenso umstrittene wie gefährliche Wettrüsten mit zum Untergang der UdSSR und der DDR beitragen sollte.

Kardinalfragen der 80er Jahre

Die Nachrüstungsdebatte hatte die Bedeutung der Sicherheitspolitik ins allgemeine Bewußtsein gehoben. Die exponierte Lage Deutschlands zwischen westlichen und östlichen Atommächten zwang die Bundesregierung zu einer Vermittlerrolle im **Entspannungsprozeß**. In der inneren Entwicklung stärkte das geringe, aber stetige Wirtschaftswachstum einen **wirtschaftsliberalen Zeitgeist**. Jungunternehmer (Yuppies, Dinks) prägten das Erscheinungsbild der Wohlstandskreise. Auf der anderen Seite schuf die Dauerarbeitslosigkeit eine neue Armut. Man sprach von der **Zwei-Drittel-Gesellschaft** derer, die Arbeit haben und ihren Wohlstand mehren konnten. Die Arbeitslosigkeit entwickelte sich zu einer schweren **Belastung der Sozialversicherung** und der Kommunen, die die **Sozialhilfe** aufzubringen haben. Langfristig ist überdies die Finanzierung der Renten wegen des starken Geburtenrückganges (demographische Lücke) nicht gesichert. Auch die Umweltproblematik und die Energieversorgung werden auf der politischen Tagesordnung bleiben.

B 17 Bergkuppe im Oberharz vor und nach dem Waldsterben. 1983 waren in der Bundesrepublik bereits 34 % des Waldes durch den „sauren Regen" geschädigt. Dessen Ursache ist die Luftverschmutzung durch Stickoxide und Schwefeldioxid.

B 18 Protest gegen Kernkraftwerke im Anti-Atom-Dorf bei Grohnde an der Weser. – Die ungelöste Entsorgungsfrage und die Furcht vor dem Polizeistaat bewegte die Kernkraftgegner der 70er und 80er Jahre.

B 19 Menschenkette zur Demonstration der Gegnerschaft einer Stationierung von Pershing II-Raketen in der Bundesrepublik. – Die geschlossene Menschenkette vom Oktober 1983 reichte von Ulm bis Stuttgart.

Einwanderungsbewegung

Der wirtschaftliche Wohlstand zog Arbeitssuchende nach Westdeutschland. Die Zahl der **Gastarbeiter** stieg von 4,5 Mio. 1980 auf 6 Mio 1990. Das Grundrecht auf Asyl zog zahlreiche Flüchtlinge an. Darüber hinaus organisierte die Bundesregierung die **Aussiedlung** Hunderttausender von Deutschstämmigen aus Polen, der Sowjetunion und Rumänien, welche dort wirtschaftlichen und politischen Schwierigkeiten entkommen wollten. In der Bundesrepublik aber hatte die Einstellung des sozialen Wohnungsbaus und die Liberalisierung des Mietrechts einerseits preiswerten Wohnraum verknappt und andererseits Neubauten erheblich verteuert. Die dadurch mitbedingten sozialen Probleme brachten Ende der 80er Jahre eine Protestwählerschaft hervor, die vor allem den neugegründeten rechtsradikalen Republikanern zugute kam. Das **Asylrecht** geriet nun zum Zankapfel zwischen den Parteien.

Bundestagswahl 1987

Die SPD, die lange zwischen Arbeiterinteressen und neuen sozialen Bewegungen zerrissen war, entschied sich 1986 für eine sozialökologische Leitlinie ihre Politik und den langfristigen Ausstieg aus der Kernenergie. Sie galt bei den Wählern als kompetent in Sachen Umweltschutz und Abrüstung.
Der Primat wirtschaftlichen Denkens aber sicherte der CDU/CSU-FDP-Koalition den Sieg bei den Bundestagswahlen 1987. So eröffnete sich der Regierung Kohl/Genscher die historische Chance, im Zuge des Zusammenbruchs des Sowjetsystems 1989/90 die Deutsche Einheit herzustellen.

M24 Die Antikernkraftwerkbewegung – Robert Jungk zum „Atomstaat"

Mit der technischen Nutzbarmachung der Kernspaltung wurde der Sprung in eine ganz neue Dimension der Gewalt gewagt. Zuerst richtete sie sich nur gegen militärische Gegner. Heute gefährdet sie die eigenen Bürger. Denn „Atome für den Frieden" unterscheiden sich prinzipiell nicht von „Atomen für den Krieg". Die erklärte Absicht, sie nur zu konstruktiven Zwecken zu benutzen, ändert nichts an dem lebensfeindlichen Charakter der neuen Energie. Die Bemühungen, diese Risiken zu beherrschen, können die Gefährdungen nur zu einem Teil steuern. Selbst die Befürworter müssen zugeben, daß es niemals gelingen wird,sie ganz auszuschließen. Der je nach Einstellung als kleiner oder größer anzusehende Rest von Unsicherheit birgt unter Umständen solch immenses Unheil, daß jeder bis dahin vielleicht gewonnene Nutzen daneben verblassen muß.
Nicht nur würde eine durch technisches Versagen, menschliche Unzulänglichkeit oder böswillige Einwirkung hervorgerufene Atomkatastrophe unmittelbar größten Schaden stiften, sondern über Jahrzehnte, Jahrhunderte, unter Umständen sogar Jahrtausende weiterwirken. Dieser Griff in die Zukunft, die Angst vor den Folgeschäden der außer Kontrolle geratenen Kernkraft wird zur größten denkbaren Belastung der Menschheit: sei es als Giftspur, die unauslöschlich bleibt, sei es auch nur als Schatten einer Sorge, die niemals weichen wird.
Solch dunkle Möglichkeiten müssen auch den Befürwortern der Atomindustrie bekannt sein. Sie sind allerdings überzeugt, sich und ihre Mitbürger schützen zu können, indem sie Sicherheitsmaßnahmen einführen, wie sie es nie zuvor gab. Müßte dieser Schutz nur technischer Natur sein, dann wäre er vor allem ein Problem der Ingenieure und – wegen seiner besonders hohen Kosten – der Ökonomen. Aber diese Erfindung der Menschen muß ja zudem so streng wie keine andere vor den Menschen selbst bewahrt werden: vor ihren Irrtümern, ihren Schwächen, ihrem Ärger, ihrer List, ihrer Machtgier, ihrem Haß. Wollte man versuchen, die Kernkraftanlagen dagegen völlig immun zu machen, so wäre die unausweichliche Folge ein Leben voll Verboten, Überprüfungen und Zwängen, die in der Größe der unbedingt zu vermeidenden Gefahren ihre Rechtfertigung suchen würde.
(R. Jungk, Der Atomstaat. München 1977, S. 7)

1 *Formulieren Sie Jungks Bedenken gegen die Nutzung der Kernenergie.*

2 *Was versteht Jungk offensichtlich unter „Atomstaat"?*

M25 **Aus dem Bundesprogramm der Partei „Die Grünen" 1980**

Wir sind die Alternative zu den herkömmlichen Parteien. Hervorgegangen sind wir aus einem Zusammenschluß von grünen, bunten und alternativen Listen und Parteien. Wir fühlen uns verbunden mit all denen, die in der neuen demokratischen Bewegung mitarbeiten: den Lebens-, Natur- und Umweltschutzverbänden, den Bürgerinitiativen, der Arbeiterbewegung, christlichen Initiativen, der Friedens- und Menschenrechts-, der Frauen- und 3.-Welt-Bewegung. Wir verstehen uns als Teil der grünen Bewegung in aller Welt.

Die in Bonn etablierten Parteien verhalten sich, als sei auf dem endlichen Planeten Erde eine unendliche industrielle Produktionssteigerung möglich. Dadurch führen sie uns nach eigener Aussage vor die ausweglose Entscheidung zwischen Atomstaat oder Atomkrieg, zwischen Harrisburg oder Hiroshima. Die ökologische Weltkrise verschärft sich von Tag zu Tag: Die Rohstoffe verknappen sich. Giftskandal reiht sich an Giftskandal. Tiergattungen werden ausgerottet. Pflanzenarten sterben aus. Flüsse und Weltmeere verwandeln sich in Kloaken, der Mensch droht inmitten einer späten Industrie- und Konsumgesellschaft geistig und seelisch zu verkümmern, wir bürden den nachfolgenden Generationen eine unheimliche Erbschaft auf.

Die Zerstörung der Lebens- und Arbeitsgrundlagen und der Abbau demokratischer Rechte haben ein so bedrohliches Ausmaß erreicht, daß es einer grundlegenden Alternative für Wirtschaft, Politik und Gesellschaft bedarf. Deshalb erhob sich spontan eine demokratische Bürgerbewegung. Es bildeten sich Tausende von Bürgerinitiativen, die in machtvollen Demonstrationen gegen den Bau von Atomkraftwerken antreten, weil deren Risiken nicht zu bewältigen sind und weil deren strahlende Abfälle nirgends deponiert werden können; sie stehen auf gegen die Verwüstung der Natur, gegen die Betonierung unserer Landschaft, gegen die Folgen und Ursachen einer Wegwerfgesellschaft, die lebensfeindlich geworden ist.

Ein völliger Umbruch unseres kurzfristig orientierten wirtschaftlichen Zweckdenkens ist notwendig. Wir halten es für einen Irrtum, daß die jetzige Verschwendungswirtschaft noch das Glück und die Lebenserfüllung fördere; im Gegenteil, die Menschen werden immer gehetzter und unfreier. Erst in dem Maße, wie wir uns von der Überschätzung des materiellen Lebensstandards freimachen, wie wir wieder die Selbstverwirklichung ermöglichen und uns wieder auf die Grenzen unserer Natur besinnen, werden auch die schöpferischen Kräfte frei werden für die Neugestaltung eines Lebens auf ökologischer Basis. [...]

Gegenüber der eindimensionalen Produktionssteigerungspolitik vertreten wir ein Gesamtkonzept. Unsere Politik wird von langfristigen Zukunftsaspekten geleitet und orientiert sich an vier Grundsätzen: sie ist ökologisch, sozial, basisdemokratisch und gewaltfrei.

(H. Heppel u. a., Programme der politischen Parteien in der Bundesrepublik Deutschland. München 1983, S. 157 f.)

1 *Stellen Sie aus dem Programm die Ziele der „Grünen" zusammen.*

2 *Erarbeiten Sie aus der Quelle die Begründung der Ziele der „Grünen".*

B 20 Wahlplakat der „Grünen" zur Bundestagswahl 1983. – 1980 bildete sich aus der Bewegung der Bürgerinitiativen der 70er Jahre diese ökologische Partei und erwies sich als politisch von Dauer.

M26 Nachrüstung und Friedensbewegung

a) Christa Wolf zum militärischen „Wahndenken" 1980

Nie sei die Gefahr eines Atomkriegs in Europa so groß gewesen wie heute, erklärt das schwedische Institut für Friedensforschung in seinem Jahresbericht. 60 000 Atomsprengkörper seien auf der Welt gelagert. In den letzten Jahren, der Zeit der Entspannung, hätten die beiden Großmächte ihre Rüstungen ungeheuer aneinander hochgeschaukelt.

Während wir darüber reden, zu dem Schluß kommen, daß man dies nicht mehr reflektieren kann. Und es doch reflektieren müssen. Was meine ich eigentlich, wenn ich „Wahndenken" sage? Ich meine die Absurdität der Behauptung, eine exzessive atomare Aufrüstung beider Seiten mindere als „Gleichgewicht des Schreckens" die Kriegsgefahr; biete auf die Dauer auch nur ein Minimum an Sicherheit. Ich meine die groteske Kalkulation mit Strategien, die schon auf die konventionellen Waffenarten bezogen verheerend waren, auf Atomwaffen bezogen sinnlos, irrational geworden sind, wie es der zynische Satz ausdrückt: Wer als erster zuschlägt, wird als zweiter sterben.

(C. Wolf, Voraussetzungen einer Erzählung: Kassandra. Darmstadt [Luchterhand] 1983, S. 87 f.)

b) Walter Jens in seiner Erklärung vor dem Amtsgericht (1985)

Ich habe, zum ersten, wiederholt in Mutlangen demonstriert, weil ich dazu beitragen wollte, hier und heute einen öffentlichen Dialog jener Art wieder aufleben zu lassen, wie er in den fünfziger Jahren, auf hohem Niveau und mit einem Maximum an Verantwortungsbewußtsein, geführt worden ist: zu einer Zeit, als langsam deutlich zu werden begann, was die Lagerung von atomaren Ersteinsatzwaffen auf bundesrepublikanischem Boden bedeutet: Bereitstellung von verwundbaren Zielen; Provokation des Gegners; Gefährdung der Bevölkerung; Erhöhung der Kriegsgefahr.

Ich habe, zum zweiten, demonstriert, weil ich, nach umfassendem und sorgfältigem Quellenstudium, zu der Ansicht gekommen bin, daß die neue, dem Prinzip „Wir müssen überlegen sein" folgende amerikanische Militärstrategie die These des Verteidigungsexperten General a. D. La Rocque bestätigt: „Die Amerikaner gehen davon aus, daß der Dritte Weltkrieg ebenso in Europa ausgetragen wird wie der Erste und Zweite [...] und dieser Krieg wird ein nuklearer sein." Ich habe, im Rahmen unserer Tübinger Friedensgruppe Gustav Heinemann, demonstriert, weil ich mit dem amerikanischen Sachverständigen in Abrüstungsfragen, C. Paul Warnke, übereinstimme: „Wäre ich Europäer, mit Händen und Füßen würde ich mich gegen die Installierung der abschreckungsfeindlichen, weil den Krieg ‚regionalisierenden' Pershing II wehren."

(Frankfurter Rundschau vom 1.4.1985)

1 *Erklären Sie aus den Texten von Wolf und Jens die Motive der Friedensbewegung der 80er Jahre.*

2 *Welche Vorgänge beseitigten die Befürchtungen dieser Friedensbewegung? Wie steht es mit atomarer Bedrohung heute?*

Übersicht: Wahlen zum Deutschen Bundestag 1965–1990

	1965		1969		1972		1976		1980		1983		1987		1990	
	%	Sitze	%	Sitze	%	Sitze	%	Sitze	%	Sitze	%	Sitze	%	Sitze	%	Sitze
Wahlbeteiligung	86,8	496	86,7	496	91,1	496	90,7	496	88,6	497	89,1	498	84,3	497	77,8	662
CDU/CSU	47,6	245	46,1	242	44,9	225	48,6	243	44,5	226	48,8	244	44,3	223	43,8	319
SPD	39,3	202	42,7	224	45,8	230	42,6	214	42,9	218	38,2	193	37,0	186	33,5	239
F.D.P	9,5	49	5,8	30	8,4	41	7,9	39	10,9	53	6,9	34	9,1	46	11,0	79
DKP[1]	–	–	–	–	0,3	–	0,3	–	0,2	–	0,2	–	–	–	–	–
NPD[2/3]	2,0	–	4,3	–	0,6	–	0,3	–	0,2	–	0,2	–	0,6	–	2,1	–
GRÜNE									1,5	–	5,6	27	8,3	42	3,8[4]	8[5]
Sonstige	1,6	–	1,1	–			0,3	–	–	–	0,1	–	–	0,6		
PDS															2,4	17

1) bis 1953 KPD, ab 1972 DKP; 2) bis 1961 DRP, ab 1965 NPD; 3) 1990 Republikaner; 4) Grüne im Wahlgebiet West 4,5 %; 5) Grüne/Bündnis 90 (Wahlgebiet Ost)

(W. Woyke, Stichwort Wahlen. Opladen 1992, S. 65)

Zeittafel zur Geschichte der Bundesrepublik 1949–1990

1949 Konrad Adenauer Bundeskanzler
12. 9. Kleine Koalition, SPD-Opposition;
Gründung des DGB

1950 Sozialer Wohnungsbau, Versorgungsgesetz, 131-er Gesetz

1951 Montan-Mitbestimmungsgesetz

1952 Lastenausgleichsgesetz
Verbot der Sozialistischen Reichspartei

1953 Bundestagswahl: Regierungskoalition 2/3 Mehrheit; Ende der Reparationen

1955 NATO-Beitritt, Souveränität (Ende des Besatzungsstatus)

1956 KPD-Verbot

1957 Bundestagswahl: absolute Mehrheit CDU/CSU

1959 Godesberger Programm der SPD: Volkspartei

1962 „Spiegel"-Affäre

1963 Rücktritt von Bundeskanzler Adenauer; Nachfolger Ludwig Erhard

1965 Bundestagswahl: Sieg der CDU/CSU-FDP-Koalition

1966 Wirtschaftskrise: 600 000 Arbeitslose; NPD in Landtagen; Rücktritt Erhards: Große Koalition unter Kiesinger (CDU/CSU-SPD), Brandt Außenminister

1967 Stabilitätsgesetz, „Konzertierte Aktion"; Studentenbewegung gegen Vietnam-Krieg

1968 Notstandsverfassung verabschiedet; Formierung der Außenparlamentarischen Opposition (APO); Höhepunkt der NPD

1969 Bundestagswahl: Sieg von SPD und FDP; Sozialliberale Koalition unter Brandt, Scheel Außenminister

1970 Ostverträge (Moskauer u. Warschauer Vertrag); Gründung der „Roten Armee Fraktion" (RAF)

1972 Scheitern des Mißtrauensvotums; Neuwahlen: Sieg der SPD; Grundlagenvertrag mit der DDR; Extremistenbeschluß der Ministerpräsidenten

1973 1. Ölpreisschock: Verdreifachung des Erdölpreises; Beginn der Dauerarbeitslosigkeit von 1–2 Mio.

1974 Rücktritt von Kanzler Brandt: Helmut Schmidt Nachfolger, Genscher (FDP) Außenminister

1977 Höhepunkt der Terrorwelle der RAF: Schleyer-Entführung und Ermordung

1980 Gründung der Partei „Die Grünen" als Vertretung der Anti-KKW-Bewegung und Umweltschutzbewegung

1982 Infolge Wirtschaftskrise: Konstruktives Mißstrauensvotum führt zu CDU/CSU-FDP-Regierung unter Kohl

1983 Neuwahlen: Sieg der christlich-liberalen Koalition; Nachrüstungsdebatte und Friedensbewegung

1987 Bundestags-Wahl: Sieg der Koalition von CDU/CSU und FDP

Parteiendemokratie: Parlamentarismus aufgrund eines stabilen, mehrheitsfähigen Parteiensystems.
Sozialstaat: Schutz vor physischer Not durch materielle und soziale Sicherung

Souveränität: Verfügung über Staatsgewalt im Innern durch Bestimmung der Regierungsform, nach außen Unabhängigkeit von fremder Gewalt

Notstandsgesetze: Verfassungsänderung zur Einschränkung von Grundrechten im Notstandsfall (Bedingung zur Ablösung alliierter Rechte)
Sozialliberale Reformen: Mehr Bürgerbeteiligung, Modernisierung der Wirtschaft, neue Ostpolitik

Terrorismus: Mordanschläge der RAF und anderer Gruppen, um das „System" der Bonner Demokratie zu beseitigen

Ökologiebewegung: Bürgerinitiativen und Parteien zur Umgestaltung der Industrieproduktion in naturverträgliche Kreisläufe

IV Die Entwicklung in der DDR 1949–1990

1 Stalinismus und 17. Juni 1953

Stalinismus

Die ersten Jahre der DDR bedeuteten den Übergang von der autoritären Besatzungspolitik der Sowjetunion zur totalitären Parteidiktatur der SED. Das Herrschaftssystem der UdSSR und Stalins Herrschaftsmethoden gaben dabei das Vorbild ab (M27).

Stalin hatte der Sowjetunion Lenins in den 30er und 40er Jahren seinen Stempel aufgeprägt. Diese stalinistisch geprägte Sowjetunion bildete das Muster für die Umwandlung in den osteuropäischen Staaten nach dem Zweiten Weltkrieg. Der Stalinismus war ein **totalitäres System des Staatssozialismus**, in dem der Diktator Stalin und die ihm strikt untergeordnete, hierarchisch aufgebaute kommunistische Partei die gesamte Politik bestimmten. Das Herrschaftssystem beruhte auf der massiven Unterdrückung, ja auf Terror bis hin zum Mord gegen Andersdenkende auch in den eigenen Reihen und einem pseudoreligiösen Führerkult, der Stalin mit dem Mythos universaler Kompetenz, Unfehlbarkeit und Allwissenheit umgab. Vorrangiges Ziel der Politik Stalins war die Industrialisierung des Agrarlandes Sowjetunion, die unter großen Opfern der Bevölkerung durchgesetzt wurde. Die Industriepolitik ging mit einer beschleunigten Hochrüstung und Militarisierung von Wirtschaft und Gesellschaft einher. Stalin benötigte ein starkes Militär, das nach innen seine Machtposition absichern und nach außen den sowjetischen Machtbereich festigen und erweitern sollte.

Errichtung der SED-Diktatur

In der DDR organisierte die SED unter Führung des Parteivorsitzenden und stellvertretenden Ministerpräsidenten **Walter Ulbricht** mit der Losung „Verschärfung der Klassenkämpfe“ die Ausschaltung des vermeintlichen Klassenfeindes in Parteien, Kirchen, Medien, Unternehmens- und Erziehungseinrichtungen. Allein 1950 sprach die DDR-Justiz 78 000 politische Urteile. Allen Nicht-SED-Ministern wurden SED-Staatssekretäre an die Seite gestellt. Das Innenministerium erweiterte dazu die Kompetenzen der Volkspolizei und baute die Kasernierte Volkspolizei ebenso aus wie ab 1953 Betriebskampfgruppen. Im Februar 1950 wurde das **Ministerium für Staatssicherheit** gegründet; diese **„Stasi“** mit ihren offiziellen und inoffiziellen Mitarbeitern terrorisierte mit Bespitzelungen und Verhaftungen die DDR-Bevölkerung über 40 Jahre hinweg. Der Ausbau eines umfassenden Unterdrückungs- und Überwachungsapparates reichte bis zur Einrichtung von Hausgemeinschaften in Mietshäusern, wo sich die Menschen gegenseitig kontrollieren sollten.

Hauptadressaten der Unterdrückung waren neben der evangelischen Kirche die noch relativ unabhängigen Parteien **CDU** und **LDPD**. In ihnen wurden z. B. bis zu den Volkskammerwahlen im Oktober 1950 alle Kreisvorsitzenden ausgeschaltet, die gegen die Gründung der DDR gewesen waren, so daß innerhalb der neugegründeten **Nationalen Front** der Parteien und Massenorganisationen die **Führungsrolle der SED** und der Marxismus-Leninismus widerspruchslos anerkannt werden mußten. In der SED selbst verloren 1950/51 bei **„Säuberungen“** 150 000 Mitglieder ihr Parteibuch. Wegen angeblichen „Titoismus“ und „Trotzkismus“ wurden vor allem alte Sozialdemokraten ausgeschlossen. Die Einheitslistenwahlen vom Oktober 1950 sicherten der SED über die Massenorganisationen die unangefochtene Führung in Volkskammer und Regierung (M28). Sie präsentierte sich als eine „Partei neuen Typs“, in der „demokratischer Zentralismus“ herrschte.

B 21 Demonstrationszug von Ostberliner Arbeitern am 17. Juni 1953 durch das Brandenburger Tor.

– *Interpretieren Sie die Bedeutung der mitgeführten Fahnen vor der deutschland-politischen Lage 1953.*

„Aufbau des Sozialismus"

Auf dem III. Parteitag der SED 1950 war mit dem **ersten Fünf-Jahres-Plan der DDR** das Ziel gesteckt worden, bis 1955 die Produktion von 1936 zu verdoppeln. Die SED-Parteikonferenz von 1952 beschloß dann den „planmäßigen Aufbau des Sozialismus" nach sowjetischem Vorbild (M29). Grundlage dafür waren die Enteignungen der 40er Jahre, die Volkseigenen Betriebe (**VEBs**; 1950: 5 000), neu übernommene „Sowjetische Aktiengesellschaften" (SAG) und Genossenschaften, welche 1951 bereits 80 % der Produktion stellten. Seit Oktober 1949 gehörte hierzu zunehmend die **Kollektivierung der Landwirtschaft**.

1952 wurden die Länder der DDR beseitigt und durch 14 Bezirke ersetzt. Diese Zentralisierung entsprach den Prinzipien der sowjetischen Planwirtschaft, denen Länderkompetenzen zuwider liefen. Die **Planwirtschaft** hemmte alle privaten Einzelinitiativen bis hinein in den handwerklichen Familienbetrieb und konzentrierte alle Kräfte auf den Ausbau der **Schwerindustrie** auf Kosten der Konsumgüterindustrie. Damit kam die SED der sowjetischen Forderung nach **Reparationen** nach. Der Lebensstandard aber blieb weit hinter dem westdeutschen zurück.

Volksaufstand vom 17. Juni 1953

Nach Stalins Tod im März 1953 proklamierte die SED auf Druck der UdSSR im Juni einen **„Neuen Kurs"**: Sie gestand Fehlentscheidungen ein, versprach die Zurücknahme des Terrors, mehr Rechtssicherheit und den Ausbau der Konsumgüterproduktion. Aber die **Arbeitsnormen** für die Arbeiterschaft, die Ende Mai um 10 % erhöht worden waren, blieben bestehen.

Wegen dieser Normerhöhung kam es am 16. Juni 1953 auf Ost-Berliner Baustellen zu spontanen Streiks, die sich am 17. Juni auf mehrere hundert Orte und auf die Großbetriebe Leuna, Buna im Raum Merseburg-Halle-Leipzig und Zeiss Jena ausdehnten (Karte 1). Neben der Rücknahme der Normenerhöhung wurden **freie Wahlen** und das **Ende des SED-Regimes** gefordert (B 21). Die **sowjetischen Militärs** setzten gegen die Aufständischen **Panzer** ein (B22) und riefen den Ausnahmezustand aus (M 30). Die genaue Zahl der Todesopfer des Aufstandes ist noch nicht erforscht. Die SED versuchte, ihre Legitimationskrise durch Sofortmaßnahmen zu bewältigen. 1 400 Urteile gegen Aufrührer wurden gefällt, darunter sechs Todesurteile. Ulbricht „reinigte" die SED von „Passivisten" und „Sozialdemokraten" (M31) und senkte die Konsumgüterpreise. Die UdSSR beendete die Entnahme von Reparationen aus der laufenden Produktion, fixierte die Stationierungskosten ihrer Truppen in der DDR auf 5 % des Haushalts und verkaufte ihre SAGs an die DDR (2,5 Mrd.). Die Massenflucht in den Westen war damit nicht zu stoppen. Trotz eines erweiterten Bildungsangebots war die Hälfte der Flüchtlinge unter 25 Jahre alt. 1956 erreichte die **Fluchtwelle** einen Höhepunkt.

Integration der DDR in den Ostblock

Auf dem IV. Parteitag der SED 1954 wurde der „Neue Kurs" offiziell beendet. Die Volkskammerwahlen im Herbst gaben den Vorwand zu einer stärkeren Durchsetzung der Regierung mit SED-Mitgliedern ab. 1955 wurde die Erfüllung des Fünf-Jahr-Plans verkündet. Der Beitritt der Bundesrepublik Deutschland zur NATO war das Signal, die kasernierte Volkspolizei in die **Nationale Volksarmee** (NVA) zu überführen. Die Sowjetunion erklärte im September 1955 die formelle **Unabhängigkeit der DDR**, die allerdings nach wie vor von der Sowjetunion abhängig blieb. Die DDR trat 1956 dem **Warschauer Pakt** bei, nachdem sie bereits seit 1949 dem Rat für Gegenseitige Wirtschaftshilfe **(RGW)** angehörte.

B 22 Sowjetische Panzer im Einsatz gegen Aufständische Berliner am 17. Juni 1953.

– *Verfolgen Sie den Einsatz sowjetischer Panzer zur Aufrechterhaltung des Ostblocks bis 1989.*

M27 **Louis Fürnbergs Lied zum III. Parteitag der SED**

Die Partei (1949)

Sie hat uns alles gegeben,
Sonne und Wind, und sie geizte nie,
wo sie war, war das Leben,
was wir sind, sind wir durch sie.
Sie hat uns niemals verlassen,
wenn die Welt fast erfror, uns war warm.
Uns führte die Mutter der Massen,
es trug uns ihr mächtiger Arm.

Die Partei, die Partei, die hat immer recht.
Genossen, es bleibet dabei!
Denn wer da kämpft für das Recht,
der hat immer Recht gegen Lüge und Ausbeuterei!
Wer das Leben beleidigt, ist dumm oder schlecht.
Wer die Menschheit verteidigt, hat immer Recht.
So aus Leninschem Geist wächst von Stalin geschweißt,
die Partei, die Partei, die Partei!

(H. Weber, Von der SBZ zur DDR 1945–1968. Hannover 1978, S. 56 f.)

1 *Untersuchen Sie Ausspruch und Anspruchsgrundlagen in diesem Lied.*

2 *Bestimmen Sie den Charakter seiner politischen Theorie.*

M28 **Volkskammerwahl 1950**

a) Der „geheime" Charakter der Wahl

Paul Wandel, damals Sekretär des ZK, sagte im Gespräch: „Die Erfahrungen der proletarischen Revolution lehren, daß man seinem Feind nichts in die Hand geben darf, was er gegen die Arbeitermacht verwenden könnte, weder Waffen noch einen Bleistift bei der Wahl. In der Sowjetunion gab es bis 1936 keine geheimen Wahlen. Dort mußte man bis dahin in aller Offenheit wählen. So konnte die Partei ihre offenen Feinde kennenlernen. Es wäre ein Fehler, wenn wir bei uns in Deutschland die eingebürgerten geheimen Wahlen abschaffen würden, denn das würde böses Blut machen. Aber wir müssen auch bei geheimen Wahlen unsere Methoden entwickeln, um unsere offenen Feinde kennenzulernen. Deshalb lassen wir die Kabinen abseits stellen und leihen unseren Feinden nicht einmal einen Bleistift. Wir wären Toren, wenn wir uns anders verhielten."

(H. Prauss, Doch es war nicht die Wahrheit. Berlin [West] 1960, S. 118 f.)

b) Die Zusammensetzung der Volkskammer

Fraktion	Abgeordnete
SED[1]	100
CDU	60
LDP	60
NDPD	30
DBD	30
FDGB	40
FDJ	20
DFD	15
VVN	15
Kulturbund	20
VdgB	5
Genossenschaften	5
insgesamt	400

1 Die meisten Abgeordneten der in der Volkskammer vertretenen Massenorganisationen waren SED-Mitglieder; die 1948 gegründeten Parteien NDPD und DBD wurden von Kommunisten geführt.

1 *Beschreiben Sie den Ablauf der Volkskammerwahlen in der DDR, die über 40 Jahre im wesentlichen unverändert blieb.*

2 *Bestimmen Sie die Funktion solcher „Wahlen".*

M29 **F. Schenk über die Beziehungen zwischen Staat und SED in den 50er Jahren**

An erster Stelle rangierte das Politbüro, in der Umgangssprache der Funktionäre stets PB genannt. [...] Die Beschlüsse der Plankommission, die entweder zu Gesetzen oder zu Verordnungen und Anordnungen des Ministerrates erhoben werden sollten, gingen samt und sonders, bevor sie dem Ministerrat oder der Volkskammer zugeleitet wurden, an das Politbüro. Ein großer Teil blieb allerdings geheim und ging nach Beschlußfassung durch das Politbüro jeweils als Einzelauftrag an die zuständigen Minister oder Staatssekretäre (soweit sie SED-Mitglieder waren), ein anderer Teil kam an die Plankommission zurück und wurde [...] als Planänderung oder Zusatzaufgabe den betreffenden Staatsorganen übergeben. Der gesamte Verkehr lief über das Büro des Politbüros. Ehemalige kommunistische Parteifunktionäre, die im Westen über das stalinistische System berichtet haben, werten als zweithöchste Instanz der östlichen Hierarchien das Sekretariat des jeweiligen Zentralkomitees. Ich bezeichne das Sekretariat des ZK lediglich als Spitze des Parteiapparates und setze es in seiner Bedeutung mit dem Ministerrat gleich. Die Plankommission und die Ministerien hatten mit dem Sekretariat so gut wie gar nichts zu tun, Leuschner ließ sich vor den Sekretariatsmitgliedern, die nicht gleichzeitig zum Politbüro gehörten, genauso verleugnen wie vor gewöhnlichen Ministern oder Staatssekretären. Nur wenn wir einen verantwortlichen Funktionär des Parteiapparates in den Bereichen der Staatsbürokratie versetzen lassen wollten, holten wir die Stellungnahme des Sekretariats ein – das letzte Wort aber mußte das Politbüro sprechen.

Viel wichtiger als das Sekretariat des ZK war für uns die Regierungskanzlei, die koordinierende Stelle des Ministerrates.[...]

Schließlich ist Karlshorst zu nennen, das heißt der Chef der Wirtschaftsabteilung der SKK, Chomjakow, ein etwa 45jähriger Planungsfachmann, der 25 bis 30 Mitarbeiter hatte. Dem wirklichen Arbeitsablauf und der Machtstellung nach müßte Karlshorst natürlich zuerst genannt werden; denn bevor eine Angelegenheit dem Politbüro oder dem Ministerrat auch nur zur Kenntnis gebracht wurde, mußte das volle Einverständnis der SKK vorliegen: „Was sagt Karlshorst dazu?" – diese Frage mußte eindeutig beantwortet werden, ehe Ulbricht entschied.

(F. Schenk, Im Vorzimmer der Diktatur, Köln-Berlin 1962, S. 134 ff.)

1 *Bestimmen Sie die Entscheidungszentren der DDR nach Schenk und vergleichen Sie diesen Befund mit der DDR-Verfassung (S. 122f.)*

M30 Aus einem Brief aus Leipzig vom 19. Juni 1953

[...] Ihr könnt Euch nicht vorstellen, wie verzweifelt wir alle waren. Was heißt waren? Trotz Hunger gibt es jetzt viele strahlende Gesichter seit dem Bekenntnis für unsere über alles geliebte Regierung durch riesenhafte Demonstrationen in Leipzig. Ihr könnt Euch vom Mittwoch kaum einen Begriff machen. Diese Massen auf den Straßen. In der Ritterstraße wurde ein ganzes Polizeiauto einfach umgeworfen, auf dem Markt der Pavillon angebrannt. Das Gefängnis in der Beethovenstraße gestürmt, die Gefangenen befreit. Die Wut und Verzweiflung war beispiellos. Das großes Scherengitter vor dem Amtsgericht wurde buchstäblich mit Händekraft ab und zerrissen. Die Akten und Einrichtungsgegenstände zum Fenster hinausgeworfen, das Tor eingedrückt. Da schossen unsere Volksbehüter aus den Fenstern, auch die Volkspolizistinnen. Die Wut wurde zum Orkan. Die Menge ging zum Sturm über. Es gab Tote und Verwundete. Ein junges Mädchen bekam einen Bauchschuß und schrie fürchterlich. Einer Polizistin, die geschossen hatte, haben sie den Kopf zertreten. Auch in der Innenstadt gab es Tote und Verwundete. Lieber Junge, das Volk, vor allem die Jungens sind nirgends gewichen. Die Wut der Massen wurde erst nach dem Zeitpunkt, als auf sie geschossen wurde, hemmungslos und kannte keine Grenzen mehr. Auch die Wassermassen der Feuerlöschpolizei hielt die 8-jährigen, erbitterten und verzweifelten Menschen in ihrem Freiheitskampfe nicht stand. Wir wollten Abtritt der vom Volk nicht gewählten Regierung, freie Wahlen, Freilassung aller politischen Gefangenen und bessere Ernährung.

In der Stadt sieht man keine Propagandaplakate. Die Parteigenossen (SED) tragen keine Abzeichen mehr. Die Volksverräter (Polizisten) waren machtlos. Da setzte man russische Panzer ein. Die konnten jedoch in der Masse nicht vor- und rückwärts, bis sie in die Menge hineinstürmten. [...]

Wir wollen nicht mehr, wir machen einfach nicht mehr mit, wir können nicht mehr. Es hat Tote und Verwundete gegeben, wieviele, ist noch nicht bekannt. Ich teile es Euch im nächsten Brief mit. Vorerst haben wir noch Ausnahmezustand. Von 9 Uhr abends bis früh 5 Uhr darf keiner auf die Straße. Überall sind russische Panzer und kasernierte Volkspolizei. Das Volk ist aber in Bewegung. Mit Wut und Erbitterung nehmen wir von den Schreibereien der Schmierblätter Kenntnis, wonach angeblich Westprovokateure für den Massenaufstand verantwortlich sind. [...]

(M. Overesch, Die Deutschen und die Deutsche Frage 1945–1955. Hannover 1985, S. 177 ff.)

1 *Untersuchen Sie anhand der Quelle Anlaß, Ursachen und Ablauf des 17. Juni 1953 in Leipzig.*

M31 Bertolt Brecht

Die Lösung (1953)

Nach dem Stand des 17. Juni
Ließ der Sekretär des Schriftstellerverbands
In der Stalinallee Flugblätter verteilen
Auf denen zu lesen war, daß das Volk
Das Vertrauen der Regierung verscherzt habe
Und es nur durch verdoppelte Arbeit
Zurückerobern könne. Wäre es da
Nicht doch einfacher, die Regierung
Löste das Volk auf und
Wählte ein anderes?

(Bertolt Brecht, Gesammelte Werke. Bd. 10. Frankfurt/M. 1967, S. 1009)

1 *Erläutern Sie den Sinn des Brecht-Gedichtes.*

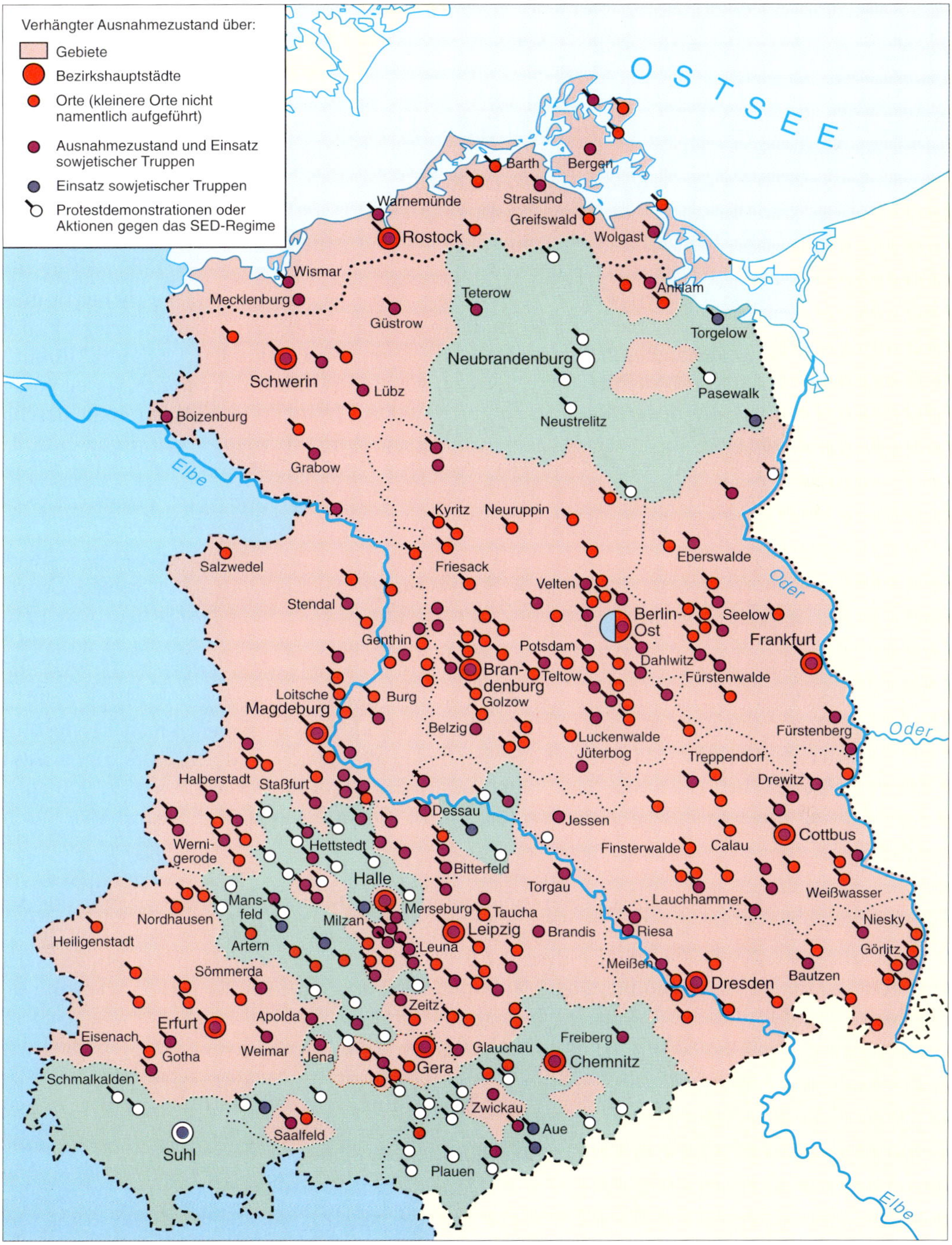

Karte 1 Aufstände am 17. Juni 1953 und das Verhalten der Sowjets.

- *Untersuchen Sie die Karte nach Aufstandszentren.*
- *Interpretieren Sie die Verteilung der Aufstände über das Gebiet der DDR.*

2 Fluchtbewegung, Mauerbau und Stabilisierung

Verhinderte Entstalinisierung

Nachdem der Aufstand des 17. Juni gezeigt hatte, daß ein Sturz der SED-Herrschaft aussichtslos war, weckte die Aufforderung zur Entstalinisierung auf dem XX. Parteitag der KPdSU 1956 Hoffnungen auf Änderungen in der DDR. In Polen und in Ungarn hatte der „neue Kurs" in der UdSSR zu Unruhen und Aufständen geführt, in der DDR aber verhinderte Walter Ulbricht eine offene Auseinandersetzung in der SED mit dem Argument, hier habe es nie Personenkult und Massenrepressionen gegeben. Zwar wurden 1956 über 20 000 Häftlinge begnadigt und zur Überwindung von Dogmatismus in der Partei aufgerufen; eine **parteiinterne Opposition** aber schaltete Ulbricht aus und erstickte die Diskussion über einen **„Dritten Weg"** der DDR zwischen Sowjetsystem und westlicher Demokratie durch politische Prozesse. Schulen und Universitäten wurden scharf überwacht und durch Reiseverbot und ein neues Paßgesetz Kontakte nach außen verhindert. **„Republikflucht"** wurde als schwerer Straftatbestand in das Strafrecht eingeführt. Die Blockparteien waren völlig gleichgeschaltet, ihre Mitgliederzahlen schrumpften auf ein Drittel. Die **FDJ (Freie Deutsche Jugend)** übernahm jetzt als sozialistische Jugendorganisation auch eine militärische Ausbildung. Da auch der FDGB (Freier Deutscher Gewerkschaftsbund) keine gewerkschaftlichen Aufgaben wahrnahm, sondern lediglich den „sozialistischen Wettbewerb" organisierte, gab es keine gesellschaftliche Opposition zur SED.

Scheitern des zweiten Fünf-Jahres-Plans

Statt stalinistische Strukturen zu bekämpfen, rückte die SED Wirtschaftsfragen ins Zentrum. Ein zweiter Fünf-Jahres-Plan von 1956 machte zunächst gute Fortschritte: Industrie- und Konsumgüterproduktion stiegen und 1958 konnten die Lebensmittelkarten abgeschafft werden. Jetzt proklamierte Ulbricht das Ziel, die Bundesrepublik bis 1961 nicht nur ein –, sondern auch zu überholen. Aber der Fünf-Jahres-Plan konnte bis 1960 nicht erfüllt werden (M32). Wegen der rückhaltlos betriebenen **Kollektivierung der Landwirtschaft und des Handwerks** entstanden große Lücken in der Produktion, was zu Unterversorgung führte (B24, M33). Die Fluchtwelle stieg an (1959: 143 000, 1960: 199 000). Die **„Abstimmung mit den Füßen"** erreichte mit 30 000 Flüchtlingen allein im April 1961 ihren Höhepunkt (B25, M35).

Mauerbau am 13. August 1961

Seit 1945 kennzeichnete eine unaufhaltsame Fluchtbewegung aus der sowjetischen Besatzungszone (SBZ) in die Westzonen die innerdeutschen Verhältnisse; 1949–1961 flohen dann 2,7 Mio. aus der DDR in die Bundesrepublik. Weil die DDR damit ihre jüngsten und zudem wohlqualifizierten Arbeitskräfte verlor, befestigte sie systematisch seit 1951 die 1 392 km lange Demarkationslinie zur Bundesrepublik. Zwischen dem Westsektor und dem Ostsektor von Berlin aber gab es eine offene Grenze. Diese bildete das Schlupfloch für die „Republikflüchtlinge". Nachdem der Generalsekretär der KPdSU, Chruschtschow, 1958 mit seinem Plan, West-Berlin durch ein **Ultimatum** zu einer „freien Stadt" zu machen, gescheitert war, beschloß er Anfang August 1961 (nach Debatten im Warschauer Pakt), um West-Berlin herum eine **Mauer** bauen zu lassen (M36, 37). In der Nacht vom 12. zum 13. August 1961 besetzte die NVA (Nationale Volksarmee) die Sektorengrenzen. Baukolonnen errichteten eine 2 m hohe Mauer um West-Berlin (B23, 26). Die Bundesregierung war fassungslos; die West-Mächte protestierten, schritten aber nicht ein, solange ihr Status in Berlin, die Zufahrtswege und die Lebensfähigkeit der Stadt nicht gefährdet waren (Kennedys „three essentials"). Die Supermächte hatten sich arrangiert, den Status quo zu achten. Die Berliner Mauer war damit für 30 Jahre das weltweite Symbol für Unfreiheit und Unterdrückung durch das Sowjetsystem. An Mauer und Zonengrenze baute die DDR die Grenzbefestigungen aus und erließ einen **„Schießbefehl"** für die NVA gegenüber allen „Republikflüchtigen". Die Grenze zwischen der DDR und der Bundesrepublik geriet damit zur undurchlässigsten Grenze in Europa und zwang die DDR-Bürger zum Arrangement mit dem SED-Staat.

Modernisierung im Schutz der Mauer

Der Mauerbau brachte eine Wende: Der 13. August 1961 galt als **„heimlicher Gründungstag"** der DDR. Abgeschirmt durch den „antifaschistischen Schutzwall" versuchte die SED, durch eine **„wissenschaftlich-technische Revolution"** in der DDR Anschluß an das „Weltniveau" zu finden, d. h. der Vorrang technologischer Fachkompetenz vor ideologischer Dogmatik sollte die **„sozialistische Leistungsgesellschaft"** schaffen. Diesem Zweck diente seit 1963 das **„Neue ökonomische System der Planung und Leitung"**, das materielle Anreize für die Beschäftigten einführte und den Betrieben größere Spielräume zugestand. Kernpunkt des neuen sozialistischen Bildungssystems war die zehnklassige allgemeinbildende polytechnische Oberschule (POS), eine Einheitsschule, die alle Schüler durchlaufen mußten.
Obwohl die neuen Kompetenzen der Betriebsleitungen 1964 wieder beschnitten wurden, war der eingeschlagene Weg durchaus erfolgreich. 1970 übertraf die DDR-Industrieproduktion die des Deutschen Reiches 1936, das viermal so viele Einwohner besessen hatte. Der Lebensstandard war deutlich gestiegen. Dazu trug auch der hohe Anteil berufstätiger Frauen bei (1960: 70 %; 1988: 90 %).

B 23 Die am 13. August 1961 errichtete Berliner Mauer am Brandenburger Tor. – Auf 165,7 km sperrte sie den Osten von den Westsektoren ab. In den Folgejahrzehnten wurde sie zu einem nahezu undurchlässigen Hindernis ausgebaut.

Ulbrichts „Modell DDR"

Die Abgeschnittenheit von der Welt bewirkte eine Art stillschweigender Übereinkunft: Die Bevölkerung legitimierte durch das Wahlritual die SED-Herrschaft und diese gestand ihren Bürgern größere Freiräume im Privaten (**Nischengesellschaft**) zu. 1964 gab es eine Amnestie, der Terror ging zurück und die SED konnte ihre Mitgliederzahl erhöhen (1967: 1,8 Mio. Mitglieder). Über eine Öffnung der Kulturpolitik und den Ausbau des Leistungssports schuf der SED-Staat **Identifikationsangebote**. Ulbricht gab sich als väterliche Führungsfigur. Er propagierte eine „Sozialistische Menschengemeinschaft", worunter die SED die Vision von der Annäherung der sozialen Schichten verstand; gleichzeitig appellierte er an das Selbstbewußtsein der DDR-Bürger, indem er gegenüber der Sowjetunion das „Modell DDR" pries. In einer **neuen Verfassung** definierte sich die DDR 1968 als „sozialistischer Staat deutscher Nation ... unter Führung der Arbeiterklasse und ihrer marxistisch-leninistischen Partei".
Im selben Jahr allerdings beteiligte sich die DDR-Armee in der ČSSR dabei, den Versuch der dortigen KP, einen freieren Sozialismus zu entwickeln („Prager Frühling"), mit Waffengewalt zu zerschlagen. Für die sozialistische DDR-Opposition, repräsentiert durch Wolf Biermann und Robert Havemann, offenbarte dies den alten stalinistischen Charakter des SED-Regimes.

M32 Die Bedingungen des 2. Fünfjahresplans 1956

[...]
Unmittelbar nach dem Machtantritt Gomulkas[1] hatten die Polen ihre Steinkohlenlieferungen an uns radikal verringert. Sie wehrten sich mit aller Entschiedenheit dagegen, daß sie ihre wertvollen Rohstoffe gegen minderwertige Waren aus der Zone eintauschen sollten. Vor allem die Kraftwerke wurden davon schwer getroffen. Die Plankommission richtete einen Notdienst ein, der die Energieversorgung einigermaßen aufrechterhalten sollte. Die Stromsperren nahmen wieder einen Umfang an wie kurz nach dem Kriege. [...]
Gegen Jahresende spitzte sich die innenpolitische Lage noch aus einem anderen Grunde zu. Nach dem XX. Parteitag (der KPdSU) hatte die SED Ende März ihre 3. Parteikonferenz veranstaltet und dabei den Entwurf für den 2. Fünfjahrplan von 1956 bis 1960 verkündet. Er sah vor, daß die Bundesrepublik bis 1960 in der Produktion ein- und überholt werden sollte. Die Betriebe hatten daraufhin phantastische Planentwürfe eingereicht. Ihre Forderungen nach Material, Investitionsgeldern und Importprodukten ließen sich nicht realisieren. Sie drängten darauf, daß die Regierung entweder die notwendigen Mittel sofort anweisen oder ihnen sage, wieweit sie ihre Ziele reduzieren sollten. Oben und unten stieg die Nervosität.
Überstürzt stellte die Regierung einen Katalog von politischen Versprechungen und sozialen Zugeständnissen zusammen, den Grotewohl am 2. November vor der Volkskammer bekanntgab. Er versprach den Arbeitern, die 45-Stunden-Woche früher als geplant einzuführen, den LPG versprach er größere finanzielle Unterstützung, den Künstlern mehr geistige Freiheit, und da die Studenten zu den lautesten Rufern nach einer Entstalinisierung gehörten, sollten sie in Zukunft wählen dürfen, ob sie Russisch oder eine andere Fremdsprache erlernen wollten. Ferner kündigte er eine Erhöhung der Altersrenten an.
(F. Schenk, Im Vorzimmer der Diktatur. Köln-Berlin 1962, S. 304 ff.)

1 Das Stalin-Opfer W. Gomulka wurde im Oktober 1956 zum Ersten Parteisekretär in Polen gewählt und führte Kunstfreiheit wie private Landwirtschaft ein. Gleichzeitig bildete Imre Nagy in Ungarn ein Mehrparteienkabinett und trat aus dem Warschauer Pakt aus.

1 *Erläutern Sie die Motive für die überzogenen Ziele des Fünfjahresplans von 1956.*
2 *Inwiefern ist ein Scheitern des Planes abzusehen?*

M33 Die Wirtschaftskrise 1959/60 in der DDR-Literatur

Beklommen lauschte Rita auf das allmähliche Absinken der brüllenden, stampfenden, kreischenden Geräusche in den Hallen. Gespannt sah sie in die resignierten, abwartenden Gesichter ihrer Brigade, verglich diese Gesichter mit denen auf den Zeitungsbildern, die noch heute an der Bretterwand der Frühstücksbude hingen und fragte sich: Wer lügt hier? Auf einmal waren die immer längeren Pausen („Keine Arbeit! Kein Material!"

sagte Ermisch meistens schon früh bei Schichtbeginn) angefüllt mit Gehässigkeiten und Gezänk.

Rita hatte noch nie erlebt, was es heißt, so einen großen Betrieb aus dem Dreck ziehen. Wie immer, ehe der Ausgang einer Sache entschieden ist, gab es besonders viele Mißmutige, Übellaunige und Böswillige. Mancher schien toll vor Schadenfreude darüber, daß mitten auf hoher See das Schiff sank, mit dem er selbst fuhr.

„Was ist los?" fragte sie Rolf Meternagel.

„Was los ist? Das Normale. Das, was kommen mußte. Wenn keiner sich verantwortlich fühlt und jeder nur in seinem kleinen Eckchen kramt, und das bis hoch hinauf in die Leitung, dann muß aus vielen kleinen Schweinereien eines Tages die ganz große Schweinerei werden. Da hat die Materialverwaltung keine Ahnung von der neu anlaufenden Produktion, dann ist also das Material nicht eingeplant, dann ist auch die Technologie nicht fertig und keiner weiß, was er machen soll. Laß dann noch ein paar Zulieferbetriebe stockern, wie es jetzt geschieht, und du hast alles, was du brauchst."

„Aber kommen wir denn da wieder raus?"

Meternagel lachte bloß.

(C. Wolf, Der geteilte Himmel [1963]. München [dtv 915] 1973, S. 53 f.)

1 *Erläutern Sie den von Christa Wolf beschriebenen Vorgang.*

2 *Wie hängt die Produktionskrise hier mit dem Fünfjahresplan und mit der Planwirtschaft selbst zusammen?*

B 24 Schild am Eingang eines Dorfes in der DDR 1961. – Um das Ziel der Kollektivierung der gesamten Landwirtschaft zu erreichen, verstärkte die SED den Druck auf die Bauern besonders zwischen 1959 und 1961.

M34 Zwangskollektivierung der Landwirtschaft in der DDR

Bericht über die Bildung einer Landwirtschaftlichen Produktionsgenossenschaft 1961

Am 13. Februar früh morgens wurden sieben Bauern aufs Gemeindeamt bestellt, vier Altbauern und drei Neusiedler. Jeder hat doch in seinem Wald mal' nen Stamm mehr geschlagen ohne Genehmigung. –

Wir kommen nun rein in die Stube, einer nach dem anderen, sagen: Guten Morgen! Sonst kein Wort. Sitzt da am Tisch der Bürgermeister, der LPG-Vorsitzende und lauter Fremde, Stücker vier oder fünf, Funktionäre –

Setzen Sie sich!

Wir gucken uns um, an der Wand lang steht' ne Reihe Stühle, und auf den Sitzen ist mit weißer Farbe aufgemalt einmal „Krieg" und einmal „Frieden", immer abwechselnd.

Setzen Sie sich!

Uns kam das komisch vor, wir setzten uns, jeder suchte sich' nen Stuhl mit „Frieden" aus. Da stand einer der Funktionäre auf, einer mit vielen Abzeichen am Aufschlag, so ein dickes Kartoffelgesicht, und sagt ganz freundlich. Damit haben Sie gewählt, Sie haben gegen Adenauer und den Krieg, für den Frieden und den Sozialismus gewählt. Also, jetzt unterschreiben Sie Ihre Beitrittserklärung für die Landwirtschaftliche Produktionsgenossenschaft! Gleich gingen ein paar von den Bauern hoch, ich auch. So war das nicht gemeint! Als dumm lassen wir uns von euch noch lange nicht verkaufen!

Wollen Sie warten, bis der Kriegstreiber Adenauer kommt und uns die Knochen zerschlägt? – entgegnete der Funktionär. Ihr könnt euch frei entscheiden, so – oder so! – und damit hob er einen Aktendeckel vom Tisch hoch, und drunter sahen wir eine Acht liegen. – Wenn ihr nicht begreifen wollt, dann kommen wir euch anders. – Ich fordere Sie hiermit auf, Ihre Persolausweise abzugeben, solange, bis wir festgestellt haben, was bei jedem einzelnen mit den unerlaubten Holzschlägen los ist.

Wir standen hilflos herum in der Stube, die einen niedergeschlagen, die anderen aufgebracht. Manche sagten: Wenn es so ist, müssen wir unterschreiben. Mein Nachbar, ein Altbauer, rief: Wo bleibt da die Freiwilligkeit?

Der bekam seine Antwort: Die Freiwilligkeit ist auf

Grund der Entwicklung zur Notwendigkeit geworden!
Aber warum macht man nicht einfach ein Gesetz? Warum dieser Zwang mit Freiwilligkeit?
Sagt der Funktionär ganz höhnisch: Das haben wir nicht nötig! Bei uns herrscht auch keine gesetzliche Wehrpflicht, und – sehen Sie – die Kasernen sind voll mit Soldaten!
Das Ende war, wir haben alle unterschrieben. Ein alter Bauer ist umgefallen und hat sich den Kopf zerschlagen. Sie erzählten tags drauf, ein Schlaganfall!
(E. von Hornstein, Flüchtlingsgeschichten. 43 Berichte aus den frühen Jahren der DDR. Nördlingen [Greno] 1985, S. 188 ff.)

1 *Klären Sie im Kurs, was eine LPG der DDR war.*
2 *Untersuchen Sie die Methoden der Kollektivierung in der Quelle. Was befürchten die Bauern von der Kollektivierung?*

B 25 Frei und geheim gewählt – auch ohne Pankow[1]**.** – Karikatur aus einer westdeutschen Zeitung der 50er Jahre.

1 In Berlin-Pankow war der Sitz der DDR-Regierung.

– *Erörtern Sie, welches Wirtschaftsproblem die Fluchtbewegung für die DDR der 50er Jahre bedeutete.*

M35 „Republikflucht"

a) Die Fluchtbewegung aus der DDR bis zum Mauerbau

Jahr	Flüchtlinge (insgesamt)	davon über Westberlin
1949	129 245	
1950	197 788	193 277
1951	165 648	
1952	182 393	118 300
1953	331 390	305 737
1954	184 194	104 399
1955	252 870	153 693
1956	279 189	156 377
1957	261 622	129 579
1958	204 092	119 552
1959	143 917	90 862
1960	199 188	152 291
1961	155 402	125 053

b) Kollektivierung: Entwicklung der LPG 1956–1960

Stichtag	Gesamt
31. 12. 1956	6 281
31. 12. 1957	6 691
31. 12. 1958	9 637
31. 12. 1959	10 465
31. 5. 1960	19 261

(Statistisches Jahrbuch der DDR 1961)

1 *Untersuchen Sie die Statistiken. Sehen Sie Zusammenhänge?*
2 *Was bedeutet die „Republikflucht" für die DDR in volkswirtschaftlicher Hinsicht? (Die Hälfte der Umsiedler war unter 25 Jahre.)*

M36 Aus dem Beschluß des Ministerrates zum Bau der Berliner Mauer (12. August 1961)

Zur Unterbindung der feindlichen Tätigkeit der revanchistischen und militaristischen Kräfte Westdeutschlands und West-Berlins wird eine solche Kontrolle an den Grenzen der Deutschen Demokratischen Republik einschließlich der Grenzen zu den Westsektoren von Groß-Berlin eingeführt, wie sie an den Grenzen jedes souveränen Staates üblich ist. Es ist an den West-Berliner Grenzen eine verläßliche Bewachung und eine wirksame Kontrolle zu gewährleisten, um der Wühltätigkeit den Weg zu verlegen. Diese Grenzen dürfen von Bürgern der Deutschen Demokratischen Republik nur noch mit besonderer Genehmigung passiert werden. Solange West-Berlin nicht in eine entmilitarisierte neutrale Freie Stadt verwandelt ist, bedürfen Bürger der Hauptstadt der Deutschen Demokratischen Republik für das Überschreiten der Grenzen nach West-Berlin einer besonderen Bescheinigung. Der Besuch von friedlichen Bürgern West-Berlins in der Hauptstadt der Deutschen Demokratischen Republik (das demokratische Berlin) ist unter Vorlage des West-Berliner Personalausweises möglich. [...]

(Neues Deutschland, 16. Jg. [1961], Nr. 222 vom 13. August 1961)

1 *Erläutern Sie, weshalb hier von der Sicherung der DDR-Grenze zu West-Berlin die Rede ist.*

2 *Was bedeutet der Mauerbau für West-, was für Ost-Berliner bzw. DDR-Bürger?*

B 26 a Bau der Mauer in Berlin am 13. August 1961.

M37 Die Notwendigkeit des Mauerbaus

Der DDR-Ministerratsvorsitzende Stoph in einem Brief an Kanzler Brandt vom 19.3.1970

In den Jahren der offenen Grenze bis zum 13. August 1961 mußten wir die feindselige Einmischungspolitik der damaligen Bonner Regierung sehr teuer bezahlen.

Man hat die Bürger der DDR um mehr als 100 Milliarden Mark „erleichtert". Um das ganze Ausmaß dieses Wirtschaftskrieges mit seinen ungeheuren Schädigungen sichtbar zu machen, möchte ich erwähnen, daß die genannte Summe fast so groß ist wie das Nationaleinkommen der DDR in den Jahren 1956 und 1957 zusammengenommen. Zur Erläuterung sei mir noch ein Vergleich gestattet: Die genannte Schadenssumme ist wesentlich höher, als die Ausgaben für die gesamten Investitionen in der DDR in den Jahren 1950 bis 1961 betrugen.

Während man in Bonn von „armen Brüdern und Schwestern im Osten" sprach, tat man alles, um sie wirklich arm zu machen. [...]

Unsere Brüder wissen aus eigener Erfahrung, daß wir den größten wirtschaftlichen Aufschwung erlebten, nachdem wir am 13. August 1961 dafür gesorgt hatten, daß keine fremden Finger mehr in unsere Tasche greifen können.

(Texte zur Deutschlandpolitik, Bd. IV, S. 340 f.)

1 *Erläutern Sie, was Stoph mit „feindseliger Einmischungspolitik" vor dem Mauerbau meint.*

2 *Stellen Sie Faktoren der Wirtschaftshemmung für SBZ/DDR bis 1961 zusammen.*

B 26 b Ein Soldat der Nationalen Volksarmee springt am 16. August 1961 über den Stacheldraht „in den Westen".

3 Der Weg in die Stagnation und die Systemkrise der 80er Jahre

Höhepunkt des „real existierenden Sozialismus"

Ulbrichts Selbstbewußtsein gegenüber der Sowjetunion, das sich in einer Ablehnung der Ostverträge und des Berlin-Abkommens 1970/71 zeigte, führte zu seiner Ablösung. Am 3. Mai 1971 folgte ihm **Erich Honecker** in der Funktion des **Ersten Sekretärs der SED**. Honecker erkannte die Führungsrolle der UdSSR wieder an, akzeptierte das Berlin-Abkommen und schloß den Grundlagenvertrag mit der Bundesrepublik. Die staatliche Existenz der DDR fand weltweite Anerkennung. Im Inneren proklamierte er die „Einheit von Wirtschafts- und Sozialpolitik", erhöhte Löhne und Renten und steigerte den Wohnungsbau (M38a-d). So stieg der allgemeine Wohlstand und die Wohnungsnotlage entspannte sich (2 Mio. Neubauwohnungen 1971–1984). Jugendliche wie Künstler wurden weniger gegängelt und Frauen entlastet, indem Kindergärten ausgebaut und ein Baby-Jahr eingeführt wurde – 1976 für das zweite Kind, 1986 auch für das erste (M37e). Die ersten Jahre unter Honecker wurden das „**Goldene Zeitalter**" der DDR – geprägt von Zukunftsoptimismus. Der absolute Herrschaftsanspruch der SED blieb auch in diesem „real existierenden Sozialismus" erhalten; innerhalb der Partei gab es keinen Ansatz für innerparteiliche Demokratie. In der **neuen Verfassung von 1974** war jeder Hinweis auf eine einheitliche deutsche Nation und eine Wiedervereinigung getilgt. Das Wort „Deutschland" blieb auf die SED und das Zentralorgan der Partei, die Zeitung „Neues Deutschland", beschränkt. Die Nationalhymne wurde wegen ihrer Zeile „Deutschland, einig Vaterland" nicht mehr gesungen.

B 27 „Kampfappell" zum 35-jährigen Bestehen der bewaffneten Arbeiterformationen der DDR am 24. September 1988. – Militarisierung der Jugend und ständige Alarmbereitschaft der NVA kennzeichneten das Verhältnis des SED-Staates zur Bundesrepublik.

Wirtschaftliche Stagnation

Die erste **Ölkrise** 1973/74 brachte für die DDR-Entwicklung eine Veränderung, deren Ausmaß lange unbekannt blieb. Die UdSSR verlangte jetzt von der „Brudernation" DDR für Erdöl- und Erdgaslieferungen den Weltmarktpreis in Dollar und eine stärkere Einbindung in den RGW (B29), so daß der Westhandel eingeschränkt werden mußte und die ohnehin knappen Devisenvorräte für eine Modernisierung der DDR-Industrie zurückgingen. **Hohe Auslandsschulden** brachten die zur Gänze verstaatlichte Wirtschaft in Schwierigkeiten. Der Lebensstandard stagnierte, was Unzufriedenheit hervorrief, weil das Beispiel der Bundesrepublik im West-Fernsehen täglich zum Vergleich aufforderte.

Reformunfähigkeit

1975 unterzeichnete die DDR in Helsinki die **KSZE-Schlußakte**, deren Korb 3 die Menschenrechte garantierte (s.S. 246f.). Das weckte Hoffnungen in der DDR-Opposition: **Robert Havemann** forderte 1976 unabhängige Oppositionsparteien und entsprechende Zeitungen für die DDR, der DDR-Wirtschaftswissenschaftler **Rudolf Bahro** veröffentlichte in der Bundesrepublik eine Analyse der DDR-Wirtschaft und entwarf eine sozialistische Alternative zur SED-Wirtschaft. Diese Forderungen stießen auf ebenso entrüstete Ablehnung wie die nach einem freiheitlichen Kommunismus auf einem Kongreß von 29 kommunistischen Parteien in Ost-Berlin. Gerüchten zufolge sollen 1976 100 000 Anträge auf Umsiedlung in die Bundesrepublik gestellt worden sein. Im Herbst desselben Jahres wurde der sozialistische SED-Kritiker **Wolf Biermann** während einer Konzertreise in der BRD aus der DDR **zwangsausgebürgert**. Die Proteste dagegen führten nur zu Strafaktionen. Viele Künstler verließen von sich aus die DDR.

Wirtschaftlicher Niedergang 1982–1988

Hatte die erste Ölkrise die DDR-Wirtschaft in die Stagnation geführt, so bewirkte die zweite 1979/80 den **Sturz in die Systemkrise** der 80er Jahre. Obwohl die DDR durch die Zahlungen der BRD (Transitpauschale, Postgebühren, Freikauf politischer Häftlinge) und den indirekten Anschluß an den EG-Markt über den innerdeutschen Handel zahlreiche Vorteile genoß, drohte ihr 1982 die Zahlungsunfähigkeit. Dieses Fiasko wurde lediglich über die Vermittlung eines Milliarden-Kredits durch den bayerischen Minister-

B 28 Massenaufmarsch zum 1. Mai 1989 in Ost-Berlin. – Bei politischen Demonstrationen ließen sich die Mitglieder des SED-Politbüros von der FDJ buchstäblich „auf Händen tragen".

präsidenten Franz Josef Strauß vermieden. Aber die wirtschaftliche Krise blieb: die veraltete DDR-Industrie war unfähig zu Neuinvestitionen, die Alt-Städte zerfielen und die Umweltverschmutzung erreichte dramatische Ausmaße und mußte geleugnet werden (M41). Zu allem fehlte das Geld. Gleichwohl waren die Einkommen vergleichsweise hoch. An Einsparungen bei der Bevölkerung war nicht zu denken, sollte nicht der **„polnische Bazillus"** in der DDR Verbreitung finden, wie die Solidarność-Opposition seit 1980 in Polen genannt wurde.

Loyalitätskrise und Opposition

Dennoch verweigerte die DDR-Jugend dem SED-Staat zunehmend die Gefolgschaft. Die 2,2 Mio. SED-Mitglieder mit ihrem völlig überalterten Zentralkomitee repräsentierten die Generation der Eltern und Großeltern, die ihre Lage noch mit der Kriegs- und Nachkriegszeit verglich (M39). Die Jugend drückte immer mehr aus, daß sie keine Hoffnung auf Besserung der Verhältnisse besaß und daß sie das Gefühl hatte, um ihre Zukunft betrogen zu werden. Die Bedarfslenkung bei den Lehrstellen und der Rückgang der Studienplätze gaben dazu genug Anlaß. Auf der Grundlage der KSZE-Akte hatten sich innerhalb der evangelischen Kirche, dem einzigen staatsfreien Raum in der DDR, **Bürgerrechts-, Ökologie- und Friedensgruppen** gebildet. Das Bürgerrecht auf Reisefreiheit, die Untersuchung des Umweltproblems in der DDR und die Abrüstung in Ost und West bildeten ihre Hauptthemen (M40). Zigtausende nutzten jährlich die Möglichkeit, in die BRD überzusiedeln. Als sich die SED ab 1985 weigerte, die Politik von „Perestroika" und „Glasnost" von Gorbatschows KPdSU (s. S. 255) zu übernehmen, bildeten sich auch politische Organisationen wie die **„Initiative für Frieden und Menschenrechte"**.
Auf alle diese Aktivitäten antwortete die DDR-Regierung mit Verhaftungen und Ausweisungen. Die „Stasi" nahm dabei eine Schlüsselrolle ein. 1989 verfügte sie über etwa 85 000 hauptamtliche und 108 000 inoffizielle Mitarbeiter (Schema 1).

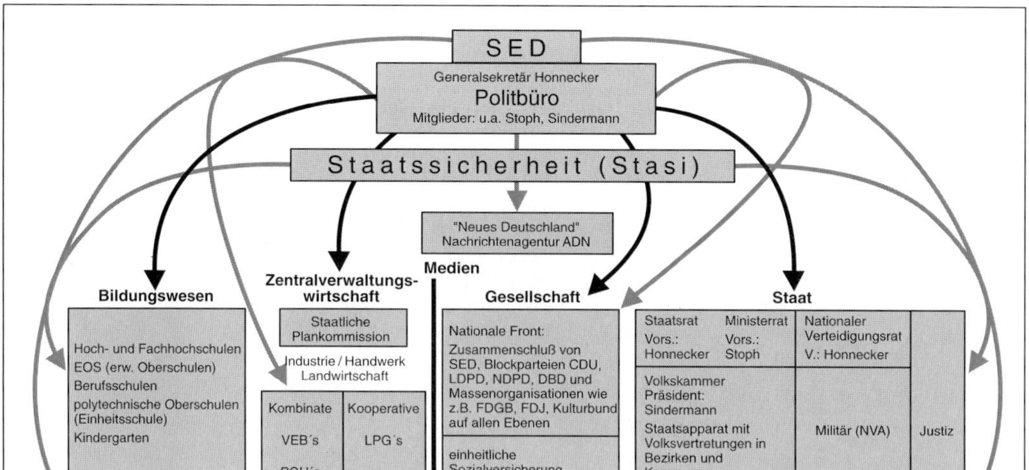

Schema 1 Die DDR bis 1989.

M38 Daten zur wirtschaftlichen Entwicklung der DDR 1960–1980

a) Bestand an dauerhaften Konsumgütern je 100 Haushalte

Jahr	PKW	Radios	Fernseher	Kühlschränke	Waschmaschinen
1960	3	90	17	6	6
1965	8	87	49	30	28
1970	16	92	69	56	54
1979	36	99	88	102	80

b) Fertiggestellte Wohnungen in der DDR

1970 = 76 088	1975 = 140 793
1971 = 86 777	1976 = 150 617
1972 = 117 026	1977 = 162 745
1973 = 124 769	1978 = 167 799
1974 = 138 301	

c) Ausstattung der neugebauten Wohnungen der DDR in Prozent

	1960	1965	1970	1979
Zentralheizung	9	42	74	97
Warmwasseranlage	17	77	99	100
Bad oder Duschecke	99	100	100	100

d) Durchschnittliche monatliche Geldeinkommen der Arbeiter- und Angestelltenhaushalte in der DDR

Jahr	1960	1965	1970	1975	1979
Mark	842	965	1209	1540	1822

(DDR und Osteuropa. Wirtschaftssysteme, Wirtschaftspolitik, Lebensstandard. Ein Handbuch. Opladen 1981, S. 335, 350, 356 und 357)

1 *Untersuchen Sie die Statistiken.*

2 *Beschreiben Sie die Bedeutung der 60er und 70er Jahre für die Entwicklung des Lebensstandards in der DDR.*

e) Frauenarbeit in der DDR

	Anteil an den arbeitsfähigen Frauen[1]	Anteil an allen Berufstätigen
1950	54,9	44,0
1960	61,9	45,0
1965	69,8	46,7
1970	74,8	48,3
1975	78,8	49,6
1980	78,1	49,6
1983	79,6	49,5

1 Frauen im Alter von 15–60 Jahren

Anteil der berufstätigen Frauen an den Erwerbspersonen in der DDR 1955–1983 (in %):

Nichts interessiert Frauen in der DDR so wenig wie Erörterungen über ihre Gleichberechtigung. Die Gründe dafür unterscheiden sich nach Altersgruppen und sozialem Stand, sie beruhen auf genauen Erfahrungen. 35 Jahre ist ihre Gleichheit gesetzlich gesichert, staatlich verordnet, betrieblich gefördert, politisch und wirtschaftlich unterstützt, planmäßig entwickelt. Die Frauen und Mädchen in der DDR wissen sehr gut, worüber sie nicht gern sprechen. Sie erleben Vorzüge wie Grenzen des Emanzipationsprozesses am eigenen Körper und sind mittlerweile in die Situation geraten, ihr „Geschütztsein" wie ein Naturereignis zu nehmen, mit dem sie nichts wesentlich Neues beginnen können. [...]

Das eine Urteil sieht im staatlich geförderten Emanzipationsprozeß einzig die Sicherung der notwendigen Arbeitskräfte, stilisiert die Produktivkraft der Frau ausschließlich zur ökonomischen Kategorie herab. Das andere Urteil päppelt den stattgefundenen Prozeß zum Erlösungsmythos hoch, belegt das mit stimmigen Zahlen, die wie Gewinnquoten im Lotto verkündet worden. Man besichtigt Tatbestände, indem man Furcht und Mitleid hineinprojiziert oder Dankbarkeit und Glücksverheißung herausstilisiert. Geleugnet wird immer die Aktivität der Beteiligten. Sie gelten als Objekte.

(I. Böhme, Die da drüben. Sieben Kapitel der DDR. Berlin 1983, S. 82–83)

1 *Untersuchen Sie den Anteil der Frauen an den Erwerbspersonen der DDR. Nennen Sie Bedingungsfaktoren für diesen Anteil.*

2 *Erläutern Sie die Problematik des Emanzipationsbegriffs in bezug auf die Berufstätigkeit der Frau in der DDR.*

B 29 Plakat aus der DDR (1984). – Der militärischen Integration in den Ostblock durch den Warschauer Pakt entsprach die wirtschaftliche durch den Rat für gegenseitige Wirtschaftshilfe.

M39 SVK-Buch und Kaderakte

Jeder Mensch im arbeitsfähigen Alter besitzt das grüne SVK-Buch. Es ist eine Kombination von Sozialversicherungsausweis und Arbeitsbuch. In ihm sind seine Daten, seine Ausbildungsabschlüsse, seine Arbeitsstellen, seine Tätigkeiten, seine Krankheiten, Zahnbehandlungen, Impfungen sowie seine Fehltage und Versicherungszahlungen notiert. Dieses Buch braucht er, will er eine Arbeit aufnehmen oder einen Arzt aufsuchen. Es ist ebenso wichtig wie der Personalausweis. [...]
Der Weg des Werktätigen durch die Institutionen wird außerdem begleitet von einem geheimnisvollen Dokument: der Kaderakte. Der Betroffene bekommt sie gewöhnlich nie zu Gesicht. Die Kaderakte enthält Paßbild, Fragebögen, Lebensläufe, Beurteilungen, Verweise, Auszeichnungen, Protokolle von Kadergesprächen – kurzum alles, was an Aussagen zur Person zusammengetragen werden kann, gebündelt liegt es im Panzerschrank der Personalabteilung. Bewirbt man sich in einem anderen Betrieb, verfolgt die Akte einen dorthin. Kündigt man, ohne eine neue Arbeit aufzunehmen, verbleibt sie im alten Betrieb. Die Kaderakte begleitet den Bürger vom ersten Arbeitstag bis zur Rente. Er weiß, daß darin seine guten Taten und Sünden festgeschrieben sind. [...] Allein die Existenz solcher Akten genügt, jedermann zu disziplinieren. Eingeschüchtert sind die Leute dadurch nicht. Immer hat der DDR-Bürger im Hinterkopf, daß seine Daten an den verschiedensten Stellen gespeichert sind und daß er sowieso keinerlei Einfluß darauf hat, wie sie verwendet werden. Hat er sich damit abgefunden, gewinnt er eine seltsame Art von Freiheit. Ihm ist gleichgültig, in welchem Licht er der Bürokratie erscheint. Was immer die Funktionäre von ihm halten, auf seine Arbeitskraft können sie nicht verzichten.
(I. Böhme, Die da drüben, [Rotbuch-Verlag]. Berlin 1983, S. 21 f.)

1 *Charakterisieren Sie die Stellung des Werktätigen in der Arbeitswelt der DDR.*

M40 Der Plan

Ich besuchte die unterste Schicht jener derart demokratisch gewählten Volksvertreter, die drei sogenannten „Stadtbezirksabgeordneten.[...]
Stolz zeigen sie mir die Kopie des „Volkswirtschaftsplans des Stadtbezirks Berlin-Prenzlauer Berg, Entwurf (nur für den Dienstgebrauch)". Schwerlich eine erbauliche Lektüre, sollte man denken. Doch in diesem Dokument erfährt man mehr über die Art dieses politischen Systems als in vielen Topsecret-Memoranden des Politbüros. Es zeigt den monumentalen Irrsinn der zentralen Zahlenplanung, vor der seither so viele Menschen in Osteuropa zu fliehen versuchen. Geht man vom Allgemeinen zum Besonderen – mit Zahlen bis zur dritten Dezimalstelle –, kommt man vom Sublimen zum Absurden. „Der Versorgungsgrad in der Arbeiterversorgung ist auf 56 % zu steigern, dabei in der dritten Schicht auf 82 %", ist auf Seite zu lesen. „Dazu ist die HO-Gaststätte ‚Storkower-Eck' wieder in vollem Umfang versorgungswirksam zu machen [...]".
„Die Buchbestände in den Bibliotheken werden von 350 000 auf 450 000 Bände erhöht. Die Zahl der Entleihungen ist auf 108,2 % zu steigern". Man sollte einen Moment innehalten, um über diesen Satz nachzudenken. Die armen Bibliothekare, so sie bei ihrer Jahresinventur mit nur 105,76 % abschließen können. „Verzeihung, haben Sie nie daran gedacht, die Werke Schillers zu lesen?

Sind doch nur siebzig. Ich werden Sie dafür vormerken." – „Was, Genosse! Du hast nie die Werke Rosa Luxemburgs gelesen? Hier sind sie, kannst sie alle mitnehmen!" – „Na komm, Ottochen, wir sind doch schon groß, höchste Zeit, daß wir Hegel lesen, nicht wahr?" Keine Rede davon, daß die Menschen ermutigt werden sollen, die öffentlichen Bibliotheken mehr zu nützen, nein „die Zahl der Entleihungen ist auf 108,2 % zu steigern". Ein – buchstäblicher – Irrsinn.

(T. G. Ash, „Und willst Du nicht mein Bruder sein ...". Die DDR heute [Spiegel-Buch], Nr. 15, Rowohlt TB. Reinbek bei Hamburg 1981, S. 72 ff.)

1 *Beschreiben Sie die Funktionsweise der Planwirtschaft der DDR.*

2 *Erläutern Sie Ashs Kritik am planwirtschaftlichen System.*

M41 Umweltproblem und Arbeitsbedingungen in einem DDR-Kraftwerk - Aus einem untedrückten Roman von 1978

„Also, Kollege Hodriwitzka", sagte der Ingenieur, der von unserer Verlegenheit nichts zu bemerken schien, „das ist eine Kollegin von der Illustrierten Woche aus Berlin. Und wir haben Sie hergebeten, damit Sie der Kollegin von der Zeitung etwas über Ihre Arbeit hier im Kraftwerk erzählen. Nicht schöngefärbt. So, wie es ist."

„Dreckig ist's", sagte Hodriwitzka und lächelte mich aus seinen blanken braunen Augen an.

Was sollte ich ihn fragen, Luise. Mir reichte, was ich gesehen hatte, uralte Anlagen, zugige Hallen, schwere, schmutzige Arbeit, gebeugte Männer in den Aschekammern, in denen nur Zwerge hätten stehen können, Frauen mit fünf Meter langen Feuerhaken vor den Öfen. Was hätten ich den Heizer Hodriwitzka fragen können? [...]

„Warum wehren Sie sich nicht?" fragte ich, „Sie sind doch schließlich die herrschende Klasse."

Für Holdriwitzka, der nichts ahnen konnte von meinem spontanen inneren Protest gegen die Journalistenrolle, in der ich mich befand, kam die Frage unvermittelt. Er sah überrascht auf. „Wehren? Wogegen?"

„Gegen das alte Kraftwerk. Warum fordern Sie nicht die Stillegung?"

Der Ausdruck in Hodriwitzkas runden braunen Augen schwankte zwischen Unglauben, Belustigung und Interesse.

„Das muß schon der Generaldirektor machen. Der soll wohl sogar schon einen Brief geschrieben haben", sagte er und blickte sich dabei nach dem Ingenieur um, der schräg hinter ihm stand, an einen Schrank gelehnt, und die Auskunft durch Kopfnicken bestätigte. [...]

„Wenn sie nicht stillegen, werden sie wohl nicht können. Mit Absicht werden sie uns ja nicht im Dreck sitzenlassen."

„Aber erklären muß man es Ihnen", redete ich auf ihn ein, „das müssen Sie verlangen. Verstehen Sie doch, das ist nichts Verbotenes, mit Streik hat das nichts zu tun. Im Gegenteil: Sie verderben sonst die ganze Demokratie."

Hodriwitzka mußte lachen, und ich beteuerte ihm, wie ernst das sei. Seinen Generaldirektor könne der Minister mit ein paar Sätzen zur Ordnung und Disziplin rufen, ein Telefonat oder ein Brief, und dann ist Ruhe. Was soll ein Generaldirektor schon machen, wenn er Generaldirektor bleiben will.

„Und was müssen Sie machen, wenn Sie Kraftwerker bleiben wollen?" frage ich Hodriwitzka.

(M. Maron, Flugasche. Roman. Frankfurt/M. 1981, S. 49 ff.)

1 *Beschreiben Sie Ihren Eindruck, den Sie aus dem Text von diesem DDR-Betrieb gewinnen.*

2 *Welche Ursachen für die Lage des Betriebs werden im Text angedeutet?*

M42 Michael Sallmann

Schlechter Rat (vor 1977)

Bei den Kommunalwahlen
Enthielt sich der Student S.
Der Stimme,
Da er, trotz intensiver Bemühungen
Keines Kandidaten Vorschläge hatte
Kennenlernen können!
In der wegen dieses Zwischenfalls
Mit ihm geführten Aussprache
Erklärte ein Genosse
Der Ortsparteileitung:
Die Kandidaten seien allesamt
Geprüft und ausgewählt, er solle
Doch ihnen sein Vertrauen
Einfach schenken!
Hatte jener Genosse
Die Wahlen verwechselt
Mit einem Text,
Ob das Volk sein Vertrauen
Verschenkt?

(T. Auerbach u. a., DDR-konkret. Berlin [3]1981, S. 71)

1 *Welche Norm verletzt der Wähler mit seinem Verhalten?*

2 *Beschreiben Sie das Politikverständnis der Ortsparteileitung.*

Politische Lyrik: Mentalitätswandel

Der Dichter und Sänger Wolf Biermann ist 1936 in Hamburg geboren und 1953 in die DDR übergesiedelt. Er verstand sich stets als Sozialist, erhielt jedoch 1965 Auftritts- und Veröffentlichungsverbot in der DDR. 1976 wurde er während einer (genehmigten) Tournee in der Bundesrepublik von der DDR-Regierung ausgebürgert. Als Oppositioneller war er eng mit dem 1964 aus der SED ausgeschlossenen Physiker Robert Havemann befreundet. Um dessen Sohn Florian geht es im ersten Text „Enfant perdu“ (Verlorenes Kind).

Wolf Biermann: Enfant perdu (1972)

1 Der kleine Flori Have
Zwei-Meter-Mann, das brave
das uralt kluge Kind
Ist abgehaun nach Westen
Mit seiner derzeit Festen
– wie die wohl rüber sind?
Er ist hinüber – enfant perdu
Ach, kluge Kinder sterben früh
Von Ost nach West – ein deutscher Fall
Laß, Robert, laß sein
Nee, schenk mir kein' ein!
Abgang ist überall

2 Er war doch sonst kein Plattkopf
War helle unterm Haarschopf
und hatte Herz und Witz
Jetzt ist er meine Trauer
Jetzt hockt er hinter der Mauer
und glaubt, daß er vor ihr sitzt
Er ist hinüber ...

3 Du, Robert, Genosse Ganove
Sitzt da wie der letzte Doofe
voll Cognac und voll Scham
Warum mußte Flori flüchten?
Was wird bloß aus unseren Früchten?
Dein Apfel fiel weit vom Stamm
Er ist hinüber ...

4 He, Walterchen, kalter Alter
Du großer Menschenverwalter
was sagst du zu diesem Sturz?
Na klar, du hast recht und Kanonen
Gemessen an siebzehn Millionen
ist Flori Have ein Furz
Er ist hinüber ...

5 Der ausgeflippte Have
Hier war er ein dreister Sklave
dort macht er den linken Clown
Wer abhaut aus dem Osten
Der ist auf unsere Kosten
von sich selber abgehaun
Er ist hinüber ...

6 Laß, laß in die Binsen gehen
Damit wir im Osten sehen
daß der, der abfällt, fällt!
Wir machen hier Sozialismus
Trotz Rotz und Stalinismus
und öffnen uns noch die Welt
Er ist hinüber ...

7 Die DDR, auf Dauer
Braucht weder Knast noch Mauer
wir bringen es so weit!
Zu uns fliehn dann in Massen
Die Menschen, und gelassen
sind wir darauf vorbereit'
Er ist hinüber ...

8 Ich scheiß was auf meine Lieder
Sie bringen ja nicht wieder
all, die verloren sind
Trotzalledem, ich schreibe
Und singe hier und bleibe
für Flori Havekind
Er ist hinüber – enfant perdu
Ach, kluge Kinder sterben früh
Von Ost nach West – ein deutscher Fall
Laß, Robert, laß sein
Nee, schenk mir kein' ein!
Abgang ist überall

(Wolf Biermann: Für meine Genossen. Hetzlieder, Gedichte, Balladen. Berlin 1972, S. 83 f.)

– *Untersuchen Sie Biermanns Einstellung zur DDR an dem beschriebenen Fall von „Republikflucht". Ziehen Sie in Ihre Untersuchung die Stellung Havemanns als Oppositioneller mit ein.*

Wolf Biermann: Ballade vom preußischen Ikarus (1976)

1 Da, wo die Friedrichstraße sacht
Den Schritt über das Wasser macht
da hängt über der Spree
Die Weidendammerbrücke. Schön
Kannst du da Preußens Adler sehn
wenn ich am Geländer steh

dann steht da der preußische Ikarus
mit grauen Flügeln aus Eisenguß
dem tun seine Arme so weh
er fliegt nicht weg – er stürzt nicht ab
macht keinen Wind – und macht nicht schlapp
am Geländer über der Spree

2 Der Stacheldraht wächst langsam ein
Tief in die Haut, in Brust und Bein
ins Hirn, in graue Zelln
Umgürtet mit dem Drahtverband
Ist unser Land ein Inselland
umbrandet von bleiernen Welln

da steht der preußische Ikarus
mit grauen Flügeln aus Eisenguß
dem tun seine Arme so weh
er fliegt nicht weg – und stürzt nicht ab
macht keinen Wind – und macht nicht schlapp
am Geländer über der Spree

3 Und wenn du wegwillst, muß du gehn
Ich hab schon viele abhaun sehn
aus unserem halben Land
Ich halt mich fest hier, bis mich kalt
Dieser verhaßte Vogel krallt
und zerrt mich übern Rand

dann bin ich der preußische Ikarus
mit grauen Flügeln aus Eisenguß
dann tun mir die Arme so weh
dann flieg ich hoch – dann stürz ich ab
mach bißchen Wind – dann mach ich schlapp
am Geländer über der Spree

(Wolf Biermann, Preußischer Ikarus. Köln 1978, S. 103 f.)

– *Arbeiten Sie das Verhältnis Biermanns zur DDR 1976 heraus und vergleichen Sie es mit 1972 („Enfant perdu"). Erörtern Sie mögliche Ursachen für die Veränderungen.*

4 Die friedliche Revolution 1989

Flucht- und Ausreisewelle

Seit 1984 verließen jährlich 10 000 Umsiedler die DDR. Die SED lehnte aber auch noch 1989 alle Reformvorschläge ab. Sie bereitete die **Feiern zum 40. Gründungstag der DDR** vor und verfolgte die Opposition mit „Stasi“ und Verhaftungen. So griff sie im Fall der Umweltbibliothek der Berliner Zionskirche ebenso zum Instrument der Inhaftierung wie bei den Demonstranten, die die Losung Rosa Luxemburgs auf dem Transparent trugen: „Die Freiheit ist immer die Freiheit des Andersdenkenden“.

Die SED verteufelte auch dann noch jede Reformpolitik, als Gorbatschow die „Breschnew-Doktrin“ (s. S. 241) aufgab und die Eigenständigkeit aller Staaten außerhalb der UdSSR garantierte. In Polen und Ungarn setzten daraufhin entscheidende Reformen ein. In der DDR aber begrüßte noch im Juni die Volkskammer die Niederschlagung der Demokratiebewegung in China (Panzer auf dem Tien An Men-Platz) und nahm Kontakt zur reformfeindlichen Regierung der ČSSR auf.

In diesem Klima kam es zum **Exodus**: Es übersiedelten 46 000 DDR-Bürger im ersten Halbjahr 1989 in die Bundesrepublik. Im August und September besetzten Tausende die Botschaften der Bundesrepublik in Warschau, Prag und Budapest. Um Aufsehen vor dem 40. Gründungstag der DDR am 7. Oktober zu vermeiden, gestattete die DDR-Regierung deren Ausreise in die Bundesrepublik. Aber allein über die ungarisch-österreichische Grenze, wo Ungarn den Grenzzaun abgebaut hatte, kamen im September 25 000 DDR-Bürger in den Westen (M43). Der Großteil der Flüchtenden war unter 25 Jahre.

B 30 Die letzte Machtdemonstration der SED: die Militärparade zum 40. Jahrestag der DDR-Gründung am 7. Oktober 1989.

Oppositionsentwicklung

Seit März gab es in den Großstädten immer wieder Demonstrationen für Reisefreiheit; die Kirchen forderten Demokratisierung, Meinungsfreiheit und Rechtstaatlichkeit. Das gewachsene Selbstbewußtsein der DDR-Opposition zeigte sich erstmals, als die offensichtlichen **Fälschungen des Ergebnisses der Kommunalwahl** vom Mai beim Staatsanwalt zur Strafverfolgung angezeigt wurden. Im August wurde die Gründung einer **Sozialdemokratischen Partei der DDR (SDP)** angekündigt und im September stellten die Bürgerbewegungen **„Demokratie Jetzt“** und **„Neues Forum“** Anträge auf Zulassung als Partei. Anfang Oktober gaben die SDP und der **„Demokratische Aufbruch“** ihre Gründung bekannt. Die neuen Gruppen forderten freie Wahlen und die Abschaffung der DDR-Diktatur.

Seit 25. September wuchsen in Leipzig die Demonstrationszüge an, die sich nach dem Friedensgebet in der Nikolaikirche jeden Montag formierten. Die **Demonstrationswelle** erreichte Anfang Oktober einen ersten

B 31 Montagsdemonstration in Leipzig vom 9. Oktober 1989.

Höhepunkt: am 6. Oktober in Berlin und am 7. Oktober in zahlreichen Städten parallel zu den Gründungsfeiern (B 30, B 31). Am 9. Oktober waren es in Leipzig bereits 70 000, die die Parole ausgaben: **„Wir sind das Volk“**(M 44a). Armee und Staatsapparat hielten sich nur zurück, weil das sowjetische Militär Hilfe versagt hatte.

Absetzung Honeckers und Öffnung der Grenzen

Am 16. Oktober demonstrierten in Leipzig 120 000 Menschen für Meinungsfreiheit, Presse- und Reisefreiheit. Zwei Tage später setzte die SED ihren Generalsekretär Honecker ab, der sich bei den Feierlichkeiten zum Jahrestag der Staatsgründung Gorbatschows Aufforderungen zu Reformen verschlossen hatte. Sein Nachfolger wurde **Egon Krenz**, der eine demokratische Erneuerung, jedoch ohne parlamentarische Demokratie versprach. Ihren Höhepunkt erreichten die Demonstrationen am 4. November, als in Ost-Berlin über 1 Mio. Menschen freie Wahlen, bürgerliche Freiheiten und Rechtstaatlichkeit verlangten. Daraufhin traten DDR-Ministerrat und SED-Politbüro zurück (7./8. November). Am **9. November 1989** beschloß der DDR-Staatsrat, baldigst die allgemeine Reisefreiheit einzuführen. Auf diese Ankündigung hin versammelten sich 10 000 Ost-Berliner an den Mauerübergängen, bis die Grenzbeamten dem Druck nachgaben und die Wartenden nach West-Berlin passieren ließen. Nach 28 Jahren war erstmals **die Mauer geöffnet**. In den nächsten 10 Tagen besuchten 3 Mio. DDR-Bürger die Bundesrepublik (M 45a). Auf einer Kundgebung am 10. November in Berlin sagte Willy Brandt: „Jetzt wächst zusammen, was zusammengehört“, und auf der Leipziger Montagsdemonstration hieß es nun neuerdings: **„Wir sind *ein* Volk“**.

Ende der SED-Diktatur

Am 13. November wählte die alte Volkskammer **Hans Modrow** zum neuen Ministerpräsidenten der DDR. Modrow trat für eine Erneuerung sowie zunächst für die Erhaltung der DDR ein (M 45b)und **beendete den Primat der SED** in der DDR-Regierung, indem er nach polnischem Vorbild einen **„Runden Tisch“** einrichtete, also eine Regierung der „nationalen Verantwortung“, mit allen Blockparteien, dem FDGB, den Kirchen und den meisten der neugegründeten Oppositionsgruppen (M45c). Dieser „Runde Tisch“ erarbeitete auch eine neue Verfassung der DDR.

B 32 „Mauertanz" zur Feier der Grenzöffnung am 9./10. November 1989.

Anfang Dezember schlug sich der Machtverfall der SED auch auf Verfassungsebene nieder: Der **Führungsanspruch der SED wurde aus der Verfassung gestrichen**, die **Auflösung der „Stasi"** angekündigt (M44d) und die „Kampfgruppen der Arbeiterklasse" (400 000 Mann) aufgelöst.
Die Blockparteien verließen nun den „Demokratischen Block", Egon Krenz trat als Generalsekretär der SED zurück und schied am 6. Dezember auch aus dem Staatsrat aus. Auf ihrem außerordentlichen Parteitag im Dezember wählte die SED **Gregor Gysi** zu ihrem Vorsitzenden. Er hielt an der Entwicklung des Sozialismus und der Eigenständigkeit der DDR fest. Auch eine zweimalige Umbenennung, zuletzt in **„Partei des Demokratischen Sozialismus" (PDS)**, hielt den Niedergang von 2,6 Mio. auf 700 000 Mitglieder im Januar 1990 nicht auf (B33).

Pluralistische Parteienentwicklung

Parallel zum Machtverfall der SED entwickelte sich eine pluralistische Parteienstruktur in der DDR. Noch im Dezember schlug die CDU einen neuen Kurs ein und wählte den Rechtsanwalt Lothar de Maizière zu ihrem Vorsitzenden. Der „Demokratische Aufbruch" konstituierte sich als Partei. Im Januar nannte sich die SDP in SPD um. Die christlich-konservative DSU (Deutsche Soziale Union) wurde gegründet. Die meisten der Parteien traten für eine nationale Einheit mit der BRD ein. Die zentrale Frage war: Wie schnell kommt die Einheit?

Erste freie Wahlen

Die „Allianz für Deutschland" aus CDU und DSU sowie der „Bund Freier Demokraten" befürworteten einen schnellen **Beitritt zur Bundesrepublik** (wie das Saarland 1955 nach Art. 23 GG). SPD und Bündnis 90 („Neues Forum" und „Demokratie jetzt") bevorzugten den Weg über die Ausarbeitung einer neuen gemeinsamen Verfassung.

Um die Ausreisewelle einzudämmen, schlugen der „Runde Tisch“ und die Regierung Modrow der Volkskammer Ende Januar Neuwahlen vor (M46). Am 18. März 1990 fanden die ersten freien Volkskammerwahlen in der DDR statt. Es waren die ersten freien Wahlen zwischen Elbe und Oder nach 58 Jahren mit einer Wahlbeteiligung von über 93 %. Die DDR-Bürger wählten überraschenderweise mehrheitlich die „Allianz für Deutschland“, also CDU/DSU. Die CDU erhielt 40,9 %, die SPD nur 21,8 %. Die PDS wurde immerhin drittstärkste Partei mit 16 %(Schema 2). Die **DDR war eine parlamentarische Demokratie** geworden. Die neue Volkskammer wählte den CDU-Vorsitzenden **Lothar de Maizière** zum Ministerpräsidenten. Dieser bildete eine Große Koalition, die den raschen Beitritt der DDR zur Bundesrepublik organisierte.

M43 Übersiedler aus der DDR nach Zahlen des BMI

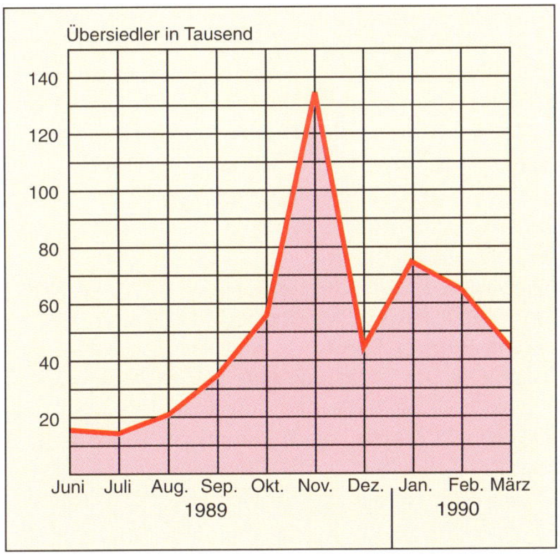

(Frankfurter Rundschau vom 6.2.1990)

– *Vergleichen Sie die Zahlen mit der Fluchtbewegung vor dem Mauerbau (M35a).*

M44 Die gewaltlosen Demonstrationen

a) Montagsdemonstration am 9. Oktober 1989 in Leipzig

Von einem Bekannten, Mitglied der SED, erfuhr ich, daß während einer Parteiversammlung mitgeteilt worden war, es bestehe ein Zehn-Punkte-Programm des ZK der SED, nach dem die Konterrevolution am 9. Oktober in Leipzig niederzuschlagen sei. Es wurde gesagt, daß die Innenstadt zu meiden sei.

Ich befürchtete das Schlimmste am 9. Oktober. Nach Beendigung der Feierstunde etwa 18.00 Uhr setzte ich mich mit meiner Frau und meiner Tochter ins Auto und fuhr ins Stadtzentrum, um mich der Demonstration anzuschließen, gleich, was komme [...]

Wir parkten in der Kolonnadenstraße und reihten uns am Dittrichring in den Demonstrationszug ein, mit dem Ruf „Wir sind das Volk!“. Ich war von dieser großen Menschenmenge beeindruckt. Uns standen die Tränen in den Augen – vor Freude oder vor Furcht? Wir wußten nicht, was uns noch erwartet, wir wußten nur eins: So wollten wir nicht weiterleben, gleich, was uns erwartet! Am Karl-Marx-Platz wurden wir von Stasi-Angehörigen darauf aufmerksam gemacht, daß wir die Sache mit dem Kind falsch einschätzen könnten. Nähere Erklärungen gaben sie nicht. Gott sei Dank trat das Befürchtete nicht ein. Für uns war es der schönste Moment im Leben!!!

Ewald Diehn

(Neues Forum Leipzig, Jetzt oder nie – Demokratie. Leipziger Herbst' 89. München 1990, S. 86)

1 *An der beschriebenen Demonstration nahmen 70 000 Menschen teil. Was bedeutet die Duldung dieser Massenbewegung für die SED?*

2 *Erörtern Sie mögliche Gründe für das Unterbleiben des Einsatzes der bereitstehenden NVA.*

b) Die Demonstration auf dem Alexanderplatz in Berlin am 4. November 1989 – Aus Christa Wolfs Rede

„*Liebe Mitbürgerinnen und Mitbürger*, revolutionäre Bewegung befreit auch die Sprache. Was bisher so schwer auszusprechen war, geht uns auf ein Mal frei von den Lippen. Wir staunen, was wir offenbar schon lange gedacht haben und was wir uns jetzt laut zurufen. ‚Demokratie – jetzt oder nie!‘, und wir meinen Volksherrschaft.

[...]

Verblüfft beobachten wir die Wendigen, im Volksmund ‚Wendehälse‘ genannt, die laut Lexikon sich rasch und leicht einer gegebenen neuen Situation anpassen, sich in ihr geschickt bewegen, sie zu nutzen verstehen. Sie am meisten, glaube ich, blockieren die Glaubwürdigkeit der neuen Politik. Soweit sind wir wohl noch nicht, daß wir auch sie mit Humor nehmen können, was uns doch in anderen Fällen schon gelingt. ‚Trittbrettfahrer zurücktreten!' lese ich auf Transparenten und an die Polizei gerichtet von Demonstranten der Ruf: ‚Zieht euch um, schließt euch an!' Ich muß sagen, ein großzügiges Angebot. Ökonomisch denken wir auch: ‚Rechtssicherheit spart Staatssicherheit.' Und heute habe ich auf einem Transparent eine schier unglaubliche Losung gesehen: ‚Keine Privilegien mehr für uns Berliner.' Ja, die Sprache springt aus dem Ämter- und Zeitungsdeutsch heraus, in das sie eingewickelt war und erinnert sich ihrer Gefühlswörter. Eines davon ist Traum. Also träumen wir, mit hellwacher Vernunft: ‚Stell' dir vor, es ist Sozialismus und keiner geht weg.' Wir sehen aber die Bilder der immer noch Weggehenden und fragen uns: ‚Was tun?' und hören als Echo die Antwort: ‚Was tun?'. Das fängt jetzt an, wenn aus den Forderungen Rechte, also Pflichten werden: Untersuchungskommission, Verfassungsgericht, Verwaltungsreform.

Viel zu tun und alles neben der Arbeit und dazu noch Zeitungen lesen. Zu Huldigungsvorbeizügen und verordneten Manifestationen werden wir keine Zeit mehr haben. Dies ist eine Demo, genehmigt, gewaltlos. Wenn sie so bleibt bis zum Schluß, wissen wir wieder mehr über das, was wir können und darauf bestehen wir dann. ‚Ein Vorschlag für den 1. Mai: Die Führung zieht am Volk vorbei.' (Alles nicht von mir, alles nicht von mir. Das ist literarisches Volksvermögen.) Unglaubliche Wandlung, das Staatsvolk der DDR geht auf die Straße, um sich als Volk zu erkennen. Und dies ist für mich der wichtigste Satz dieser letzten Wochen, der tausendfache Ruf. ‚Wir sind das Volk!' Eine schlichte Feststellung und die wollen wir nicht vergessen."

(die tageszeitung/taz. Berlin [West], vom 9. 11. 1989)

1 *Übersetzen Sie die zitierten Parolen in politische Forderungen. Was will die Massenbewegung der DDR erreichen?*

M45 Die Maueröffnung und die Folgen

a) Stimmungsbericht aus West-Berlin nach der Öffnung der Mauer am 9. November 1989

Die Mauer vorm Brandenburger Tor gleicht einer nächtlichen Disco-Tanzfläche mit Tausenden von Gästen, der Kurfürstendamm ist eine einzige Fußgängerzone, die Verkaufspassagen des Europacenters geben ein improvisiertes Nachtlager für Hunderte her. An den Grenzübergängen kommt man nicht mehr nach beim Begrüßen der Besucher von drüben. [...] Ob 500 000, ob eine Million: was soll's, die Stadt ist voll und hört nicht auf, zwischen den Grenzen hin- und herzuwandern.[...]

Ob der hundert D-Mark Begrüßungsgeld – an diesem Wochenende millionenfach ausgezahlt – schlägt die Stunde des Einzelhandels. [...] Die meisten sind erschlagen von dem verwirrenden Angebot um sie herum [...].

Ganz findige West-Berliner eröffnen den Handel auch in die entgegengesetzte Richtung: Am Potsdamer Platz wirbt ein Mini-Cooper mit der aufgesprühten Offerte: „Suche Antiquitäten aus der DDR. Tel ..." Auch der Tausch „West-Auto gegen Ost-Datscha" ist im Gespräch. Schon jetzt grummelt der Unmut an vielen Ecken [...]. Fahrverbot für PKWs, Einreisesperre für Zweitakter, heißen die Forderungen nicht nur an Kneipentischen.

(taz. DDR-Journal zur Novemberrevolution August bis Dezember 1989, 2. Aufl. o. J.)

b) Aus der Regierungserklärung von Ministerpräsident Modrow (SED) vom 17. November 1989

Dem Volk der DDR, das einen guten Sozialismus will, wird diese Regierung verpflichtet sein. So bitten wir alle Bürger, diese Regierung zu unterstützen. Wir brauchen von denjenigen, die sich dazu bereitfinden, einen Vertrauensvorschuß, und ich weiß, daß ich damit schon viel verlange. [...]

Was sich hier nach dem 7. Oktober 1989 an demokratischen [...] Veränderungen vollzogen hat, ist unumkehrbar, das Volk würde jeden beiseite fegen, der eine Wiederherstellung alter Verhältnisse zu versuchen wagt. [...]

Zum Regierungsprogramm gehören Reformen, wie sie auch von den Parteien und anderen gesellschaftlichen Kräften [...] in Umrissen skizziert worden sind.

Erstens Reformen des politischen Systems, verbunden mit gesetzgeberischen Schritten, um Rechtsstaatlichkeit und Rechtssicherheit zu stärken, dazu gehören insbesondere ein Wahlgesetz ebenso [...] ein Mediengesetz. [...] Das Reisegesetz [...] ist nach geführter Diskussion vorzulegen.

Zweitens geht es um eine Wirtschaftsreform, die zum Ziel haben muß, die Eigenverantwortung der wirtschaftenden Einheiten zu erhöhen. [...]

(Aus: Tribüne vom 20. 11. 1989)

1 *Untersuchen Sie die Regierungserklärung auf Neuansätze hin.*

2 *Welche Auswirkungen hatte die Volksbewegung bis Mitte November auf Staatsführung, Volkskammer, SED und Blockparteien?*

c) Einrichtung des Runden Tisches als revolutionär legitimierte Mitentscheidungsinstanz neben Regierung und Volkskammer.

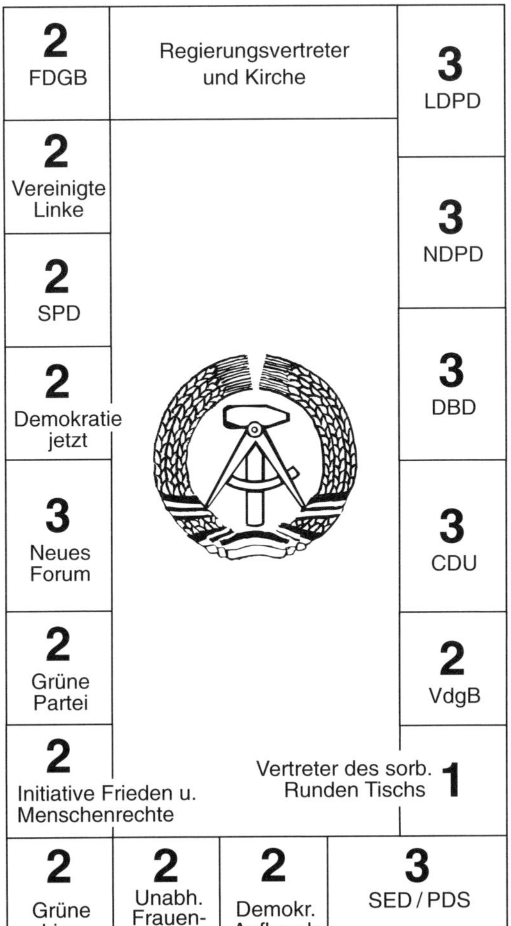

Die Sitze am Runden Tisch. Er tagte vom 8. 12. 1989 bis 29. 3. 1990.
(Neues Deutschland, Berlin[Ost], vom 25. Januar 1990)

1 *Erläutern Sie, wer am „Runden Tisch" zur Regierung, wer zur Opposition gehört.*

2 *Was bedeutet der „Runde Tisch" für die SED-Diktatur?*

B 33 Zerstörung des Parteiemblems der SED in Dresden.

d) Meldungen über die Auflösung der Stasi

7. 12. (Der Runde Tisch fordert die Regierung einstimmig auf), das Amt für Nationale Sicherheit unter ziviler Kontrolle aufzulösen.
[...]
8. 1. (Runder Tisch. Mißtrauenserklärung gegen die mit der Auflösung beauftragten Regierungsvertreter.)
Mit einem Warnstreik wird in einem Suhler Betrieb gegen Ausgleichszahlungen für ehemalige Angehörige des Staats- und Sicherheitsapparates protestiert.
12. 1. (Erklärung Modrows, daß bis zur Wahl) „keine Ämter auf dem Gebiet der staatlichen Sicherheit gebildet" würden.
15. 1. (Die Regierung) informiert über den Stand der Auflösung [...] Die Beratungen werden vorzeitig abgebrochen, als Informationen über die Demonstrationen an der früheren Stasi-Zentrale eingehen.
18. 1. Auf der 8. Zusammenkunft des „Runden Tisches" rufen die Teilnehmer alle Bürger in der DDR zu Gewaltlosigkeit auf. Der „Runde Tisch" werde bei der Beseitigung der alten Machtstrukturen keinen Aufschub und keine Inkonsequenz mehr zulassen.
(Deutschland-Archiv, H. 1/1990, S. 174, H. 2/1990, S. 322 ff.)

1 *Erklären sie den Vorgang.*

2 *Welche Bedeutung hat er für den SED-Staat?*

M46 Aus der Erklärung von Ministerpräsident Modrow vor der Volkskammer am 29. Januar 1990

Die Ausreisewelle hält unvermindert an. Alle Maßnahmen und Appelle der Regierungen haben es bisher nicht vermocht, diesen Aderlaß aufzuhalten, der die wirtschaftliche Leistungsfähigkeit in besonderem Maße schmälert, ganz abgesehen von der außerordentlichen sozialen Tragik, die mit dieser Ausreisewelle verbunden ist.

Aus der Erkenntnis dieser Lage und eingedenk der Verantwortung, die ich als Ministerpräsident mit Ihrer Zustimmung übernommen habe, hat auf meine Einladung gestern bis Mitternacht eine Beratung mit den verantwortlichen Vertretern aller Parteien und politischen Gruppen stattgefunden, die den Runden Tisch bilden.

Nach siebenstündiger intensiver Diskussion, unterbrochen von zwei gesonderten Beratungen, wurde ein Konsens erreicht, der uns geeignet scheint, jedenfalls nach Einschätzung der Beteiligten und meiner eigenen Einschätzung, eine Beruhigung und allmähliche Stabilisierung der politischen Situation zu erreichen und dieser zu dienen.

Dieser Konsens besteht

1. darin, daß der Volkskammer vorgeschlagen wird, die Wahlen für die Volkskammer auf den 18. März vorzuziehen.

2. besteht der Konsens darin, daß vorgeschlagen wird, die Wahlen zu den Volksvertretungen sämtlicher Städte und Gemeinden wie vorgesehen am 6. Mai abzuhalten. In dieser Situation wird auch von einigen die Frage gestellt, ob darin die Wahl der Kreistage einzubeziehen wäre, da die Situation vieler Kreise auch ein solches Erfordernis in die Betrachtung wahrscheinlich mit einbeziehen läßt.

3. wurde Einigkeit darüber erzielt, daß eine Regierung der nationalen Verantwortung geschaffen werden sollte. Dies kann dadurch erreicht werden, daß die bisher in der Regierung nicht vertretenen Parteien und politischen Gruppen des Runden Tisches jeweils einen Vertreter in die Regierung entsenden, der als Minister ohne Geschäftsbereich Sitz und Stimme im Ministerrat erhält und auf weitere geeignete Weise aktiv in die Arbeit des Ministerrates, insbesondere bei der Vorbereitung wichtiger grundlegender Entscheidungen, einbezogen wird.

4. wurde Übereinstimmung dahingehend erzielt, daß die Regierung einen ständigen Vertreter im Range eines Ministers an den Runden Tisch entsendet, um die Zusammenarbeit auch auf diese Weise zu vertiefen. [...]

Wenn wir eine stabile DDR gestalten und dafür sorgen, dienen wir einem übergeordneten nationalen Interesse, schaffen wir Voraussetzungen für eine Vertragsgemeinschaft und eine weitergehende Annäherung beider deutscher Staaten, erweisen wir uns aber zugleich der europäischen Verantwortung würdig.

(Deutschland Archiv, 23. Jg. 1990, S. 466 ff.)

1 *Stellen Sie die Gründe für die vorgezogenen Wahlen zusammen.*

2 *Auf welchen neuen verfassungsrechtlichen Grundlagen stehen diese Wahlen?*

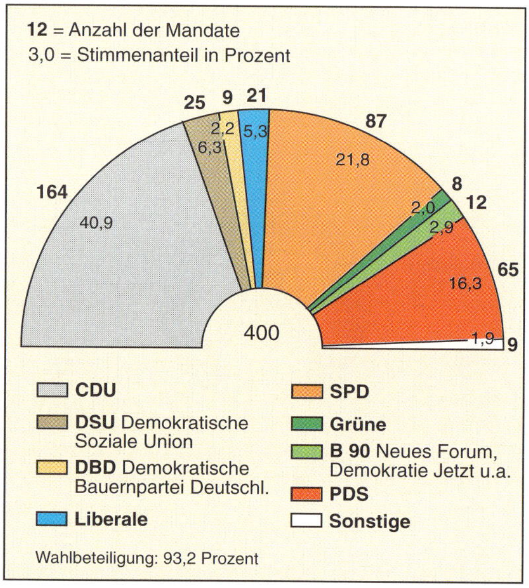

Schema 2 Ergebnis der Volkskammerwahlen vom 18. März 1990.

– *Untersuchen Sie das Wahlergebnis.*

– *Interpretieren Sie den Wahlsieg der CDU und das Abschneiden der neuen Parteien.*

Zeittafel zur Geschichte der DDR 1949–1990

1949 7. 10.: Gründung der DDR; RGW-Beitritt
1950 Ministerium für Staatssicherheit („Stasi"); Volkskammerwahlen nach Einheitslisten; Erster Fünfjahresplan
1953 17. 6.: Volksaufstand, Ende der SED-Regierung, freie Wahlen gefordert – Panzereinsatz der Roten Armee
1955 Ende sowjetischer Reparationsforderungen; DDR souverän; Gründung des Warschauer Pakts mit DDR als Mitglied: NVA
1956 Zweiter Fünfjahresplan (Scheitern 1960), Kollektivierung der Landwirtschaft forciert
1961 13. 8.: Mauerbau
1962 Neues ökonomisches System der Planung und Leitung
1964 Freundschafts- und Beistandspakt mit der Sowjetunion
1968 Neue DDR-Verfassung, Ulbrichts „Modell DDR"
21. 8.: Einmarsch in ČSSR, Breschnew-Doktrin
1971 Honecker löst Ulbricht ab
1972 Grundlagenvertrag in Kraft
1973 Aufnahme in die UNO (mit BRD), weltweite Anerkennung
1974 Änderung der Verfassung;Ölkrise
1975 Neuer Freundschaftsvertrag mit UdSSR; KSZE-Schlußakte
1976 Biermanns Ausweisung: Oppositionswelle
1980 Intensive Wirtschaftsbeziehungen mit BRD gewünscht
1983 Milliardenkredit durch BRD
1985 Gorbatschow Generalsekretär der KPdSU, ab 1987 Perestroika in der Sowjetunion; Oppositionsgruppen in der DDR
1989 Mai: Öffnung der ungarisch-österreichischen Grenze: Massenflucht von DDR-Urlaubern; Fälschung der Kommunalwahlen durch SED; Ende der Breschnew-Doktrin
Sept.: Anträge auf Parteizulassung (Demokratie Jetzt, Neues Forum); Massendemonstrationen
7. Okt.: 40. Jahrestag der DDR-Reformmahnung Gorbatschows an Honecker
9. Okt.: Montagsdemonstration Leipzig – 70 000: „Wir sind das Volk", Freiheitsrechte gefordert
18. Okt.: Rücktritt Honeckers
4. Nov.: 1 Mio. fordern in Ost-Berlin Grundrechte
9. Nov.: Maueröffnung – 3 Mio. besuchen in 10 Tagen die BRD
13. Nov.: Regierung Modrow (SED) gewählt, Runder Tisch
Dez.: Machtverlust der SED, Politbüro zurückgetreten, Blockparteien machen sich selbständig; Demokratischer Block, 2 Mio. Mitglieder verlassen SED, Umbenennung in SED/PDS bzw. PDS
1990 15. Jan.: Massensturm auf Stasi-Zentrale, Berlin
18. März: Erste freie Volkskammerwahl: Sieg von CDU/DSU, Regierung de Maizière (CDU)
22. Juli: Wiederherstellung der Länder der DDR
23. Aug.: Volkskammerbeschluß zum Beitritt der DDR zur BRD
3. Okt.: Ende der DDR am Tag der Deutschen Einheit nach 41 Jahren

Stalinismus: totalitäres System des Staatssozialismus mit streng hierarchischem Aufbau und Diktatur der KP

17. Juni: Volksaufstand gegen das SED-Regime zur Einführung freier Wahlen

Mauerbau: Ende der Massenflucht aus der DDR (1949–61: 2,7 Mio.) durch Mauer um Westberlin, Schießbefehl

„Real existierender Sozialismus": „Blütezeit" der DDR 1971–1975 unter Honecker – wirtschaftliche Stabilität und außenpolitische Anerkennung

Demokratisierung: Beseitigung der SED-Diktatur durch Massendemonstrationen, Parteienbildung und Massenflucht

Parlamentarisierung: Durchsetzung von Mehrparteiensystem und Mehrheitsentscheidung – pluralistisches System

V Die Deutsche Frage 1949–1990

1 Innerdeutsche Beziehungen 1949–1969

Die Deutsche Frage

Bundesrepublik Deutschland und Deutsche Demokratische Republik entstanden im von den Alliierten besetzten Deutschland als Folge des Ost-West-Konflikts im Kalten Krieg. In ihrer letzten gemeinsamen Vereinbarung, dem Potsdamer Abkommen, waren die Alliierten von Deutschland als einer politischen und wirtschaftlichen Einheit ausgegangen und hielten daran noch lange theoretisch fest.
Die Herstellung der **staatlichen Einheit für Deutschland** in den Grenzen von 1937 stellte für die Nachkriegspolitik der Bundesregierungen die **„Deutsche Frage"** dar. Sie konnte nicht aus eigener Kraft gelöst werden. Bundesrepublik und DDR besaßen gegensätzliche Gesellschaftssysteme, die zu wiederum feindlichen Machtblöcken gehörten; damit hing das Verhältnis von beiden Staaten zueinander stets von den Beziehungen der beiden Supermächte USA und Sowjetunion und deren (weltpolitischen) Interessen ab. Nur eine Veränderung im Ost-West-Gegensatz konnte eine Lösung der „Deutschen Frage" ermöglichen.

Gesamtdeutsche Irritationen

Weder die Bundesrepublik noch die DDR hatten 1949 mit ihrer Staatsgründung den Anspruch auf die deutsche Einheit aufgegeben. In der **Präambel des Grundgesetzes** stand der Grundsatz, daß das „gesamte deutsche Volk" aufgefordert bleibe, „die Einheit und Freiheit Deutschlands zu vollenden". Die **DDR-Verfassung von 1949** beanspruchte seit ihrer Entstehung, eine gesamtdeutsche Verfassung zu sein. Dennoch verfolgte weder die Bundesregierung noch die DDR-Regierung das Ziel der deutschen Einheit um jeden Preis.
So blieb der Vorschlag der Bundesregierung vom März 1950, zur Bildung einer verfassunggebenden Nationalversammlung freie Wahlen abzuhalten, in der DDR und in der UdSSR unbeantwortet. Andererseits lehnte die Bundesregierung im selben Jahr den DDR-Vorschlag ab, einen gesamtdeutschen Rat zur Vorbereitung freier Wahlen, einer Nationalversammlung und eine gesamtdeutschen Regierung zu bilden (M48).

Alleinvertretungsanspruch der Bundesrepublik

Die ablehnende Haltung gründete im Selbstverständnis der Regierung Adenauer von der westdeutschen Staatsgründung. Adenauer hatte bereits bei der Gründung der DDR im Oktober 1949 erklärt, allein die Bundesrepublik sei befugt, für das ganze deutsche Volk zu sprechen, weil es in der **SBZ keine freien Wahlen** gegeben habe, die eine rechtswirksame Staats- und Regierungsbildung hätten legitimieren können (M47a). Die DDR war damit für die Bundesregierung kein völkerrechtlich anerkannter Staat. Zu ihr wurden keine offiziellen diplomatischen Beziehungen unterhalten. Die Bundesregierung wurde dabei von den Westmächten unterstützt (M47b). Adenauer sprach stets von der „Soffjetzone"; andere Ersatzbezeichnungen wie „Drüben", „Ostzone", „Mitteldeutschland", „sog. ‚DDR'" waren bis in die 70er Jahre in der Bundesrepublik gebräuchlich.
Darüber hinaus sprach Adenauer der DDR-Regierung die Berechtigung ab, über die Wiedervereinigung zu sprechen, weil sie auf die Gebiete östlich von Oder und Neiße verzichtet habe und damit nicht mehr für Gesamtdeutschland spreche.

Folgen des Alleinvertretungsanspruchs

Im März 1952 bot die Sowjetunion den Westmächten in einer offiziellen Note einen Friedensvertrag mit Deutschland, also die Herstellung der deutschen Einheit an, wenn Westdeutschland der europäischen Verteidigungsgemeinschaft fern- und das künftige Deutschland neutral bleibe (s. S. 127, 130). Die Bundesregierung zeigte sich an dieser **„Stalinnote“** (im Gegensatz zur westdeutschen Öffentlichkeit) nicht interessiert. Für Adenauer hatte nicht nur die Westbindung Vorrang, er wollte mit der Sowjetunion nur von einer Position der Stärke aus verhandeln. Er vertraute darauf, daß es früher oder später zu einer Wiedervereinigung nach den Bedingungen des Westens kommen müsse, weil die Bundesrepublik das attraktivere Gesellschaftsmodell besitze. Adenauer hatte sich damit die sog. **Magnettheorie** des Oppositionsführers Schumacher zu eigen gemacht. An dieser Position konnte auch das Angebot freier Wahlen nichts ändern. Die Sowjetunion bot z. B. 1955 eine deutsche Einheit auf der Grundlage freier Wahlen und der Bildung eines Gesamtdeutschen Rates an. Dies lehnte die Bundesregierung ab, weil es in der DDR keine freien Wahlen gäbe und die Bildung eines Gesamtdeutschen Rates die Anerkennung der DDR als (gleichberechtigten) Staat zur Voraussetzung habe. Eine staatliche Anerkennung der DDR war für die Bundesregierung inakzeptabel, da dies die völkerrechtliche Anerkennung der Teilung Deutschlands in zwei Staaten impliziert hätte. Wiedervereinigung sollte aber nicht die Vereinigung verschiedener deutscher Staaten bedeuten (M49).

Damit nicht andere Staaten die staatliche Existenz der DDR anerkannten, beschloß die Bundesrepublik 1955, zu allen Staaten ihre diplomatischen Beziehungen abzubrechen, die die DDR als Staat im völkerrechtlichen Sinne anerkannten (**„Hallstein-Doktrin“**, M50). Alleinvertretungsanspruch und Hallstein-Doktrin wurden von den Westmächten untersützt.

Zweistaatentheorie

Für die Sowjetunion bildeten Bundesrepublik und DDR theoretisch zwei souveräne deutsche Staaten, denen es freigestellt war, gemeinsam mit den Siegermächten des Zweiten Weltkriegs einen Weg zu Friedensvertrag und deutscher Einheit zu suchen. Die DDR-Regierung verfolgte noch bis 1966 das Ziel, über „gesamtdeutsche Gespräche“ die „Einheit Deutschlands“ herzustellen. „Die Überwindung der Spaltung der deutschen Nation“ stand im Programm der SED von 1963. Für die DDR-Regierung konnte ein wiedervereinigtes Deutschland nur sozialistisch sein; so lange dieses Ziel nicht erreichbar war, rechnete sie „mit einem längeren Nebeneinander der beiden deutschen Staaten“.

Folgen des Mauerbaus

Mit dem Mauerbau 1961 scheiterte Adenauers Deutschlandpolitik: Die Mauer verhinderte ein weiteres Ausbluten der DDR und damit die Gefahr, wegen wirtschaftlicher Probleme an die Bundesrepublik zu fallen. Die Weigerung der Westmächte, ihre neue Politik des Status quo aufzugeben und den Mauerbau zu verhindern, zwang die Bundesregierung zu einer **neuen Deutschlandpolitik**. Wollte man nicht den Verkehr von der Bundesrepublik nach West-Berlin der Willkür der DDR-Regierung aussetzen, sondern den West-Berlinern den Weg zu ihren Verwandten in Ost-Berlin eröffnen, dann blieb nur der Weg zu Verhandlungen mit der DDR. Diese **„Politik der kleinen Schritte“** mußte die Existenz der DDR in irgendeiner Form zur Kenntnis nehmen.

Tatsächlich gelang auf dem Verhandlungsweg ein **„Passierschein-Abkommen“**, das West-Berlinern den Verwandtenbesuch im Ostteil der Stadt ermöglichte. Seit 1964 konnten alle DDR-Rentner in die Bundesrepublik ausreisen.

M47 Alleinvertretungsanspruch

a) Kanzler Adenauer in seiner Regierungserklärung am 21. Oktober 1949

Die Wahlen zum ersten Bundestag wurden am 14. August 1949 abgehalten. An ihnen beteiligten sich rund 25 Millionen von 31 Millionen stimmberechtigter Deutscher. Nur die 1,5 Millionen kommunistischer Stimmen, die abgegeben wurden, kann man als gegen die staatliche Neuordnung bezeichnen, so daß rund 23 Millionen Wähler bei dieser Wahl bestätigten, daß sie die staatliche Neurordnung der drei Westzonen, die Schaffung der Bundesrepublik Deutschland billigten.
Ich stelle folgendes fest. In der Sowjetzone gibt es keinen freien Willen der deutschen Bevölkerung.Das, was jetzt dort geschieht, wird nicht von der Bevölkerung getragen und damit legitimiert. Die Bundesrepublik Deutschland stützt sich dagegen auf die Anerkennung durch den frei bekundeten Willen von rund 23 Millionen stimmberechtigter Deutscher. Die Bundesrepublik Deutschland ist somit bis zur Erreichung der deutschen Einheit insgesamt die alleinige legitimierte staatliche Organisation des deutschen Volkes. Hieraus ergeben sich innerpolitisch und außerpolitisch Folgerungen, die ich im einzelnen wiederzugeben mir heute versagen muß.
Die Bundesrepublik Deutschland fühlt sich auch verantwortlich für das Schicksal der 18 Millionen Deutscher, die in der Sowjetzone leben. Sie versichert sie ihrer Treue und Sorge. Die Bundesrepublik Deutschland ist allein befugt, für das deutsche Volk zu sprechen. Sie erkennt Erklärungen der Sowjetzone nicht als verbindlich für das deutsche Volk an. Das gilt insbesondere auch für die Erklärungen, die in der Sowjetzone über die Oder-Neiße-Linie abgegeben worden sind. Ich stelle diese Tatsache mit allem Nachdruck vor dem deutschen Volk und der gesamten Weltöffentlichkeit fest. [...]
(K. Hohlfeld, Dokumente der Deutschen Politik und Geschichte von 1848 bis zur Gegenwart. Bd. 6.Berlin o. J., S. 442 ff.)

b) Aus der Schlußakte der Londoner Neunmächtekonferenz vom 3. Oktober 1954

Die Regierung der Vereinigten Staaten von Amerika, des Vereinigten Königreiches von Großbritannien und Nordirland und der Französischen Republik, [...] nehmen zur Kenntnis, daß die Bundesrepublik Deutschland durch eine Erklärung vom 3. Oktober 1954 die in Artikel 2 der Satzung der Vereinten Nationen enthaltenen Verpflichtungen angenommen und sich verpflichtet hat, die Wiedervereinigung Deutschlands oder die Änderung der gegenwärtigen Grenzen der Bundesrepublik Deutschland niemals mit gewaltsamen Mitteln herbeizuführen, und alle zwischen der Bundesrepublik und anderen Staaten etwa entstehenden Streitfragen mit friedlichen Mitteln zu lösen und erklären, daß
1. sie die Regierung der Bundesrepublik Deutschland als die einzige deutsche Regierung betrachten, die frei und rechtmäßig gebildet wurde und daher berechtigt ist, für Deutschland als Vertreter des deutschen Volkes in internationalen Angelegenheiten zu sprechen;
2. sie sich bei ihren Beziehungen mit der Bundesrepublik an die in Artikel 2 der Satzung der Vereinten Nationen enthaltenen Grundsätze halten werden;
3. eine zwischen Deutschland und seinen früheren Gegnern frei vereinbarte friedensvertragliche Regelung für Gesamtdeutschland, welche die Grundlage für einen dauerhaften Frieden legen soll, ein wesentliches Ziel ihrer Politik bleibt. Die endgültige Festlegung der Grenzen Deutschlands muß bis zum Abschluß einer solchen Regelung zurückgestellt werden;
4. die Schaffung eines völlig freien und vereinigten Deutschlands durch friedliche Mittel ein grundsätzliches Ziel ihrer Politik bleibt;
5. die Sicherheit und das Wohl Berlins und die Aufrechterhaltung der dortigen Stellung der drei Mächte von den drei Mächten als wesentliche Elemente des Friedens der freien Welt in der gegenwärtigen internationalen Lage betrachtet werden.
(K. Hohlfeld, Dokumente der Deutsche Politik und Geschichte von 1848 bis zur Gegenwart, Bd. 8. Berlin o. J. S. 437 f.)

1 *Zeichnen Sie die Begründung Adenauers für den Alleinvertretungsanspruch der Bundesrepublik nach.*
2 *An welche Bedingungen knüpften die Westalliierten ihre Unterstützung des Alleinvertretungsanspruchs?*

M48 Scheitern einer deutschen Nationalversammlung 1950/51

a) Aus dem Schreiben des Ministerpräsidenten Otto Grotewohl an die Bundesregierung über die Wiedervereinigung vom 30. 11. 1950

An die Bundesregierung der Bundesrepublik Deutschland
z. H. des Herrn Bundeskanzlers Dr. Adenauer
Durch die Spaltung Deutschlands wurde ein natio-

naler Notstand herbeigeführt, der durch die Remilitarisierung und Einbeziehung Westdeutschlands in die Pläne der Kriegsvorbereitung verschärft wurde. Das deutsche Volk ist tief beunruhigt über die Bedrohung seiner nationalen Interessen durch die imperialistischen Kräfte.
Angesichts dieser Lage ist die Erhaltung des Friedens, der Abschluß eines Friedensvertrages sowie die Wiederherstellung der Einheit Deutschlands vor allem von der Verständigung der Deutschen selbst abhängig. Wir halten eine solche Verständigung für möglich, da das ganze deutsche Volk eine friedliche Regelung wünscht. Es würde den Wünschen aller friedliebenden Deutschen entsprechen, wenn ein Gesamtdeutscher Konstituierender Rat unter paritätischer Zusammensetzung aus Vertretern Ost- und Westdeutschlands gebildet würde, der die Bildung einer gesamtdeutschen souveränen demokratischen und friedliebenden Provisorischen Regierung vorzubereiten hätte und den Regierungen der UdSSR, USA, Großbritanniens und Frankreichs die entsprechenden Vorschläge zur gemeinsamen Bestätigung unterbreiten würde.
(K.-J. Ruhl [Hrsg.], „Mein Gott, was soll aus Deutschland werden?" Die Adenauer-Ära 1949–1963. München 1985, S. 126 ff.)

b) Erklärung von Bundeskanzler Konrad Adenauer vor dem Bundestag zum Grotewohl-Brief am 15. Januar 1951

Seit Bildung der Bundesrepublik war das ganze Streben der Bundesregierung auf die Wiederherstellung der deutschen Einheit in Freiheit und Frieden gerichtet. Die Bundesregierung hat als erste sich zur deutschen Einheit in Freiheit bekannt und konkrete friedliche Wege zur Erreichung dieses Zieles gewiesen. Um nur einen der wichtigsten Schritte zu erwähnen, sei an die Erklärung der Bundesregierung über die Durchführung gesamtdeutscher Wahlen vom 22. März 1950 erinnert. [...]
Wenn die Behörden der Sowjetzone in dem Schreiben vom 30. November 1950 nunmehr die Wiedervereinigung Deutschlands anzustreben erklären, so ist demgegenüber festzustellen, daß diejenigen, die auf das deutsche Gebiet östlich der Oder und Neiße im Warschauer Abkommen Verzicht geleistet haben, nicht legitimiert erscheinen, von einer Wiedervereinigung Deutschlands zu sprechen.
Für freie gesamtdeutsche Wahlen sind nach Ansicht der Bundesregierung die folgenden Voraussetzungen unabdingbar:

B 34 Karikatur von H. E. Köhler, 1954.

– *Erklären Sie die Bedeutung der „Deutschen Frage" in den 50er Jahren.*

1. Den in der Sowjetzone lebenden deutschen Staatsbürgern muß das in einem Rechtsstaat unerläßliche Maß an persönlicher Freiheit und Sicherheit gewährleistet werden.
2. Den in der Sowjetzone lebenden Deutschen und ihren Organisationen müssen die in einem demokratischen Staatswesen üblichen politischen Freiheiten, wie die Freiheit der Versammlung, der Organisation und der politischen Betätigung gewährleistet werden. [...]

Die Bundesregierung ist sich mit allen Deutschen darin einig, daß nichts unversucht bleiben darf, die deutsche Einheit in Freiheit und Frieden wiederherzustellen. Die Bundesregierung kann aber nur mit denjenigen in Besprechungen über die deutsche Wiedervereinigung eintreten, die willens sind, eine rechtsstaatliche Ordnung, eine freiheitliche Regierungsform, den Schutz der Menschenrechte und die Wahrung des Friedens vorbehaltlos anzuerkennen und zu garantieren.
(K.-J. Ruhl [Hrsg.], „Mein Gott, was soll aus Deutschland werden?" Die Adenauer-Ära 1949–1963. München 1985, S. 126 ff.)

1 *Untersuchen Sie Zielsetzung und Verwirklichungsschritte in Grotewohls Vorschlag.*

2 *Stellen Sie Adenauers Bedingungen für eine Wiedervereinigung zusammen.*

M49 **Außenminister H. v. Brentano über die Gründe für die Nicht-Anerkennung der DDR (28. Juni 1956)**

Eine Anerkennung dieser „DDR" ist unter keinem Gesichtspunkt zu verantworten. Sie wäre für die deutsche Einheit ebenso verhängnisvoll wie für das Schicksal der Zonenbevölkerung und darüber hinaus für eine gesunde Entwicklung der europäischen Staatenordnung und der internationalen Beziehungen. Es ist leider ein weit verbreiteter Irrtum,dem ich hier entgegentreten will, anzunehmen, daß es sich für die Bundesregierung dabei lediglich um eine Prestigefrage oder um einen juristischen Formalismus handle. Es geht in Wahrheit um eine eminent politische Frage.

Die Anerkennung der „DDR" bedeutet die völkerrechtliche Anerkennung der Teilung Deutschlands in zwei Staaten. Die Wiedervereinigung ist dann nicht mehr die Beseitigung einer vorübergehenden Störung im Organismus unseres gesamtdeutschen Staates; sie verwandelt sich dann vielmehr in die unendlich viel schwierigere Aufgabe, zwei verschiedene deutsche Staaten zu vereinigen. Würde die Bundesrepublik mit dieser Anerkennung vorangehen, so würde sie selbst dazu beitragen, daß Europa und die Welt das Bewußtsein für die Anomalie des gegenwärtigen Zustandes verlieren und sich mit ihm abfinden. Sie würde die Vier Mächte aus ihrer Verantwortung für die Wiederherstellung der staatlichen Einheit Deutschlands entlassen, die bisher stets auch die Sowjetunion anerkannt hat.

(P. Bender, Neue Ostpolitik. München 1986, S. 218)

1 *Analysieren Sie die Befürchtungen der Bundesregierung bezüglich der Folgen einer DDR-Anerkennung für die Wiedervereinigung.*

M50 **Die Hallstein-Doktrin: Aus einem Interview mit dem Leiter der Politischen Abteilung des Auswärtigen Amts, Dr. Grewe, am 11. Dezember 1955 (Auszug)**

Frage: Ist es richtig, daß auf dieser Botschafter-Konferenz die Politik der Bundesregierung dahingehend definiert worden ist, daß sie die diplomatischen Beziehungen mit jedem Staat brechen würde, der etwa Pankow anerkennt?

Antwort: [...] Klar ist, [...] daß die Intensivierung der Beziehungen mit Pankow von uns als eine unfreundliche Handlung empfunden wird. Auf unfreundliche Akte anderer Staaten kann man mit verschieden gestuften Maßnahmen reagieren [...] Kurz, es gibt eine ganze Reihe von Maßnahmen, die noch vor dem Abbruch der diplomatischen Beziehungen liegen. [...] Aber so viel ist klar, daß diese ganze Frage für uns in der Tat eine äußerst ernste Frage ist und daß in dem Augenblick, in dem das Problem der Doppelvertretung Deutschlands bei dritten Staaten auftaucht, wir wahrscheinlich gar nicht anders können, als sehr ernste Konsequenzen daraus zu ziehen. [...]

Frage: Nun könnte natürlich jemand einwenden: Warum stellt ihr keine diplomatischen Beziehungen zu Polen, der CSSR oder den südosteuropäischen Staaten her, nachdem ihr ja solche mit Moskau eingegangen seid?

Antwort: [...] Wenn wir in Moskau die Tatsache hinnehmen, daß in Zukunft dort neben unserem Botschafter auch ein Botschafter des Pankow-Regimes sein wird, so nur deswegen, weil die Sowjetunion in ihren Beziehungen zu uns eben eine ganz besondere Stellung einnimmt. Sie gehört zu den ehemaligen vier Besatzungsmächten. Sie gehört zu denjenigen vier Mächten, die die Spaltung Deutschlands durch die Einteilung Deuschlands in militärische Besatzungszonen herbeigeführt haben und die daher auch allein im Zusammenwirken die Einheit Deutschlands wiederherstellen können. Wenn wir die Beziehungen mit Moskau aufgenommen haben, obgleich solche Beziehungen zur „DDR" bestehen, so doch nur mit der Maßgabe, die ja auch in dem Notenwechsel mit Moskau ihren Ausdruck gefunden hat, daß diese diplomatischen Beziehungen ein Mittel sein sollen auf dem Wege zur Überwindung der Spaltung und zur Wiederherstellung der Einheit Deutschlands. Dazu können uns aber diplomatische Beziehungen mit Polen, Ungarn, Rumänien und anderen kommunistischen Staaten nicht verhelfen. Das ist der große Unterschied.

(Presse- und Informationsamt der Bundesregierung [Hrsg.], Bulletin Nr. 233 vom 13. Dezember 1955, S. 1993 f.)

1 *Arbeiten Sie Inhalt und Absicht der Hallstein-Doktrin heraus.*

2 *Welche Widersprüche werden deutlich?*

3 *Bewerten Sie den außenpolitischen Spielraum aufgrund der Hallstein-Doktrin.*

2 Wandel durch Annäherung 1969–1989

Entspannung und neue Ostpolitik

Als Ende der 50er Jahre die UdSSR die USA hinsichtlich der strategischen Waffensysteme* (Wasserstoffbombe und Interkontinentalraketen) eingeholt hatte, begannen die Supermächte, ihre jeweiligen Einflußsphären zu respektieren und Konflikte zu vermeiden **(Politik des Status quo)**. Ende der 60er Jahre bahnte sich eine Entspannung zwischen den Supermächten an. Der neugewählte US-Präsident Nixon intensivierte 1969 seine Bemühungen zur Beendigung des Vietnam-Krieges und nahm dazu Verhandlungen mit der UdSSR und der Volksrepublik China auf. Diese internationale Entspannungspolitik ermöglichte eine neue deutsche Ost- und Deutschlandpolitik.
Willy Brandt, der Kanzler der sozialliberalen Koalition, erklärte in seiner Regierungserklärung vom Oktober 1969 die Entkrampfung des Verhältnisses zwischen den beiden Teilen Deutschlands zum Ziel seiner Politik. In der Konzeption folgte er dabei einem Vorschlag Egon Bahrs (SPD), der bereits 1963 unter dem Motto **„Wandel durch Annäherung"** eine neue Ostpolitik skizziert hatte (M51). Dabei sollten über eine Aussöhnung mit den östlichen Nachbarn einschließlich der Sowjetunion die Verhärtung gegenüber der DDR aufgebrochen und die Lage West-Berlins verbessert werden.

Ziele der neuen Politik

Die sozialliberale Koalition wollte eine realistische Deutschlandpolitik auf dem Boden der Nachkriegsgegebenheiten versuchen, ohne die Grundsätze von Potsdamer Abkommen und Grundgesetz in Frage zu stellen. Im einzelnen strebte sie nach
- einem Offenhalten der Deutschen Frage,
- der Wahrung der Einheit der Nation,
- einer Klarstellung der Verantwortlichkeit der vier Siegermächte des Zweiten Weltkrieges für Deutschland als Ganzes und für Berlin,
- einer Definition der DDR als Inland für die Bundesrepublik und
- nach zwischenstaatlichen Vereinbarungen im Interesse der Menschen in Deutschland.

Der Weg zu diesen Zielen führte vor allem über Verhandlungen mit der sowjetischen und polnischen Regierung. Die Sowjetunion hatte als Siegermacht die Abtrennung der Gebiete östlich von Oder und Neiße an Polen veranlaßt, war immer noch regierende Macht neben den Westmächten in Berlin und hielt den Schlüssel zur Politik der DDR-Regierung in der Hand. Nur mit Zustimmung der Sowjetunion war eine neue Deutschlandpolitik der Bundesregierung möglich. Diese war aber nur zu erhalten, wenn die Bundesrepublik auf **Kernwaffen verzichtete** und die **Unverletzlichkeit der bestehenden Grenzen** in Europa anerkannte, insbesondere der Grenzen von Polen, der Tschechoslowakei und der DDR. Deshalb unterzeichnete die Bundesrepublik 1969 den Vertrag über die Nichtverbreitung von Kernwaffen und schloß die Verträge von Moskau und Warschau 1970 und den Vertrag von Prag 1973 ab (s. S. 266). In diesen Verträgen erklärte sie die bestehenden Grenzen für unverletzlich und bekräftigte, keine Gebiete zu beanspruchen.

Das Viermächte-Abkommen über Berlin 1971

Die Sowjetunion ihrerseits kam der Bundesrepublik in der Berlin-Frage entgegen. Im **Viermächte-Abkommen über Berlin** erklärte sie sich zusammen mit den USA, England und Frankreich damit einverstanden, daß die Bindungen zwischen der Bundesrepublik und West-Berlin ausgebaut wurden. Die Lebensfähigkeit dieser bis dahin gefährdeten Stadt war von nun an gesichert.

Grundlagenvertrag 1972

Nach dem Sturz Ulbrichts war in der DDR der Weg frei für eine vertragliche Regelung des Verhältnisses zwischen Bundesrepublik und DDR, das den menschlichen und wirtschaftlichen **Verkehr zwischen beiden Ländern erleichtern** sollte (M 52). Grundlage des Vertrages bildeten die Gegebenheiten, die der Zweite Weltkrieg geschaffen hatte.
Beide Staaten sahen sich als gleichberechtigt an, respektierten ihre Grenzen als unverletzlich, erhoben keine Gebietsansprüche und verzichteten darauf, für den anderen sprechen zu wollen. Sie vereinbarten, gleichzeitig die Mitgliedschaft in den Vereinten Nationen zu beantragen und „Ständige Vertreter“ auszutauschen (B 37).
Der Umstand, daß nicht Botschafter, wie unter Staaten üblich, ausgetauscht wurden, unterstrich, daß für die Bundesrepublik die **DDR weiterhin kein Ausland** war. Sie hielt im Gegensatz zur DDR an der **Einheit der deutschen Nation** fest. Die Bundesrepublik kannte nach wie vor nur eine deutsche **Staatsangehörigkeit**, während die DDR auf einer eigenen bestand.
Schließlich waren im Vertrag noch praktische Fragen geregelt, wie z. B. das Ziel der Freizügigkeit zwischen beiden Staaten, die Familienzusammenführung, die Zusammenarbeit bei Verkehr und Post und die Zollfreiheit im innerdeutschen Handel, welche für die DDR praktisch die Teilnahme am EG-Markt bedeutete.

Verfassungsmäßigkeit der Verträge

Der Preis für die Ostverträge war der **Verzicht auf den Alleinvertretungsanspruch** der Bundesrepublik in Deutschlandfragen, die Beendigung der Hallstein-Doktrin und die Respektierung der faktischen Grenzen in Europa. Aber alle diese Verträge wurden im klaren Bewußtsein geschlossen, daß sie die Verantwortlichkeit der Siegermächte für Deutschland als Ganzes und einen Friedensvertrag nicht ersetzen konnten. Die Einheit Deutschlands im Sinne des Grundgesetzes wurde nicht aufgegeben. Im **„Brief zur deutschen Einheit“**, der sowohl beim Moskauer Vertrag wie beim Grundlagenvertrag den Regierungen überreicht wurde, war dies eindeutig festgehalten (M53).

B 35 Das Treffen von Bundeskanzler Brandt und Ministerpräsident Stoph in Erfurt 1970.

Die Zweifel der Opposition, ob durch die Ostverträge noch das Ziel der deutschen Einheit im Sinne des Gundgesetzes gewahrt sei, wurden 1973 vom Bundesverfassungsgericht ausgeräumt. Es erklärte, daß weder das Wiedervereinigungsgebot noch der Grundsatz der Einheit der Nation durch die Verträge verletzt worden sei. Nach wie vor werde Deutschland als Ganzes in den Grenzen von 1937 gesehen und die DDR als zweiter Staat auf deutschem Boden sei auch künftig kein Ausland. Damit war die „Deutsche Frage" auch nach den Ostverträgen offengehalten und der Grundsatz der Einheit der Nation gewahrt. Es galt weiterhin der Auftrag in der Präambel des Grundgesetzes, „in freier Selbstbestimmung die Einheit und Freiheit Deutschlands zu vollenden".

DDR und Einheit der Nation

Die Regierung der DDR gab nach 1966 die Vorstellung von einer einheitlichen deutschen Nation auf. Hieß es in der DDR-Verfassung von **1949** noch, daß sich **„das deutsche Volk"** diese Verfassung gegeben habe, so war im neuen Verfassungstext von **1968** bereits vom **„Volk der Deutschen Demokratischen Republik"** die Rede und die DDR wurde als **„sozialistischer Staat deutscher Nation"** definiert. Die Verfassung von **1974** betrachtete die DDR nur mehr als **„sozialistischen Staat der Arbeiter und Bauern"**. Honecker und die SED stellten die „brüderlichen Beziehungen zwischen der DDR und der UdSSR" über alles. Die Bundesrepublik war für sie nicht nur Ausland, sondern „imperialistisches Ausland" (Honecker 1972).
Entsprechend dieser Abgrenzungspolitik baute die DDR ihre Grenzanlagen zur Bundesrepublik und West-Berlin zur unüberwindlichsten Grenze in Europa aus (B 36). Bis zum Milliardenkredit 1983 wurde diese mit Selbstschußanlagen ausgestattet, und bis 1989 galt der „Schießbefehl": Jeder „Republikflüchtige" war von der NVA mit der Schußwaffe zu stoppen.

M51 Neue Ostpolitik

a) Egon Bahr: „Wandel durch Annäherung" (1963)

Die Voraussetzungen zur Wiedervereinigung sind nur mit der Sowjetunion zu schaffen. Sie sind nicht in Ost-Berlin zu bekommen, nicht gegen die Sowjetunion, nicht ohne sie. [...]
Heute ist klar, daß die Wiedervereinigung nicht ein einmaliger Akt ist, der durch einen historischen Beschluß an einem historischen Tag auf einer historischen Konferenz ins Werk gesetzt wird, sondern ein Prozeß mit vielen Schritten und vielen Stationen.
[...]
Die Zone muß mit Zustimmung der Sowjets transformiert werden. Wenn wir soweit wären, hätten wir einen großen Schritt zur Wiedervereinigung getan. [...]
Wenn es richtig ist und ich glaube, es ist richtig, daß die Zone dem sowjetischen Einflußbereich nicht entrissen werden kann, dann ergibt sich daraus, daß jede Politik zum direkten Sturz des Regimes drüben aussichtslos ist. Diese Folgerung ist rasend unbequem und geht gegen unser Gefühl, aber sie ist logisch. Sie bedeutet, daß Änderungen und Veränderungen nur ausgehend von dem zur Zeit dort herrschenden verhaßten Regime erreichbar sind. [...]
Ich sehe nur den schmalen Weg der Erleichterung für die Menschen in so homöopathischen Dosen, daß sich daraus nicht die Gefahr eines revolutionären Umschlags ergibt, die das sowjetische Eingreifen aus sowjetischem Interesse zwangsläufig auslösen würde. Die Bundesregierung hat in ihrer letzten Regierungserklärung gesagt, sie sei bereit, „über vieles mit sich reden zu lassen, wenn unsere Brüder in der Zone sich einrichten können, wie sie wollen. Überlegungen der Menschlichkeit spielen hier für uns eine größere Rolle als nationale Überlegungen." Als einen Diskussionsbeitrag in diesem Rahmen möchte ich meine Ausführungen verstanden wissen. Wir haben gesagt, daß die Mauer ein Zeichen der Schwäche ist. Man könnte auch sagen, sie war ein Zeichen der Angst und des Selbsterhaltungstriebes des kommunistischen Regimes. Die Frage ist, ob es nicht Möglichkeiten gibt, diese durchaus berechtigten Sorgen dem Regime graduell soweit zu nehmen, daß auch die Auflockerung der Grenzen und der Mauer prakti-

kabel wird, weil das Risiko erträglich ist. Das ist eine Politik, die man auf die Formel bringen könnte: Wandel durch Annäherung. Ich bin fest davon überzeugt, daß wir Selbstbewußtsein genug haben können, um eine solche Politik ohne Illusion zu verfolgen, die sich außerdem nahtlos in das westliche Konzept der Strategie des Friedens einpaßt, denn sonst müßten wir auf Wunder warten, und das ist keine Politik.

(E. Bahr am 15. Juli 1963 in der Evangelischen Akademie in Tutzing, Archiv der Gegenwart 1963, S. 10700)

b) Aus der Regierungserklärung von Bundeskanzler Brandt (28. Oktober 1969)

Aufgabe der praktischen Politik in den jetzt vor uns liegenden Jahren ist es, die Einheit der Nation dadurch zu wahren, daß das *Verhältnis zwischen den Teilen Deutschlands* aus der gegenwärtigen Verkrampfung gelöst wird. Die Deutschen sind nicht nur durch ihre Sprache und ihre Geschichte – mit ihrem Glanz und Elend – verbunden: wir sind alle in Deutschland zu Haus. Wir haben auch noch gemeinsame Aufgaben und gemeinsame Verantwortung: für den Frieden unter uns und in Europa. 20 Jahre nach Gründung der Bundesrepublik Deutschland und der DDR müssen wir ein weiteres Auseinanderleben der deutschen Nation verhindern, also versuchen, über ein geregeltes Nebeneinander zu einem Miteinander zu kommen. Dies ist nicht nur ein deutsches Interesse, denn es hat seine Bedeutung auch für den Frieden in Europa und für das Ost-West-Verhältnis. [...]

Die Bundesregierung setzt die im Dezember 1966 durch Bundeskanzler Kiesinger und seine Regierung eingeleitete Politik fort und bietet dem Ministerrat der DDR erneut Verhandlungen beiderseits ohne Diskriminierung auf der Ebene der Regierungen an, die zu vertraglich vereinbarter Zusammenarbeit führen sollen. Eine völkerrechtliche Anerkennung der DDR durch die Bundesregierung kann nicht in Betracht kommen. Auch wenn zwei Staaten in Deutschland existieren, sind sie doch füreinander nicht Ausland; ihre Beziehungen zueinander können nur von besonderer Art sein.

(I. Wilharm [Hrsg.], Deutsche Geschichte 1962–1983. Bd. 2. Frankfurt/M. 1985, S. 28)

1 *Analysieren Sie das Ziel der Ostpolitik bei a) Bahr und b) Brandt.*

2 *Beschreiben Sie Bahrs/Brandts Weg zum Ziel der neuen Ostpolitik.*

M52 Der Grundlagenvertrag mit der DDR vom 21. Dezember 1972

Artikel 1

Die Bundesrepublik Deutschland und die Deutsche Demokratische Republik entwickeln normale gutnachbarliche Beziehungen zueinander auf der Grundlage der Gleichberechtigung.

Artikel 2

Die Bundesrepublik Deutschland und die Deutsche Demokratische Republik werden sich von den Zielen und Prinzipien leiten lassen, die in der Charta der Vereinten Nationen niedergelegt sind, insbesondere der souveränen Gleichheit aller Staaten, der Achtung der Unabhängigkeit, Selbständigkeit und territorialen Integrität, dem Selbstbestimmungsrecht, der Wahrung der Menschenrechte und der Nichtdiskriminierung.

Artikel 3

Entsprechend der Charta der Vereinten Nationen werden die Bundesrepublik Deutschland und die Deutsche Demokratische Republik ihre Streitfragen ausschließlich mit friedlichen Mitteln lösen und sich der Drohung mit Gewalt oder der Anwendung von Gewalt enthalten.

Sie bekräftigen die Unverletzlichkeit der zwischen ihnen bestehenden Grenze jetzt und in der Zukunft und verpflichten sich zur uneingeschränkten Achtung ihrer territorialen Integrität.

[...]

Artikel 6

Die Bundesrepublik Deutschland und die Deutsche Demokratische Republik gehen von dem Grundsatz aus, daß die Hoheitsgewalt jedes der beiden Staaten sich auf sein Staatsgebiet beschränkt. Sie respektieren die Unabhängigkeit und Selbständigkeit jedes der beiden Staaten in seinen inneren und äußeren Angelegenheiten.

Artikel 7

Die Bundesrepublik Deutschland und die Deutsche Demokratische Republik erklären ihre Bereitschaft, im Zuge der Normalisierung ihrer Beziehungen praktische und humanitäre Fragen zu regeln. Sie werden Abkommen schließen, um auf der Grundlage dieses Vertrages und zum beiderseitigen Vorteil die Zusammenarbeit auf dem Gebiet der Wirtschaft, der Wissenschaft und Technik, des Verkehrs, des Rechtsverkehrs, des Post- und Fernmeldewesens, des Gesundheitswesens, der Kultur, des Sports, des Umweltschutzes und auf anderen Gebieten zu entwickeln und zu fördern. Einzelheiten sind in dem Zusatzprotokoll geregelt.

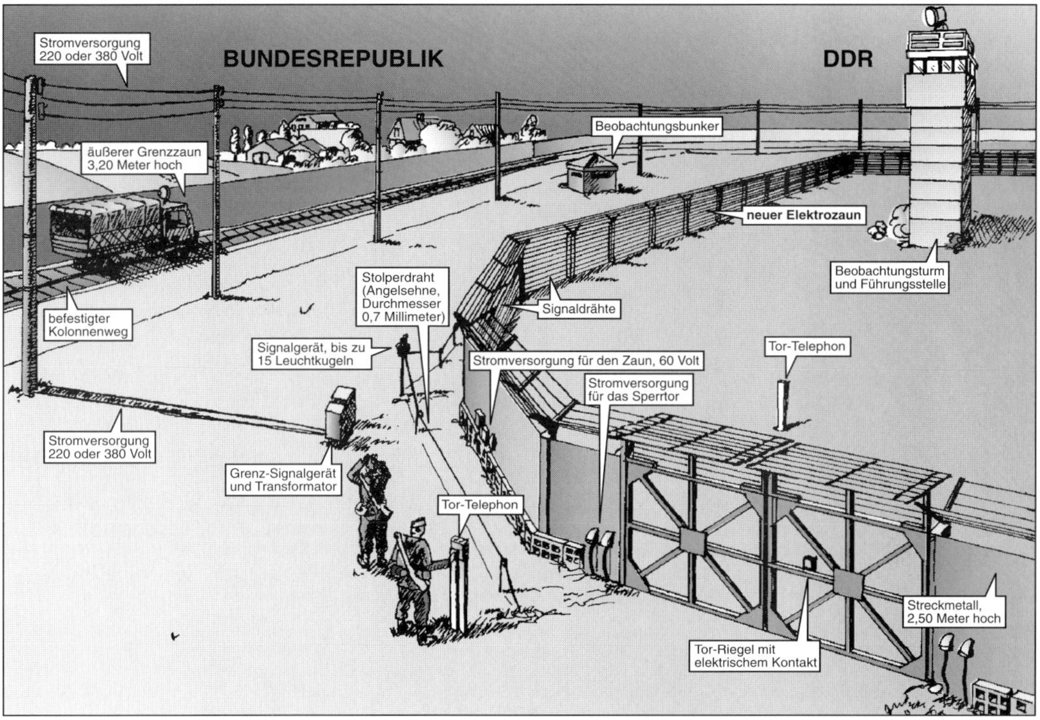

B 36 Die Grenze zwischen beiden deutschen Staaten seit 1984 („Der Spiegel" vom 26. 3. 84)
(Seit 1952 sicherte die DDR die Zonengrenzen durch Stacheldraht und Minen)
An der innerdeutschen Grenze kamen von 1961–1983 108, an den Grenzen um West-Berlin 72 Flüchtlinge durch die Schüsse der DDR-Grenzsoldaten, durch Minen und Selbstschußanlagen ums Leben (Kalender des Gesamtdeutschen Instituts 1984). Die Zentrale Erfassungsstelle, die 1961 in Salzgitter errichtet wurde, registrierte im selben Zeitraum 4 292 mal die Anwendung von Schußwaffen und 2 585 Festnahmen im Grenzgebiet: insgesamt wurden 31 116 Gewaltakte in der DDR gezählt.
(Auskunft der Zentralen Erfassungsstelle in Salzgitter vom 4. 1. 1984; in: E. Wilms, Die Deutsche Frage seit 1945, Frankfurt/Main 1988, S. 94)

Artikel 8
Die Bundesrepublik Deutschland und die Deutsche Demokratische Republik werden ständige Vertretungen austauschen. Sie werden am Sitz der jeweiligen Regierung errichtet.
Die praktischen Fragen, die mit der Einrichtung der Vertretungen zusammenhängen, werden zusätzlich geregelt.
(Bundesgesetzblatt 1973 II, S. 423 ff.)

1 *Klären Sie anhand der Quelle:*
– *Was hat frühere Regierungen an einer Vereinbarung wie dem Grundlagenvertrag gehindert?*
– *Warum steht Artikel 3 nicht im Widerspruch zum Wiedervereinigungsgebot des Grundgesetzes?*
– *Was sind „ständige Vertretungen" (Art. 8)?*

M53 Brief zur deutschen Einheit vom 21. Dezember 1972

Im Zusammenhang mit der heutigen Unterzeichnung des Vertrages über die Grundlagen der Beziehungen zwischen der Bundesrepublik Deutschland und der Deutschen Demokratischen Republik beehrt sich die Regierung der Bundesrepublik Deutschland festzustellen, daß dieser Vertrag nicht im Widerspruch zu den politischen Zielen der Bundesrepublik Deutschland steht, auf einen Zustand des Friedens in Europa hinzuwirken, in dem das deutsche Volk in freier Selbstbestimmung seine Einheit wiedererlangt.
(Bundesministerium für innerdeutsche Beziehungen: Texte zur Deutschlandspolitik. Bd. 11. Bonn 1973, S. 387)

1 *Begründen Sie die verfassungsrechtliche Berechtigung dieser Feststellung.*

B 37 Die Einrichtung von „Ständigen Vertretungen" anstelle von Botschaften war eine Folge des besonderen Verhältnisses der beiden deutschen Staaten zueinander und im Grundlagenvertrag von 1972 geregelt.

M54 Meinungen zur deutschen Frage 1948–1987

Wunsch nach Wiedervereinigung (1954–1987) in Prozent

Jahr	wünsche WV für WV	gegen WV WV unerwünscht	gleich gültig
1948	96	k. A.	k. A.
1954	88	2	10
1955	80	3	17
1956	85	3	13
1957	94	1	10
1959	90	1	11
1960	91	0	14
1972	78	6	16
1979	81	3	15
1980	79	5	14
1984	81	3	15
1985	78	3	15
1987	80	4	16

Reale Erwartungen auf Wiedervereinigung für die Jahre 1951 bis 1987 in Prozent

Jahr	Wiedervereinigung erfolgt	Wiedervereinigung erfolgt nicht
1951	39	41
1953	61	28
1956	66	23
1961	48	45
1965	58	37
1970	18	72
1975	8	83
1980	17	82
1985	11	86
1987	3	97

(Informationen zur politischen Bildung 233. Bonn 1991, S. 28)

1 *Interpretieren Sie die Entwicklung der Einstellungen in der Bundesrepublik nach diesen Statistiken.*

3 Der Einigungsprozeß 1990

Die Zweistaaten-Theorie der DDR-Regierung hatte seit Honeckers Amtsübernahme 1971 dazu geführt, daß nicht einmal mehr die DDR-Hymne gesungen werden durfte. Ihr Anfang lautete nämlich: „Auferstanden aus Ruinen und der Zukunft zugewandt, laß uns dir zum Guten dienen, Deutschland, einig Vaterland".

Die Beseitigung der SED-Diktatur durch Massenflucht und oppositionelle Massendemonstrationen ließ die „Deutsche Frage" in der DDR erneut aufleben (s. S. 196ff). Die Montagsdemonstrationen in Leipzig standen bald nach dem November 1989 unter dem Motto „Deutschland, einig Vaterland"(B 38).

Folgen der Maueröffnung für DDR und Bundesrepublik

Die politische Entwicklung nach der Maueröffnung am 9. November 1989 war vom **Niedergang der SED** und von tastenden Versuchen gekennzeichnet, das neue Neben- und Miteinander der beiden deutschen Staaten genauer zu bestimmen.

Bundeskanzler Kohl hatte Ende November einen Plan für eine künftige Staatengemeinschaft mit der DDR vorgelegt (**Zehn-Punkte-Plan**). Die neue DDR-Regierung unter **Hans Modrow** (SED) traf sich eine Woche nach ihrer Wahl mit Kanzler Kohl, um mit der Bundesregierung über eine Vertragsgemeinschaft und Wirtschaftshilfe zu sprechen.

Die Oppositionsbewegung engagierte sich für einen eigenständigen Weg der DDR zu einer demokratischen und sozialistischen Gesellschaft, die das stalinistische Erbe der SED beseitigen sollte, und entwarf eine **neue DDR-Verfassung**. Modrow versuchte, die DDR-Planwirtschaft über Beteiligungen westdeutscher Firmen an DDR-Betrieben zu retten, scheiterte aber an der Zurückhaltung westlicher Unternehmen und der Weigerung der Bundesregierung zu finanzieller Unterstützung der Regierung Modrow. Die **Massenflucht** hielt an. Als der sowjetische Präsident Gorbatschow sich im Januar 1990 entschloß, seine prinzipielle Zustimmung zur Vereinigung der beiden deutschen Staaten zu geben, steuerte die Bundesregierung energisch auf dieses Ziel zu. Darüber hinaus setzten Enthüllungen über den Machtmißbrauch der SED die Regierung Modrow so unter Druck, daß sie der Bundesregierung die Bildung einer Währungsunion vorschlug und Volkskammerwahlen für den 18. März vorbereitete.

Wählerauftrag der ersten freien DDR-Wahl

Die **erste freie und geheime Volkskammerwahl** der DDR nach dem neuen Wahlgesetz (s. S. 198 und 202) stand infolge der offenen Grenzen unter dem Einfluß der Medien und Spitzenpolitiker der Bundesrepublik. Die Meinungen schieden sich an der Frage der deutschen Einheit. PDS und andere Oppositionsgruppen traten für eine weitere Eigenständigkeit der DDR ein, die Sozialdemokraten dagegen für ein allmähliches Zusammenwachsen der beiden deutschen Staaten. Die „Allianz für Deutschland" wollte jedoch wie CDU/CSU eine möglichst rasche deutsche Vereinigung.

Durch den überraschenden Wahlsieg der CDU (40,9 %) konnte diese eine 5-Parteienkoalition zur Regierungsbildung zusammenführen, die **Lothar de Maizière** (CDU) zum neuen DDR-Ministerpräsidenten wählte (M 55). Er stellte in seiner Regierungserklärung fest, daß der Wählerauftrag in der Herstellung der deutschen Einheit bestehe und diese so schnell wie möglich herbeizuführen sei. Dazu schlug er nicht den Weg des „Runden Tisches" über eine Gesamtdeutsche Verfassung vor, sondern den **Beitritt** zur Bundesrepublik **nach Artikel 23 des Grundgesetzes**, der dem Saarland 1955 zur Eingliederung in die Bundesrepublik gedient hatte. Die DDR mußte demnach nur erklären, daß sie dem Geltungsbereich des Grundgesetzes beitreten wolle (M 56).

B 38 Ab Dezember 1989 bildete die deutsche Einheit das zentrale Thema der Demonstrationen in der DDR.

Die Lösung der Deutschen Frage

Im Gegensatz zur SPD in der DDR und der Bundesrepublik, die für ein getrenntes Währungsgebiet von Ost- und DM eintrat, hatte die CDU der DDR mit Unterstützung der Bundesregierung die Einführung der DM in der DDR beschlossen. Im sogenannten **Staatsvertrag**, der bereits im Mai ausgehandelt worden war, wurde darüber hinaus die Einführung der sozialen Marktwirtschaft der Bundesrepublik in der DDR beschlossen (B 40). Dieser „Vertrag über die Schaffung einer Währungs-, Wirtschafts- und Sozialunion" trat am 1. Juli 1990 in Kraft. Die Mark der DDR verlor an diesem Tag ihre Gültigkeit (M 57).

Mit dem Staatsvertrag war ein wichtiger Schritt zur deutschen Einheit getan. Aber die Angleichung des Rechts und die Vereinigung der Staaten war damit noch nicht erfolgt. Die Rechtsangleichung zwischen Bundesrepublik und DDR wurde im **Einigungsvertrag** vom 31. August 1990 geregelt. In diesem umfangreichen Vertragswerk, das Volkskammer und Bundestag mit Zweidrittelmehrheit billigten, wurde festgelegt, daß mit dem Beitritt der DDR zur Bundesrepublik das gesamte DDR-Recht durch Bundesrecht abgelöst wird (M 58).

Als Beitrittstag wurde der **3. Oktober 1990** bestimmt; er ist von nun an als **„Tag der Deutschen Einheit"** gesetzlicher Feiertag. Der Vereinigungstag wurde 1990 mit einer festlichen Feier vor dem Reichstag in Berlin begangen.

Die DDR gibt es seitdem nicht mehr. Bis zur gesamtdeutschen Bundestagswahl entsandte die Volkskammer 144 Abgeordnete in den Bundestag. Im Einigungsvertrag konnte nur vereinbart werden, was dem Recht der Siegermächte des Zweiten Weltkrieges im Potsdamer Abkommen, im Deutschlandvertrag oder im Berlin-Abkommen nicht widersprach. Deshalb mußten die USA, die Sowjetunion, Großbritannien und Frankreich ihre Zustimmung zum Vereinigungsprozeß geben. Der Weg dahin war aber erst frei, als Präsident Gorbatschow im Juli 1990 mit einer NATO-Mitgliedschaft eines vereinten Deutschland einverstanden war.

Zu den betreffenden Verhandlungen der Außenminister wurden auch die DDR und die Bundesrepublik geladen. Deshalb hießen sie **2 + 4-Verhandlungen**. In der „abschließenden Regelung in bezug auf Deutschland" vom 12. September 1990 wurde Deutschland durch das Gebiet der Bundesrepublik, der DDR und Berlins definiert. Die Oder-Neiße-Grenze zu Polen wurde

B 39 Unterzeichnung des Staatsvertrages zwischen Bundesrepublik und DDR am 18. Mai 1990 durch die Finanzminister Waigel und Romberg (im Hintergrund Ministerpräsident de Maizière und Bundeskanzler Kohl)

als „endgültig" bezeichnet (M 59). Ganz Berlin ist nun ein Teil Deutschlands, und dem vereinigten Deutschland wird die Souveränität über „ganz Deutschland" zugesprochen. Mit der Vereinigung von Bundesrepublik und DDR begann am 3. Oktober 1990 wieder die Geschichte eines ganzen Deutschland.

Die erste gesamtdeutsche Wahl

Im Rahmen der Beseitigung des SED-Staates und der Demokratisierung war schon im Juli die **Wiedererrichtung der alten Länder** in der DDR von der Volkskammer beschlossen worden. Landtagswahlen fanden aber erst nach der Vereinigung in den neuen Bundesländern statt. Die Wahlen bestätigten im wesentlichen die Märzwahlen; die SPD aber verbesserte sich deutlich, die PDS fiel zurück. Nur in Sachsen erreichte die CDU eine absolute Mehrheit.

Mit Spannung wurde die **erste gesamtdeutsche Bundestagswahl** am 2. Dezember 1990 erwartet. Sie konnte als Gradmesser der Zustimmung oder Ablehnung zu diesem Weg der deutschen Einheit gelten. Bundeskanzler Kohl trat gegen den SPD-Kanzlerkandidaten Lafontaine in den Wahlkampf, der eine deutlich skeptische Haltung gegenüber der Einigungspolitik der Bundesregierung vertrat. Die Opposition stellte besonders die Unkalkulierbarkeit der Kosten und soziale Ungerechtigkeiten als Gefahren dieses raschen Weges zur Einheit heraus. Diese Skepsis fand angesichts der allgemeinen Freude über die deutsche Einigung keine Mehrheit – weder in den alten noch in den neuen Bundesländern. Die vereinigte CDU erhielt 36,7 %, die vereinigte SPD 33,5 % der Stimmen im gesamten Wahlgebiet. Weil bei dieser Wahl die alten und neuen Bundesländer getrennte Wahlgebiete bildeten, kamen PDS (2,4 %) und Bündnis 90/Grüne (1,2 %) aus den neuen Bundesländern in den Bundestag (Schema 3). Die Grünen in den alten Ländern (3,9 %) hingegen scheiterten an der 5 %-Klausel.

Zusammen mit den 11 % der Liberalen und den 7,2 % der CSU konnte die alte Regierungskoalition ihre Arbeit fortsetzen. **Helmut Kohl** wurde zum **ersten gesamtdeutschen Kanzler** gewählt und bildete auch mit Ministern aus den neuen Bundesländern eine erste gesamtdeutsche Regierung.

Probleme der Vereinigung

45 Jahre lang war das Hauptproblem der „Deutschen Frage" die Zugehörigkeit der beiden Teile Deutschlands zu den verfeindeten Blöcken der östlichen und westlichen Supermacht. Die Westmächte hatten sich vertraglich zur Unterstützung der deutschen Einheit verpflichtet (Londoner Abkommen 1954, S. 206), gleichwohl hegten England und Frankreich große **Vorbehalte gegen eine deutsche Wiedervereinigung.** Aber als die Sowjetunion zwischen Januar und Juli 1990 ihre Zustimmung dazu gab, daß das vereinte Deutschland zum Westen und damit zur NATO gehöre, war der außenpolitische Weg zur Vereinigung der beiden deutschen Staaten frei. Namentlich die USA unterstützten die deutschen Einheitsbestrebungen.

Die Einführung der DM brachte für die DDR-Bürger zwar eine starke Währung, mit der man überallhin reisen konnte, aber gleichzeitig bescherte sie der DDR-Wirtschaft den **Verlust eines Großteils ihrer Absatzmärkte.** Ihre Haupthandelspartner Sowjetunion (66,5 %), ČSSR und Polen (14 und 12 %) konnten die bestellten Waren nicht mehr bezahlen, weil die DM-Preise für sie unerschwinglich waren. Darüber hinaus setzte im Juli 1990 ein Ansturm auf westliche Waren ein, der vor allem der DDR-Landwirtschaft riesige Absatzprobleme bereitete.

Nach der Vereinigung verschärfte sich die **Wirtschaftskrise** im Osten Deutschlands noch. Die Abschaffung des Subventionssystems der Planwirtschaft, der Zwang zur rentablen Produktion für den einzelnen Betrieb und die Privatisierungen im Bereich der sogenannten Volkseigenen Betriebe machte sich in zahlreichen Betriebsschließungen bemerkbar. Die **Arbeitslosenzahl** überschritt im März 1991 800 000, die der Kurzarbeiter 2 Mio. Zur Unterstützung der neuen Länder mußte die Bundesregierung im März 1991 Steuererhöhungen (was sie lange abgelehnt hatte) und eine deutliche Erhöhung der Arbeitslosenversicherungsbeiträge beschließen. So konnten infolge der Sozialunion Arbeitslose und Kurzarbeiter zwar vom sozialen Netz aufgefangen werden, aber das geringere Einkommen und die ungewisse Zukunft schufen erhebliche Unzufriedenheit. Diese fand ständig neue Nahrung durch die sog. **Vereinigungskriminalität.** Einkommensgefälle, Privatisierung und Nachholbedarf der Bevölkerung machten die neuen Länder zu einem Dorado von Spekulanten, Autohändlern und Versicherungsagenten. Der Entschluß, das sozialistische (Staats-)Eigentum der DDR (VEBs, Grundbesitz und Gebäude) von der **Treuhandanstalt** privatisieren und sanieren zu lassen, belastete den Bundeshaushalt am Ende mit 270 Mrd. DM. Diese Belastung künftiger Steuerzahler wurde ebenso heftig kritisiert wie die Vergabepraktiken der Treuhand und der Grundsatz „Rückgabe vor Entschädigung" im Einigungsvertrag.

Neben den Folgen der Systemveränderung belasten noch große wirtschaftliche, soziale und politische **Erbschaften des SED-Staates** den Neuanfang in der ehemaligen DDR. Umweltprobleme durften in DDR weder benannt noch bekämpft werden. Die Braunkohlekraftwerke, die Chemieindustrie waren gigantische Umweltverschmutzer. Die Atomkraftwerke der DDR waren ähnlich unsicher wie der Unglücksreaktor Tschernobyl. Die Modernisierung dieser Industriezweige erfordern enorme Investitionen auf Jahre hinaus. Ähnliche Probleme verursachte der Zustand des Straßen-, Schienen- und Telefonnetzes. Hier war die DDR praktisch auf dem Vorkriegsstand stehengeblieben. Auch die Altbauten waren meist seit dem Krieg nicht mehr renoviert worden, so daß ihre Sanierung eine der größten Herausforderungen in den neuen Bundesländern darstellt. Das Gesundheitswesen der DDR mußte umgestellt und im großen Maße modernisiert werden.

Ein ungeklärtes politisches Problem stellte der Umgang mit dem Erbe des DDR-Ministeriums für Staatssicherheit dar. 40 Jahre lang hatte die SED mit Hilfe der sogeannten „Stasi" die DDR-Bürger bespitzelt und unter Druck gesetzt. Sie hat Angaben über 6 Mio. der 17 Mio. Bewohner der DDR gespeichert. Ihre Mitarbeiter wirkten auch in der Bundesrepublik als Spione. Sogar terroristische Anschläge wurden hier nachweislich von der „Stasi" unterstützt.

M55 Präambel der Koalitionsvereinbarung der Regierung de Maizière[1] vom 12. April 1990

Die besondere Lage in der DDR seit dem 9. November 1989 macht es zur Lösung der Zukunftsaufgaben im Prozeß der Vereinigung Deutschlands erforderlich, parteitaktische Interessen zurückzustellen und eine große Koalition für die Zeit des Zusammenwachsens beider Staaten zu bilden. Ziel der Koalition ist:

- Wohlstand und soziale Gerechtigkeit für alle Bürger der DDR zu sichern,
- Freiheit und Rechtsstaatlichkeit durchzusetzen.
- Die Einheit Deutschlands nach Verhandlungen mit der BRD auf der Grundlage des Artikels 23 Grundgesetz zügig und verantwortungsvoll für die gesamte DDR gleichzeitig zu verwirklichen und damit einen Beitrag zur europäischen Friedensordnung zu leisten.

Bei der Ausarbeitung einer neuen Verfassung der DDR oder, falls es nicht dazu kommt, bei der Veränderung des Grundgesetzes ist es das Verhandlungsziel der Regierung, die sozialen Sicherungsrechte als nicht einklagbare Individualrechte einzubringen. Das gilt vornehmlich für das Recht auf Arbeit, Wohnung und Bildung. Diese Rechte werden in der Form von Staatszielbestimmungen gewährleistet.

Die Koalitionsfraktionen sind sich darin einig, daß der Inhalt der zwischen der DDR und der Bundesrepublik Deutschland zu vereinbarenden Regelungen, insbesondere des zu erwartenden Staatsvertrages über die Schaffung einer Währungs-, Wirtschafts- und Sozialunion, den heutigen Vereinbarungen zwischen den Koalitionsfraktionen in ihren Grundzügen entsprechen müssen.

1 Große Koalition aus CDU, DSU, DA, SPD und Liberalen

(Frankfurter Rundschau vom 14. 4. 1990)

1 *Stellen Sie die Ziele der Regierung de Maizière zusammen.*

2 *Erklären Sie die Rolle des 9. November 1989 bei dieser Zielsetzung.*

3 *Welche Elemente will die DDR ins Grundgesetz einbringen?*

M56 Die verfassungsrechtliche Alternative zur Vereinigung im Grundgesetz

Artikel 23[1]

Dieses Grundgesetz gilt zunächst im Gebiet der Länder Baden, Bayern, Bremen, Groß-Berlin, Hamburg, Hessen, Niedersachsen, Nordrhein-Westfalen, Rheinland-Pfalz, Schleswig-Holstein, Württemberg-Baden und Württemberg-Hohenzollern. In anderen Teilen Deutschlands ist es nach deren Beitritt in Kraft zu setzen.

Artikel 146[2]

Dieses Grundgesetz verliert seine Gültigkeit an dem Tage, an dem eine Verfassung in Kraft tritt, die von dem deutschen Volke in freier Entscheidung beschlossen worden ist.

1 Weg der Regierung de Maizière

2 Favorisiert vom Runden Tisch und zahlreichen bundesdeutschen Staatsrechtsprofessoren

1 *Erklären Sie die Bedeutung der unterschiedlichen Wege zur Wiedervereinigung nach Art. 23 bzw. 146 GG vor dem Hintergrund der realen Lage der DDR im Frühjahr 1990 (vgl. Kap. IV 4).*

M57 Aus dem „Vertrag über die Schaffung einer Währungs-, Wirtschafts- und Sozialunion" zwischen der Bundesrepublik Deutschland und der DDR vom 21. Juni 1990

Kapitel I (Grundlagen)

Artikel 1 (Gegenstand des Vertrags)

(1) Die Vertragsparteien errichten eine Währungs-, Wirtschafts- und Sozialunion.

(2) Die Vertragsparteien bilden beginnend mit dem 1. Juli 1990 eine Währungsunion mit einem einheitlichen Währungsgebiet und der Deutschen Mark als gemeinsamer Währung. [...]

(3) Grundlage der Wirtschaftsunion ist die soziale Marktwirtschaft als gemeinsame Wirtschaftsordnung beider Vertragsparteien. Sie wird insbesondere bestimmt durch Privateigentum, Leistungswettbewerb, freie Preisbildung und grundsätzlich volle Freizügigkeit von Arbeit, Kapital, Gütern und Dienstleistungen; hierdurch wird die gesetzliche Zulassung besonderer Eigentumsformen für die Beteiligung der öffentlichen Hand oder anderer Rechtsträger am Wirtschaftsverkehr nicht ausgeschlossen, soweit private Rechtsträger dadurch nicht diskriminiert werden. Sie trägt den Erfordernissen des Umweltschutzes Rechnung.

(4) Die Sozialunion bildet mit der Währungs- und Wirtschaftsunion eine Einheit. Sie wird insbesondere bestimmt durch eine der sozialen Marktwirtschaft entsprechende Arbeitsrechtsordnung und ein auf den Prinzipien der Leistungsgerechtigkeit und des sozialen Ausgleichs beruhenden umfassendes System der sozialen Sicherung.

Artikel 2 (Grundsätze)

(1) Die Vertragsparteien bekennen sich zur freiheitlichen, demokratischen, föderativen, rechtsstaatlichen und sozialen Grundordnung. [...]

(Presse- und Informationsamt der Bundesregierung [Hrsg.], Bulletin Nr. 63 vom 18. Mai 1990, S. 517 ff.)

1 *Erklären Sie die Bedeutung der Wirtschafts-, Währungs- und Sozialunion für die Gesellschaft der DDR.*

2 *Welche Problematik trug insbesondere die Währungsunion für die Wirtschaft der DDR in sich?*

M58 Aus dem Einigungsvertrag vom 31. August 1990

Kapitel I (Wirkung des Beitritts)

Artikel 1 (Länder)

(1) Mit dem Wirksamwerden des Beitritts der Deutschen Demokratischen Republik zur Bundesrepublik Deutschland gemäß Artikel 23 des Grundgesetzes am 3. Oktober 1990 werden die Länder Brandenburg, Mecklenburg-Vorpommern, Sachsen, Sachsen-Anhalt und Thüringen Länder der Bundesrepublik Deutschland. [...]

(2) Die 23 Bezirke von Berlin bilden das Land Berlin.

Artikel 2 (Hauptstadt, Tag der Deutschen Einheit)

(1) Hauptstadt Deutschlands ist Berlin. Die Frage des Sitzes von Parlament und Regierung wird nach der Herstellung der Einheit Deutschlands entschieden.

(2) Der 3. Oktober ist als Tag der Deutschen Einheit gesetzlicher Feiertag. [...]

Kapitel II (Grundgesetz)

Artikel 3 (Inkrafttreten des Grundgesetzes)

Mit dem Wirksamwerden des Beitritts tritt das Grundgesetz für die Bundesrepublik Deutschland [...] in den Ländern Brandenburg, Mecklenburg-Vorpommern, Sachsen, Sachsen-Anhalt und Thüringen sowie in dem Teil des Landes Berlin, in dem es bisher nicht galt, mit den sich aus Artikel 4 ergebenden Änderungen in Kraft. [...]

Artikel 4 (Beitrittsbedingte Änderungen des Grundgesetzes)

Das Grundgesetz für die Bundesrepublik Deutschland wird wie folgt geändert:

1. Die Präambel wird wie folgt gefaßt:

„Im Bewußtsein seiner Verantwortung vor Gott und den Menschen, von dem Willen beseelt, als gleichberechtigtes Glied in einem vereinten Europa dem Frieden der Welt zu dienen, hat sich das Deutsche Volk kraft seiner verfassunggebenden Gewalt dieses Grundgesetz gegeben.

Die Deutschen in den Ländern Baden-Württemberg, Bayern, Berlin, Brandenburg, Bremen, Hamburg, Hessen, Mecklenburg-Vorpommern, Niedersachsen, Nordrhein-Westfalen, Rheinland-Pfalz, Saarland, Sachsen, Sachsen-Anhalt, Schleswig-Holstein und Thüringen haben in freier Selbstbestimmung die Einheit und Freiheit Deutschlands vollendet. Damit gilt dieses Grundgesetz für das gesamte Deutsche Volk."

[...]

(Presse- und Informationsamt der Bundesregierung [Hrsg.], Bulletin Nr. 104, S. 877 f., vom 6. September 1990)

1 *Skizzieren Sie die Geschichte der in Art. 1 genannten Länder.*

2 *Erklären Sie die Notwendigkeit der Gründung der neuen Bundesländer und der neuen Präambel des Grundgesetzes.*

M59 Vertrag über die abschließende Regelung in bezug auf Deutschland vom 12. September 1990, sog. Friedensvertrag

Artikel 1

(1) Das vereinte Deutschland wird die Gebiete der Deutschen Demokratischen Republik, der Bundesrepublik Deutschland und ganz Berlins umfassen. Seine Außengrenzen werden die Grenzen der Deutschen Demokratischen Republik und der Bundesrepublik Deutschland sein und werden am Tage des Inkrafttretens dieses Vertrages endgültig sein. Die Bestätigung des endgültigen Charakters der Grenzen des vereinten Deutschlands ist ein wesentlicher Bestandteil der Friedensordnung in Europa.

(2) Das vereinte Deutschland und die Republik Polen bestätigten die zwischen ihnen bestehende Grenze in einem völkerrechtlich verbindlichen Vertrag.[1]

(3) Das vereinte Deutschland hat keinerlei Gebietsansprüche gegen andere Staaten und wird solche auch nicht in Zukunft erheben. [...]

Artikel 5

(3) Nach dem Abschluß des Abzugs der sowjetischen Streitkräfte vom Gebiet der heutigen Deutschen Demokratischen Republik und Berlins können in diesem Teil Deutschlands auch deutsche Streitkräfteverbände stationiert werden, die in gleicher Weise militärischen Bündnisstrukturen zugeordnet sind wie diejenigen auf dem übrigen deutschen Hoheitsgebiet, allerdings ohne Kernwaffenträger. [...]

Ausländische Streitkräfte und Atomwaffen und deren Träger werden in diesem Teil Deutschlands weder stationiert noch dorthin verlegt. [...]

Artikel 7

(1) Die Französische Republik, die Union der Sozialistischen Sowjetrepubliken, das Vereinigte Königreich von Großbritannien und Nordirland und die

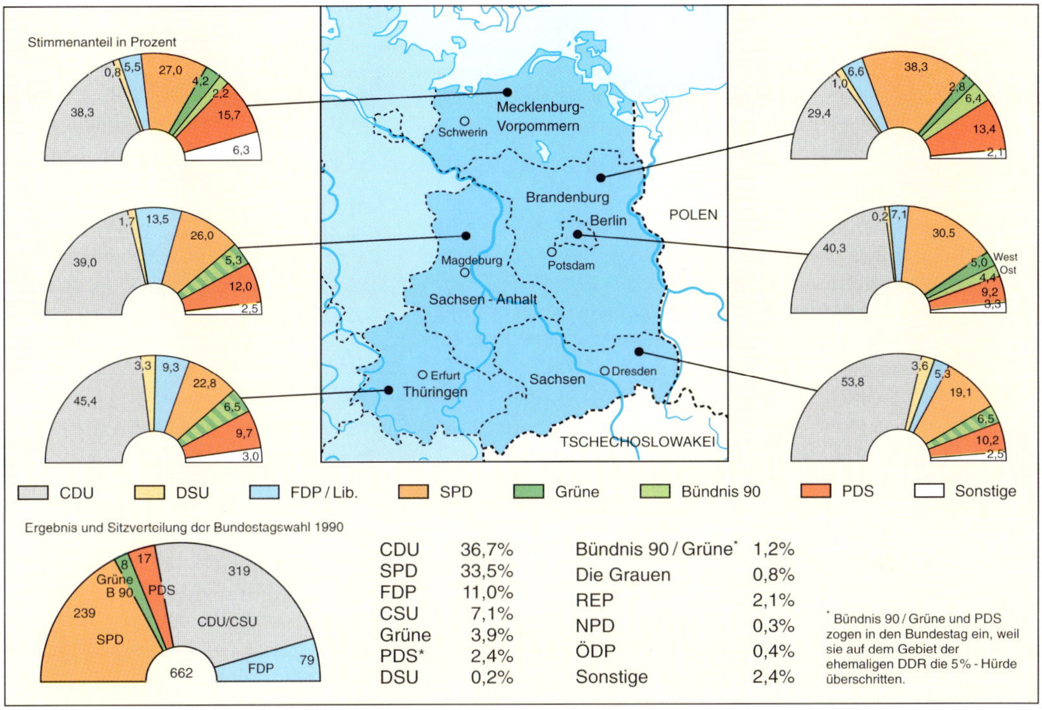

Schema 3 Wahlergebnisse der ersten gesamtdeutschen Wahl sowie der Wahlen in den neuen Bundesländern und in Berlin am 2. Dezember 1990

Vereinigten Staaten von Amerika beenden hiermit ihre Rechte und Verantwortlichkeit in bezug auf Berlin und Deutschland als Ganzes. [...]
(2) Das vereinigte Deutschland hat demgemäß volle Souveränität über seine inneren und äußeren Angelegenheiten.

1 Ein entsprechender Vertrag wurde am 13. November 1990 abgeschlossen

(Presse- und Informationsamt der Bundesregierung [Hrsg.], Bulletin Nr. 109 vom 14. September 1990, S. 1154ff.)

1 *Erschließen Sie die Vertragspartner dieser Regelung.*

2 *Erklären Sie die völker- und verfassungsrechtliche Bedeutung von Art. 1 (1), (2) und (3).*

3 *Worauf bezieht sich die Regelung in Art. 7 (1)?*

4 *Warum hat Deutschland keinen regelrechten Friedensvertrag nach dem Zweiten Weltkrieg?*

Zusammenhänge und Perspektiven

1 *Befragen Sie Zeitzeugen aus Ihrem Bekanntenkreis über die „Wirtschaftswunderjahre", die Jahre der Studentenbewegung, die Erfahrung mit Reisen in die DDR.*

2 *Verfolgen Sie den Weg zur Souveränität der Bundesrepublik Deutschland vom Potsdamer Abkommen bis zum Tag der Deutschen Einheit.*

3 *Erörtern Sie anhand der Jahre 1950, 1952, 1955, 1972 und 1990 alternative Entwicklungsmöglichkeiten der Deutschlandpolitik.*

4 *Stellen Sie die Berlin-Problematik zwischen 1945 und 1990 zusammen.*

5 *Verfolgen Sie die Umgestaltung der Lebensverhältnisse in der SBZ / DDR bis zur Phase des „real existierenden Sozialismus". Welche Veränderungen hat für die ehemalige DDR die Deutsche Vereinigung gebracht?*

Zeittafel zur Deutschen Frage und zum Einigungsprozeß 1949–1990

1949 Gründung von BRD und DDR; Alleinvertretungsanspruch der BRD

1952 Sowjetischer Vorschlag eines Friedensvertrags mit Deutschland (Stalin-Note)

1954 Aufnahme der BRD in die WEU

1955 Pariser Verträge: Souveränität der BRD (5.5); Warschauer Pakt mit DDR geschlossen (14.5.)

1956 KPD-Verbot durch Bundesverfassungsgericht

1957 Hallstein-Doktrin: Alleinvertretungsanspruch der BRD

1958 Berlin-Krise: Sowjets verlangen entmilitarisierte Stadt

1961 Bau der Berliner Mauer (13.8.)

1963 Passierschein-Abkommen für Berliner, Besuchserlaubnis für DDR-Rentner (1964)

1970 Gleichberechtigte Verhandlungen BRD/DDR

1971 Verkehrsvertrag; Viermächteabkommen über Berlin; Unterzeichnung des Grundlagenvertrages BRD/DDR

1973 UNO-Aufnahme von BRD/DDR; Einrichtung ständiger Vertretungen (1974)

1980 DDR für systematischen Ausbau der Wirtschaftsbeziehungen zur BRD; Kanzler Schmidt besucht DDR (1981)

1983 Milliardenkredit an die DDR

1987 Honecker in der BRD

1989 Mai: Öffnung der ungarisch-österreichischen Grenze und Ende der Breschnew-Doktrin; 50 000 DDR-Bürger kommen über Ungarn in die BRD
7.Okt.: 40. Jahrestag der DDR
9. Nov.: Maueröffnung, Montagsdemonstration Leipzig: „Wir sind ein Volk!"
28. Nov.: 10-Punkte-Programm von Kanzler Kohl

1990 10./11. Feb.: Gorbatschow öffnet Weg zur dt. Einheit
18. März: Erste freie Volkskammerwahl
12. April: Regierung de Maiziére bereitet Beitritt der DDR zur BRD vor
5. Mai: Beginn der „Zwei plus Vier"-Verhandlungen
1. Juli: Währungs-, Wirtschafts- und Sozialunion des Staatsvertrages zwischen BRD und DDR inkraft
15./16. Juli: Sowjetunion stimmt NATO-Mitgliedschaft des vereinten Deutschland zu
22. Juli: Wiederherstellung der Länder in der DDR
23. Aug.: Volkskammerbeschluß zum Beitritt der DDR zur BRD
31. Aug.: Einigungsvertrag
12. Sept.: Abschluß der „Zwei plus Vier"-Gespräche mit sog. Friedensvertrag
3. Okt.: Tag der Deutschen Einheit: Deutschland nach 45 Jahren vereint, Berlin Hauptstadt
2. Dez.: Erste gesamtdeutsche Bundestagswahl: Sieg der CDU/CSU-FDP-Koalition von Kanzler Kohl

Deutsche Frage: Problem der Vereinigung des geteilten Deutschland in den Grenzen von 1937

Ost-/West-Integration: Einbindung von BRD und DDR in entgegengesetzte supranationale Organisationen (NATO und EG bzw. RGW und WP)

Alleinvertretungsanspruch: Auffassung, die BRD sei der einzige legitime deutsche Staat nach dem Zweiten Weltkrieg

Grundlagenvertrag: Regelung der Beziehungen zwischen BRD und DDR auf der Grundlage der Gleichberechtigung, Achtung der Grenzen und der Selbständigkeit (aber DDR kein Ausland)

Milliarden-Kredit: Bewahrung der DDR vor Zahlungsunfähigkeit durch einen Kredit in Milliarden-Höhe, gesichert durch Bundesbürgschaft

Maueröffnung: Grenzöffnung der DDR nach Westberlin und BRD am 9. November 1989, um Massenflucht und -demonstrationen zu begegnen

Beitritt nach Art. 23 GG: Weg zur deutschen Einheit ohne Ausarbeitung einer gesamtdeutschen Verfassung durch Beitritt von deutschen Ländern zum Geltungsbereich des GG

„Zwei plus Vier"-Verhandlungen: Ausgehend von Potsdamer Abkommen und Deutschlandvertrag vereinbaren die alliierten Siegermächte mit den beiden deutschen Staaten die Bedingungen der vollen Souveränität des vereinten Deutschland

Vereintes Deutschland: BRD + DDR + Berlin

Richard von Weizsäcker

Rede anläßlich des Staatsaktes zum Tag der Deutschen Einheit in der Philharmonie zu Berlin am 3. Oktober 1990

In der Präambel unserer Verfassung, wie sie nun für alle Deutschen gilt, ist das Entscheidende gesagt, was uns am heutigen Tag bewegt:
In freier Selbstbestimmung vollenden wir die Einheit und Freiheit Deutschlands. Wir wollen in einem vereinten Europa dem Frieden der Welt dienen. Für unsere Aufgaben sind wir uns der Verantwortung vor Gott und den Menschen bewußt.
Aus ganzem Herzen empfinden wir Dankbarkeit und Freude – und zugleich unsere große und ernste Verpflichtung. Die Geschichte in Europa und in Deutschland bietet uns jetzt eine Chance, wie es sie bisher nicht gab. Wir erleben eine der sehr seltenen historischen Phasen, in denen wirklich etwas zum Guten verändert werden kann. Lassen Sie uns keinen Augenblick vergessen, was dies für uns bedeutet.
Es gibt drinnen und draußen drückende Sorgen; das übersehen wir nicht. Vorbehalte unserer Nachbarn nehmen wir ernst. Auch spüren wir, wie schwierig es sein wird, den Erwartungen gerecht zu werden, die uns aus allen Himmelsrichtungen erreichen. Aber wir wollen und werden uns nicht von Ängsten und Zweifeln leiten lassen, sondern von Zuversicht. Entscheidend ist der feste Wille, unsere Aufgaben mit Klarheit zu erkennen und gemeinsam in Angriff zu nehmen. Dieser Wille gibt uns Kraft, die Alltagssorgen ins rechte Verhältnis zu bringen mit unserer Herkunft und Zukunft in Europa.
Zum ersten Mal bilden wir Deutschen keinen Streitpunkt auf der europäischen Tagesordnung. Unsere Einheit wurde niemandem aufgezwungen, sondern friedlich vereinbart. Sie ist Teil eines gesamteuropäischen geschichtlichen Prozesses, der die Freiheit der Völker und eine neue Friedensordnung unseres Kontinents zum Ziel hat. Diesem Ziel wollen wir Deutschen dienen. Ihm ist unsere Einheit gewidmet.
Wir haben jetzt einen Staat, den wir selbst nicht mehr als provisorisch ansehen und dessen Identität und Integrität von unseren Nachbarn nicht mehr bestritten wird. Am heutigen Tag findet die vereinte deutsche Nation ihren anerkannten Platz in Europa.
Was dies heißt, erkennen wir an der Bedeutung von Grenzen. Kein europäisches Land hat so viele Nachbarn wie wir. Durch Jahrhunderte ist wegen der Grenzen Gewalt angewendet und unendlich viel Blut vergossen worden. Jetzt leben alle unsere Nachbarn und wir selbst in gesicherten Grenzen. Sie sind nicht nur durch den Verzicht auf die Anwendung von Gewalt geschützt, sondern durch die tiefe Einsicht in ihre veränderte Funktion.
Unsäglich hart für die Menschen war der erzwungene Heimatverlust. Neuer Streit um Grenzen aber verliert jeden Sinn. Um so zündender ist das Verlangen, ihnen ihren trennenden Charakter zu nehmen. Alle Grenzen Deutschlands sollen Brücken zu den Nachbarn werden. Das ist unser Wille.

(Bundeszentrale für politische Bildung, Bonn 1990, S. 1 f.)

D Europäische Einigung und neuere weltpolitische Konstellationen

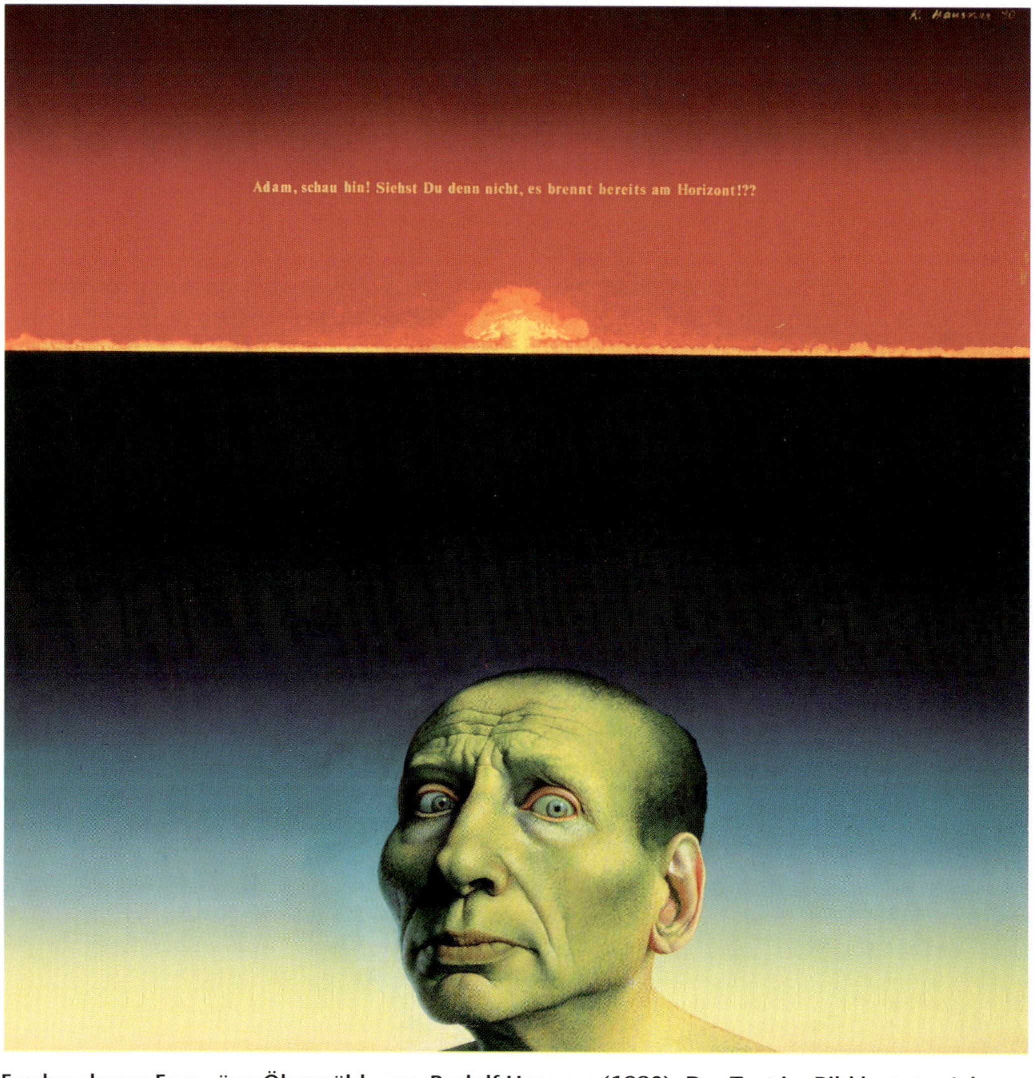

Erschrockener Europäer, Ölgemälde von Rudolf Hausner (1980). Der Text im Bild lautet: „Adam, schau hin! Siehst Du denn nicht, es brennt bereits am Horizont!??“

Kaum ein anderes Land hat wie Deutschland die Nachkriegszeit von 1945–1991 als Weltpolitik „im Schatten der Bombe" erlebt. Durch Deutschland ging die Teilungsgrenze zwischen Ost und West. Kalter Krieg und Ost-West-Spaltung bildeten nicht nur die Bedingungen für die Gründung der beiden deutschen Staaten, sondern auch für deren Aufrüstung. Der Ost-West-Gegensatz stellte ebenfalls den Rahmen dar für den Zusammenschluß der westeuropäischen Staaten in EWG/EG/EU und WEU sowie für die Bildung von Warschauer Pakt und des Rates für Gegenseitige Wirtschaftshilfe (RGW) östlich von Elbe, Oder und Weichsel.
Die Bundesrepublik Deutschland war ein „Frontstaat" mit der längsten Landgrenze zwischen NATO und Warschauer Pakt in Europa. Im Falle eines Atomkrieges zwischen den Supermächten wäre Deutschland das nukleare Schlachtfeld gewesen. Hier sollte der „Atomschirm" aufgespannt werden, der USA und UdSSR, aber auch Frankreich und Großbritannien vor Schaden zu bewahren hatte. Die Außen- wie die Innenpolitik beider deutscher Staaten stand in unmittelbarer Abhängigkeit von der Politik der Supermächte, deren gemeinsame Basis in der Philosophie vom „Gleichgewicht des Schreckens" bestand. Die einzige Variable in diesem Kalten Krieg bildete der jeweilige Stand der Entwicklung der Waffentechnik.
Im Schutze ihres Atombomben-Monopols entwickelten die USA ihre Politik der „Eindämmung" des sowjetischen Machtbereichs in der zweiten Hälfte der 40er Jahre, um dann aufgrund ihrer Wasserstoffbombe und B 52-Langstrecken-Bomber in den 50er Jahren die Hoffnung auf ein Zurückdrängen der Sowjets zu nähren. Als jedoch die UdSSR Ende der 50er Jahre nicht nur in der Atomrüstung mit den USA gleichgezogen hatte, sondern auch in der Raketentechnik mit dem „Sputnik" 1957 einen Vorsprung befürchten ließ, erzwang das atomare Patt eine Politik der Sicherung des Erreichten (Status quo). Berlin als Seismograph des Verhältnisses der Supermächte zeigte 1961 die neue Lage an: Der Mauerbau bot den USA keinen Anlaß für Eindämmen oder Zurückdrängen mehr, weil das Risiko eines ungewissen Ausgangs eines Atomkrieges zu groß geworden war. Alle bewaffneten Konflikte mußten nun auf konventionelle Waffen beschränkt und von den Supermächten ferngehalten werden. Die „Stellvertreterkriege" in Afrika, Asien und Mittelamerika machten das deutlich. Das Gebot, Kriege unter der Atomschwelle zu halten, galt auch für den Krieg der USA in Vietnam in den 60er und 70er Jahren und den der Sowjets in Afghanistan der 80er Jahre.
Die atomaren Rüstungen hatten solche Dimensionen erreicht, daß das Leben auf der Erde bereits mehrfach vernichtet werden konnte. Die Automatisierung der atomaren Trägersysteme erreichte einen solchen Grad an Perfektion, daß der Satz galt: „Wer als erster angreift, stirbt als zweiter". Um nur die Gefahr eines versehentlichen Atomschlages zu verringern, mußte eine Politik der Verständigung zwischen den größten Atommächten gesucht werden. Anfang der 60er Jahre setzte deshalb die Entspannungspolitik ein, die zu den fortgesetzten Abrüstungsverhandlungen der 70er und 80er Jahre führte. Das Maß der Rüstung der 80er Jahre war so eminent, daß es den USA eine gigantische Staatsverschuldung und der UdSSR den Niedergang bescherte. Der Ostblock löste sich ebenso auf wie die UdSSR, die KPdSU wurde in Rußland verboten und verschwand.
Gleichwohl bedrohen auch nach dem Ende des Ost-West-Konfliktes und des Kalten Krieges die Atomwaffenpotentiale die Zukunft Europas und Asiens. Immer mehr Länder auch der Dritten Welt bringen sich in den Besitz von Atomwaffen. Strategien zur Sicherung dieses Gefahrenpotentials sind noch nicht in Sicht. Aber auch in Ländern der Dritten Welt, die keine Atomwaffen besitzen, wachsen globale Bedrohungspotentiale. Der Nord-Süd-Konflikt um den Zugang zu den Weltmärkten und eine wachsende Zahl von Bürgerkriegen führen in vielen armen Ländern zu einem Raubbau an Rohstoffen, welcher z.B. im Falle des Abholzens der Regenwälder ein ökologisches Desaster beschleunigen kann.

I Der europäische Einigungsprozeß

1 Die Integration seit 1948

Frühere Europapläne

Ideen zu einem Zusammenschluß der europäischen Staaten gründeten historisch meist auf der Hoffnung, dadurch die nationale Konkurrenz als Quelle kriegerischer Konflikte überwinden zu können. War es in Kants Schrift „Zum ewigen Frieden" von 1795 die Idee eines Staatenbundes, so sprach der französische Dichter Victor Hugo 1849 in einer Rede in Paris sogar von der Notwendigkeit der „Vereinigten Staaten von Europa". Die Schrecken der beiden Weltkriege führten zu konkreten politischen Plänen (M 1). Die Initiativen des französischen Ministerpräsidenten Briand und des deutschen Außenministers Stresemann wurden aber Ende der 20er Jahre durch die Tendenz zu nationaler Abschottung infolge der Wirtschaftskrise zu Fall gebracht. Noch während des Zweiten Weltkrieges traten Widerstandskämpfer aus einigen Ländern für eine europäische Föderation ein, die eine Einschränkung der nationalen Souveränität der Einzelstaaten zugunsten des Bundes beinhalteten. Die Ausbildung des Ost-West-Gegensatzes zerstörte die Ausgangsbasis für gesamteuropäische Konzepte. Der Systemgegensatz bestärkte aber im Gegenzug Tendenzen zur Teilintegration.

Anfänge westeuropäischer Integration

Mit dem Beginn des Kalten Krieges wuchsen die Bemühungen zur verstärkten Zusammenarbeit unter den westeuropäischen Staaten. Wirtschaftlich war der Startschuß zur Zusammenarbeit durch die **OEEC*** zur Verteilung der amerikanischen Marshallplan-Leistungen (s. S. 103f.) 1948 gegeben worden. Auch wenn die Souveränität der Mitglieder nicht angetastet wurde, zielte die OEEC auf eine Auflockerung der Handelsbeschränkungen ab und stellte damit Weichen für eine wirtschaftliche Zusammenarbeit. Militärisch bedeutete der **Brüsseler Vertrag** von 1948 (Frankreich, Großbritannien und die Beneluxstaaten) den Schritt zur verstärkten Kooperation.

Politisch geschah dies durch die von zehn westeuropäischen Staaten in Straßburg 1949 vollzogene Gründung des **Europarates**. Doch waren die Gründungsmitglieder nicht bereit, auf eigene Souveränitätsrechte zu verzichten. Die geringen Kompetenzen ließen lediglich Empfehlungen an die Regierung zu, die nur bei Übereinstimmung der Einzelstaaten wirksam werden konnten. Bedeutung erlangte aber die Verabschiedung der **europäischen Menschenrechtskonvention** 1950, nach der erstmalig ein eigener Gerichtshof über Beschwerden wegen Verletzung von Menschenrechten ohne Zustimmung nationalstaatlicher Organe der Mitgliedsländer verbindlich entscheiden konnte. Der Europarat blieb in seiner Funktion beschränkt auf die Funktion eines Forums zum europäischen Gedankenaustausch. Die Erfahrung mit der Gründung des Europarates zeigte, daß die Preisgabe von Souveränitätsrechten die höchste Hürde bei allen Versuchen zur verstärkten Zusammenarbeit sein würde. Die besten Erfolgschancen versprachen solche Pläne, die bei ausgewiesenen Vorteilen für die Beteiligten keine oder nur bescheidene Einbußen an „nationaler Substanz" forderten.

Besondere Probleme gab es für Großbritannien, das zwar – wegen der Einbindung der Bundesrepublik – Schritte zur Integration befürwortete, selbst aber aufgrund seiner Commonwealth-Interessen weiter eine Sonderrolle anstrebte.

EGKS/EVG

Den Weg aus der europapolitischen Sackgasse wies der sogenannte Schuman-Plan des französischen Außenministers, um einen **Europäischen Gemeinsamen Markt für Kohle und Stahl (EGKS)** zu schaffen (M2). Doch gaben die zähen Verhandlungen, die dieser ersten „EG" vorausgingen, einen Vorgeschmack auf die weitere Geschichte der Integration. Deutschland wollte über die Integration seine „Besatzungsreste" abschütteln, Frankreich Deutschland einbinden, ohne dadurch wirtschaftliche Nachteile zu erleiden, und Belgien sorgte sich z. B. um seine nationalen Kohleinteressen: Es galt, eine Vielzahl konkurrierender Interessen in Einklang zu bringen. Als unmöglich erwies sich dies im Falle Englands, dem die supranationalen Befugnisse der neuen Behörde zu weit gingen. Mit dem Ausscheren Großbritanniens wurden die Weichen für das **„Europa der Sechs"** gestellt.

Ein militärischer Zusammenschluß, unter dem Eindruck des Korea-Krieges von den USA vorangetrieben, mußte noch schwerer fallen. Doch sahen viele Verfechter der Europa-Idee darin den Weg zur künftigen politischen Verschmelzung der Staaten. Der Plan des französischen Ministerpräsidenten Pleven zur Errichtung einer europäischen Verteidigungsgemeinschaft (EVG) versuchte, die entstehende deutsche Militärmacht unter europäischer Kontrolle zu halten. Der EVG-Vertrag wurde zwar 1952 von den 6 Regierungschefs unterzeichnet, scheiterte jedoch 1954 an der französischen Nationalversammlung.

„Die Römischen Verträge"

Mit der Ablehnung der EVG war auch das Projekt einer politischen Vereinigung Europas zunächst gescheitert. Doch bei allen Vorbehalten gegen das supranationale Prinzip drängten andere Interessen weiter auf Fortschritte beim Zusammenschluß der Europäer: das Problem ihrer Unabhängigkeit gegenüber der amerikanischen Führungsmacht, das Problem der Einbindung der deutschen Wirtschaftskraft und die Notwendigkeit, die vorhandenen Handelshemmnisse in Europa zu beseitigen. Dabei mußten die nationalen Vorbehalte ernst genommen und ein gemeinsamer Nenner gesucht werden. Mit den **„Römischen Verträgen"** von 1957 (M 3) gründeten die Benelux-Länder, Frankreich, Italien und die Bundesrepublik Deutschland zum 1. Januar 1958 die **Europäische Wirtschaftsge-**

B 1 Plenarsaal des Europäischen Parlamentes in Straßburg.

meinschaft (EWG) und die Europäische Atomgemeinschaft (EURATOM). Damit sollte der Abbau der Zollschranken zwischen den Unterzeichner-Ländern und der Aufbau eines gemeinsamen Zolltarifs gegenüber allen anderen Ländern innerhalb einer Übergangsfrist von 12 Jahren garantiert werden. In dieser Frist wollte man auch die Freizügigkeit der Arbeitnehmer, die Niederlassungsfreiheit der Unternehmer und den freien Dienstleistungs- und Kapitalverkehr durchsetzen. Eine Angleichung der Steuer- und Rechtsvorschriften und der Sozialsysteme sollten das Einigungswerk vervollständigen. Der Vertrag sieht eine gemeinsame Wirtschaftspolitik vor, die mehrheitlich beschlossen werden soll. 1967 wurden die Organe von EWG, EURATOM und EGKS zur **Europäischen Gemeinschaft (EG)** zusammengeschlossen. Die politische Lenkung der EG erfolgte durch die Gipfeltreffen der Staats- bzw. Regierungschefs und den Ministerrat. Immer größere Bedeutung als ausführendes Organ des Ministerrates erlangte die Europäische Kommission in Brüssel. Die EWG und spätere EG wurde zu einem Erfolgsmodell. Der Wettbewerb auf dem größeren europäischen Markt stärkte die Konkurrenzfähigkeit auf dem Weltmarkt. Regional verschieden, insgesamt aber beträchtlich, verbesserten sich in allen beteiligten Ländern die Einkommensverhältnisse in allen Schichten.

Probleme bei der politischen Integration

Während die wirtschaftliche Vorteilsgemeinschaft akzeptiert wurde, achteten die Mitgliedsländer argwöhnisch auf die Berücksichtigung ihrer nationalen Interessen. Der französische Staatspräsident de Gaulle (1958–1969) brachte diese Einstellung mit dem Schlagwort vom **„Europa der Vaterländer“** am radikalsten auf den Begriff. Konsequent wehrte er sich gegen einen Ausbau der Kompetenzen für die europäischen Organe (z. B. Budgetrecht für das europäische Parlament). Mit seiner zweimaligen Verhinderung eines Beitritts Großbritanniens sowie seinem Beharren auf einstimmigen Abstimmungen im Ministerrat stürzte er den Integrationsprozeß in eine Krise. Doch Rückschritte oder Phasen der Stagnation blieben für den weiteren Prozeß nicht bestimmend. 1979 wurde das **Europäische Parlament** erstmals direkt gewählt (Schema 1 und 2). Die wirtschaftlichen Interessen erzwangen den weiteren Ausbau des gemeinsamen Marktes zum **Europa der Neun** (1973: Großbritannien, Dänemark, Irland) und schließlich durch die Süderweiterung (Griechenland 1981, Portugal und Spanien 1986) zum **Europa der Zwölf** mit über 320 Millionen Einwohnern. Der Beitritt der neuen Mitglieder machte den Ausgleich der wirtschaftlichen Interessen noch schwieriger. Vor allem der gemeinsame Agrarmarkt produzierte nicht mehr verkraftbare Überschüsse, da Preisgarantien und Ausgleichsregelungen eine Kapazitätsreduzierung durch Wettbewerb verhinderten.

Doch die Herausforderungen des Weltmarkts und der Weltpolitik drängten in steigendem Maße zu einer weitergehenden politischen Koordination. So erfolgte angesichts der „Ölpreiskrise“ von 1973 eine Abstimmung in der Nah-Ost-Politik. Mit den **Abkommen von Lomé** (seit 1975) wurden Modelle einer gemeinsamen Entwicklungspolitik geschaffen. Die Auseinandersetzung mit der Konkurrenz der USA und Japans erzwang auch hier eine stärkere europäische Abstimmung. Technologische Großprojekte wurden teilweise im Rahmen der Gemeinschaft, teilweise aber auch nur in Kooperation einzelner Mitgliedsländer entwickelt. In dem industriellen Umstrukturierungsprozeß während der achtziger Jahre angesichts der Stahl-, Werften- und Kohlekrise mußte die EG mit Anpassungshilfen eingreifen.

In der **Europäischen Politischen Zusammenarbeit** (EPZ) wurde an einer Koordinierung der Außenpolitik der Mitgliedstaaten gearbeitet. In zunehmenden Maße sprach Westeuropa auf internationalen Konferenzen (z. B. KSZE) mit „einer Stimme“. Konflikte um die zu leistenden Finanzierungsbeiträge zum Haushalt der Gemeinschaft und um die Aufteilung der Leistungen daraus führten periodisch zu „Krisen“ der Integration, aufhalten konnten sie den Prozeß nicht.

M1 Graf Richard N. Coudenhove-Kalergi: Das Paneuropäische Manifest (1923)

Der aus flämischem Adel stammende österreichische Graf Coudenhove-Kalergi (1894–1972) gründete zu Beginn der 20er Jahre die „Paneuropa-Bewegung", von der Impulse auf die Politiker der Zwischenkriegszeit ausgingen.

Das alte Europa hatte die Weltherrschaft. Nach außen sicher, konnte es sich ohne Lebensgefahr den Luxus innerer Kriege gestatten. Im zwanzigsten Jahrhundert brach jene europäische Weltherrschaft zusammen. *Asien* erwachte unter Japans Führung. *Amerika* überflügelte alle europäischen Staaten, *Rußland* hat sich durch Einführung des Sowjetismus von Europa gelöst, und *England* ist aus einer europäischen Großmacht zum Haupte einer interkontinentalen Weltmacht geworden, deren Schwerpunkt im Indischen Ozean liegt.

Dieser wachsenden Organisation der außereuropäischen Welt zu mächtigen Reichen steht die wachsende *Des*organisation der europäischen Welt gegenüber. Hier hat die Zerstückelung durch den Krieg weitere Fortschritte gemacht. In Mitteleuropa sind zwei Großmächte gefallen, um einer Reihe kleinerer Staaten Platz zu machen. So ist Europa aus dem Mittelpunkte der Welt hinausgedrängt, einst *Subjekt* der Weltpolitik – ist es zu deren *Objekt* geworden: *geschwächt, verwundet, verarmt, zerrissen.*

Eine Wiederherstellung der europäischen Weltherrschaft ist unmöglich; wohl aber ist es noch möglich, durch Zusammenfassung der europäischen Staaten diesen Erdteil zu einer *fünften Weltmacht* zusammenzuschließen und so den Frieden, die Freiheit und den Wohlstand der Europäer zu retten.

Auch die Fortschritte der *Technik* haben eine Rückkehr Europas in das vergangene Jahrhundert unmöglich gemacht. Der Stahlkrieg der Vergangenheit hat die Völker nur geschwächt – der Gaskrieg der Zukunft würde sie *vernichten.* Außerdem haben Auto und Eisenbahn, Luftschiff und Radio die europäischen Entfernungen so sehr verringert, daß das heutige Europa relativ kleiner geworden ist als das Italien der Renaissance.

Dieses Zusammenrücken aller europäischen Staaten hat die *Gemeinschaft* der Interessen ebenso vervielfacht wie deren *Gegensätze.* Dank der *Technik* sind heute die Interessen europäischer Nachbarstaaten so miteinander verwachsen, daß sie nur mehr die Wahl haben zwischen Feindschaft und Bündnis; gleichgültige Nachbarschaft ist unmöglich geworden.

Die ganze europäische Frage gipfelt also im Entweder – Oder:

Krieg	– oder	Frieden!
Anarchie	– oder	Organisation!
Wettrüsten	– oder	Abrüsten!
Konkurrenz	– oder	Kooperation!
Zusammenbruch	– oder	Zusammenschluß!

Kein Europäer kann künftig dieser Entscheidung ausweichen. Vor einer solchen Entscheidung ist *Neutralität Verrat.*

Wer nicht Paneuropäer ist – ist Antieuropäer! […]

(R. H. Foerster [Hrsg.], Die Idee Europa 1300–1946. Quellen zur Geschichte der politischen Einigung. München 1963, S. 231 ff.)

1 *Welche Hauptmotive für die europäische Einigung finden Sie bei Graf Coudenhove-Kalergi?*

2 *Vergleichen Sie seine Vorstellungen mit dem Verlauf der westeuropäischen Integration.*

M2 Plan einer deutsch-französischen Kohle- und Stahlproduktion (Schuman-Plan), 1950

Die französische Regierung schlägt vor, die Gesamtheit der französisch-deutschen Produktion von Kohle und Stahl unter eine gemeinsame oberste Autorität innerhalb einer Organisation zu stellen, die der Mitwirkung anderer Staaten Europas offensteht. Die Zusammenlegung der Produktion von Kohle und Stahl wird sofort die Errichtung gemeinsamer Basen der wirtschaftlichen Entwicklung als erste Etappe der europäischen Föderation sicherstellen und wird das Geschick dieser Regierung ändern, die lange Zeit der Fabrikation von Kriegsmaterial gewidmet waren, deren beständigste Opfer sie wurden. Die Solidarität der Produktion, die auf diese Weise geknüpft werden wird, wird dartun, daß jeder Krieg zwischen Frankreich und Deutschland nicht nur undenkbar, sondern materiell unmöglich wird. Die Schaffung dieser mächtigen Einheit der Produktion, die allen Ländern offen steht, die daran teilzunehmen wünschen, und die bezweckt, allen Ländern, die sich in ihr vereinigen, die grundsätzlichen Elemente der Produktion zu gleichen Bedingungen zu liefern, wird die wahrhaften Grundsteine ihrer wirtschaftlichen Vereinigung legen.

[…]

Da man von sehr unterschiedlichen Bedingungen ausgehen muß, wie sie gegenwärtig in der Produktion der teilnehmenden Ländern bestehen, müssen zur Erreichung der Ziele übergangsweise gewisse Dispositionen getroffen werden, die einschließen: Die Anwendung eines Produktions-

und Investitionsplans, die Einführung eines Mechanismus zum Ausgleich der Preise, die Bildung eines Fonds de reconversion, um die Rationalisierung der Produktion zu erleichtern. Der Umsatz von Kohle und Stahl unter den teilnehmenden Staaten wird sofort von allen Zöllen befreit werden und soll durch die unterschiedlichen Frachttarife nicht berührt werden. [...]
(Keesing' s Archiv der Gegenwart vom 9. Mai 1950, S. 2372)

1 *Klären Sie den Ausgangspunkt des Schuman-Plans.*

2 *Stellen Sie die Ziele zusammen, die mit dem Plan verfolgt werden.*

M3 Vertrag zur Gründung der Europäischen Wirtschaftsgemeinschaft (EWG) vom 25. März 1957

Seine Majestät der König der Belgier, der Präsident der Bundesrepublik Deutschland, der Präsident der Französischen Republik, der Präsident der italienischen Republik, Ihre Königliche Hoheit die Großherzogin von Luxemburg, Ihre Majestät die Königin der Niederlande [...] haben beschlossen, eine Europäische Wirtschaftsgemeinschaft zu gründen [...]

Artikel 2 (Aufgabe der Gemeinschaft)
Aufgabe der Gemeinschaft ist es, durch die Errichtung eines Gemeinsamen Marktes und die schrittweise Annäherung der Wirtschaftspolitik der Mitgliedstaaten eine harmonische Entwicklung des Wirtschaftslebens innerhalb der Gemeinschaft, eine beständige und ausgewogene Wirtschaftsausweitung, eine größere Stabilität, eine beschleunigte Hebung der Lebenshaltung und engere Beziehung zwischen den Staaten zu fördern, die in dieser Gemeinschaft zusammengeschlossen sind.

Artikel 3 (Tätigkeit der Gemeinschaft)
Die Tätigkeit der Gemeinschaft im Sinne des Artikels 2 umfaßt nach Maßgabe dieses Vertrages und der darin vorgesehenen Zeitfolge
a) die Abschaffung der Zölle und mengenmäßigen Beschränkungen bei der Ein- und Ausfuhr von Waren sowie aller sonstigen Maßnahmen gleicher Wirkung zwischen den Mitgliedstaaten;
b) die Einführung eines Gemeinsamen Zolltarifs und einer gemeinsamen Handelspolitik gegenüber dritten Ländern;
c) die Beseitigung der Hindernisse für den freien Personen-, Dienstleistungs- und Kapitalverkehr zwischen den Mitgliedstaaten;
d) die Einführung einer gemeinsamen Politik auf dem Gebiet der Landwirtschaft;
e) die Einführung einer gemeinsamen Politik auf dem Gebiet des Verkehrs;
f) die Errichtung eines Systems, das den Wettbewerb innerhalb des Gemeinsamen Marktes vor Verfälschungen schützt;
g) die Anwendung von Verfahren, welche die Koordinierung der Wirtschaftspolitik der Mitgliedstaaten und die Behebung von Störungen im Gleichgewicht ihrer Zahlungsbilanzen ermöglichen;
h) die Angleichung der innerstaatlichen Rechtsvorschriften, soweit dies für das ordnungsmäßige Funktionieren des Gemeinsamen Marktes erforderlich ist;
i) die Schaffung eines Europäischen Sozialfonds, um die Beschäftigungsmöglichkeiten der Arbeitnehmer zu verbessern und zur Hebung ihrer Lebenshaltung beizutragen;
j) die Errichtung einer Europäischen Investitionsbank, um durch Erschließung neuer Hilfsquellen die wirtschaftliche Ausweitung in der Gemeinschaft zu erleichtern;
k) die Assoziierung der überseeischen Länder und Hoheitsgebiete, um den Handelsverkehr zu steigern und die wirtschaftliche und soziale Entwicklung durch gemeinsame Bemühungen zu fördern.

Artikel 4 (Organe der Gemeinschaft)
(1) Die der Gemeinschaft zugewiesenen Aufgaben werden durch folgende Organe wahrgenommen:
- eine Versammlung,
- einen Rat,
- eine Kommission,
- einen Gerichtshof.

Jedes Organ handelt nach Maßgabe der ihm in diesem Vertrag zugewiesenen Befugnisse.
(2) Der Rat und die Kommission werden von einem Wirtschafts- und Sozialausschuß mit beratender Aufgabe unterstützt [...]

Artikel 8 {Übergangszeit)
(1) Der Gemeinsame Markt wird während einer Übergangszeit von zwölf Jahren schrittweise verwirklicht.
Die Übergangszeit besteht aus drei Stufen von je vier Jahren; die Dauer jeder Stufe kann nach Maßgabe der folgenden Bestimmungen geändert werden. [...]
(Forschungsinstitut der Deutschen Gesellschaft für auswärtige Politik [Hrsg.], Europa. Bd. 1, München 1962, S. 1248 ff.)

1 *Veranschaulichen Sie sich die in Artikel 3 beschriebenen Aufgaben.*

2 *Erklären Sie ihren Zusammenhang.*

3 *Lassen sich die Aufgaben gewichten?*

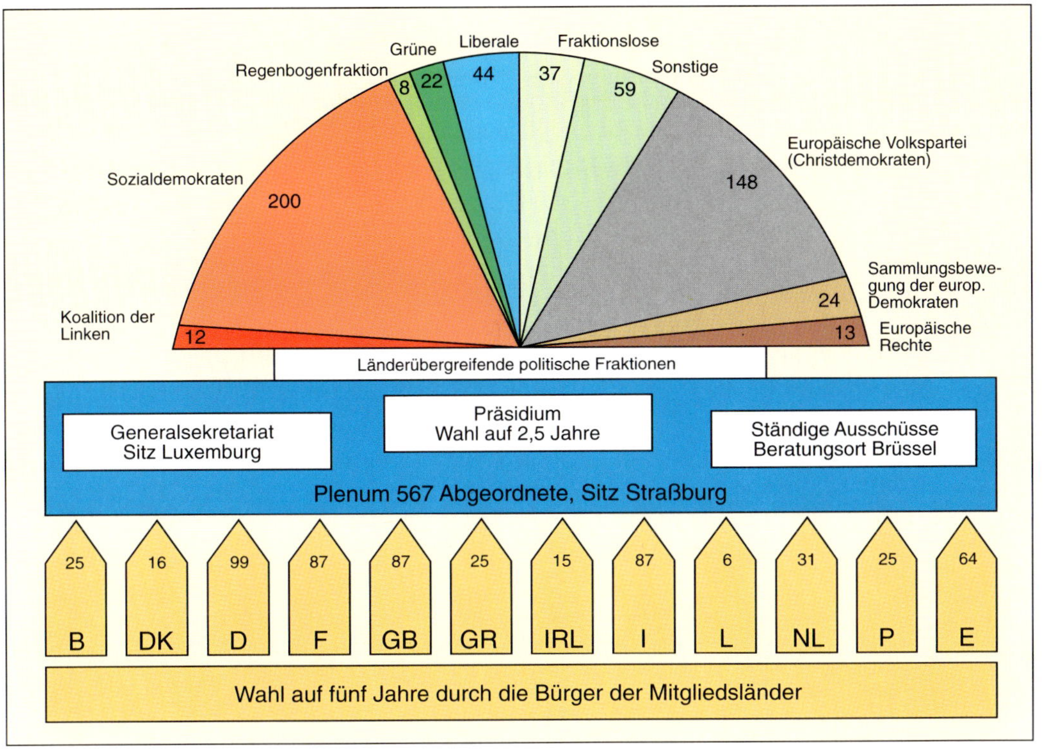

Schema 1 Die Fraktionen des Europäischen Parlamentes nach den Wahlen 1994.

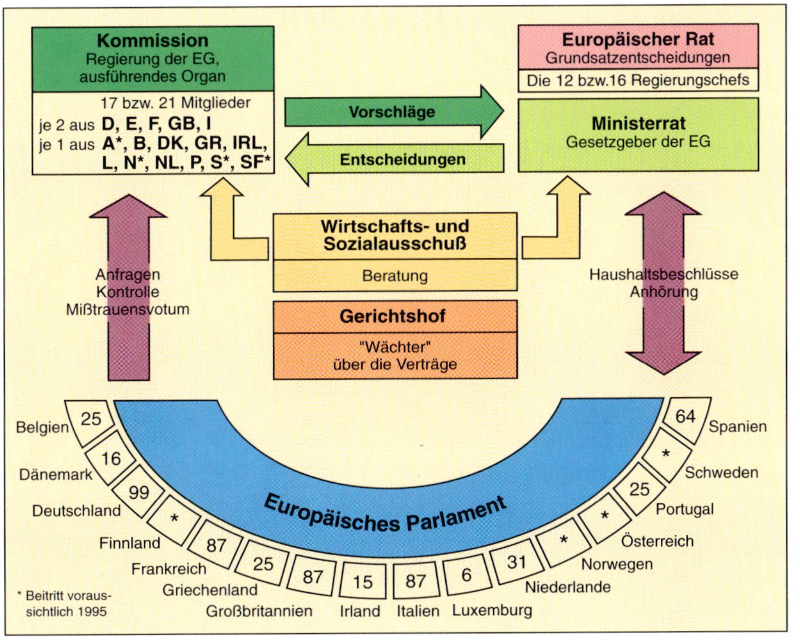

Schema 2 Die wichtigsten Organe der EU 1994.

2 Perspektiven der Europäischen Union

Der EG-Binnenmarkt

Auf Initiative der EG-Kommission wurde seit 1985 die Schaffung des Binnenmarkts in der EG auf die Tagesordnung gesetzt. Dabei ging es um die Herstellung der **Freiheit des Personenverkehrs, des Warenverkehrs, des Dienstleistungsverkehrs und des Kapitalverkehrs**. Diese waren bereits im EWG-Vertrag von 1957 angestrebt (s. M 3), doch durch eine Vielzahl nationaler Vorschriften faktisch blockiert worden. Die Durchsetzung des Binnenmarktes erforderte deshalb einen Maßnahmenkatalog von etwa 300 einzelnen Rechtsakten (z. B. Angleichung von Steuersätzen, Baunormen etc.). Sichtbares Symbol des Binnenmarktes sind die aufgehobenen Grenzschranken. Seit dem 1. Januar 1993 hat sich damit der Spielraum für die Wirtschafts- und Dienstleistungsbetriebe erweitert; mit den verbesserten Chancen auf dem größeren Binnenmarkt ist jedoch auch der Wegfall nationaler Schutzmechanismen verbunden. Schon im Vorfeld des Binnenmarktes stiegen die europaweiten Konzernzusammenschlüsse deutlich an. Mit wachsender Mobilität ergeben sich auch auf dem Arbeitsmarkt neue Situationen; über die sozialen Auswirkungen des Binnenmarktes gehen die Meinungen weit auseinander.

Der Vertrag von Maastricht

Das Vertragswerk von Maastricht über die **Europäische Union (EU)** wurde im Dezember 1991 von den Staats- und Regierungschefs beschlossen und im Februar 1992 unterzeichnet (M 4). Die Konstruktion des Maastrichter Vertragswerks ist sehr kompliziert, weil in einem Teil die alten Verträge zur EWG, EGKS und zur Atomgemeinschaft geändert und in anderen Teilen gänzlich neue Rechtstitel geschaffen wurden. Das Vertragswerk beruht auf **drei Säulen**: Grundlagen der Europäischen Union sind die **Europäischen Gemeinschaften** (Zolluntion, Binnenmarkt, gemeinsame Agrar- und Strukturpolitik, Wirtschafts- und Währungsunion), die neu definierte Zusammenarbeit in den Bereichen **Gemeinsame Außen- und Sicherheitspolitik** (GASP) sowie Bestimmungen zur **gemeinsamen Innen- und Rechtspolitik**. Im schwierigen Ratifizierungsprozeß (besonders in der vorübergehenden Ablehnung durch eine Volksabstimmung in Dänemark) widerspiegelte sich die Sorge um die fortschreitende Abnahme nationaler Souveränitätsrechte (M 5). Die Verwirklichung der Maastrichter Ziele kann sich nur in Etappen vollziehen und ist an bestimmte Auflagen gebunden. So setzt die geplante Schaffung der vollständigen **Wirtschafts- und Währungsunion** mit der Einführung einer gemeinsamen Währung bis spätestens 1999 die Erfüllung von Bedingungen (geringe Schwankungen in der Teuerungsrate, Begrenzung der Staatsverschuldung, vergleichbares Niveau der Zinssätze und Stabilität der EG-Währungen untereinander) voraus (M 6). Die Bundesrepublik könnte z. B. im Augenblick (1994) wegen ihrer hohen Staatsverschuldung aufgrund der Kosten der Deutschen Einheit zumindest die zweite Anforderung nicht erfüllen. Von einem automatischen Eintreten der Wirtschafts- und Währungsunion kann also keine Rede sein. Die Vergangenheit hat jedoch gezeigt, daß die vertraglichen Zielvereinbarungen eine politische Sogwirkung entfalten können. Dabei spielt die weltwirtschaftliche und globale politische Situation eine entscheidende Rolle.

Die EU als Herzstück Europas

Der wirtschaftliche und politische Zerfall des Ostblocks hatte der damaligen EG endgültig die zentrale Rolle für den europäischenEinigungsprozeß zugewiesen. Mit der Durchsetzung des Binnenmarktes und den Zielsetzungen von Maastricht hat die bisherige EG einen Integrationsgrad erreicht, der ihr eine dominierende Rolle in Europa verschafft. Sie wurde dadurch für alle anderen Staaten zu einem zentralen Bezugspunkt, dem sie sich wirtschaftlich und politisch nicht mehr entziehen können. Sehr rasch stieg die Zahl an beitrittswilligen Kandidaten bzw. assoziierungswilligen Staaten (Karte 1). Österreich, Schweden, Norwegen und Finnland haben ihre Beitrittsverhandlungen bereits erfolgreich abgeschlossen. Über den **Europäischen Wirtschaftsraum** (EWR) sind die 7 Staaten der anderen europäischen Freihandelszone EFTA (seit 1959) bereits an den Binnenmarkt angeschlossen. Die verstärkte Anbindung einzelner osteuropäischer Staaten scheint nur eine – allerdings komplizierte – Frage des weiteren wirtschaftlichen und politischen Entwicklungsprozesses. Die Europäische Union wird damit endgültig zur „Weltmacht" und baut ihre Stellung gegenüber den USA und Japan aus (Schema 3, M7).

Zur „Identität Europas"

Der Name „Europa" in den westeuropäischen Zusammenschlüssen war lange Zeit irreführend, insofern ein Teil für das Ganze ausgegeben wurde. Im Alltag zeigte das Wirkung: „Europa" und „Westeuropa" bzw. „EG" wurden als Synonyme gebraucht, die osteuropäischen Staaten zählten nicht recht dazu. Mit der Weichenstellung zur Einigung Europas über die Ausdehnung der EG und ihre Entwicklung zu einer politischen Union werden die begrifflichen Schwierigkeiten abgebaut, die Diskussion um das Verhältnis von Einzelstaaten und Union bzw. um die endgültige Form des Zusammenschlusses nimmt an Intensität zu. Ängste um den Verlust nationaler Identität (etwa bezüglich der Aufgabe der „DM") mobilisieren integrationsfeindliche Strömungen. Die Gegensätze, die aus der Geschichte der Einzelstaaten resultieren, lassen sich nicht durch eine kontinentale Fusion der Staaten unter dem Dach der EG aufheben. Kein Bundesstaat also, sondern ein Staatenbund? Und welche Befugnisse können die einzelnen Staaten eines solchen Bundes an die „Dachorganisation" abtreten? Wie erleben die Bürger in Europa diesen Prozeß, und welche politischen Konsequenzen ziehen sie daraus bei ihren Wahlentscheidungen, sei es auf europäischer oder auf ihrer jeweiligen nationalen Ebene?

M4 Die Ziele der Europäischen Union im Vertrag von Maastricht von 1992

Titel I. Artikel B des Vertrages über die Europäische Union legt die Ziele fest:

Die Union setzt sich folgende Ziele:
- Die Förderung eines ausgewogenen und dauerhaften wirtschaftlichen und sozialen Fortschritts, insbesondere durch Schaffung eines Raumes ohne Binnengrenzen, durch Stärkung des wirtschaftlichen und sozialen Zusammenhalts und durch Errichtung einer Wirtschafts- und Währungsunion, die auf längere Sicht auch eine einheitliche Währung nach Maßgabe dieses Vertrags umfaßt;
- die Behauptung ihrer Identität auf internationaler Ebene, insbesondere durch eine gemeinsame Außen- und Sicherheitspolitik, wozu auf längere Sicht auch die Festlegung einer gemeinsamen Verteidigungspolitik gehört, die zu gegebener Zeit zu einer gemeinsamen Verteidigung führen könnte;
- die Stärkung des Schutzes der Rechte und Interessen der Angehörigen ihrer Mitgliedstaaten durch Einführung einer Unionsbürgerschaft;
- die Entwicklung einer engen Zusammenarbeit in den Bereichen Justiz und Inneres;
- die volle Wahrung des gemeinschaftlichen Besitzstands und seine Weiterentwicklung, [...]

Die Ziele der Union werden nach Maßgabe dieses Vertrags entsprechend den darin enthaltenen Bedingungen und der darin vorgesehenen Zeitfolge unter Beachtung des Subsidiaritätsprinzips, wie es in Artikel 3b des Vertrags zur Gründung der Europäischen Gemeinschaft bestimmt ist, verwirklicht.

(T. Läufer [Bearb.]: Europäische Union – Europäische Gemeinschaft. Die Vertragstexte von Maastricht mit den deutschen Begleittexten, Bonn [3]1994, S. 19f.)

1 *Wie beurteilen Sie die Ziele im Blick auf den angestrebten Grad von Integration?*

2 *Welche Vorteile bzw. Gefahren enthält der Vertrag Ihrer Einschätzung nach in bezug auf die nationale Identität?*

3 *Worin sehen Sie den Sinn einer Unionsbürgerschaft?*

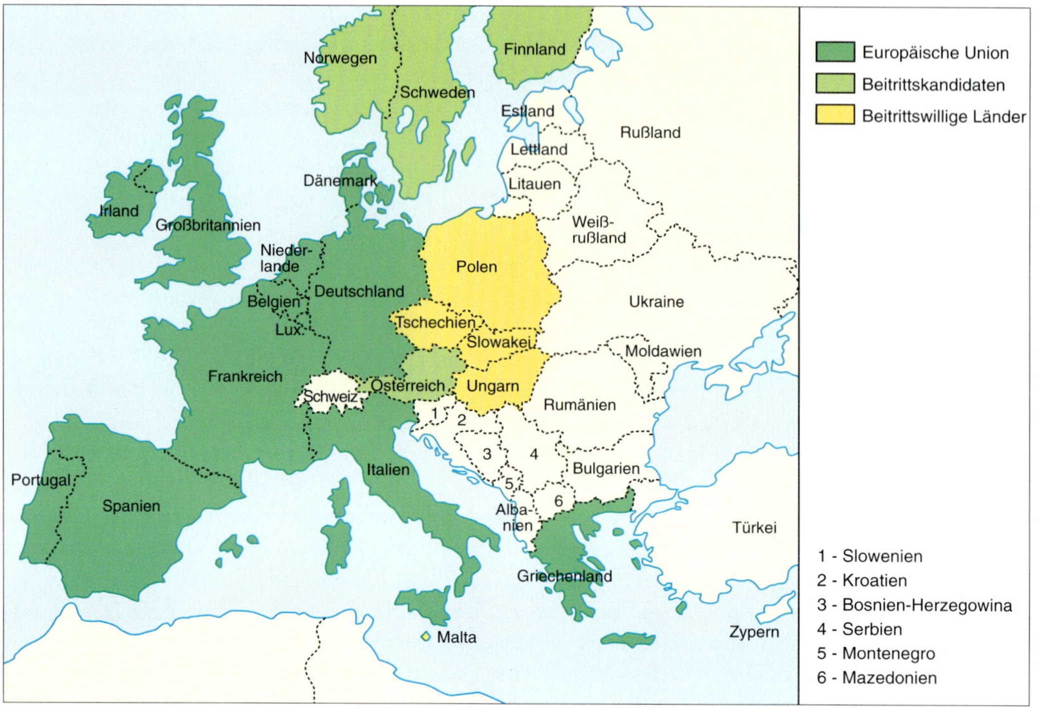

Karte 1 Die Europäische Union der 12 und die Beitrittskandidaten und Beitrittswilligen von 1994.

M5 Aus den Leitsätzen des Urteils des Bundesverfassungsgerichts zur Verfassungsbeschwerde gegen den Maastricht-Vertrag vom 12. Oktober 1993

1. Im Anwendungsbereich des Artikels 23 Grundgesetz schließt Art. 38 GG aus, die durch die Wahl bewirkte Legitimation und Einflußnahme auf die Ausübung von Staatsgewalt durch die Verlagerung von Aufgaben und Befugnissen des Bundestages so zu entleeren, daß das demokratische Prinzip, soweit es Art. 79 Abs. 3 in Verbindung mit Art. 20 Abs. 1 und 2 GG für unantastbar erklärt, verletzt wird.

2. Das Demokratieprinzip hindert die Bundesrepublik Deutschland nicht an einer Mitgliedschaft in einer supranational organisierten zwischenstaatlichen Gemeinschaft. Voraussetzung der Mitgliedschaft ist aber, daß eine vom Volk ausgehende Legitimation und Einflußnahme auch innerhalb des Staatenverbundes gesichert ist.

3. a) Nimmt ein Verbund demokratischer Staaten hoheitliche Aufgaben wahr und übt dazu hoheitliche Befugnisse aus, sind es zuvörderst die Staatsvölker der Mitgliedstaaten, die dies über die nationalen Parlamente demokratisch zu legitimieren haben. Mithin erfolgt demokratische Legitimation durch die Rückkopplung des Handelns europäischer Organe an die Parlamente der Mitgliedstaaten; hinzu tritt – im Maße des Zusammenwachsens der europäischen Nationen zunehmend – innerhalb des institutionellen Gefüges der Europäischen Union die Vermittlung demokratischer Legitimation durch das von den Bürgern der Mitgliedstaaten gewählte Europäische Parlament.
b) Entscheidend ist, daß die demokratischen Grundlagen der Union schritthaltend mit der Integration ausgebaut werden und auch im Fortgang der Integration in den Mitgliedstaaten eine lebendige Demokratie erhalten bleibt.

4. Vermitteln – wie gegenwärtig – die Staatsvölker über die nationalen Parlamente demokratische Legitimation, sind der Ausdehnung der Aufgaben und Befugnisse der Europäischen Gemeinschaften vom demokratischen Prinzip her Grenzen gesetzt. Dem Deutschen Bundestag müssen Aufgaben und Befugnisse von substantiellem Gewicht verbleiben.

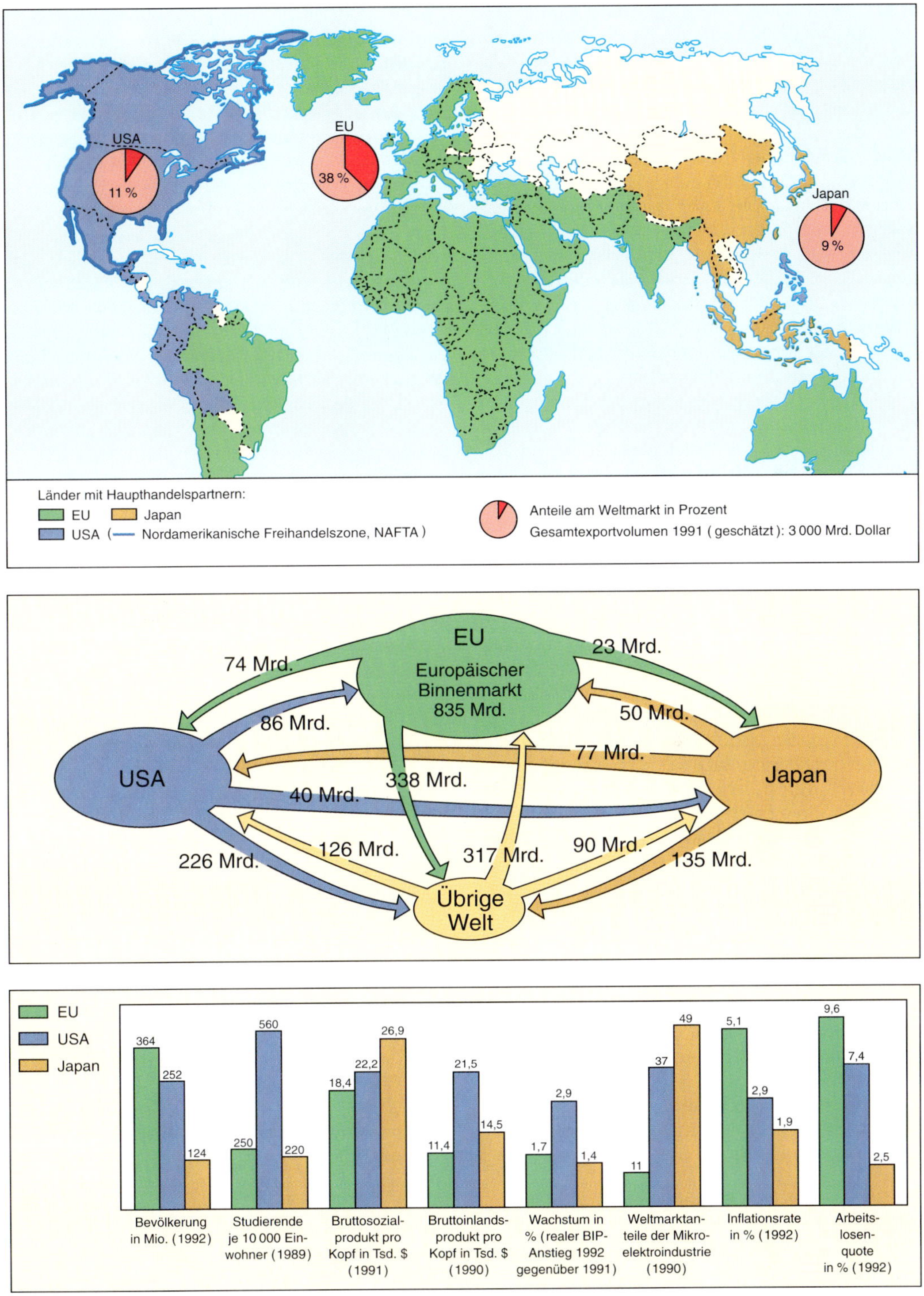

Schema 3 Der Wettkampf der EU, USA und Japans um den Weltmarkt.

5. Art. 38 GG wird verletzt, wenn ein Gesetz, das die deutsche Rechtsordnung für die unmittelbare Geltung und Anwendung von Recht der – supranationalen – Europäischen Gemeinschaften öffnet, die zur Wahrnehmung übertragenden Rechte und das beabsichtigte Integrationsprogramm nicht hinreichend bestimmbar festlegt. Das bedeutet zugleich, daß spätere wesentliche Änderungen des im Unions-Vertrag angelegten Integrationsprogramms und seiner Handlungsermächtigungen nicht mehr vom Zustimmungsgesetz zu diesem Vertrag gedeckt sind. Das Bundesverfassungsgericht prüft, ob Rechtsakte der europäischen Einrichtungen und Organe sich in den Grenzen der ihnen eingeräumten Hoheitsrechte halten oder aus ihnen ausbrechen.

6. Bei der Auslegung von Befugnisnormen durch Einrichtungen und Organe der Gemeinschaften ist zu beachten, daß der Unions-Vertrag grundsätzlich zwischen der Wahrnehmung einer begrenzt eingeräumten Hoheitsbefugnis und der Vertragsänderung unterscheidet, seine Auslegung deshalb in ihrem Ergebnis nicht einer Vertragserweiterung gleichkommen darf; eine solche Auslegung von Befugnisnormen würde für Deutschland keine Bindungswirkung entfalten.

7. Auch Akte einer besonderen, von der Staatsgewalt der Mitgliedstaaten geschiedenen öffentlichen Gewalt einer supranationalen Organisation betreffen die Grundrechtsberechtigten in Deutschland. Sie berühren damit die Gewährleistungen des Grundgesetzes und die Aufgaben des Bundesverfassungsgerichts, die den Grundrechtsschutz in Deutschland und insoweit nicht nur gegenüber deutschen Staatsorganen zum Gegenstand haben. Allerdings übt das Bundesverfassungsgericht seine Rechtsprechung über die Anwendbarkeit von abgeleitetem Gemeinschaftsrecht in Deutschland in einem „Kooperationsverhältnis" zum Europäischen Gerichtshof aus.

8. Der Unionsvertrag begründet einen Staatenverbund zur Verwirklichung einer immer engeren Union der – staatlich organisierten – Völker Europas, keinen sich auf ein europäisches Staatsvolk stützenden Staat.

(T. Läufer [Bearb.]: Europäische Union – Europäische Gemeinschaft. Die Vertragstexte von Maastricht mit den deutschen Begleittexten, Bonn ³1994, S. 323f.)

1 *Was sind die entscheidenden Gründe für die Ablehnung der Verfassungsbeschwerde?*

2 *Lassen sich Vorbehalte des Bundesverfassungsgerichts gegen (künftige) Tendenzen oder Formen der Integration erkennen?*

M6 Die Bestimmungen zur Wirtschafts- und Währungsunion im EG-Vertrag in der Fassung von Maastricht vom 7. Februar 1992

Erster Teil. Artikel 2

Aufgabe der Gemeinschaft ist es, durch die Errichtung eines Gemeinsamen Marktes und einer Wirtschafts- und Währungsunion sowie durch die Durchführung der in den Artikeln 3 und 3a genannten gemeinsamen Politiken oder Maßnahmen eine harmonische und ausgewogene Entwicklung des Wirtschaftslebens innerhalb der Gemeinschaft, ein beständiges, nichtinflationäres und umweltverträgliches Wachstum, einen hohen Grad an Konvergenz der Wirtschaftsleistungen, ein hohes Beschäftigungsniveau, ein hohes Maß an sozialem Schutz, die Hebung der Lebenshaltung und der Lebensqualität, den wirtschaftlichen und sozialen Zusammenhalt und die Solidarität zwischen den Mitgliedsstaaten zu fördern.

Artikel 3a

[...]

(2) Parallel dazu umfaßt diese Tätigkeit nach Maßgabe dieses Vertrags und der darin vorgesehenen Zeitfolge und Verfahren die unwiderrufliche Festlegung der Wechselkurse im Hinblick auf die Einführung einer einheitlichen Währung, des ECU, sowie die Festlegung und Durchführung einer einheitlichen Geld- sowie Wechselkurspolitik, die beide vorrangig das Ziel der Preisstabilität verfolgen und unbeschadet dieses Zieles die allgemeine Wirtschaftspolitik in der Gemeinschaft unter Beachtung des Grundsatzes einer offenen Marktwirtschaft mit freiem Wettbewerb unterstützen sollen.

(3) Diese Tätigkeit der Mitgliedsstaaten und der Gemeinschaft setzt die Einhaltung der folgenden richtungsweisenden Grundsätze voraus: stabile Preise, gesunde öffentliche Finanzen und monetäre Rahmenbedingungen sowie eine dauerhafte finanzierbare Zahlungsbilanz.

(ebenda, S. 123f.)

1 *Nennen Sie die Hauptaufgaben der EU, und listen Sie die wesentlichen Maßnahmen und Grundsätze für eine gemeinsame Wirtschaftspolitik auf.*

M7 Winfried Münster, Grundstein für eine Weltmacht (1994)

In Brüssel ist der Grundstein für eine neue Weltmacht gelegt worden. Die Europäische Union hat in ihren Beitrittsverhandlungen mit Österreich, Finnland, Norwegen und Schweden bewiesen, daß ihr innerer Zusammenhalt letzten Endes doch alle auseinanderstrebenden nationalen Kräfte

überwiegt. Sie ist nun unbezweifelbar Fixpunkt der politischen Ordnung Europas. [...] Und da sie nun zusammengeschweißt ist, ergibt sich ihre weitere Entwicklung gleichsam den physikalischen Gesetzen entsprechend von selbst: Es ist die der stetigen Ausdehnung an Raum und Macht, denn je mehr sich Europas harter Kern auswächst, desto weiter reicht seine Anziehungskraft. Zum Glück verkörpert sich diese Kraft nicht mehr in einem Nationalstaat. Das wäre nicht akzeptabel. Frankreichs ehemalige Führungsrolle wird ersatzlos gestrichen. An ihre Stelle tritt eine Erkenntnis, die sich die Nationalstaaten zur Richtschnur machen: Jeder weiß, daß es unter keinen Umständen mehr Sinn ergibt, seinen eigenen Weg zu suchen. [...]
Ist aber, wie keine Geringeren als die Franzosen einwenden, der Preis der Erweiterung nicht zu hoch? Wird sie die Gemeinschaft nicht entscheidungsunfähig machen, so daß sich die neue Weltmacht in Wahrheit als Supertanker mit eingeklemmtem Ruder präsentierte? [...]
Die sechs Gründerstaaten der EWG hätten wahrscheinlich niemals auf einstimmige Entscheidungen verzichtet. Der EG der Zwölf zwang sich die Mehrheitsabstimmung dagegen bereits auf – sonst wäre der Binnenmarkt nicht zustande gekommen. Bevor sich eine Union der 16 oder gar 20 zu gar nichts mehr durchringt, wird sie mit qualifizierter Mehrheit arbeiten. Vor- und Nachteile der Mehrheitsabstimmung sind über die Zeit hinweg für jeden ausgeglichen. Es ist sogar wahrscheinlich, daß sich die Gemeinschaft um so eher eine bundesstaatliche Ordnung geben wird, je schneller sie wächst, denn ein strikt nach dem Prinzip der Subsidiarität aufgebauter Bundesstaat ist wie gemacht dafür, die Nationalstaaten ihren Eigeninteressen nachgehen zu lassen und dennoch eine willensstarke und entscheidungskräftige Union zu entwickeln.
(Süddeutsche Zeitung Nr. 51, 3. März 1994)

1 *Wie begründet der Autor seine weitreichende Schlußfolgerung?*

2 *Teilen Sie seinen Optimismus bezüglich der Gesetzmäßigkeit der weiteren Entwicklung?*

Zeittafel zur europäischen Entwicklung 1950–1994

1950	Schuman-Plan: Gemeinsame deutsch-französische Kohle- und Stahlproduktion
1951	Montanunion (EGKS), beschlossen zwischen Frankreich, BRD, Italien, Benelux-Ländern
1957	Römische Verträge der EGKS-Staaten: Europäische Wirtschaftsgemeinschaft (EWG) und EURATOM-Vertrag
1960	Gründung der Europäischen Freihandelszone (EFTA) als Gegenstück zur EWG
1961	Aufnahmeanträge Irlands, Englands und Dänemarks, erneut 1967
1962	Europäischer Agrarfond; Scheitern der Europäischen Politischen Union de Gaulles
1963	Beitrittsverhandlungen Englands gescheitert Elysée-Vertrag: Deutsch-französische Freundschaft begründet
1969	Fusion der Organe der EWG zur EG
1973	Gemeinschaft der Neun mit Irland, England, Dänemark (Norwegen lehnt EG-Beitritt in Volksabstimmung ab)
1975	Lomé-Abkommen bezüglich Entwicklungsländer
1977	Freihandelszone von EG und EFTA
1979	Erste Direktwahl zum Europäischen Parlament; Europäisches Währungssystem (EWS)
1981	EG-Beitritt Griechenlands
1986	EG-Beitritt Spaniens und Portugals ; Unterzeichnung der Einheitlichen Europäischen Akte (EEA): Ziel des grenzenlosen Binnenmarktes
1987–92	Aufnahme-Anträge in die EG von Türkei, Österreich, Cypern, Malta, Schweden, Finnland, Norwegen, Schweiz
1990	Beginn der Wirtschafts- und Währungsunion (WWU) zusammen mit der Währungs-, Wirtschafts- und Sozialunion der beiden deutschen Staaten
1991	Vertrag von Maastricht über die Europäische Union (EU); Assoziierungsabkommen mit Polen, ČSSR, Ungarn
1993	EU in Kraft: Ziel der gemeinsamen Außen-, Sicherheits-, Justiz- und Innenpolitik sowie einer Währungsunion
1994	Abschluß der Beitrittsverhandlungen mit Österreich, Schweden, Finnland und Norwegen

II Das Ost-West-Verhältnis

1 Konfrontationen und Krisen in den 50er und 60er Jahren

Suez-Krise 1956

Im Rahmen ihrer **Containmentpolitik** gegenüber der UdSSR errichteten die USA ein weltumspannendes Netz von Sicherheits-, Stützpunkt- und Beistandsverpflichtungen (Karte 2). Dem Rio-Pakt (1947) mit fast allen amerikanischen Staaten und der NATO (1949) folgten während des Koreakrieges (1950–1953) der Pazifik- bzw. ANZUS-Pakt (1951) mit Australien und Neuseeland, der Südostasien- bzw. SEATO-Pakt mit acht Unterzeichnerstaaten sowie Verträge mit den Philippinen (1951), Japan (1951 und 1960), Südkorea (1953) und Formosa (1955), dem heutigen Taiwan. Im Mittleren und Nahen Osten versuchte der Bagdad- bzw. CENTO-Pakt (1955) die Südflanke des sowjetischen Imperiums abzuriegeln. Er reichte von der Türkei bis nach Persien (Iran). **Ägypten**, das unter Gamal Abdel Nasser (1954–1970) zu einem führenden Mitglied der Bewegung der blockfreien Staaten (s. S. 274 f.) aufgestiegen war und den Bagdad-Pakt als westliche Einmischung verstand, sollte mit den Mitteln der **„Dollardiplomatie“** gewonnen werden.

Im Juli 1956 jedoch wurde das Angebot eines US-Kredits zum Bau des Assuan-Staudammes plötzlich zurückgezogen. Der **Kehrtwendung der USA** lag die (falsche) Annahme zugrunde, daß die UdSSR nicht bereit sein würden, dieses kostspielige Projekt zu übernehmen. Gleichzeitig wollten die USA das Offiziersregime am Nil politisch destabilisieren, weil es wider Erwarten ein Waffengeschäft mit der Tschechoslowakei abgeschlossen und versucht hatte, Ost und West gegeneinander auszuspielen. Ohnehin waren die Südstaaten der USA gegen den Dammbau, der eine Steigerung der ägyptischen Baumwollproduktion und somit eine Zunahme der Handelskonkurrenz bedeutet hätte. Während des amerikanischen Wahlkampfes setzte sich die Linie der republikanischen Partei durch, die Auslandshilfen an blockfreie Staaten grundsätzlich ablehnte. Um sein Jahrhundertwerk finanzieren zu können, verstaatlichte **Nasser** den für die Ölversorgung Westeuropas wichtigsten Wasserweg, den Suezkanal, der bis dahin von einer internationalen Gesellschaft betrieben wurde. **Ohne Konsultation der USA** marschierten daraufhin Ende Oktober 1956 Großbritannien, Frankreich und Israel in die Kanalzone ein. Ihre **militärische Intervention** verfolgte unterschiedliche Ziele: London, das über 44 % der Kanalaktien verfügte, wollte seine traditionellen Interessen im Nahen Osten wahren, Paris die ägyptische Unterstützung der algerischen Unabhängigkeitsbewegung schwächen. Jerusalem, das sich durch die Aufrüstung der arabischen Staaten nach dem ersten Palästina-Krieg (1948/49) gefährdet fühlte, ging es um die Sicherung seiner staatlichen Existenz. **Friedensbemühungen der USA und der UNO** schlugen fehl. Kurz nach dem Einmarsch drohte die UdSSR mit dem Einsatz von Nuklearwaffen. Die **Gefahr eines Atomkriegs** wuchs und führte am 7. November schließlich zum **Abbruch der Kampfhandlungen**. Die Invasoren zogen ihre Truppen zurück. Ihre Hoffnung, die Sowjetunion würde sich angesichts der zeitgleichen Ungarn-Krise aus dem Konflikt heraushalten, hatte sich nicht bestätigt.

Die erste Atomdrohung Moskaus hinterließ in Washington einen bitteren Nachgeschmack und führte zur Verabschiedung der **Eisenhower-Doktrin**. Sie enthielt die Warnung, daß eine Aggression des Kommunismus im Mittleren Osten auf den bewaffneten Widerstand der Vereinigten Staaten stoßen werde. Den Staaten der Region bot man ein umfangreiches Hilfsprogramm an.

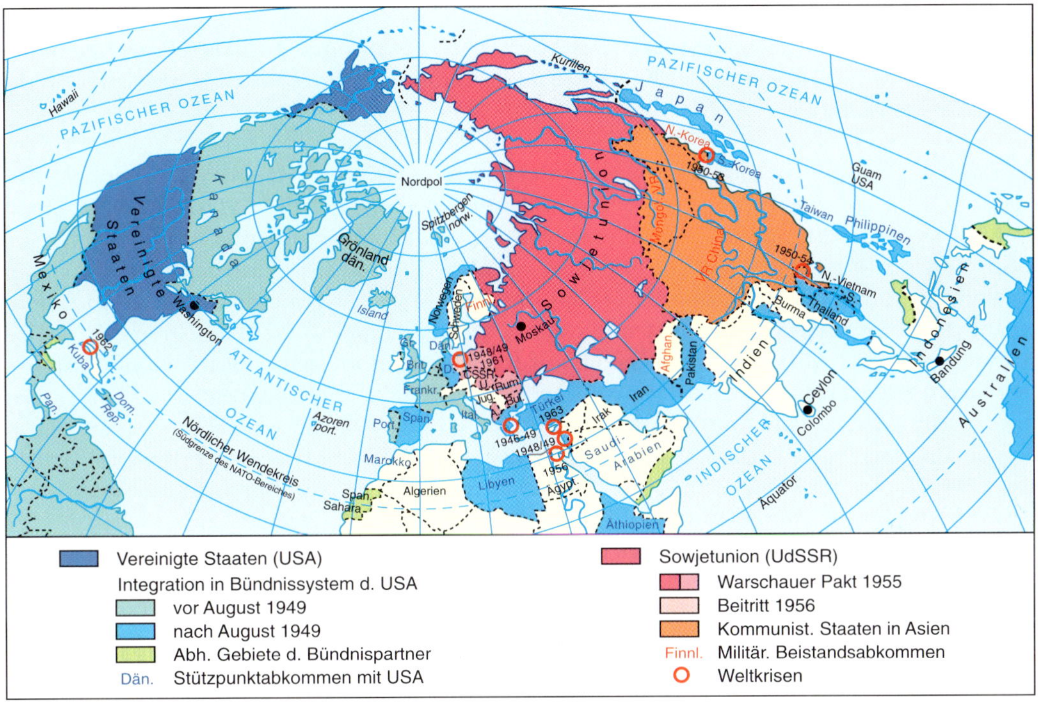

Karte 2 Die militärische Blockbildung im Kalten Krieg.

– *Stellen sie aus der Karte die Phasen der militärischen Blockbildung und die Krisengebiete zusammen.*
– *Was läßt sich aus der Karte über die Ziele der beiden Weltmächte während des Kalten Krieges ablesen?*

Ungarn-Krise 1956

Durch ihr Eingreifen in die Suez-Krise wollte die UdSSR den internationalen Prestigeverlust wettmachen, den sie durch zahlreiche **Konflikte im eigenen Lager** hinnehmen mußte. Das ideologische **„Tauwetter"** nach Stalins Tod hatte zu Unruhen und Aufständen in vielen Ostblockstaaten geführt. Wie in der DDR im Juni 1953 waren sie von der Absicht geprägt, sich aus der Abhängigkeit von Moskau zu befreien. Diese Hoffnungen verstärkten sich, als Anfang 1956 Parteichef Chruschtschow (1953–64) auf dem XX. Parteitag der KPdSU eine Phase der **Entstalinisierung** einleitete und die **Möglichkeit „nationaler Wege zum Sozialismus"** zuließ.
Während es in **Polen** Wladislaw Gomulka gelang, eine von Moskau gebilligte Reform einzuleiten, spitzte sich die Situation in **Ungarn** zu. Intellektuelle in großer Zahl forderten die Aufhebung der Zensur, freie Wahlen sowie frei gewählte Arbeiterräte. Im Zentrum des Reformwillens stand Premierminister Imre Nagy. Im Oktober 1956 kam es zum **Aufstand in Budapest**, der sich über das ganze Land ausbreitete und zur Radikalisierung der Bevölkerung beitrug. Anders als Polen wollte Ungarn nicht mehr im Warschauer Pakt verbleiben, sondern proklamierte seinen Austritt aus dem Bündnis. Daraufhin schlugen im November 1956 sowjetische Truppen den Aufstand blutig nieder und verhalfen dem moskauhörigen János Kádár zur Macht. Die Oppositionellen wurden verfolgt, ihre Führer hingerichtet. Über 200 000 Reformanhänger flüchteten über die österreichische Grenze. Die nationalkommunistischen Ansätze in Ungarn waren damit gescheitert, aus der Entstalinisierung war eine **Restalinisierung** geworden.

Suez- und Ungarn-Krise zeigten zwei Supermächte, die sich zwar feindselig gegenüberstanden, ihre jeweiligen Einflußsphären jedoch respektierten. Angesichts des **atomaren Patts** bemühten sie sich um eine **Lokalisierung der Konflikte** und verhinderten dadurch den von vielen befürchteten Dritten Weltkrieg.

Kuba-Krise 1962

Nach einem Guerillakrieg gegen den von den USA unterstützten Diktator Batista übernahm 1959 der Sozialist **Fidel Castro** die Macht auf Kuba. Sein umgehend in Angriff genommenes Verstaatlichungsprogramm beantworteten die USA mit einer Wirtschaftsblockade und einer vom US-Geheimdienst gesteuerten Invasion von Exilkubanern, die jedoch scheiterte. Es folgte der Ausschluß Kubas aus der Organisation Amerikanischer Staaten (OAS). Auf Bitten Havannas begann daraufhin die UdSSR mit der **Stationierung atomarer Mittelstreckenraketen auf Kuba**, woraus die **erste direkte Konfrontation der beiden Supermächte** entstand. Chruschtschow sah im Hilferuf Kubas eine Möglichkeit, das militärische Gleichgewicht mit den USA zu seinen Gunsten zu verändern. Er vermutete, daß sich der amerikanische Präsident ähnlich abwartend verhalten würde wie beim Berliner Mauerbau 1961. Doch John F. Kennedy (1961–63), der sich von einem zwölfköpfigen Ausschuß namhafter Vertreter aus Politik, Wirtschaft und Militär beraten ließ, reagierte entschieden auf die **erste direkte nukleare Bedrohung der USA**. Die von ihm angeordnete Seeblockade bezeichnete man zunächst als „Quarantäne", um ihren defensiven Charakter zu unterstreichen. Zugleich sollte dadurch der UdSSR der Weg zu einem vertretbaren Rückzug gewiesen werden. Kennedys Maßnahme war verbunden mit einem Ultimatum zur sofortigen Einstellung der Raketenstationierung. Andernfalls würden US-Truppen auf Kuba landen und die Raketenbasen zerstören. Die **Gefahr eines atomaren Krieges** spitzte sich dramatisch zu (M 8a und b).
Die Welt hielt den Atem an, als sich am 24. Oktober 1962 russische Frachter und die US-Marine gegenüberstanden. Durch das Abdrehen der sowjetischen Schiffe, die Rüstungsgüter transportierten, entschärfte sich die Situation. Im nun folgenden Briefwechsel (M 9a und b) zwischen Kennedy und Chruschtschow bildete sich ein **Kompromiß** heraus, der von den USA die Anerkennung Kubas und den Abbau ihrer gegen die Sowjetunion gerichteten Raketen an der türkisch-russischen Grenze forderte. Im Gegenzug sollte die UdSSR auf die Defensivbewaffnung der Karibikinsel verzichten und den Abtransport der kubanischen Raketen der Aufsicht der UNO unterstellen.

Vietnam-Krieg (1965–1975)

Nach dem vergeblichen Versuch Frankreichs, seine Kolonialherrschaft in Vietnam wiederherzustellen, teilte 1954 die Genfer Indochina-Konferenz das Land entlang dem 17. Breitengrad in **zwei Staaten**. Innerhalb von zwei Jahren sollten gesamtvietnamesische Wahlen das Land wieder zusammenführen, was besonders am Widerstand Südvietnams scheiterte, das das Abkommen nicht unterzeichnet, sondern nur zur Kenntnis genommen hatte. Der Norden stand seither unter dem Einfluß des kommunistischen Revolutionärs Ho Chi Minh, der sich an der UdSSR und an China orientierte und von diesen unterstützt wurde. Im Süden etablierte sich der prowestliche Politiker Ngo Dinh Diem, dessen korruptes Regime allerdings schon bald an Glaubwürdigkeit verlor und eine kommunistische Widerstandsbewegung **(Vietcong)** hervorrief. Gleichwohl wurde Diem von den USA als Bollwerk gegen den Kommunismus unterstützt. Als der ungeliebte Diktator nach einem militärischen Staatsstreich starb, versuchte 1963 Nordvietnam das Land unter kommunistischer Führung zu einigen. Das aber durfte gemäß der **„Domino-Theorie"** der USA nicht geschehen. Ein Zurückweichen in Vietnam würde demnach weitere Staaten Asiens und der gesamten Dritten Welt in den Sog des Kommunismus bringen.

Die USA stellten Südvietnam zunächst lediglich **Militärberater** zur Verfügung. Allerdings stieg ihre Zahl rasch (1960: 200; 1963: 16 000). Als sich 1964 die militärische Niederlage Südvietnams abzeichnete, provozierten die USA im Golf von Tongking einen nordvietnamesischen Angriff, um vor der amerikanischen Öffentlichkeit ein direktes Eingreifen in die Kampfhandlungen rechtfertigen zu können. Unter Lyndon B. Johnson (1963–1969) begann so der **offene Krieg** gegen die Truppen Ho Chi Minhs und den Vietcong. Trotz des Einsatzes von über 500 000 Soldaten mußten die USA hohe Verluste in Kauf nehmen, da sie in der Unwegsamkeit des vietnamesischen Dschungels der **Guerillataktik** ihrer Gegner unterlegen waren. Die Absicht, den Ho-Chi-Minh-Pfad zu kontrollieren, um dadurch den Nachschub der Vietcong zu unterbinden, zwang schließlich auch **Laos** und **Kambodscha** in die Kampfhandlungen. Ungeachtet des Einsatzes von Napalm-Brandbomben und des hochgiftigen Entlaubungsmittel Agent Orange wurde ein Sieg der USA immer unwahrscheinlicher. Eine **weltweite Protestbewegung** forderte ein Ende des Krieges, das jedoch noch Jahre auf sich warten ließ. Noch die Waffenstillstandsverhandlungen von 1972/73 zwischen dem US-Außenminister Kissinger und Nordvietnam, die von einem Dauerbombardement auf Hanoi und Haiphong begleitet waren, blieben erfolglos. Erst 1973 kam es zum **Rückzug der amerikanischen Truppen**. Zwei Jahre später besiegte der Vietcong die südvietnamesische Armee und besiegelte damit die **Wiedervereinigung des Landes unter kommunistischem Vorzeichen**.

ČSSR 1968

Während sich die USA immer stärker in den Vietnam-Krieg verstrickten, machten der **UdSSR** in den 60er Jahren erneut **Probleme im eigenen Lager** zu schaffen: Durch den Bruch Chinas mit Moskau (1963/64) war eine rivalisierende Großmacht innerhalb der sozialistischen Staatenwelt entstanden. Die antisowjetische Tendenz der Kulturrevolution* Mao Zedongs (1966/67) konnte nicht übersehen werden. Rumänien nahm 1967 diplomatische Beziehungen zur Bundesrepublik auf (vgl. S. 263) und drohte hierdurch aus dem Ostblock auszuscheren wie bereits Jugoslawien Ende der 50er Jahre. In der ČSSR formierte sich unter der Führung von Intellektuellen wie Pavel Kohout und Vaclav Havel eine breite Oppositionsbewegung, die eine freiere Kulturpolitik, das Ende des Zentralismus und einschneidende Wirtschaftsreformen forderte. Nach heftigen parteiinternen Debatten wurde Anfang 1968 der Slowake Alexander Dubček an die Spitze der kommunistischen Partei gewählt, der einen „Sozialismus mit menschlichem Antlitz" vertrat. Seine Reformen führten zum **„Prager Frühling"**, in dessen Verlauf kommunistische Grundpositionen in Frage gestellt wurden.

Lenoid Breschnew (1964–1982), der entgegen seinem Vorgänger Chruschtschow ein erklärter Feind jeglicher Liberalisierung des Staatssozialismus war, befürchtete ein Übergreifen des „tschechischen Bazillus" auf andere Staaten des Ostblocks. Er sah den sowjetischen Führungsanspruch gefährdet und versuchte die Prager Reformpolitiker einzuschüchtern. Aber weder Einladungen zu Gesprächen nach Moskau noch Manöver an der Grenze zur ČSSR und zum Teil im Land selbst zeigten die erwünschte Wirkung. Daraufhin begann in der Nacht zum 21. August die **Invasion der ČSSR** durch Truppen des Warschauer Pakts. Angeblich hatten „führende Persönlichkeiten" der ČSSR sie zu Hilfe gerufen. Der „Prager Frühling" wurde blutig niedergeschlagen, seine führenden Köpfe wurden verhaftet.

Zur Rechtfertigung des Einmarsches in die Tschechoslowakei formulierte der sowjetische Staats- und Parteichef im November 1968 die nach ihm benannte **„Breschnew-Doktrin"**. Nach ihr konnte die UdSSR notfalls mit militärischer Gewalt in die Entwicklung der sozialistisch beherrschten Staaten eingreifen, wenn der Sozialismus in einem Lande bedroht war. Damit beschränkte Moskau die Souveränität der sozialistischen Bruderländer und verpflichtete sie zur bedingungslosen Loyalität gegenüber der sowjetischen Führung.

M8 Kubakonflikt als Gegenstand der UNO

a) US-Entwurf einer Resolution des UN-Sicherheitsrates vom 23. Oktober 1962

Der Sicherheitsrat:
– Nach Erwägung der ernstlichen Bedrohung der Sicherheit der westlichen Hemisphäre und des Friedens der Welt, die durch die Fortdauer und Beschleunigung ausländischer Intervention im Caribischen Raum verursacht würde; – Mit Besorgnis davon Kenntnis nehmend, daß nukleare Raketen und andere Offensiv-Waffen heimlich nach Cuba hereingebracht wurden;
– Zur Kenntnis nehmend, daß infolgedessen eine Quarantäne rings um das Land verfügt worden ist, in schwerer Besorgnis, daß eine weitere Fortdauer der Lage in Cuba zu einem direkten Konflikt führen könne;
– 1. Fordert als provisorische Maßnahme gemäß Artikel 40 zur sofortigen Demontage und Abtransportierung aller Raketen und anderer Offensiv-Waffen von Cuba auf; 2. Autorisiert und ersucht den Generalsekretär, nach Cuba ein Beobachtungskorps der UN zu entsenden, um die Durchführung dieser Resolution zu gewährleisten und hierüber zu berichten; 3. Ruft zu einer Beendigung der Quarantänemaßnahmen gegen militärische Schifflieferungen nach Cuba auf, sobald die UN die Durchführung des § 1 bestätigen; 4. Empfiehlt dringend, daß die USA und die UdSSR prompt über Maßnahmen zur Beseitigung der bestehenden Bedrohung der Sicherheit der westlichen Hemisphäre und des Friedens in der Welt verhandeln und hierüber berichten.

b) Entwurf der UdSSR einer Resolution des Sicherheitsrates vom 23. Oktober 1962

Der Sicherheitsrat, – Der sich von den Interessen der Erhaltung des Friedens und der Gewährleistung der Sicherheit in der ganzen Welt leiten läßt, – Das Recht jedes Staates auf Festigung seiner Verteidigungskraft anerkennt, – Die Einmischung der einen Staaten in die inneren Angelegenheiten anderer souveräner und unabhängiger Länder für unzulässig hält, – Und vermerkt, daß die Verletzung der Normen für die Freiheit der Schiffahrt auf hoher See unzulässig ist, 1. verurteilt die Handlungen der Regierung der USA, die die Charta der UNO verletzen und die Kriegsgefahr erhöhen; 2. besteht darauf, daß die Regierung der USA ihren Beschluß, zu den Küsten der Republik Cuba fahrende Schiffe anderer Staaten zu überprüfen, rückgängig mache; 3. empfiehlt die Regierung der USA, jedwede Einmischung in die inneren Angelegenheiten der Republik Cuba und anderer Staaten, die den Frieden bedroht, einzustellen; 4. appelliert an die USA, an die Republik Cuba und an die UdSSR, Kontakte herzustellen und in Verhandlungen zu treten, um die Lage zu normalisieren und auf diese Weise die Kriegsgefahr zu bannen."
(H. v. Borch [Hrsg.], Die großen Krisen der Nachkriegszeit. München 1984, S. 104 f.)

1 *Fassen Sie die Forderungen der Entwürfe zusammen und vergleichen Sie diese miteinander.*
2 *Welche Interessenlagen werden hinter den Resolutionsentwürfen sichtbar?*

M9 Briefwechsel Kennedy – Chruschtschow zur Beilegung des Konfliktes

a) Kennedy an Chruschtschow am 27. Oktober 1962

Ich habe Ihr Schreiben vom 26. Oktober mit großer Genauigkeit gelesen und die Erklärung begrüßt, daß es Ihr Wunsch ist, sich um eine sofortige Lösung des Problems zu bemühen. Was jedoch als erstes getan werden muß, ist, die Arbeit an den offensiven Raketenstützpunkten auf Cuba einzustellen und alle Waffensysteme auf Cuba, die für offensive Zwecke benutzt werden können, einsatz-unfähig zu machen, und zwar unter wirksamen Vorkehrungen der Vereinten Nationen. Unter der Voraussetzung, daß dies sofort geschieht, habe ich meinen Vertretern in New York Anweisung gegeben, die es ihnen gestatten, an diesem Wochenende in Zusammenarbeit mit dem amtierenden Generalsekretär und Ihrem Vertreter eine Übereinkunft für eine dauerhafte Lösung des Cuba-Problems auf der Grundlage der in Ihrem Schreiben vom 26. Oktober enthaltenen Vorschläge auszuarbeiten. Wie ich aus Ihrem Schreiben entnehme, sind die Kernpunkte Ihrer Vorschläge, die – so wie ich sie verstehe – im allgemeinen annehmbar erscheinen, die folgenden: 1. Sie würden der Beseitigung dieser Waffensysteme auf Cuba unter angemessener Beobachtung und Überwachung der Vereinten Nationen zustimmen und sich unter geeigneten Garantien verpflichten, die weitere Einfuhr solcher Waffen nach Cuba zu stoppen. 2. Wir würden unsererseits nach Ausarbeitung entsprechender Vereinbarungen durch die Vereinten Nationen, um die Durchführung und weitere Beachtung dieser Absprachen sicherzustellen, zustimmen: a) sofort die jetzt bestehenden Sperrmaßnahmen aufzuheben, und b) Garantien gegen eine Invasion Cubas zu geben. Ich bin überzeugt, daß andere Nationen der westlichen Hemisphäre bereit sind, dies ebenfalls zu tun. – Falls Sie Ihrem Vertreter ähnliche Anweisungen erteilen, gibt es keinen Grund, warum wir nicht in der Lage sein sollten, diese Übereinkünfte fertigzustellen und sie der Weltöffentlichkeit innerhalb von zwei Tagen bekanntzugeben. Die Auswirkung einer solchen Regelung über den Abbau der Spannungen in der Welt würde uns in den Stand setzen, auf eine allgemeinere Abmachung in bezug auf ›andere Rüstungen‹ hinzuarbeiten, wie Sie dies in Ihrem zweiten Schreiben, das Sie veröffentlicht haben, vorschlugen. Ich möchte noch einmal erklären, daß die Vereinigten Staaten an einer Reduzierung der Spannungen und einer Beendigung des Wettrüstens überaus interessiert sind; und wenn Ihr Schreiben bedeutet, daß Sie bereit sind, über eine Entspannung im Hinblick auf die NATO und den Warschauer Pakt zu diskutieren, dann sind wir jederzeit willens, mit unseren Verbündeten jeden nützlichen Vorschlag zu erörtern. [...]

(H. v. Borch [Hrsg.] , Die großen Krisen der Nachkriegszeit. München 1984, S. 106 f.)

b) Chruschtschow an Kennedy am 28. Oktober 1962

Ich habe Ihre Botschaft vom 27. Oktober 1962 erhalten. Ich gebe meiner Befriedigung und Dankbarkeit für den Sinn, für das rechte Maß und für das von Ihnen gezeigte Verständnis der Verantwortung Ausdruck, die Sie gegenwärtig für die Erhaltung des Friedens in aller Welt tragen. Ich verstehe sehr wohl Ihre Befürchtung und die Befürchtung des Volkes der USA im Zusammenhang mit der Tatsache, daß die Waffen, die Sie als Angriffswaffen bezeichnen, tatsächlich furchtbare Waffen sind. Sowohl Sie als auch ich wissen, welche Art von Waffen es sind. Um den gefährlichen Konflikt schneller zu liquidieren, hat die sowjetische Regierung in Ergänzung früher ergangener Anweisungen zur Einstellung der weiteren Arbeiten an den Waffenbaustellen, eine neue Anordnung zur Demontage der Waffen, die Sie als Angriffswaffen bezeichnen, zu ihrer Verpackung und Rückführung in die Sowjetunion erlassen. [...]

Ich betrachte mit Achtung und Vertrauen Ihre Erklärung, die Sie in Ihrer Botschaft vom 27. Oktober 1962 abgegeben haben, daß kein Angriff auf Cuba unternommen wird, daß keine Invasion stattfinden wird, nicht nur von seiten der USA, sondern auch von seiten anderer Länder der westlichen Hemisphäre, wie in Ihrer Botschaft hervorgehoben wird. In Anbetracht dessen sind die Motive, die uns veranlaßten, Cuba Hilfe dieser Natur zu gewähren, nicht länger wirksam. Deshalb haben wir unsere Offiziere angewiesen – und diese Mittel, wie ich bereits erklärt habe, sind in den Händen sowjetischer Offiziere –, die notwendigen Maßnahmen zu treffen, um den Bau der besagten Objekte einzustellen, sie zu demontieren und sie in die Sowjetunion zurückzuführen. Auf diese Weise, auf der Grundlage der Zusicherungen und unserer Demontagebefehle, scheinen zunächst alle notwendigen Bedingungen für die Liquidierung des entstandenen Konflikts gegeben zu sein. Ich bemerke mit Befriedigung, daß Sie auf meinen Wunsch eingegangen sind, daß die besagte gefährliche Situation beseitigt wird und auch Bedingungen für eine überlegte Untersuchung der internationalen Lage geschaffen werden, die – in unserer Zeit der thermonuklearen Waffen, der Raketentechnik, der Raumschiffe und globalen Raketen und anderer tödlicher Waffen – mit großen Gefahren belastet ist. Alle Menschen sind an der Erhaltung des Friedens interessiert. [...]

(H. v. Borch [Hrsg.] Die großen Krisen der Nachkriegszeit. München 1984, S. 106 ff.)

1 *Vergleichen Sie Inhalt und Diktion der Briefe mit den Entwürfen zur UNO-Resolution.*

2 *Welche Krisenmechanismen lassen sich verdeutlichen?*

2 Phasen der Entspannung von Stalins Tod bis zum Ende der 70er Jahre

Von der Konfrontation zur Koexistenz

Zwei gegenläufige Tendenzen bestimmten das Ost-West-Verhältnis in der Zeitspanne zwischen Stalins Tod (1953) und dem Beginn der sechziger Jahre: Einerseits blieb die ideologische Feindschaft zwischen den beiden Supermächten bestehen, andererseits unternahmen sie **erste Versuche einer direkten Annäherung**.
Der Ost-West-Konflikt war bestimmt vom atomaren Rüstungswettlauf, der weltweiten Rivalität um Machteinfluß und der beidseitigen Bedrohung mit der Atombombe. US-Präsident Eisenhower (1953–1961) und sein Außenminister Dulles ersetzten zwar die Containmentpolitik Trumans durch die Doktrin des **„Roll Back“**, die den Kommunismus zurückzudrängen und alle von ihm beherrschten Völker zu befreien versprach. Zerfallsprozesse des Sowjetsystems sollten aktiv unterstützt werden. In der politischen Praxis jedoch betrieb Eisenhower die **Fortsetzung der Eindämmungspolitik** seines Vorgängers weiter.
Auch Chruschtschows Verhalten war nicht eindeutig. Seit dem Ende der fünfziger Jahre betrieb er gegenüber dem Westen eine **aggressive Außenpolitik**, die die Welt in Schrecken versetzte (Berlin- und Kuba-Krise 1961/1962). Der ideologische und machtpolitische Konflikt mit China, der bald zum offenen Bruch führte, förderte jedoch das Interesse der UdSSR an einem Ausgleich mit den USA, um dadurch eine Einkreisung zu vermeiden. Chruschtschow bot deshalb dem Westen die Möglichkeit der **„friedlichen Koexistenz“** (M 10) an.
Dieses Angebot einer Annäherung zwischen beiden Weltmächten wurde in Washington ernst genommen. Wenngleich die ersten Gespräche über Abrüstung – 1955 die Genfer Gipfelkonferenz, 1959 ein Treffen zwischen Eisenhower und Chruschtschow in Camp David – ohne nennenswerte Erfolge blieben, war es doch gelungen, die Weltmächte seit Ausbruch des Kalten Krieges wieder an einen Tisch zu bringen. Ungeachtet der fortbestehenden ideologischen und machtpolitischen Gegensätze ließen die Drohgebärden auf beiden Seiten nach. Eine **„Politik der Anerkennung des Status quo“** zeichnete sich ab.

Die Kuba-Krise als Wendepunkt

In besonders dramatischer Weise zeigte die Kuba-Krise, daß lokale Konflikte im damaligen Rüstungswettlauf zu einem atomaren Krieg eskalieren konnten. Sie gilt zugleich als Höhe- und Wendepunkt des Kalten Krieges. Mit ihr setzte die **erste Phase einer konsequent geführten Entspannung** zwischen Ost und West ein, die getragen war von der Anerkennung des Macht- und Interessenbereichs des jeweils anderen und der Nichteinmischung in dessen eigene Angelegenheiten.
Noch während der Kuba-Krise begann die Regierung Kennedy, die US-Sicherheitspolitik zu überdenken. Die bisherige Strategie der **„massiven Vergeltung“** mußte als überholt gelten, da sie die Welt immer wieder an den Rand eines atomaren Krieges brachte. Der neue Weg der **„flexible response“** ermöglichte durch die Verstärkung der konventionellen Verteidigungskräfte und den gleichzeitigen Ausbau der atomaren Rüstung ein abgestuftes Reagieren bei militärischen Konflikten. Doch seit etwa 1964 verfügte auch die Sowjetunion über die „Zweitschlagsfähigkeit“, d. h. sie war nach einem atomaren Überraschungsangriff zu einem Gegenschlag fähig, der den Gegner zerstören würde. Dieses **atomare Patt** blockierte die beiden Mächte in einem **„Gleichgewicht des Schreckens“**. In dieser Situation mußte das oberste politische Ziel die Verhinderung eines Atomkrieges sein. Sodann galt es, den sinnlosen und zerstörerischen Rüstungswettlauf zu begrenzen und zu kontrollieren. Davon erhofften sich die Supermächte zugleich auch eine Begrenzung der ins Unermeßliche gestiegenen Kosten der Rüstungsausgaben, die in beiden Staaten für große innenpolitische und wirtschaftliche Probleme sorgten.

Wenige Monate nach der Kuba-Krise wurde als erste Maßnahme eine Fernschreibverbindung (**„Heißer Draht"**) zwischen dem Kreml und dem Weißen Haus eingerichtet, um durch Gespräche die Konflikte bereits im Vorfeld entschärfen zu können. Die Einigung über die **Einstellung aller oberirdischen Atomversuche** vom 5. 8. 1963 bildete das vorläufige Ende des Kalten Krieges.

Kooperation durch Abrüstungsvereinbarungen

Den Boden für die nun folgenden Abrüstungsverhandlungen bereitete die **Nixon-Kissinger-Détente** (M 11) des Jahres 1970, die vor dem Hintergrund des Vietnamkrieges zu sehen ist. US-Präsident Nixon und sein Außenminister Kissinger reduzierten den politischen, militärischen und ökonomischen Aufwand für die amerikanische Führungsrolle in der Welt und zogen sich von der bisher praktizierten Interventionsbereitschaft und der militärischen Eindämmungsstrategie zurück. Gegenüber der UdSSR wurde fortan eine Versachlichung der Beziehungen angestrebt, die auch die Möglichkeit einer partiellen Zusammenarbeit einschloß.

Am 1. 7. 1968 unterzeichneten Washington, Moskau und London den **Atomwaffensperrvertrag**, der sie dazu verpflichtete, Atomwaffen nicht weiter zu verbreiten. Es sollte sichergestellt werden, daß die Zahl der Kernwaffenmächte begrenzt und kontrollierbar blieb. Während sich viele Staaten in der Folgezeit diesem Vertrag anschlossen, wurde er von den Atommächten Frankreich und China nicht unterzeichnet.

Die 1969 begonnenen Vorgespräche der Supermächte über die Begrenzung strategischer Rüstung („Strategic Arms Limitation Talks" = SALT) führten 1972 zum **Abschluß des SALT- I-Vertrages** zwischen Nixon und Breschnew. Der Vertrag sah zunächst für einen Zeitraum von fünf Jahren eine Höchstgrenze im Bereich der Interkontinentalraketen und der Atom-U-Boote vor. Das Herzstück des Abkommens bildete der **ABM-Vertrag** (M 12), der die beiden Mächte für zehn Jahre verpflichtete, die Zahl der Anti-Raketen-Systeme („Anti Ballistic Missile" = ABM) zu begrenzen. Doch handelt es sich bei SALT I noch nicht um eine substantielle Abrüstungsvereinbarung, da seine Abmachungen lediglich eine Begrenzung der Rüstung vorsahen. Dennoch waren die Abkommen militärisch und politisch bedeutsam, da die USA in ihnen zum erstenmal die Sowjetunion als gleichrangige Weltmacht anerkannten. Anläßlich ihrer Unterzeichnung fuhr mit Nixon erstmals ein amerikanischer Präsident nach Moskau.

Die 1979 ausgehandelten **SALT II-Bestimmungen** legten die Höhe von Interkontinentalraketen fest und schränkten die Entwicklung neuer Raketensysteme ein (Schema 4). Aufgrund der wieder erkalteten Beziehungen zwischen den USA und der UdSSR wegen der sowjetischen Invasion in Afghanistan 1979 sowie der Stationierung neuer sowjetischer Mittelstreckenraketen in Europa verweigerte Amerika jedoch die Ratifizierung des Vertrages. Es spricht aber für den Verständigungswillen auf beiden Seiten, daß die Bestimmungen im wesentlichen eingehalten wurden.

Ungeachtet der Schwierigkeiten des Abrüstungsprozesses zeigten die USA und die UdSSR in den 70er Jahren eine hohe Bereitschaft zu Gesprächen und Vereinbarungen. Dem 1973 abgeschlossenen **Vertrag über die Verhinderung eines Atomkrieges** folgten noch im selben Jahr die Beratungen der NATO und des Warschauer Paktes über beiderseitigen Truppenabbau in Mitteleuropa („Mutual Balanced Force Reductions" = **MBFR**). Sie erwiesen sich jedoch als äußerst schwierig und blieben bis 1990 ohne Ergebnis, da die Verhandlungsziele beider Seiten nicht miteinander vereinbar waren. Die NATO beabsichtigte eine Reduzierung der Bodenstreitkräfte zugunsten des Westens, der Warschauer Pakt dagegen forderte für beide Seiten gleich starke Verbände.

		Gegenwärtige Umfänge		Voraussichtliche Umfänge 1985 mit SALT II-Vertrag		Vermutete Umfänge 1985 ohne SALT II-Vertrag	
		USA	UdSSR	USA	UdSSR	USA	UdSSR
1  Interkontinental-Raketen (ICBM) mit mehreren Sprengköpfen	1 höchstens 820	550	300	464	820	465	1 300
2 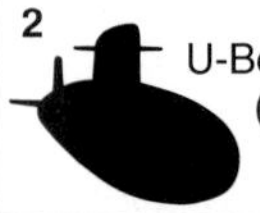 U-Boot-Fernraketen (SLBM) mit mehreren Sprengköpfen	1+2 höchstens 1 200	496	96	736	352	768	500
3  Bomber mit Cruise Missiles (ALCM)	1+2+3 höchstens 1 320	0	0	120	0	120	0
4  land- oder seegestützte Fernraketen		504	950	landgestützt 504	360	504	100
		160	848	seegestützt 0	624	0	600
5  Interkontinental-Bomber ohne Cruise Missiles	1 bis 5 höchstens 2 250	348	150	225	90	250	200
	Summe	2 058	2 344	2 048	2 246	2 107	2 700

Schema 4 Höchststärken der strategischen Waffen der USA und der UdSSR nach dem SALT II-Vertrag. Nach einer Grafik der FAZ von 1979

Die KSZE-Verhandlungen

Während die Supermächte durch Verträge zur wirtschaftlichen Zusammenarbeit und humanitären Hilfe versuchten, die internationalen Beziehungen zwischen Ost und West weiter zu verbessern, begannen 1973 in Helsinki und Genf die ersten Treffen der **Konferenz über Sicherheit und Zusammenarbeit in Europa** (KSZE, s. Schema 5). Unterzeichnet wurde die Schlußakte 1975 von allen 35 europäischen Außenministern (außer Albanien) sowie den kanadischen und amerikanischen Kollegen. Sie beinhaltet Absichtserklärungen zu drei Bereichen, den sogenannten „Körben".
Der erste Teil von **Korb 1** beschäftigt sich mit den Fragen der Sicherheit in Europa und legt Prinzipien über die Beziehungen der Teilnehmerstaaten untereinander fest: Unverletzbarkeit der Grenzen, Nichteinmischung in innere Angelegenheiten, die uneingeschränkte Gewährleistung souveräner Gleichheit, den Verzicht auf Gewaltandrohung und Gewaltanwendung sowie die territoriale Integrität der Mitgliedsstaaten. Der zweite Teil widmet sich militärischen Fragen. Durch vertrauensbildende Maßnahmen und Offenlegung militärischer Aktivitäten wollte man diesen hochempfindlichen Bereich transparenter machen. Manöver sollten 21 Tage vor Beginn angekündigt und ausländische Beobachter dazu eingeladen werden.
Die in **Korb 2** festgelegten Richtlinien über die Zusammenarbeit in den Bereichen Wirtschaft, Wissenschaft, Technik und Umwelt fanden überall Anerkennung. Dagegen erwies sich der Themenkreis menschliche Kontakte, Informations- und Kulturaustausch **(Korb 3)** als äußerst problematisch (M 13). Die westlichen Teilnehmer befürworteten eine sehr freizügige Handhabung der Bestimmungen, während der Osten die Gefahr einer Destabilisierung fürchtete und bei

der Umsetzung der Richtlinien auf die entscheidende Rolle des Staates pochte. Dieses Dilemma wurde auf der KSZE-Folgekonferenz in Belgrad 1979 in voller Schärfe deutlich. Die US-Delegation Carters warf der UdSSR gravierende Verstöße gegen die Menschenrechte vor und drang auf ein sowjetisches Schuldbekenntnis. Als dieses verweigert wurde, konnte das kurze Schlußdokument nur noch festhalten, daß kein Konsens erreicht wurde.
Die KSZE ist als der Höhepunkt der Entspannung zwischen den beiden Blöcken anzusehen. Besonders die Bürgerrechts- und Menschenrechtsbewegungen im Osten konnten sich auf die in Korb 3 festgelegten humanitären Bestimmungen berufen. Die **Folgekonferenzen der 70er und 80er Jahre** spiegelten das Verhältnis zwischen den Supermächten wider. Da die KSZE-Bestimmungen für die einzelnen Staaten nicht rechtsverbindlich waren, sondern ihre Einhaltung dem politisch-moralischen Gewissen der Regierungen vorbehalten blieb, zeigte sich ihre Umsetzung immer vom Klima abhängig, das zwischen den Supermächten herrschte. Die Erkaltung der Beziehung zwischen den USA und der UdSSR leitete Ende der 70er Jahre eine Krise der Entspannungspolitik ein, die die weiteren Folgetreffen der KSZE belasteten.

M10 **Aus dem Programm der Kommunistischen Partei der Sowjetunion zur „friedlichen Koexistenz" (1961)**

Die friedliche Koexistenz der sozialistischen und kapitalistischen Staaten ist eine objektive Notwendigkeit der Entwicklung der menschlichen Gesellschaft. Der Krieg kann und darf nicht als Mittler zur Lösung internationaler Streitfragen dienen. Friedliche Koexistenz oder ein katastrophaler Krieg – nur so wird die Frage von der Geschichte gestellt. Sollten sich die imperialistischen Aggressoren dennoch erdreisten, einen neuen Weltkrieg zu entfesseln, so werden die Völker eine Ordnung, die sie in verheerende Kriege stürzt, nicht länger dulden. Sie werden den Imperialismus hinwegfegen und zu Grabe tragen.
Friedliche Koexistenz setzt voraus: Verzicht auf Kriege als Mittel zur Lösung von Streitfragen zwischen den Staaten, Entscheidung dieser Fragen durch Verhandlungen; Gleichberechtigung, Verständigung und Vertrauen unter den Staaten, Berücksichtigung der Interessen des anderen; Nichteinmischung in die inneren Angelegenheiten, jedem Volk muß das Recht zugestanden werden, alle Fragen seines Landes selbständig zu entscheiden; strikte Respektierung der Souveränität und der territorialen Integrität aller Länder; Ausbau der wirtschaftlichen und kulturellen Zusammenarbeit auf der Grundlage der vollständigen Gleichheit und des gegenseitigen Vorteils.
Die friedliche Koexistenz bildet die Grundlage des friedlichen Wettbewerbs zwischen Sozialismus und Kapitalismus im internationalen Maßstab und stellt eine spezifische Form des Klassenkampfes zwischen ihnen dar. Indem die sozialistischen Länder sich konsequent für die friedliche Koexistenz einsetzen, streben sie nach unablässiger Festigung der Positionen des sozialistischen Weltsystems in seinem Wettstreit mit dem Kapitalismus.
(R. Thomas, Marxismus und Sowjetkommunismus II. Stuttgart 1971, S. 45)

1 *Arbeiten Sie die Hauptmerkmale der „friedlichen Koexistenz" heraus.*

2 *Beurteilen Sie ihre Glaubwürdigkeit.*

M11 **US-Außenminister Kissinger über die Nixon–Kissinger–Détente (1970)**

[...] Im heutigen nuklearen Zeitalter jedoch, in dem ein Atomkrieg innerhalb weniger Tage zu Hunderten von Millionen Opfern führen kann, birgt die Anwendung von Gewalt die Katastrophe in sich. Es ist unsere Verwantwortung, die sowjetische Macht ohne Weltkrieg einzudämmen und sowohl ein Ausweichen wie auch eine unnötige Konfrontation zu vermeiden [...]
Dieses ist der Sinn des Prozesses, der mit Détente umschrieben wird. [...] Unsere Hauptaufgabe ist es, die Notwendigkeit für eine zweigleisige Politik zu erkennen, die mit gleichem Kraftaufwand sowohl expansionistische Bestrebungen zurückweist wie auch bestrebt ist, eine konstruktivere Beziehung aufzubauen. Wir müssen verhindern, daß die Sowjetunion ihre wachsende Macht in globale oder regionale Übermacht umsetzt. Aber wir müssen dies tun, ohne jede Krise zu einer massiven Konfrontation werden zu lassen.
In jüngster Vergangenheit haben die Vereinigten Staaten einen festen Riegel vor die Versuche der Sowjetunion gesetzt, als sie eine Marinebasis in

Kuba installieren wollten, als sie die Zugangswege nach Berlin blockieren wollten, als sie die explosive Lage im Nahen Osten für ihre Zwecke ausnutzen wollten. In allerjüngster Zeit haben wir versucht, die offene Intervention in Angola zu unterbinden – bis uns der Kongreß daran hinderte. [...]
Wir haben damit begonnen, ein engmaschiges Netz für die Zusammenarbeit auf bestimmten Gebieten zu knüpfen – wirtschaftlichen, wissenschaftlichen, medizinischen, Umwelt- und anderen Gebieten, die handfeste Ergebnisse versprechen, wenn es die politische Lage zuläßt. Wir glauben, daß mit Geduld ein neues Gefüge der Koexistenz in beiderseitigem Interesse gezimmert werden kann und daß beide Seiten sich klar darüber werden, daß sie nur verlieren können, wenn sie zu einer Politik des Drucks, der Konfrontation und der Krise zurückkehren.
(DIE ZEIT vom 13. Februar 1976)

1 *Bestimmen Sie die Ziele und Mittel der US-Entspannungspolitik.*

2 *Erläutern Sie den Zusammenhang zwischen dem Entspannungskonzept von Nixon und Kissinger und dem militärischen Engagement der USA im Vietnamkrieg.*

M12 Aus dem ABM-Vertrag zwischen den USA und der UdSSR vom 26. Mai 1972

Die Vereinigten Staaten von Amerika und die Union der Sozialistischen Sowjetrepubliken, im folgenden als Vertragsparteien bezeichnet, –
davon ausgehend, daß ein Atomkrieg verheerende Folgen für die ganze Menschheit haben würde; in der Erwägung, daß wirksame Maßnahmen zur Begrenzung der Systeme zur Abwehr ballistischer Flugkörper wesentlich zur Eindämmung des Wettrüstens mit strategischen Angriffswaffen beitragen und die Gefahr des Ausbruchs eines Krieges mit Kernwaffen verringern würden; davon ausgehend, daß die Begrenzung der Systeme zur Abwehr ballistischer Flugkörper sowie bestimmte vereinbarte Maßnahmen hinsichtlich der Begrenzung strategischer Angriffswaffen zur Schaffung günstigerer Bedingungen für weitere Verhandlungen über die Begrenzung der strategischen Waffen beitragen würden; eingedenk ihrer Verpflichtung nach Artikel VI des Vertrags über die Nichtverbreitung von Kernwaffen; in der Absicht, zum frühestmöglichen Zeitpunkt die Beendigung des nuklearen Wettrüstens herbeizuführen und wirksame Maßnahmen zur Verminderung der strategischen Waffen, zur nuklearen Abrüstung und zur allgemeinen und vollständigen Abrüstung zu treffen; in dem Wunsch, zur internationalen Entspannung und zur Stärkung des Vertrauens zwischen den Staaten beizutragen, –
sind wie folgt übereingekommen:

Artikel I

(1) Jede Vertragspartei verpflichtet sich zur Begrenzung der Systeme zur Abwehr ballistischer Flugkörper (ABM) und zur Ergreifung sonstiger Maßnahmen im Einklang mit diesem Vertrag.
[...]

Artikel II

(1) Im Sinne dieses Vertrags ist ein ABM-System ein System zur Bekämpfung anfliegender strategischer ballistischer Flugkörper oder ihrer Grundbestandteile; es besteht gegenwärtig aus:
a) Abfangflugkörpern [...]
b) Abschußvorrichtungen [...]
c) Radargeräten [...]

Artikel III

begrenzt den Aufbau von Raketenabwehrsystemen:
– Erlaubt sind jeder Vertragspartei jeweils zwei Raketenabwehrsysteme, die räumlich und zahlenmäßig festgelegt sind.
– Erlaubt ist der Schutz der Hauptstadt jedes Landes, sowie einer ICBM (Intercontinental Ballistic Missile = Offensivraketen mit 9–14 000 km Reichweite) – Stellung durch einen Abwehrkreis von jeweils nicht mehr als:
a) 150 km Radius
b) 100 Abschußvorrichtungen
c) 100 Abfangflugkörpern.

Artikel V

(1) Jede Vertragspartei verpflichtet sich, keine ABM-Systeme oder Bestandteile zu entwickeln, zu erproben oder zu dislozieren[1], die see-, luft- oder weltraumgestützt sind oder als bewegliches System landgestützt sind.
(Europa-Archiv, 1972, S. 283 ff.)

1 hier: aufzustellen

1 *Erläutern Sie den Zweck des ABM-Vertrages und ermitteln Sie die Motive der vertragsschließenden Parteien.*

M13 Aus Korb 3 der KSZE-Schlußakte von Helsinki (1975)

Die Teilnehmer werden die Menschenrechte und Grundfreiheiten, einschließlich der Gedanken-, Gewissens-, Religions- oder Überzeugungsfreiheit für alle ohne Unterschied der Rasse, des Geschlechts, der Sprache oder der Religion achten.

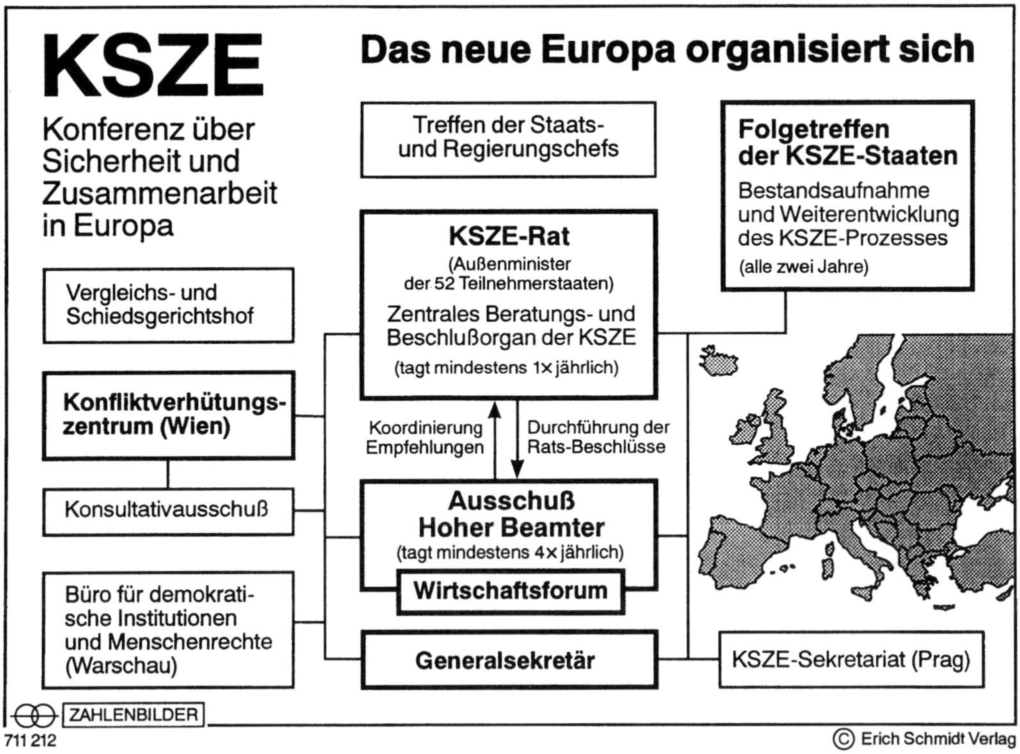

Schema 5 Aufbau und Aufgaben der Konferenz für Sicherheit und Zusammenarbeit in Europa (KSZE) 1992.

Sie werden die wirksame Ausübung der zivilen, politischen, wirtschaftlichen, sozialen, kulturellen sowie der anderen Rechte und Freiheiten, die sich alle aus der dem Menschen innewohnenden Würde ergeben und für seine freie und volle Entfaltung wesentlich sind, fördern und ermutigen.
In diesem Rahmen werden die Teilnehmerstaaten die Freiheit des Individiuums anerkennen und achten, sich allein oder in Gemeinschaft mit anderen zu einer Religion oder einer Überzeugung in Übereinstimmung mit dem, was sein Gewissen ihm gebietet, zu bekennen und sie auszuüben.
Die Teilnehmerstaaten, auf deren Territorium nationale Minderheiten bestehen, werden das Recht von Personen, die zu solchen Minderheiten gehören, auf Gleichheit vor dem Gesetz achten; sie werden ihnen jede Möglichkeit für den tatsächlichen Genuß der Menschenrechte und Grundfreiheiten gewähren und werden auf diese Weise ihre berechtigten Interessen in diesem Bereich schützen.
Die Teilnehmerstaaten anerkennen die universelle Bedeutung der Menschenrechte und Grundfreiheiten, deren Achtung ein wesentlicher Faktor für den Frieden, die Gerechtigkeit und das Wohlergehen ist, die ihrerseits erforderlich sind, um die Entwicklung freundschaftlicher Beziehungen und der Zusammenarbeit zwischen ihnen sowie zwischen allen Staaten zu gewährleisten.
(Bundestagsdrucksache 7/3867)

1 *Erklären Sie den Widerstand der Regierungen der Ostblockstaaten gegen diese Bestimmungen.*

2 *Welche Bedeutung hatten sie für die Oppositionsbewegungen des Ostblocks?*

3 Die Krise der Entspannung

Rückkehr zum Kalten Krieg

Seit 1975 distanzierten sich die USA mehr und mehr von der Entspannungspolitik der Regierung Nixon, da sie die amerikanische Führungsrolle in der Welt gefährdet sahen: Der Sieg des Kommunismus in Angola und am Horn von Afrika, der Sturz des Schah von Persien und die darauf folgende Gründung der Islamischen Republik Iran durch Ajatholla Khomeini (1979), der Erfolg des linksrevolutionären Regimes in Nicaragua, die Guerilla-Bewegung in San Salvador – der Machtverlust der USA zugunsten der Sowjetunion zeigte sich an vielen Orten. Eine härtere Gangart gegenüber Moskau schien geboten, das gegen Ende der siebziger Jahre ebenfalls eine **Abkehr von der Entspannungspolitik** vollzog. Die Ost-West- Beziehungen verschlechterten sich zusehends.
Präsident Carter (1977–1981), der sein Amt als überzeugter Anhänger der Verständigungspolitik zwischen den Supermächten angetreten hatte, gab diese Politik in der zweiten Hälfte seiner Regierungszeit auf – ungeachtet der Fortsetzung der Wiener SALT II-Gespräche. Durch die Förderung bilateraler Verhandlungen zwischen Israel und Ägypten, die **1978** im **Camp-David-Abkommen** gipfelten, betrieb er die Ausschaltung der Sowjetunion aus dem Nahost-Gespräch. **Die Aufstellung nuklearer Mittelstreckenraketen (SS 20)** in Osteuropa beantwortete er mit einer Nachrüstungsinitiative, die im Dezember 1979 als **NATO-Doppelbeschluß** konkrete Gestalt annahm. Zum Höhepunkt der Spannungen zwischen Ost und West führte schließlich die militärische Invasion der UdSSR in Afghanistan.

Der Afghanistan-Konflikt

Aufgrund territorialer Konflikte mit dem prowestlichen Nachbarstaat Pakistan suchte Afghanistan seit Mitte der fünfziger Jahre Rückhalt bei der UdSSR. Bemühungen der USA, die Integration dieses geostrategisch wichtigen Staates in die sowjetische Hegemonialsphäre zu verhindern, scheiterten. Gleichwohl behauptete das Land auch nach dem Sturz der Monarchie und der Ausrufung der Republik 1973 seine Souveränität als blockfreier Staat. Der von der UdSSR im nachhinein unterstützte Staatsstreich der kommunistischen Demokratischen Volkspartei Afghanistan (DVPA) führte indessen 1978 zur unmittelbaren Anbindung an die Sowjetunion. Machtkämpfe innerhalb der DVPA und Aufstände starker islamischer Widerstandsgruppen (Mudjaheddin) verhinderten in der Folge eine Konsolidierung der Verhältnisse. Aufgrund eines angeblichen Hilferufes aus Kabul kam es am 25. Dezember 1979 zur **militärischen Invasion der Sowjetunion**. Breschnews Ziel war die Sicherung eines außenpolitischen Einflußbereiches, der Nähe zum Indischen Ozean versprach. Darüber hinaus wollte er ein Übergreifen der „islamischen Revolution" Khomeinis auf die südlichen Provinzen der Sowjetunion verhindern.
Der Westen reagierte schockiert auf den Einmarsch der Sowjetunion. Die bestehende Ost-West-Balance schien im hohen Maß gefährdet. Als symbolische Reaktion setzte Carter daraufhin bei den wichtigsten westlichen Staaten den **Boykott der Olympischen Spiele 1980 in Moskau** durch. Einschneidender waren weitere Entscheidungen wie die **Verweigerung der Ratifizierung des SALT II-Vertrages** durch den US-Senat und die **Ankündigung eines US-Aufrüstungsprogramms**. Außerdem verhängte der Westen ein **Wirtschaftsembargo** gegen die Sowjetunion. Der weit verbreiteten Befürchtung, die UdSSR ziele auf die arabischen Ölfelder und somit auf die Energieversorgung des Westens, begegneten die USA mit der **Carter-Doktrin** (M 14). Ein sowjetischer Angriff auf die Ölstaaten am Persischen Golf würde danach unweigerlich das militärische Eingreifen der USA hervorrufen, die sich hierdurch endgültig von der Nixonschen Entspannungspolitik verabschiedeten.

B 2 Karikatur von Haitzinger zum Wettrüsten der 80er Jahre.

Obwohl zuletzt 115 000 sowjetische Soldaten in Afghanistan kämpften und dabei äußerst brutale Mittel der Kriegsführung einsetzten (Splitterbomben gegen die Zivilbevölkerung), blieb der jahrelange Kampf gegen die Mudjaheddin, die von Pakistan und den USA unterstützt wurden, erfolglos. Der Krieg ließ die bisherige sowjetische Entspannungspolitik unglaubwürdig erscheinen, da er gegen die von der UdSSR gebilligte KSZE-Richtlinie der Selbstbestimmung der Völker verstieß. Die Sowjetunion sah sich zunehmend der moralischen Kritik der Weltöffentlichkeit ausgesetzt und geriet international in die Defensive.

„Politik der Stärke“

Die **Verschärfung der Ost-West-Beziehungen** nahm unter dem republikanischen Präsidenten **Ronald Reagan** (1981–1989) weiter zu. Er betonte den ideologischen und machtpolitischen Gegensatz zwischen den beiden Machtblöcken und benutzte dabei die Sprache des Kalten Krieges der fünfziger Jahre, wenn er die Sowjetunion als das „Zentrum des Bösen“ charakterisierte und zu einem „Kreuzzug für die Freiheit“ aufrief. Die starre antikommunistische Ausrichtung seiner Außenpolitik basierte auf einer „Politik der Stärke“, die nur mit einer enormen **Aufrüstung** verwirklicht werden konnte (B 2, Schema 7). Reagan erklärte, die wirtschaftlich weit unterlegene UdSSR notfalls „totrüsten“ zu wollen. Die **Staatsverschuldung** der USA stieg durch die forcierte Rüstungspolitik ins Gigantische. In seiner „Star-wars-Rede“ (M 15) vom März 1983 präsentierte Reagan sein neues Verteidigungssystem SDI (= Strategic Defense Initiative). Der Aufbau eines Abwehrsystems im Weltraum sollte die Zerstörung von Raketen ermöglichen, die auf die USA bzw. auf Westeuropa gerichtet waren (Schema 6). 1985 luden die USA ihre Verbündeten ein, sich an der Forschung zur Entwicklung dieses Programms zu beteiligen. Diese blieben jedoch zumeist skeptisch, was die technische Realisierbarkeit von SDI anbelangte. Viele Kritiker warnten vor den Gefahren eines neuen Wettrüstens zwischen den beiden Supermächten.

Reagans **Konfrontationskurs gegenüber dem Kommunismus**, den er auch im Konflikt mit dem libyschen Revolutionsführer Gaddafi, bei der Unterstützung der rechtsgerichteten Contras in Nicaragua sowie der Besetzung der Karibikinsel Grenada (1983) demonstrierte, führte die amerikanisch-sowjetischen Beziehungen auf einen absoluten Tiefpunkt. Die Verschärfung der US-Exportbeschränkungen und die Intensivierung der Beziehungen zu China und Japan heizten den Konflikt zusätzlich an. Zur UdSSR wurden alle Kontakte unterbrochen, jedoch nicht abgebrochen. Parallel zum Aufrüstungsprogramm liefen die Abrüstungsverhandlungen weiter, wenn auch von Rückschlägen und Problemen gekennzeichnet. 1981 bereits trafen sich beide

Supermächte in Genf zu den sog. **INF-Verhandlungen** (= Intermediate Range Nuclear Forces), die eine Reduzierung der nuklearen Mittelstreckenraketen (Reichweite 500 bis 5500 km) vorsahen. 1982 nahmen beide Mächte in den „Strategic Arms Reduction Talks" (= **START**) die SALT-Gespräche wieder auf. Die politische Klimaverschlechterung zwischen Ost und West bildete jedoch keinen fruchtbaren Boden für konkrete Ergebnisse. Als im November 1983 deutlich wurde, daß die NATO am Stationierungsplan der Pershing II-Raketen festhalten werde (B 3), zog sich die UdSSR sowohl aus den START-Verhandlungen als auch von den INF- und MBFR-Gesprächen zurück.

M14 **Carter-Doktrin vom 23. Januar 1980**

Wir stehen „vor einigen der ernstesten Herausforderungen in der Geschichte unseres Landes. Die sowjetische Invasion in Afghanistan ist eine Bedrohung des Weltfriedens, der Ost-West-Beziehungen sowie der regionalen Stabilität und der Ölversorgung. [...] Die Region, die jetzt durch die Anwesenheit sowjetischer Truppen in Afghanistan bedroht wird, ist von großer strategischer Bedeutung: Sie umfaßt mehr als zwei Drittel des exportierbaren Öls der Welt. Die sowjetischen Bemühungen, Afghanistan zu beherrschen, haben sowjetische Militärstreitkräfte bis auf 300 Meilen an den Indischen Ozean und dicht an die Straße von Hormuz gebracht – einen Wasserweg, durch den das meiste Öl der freien Welt fließen muß. Die Sowjetunion versucht jetzt, eine strategische Position zu konsolidieren, die eine große Bedrohung des freien Ölflusses des Nahen Ostens darstellt.

Diese Situation verlangt sorgfältiges Nachdenken, starke Nerven und resolute Maßnahmen [...] Sie verlangt die Teilnahme aller, die vom Öl aus dem Nahen Osten abhängen und um weltweiten Frieden und Stabilität besorgt sind.

Einen Versuch jeder fremden Macht, Kontrolle über den Persischen Golf zu erlangen, wird von uns als Angriff auf die lebenswichtigen Interessen der Vereinigten Staaten betrachtet, und ein solcher Angriff wird mit allen notwendigen Mitteln zurückgewiesen werden, einschließlich militärischer Macht. [...]

Die Verhinderung eines nuklearen Krieges ist die wichtigste Verantwortung der beiden Supermächte. Darum haben wir die Verträge über eine Begrenzung der strategischen Waffen SALT I und II ausgehandelt. [...] Wir Supermächte tragen auch eine Verantwortung, uns in der Zurückhaltung beim Gebrauch militärischer Macht zu üben. Die Integrität und Unabhängigkeit schwächerer Nationen darf nicht bedroht werden. Aber jetzt hat die Sowjetunion einen radikalen und aggressiven neuen Schritt unternommen. Sie benutzt ihre große militärische Macht gegen eine relativ wehrlose Nation. Die Auswirkungen der sowjetischen Invasion in Afghanistan könnten zur ernstesten Bedrohung des Weltfriedens seit dem Zweiten Weltkrieg werden.

Die verbale Verurteilung ist nicht genug. Die Sowjetunion muß einen konkreten Preis für ihre Aggression zahlen. Während die Invasion andauert, können wir und andere Nationen nicht fortfahren, Geschäfte wie üblich mit der Sowjetunion zu betreiben."

(Frankfurter Allgemeine Zeitung vom 25. Januar 1980/„Das Parlament" vom 15. Februar 1980)

1 *Beschreiben Sie die Konsequenzen, die sich aus der sowjetischen Invasion in Afghanistan ergaben.*

2 *Vergleichen Sie die Carter-Doktrin mit der Nixon-Kissinger-Détente (M 11).*

M15 **Aus der Fernsehansprache Präsident Reagans am 23. März 1983**

Seit dem Anbruch des Atomzeitalters haben wir danach gestrebt, das Risiko eines Krieges zu verringern, indem wir eine starke Abschreckung aufrechterhalten und indem wir eine echte Rüstungskontrolle anstreben. „Abschreckung" bedeutet einfach: Sicherstellen, daß jeder Gegner, der an einen Angriff auf die Vereinigten Staaten oder unsere Verbündeten oder unserer lebenswichtigen Interessen denkt, zu dem Schluß kommt, daß die Risiken für ihn alle möglichen Gewinne überwiegen. Wenn er das begreift, dann wird er nicht angreifen. Wir erhalten den Frieden durch unsere Stärke; Schwäche lädt nur zur Aggression ein.

Diese Strategie der Abschreckung hat sich nicht geändert. Sie funktioniert weiterhin. Aber was es braucht, um die Abschreckung aufrechtzuerhalten, hat sich geändert. Es bedurfte einer ganz anderen Art von Streitkräften, um vor einem Angriff abzuschrecken, als wir noch sehr viel mehr Kernwaffen besaßen als irgendeine andere Atommacht. Es bedarf einer ganz anderen Streitmacht

heute, da die Sowjets beispielsweise über genügend treffsichere und mächtige Kernwaffen verfügen, um praktisch alle unsere landgestützten Raketen zu vernichten. Damit soll nicht gesagt werden, daß die Sowjetunion einen Krieg gegen uns plant. [...] Teilen Sie mit mir eine Vision der Zukunft, die Hoffnung bietet. Sie besteht darin, daß wir ein Programm in die Wege leiten, um der schrecklichen sowjetischen Raketenbedrohung mit Maßnahmen zu begegnen, die defensiv sind. Wollen wir uns auf eben die Stärken unserer Technologie besinnen, die unsere große industrielle Basis hervorgebracht und uns die Lebensqualität geschenkt hat, der wir uns heute erfreuen.
Wie wäre es, wenn freie Menschen sicher leben könnten in dem Wissen, daß ihre Sicherheit nicht auf der amerikanischen Drohung einer sofortigen Vergeltung beruht, um vor einem sowjetischen Angriff abzuschrecken; daß wir strategische Raketen abfangen und vernichten können, bevor sie unseren Boden oder den unserer Verbündeten erreichen? Ich weiß, daß das eine gewaltige technische Aufgabe ist – eine Aufgabe, die nicht vor Ende dieses Jahrhunderts bewältigt sein dürfte. Und doch hat die derzeitige Technologie einen Stand der Verfeinerung erreicht, daß es durchaus vernünftig ist, wenn wir uns an diese Aufgabe machen. Es wird jahrelanger, vielleicht jahrzehntelanger Anstrengungen auf vielen Gebieten bedürfen. Es wird Fehlschläge und Rückschläge geben, aber es wird auch Erfolge und Durchbrüche geben. Und während wir an diesen Dingen arbeiten, müssen wir in der Erhaltung der nuklearen Abschreckung und der Aufrechterhaltung einer soliden Fähigkeit für die flexible Antwort konstant bleiben. Aber ist das nicht alle die Investitionen wert, die die freie Welt wegen der Drohung eines Atomkrieges machen muß? Wir wissen, daß es das wert ist.
In der Zwischenzeit werden wir weiterhin wirkliche Verringerungen der Kernwaffen anstreben, indem wir aus einer Position der Stärke heraus verhandeln, die nur durch eine Modernisierung unserer strategischen Streitkräfte gehalten werden kann. Gleichzeitig müssen wir Schritte unternehmen, um das Risiko eines konventionellen militärischen Konflikts zu verringern, der zu einem Nuklearkrieg eskalieren könnte, indem wir unsere nichtnuklearen Kapazitäten stärken. Amerika besitzt – heute – die Technologien, um ganz bedeutsame Verbesserungen der Wirksamkeit unserer konventionellen, nichtnuklearen Streitkräfte zu erreichen. Wenn wir diese neuen Techno logien kühn nutzen, können wir einen etwaigen Anreiz, den die Sowjetunion haben könnte, mit einem Angriff auf die Vereinigten Staaten und ihre Verbündeten zu drohen, wesentlich verringern.
(Europa-Archiv, Folge 10/1983, S. 267 ff)

B 3 Pershing II-Raketen in Mutlangen: Symbole des Wettrüstens der 80er Jahre.

1 *Arbeiten Sie die Kernthesen der Rede heraus und erläutern Sie diese.*

2 *Wo finden sich Entsprechungen zu Geist und Sprache der 50er Jahre?*

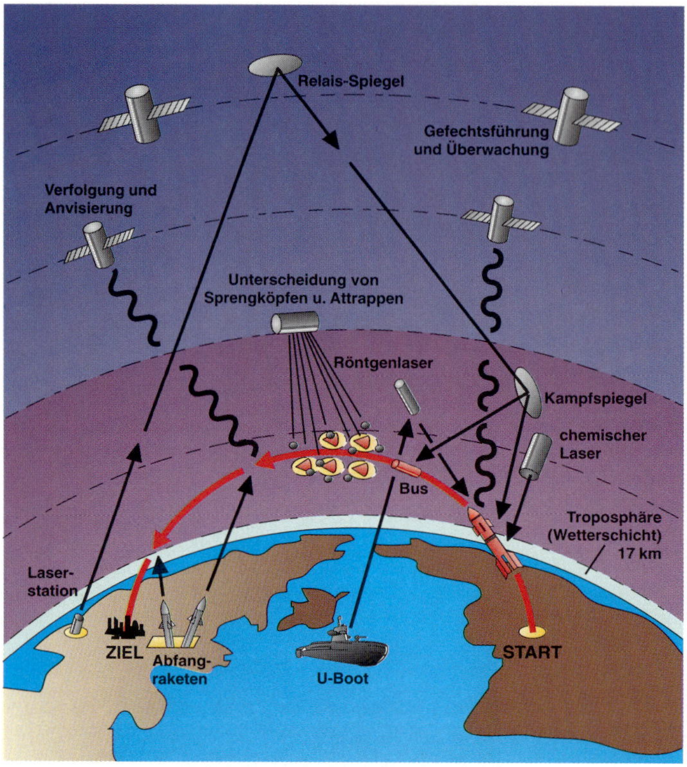

Schema 6 Schematische Darstellung des geplanten amerikanischen Verteidigungssystems SDI (StarWars).
Ein solches System sollte alle vom gegnerischen Territorium startenden Raketen und im Weltraum fliegenden Objekte erfassen und bedrohliche von unbedrohlichen Flugbahnen unterscheiden können sowie gefährliche Objekte von harmlosen. (Wochenschau II, Nr. 2, März/April 1989)

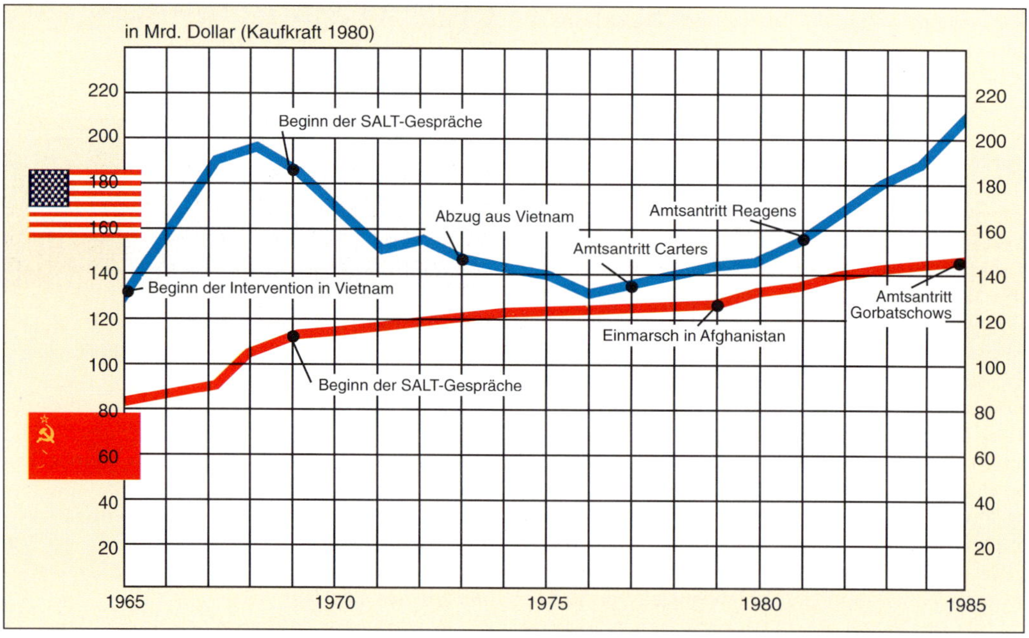

Schema 7 Die Verteidigungsausgaben der USA und UdSSR von den 60er bis zu den 80er Jahren.

4 Das Ende des Ost-West-Konflikts

Die Sowjetunion nach Breschnew

Als Leonid Breschnew 1982 starb, hinterließ er ein **schweres Erbe.** Die Sowjetunion stagnierte in allen Bereichen. Sie hatte zwar militärisch mit dem Westen gleichgezogen, lag jedoch in der wirtschaftlichen und technologischen Entwicklung weit zurück. An den Randgebieten – im asiatischen und im baltischen Raum – drohten Nationalitätenkonflikte auszubrechen. Der Afghanistankrieg verschlang Unsummen und demoralisierte die Bevölkerung. Die Mißachtung der Menschenrechte trug weiter zur internationalen Isolierung des Landes bei. Politisch Andersdenkende wurden häufig als psychiatrische Fälle behandelt oder deportiert, so auch der Kopf der sowjetischen Opposition, der weltweit angesehene Atomphysiker Andrej Sacharow, der in die für Ausländer nicht zugängliche Stadt Gorki verbannt worden war.
Breschnews Nachfolger **Juri Andropow** (1982–1984) begann mit wirtschaftlichen Reformen, die jedoch im Ansatz steckenblieben. Ihm folgte **Konstantin Tschernenko**, der bereits nach einem Jahr starb. Um der Überalterung an der Führungsspitze entgegenzuwirken und aus Gründen der politischen Kontinuität, wurde im März 1985 der erst 54jährige **Michail Gorbatschow** zum neuen Generalsekretär der KPdSU gewählt. Mit ihm kam ein entschiedener Reformer an die Spitze der Sowjetunion, der den Realitäten seines Landes (M 16) ins Auge sah und umgehend ein breit angelegtes Erneuerungsprogramm in Angriff nahm.

Gorbatschows Reformprogramm

Gorbatschows Versuch, die Sowjetunion aus der Stagnation zu befreien, begann mit der personellen Umgestaltung von Parteispitze und Regierung. Wichtige Positionen wurden mit Befürwortern seiner Reformvorstellungen besetzt, die auf zwei neuen, bald weltbekannten Schlagworten (M 17a und b) gründeten:
Mit **Glasnost** (Offenheit, Öffentlichkeit, Transparenz) sollten unter der Beteiligung der Massenmedien in öffentlichen und offenen Diskussionen die staatlichen Entscheidungsprozesse durchschaubar gemacht werden. Glasnost war Teil einer Demokratisierungsstrategie, die das Regierungshandeln auf eine kritisch-loyale Öffentlichkeit stützen wollte. Mit **Perestroika** (Umgestaltung, Umbau) war die demokratische Modernisierung von Gesellschaft, Wirtschaft und Politik gemeint. Der Bevölkerung sollte dabei ein weitgehendes Mitspracherecht eingeräumt werden.
Gorbatschow war kein Befürworter eines kapitalistischen Systems. Vielmehr beabsichtigte er, den Sozialismus durch die Aufnahme marktwirtschaftlicher Elemente effizienter und dadurch international konkurrenzfähiger zu gestalten. Die führende Rolle der kommunistischen Partei sowie das gesellschaftliche Eigentum an Produktionsmitteln durften nicht angetastet werden.
Gorbatschows Reformen führten binnen kurzem zu einem grundlegenden Wandel der Sowjetunion, der sich am nachhaltigsten in der **Belebung des öffentlichen Lebens** zeigte: Die Medien durften nun auch Kritisches berichten wie zum Beispiel über die Explosion im ukrainischen Kernkraftwerk Tschernobyl (1986). Kampagnen gegen hartnäckige Mißstände (Alkoholismus, Disziplinlosigkeit am Arbeitsplatz, Korruption der Funktionäre, Versagen der Bürokratie) erregten große Aufmerksamkeit. Bislang verbotene Bücher und Filme über den stalinistischen Terror entfachten heftige öffentliche Diskussionen. Zahlreiche Regimekritiker wurden aus der Haft entlassen, Demonstrationen geduldet. Die Kirchen erhielten eine Bewegungsfreiheit, die ihnen der atheistische Sowjetstaat jahrzehntelang vorenthalten hatte.
Zur **Belebung der Wirtschaft** gestand die Staatsführung den Fabrikdirektoren größere Entscheidungsbefugnisse zu. Ab 1987 durften Privatbetriebe gegründet werden. Kooperationsverträge (Joint-ventures) mit dem Ausland sollten für westliches Know-how und Kapital sorgen.

B 4 Treffen von Partei- und Regierungschef Gorbatschow mit US-Präsident Reagan im November 1985 in Genf. Im Dezember 1987 unterzeichneten beide den INF-Vertrag über die Abrüstung der Mittelstreckenwaffen.

Der Produktion von Konsumgütern wurde ein besonderes Augenmerk geschenkt, um die Engpässe im täglichen Leben zu überwinden.
1988 gelang es Gorbatschow, eine **Verfassungsänderung** in Richtung auf ein Präsidialsystem durchzusetzen. Das neue **Wahlrechtsgesetz** zum Kongreß der Volksdeputierten sah vor, daß in Zukunft ein Drittel der Delegierten von öffentlichen Wählerversammlungen bestimmt werden sollte. Erstmals seit siebzig Jahren konnte dabei in geheimer Wahl aus mehreren Kandidaten eine Auswahl getroffen werden.

Neue Ära der Entspannung

Zur Durchsetzung seiner innenpolitischen Ziele mußte Gorbatschow einen Ausgleich mit den USA herbeiführen. Sein **Konzept des „Neuen Denkens"** beendete deshalb die zweigleisige Außenpolitik der UdSSR, um zu einer Reduzierung des Rüstungswettlaufs zu gelangen. Bereits 1985 wurden die von der Sowjetunion abgebrochenen INF- und START-Verhandlungen wiederaufgenommen. Meinungsverschiedenheiten zwischen den Supermächten sollten in Zukunft ausschließlich im partnerschaftlichen Dialog zwischen Moskau und Washington beigelegt werden. Zur Demonstration seiner Glaubwürdigkeit zog Gorbatschow 1988/89 die sowjetischen Soldaten aus Afghanistan ab und entließ den Bürgerrechtler Sacharow aus seiner fast siebenjährigen Verbannung.
Gorbatschows Entspannungspolitik, die von der Vorstellung von einem „gemeinsamen Haus Europa" ausging, verbesserte das Ost-West-Verhältnis rasch und grundlegend (B 4): Auf der **Konferenz über Vertrauens- und Sicherheitsbildende Maßnahmen und Abrüstung in Europa** (KVAE) im September 1986 konnte ein Bündel derartiger Beschlüsse ausgehandelt werden. 1987 wurde der **INF-Vertrag** (M 18) unterzeichnet, der die Vernichtung aller sowjetischen und amerikanischen Mittelstreckenraketen in Europa bis 1991 vorsah **(Null–Lösung)**. Die Überwachung dieses Vorgangs wurde 200 Rüstungsexperten übertragen (B 5). Im Dezember 1988 schließlich erfolgte vor der UNO Gorbatschows **Angebot einer einseitigen Truppenreduzierung** in Osteuropa.

Veränderungen im Ostblock

Gorbatschows Reformpolitik kam oppositionellen Bewegungen in den Ostblockstaaten zugute. Sie brachte die kommunistischen Regierungen des Warschauer Paktes in Bedrängnis, zumal Gorbatschow 1988 die Breschnew-Doktrin aufgab. In der Folge setzten sich ausgehend von Polen und Ungarn Reformkräfte durch, die endlich auch in der DDR und in der ČSSR zu einem Umsturz des politischen Systems führten. Rumänien, Bulgarien, Jugoslawien und schließlich auch Albanien folgten.

Das Ende der Sowjetunion

Um seinen Reformkurs abzusichern und zu beschleunigen, betrieb Gorbatschow eine **Politik der Machtkonzentration**: Der Generalsekretär der KPdSU übernahm 1988 zusätzlich das Amt des Präsidenten im Obersten Sowjet, 1990 das Amt des Staatspräsidenten. Da aber keine grundlegenden wirtschaftlichen Verbesserungen erzielen werden konnten, verlor er, der im Ausland als herausragende Persönlichkeit der Zeitgeschichte angesehen wurde, im eigenen Land rapide an Autorität und Ansehen. Als ein **neuer Unionsvertrag**, der den Republiken weitgehende Autonomierechte zugestanden hätte, unterschrieben werden sollte, kam es am 19. August 1991 zum **Putsch der Reformgegner**, um die alten Machtverhältnisse wiederherzustellen. Das „Komitee für den Ausnahmezustand" scheiterte jedoch rasch am **Widerstand der Moskauer Bevölkerung** unter Führung des Präsidenten der Russischen Sowjetrepublik. Gorbatschow kehrte zwar in sein Amt zurück, konnte aber das **Verbot der KPdSU** durch Jelzin nicht verhindern. Anfang September beschloß in seiner letzten Amtshandlung der Volksdeputiertenkongreß die **Auflösung der UdSSR**. Am 21. Dezember 1991 bildeten daraufhin in Alma Ata elf ehemalige Sowjetrepubliken (außer Georgien) eine **Gemeinschaft unabhängiger Staaten** (GUS), um die aus dem Zusammenbruch der Sowjetunion resultierenden Probleme gemeinsam zu lösen. Die baltischen Staaten hatten sich bereits im August des Jahres für unabhängig erklärt.
Gorbatschow, dessen politisches Schicksal mit dem Erhalt der Union verknüpft war, trat angesichts dieser Entwicklung am 25. Dezember 1991 von seinem Amt als sowjetischer Staatspräsident zurück. Sein Arbeitszimmer übernahm der russische Präsident und Radikalreformer **Boris Jelzin**, der während der Putschtage zu einer Symbolfigur des Widerstandes geworden war. Dieser Machtwechsel besiegelte die entscheidende Niederlage des Staatssozialismus in der Sowjetunion. In der Sylvesternacht wurde auf dem Kreml die rote Fahne eingeholt.

Die Auflösung des Ostblocks

Der mißglückte Systemwandel in Osteuropa, der in einen Systemwechsel hin zur Marktwirtschaft und pluralistisch-parlamentarischen Demokratie einmündete, veränderte die zwischenstaatlichen Beziehungen des ehemaligen Ostblocks. Angesichts der zunehmenden Westorientierung ihrer Mitgliedsstaaten war das **Ende von Warschauer Pakt und Comecon** nur mehr eine Frage der Zeit. Beide Systeme wurden 1991 aufgelöst. Vorangegangen war die von 22 KSZE-Staaten unterzeichnete **Charta von Paris,** die den Gegensatz zwischen Ost und West aufhob (M19). Das Interesse der mittelosteuropäischen Staaten an einer Aufnahme in die Europäische Union und die NATO ist seither groß.

Abrüstungserfolge

Parallel zu diesen Vorgängen beschleunigte sich auch der Abrüstungsprozeß zwischen Ost und West. 1990 konnten die erst zwei Jahre zuvor aufgenommenen **Verhandlungen über konventionelle Streitkräfte in Europa** (VKSE), die die MBFR-Gespräche fortsetzten, zu einem Ende gebracht werden. Im Mai 1991 war die durch den INF-Vertrag von 1987 vorgesehene **Verschrottung aller landgestützten Mittelstreckenraketen** abgeschlossen. Im **START-Vertrag** vom Juli 1991 einigten sich USA und UdSSR auf eine Reduzierung der strategischen Nuklearwaffen um etwa ein Drittel. Nur wenig später begannen schon die Verhandlungen über einen **START II-Vertrag**, der im Januar 1993 von US-Präsident George Bush (1989–1993) und Boris Jelzin unterzeichnet wurde. Zusammen mit START I wird das Atomwaffenarsenal der Welt um etwa zwei Drittel verringert. Mehrfachsprengköpfe auf Interkontinentalraketen werden danach völlig verschwinden. Von den etwa 23 500 Gefechtsköpfen des Jahres 1990 sollen bis zum Jahre 2003 nur mehr rund 3 000 übrigbleiben.

Bilanz

Der Ost-West-Konflikt ist beendet. In atemberaubender Schnelle vollzog sich in den Jahren 1989 bis 1991 ein **epochaler Wandel**, der durch den raschen Zerfall der Supermacht UdSSR ausgelöst wurde. Damit ist die von Blockbildung und Bipolarität geprägte Nachkriegszeit zu Ende gegangen. Der Zusammenbruch der UdSSR wirft jedoch **neue Herausforderungen** auf: Werden die zahlreichen Nationalitätenkonflikte der postkommunistischen Ära friedlich beigelegt werden können? Wer kontrolliert künftig das immense Atomwaffenarsenal der einstigen Supermacht? Wie kann der Demokratisierungsprozeß bei massiven ökonomischen und ökologischen Altlasten vorankommen? Schon mehren sich die Zeichen, die auf ein Wiedererwachen eines russischen Nationalismus hindeuten. Angesichts dieser **„neuen Unübersichtlichkeit"** wird es nicht zuletzt an Westeuropa und den USA liegen, bei der Errichtung einer dauerhaften Friedensordnung in Verantwortung mitzuwirken.

B 5 Abtransport der Pershing II 1988 zur Verschrottung. – Im INF-Vertrag von 1987 vereinbarten USA und UdSSR die völlige Abrüstung der Mittelstreckenwaffen. 1993 waren die letzten Waffen dieser Gattung verschrottet.

M16 M. Gorbatschow über die Krise der Sowjetunion

In den letzten fünfzehn Jahren war die Wachstumsrate des Nationaleinkommens um mehr als die Hälfte zurückgegangen, und seit Beginn der achtziger Jahre verharrte sie auf einem fast stagnierenden Niveau. [...]

Rückläufige Zuwachsraten und wirtschaftliche Stagnation wirkten sich zwangsläufig auf andere Lebensbereiche der sowjetischen Gesellschaft aus. Negative Tendenzen zogen die soziale Sphäre in Mitleidenschaft. Dies führte zum Phänomen des sogenannten „Rest-Prinzips", dem gemäß sozialen und kulturellen Vorhaben nur das zufloß, was im Budget nach den Zuteilungen an die Produktion noch übrigblieb. Sozialen Problemen gegenüber schien man sich manchmal geradezu taub zu stellen. [...]

Und damit stoßen wir auf weitere Paradoxien. Unsere Gesellschaftsform hat Vollbeschäftigung garantiert und für fundamentale soziale Sicherheit gesorgt. Gleichzeitig aber hat sie versäumt, die Möglichkeiten des Sozialismus voll auszuschöpfen, um den wachsenden Bedarf an Wohnungen und qualitativ hochstehenden Nahrungsmitteln zu decken; sie hat es versäumt, das Transportwesen zweckmäßig zu organisieren, medizinische Betreuung und Bildung zu verbessern und andere Probleme zu bewältigen, die natürlich in dem

Maße entstehen, wie sich die Gesellschaft weiterentwickelt. Eine absurde Situation trat ein. Die Sowjetunion, der Welt größter Produzent von Stahl, Rohstoffen, Öl und Energie, produziert in diesen Bereichen noch immer nicht genug; Ursache ist die verschwenderische und ineffiziente Nutzung. Obwohl einer der größten Getreideproduzenten, muß unser Land Millionen von Tonnen Futtergetreide pro Jahr importieren. Wir haben die größte Zahl von Ärzten und Krankenhausbetten umgerechnet auf tausend Einwohner, und trotzdem gibt es in unserer medizinischen Betreuung schreiende Unzulänglichkeiten. Mit verblüffender Genauigkeit finden unsere Raketen den Halleyschen Kometen oder fliegen zur Venus, aber neben diesen wissenschaftlichen und technologischen Triumphen verzeichnen wir einen offenkundigen Mangel an Effizienz, wenn es gilt, diese wissenschaftlichen Errungenschaften für den wirtschaftlichen Bedarf nutzbar zu machen. Viele sowjetische Haushaltsgeräte sind von armseliger Qualität.

Damit aber leider nicht genug. Allmählich kam es überdies zu einer Aushöhlung der ideologischen und moralischen Werte unseres Volkes. [...]

In den Gesellschaftswissenschaften wurde schablonenhaftes Theoretisieren angeregt und gefördert; kreatives Denken wurde daraus verbannt, und überflüssige und willkürliche Bewertungen und Urteile wurden zu unbestreitbaren Wahrheiten erklärt. Wissenschaftliche, theoretische und andere Diskussionen, die für die Entwicklung des Denkens und für kreative Bestrebungen unverzichtbar sind, wurden verwässert. Ähnliche negative Tendenzen erfaßten auch die Kultur, die Künste und den Journalismus, ebenso den Ausbildungsbereich und die Medizin. Auch dort hielten Mittelmäßigkeit, Formalismus und Lobhudelei Einzug. [...]

Die Parteiführung ließ die Zügel schleifen. Bei einigen zentralen sozialen Prozessen ging ihr gar die Initiative verloren. Jedermann bemerkte die Stagnation in der Führung und die Verhinderung und Verletzung des natürlichen Veränderungsprozesses. [...] Es entstand ein Klima, in dem alles „entschuldigt" wurde und die Anforderungen an Disziplin und Verantwortung sanken. [...]

Die Gesellschaft als Ganzes geriet immer mehr außer Kontrolle. Wir dachten, wir hätten alles im Griff, während in Wirklichkeit eine Lage entstanden war, von der Lenin schon gewarnt hatte: Das Auto fuhr gar nicht dorthin, wo der Mann am Steuer dachte, daß es fahre. [...]

Das unvoreingenommene und ehrliche Herangehen führte uns zu dem einzig logischen Schluß: unser Land driftete in eine Krise ab.

(M. Gorbatschow, Perestroika – die zweite russische Revolution. München 1987, S. 17 ff.)

1 *Welche Problemfelder der UdSSR umreißt Gorbatschow?*

M17 Die Reformvorstellungen Gorbatschows

a) Glasnost

Glasnost verlangt bei allen Fragen der Innen- und Außenpolitik Meinungsvielfalt, offene Diskussionen und die freie Gegenüberstellung unterschiedlicher Ansichten. Nur unter einer solchen Voraussetzung kann sie ihre gesellschaftliche Pflicht erfüllen und dem Volk sowie dem Sozialismus von Nutzen sein.

b) Perestroika

Perestroika bedeutet, die stagnierenden Prozesse zu überwinden, alles zu beseitigen, was bremst, einen zuverlässigen und wirksamen Mechanismus zur Beschleunigung der sozialökonomischen Entwicklung zu schaffen und diesem eine größere Dynamik zu verleihen.

Perestroika bedeutet Initiative der Massen; Entwicklung der Demokratie auf breiter Basis, sozialistische Selbstverwaltung, Förderung von Initiative und schöpferischer Arbeit, Stärkung von Ordnung und Disziplin, mehr Offenheit, Kritik und Selbstkritik in allen Bereichen unserer Gesellschaft; ein Höchstmaß an Achtung des Individuums und Wahrung seiner persönlichen Würde.

(M. Gorbatschow, Perestroika – die zweite russische Revolution. München 1987, S. 39 f.)

1 *Vergleichen Sie die Reformvorstellungen Gorbatschows mit den bisherigen Staatsprinzipien des Sowjetsystems. Worin besteht die Sprengkraft von Gorbatschows Reformvorstellungen?*

2 *Erörtern Sie das systemerhaltende bzw. systemüberwindende Potential von Glasnost und Perestroika.*

M18 Auszug aus dem INF-Vertrag (1987)

In dem Bewußtsein, daß ein Kernwaffenkrieg für die ganze Menschheit verheerende Folgen hätte

– geleitet vom Ziel der Stärkung der strategischen Stabilität

– in der Überzeugung, daß die im vorliegenden Vertrag dargelegten Maßnahmen zur Verringerung der Kriegsgefahr und zur Festigung des inter-

nationalen Friedens und der Sicherheit beitragen werden, sowie
– unter Berücksichtigung ihrer Verpflichtungen laut Artikel VI des Vertrages über die Nichtweiterverbreitung von Kernwaffen
haben sich die Vereinigten Staaten von Amerika und die Union der Sozialistischen Sowjetrepubliken, nachstehend als Seiten bezeichnet, auf folgendes geeinigt:

Artikel I

Entsprechend den Festlegungen des vorliegenden Vertrages, [...] wird jede der Seiten ihre Raketen mittlerer und kürzerer Reichweite liquidieren, wird sie in der Folgezeit nicht über derartige Mittel verfügen und wird die übrigen im vorliegenden Vertrag dargelegten Verpflichtungen erfüllen. [...]

Artikel IV

1. Jede der Seiten beseitigt alle ihre Raketen mittlerer Reichweite und die Startvorrichtungen für diese Raketen sowie alle mit diesen Raketen und Startvorrichtungen zusammenhängenden Hilfseinrichtungen und alle Hilfsausrüstungen der Kategorien, die in dem Memorandum über die Vereinbarung angeführt sind, und zwar so, daß spätestens drei Jahre nach Inkrafttreten dieses Vertrages und in der Folgezeit keine der Seiten mehr solche Raketen, Startvorrichtungen, Hilfseinrichtungen und Hilfsausrüstungen besitzt.

(Frankfurter Rundschau vom 15. Dezember 1987, S. 12)

1 *Arbeiten Sie die wichtigsten Bestimmungen des INF-Vertrages heraus.*

2 *Warum gilt das INF-Abkommen als erstes Abrüstungs-Abkommen? Vergleichen Sie es mit den Bestimmungen des ABM-Vertrages (M 12).*

M19 KSZE: Charta von Paris – Gemeinsame Erklärung der 22 KSZE-Staaten am 20. November 1990 in Paris

Die Staats- und Regierungschefs Belgiens, Bulgariens, Dänemarks, Deutschlands, Frankreichs, Griechenlands, Islands, Italiens, Kanadas, Luxemburgs, der Niederlande, Norwegens, Polens, Portugals, Rumäniens, Spaniens, der Tschechischen und Slowakischen Föderativen Republik, der Türkei, Ungarns, der Union der Sozialistischen Sowjetrepubliken, des Vereinigten Königreichs und der Vereinigten Staaten von Amerika,

– HOCHERFREUT über den historischen Wandel in Europa,

– BEFRIEDIGT über die in ganz Europa zunehmende Verwirklichung der gemeinsamen Verpflichtung zu pluralistischer Demokratie, Rechtsstaatlichkeit und Menschenrechten, die für den Fortbestand der Sicherheit auf dem Kontinent wesentlich sind,

– IN BEKRÄFTIGUNG der Feststellung, daß das Zeitalter der Teilung und Konfrontation, das mehr als vier Jahrzehnte gedauert hat, zu Ende ist, daß sich die Beziehungen zwischen ihren Ländern verbessert haben und daß dies zur Sicherheit aller beiträgt,

– IM VERTRAUEN darauf, daß die Unterzeichnung des Vertrages über konventionelle Streitkräfte in Europa einen bedeutenden Beitrag zum gemeinsamen Ziel erhöhter Sicherheit und Stabilität in Europa darstellt, und

– ÜBERZEUGT, daß diese Entwicklung Teil eines fortwährenden Prozesses der Zusammenarbeit sein muß, um die Strukturen für einen zusammenwachsenden Kontinent zu schaffen,

Geben folgende Erklärung ab:

1. Die Unterzeichnerstaaten erklären feierlich, daß sie in dem anbrechenden neuen Zeitalter europäischer Beziehungen nicht mehr Gegner sind, sondern neue Partnerschaften aufbauen und einander die Hand zur Freundschaft reichen wollen.

2. Sie rufen ihre Verpflichtungen aus der Charta der Vereinten Nationen in Erinnerung und bekräftigen alle ihre Verpflichtungen gemäß der Schlußakte von Helsinki. [...]

(Presse- und Informationsamt der Bundesregierung [Hrsg.] Bulletin Nr. 137 vom 25. November 1990, S. 1422 f.)

1 *Erläutern Sie, warum man die Charta von Paris als Schlußdokument des Kalten Krieges zwischen Ost und West bezeichnen kann?*

5 Die Außenpolitik der Bundesrepublik 1949–1969

Dominanz der internationalen Politik

Die Krisen- und Entspannungsphasen zwischen den beiden Supermächten hatten für die Außenpolitik der Bundesrepublik eine grundlegende Bedeutung. Sie bestimmten deren Handlungsspielräume und zwangen diese, sich der jeweiligen Ost-West-Konstellation anzupassen. Eigene Zielvorstellungen konnten nur in Übereinstimmung mit der politischen Großwetterlage durchgesetzt werden. Der jeweiligen Haltung der USA kam dabei ein besonderes Gewicht zu.

Westbindung und Antikommunismus

Konrad Adenauer (CDU), der von 1949–1963 maßgeblich die Außenpolitik der Bundesrepublik bestimmte, war ein überzeugter Vertreter der **Westintegration** (vgl. S. 126 ff.). Mit Blick auf die deutsche Geschichte und die geopolitische Lage der Bundesrepublik befürwortete er deren umfassende Einbindung in ein vereintes Westeuropa unter der Führung der USA. Die Sicherung der Freiheit des westdeutschen Teilstaates erschien ihm dabei wichtiger als ein unter neutralem Vorzeichen geeintes Gesamtdeutschland. (M 21)

Adenauers Haltung gegenüber dem östlichen Lager war bestimmt von einem tiefsitzenden **Antikommunismus** (M 20). Gestützt auf das westliche Bündnis, betrieb er eine **„Politik der Stärke“**, um ein Einlenken der Sowjetunion in der deutschen Frage zu erreichen. Diese Politik kam besonders in der **Hallstein-Doktrin** (s. S. 205, 208) zum Ausdruck.

In auffallendem Widerspruch zu dieser Haltung stand die **Aufnahme diplomatischer Beziehungen mit der Sowjetunion** im September 1955, die der beginnenden Annäherung der Großmächte nach der Genfer Gipfelkonferenz vom Mai des Jahres Rechnung trug. Als Gegenleistung erreichte Adenauer bei seinem aufsehenerregenden Moskau-Besuch die Freilassung der in sowjetischer Kriegsgefangenschaft verbliebenen etwa 10 000 deutschen Soldaten sowie die Rückführung von Tausenden verschleppter deutscher Zivilisten.

Der rasche **Aufstieg der Bundesrepublik** zu einem angesehenen Mitglied der westlichen Völkergemeinschaft gipfelte Mitte der fünfziger Jahre in den Pariser Verträgen, im Beitritt zur WEU und NATO sowie zur EURATOM und EWG (vgl. hierzu S. 127). Die Voraussetzungen hierfür lagen im Kalten Krieg, der die westlichen Siegermächte des Zweiten Weltkriegs schrittweise zu einer Aufgabe ihrer ursprünglich negativen Deutschlandpolitik zwang. Berlin-Blockade (1948/49) und Korea-Krieg (1950–1953) beschleunigten diese bereits durch den Marshall-Plan (1948) signalisierte Entwicklung. Als **Frontstaat zum östlichen Lager** sollte die Bundesrepublik nunmehr zur Stärkung Westeuropas beitragen und im Rahmen der Containment- und Roll Back-Strategie der USA ein Bollwerk gegen den Sowjetkommunismus bilden. Adenauer machte sich diesen Sinneswandel geschickt zunutze, indem er den von der Bundesrepublik erwarteten Verteidigungsbeitrag mit der Wiedergewinnung der staatlichen Souveränität verknüpfte.

„Atlantiker“ gegen „Gaullisten“

Die nach der Konsolidierung von NATO und Warschauer Pakt Mitte der 50er Jahre beginnende **Annäherung zwischen den Supermächten** stellte die Außenpolitik der Bundesrepublik vor grundlegend **neue Herausforderungen**. Vor dem Hintergrund erneuter Berlin-Krisen (ab 1958) wuchs die Befürchtung vor einem amerikanisch-sowjetischen Ausgleich auf Kosten Westeuropas. Angesichts der Entwicklung des sowjetischen Nuklearpotentials verlor das amerikanische Konzept der nuklearen Abschreckung zunehmend an Glaubwürdigkeit. Vor allem Frankreich und die Bundesrepublik sahen sich in ihrer Sicherheit bedroht. Die Spannungen zwischen den USA und Westeuropa nahmen zu. Die wirtschaftlichen Erfolge der EWG förderten den Argwohn der Amerikaner zusätzlich.

In der Folgezeit suchte die Bundesrepublik eine stärkere Anlehnung an Frankreich, das der Politik der Supermächte mit unverhohlener Skepsis gegenüberstand. Prominentester Wortführer dieser Haltung war General **Charles de Gaulle**, der 1958 zum französischen Staatspräsidenten gewählt wurde. Er befürwortete eine unabhängige europäische Politik unter der Führung Frankreichs und förderte zu diesem Zweck den **Plan einer Europäischen Politischen Union.** Ziel dieser Vereinigung sollte die Schaffung eines freiheitlichen „Europas der Vaterländer" vom Atlantik bis zum Ural sein, in dem auch die Überwindung der deutschen Teilung möglich schien.
De Gaulles Pläne wurden in der Bundesrepublik mit großem Interesse verfolgt. Politiker wie Adenauer und Franz-Josef Strauß sahen in ihnen eine mögliche Alternative zur bisherigen Bündnispolitik, die ausschließlich auf die USA hin orientiert war. Sie bezweifelten zeitweilig eine langfristige Interessenübereinstimmung zwischen Nordamerika und Westeuropa. Am Ende jedoch bestimmten sicherheitspolitische Erwägungen die Bonner Außenpolitik, die sich letztlich eindeutig gegen eine Abkapselung Westeuropas aussprach. Für eine Fortsetzung des engen Schulterschlusses mit den USA sprach deren Militärpotential, dem Frankreich nichts annähernd Vergleichbares entgegensetzen konnte. Hinzu kamen die globalen Interessen der deutschen Industrie, deren Wahrnehmung die enge Anlehnung an die USA voraussetzte. Die radikalen **„Gaullisten"** in der deutschen Politik hatten somit kaum eine Chance gegen die **„Atlantiker"**, die sich um Ludwig Erhard und Außenminister Schröder scharten. Im Verlauf der sechziger Jahre einigte man sich auf ein Sowohl-Als-Auch in dieser Frage.
Höhepunkt der deutsch-französischen Annäherung unter de Gaulle und Adenauer war der **Abschluß des Elysée-Vertrags** vom 22. 1. 1963 (B6), der die vielzitierte „Erbfeindschaft" zwischen beiden Staaten ein für allemal überwinden sollte (M 22a). Frankreich und Deutschland verpflichteten sich hierin zu regelmäßigen Konsultationen und einer engen Zusammenarbeit in allen politischen Fragen. Gleichzeitig wurde das Deutsch-französische Jugendwerk ins Leben gerufen, der Aufbau von Städtepartnerschaften konnte beginnen. Allerdings versah der Bundestag den Vertrag mit einer **Präambel zugunsten von NATO und EWG** (M 22b), um seine antiamerikanische und antibritische Stoßrichtung aufzuheben. Kurz zuvor war der Beitritt Großbritanniens zur EWG am Widerstand Frankreichs gescheitert.

Die vorsichtige Öffnung zum Osten

Adenauers Plädoyer für ein selbständigeres Europa hatte nicht zuletzt mit der **Verringerung des deutschlandpolitischen Engagements der Westmächte** zu tun, die sich seit der Genfer Gipfelkonferenz vom Juli 1955 mit der Teilung Deutschlands abzufinden schienen. Ungeachtet der zahlreichen Krisen jener Jahre war das Ost-West-Verhältnis in eine erste Phase der Entspannung getreten. Das atomare Patt zwischen den Supermächten verlangte nach einem Interessenausgleich.
Spätestens das defensive Verhalten der Kennedy-Regierung beim Berliner Mauerbau 1961 zeigte, daß die Ansprüche der Bundesregierung gegenüber ihren östlichen Nachbarn auf Dauer nicht mehr aufrechtzuerhalten waren. Schließlich drängte auch die NATO auf einen **Ausgleich mit der kommunistischen Staatenwelt** – so geschehen im „Harmel-Bericht" (1967) und im Schlußkommuniqué der Konferenz von Reykjavik (1968).
Die außenpolitischen Konsequenzen aus einer veränderten Weltlage, die nach Beendigung der Kuba-Krise (1962) in die **zweite Phase der Entspannung** getreten war, wurden durch die Regierung Ludwig Erhards (1963–1966) und die Große Koalition (1966–1969) unter Kurt Georg Kiesinger und seinem Außenminister Willy Brandt gezogen: 1963–1967 erfolgte die Aufnahme wirtschaftlicher Beziehungen zu Polen, Rumänien, Ungarn, Bulgarien und der Tschechoslowakei, die allerdings bewußt unterhalb der Ebene diplomatischer Beziehungen angesiedelt waren.

Eine **Aufweichung der Hallstein-Doktrin** war zu erkennen, als 1967/68 diplomatische Beziehungen zu Rumänien, Südjemen, Kambodscha und, erneut, zu Jugoslawien aufgenommen wurden. Weitere Indizien für die **„Politik der Bewegung“** der sechziger Jahre waren die „Friedensnote“ Erhards von 1966, in der er den osteuropäischen Staaten das Angebot eines Gewaltverzichts unterbreitete, sowie die auf Aussöhnung mit dem Osten zielende Regierungserklärung Kiesingers. Indes unterbrach die Niederschlagung des Prager Frühlings 1968 vorübergehend die ostpolitischen Entspannungsbemühungen der Großen Koalition, in der die SPD an Einfluß gewann.

B 6 Bundeskanzler Adenauer und Staatspräsident de Gaulle 1963 vor dem Elysée-Palast in Paris. Beide repräsentierten ein konservatives Europa („Europa der Vaterländer“) und begründeten die „Deutsch-Französische Freundschaft“.

M20 Westintegration als Schutz vor dem Kommunismus: Aus der Rede von Bundeskanzler Adenauer vor der CDU am 20. Oktober 1950

Auf der einen Seite steht Sowjet-Rußland mit seinen Trabanten- und Satellitenstaaten, seinen Fünften Kolonnen und den ihm blind gehorchenden kommunistischen Parteien in den demokratischen Ländern, hochgerüstet, überall in der Welt das Feuer schürend, Religion und Christentum, europäische Sitten und Kultur, Freiheit und Würde der Person vernichtend. Auf der anderen Seite stehen die Westalliierten, stehen die Atlantikpaktstaaten unter Führung der Vereinigten Staaten, bereit und entschlossen, alles zu tun für den Frieden, aber nur für einen Frieden in Freiheit und Würde bereit, ihre Rüstung aufs äußerste zu verstärken, um auf diese Weise den von Sowjet-Rußland drohenden Angriff zu verhindern.

Zwischen diesen beiden Lagern liegt die Bundesrepublik Deutschland mit ihren fast 50 Millionen Menschen. Unsere Lage mitten im europäischen Spannungsfeld ist alles andere als beruhigend. Seit Jahr und Tag mußte jeder, der die Dinge klar sieht, fürchten um unser Vaterland, um unsere Sicherheit; er mußte fürchten, daß Deutschland eventuell Schauplatz kriegerischer Auseinandersetzungen werden könnte: er mußte zittern davor, daß im Falle eines russischen Angriffs Millionen von Deutschen nach Rußland getrieben, in russische Armeen gesteckt oder zur Sklavenarbeit verdammt würden. [...] Für jeden Deutschen, der die Dinge in Ruhe überlegt, muß es ein Gefühl der Erleichterung sein, [...] daß die Westalliierten ihre auf deutschen Boden stehenden Truppen zu verstärken beginnen und daß sie, ihrem Versprechen gemäß, diese Truppen so stark wie nur eben möglich machen wollen. [...]

Es ist Aufgabe Deutschlands, einen Damm aufzurichten gegen das Einsickern und die Infiltration sowjetisch-russischer Ideen. Wir müssen die Menschheit diesseits des Eisernen Vorhangs aufklären über das, was jenseits des Eisernen Vorhangs vor sich geht, was auch uns, was Europa beschieden sein würde, wenn die russische Ideologie bei uns in Europa zur Herrschaft gelangte.

Unkraut gedeiht auf schlechtem Boden. Das gilt auch vom Kommunismus.

(H. A. Jacobsen, Mißtrauische Nachbarn. Düsseldorf 1970, S. 235 f.)

1 *Wie begründet Adenauer seine Politik der Westintegration? Berücksichtigen Sie bei Ihrer Antwort die Sicht von Ost und West sowie die Einschätzung der geopolitischen Lage der Bundesrepublik.*

2 *Charakterisieren Sie Adenauers Rede als Dokument des Kalten Krieges.*

M21 „Westintegration vor Wiedervereinigung": Aus einer Rede Erich Ollenhauers (SPD) vom 15. Dezember 1954 zur Außenpolitik Adenauers

Auf der Pariser Konferenz ist diese Linie konsequent und noch verstärkt weiterverfolgt worden. Der Herr Bundeskanzler hat in Paris eine große Zahl von Verträgen und Vereinbarungen unterzeichnet; aber eine Vereinbarung und eine Unterschrift fehlt: Es gibt auch unter den Pariser Dokumenten keine Vereinbarung über die gemeinsame Politik zur Verwirklichung des Ziels der deutschen Wiedervereinigung; im Gegenteil, in Paris ist zwar nicht schriftlich, aber tatsächlich festgelegt worden, daß neue Verhandlungen mit der Sowjetunion über das Problem der deutschen Einheit erst nach der Ratifizierung der Verträge ins Auge gefaßt werden sollen. Der Herr Bundeskanzler hat sich diese These wiederholt und ausdrücklich zu eigen gemacht, auch in seiner heutigen Rede. Damit ist eindeutig der Aufrüstung der Bundesrepublik Vorrang vor der Wiedervereinigung gegeben worden. Daß diese Entscheidung im Widerspruch steht zu den wiederholten einstimmigen Beschlüssen des Bundestages, steht außer jedem Zweifel. [...]

Nun hat die Sowjetregierung in ihrer letzten Note vom 9. Dezember[1] eindeutig erklärt, daß nach der Ratifizierung der Pariser Verträge Verhandlungen über die deutsche Wiedervereinigung gegenstandslos sein werden. Sie sagt weiter, es sei ein Irrtum, anzunehmen, daß man nach der Ratifizierung mit größerer Erfolgsaussicht über die deutsche Frage verhandeln könne. [...]

Es ist die Tragik der Außenpolitik der Bundesrepublik, daß sie sich bis heute nicht hat befreien können aus den Zwangsläufigkeiten, die sich aus dem Angebot der deutschen Aufrüstung durch den Herrn Bundeskanzler vom August 1950[2] ergeben haben, und daß praktisch die Integration der Bundesrepublik in den Westen immer den Vorrang vor der Wiedervereinigung gehabt hat. [...]

Meine Damen und Herren, niemand von uns vermag zu sagen, ob eine große Anstrengung, die Versteinerung der Spaltung Deutschlands durch ernsthafte Verhandlungen zu verhindern, noch zu einem Erfolg führt. Aber die große Sache, die auf dem Spiele steht, die Einheit unseres Volkes, erfordert die Ausschöpfung aller Verhandlungsmöglichkeiten.

(Johannes Hohlfeld [Hrsg.], Dokumente der Deutschen Politik und Geschichte von 1848 bis zur Gegenwart. Bd. 8, Berlin o.J., S. 538 f.)

1 Note an die Westmächte
2 Interview mit der New York Times

1 *Welche Hindernisse einer deutschen Einheit sieht Ollenhauer nach Ratifizierung der Pariser Verträge (vgl. S. 127)?*
2 *Umreißen Sie das Konzept der SPD der 50er Jahre für die Herstellung der deutschen Einheit.*

M22 Deutsch-französische Annäherung

a) Gemeinsame Erklärung zum Vertrag über die deutsch-französische Zusammenarbeit (Elysée–Vertrag) vom 22. Januar 1963

Der Bundeskanzler der Bundesrepublik Deutschland, Dr. Konrad Adenauer, und der Präsident der Französischen Republik, General de Gaulle, haben sich [...]
– in der Überzeugung, daß die Versöhnung zwischen dem deutschen und dem französischen Volk, die eine Jahrhunderte alte Rivalität beendet, ein geschichtliches Ereignis darstellt, das das Verhältnis der beiden Völker zueinander von Grund auf neu gestaltet,
– in dem Bewußtsein, daß eine enge Solidarität die beiden Völker sowohl hinsichtlich ihrer Sicherheit als auch hinsichtlich ihrer wirtschaftlichen und kulturellen Entwicklung miteinander verbindet,
– angesichts der Tatsache, daß insbesondere die Jugend sich dieser Solidarität bewußt geworden ist, und daß ihr eine entscheidende Rolle bei der Festigung der deutsch-französischen Freundschaft zukommt,
– in der Erkenntnis, daß die Verstärkung der Zusammenarbeit zwischen den beiden Ländern einen unerläßlichen Schritt auf dem Wege zu dem vereinigten Europa bedeutet, welches das Ziel beider Völker ist,
mit der Organisation und den Grundsätzen der Zusammenarbeit zwischen den beiden Staaten, wie sie in dem heute unterzeichneten Vertrag niedergelegt sind, einverstanden erklärt. [...]
(Auswärtiges Amt [Hrsg.], 40 Jahre Außenpolitik der Bundesrepublik Deutschland. Eine Dokumentation. Bonn 1989, S. 147)

b) Präambel des Gesetzes zum Elysée-Vertrag vom 15. Juni 1963

In der Überzeugung,
– daß der Vertrag zwischen der Bundesrepublik Deutschland und der Französischen Republik vom 22. Januar 1963 die Aussöhnung und Freundschaft zwischen dem deutschen und dem französischen Volk vertiefen und ausgestalten wird;
mit der Feststellung,
– daß durch diesen Vertrag die Rechte und Pflichten aus den von der Bundesrepublik Deutschland abgeschlossenen multilateralen Verträgen unberührt bleiben;
mit dem Willen,
– durch die Anwendung des Vertrages die großen Ziele zu fördern, die die Bundesrepublik Deutschland in Gemeinschaft mit den anderen ihr verbündeten Staaten seit Jahren anstrebt und die ihre Politik bestimmen, nämlich die Erhaltung und Festigung des Zusammenschlusses der freien Völker, insbesondere einer engen Partnerschaft zwischen Europa und den Vereinigten Staaten von Amerika, die Verwirklichung des Selbstbestimmungsrechts für das deutsche Volk und die Wiederherstellung der deutschen Einheit,
die gemeinsame Verteidigung im Rahmen des nordatlantischen Bündnisses und die Integrierung der Streitkräfte der in diesem Bündnis zusammengeschlossenen Staaten,
die Einigung Europas auf dem durch die Schaffung der europäischen Gemeinschaften begonnenen Wege unter Einbeziehung Großbritanniens und anderer zum Beitritt gewillter Staaten und die weitere Stärkung dieser Gemeinschaften,
den Abbau der Handelsschranken durch Verhandlungen zwischen der Europäischen Wirtschaftsgemeinschaft, Großbritannien und den Vereinigten Staaten von Amerika sowie anderen Staaten im Rahmen des „Allgemeinen Zoll- und Handelsabkommens";
in dem Bewußtsein, – daß eine deutsch-französische Zusammenarbeit, die sich von diesen Zielen leiten läßt, allen Völkern Nutzen bringen, dem Frieden in der Welt dienen und dadurch zugleich dem deutschen und dem französischen Volke zum Wohle gereichen wird, hat der Bundestag das folgende Gesetz beschlossen [...]
(Auswärtiges Amt [Hrsg.], 40 Jahre Außenpolitik der Bundesrepublik Deutschland. Eine Dokumentation. Bonn 1989, S. 151)

1 *Bestimmen Sie die Zielsetzungen des Elysée-Vertrages (M 22a).*
2 *Vergleichen Sie M 22a und b. Welche Befürchtungen des Bundestages hinsichtlich der deutsch-französischen Beziehungen werden deutlich? Inwiefern kann von einem Sieg der „Atlantiker" gesprochen werden?*

6 Die Außenpolitik der Bundesrepublik 1969–1990

Die Neue Ostpolitik

Die außenpolitischen Kurskorrekturen der sechziger Jahre vollzogen sich nur langsam und widersprüchlich, da CDU und CSU sowie die mit ihnen verbundenen Vertriebenenverbände die Anerkennung der durch den Zweiten Weltkrieg geschaffenen Ordnung in Mittel- und Osteuropa wenn nicht verhindern, so doch möglichst lange hinauszögern wollten. Die grundsätzliche Revision der bundesrepublikanischen Deutschland- und Ostpolitik blieb deshalb der sozial-liberalen Koalition unter Willy Brandt und Walter Scheel vorbehalten, die 1969 auf dem **Höhepunkt der Entspannung** zwischen Ost und West an die Macht kam. Im Schatten der Verhandlungen um SALT I (1969–1972) und SALT II (ab 1973) sowie der beginnenden KSZE-Gespräche (ab 1971) wurden nun schwerwiegende Hindernisse für eine europäische Friedensordnung aus dem Weg geräumt. Architekt dieser außenpolitischen Neuorientierung wurde Egon Bahr, der bereits 1963 den **„Wandel durch Annäherung“** (s. S. 211 f.) propagiert hatte. Erst der innenpolitische Konstellationswechsel jedoch ermöglichte die rasche Verwirklichung dieses Konzepts:
Der **„Moskauer Vertrag“** (M 23) zwischen der Bundesrepublik und der Sowjetunion garantierte die Unverletztlichkeit der Oder-Neiße-Grenze sowie der Grenze zwischen den beiden deutschen Staaten, ohne diese jedoch als „endgültig“ anzuerkennen (s. S. 210 f.). Ebenso bekräftigte der parallel dazu ausgehandelte **Warschauer Vertrag** (M 24) mit Polen die Respektierung der polnischen Westgrenze. Der **Prager Vertrag** mit der ČSSR erklärte das Münchner Abkommen von 1938 für „nichtig“. In Folge dieser Politik des Gewaltverzichts und der Versöhnung zwischen der Bundesrepublik und ihren kommunistischen Nachbarstaaten kam es zur Aufnahme diplomatischer Beziehungen mit Polen, Ungarn, Bulgarien und der Volksrepublik China, die das **Ende der Hallstein-Doktrin** bedeuteten. In enger Verzahnung mit diesen Vorgängen entspannte sich auch das innerdeutsche Verhältnis (Grundlagenvertrag und Berlin-Abkommen, s. S. 209 f.).
Das Ergebnis der Neuen Ostpolitik, die auf den erbitterten Widerstand der CDU/CSU-Opposition stieß (M 25), war eine spürbare **Verbesserung der internationalen Position** Bonns (B7). 1972 wurde Willy Brandt mit dem Friedensnobelpreis geehrt. 1973 erfolgte die Aufnahme der Bundesrepublik in die Vereinten Nationen. 1975 zählte sie zu den Unterzeichnerstaaten der KSZE-Schlußakte. 1976 wurde sie erstmals in den UN-Sicherheitsrat gewählt.

Außenpolitische Grundlinien der 70er und 80er Jahre

Bundeskanzler Helmut Schmidt (1974–1982) wie auch die konservativ-liberalen Regierungen Helmut Kohls nach der „Wende“ 1982 setzten Brandts Linie der **Westbindung bei gleichzeitiger Normalisierung der Beziehungen zu den Ostblockstaaten** fort. Zumal in den Krisenzeiten der Entspannung (1979–1985) bemühten sie sich um eine vermittelnde Rolle zwischen den Supermächten in der Absicht, das Abrüstungsgespräch in Gang zu halten. Beide Kanzler verhalfen dabei der Bundesrepublik zu hohem internationalen Ansehen, das am Ende die lang erhoffte Vereinigung Deutschlands ermöglichte.
Garant der Kontinuität westdeutscher Außenpolitik wurde der FDP-Vorsitzende Hans-Dietrich Genscher, der von 1974 bis 1992 das Amt des Außenministers innehatte und die **Integration der Bundesrepublik in die Weltpolitik** maßgeblich beförderte. Die Internationalisierung der Bonner Außenpolitik vollzog sich vor dem Hintergrund weltweiter Energie-, Währungs- und Wirtschaftskrisen sowie eines zunehmenden Nord-Süd-Konflikts, die eine Intensivierung der globalen Kooperation erforderten. Entgegen protektionistischen Lösungsvorschlägen verfocht das Exportland Bundesrepublik dabei stets den **Freihandel**.

Die Westpolitik

Ziel der Bonner **Europapolitik** seit den siebziger Jahren war die Vergrößerung der Europäischen Gemeinschaft und der Ausbau der Wirtschafts- und Währungsunion. Hinzu trat die entschlossene Förderung des politischen Integrationsprozesses der EG (s. S. 228). Die Bonner Regierungen zeigten sich dabei bestrebt, im Rahmen der Europäischen Zusammenarbeit (EPZ) ihre Außenpolitik mit den EG-Partnern zu koordinieren und Kooperationsverträge der EG mit den Ländern der EFTA, der Gruppe der Mittelmeerländer und den AKP-Staaten* zu ermöglichen. Sicherheitspolitisch wurde mit der deutsch-französischen Brigade die Grundlage für eine europäische Armee gelegt. Innerhalb der NATO plädierte Bonn für eine Stärkung der WEU und der Stellung Europas.
Nach Auffassung aller Bundesregierungen durfte die Europapolitik Bonns nicht auf Kosten der **Partnerschaft mit den USA** gehen und dort als Gegenmachtbildung mißverstanden werden. Antiatlantische Stimmungen innerhalb der EG und dabei besonders in Frankreich wurden deshalb gedämpft. In den Handelsstreitigkeiten zwischen der EG und den USA, die sich vor allem an den EG-Subventionen und EG-Importbestimmungen entzündeten, nahm die Bundesrepublik mit Rücksicht auf seine Exportinteressen eine ausgleichende Haltung ein.

Die Ostpolitik

Im Verhältnis zur Sowjetunion und zu den Staaten des Ostblocks bemühten sich die Bundesregierungen um die Fortsetzung einer **„Politik der guten Nachbarschaft“**. Sie führten den durch die Neue Ostpolitik ermöglichten Entspannungskurs weiter (B 8). Zahlreiche Kooperationsabkommen waren die Folge, der Handel mit dem Osten nahm zu. Sichtbarer Ausdruck der wachsenden Normalisierung der Beziehungen war der Moskau-Besuch von Bundeskanzler Schmidt und Außenminister Genscher Ende Oktober 1974. Im Mai 1978 besuchte Breschnew Bonn.

B 7 Bundeskanzler Brandt bei seinem Polenbesuch 1970. – Der symbolische Akt des Kniefalls vor dem Denkmal der gefallenen Aufständischen des jüdischen Ghettos in Warschau am 7. Dezember charakterisierte den versöhnlichen Geist der Ostverträge.

Das auf diese Weise aufgebaute Vertrauen wurde allerdings durch die **erneute Konfrontation der Supermächte ab 1979** empfindlich gestört. Die Aufstellung der SS 20-Raketen durch die Sowjetunion und deren Invasion in Afghanistan überschatteten auch die Beziehungen zwischen Bonn und Moskau. Trotz **NATO-Doppelbeschluß** (Dez. 1979) und des westlichen **Boykotts der Moskauer Olympiade** (1980) sowie der **Stationierung atomarer Mittelstreckenraketen in der Bundesrepublik** (ab 1983) kam es jedoch zu keinem Abbruch der Kontakte. Die von einer Politik des Gleichgewichts der Kräfte geleiteten Bundesregierungen sorgten dafür, daß ungeachtet aller Meinungsverschiedenheiten der Dialog zwischen Ost und West nicht abbrach (M 26). Die Moskauer Gespräche zwischen Schmidt und Breschnew im Juli 1980 hatten daran wesentlichen Anteil. Dem Drängen Schmidts war es im übrigen zu verdanken, daß der Nachrüstungsbeschluß der NATO ein Verhandlungsangebot vorsah, das im ursprünglichen Plan der USA noch nicht enthalten war.
Der innenpolitische Liberalisierungsprozeß des Ostblocks seit dem Amtsantritt Gorbatschows (1985) wurde von Bonn mit großem Interesse begleitet. Bei der Unterstützung osteuropäischer Dissidenten hielt man sich allerdings zurück, um die wieder aufgenommenen Abrüstungsgespräche zwischen Moskau und Washington nicht zu gefährden. Ihre Ergebnisse (s. S. 245 f., 250 f.), die nicht zuletzt durch den Druck der westeuropäischen Staaten und dabei besonders Bonns zustandekamen, führten zu einer grundlegenden **Verbesserung des Ost-West-Verhältnisses.** Die **Wiedervereinigung der beiden deutschen Staaten** und ihre außenpolitische Absicherung durch die **„Zwei-plus-Vier-Gespräche“** von 1990 (s. S. 217) sind ohne diesen Hintergrund nicht zu denken. Es ist das historische Verdienst der Regierung Kohl/Genscher, die durch den unerwartet raschen Zusammenbruch der Sowjetunion gegebene Chance erkannt und in Übereinstimmung mit Gorbatschow und den Westmächten genutzt zu haben (B 9).

M23 Aus dem Deutsch-sowjetischen Vertrag vom 12. August 1970 (Moskauer Vertrag)

Artikel 1
Die Bundesrepublik Deutschland und die Union der Sozialistischen Sowjetrepubliken betrachten es als wichtiges Ziel ihrer Politik, den internationalen Frieden aufrechtzuerhalten und die Entspannung zu erreichen.
Sie bekunden ihr Bestreben, die Normalisierung der Lage in Europa und die Entwicklung friedlicher Beziehungen zwischen allen europäischen Staaten zu fördern, und gehen dabei von der in diesem Raum bestehenden wirklichen Lage aus.
Artikel 2
Die Bundesrepublik Deutschland und die Union der Sozialistischen Sowjetrepubliken werden sich in ihren gegenseitigen Beziehungen sowie in Fragen der Gewährleistung der europäischen und der internationalen Sicherheit von den Zielen und Grundsätzen, die in der Charta der Vereinten Nationen niedergelegt sind, leiten lassen. Demgemäß werden sie ihre Streitfragen ausschließlich mit friedlichen Mitteln lösen und übernehmen die Verpflichtung, sich in Fragen, die die Sicherheit in Europa und die internationale Sicherheit berühren, sowie in ihren gegenseitigen Beziehungen gemäß Artikel 2 der Charta der Vereinten Nationen der Drohung mit Gewalt oder der Anwendung von Gewalt zu enthalten.
Artikel 3
In Übereinstimmung mit den vorstehenden Zielen und Prinzipien stimmen die Bundesrepublik Deutschland und die Union der Sozialistischen Sowjetrepubliken in der Erkenntnis überein, daß der Friede in Europa nur erhalten werden kann, wenn niemand die gegenwärtigen Grenzen antastet.
– Sie verpflichten sich, die territoriale Integrität aller Staaten in Europa in ihren heutigen Grenzen uneingeschränkt zu achten;
– sie erklären, daß sie keine Gebietsansprüche gegen irgend jemand haben und solche in Zukunft auch nicht erheben werden;
– sie betrachten heute und künftig die Grenzen aller Staaten in Europa als unverletzlich, wie sie am Tage der Unterzeichnung dieses Vertrages verlaufen, einschließlich der Oder-Neiße-Linie, die die Westgrenze der Volksrepublik Polen bildet, und

B 8 Staatsratsvorsitzender der DDR Erich Honecker und Bundeskanzler Helmut Schmidt auf der Konferenz für Sicherheit und Zusammenarbeit in Europa (KSZE) in Helsinki (August 1975).

der Grenze zwischen der Bundesrepublik Deutschland und der Deutschen Demokratischen Republik.
(Auswärtiges Amt [Hrsg.], 40 Jahre Außenpolitik der Bundesrepublik Deutschland. Eine Dokumentation. Bonn 1989, S. 225 f.)

M24 Aus dem Deutsch-polnischen Vertrag vom 7. Dezember 1970 (Warschauer Vertrag)

Die Bundesrepublik Deutschland
und die
Volksrepublik Polen
In der Erwägung, daß mehr als 25 Jahre seit Ende des zweiten Weltkrieges vergangen sind, dessen erstes Opfer Polen wurde und der über die Völker Europas schweres Leid gebracht hat,
eingedenk dessen, daß in beiden Ländern inzwischen eine neue Generation herangewachsen ist, der eine friedliche Zukunft gesichert werden soll,
in dem Wunsche, dauerhafte Grundlagen für ein friedliches Zusammenleben und die Entwicklung normaler und guter Beziehungen zwischen ihnen zu schaffen,
in dem Bestreben, den Frieden und die Sicherheit in Europa zu festigen,
in dem Bewußtsein, daß die Unverletzlichkeit der Grenzen und die Achtung der territorialen Integrität und der Souveränität aller Staaten in Europa in ihren gegenwärtigen Grenzen eine grundlegende Bedingung für den Frieden sind,
sind wie folgt übereingekommen:
Artikel I
(1) Die Bundesrepublik Deutschland und die Volksrepublik Polen stellen übereinstimmend fest, daß die bestehende Grenzlinie, deren Verlauf im Kapitel IX der Beschlüsse der Potsdamer Konferenz vom 2. August 1945 von der Ostsee unmittelbar westlich von Swinemünde und von dort die Oder entlang bis zur Grenze mit der Tschechoslowakei festgelegt worden ist, die westliche Staatsgrenze der Volksrepublik Polen bildet.
(2) Sie bekräftigen die Unverletzlichkeit ihrer bestehenden Grenzen jetzt und in der Zukunft und verpflichten sich gegenseitig zur uneingeschränkten Achtung ihrer territorialen Integrität.
(3) Sie erklären, daß sie gegeneinander keinerlei Gebietsansprüche haben und solche auch in Zukunft nicht erheben werden.
Artikel II
(1) Die Bundesrepublik Deutschland und die Volksrepublik Polen werden sich in ihren gegenseitigen Beziehungen sowie in Fragen der Gewährleistung der Sicherheit in Europa und in der Welt von

den Zielen und Grundsätzen, die in der Charta der Vereinten Nationen niedergelegt sind, leiten lassen.

(2) Demgemäß werden sie entsprechend den Artikeln 1 und 2 der Charta der Vereinten Nationen alle ihre Streitfragen ausschließlich mit friedlichen Mitteln lösen und sich in Fragen, die die europäische und internationale Sicherheit berühren, sowie in ihren gegenseitigen Beziehungen der Drohung mit Gewalt oder der Anwendung von Gewalt enthalten.

Artikel III

(1) Die Bundesrepublik Deutschland und die Volksrepublik Polen werden weitere Schritte zur vollen Normalisierung und umfassenden Entwicklung ihrer gegenseitigen Beziehungen unternehmen, deren feste Grundlage dieser Vertrag bildet.

(2) Sie stimmen darin überein, daß eine Erweiterung ihrer Zusammenarbeit im Bereich der wirtschaftlichen, wissenschaftlichen, wissenschaftlich-technischen, kulturellen und sonstigen Beziehungen in ihrem beiderseitigen Interesse liegt.

(Auswärtiges Amt [Hrsg.], 40 Jahre Außenpolitik der Bundesrepublik Deutschland. Eine Dokumentation. Bonn 1989, S. 228 f.)

1 *Fassen Sie anhand des Moskauer und Warschauer Vertrages die Grundlinien der Neuen Ostpolitik zusammen und erläutern Sie deren Absichten.*

2 *Warum kam dem Moskauer Vertrag für die Neue Ostpolitik eine Art Schlüsselfunktion zu?*

3 *Die CDU/CSU-Opposition sah in den Ostverträgen einen „Ausverkauf deutscher Interessen". Setzen Sie sich mit dieser Haltung auseinander. Berücksichtigen Sie dabei den „Brief zur deutschen Einheit" (s. S. 213).*

M25 Debatte der Ostverträge

a) Aus der Fernsehansprache des Bundeskanzlers Willy Brandt zum Warschauer Vertrag am 20. November 1970:

Der Vertrag zwischen der Bundesrepublik und der Volksrepublik Polen ist ein beide Völker bewegendes Dokument. [...] Der Krieg und seine Folgen haben beiden Völkern, auch uns Deutschen, unendlich viele Opfer abverlangt. Jetzt geht es um die friedliche Zukunft zwischen den beiden Ländern und Völkern. [...] Der Vertrag bedeutet selbstverständlich nicht, daß Unrecht nachträglich legitimiert wird. Er bedeutet also auch keine Rechtfertigung der Vertreibung. Worum es geht, ist der ernste Versuch, ein Vierteljahrhundert nach dem Krieg der Kette des Unrechts politisch ein Ende zu setzen. Auch für die Westgrenze Polens gilt: Es gibt weder Entspannung noch gesicherten Frieden in Europa, wenn wir nicht ausgehen von der Lage, wie sie ist. Wie sie nun schon seit 25 Jahren ist, unbeschadet im übrigen der Rechte der vier Mächte für Deutschland. Unserem Volk wird nicht heute aus heiterem Himmel ein Opfer abverlangt. Dies hat längst gebracht werden müssen als Ergebnis der Verbrechen Hitlers.

(Bulletin des Presse- und Informationsamtes der Bundesregierung Nr. 161, Bonn 1970, S. 1693 f.)

b) Aus der Rede Rainer Barzels (CDU) bei der Ersten Lesung der Ostverträge im Bundestag (23. / 25. Februar 1972)

Das Vertragswerk gibt den Sowjetrussen, den Polen und der DDR das meiste oder beinahe fast alles von dem, was sie wollen. Es bringt den Europäern und den Deutschen keinen Fortschritt – falls man, wie wir es tun, Fortschritt als reale Verbesserung für die Menschen, für ihre Rechte und deren soziale Basis im Alltag betrachtet. Zu diesem unvollständigen, in Leistung und Gegenleistung unausgewogenen, im Inhalt mißdeutbaren Vertragswerk sagen wir, die CDU/CSU, in aller Verantwortung: So nicht.

Unser Maßstab für das, was Entspannung konkret heißen soll, für das, was wir unter Entspannung in Deutschland verstehen, entspricht dem der freien Welt. Er ist derselbe, den inzwischen die NATO mehrmals beschlossen hat und der ja in Kommuniqués genannt wird: Freizügigkeit für Menschen, Informationen und Meinungen als der Beweis und der Maßstab für Entspannung. Wer uns diesen Maßstab vorwirft, stellt sich also nicht nur gegen uns. Und wer uns deshalb unser „so nicht" vorwirft, wirft uns vor, daß wir an das glauben, was wir sagen.

(Dokumentation zur Deutschlandfrage, zusammengestellt von Dr. Heinrich von Ziegler, Hauptband VII, Bonn 1970 ff., S. 466)

1 *Warum sahen CDU/CSU in den Ostverträgen einen „Ausverkauf der deutschen Interessen?"*

2 *Setzen Sie sich mit dieser Haltung auseinander. Berücksichtigen Sie dabei auch den „Brief zur deutschen Einheit" (s. S. 219).*

M26 **Aus der Regierungserklärung von Bundeskanzler Helmut Kohl vor dem Deutschen Bundestag am 4. Mai 1983**

Deutsche Außenpolitik, meine Damen und Herren, heißt vor allem: Bewahrung der Freiheit und Festigung des Friedens in Europa und in der Welt. Für uns ist aktive Friedenspolitik eine politische Notwendigkeit und eine sittliche Pflicht. [...]
Fundamente unserer Außenpolitik bleiben das Atlantische Bündnis und die Europäische Gemeinschaft. Die Entscheidung für das Atlantische Bündnis, für die Partnerschaft mit den USA und Kanada, wird uns auch in Zukunft Frieden und Freiheit sichern. Ich stehe dafür, daß der Weg, den die CDU/CSU und FDP unter Konrad Adenauer eingeschlagen haben, nicht verlassen wird. Wir sind keine Wanderer zwischen Ost und West. [...]
Aufgrund unserer Lage und unserer Geschichte sind wir Deutschen verpflichtet, nach West und Ost gute Beziehungen zu pflegen. Für uns Deutsche gibt es zahlreiche historische Bindungen mit dem Osten. Wir haben ein tiefes Verständnis von der kulturellen Einheit Europas in all seiner Vielfalt und Verschiedenartigkeit. Wir betrachten unsere Nachbarvölker in Mittel- und Osteuropa – nicht nur in diesem kulturellen Sinne – als Teile Europas. Wir haben Verständnis für das Sicherheitsbedürfnis aller Staaten. Wir wissen um das historisch bedingte Sicherheitsbedürfnis der Sowjetunion. Nichts rechtfertigt aber die Überrüstung der Sowjetunion, die die Sicherheit der Nachbarn bedroht und politischer Erpressung dient. Und nichts rechtfertigt die expansive Politik Moskaus, die zur Invasion in Afghanistan geführt hat. [...]
Die Bundesrepublik Deutschland wird im Rahmen ihrer Friedenspolitik ihren Kurs der Verständigung, der Vertrauensbildung und der Zusammenarbeit auch mit den Staaten des Warschauer Paktes beharrlich und ohne jede Illusion über die bestehenden Gegensätze weiterverfolgen. Die Grundlage sind die geschlossenen Verträge, nach deren Buchstaben und Geist wir unsere Politik mit dem Osten gestalten wollen. Unser Ziel bleibt eine gesamteuropäische Friedensordnung.

(Europa-Archiv, Folge 12/1983, S. D 307 ff.)

1 *Arbeiten Sie die außenpolitischen Grundsätze Helmut Kohls heraus. Berücksichtigen Sie dabei den historischen Zeitpunkt seiner Regierungserklärung.*

2 *Vergleichen Sie die Haltung Kohls mit der Außenpolitik Adenauers bzw. der sozialliberalen Koalition. Welche Kontinuitäten und Brüche stellen Sie fest?*

B 9 Außenminister Genscher und Bundeskanzler Kohl am 15. Juli 1990 zu Besuch bei Partei- und Regierungschef Gorbatschow im Kaukasus. Die hier erreichte Zustimmung der Sowjets zur Vereinigung der beiden deutschen Staaten war Ausdruck einer erfolgreichen Außenpolitik der Bundesrepublik in den 80er Jahren.

III Der Nord-Süd-Konflikt

1 Die Entstehung des Nord-Süd-Konflikts

Der Nord-Süd-Konflikt bezeichnet gemeinhin den umfassenden Gegensatz zwischen den sogenannten Entwicklungsländern **(Dritte Welt)** und den Industriestaaten des demokratischen Westens **(Erste Welt)** sowie des ehemaligen Ostblocks **(Zweite Welt)**. Während die Industriestaaten mit Ausnahme von Australien und Neuseeland auf der nördlichen Halbkugel liegen, gehören die rund 135 Länder der Dritten Welt überwiegend der südlichen Hemisphäre an. Mit etwa 3,7 Mrd. Menschen leben dort mehr als drei Viertel der Weltbevölkerung. Ihr Anteil am globalen Bruttosozialprodukt beträgt jedoch lediglich ein Fünftel. Der aus diesem Mißverhältnis erwachsende Verteilungskampf bildet nach dem Ende des Ost-West-Konflikts das zentrale Thema der Weltpolitik am Übergang zum 21. Jahrhundert.

Die Weltherrschaft Europas

Die historischen Wurzeln des Spannungsverhältnisses zwischen dem reichen Norden und dem armen Süden, das seit den 1960er Jahren neben und in enger Verbindung mit dem Ost-West-Gegensatz die Weltpolitik bestimmte, liegen im **Frühkolonialismus** des 16.–18. Jahrhunderts. In seinem Verlauf wurden Nord- und Südamerika sowie weite Teile Asiens von europäischen Staaten erobert und ihrem Machtbereich eingegliedert. Die Edelmetalle aus der Neuen Welt sowie der Handel mit tropischen und fernöstlichen Erzeugnissen legten den Grundstein für den Reichtum der Alten Welt. Opfer ihres Aufstiegs wurde die einheimische Bevölkerung, die – wie in Mexiko – weitgehend ausgerottet oder – wie in Afrika – in Millionenzahl versklavt wurde.
Ihren Höhepunkt erreichte die Expansion Europas im Zeitalter des **Imperialismus** (1880–1914), der die Herrschaft in Asien festigte und mit der Aufteilung Afrikas auch auf diesen Kontinent ausdehnte. Die Invasoren aus dem Norden wollten dadurch ihre machtpolitische Stellung ausbauen und den Bevölkerungsdruck in ihren Ländern senken. Zudem sollte von den innenpolitischen Konflikten der Industriegesellschaften abgelenkt werden (Sozialimperialismus). Das Hauptmotiv des Imperialismus bestand jedoch in der Sicherung preiswerter Rohstoffe und zusätzlicher Absatzmärkte für industrielle Fertigwaren. Zu diesem Zweck wurden die Kolonien einem strengen Ausbeutungssystem unterworfen, das an den wirtschaftlichen Bedürfnissen der Mutterländer orientiert war und die Entwicklung der einheimischen Bevölkerungen vernachlässigte. Der Rassismus bildete die Basisideologie für die Unterdrückung der farbigen Völker.

Die Dekolonisation

Den Beginn dieses welthistorischen Vorgangs markiert der **amerikanische Unabhängigkeitskrieg**. Er führte 1776 zur Gründung der Vereinigten Staaten von Amerika, die sich durch diesen Schritt von England lösten und gleichzeitig den Staaten Lateinamerikas ein ermunterndes Beispiel gaben. Anfang des 19. Jahrhunderts gelang es den meisten von ihnen, die drückende Kolonialherrschaft Spaniens bzw. Portugals abzuschütteln.
Im Gegensatz hierzu erfolgte die Veränderung der politischen Verhältnisse in den afro-asiatischen und pazifischen Kolonien wesentlich später. Revolten gegen die Fremdherrschaft wurden blutig unterdrückt wie der Große Aufstand in Indien (1857), der Arabi-Aufstand in Ägypten (1882), der Boxer-Aufstand in China (1900) oder der Aufstand der Hereros in Deutsch-Südwestafrika (1904). Auch die Forderungen der nach dem Ende des Ersten Weltkriegs entstandenen **Unabhängigkeitsbewegungen**, die sich auf das von Woodrow Wilson proklamierte

Selbstbestimmungsrecht aller Völker beriefen und in Mahatma Gandhi ein charismatisches Vorbild fanden (B 10), blieben weitgehend erfolglos. Lediglich Ägypten (1922) und dem Irak (1932) gelang es, in die Unabhängigkeit entlassen zu werden. Die „weißen" Kolonien Großbritanniens (Australien, Neuseeland, Südafrika) wurden durch das **Statut von Westminster** (1931) in den Rang souveräner Dominions innerhalb des Commonwealth erhoben.
Nach 1945 indes war das Ende des Kolonialismus nicht mehr aufzuhalten. Politisch und wirtschaftlich geschwächt durch den Zweiten Weltkrieg, mußten sich die Kolonialstaaten Europas dem gesteigerten **Druck der nationalen Befreiungsbewegungen** beugen: Zunächst geschah dies in den französischen und englischen Mandatsgebieten im Nahen Osten sowie in den asiatischen Kolonien, wo die japanischen Invasoren den einheimischen Nationalismus tatkräftig unterstützt hatten; ab Mitte der fünfziger Jahre erlangten schließlich alle abhängigen Gebiete Afrikas ihre politische Freiheit. Den Schlußpunkt dieser epochalen Entwicklung bildete 1990 das ehemalige Deutsch-Südwestafrika (heute: Namibia).
Der Dekolonisationsprozeß, der sich auf die Atlantik-Charta Präsident Roosevelts von 1941 (s. S. 48 f.) und die Charta der Vereinten Nationen von 1945 berufen konnte (M 27), besiegelte das **Ende der europäischen Weltherrschaft** (Karte 3). Er vollzog sich wider Erwarten zumeist gewaltfrei. Wo sich die Mutterländer oder ihre weißen Nachfolgeregierungen allerdings nicht freiwillig zurückzogen, kam es zu langjährigen blutigen Auseinandersetzungen. So in Indochina (1946–1954) und in Algerien (1954–1962), die einst zum französischen Kolonialbesitz gehörten, sowie in den portugiesischen Besitzungen Angola, Mozambik und Guinea-Bissau (1965–1974). Besonders gewaltsam verlief die Dekolonisation in den ehemaligen britischen Siedlerkolonien, wo sich die weißen Minderheiten überaus engstirnig der Gleichberechtigung der einheimischen Bevölkerung widersetzten. In Rhodesien (heute: Simbabwe) ließ das Ende des rassistischen Regimes Ian Smiths bis 1980 auf sich warten. In Südafrika kam es erstmals 1994 zu freien Wahlen, aus denen der Schwarze Nelson Mandela als Präsident hervorging.

Dekolonisation und Ost-West-Konflikt

Von Anfang an sah sich die im Entstehen begriffene Dritte Welt dem Einfluß des Ost-West-Konfliktes ausgesetzt, der nach 1945 die internationale Politik auch außerhalb Europas dominierte (Karte 4). Den offenkundigen **Expansionsbestrebungen der UdSSR** im Vorderen Orient und in Asien setzten die USA ab 1946 ihre **Politik der Eindämmung** (s. S. 111) entgegen, die jedoch den mit Hilfe der Roten Armee errungenen **Sieg des Kommunismus in China** (1949) nicht verhindern konnte. Das daraufhin verstärkte Werben um die Länder des Südens fand allerdings vielerorts wenig Verständnis. Als Bündnispartner der europäischen Kolonialmächte sah sich Washington überwiegend mit einer ausgeprägt antiwestlichen Einstellung konfrontiert. Demgegenüber genoß die Sowjetunion einen Vertrauensvorschuß: Sie hatte die Vorherrschaft des Kapitalismus erfolgreich erschüttert und galt als Schutzmacht des Anti-Kolonialismus und Anti-Rassismus. Im Gegensatz zu den USA (s. Suez-Krise, S. 238) verzichtete sie während des Kalten Krieges auf die Bildung eines Bündnissystems im afro-asiatischen Raum. Überdies sahen viele Drittwelt-Staaten in der sozialistischen Planwirtschaft ein nachahmenswertes Vorbild zur raschen Verbesserung ihrer desolaten ökonomischen Lage.
Gleichwohl wollten sich die noch jungen Länder der Dritten Welt, die eben erst das Joch des Kolonialismus abgeschüttelt hatten, von keiner Seite vereinnahmen lassen. Die Einflußbemühungen der beiden Supermächte, die von der Umwerbung mit Wirtschafts- und Militärhilfe bis hin zur gezielten Druckausübung reichten, bedeuteten für sie die Gefahr einer erneuten Abhängigkeit. Auch wuchs die Befürchtung, in eine kriegerische Auseinandersetzung zwischen Ost und West hineingezogen zu werden, zumal die Möglichkeit eines Atomkrieges große Angst

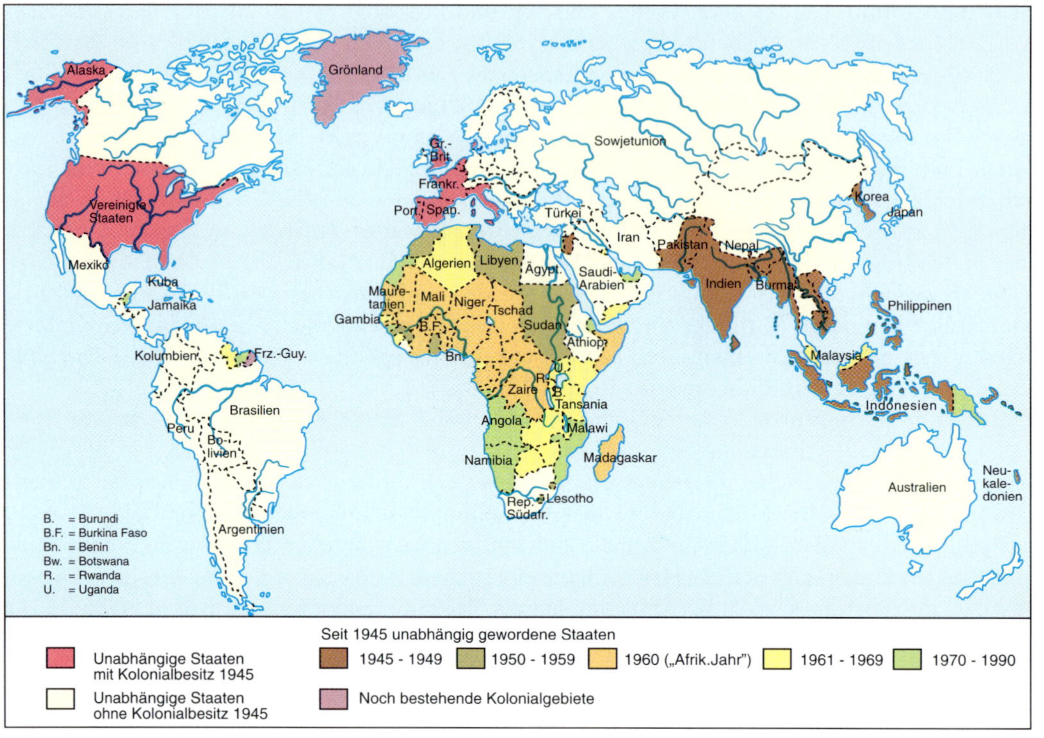

Karte 3 Die Entkolonialisierung nach 1945.

auslöste. Der Koreakrieg (s. S. 127) und die Vorgänge in Indochina nach dem Ende der französischen Kolonialherrschaft (s. S. 240) trugen dazu bei, sie zu verstärken. Die **Abgrenzung gegenüber der Machtpolitik Moskaus und Washingtons** wurde somit zu einem Gebot von höchster Dringlichkeit.

Die Bewegung der Blockfreien

Sichtbare Zeichen dieser Haltung setzte 1955 die **Konferenz von Bandung** (Indonesien), an der 23 Länder Asiens und sechs afrikanische Länder teilnahmen (B 11). Sie rief die afro-asiatische Welt zur verstärkten Zusammenarbeit auf und betonte ihr Recht auf eigenständige Entwicklung. Kolonialismus und Rassismus wurden dabei ebenso einer harten Kritik unterzogen wie der Aufbau sowjetischer und amerikanischer Militärstützpunkte in der gesamten Dritten Welt (M 28).

Die Konferenz von Bandung bildete den Auftakt zur Bildung der Blockfreien-Bewegung, die 1956 durch die Suez- und Ungarn-Krise (s. S. 238 f.) zusätzlichen Auftrieb erhielt. 1960, als sich der Ost-West-Gegensatz verschärfte (Berlin- und Kongokrise*, Nichtzustandekommen der geplanten sowjetisch-amerikanischen Gipfelkonferenz von Paris) und zahlreiche afrikanische Staaten ihre Unabhängigkeit erlangen konnten, nahm sie konkrete Gestalt an und wurde schließlich auf der **Konferenz von Belgrad** (1961) ins Leben gerufen. Sie umfaßte all jene Länder, die keinem der beiden Machtblöcke angehörten und ihre politischen, wirtschaftlichen sowie kulturellen Interessen selbständig vertreten wollten. Ihre führenden Politiker waren **Nehru** (Indien), **Nasser** (Ägypten) und **Tito** (Jugoslawien), der bereits 1948 den Bruch mit Moskau vollzogen hatte und seine eigenen Vorstellungen von Sozialismus verwirklichen wollte (B 11).

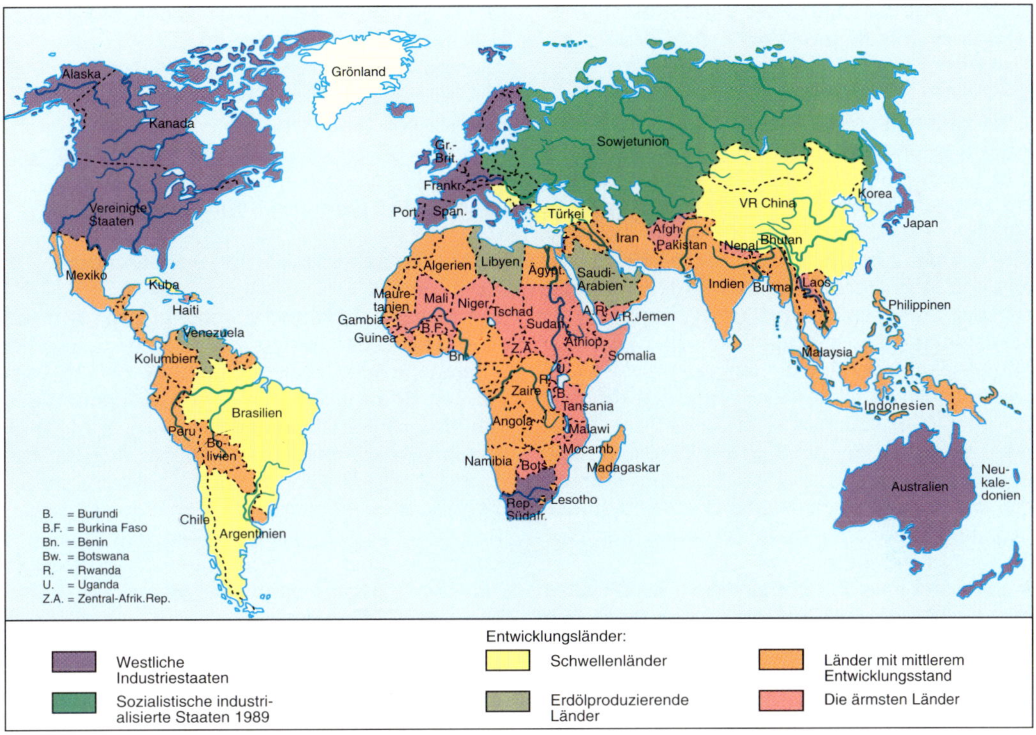

Karte 4 Erste, Zweite und Dritte Welt.

Die Blockfreien-Bewegung, der sich später auch die Staaten Lateinamerikas anschlossen, entwickelte sich rasch zu einer wichtigen **Interessenvertretung der Dritten Welt**. Sie verurteilte den westlichen Kapitalismus als Träger des Kolonialismus und verstand sich als eine Solidaritäts- und Protestbewegung ehemals kolonisierter Völker. Darüber hinaus stellte sie einen Schutzverband von politisch und militärisch schwachen Staaten dar. Sie sah sich als Anwalt für sozial und ökonomisch unterentwickelte Länder, die in einem hohen Maße vom Weltmarkt abhängig waren.

Diese Programmatik fand großen Anklang. Zählten die Blockfreien bei ihrer Gründung lediglich 25 Mitglieder, so wuchs deren Zahl schnell (1964: 47; 1983: 101). Der **weltpolitische Einfluß der Dritten Welt**, die sich auch in der Arabischen Liga (gegr. 1945), in der Organisation Amerikanischer Staaten (OAS, gegr. 1948), in der Organisation für die Afrikanische Einheit (OAU, gegr. 1963) und in der Vereinigung der südostasiatischen Nationen (ASEAN, gegr. 1967) zusammenschloß, erhöhte sich dadurch spürbar (Karte 5). Zumal in den Vereinten Nationen war ihre Stimme seither nicht mehr zu überhören. In der UN-Generalversammlung erreichte sie schon bald die Mehrheit.

M27 **Aus der Charta der Vereinten Nationen vom 26. Juni 1945**

Artikel 1:

Die Zwecke der Vereinten Nationen sind:

1. den internationalen Frieden und die Sicherheit zu wahren und zu diesem Ziele zur Verhinderung und Beseitigung von Friedensbedrohungen und zur Unterdrückung von Angriffshandlungen und anderen Friedensbrüchen wirksame kollektive Maßnahmen zu ergreifen und mit friedlichen Mitteln und in Übereinstimmung mit den Grundsätzen der Gerechtigkeit und des Völkerrechts die Schlichtung oder Beilegung von internationalen Streitigkeiten oder Situationen zu erreichen, welche zu einem Bruch des Friedens führen könnten;
2. unter den Nationen freundschaftliche Beziehungen, die auf der Achtung vor dem Grundsatz der gleichen Rechte und der Selbstbestimmung der Völker beruhen, zu entwickeln und andere geeignete Maßnahmen zur Festigung des Weltfriedens zu ergreifen;
3. internationale Zusammenarbeit zu erreichen bei der Lösung von internationalen Problemen wirtschaftlicher, sozialer, kultureller oder humanitärer Art und bei der Förderung und Ermutigung der Achtung vor den Menschenrechten und vor den Grundfreiheiten für Alle ohne Ansehen der Rasse, des Geschlechts, der Sprache oder der Religion; und
4. ein Mittelpunkt zu sein, um bei dem Erreichen dieser gemeinsamen Ziele die Aktionen der Nationen in Einklang zu bringen.

(Europa-Archiv 1, 1946/47, S. 345–349)

1 *Untersuchen Sie die Charta auf ihre Bedeutung für die Dritte Welt.*

M28 **Die Bandung-Konferenz (1945)**

a) Aus der Schlußerklärung der Bandung-Konferenz

Die Asiatisch-Afrikanische Konferenz hat sich eingehend mit der Frage des Weltfriedens und der internationalen Zusammenarbeit befaßt. Mit großer Besorgnis hat sie den gegenwärtigen Stand der internationalen Spannungen mit ihrer Gefahr eines atomaren Weltkrieges erörtert. Das Problem des Friedens steht in enger Wechselbeziehung zu dem Problem der internationalen Sicherheit. Im Hinblick darauf sollten alle Staaten – besonders über die Organisation der Vereinten Nationen – zusammenarbeiten, um eine Herabsetzung des Rüstungsstandes und die Abschaffung der Kernwaffen unter wirksamer internationaler Kontrolle zustande zu bringen. Auf diese Weise kann der internationale Frieden gefördert und die Möglichkeit für eine Verwendung von Kernenergie zu ausschließlich friedlichen Zwecken eröffnet werden. Dies würde dazu beitragen, die Bedürfnisse namentlich Asiens und Afrikas zu befriedi-

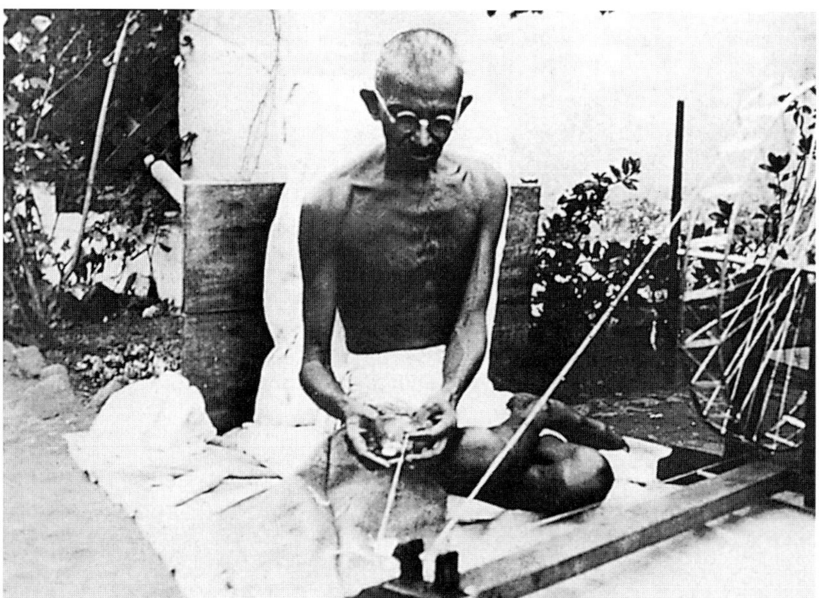

B 10 Mahatma Ghandi am Spinnrad. Das Spinnrad galt als eines der Symbole des gewaltfreien Widerstandes. Ghandi begann als südafrikanischer Anwalt indischer Herkunft seinen Kampf gegen Rassismus und Kolonialismus in den 20er Jahren und trug ihn nach Indien, das er 1946 in die Unabhängigkeit führte.

gen: Denn was die Völker dieses Raumes dringend brauchen, ist sozialer Fortschritt und ein höherer Lebensstandard in größerer Freiheit. Freiheit und Frieden sind voneinander abhängig. Alle Völker müssen das Recht auf Selbstbestimmung haben, und allen noch abhängigen Völkern muß unverzüglich Freiheit und Unabhängigkeit gewährt werden. Alle Nationen sollten das Recht haben, ihr eigenes politisches und wirtschaftliches System sowie ihre eigene Lebensweise in Übereinstimmung mit den Zielen und Grundsätzen der Satzung der Vereinten Nationen frei zu wählen.
Frei von Mißtrauen und Furcht und mit gegenseitigem Vertrauen und gutem Willen sollten die Nationen Toleranz üben und als gute Nachbarn friedlich miteinander leben.
(Volker Matthies, Die Blockfreien. Ursprünge. Entwicklung. Konzeptionen. Opladen 1985, S. 97 f.)

B 11 Ägyptens Präsident Nasser, Indiens Premierminister Nehru und Jugoslawiens Staatspräsident Tito (von links) bei der Konferenz der „Blockfreien" in Bandung (1955).

b) Aus einem Diskussionsbeitrag des Premierministers Ceylons
Wenn wir den Kolonialismus vereint bekämpfen, sollte es auch unsere Pflicht sein, offen zu erklären, daß wir uns dem sowjetischen Kolonialismus ebensosehr widersetzen wie dem westlichen Imperialismus. Die erste und offenkundigste Form ist der westliche Kolonialismus. Wir alle kennen diese Form und lehnen sie ab. Aber es gibt noch eine andere Form des Kolonialismus, über die sich viele der hier vertretenen Konferenzteilnehmer vielleicht weniger im klaren sind und für die sie vielleicht den Begriff „Kolonialismus" überhaupt nicht gelten lassen möchten. Denken Sie zum Beispiel an die Satellitenstaaten unter kommunistischer Herrschaft in Zentral- und Osteuropa: Ungarn, Rumänien, Bulgarien, Albanien, die Tschechoslowakei, Lettland, Litauen, Estland und Polen! Sind diese Länder nicht ebensosehr Kolonien wie die Kolonialgebiete in Afrika und Asien?
(Archiv der Gegenwart, 1955, S. 5136 f.)

1 *Fassen Sie die wesentlichen Forderungen der Konferenz von Bandung zusammen und bestimmen Sie ihren zeitgeschichtlichen Hintergrund. Berücksichtigen Sie dabei M 28b.*

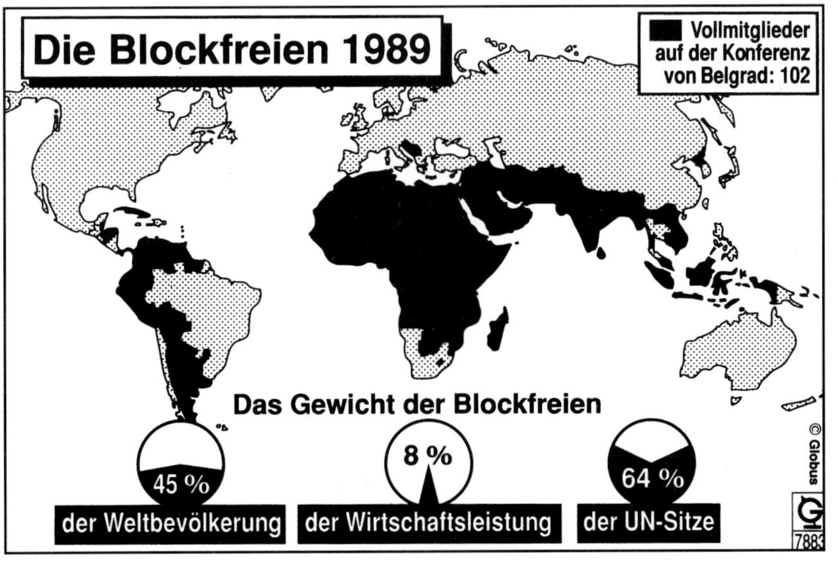

Karte 5 Die Blockfreien 1989.

2 Der Nord-Süd-Konflikt seit Beginn der 60er Jahre

Der Kampf um die Weltwirtschaft der 60er Jahre

Nach dem weitgehenden Abschluß des Dekolonisationsprozesses und vor dem Hintergrund der beginnenden Entspannung zwischen Moskau und Washington nach der Kuba-Krise (s. S. 240) verloren die politisch-militärischen Besorgnisse der Dritten Welt ihren dominierenden Stellenwert. Wirtschaftliche und entwicklungspolitische Fragestellungen beherrschten nunmehr ihre Beratungen. Seit der **Konferenz in Kairo** (1962) rückte der Ost-West-Konflikt in den Hintergrund. An seine Stelle trat die Auseinandersetzung mit den kapitalistischen Industrienationen des Nordens (M 29).

Wichtigste Forderung der Dritten Welt war zunächst die Einrichtung eines speziellen internationalen Gremiums zur Regelung der Wirtschaftsbeziehungen zwischen Nord und Süd. Die bisherigen Institutionen der Weltwirtschaft entsprachen nicht den Bedürfnissen der Entwicklungsländer und waren zudem von den westlichen Industrienationen beherrscht. So der **Internationale Währungsfonds** (IWF), die **Weltbank** sowie das **Allgemeine Zoll- und Handelsabkommen** (General Agreement on Tarifs and Trade = GATT), das 1947 zur Liberalisierung des Welthandels gegründet worden war, seither jedoch die Exportchancen der Dritten Welt vernachlässigte.

Auf Druck der Blockfreien und mit Hilfe der sozialistischen Staaten kam es 1964 zur ersten **UN-Konferenz für Welthandel und Entwicklung** (United Nations Conference on Trade and Development = UNCTAD). Entgegen dem Widerstand Nordamerikas und Westeuropas, die ihre globalen Handelsinteressen gefährdet sahen, konnte sie sich als Dauereinrichtung der UN etablieren. Unmittelbar der Generalversammlung unterstellt und mit dem gleichen Stimmrecht für jedes Mitglied versehen, wurde sie zur ersten UN-Organisation, die von den Entwicklungsländern geprägt ist. Sie bildet seither das wichtigste Forum des Nord-Süd-Konflikts.

In der **Gruppe der 77**, die aus der UNCTAD hervorging und inzwischen über 120 Mitglieder umfaßt, erwuchs der Dritten Welt eine starke Lobby. In der **UNO-Resolution 2 626** gelang es 1970, die westlichen Industrieländer auf eine Entwicklungshilfe in Höhe von 0,7 % ihres Bruttosozialprodukts festzulegen. Der hierzu benötigte Zeitraum blieb allerdings unbestimmt (USA: 1991 0,15 %). Die Staaten des Comecon hingegen lehnten eine solche Verpflichtung mit dem Argument ab, sie hätten keine Wiedergutmachung für koloniale Ausbeutung zu leisten.

Die Nord-Süd-Debatte der 70er Jahre

Am Ende der 1961 von der UNO ausgerufenen Ersten Entwicklungsdekade zog der **Pearson-Bericht** (1969) eine erste kritische Bilanz: Die Wachstumsraten der Dritten Welt hatten sich zwar um cirka fünf Prozent erhöht, angesichts des hohen Anstiegs der Bevölkerung war die Wachstumsrate pro Kopf allerdings um etwa die Hälfte geschrumpft. Der absolute Abstand zwischen Nord und Süd hatte sich erheblich vergrößert. Zudem wurde eine zunehmende Ungleichheit zwischen den Staaten der Dritten Welt festgestellt, die sich in ihrem Inneren widerspiegelte. Die Steigerung des Bruttosozialprodukts war nur den Eliten der Entwicklungsländer zugute gekommen. Für Millionen Menschen des Südens bedeutete dies ein **Leben in absoluter Armut**.

Vor diesem Hintergrund entstand in den Drittwelt-Ländern eine rege entwicklungspolitische Debatte: Die Vertreter der **Dependencia-Kritik**, die überwiegend aus Lateinamerika stammten, lehnten die bis dahin verfolgte Strategie einer Verbesserung der internationalen Arbeitsteilung ab, da sie hierin die Ursache für die bestehende Unterentwicklung sahen. Süd und Nord stünden sich als „Peripherie" und „Zentrum" gegenüber, wobei die Entwicklung vom Zentrum gesteuert werde. Demnach müsse sich die Dritte Welt vom kapitalistischen Weltmarkt abkoppeln und ihre eigenen Ziele verfolgen. Nur so könne die Unterentwicklung überwunden werden.

Die Gruppe der 77 und die Blockfreien entwarfen demgegenüber das Modell einer **Neuen Weltwirtschaftsordnung** (NWWO), das sie 1972 auf der UNCTAD III im damals sozialistisch regierten Chile konkretisierten und auf der 29. Vollversammlung der UNO (1974) verabschiedeten. Kernpunkte ihrer Forderung waren: das Recht der Entwicklungsländer auf Kontrolle der eigenen Wirtschaftsressourcen; die Stabilisierung ihrer Exporterlöse durch ordnungspolitische Eingriffe in den Weltmarkt (Integriertes Rohstoffprogramm) und die Bindung der Rohstoffpreise an die Preisentwicklung für Fertigwaren (Indexierung); die Förderung der Industrialisierung der Dritten Welt durch die Ausweitung des Technologietransfers; die Ausrichtung der Kreditgewährung an den Finanzierungsbedürfnissen der Entwicklungsländer; die Demokratisierung der Weltwirtschaftspolitik durch Aufwertung der Stellung der Dritten Welt in Weltbank und Weltwährungsfonds.
Die westlichen Industrienationen beschuldigten daraufhin zwar die Urheber dieses Plans des wirtschaftlichen Dirigismus, zeigten sich aber in der Folge scheinbar bereit, über einzelne Punkte in Verhandlungen einzutreten. Auf der **Konferenz für Internationale Wirtschaftliche Zusammenarbeit in Paris** (1975–1977) entstand der sogenannte **Nord-Süd-Dialog**. Die Konzessionsbereitschaft des Westens, dem es dabei vorrangig um die Sicherung seiner Energieversorgung ging, war indes gering. Nicht einmal das 1979 beschlossene Rohstoffprogramm konnte in die Tat umgesetzt werden. Die Hinhaltetaktik der Industriestaaten gipfelte 1981 auf der Konferenz von **Cancun in Mexiko**, wo man sich zwar grundsätzlich zu Globalverhandlungen bereit erklärte, aber keine neue Runde des Nord-Süd-Dialogs ansetzte. Hierdurch wurde ein Schlußstrich unter die Debatte gezogen.
Daß man sich überhaupt mit der Dritten Welt an einen Tisch gesetzt hatte, war deren überraschender Geschlossenheit hinsichtlich der NWWO sowie dem internationalen **Entspannungsklima der 70er Jahre** geschuldet. Hinzu trat die erstmalige Erfahrung der wirtschaftlichen Verwundbarkeit durch die **Ölkrisen** von 1973 und 1979/80 (s. S. 164 f.), die auf der anderen Seite das Selbstbewußtsein der Entwicklungsländer stärkten. Darüber hinaus hatten in Nordamerika und Westeuropa der **Zusammenbruch des Weltwährungssystems** (Aufkündigung des Gold-Dollar-Standards durch die USA 1971), die **Imperialismuskritik der Studentenbewegung** und die **Niederlage der USA in Vietnam** (1973) deutliche Verunsicherungen ausgelöst. Letztlich überwogen jedoch wirtschaftliche Eigeninteressen. Der Westen war nicht bereit, den Einfluß der von ihm beherrschten UN-Sonderorganisationen (IWF, Weltbank und GATT) schmälern zu lassen.

Die 80er Jahre – das „verlorene Jahrzehnt"

Gegen Ende der 70er Jahre sahen sich die Entwicklungsländer erneut dem **Ost-West-Konflikt** ausgesetzt (s. S. 250 ff.). Die Sowjetunion forcierte ihr militärisches und politisches Engagement und intervenierte in Angola, Äthiopien und Afghanistan. Mit ihrer Rückendeckung konnte Vietnam in Kambodscha ein kommunistisches Besatzungsregime errichten. Die USA sahen sich dadurch zum Gegendruck veranlaßt. Die Hoffnung der Blockfreien, zu einer Verminderung der Konflikte in der Dritten Welt beitragen zu können, erfüllte sich nicht. Unter dem Eindruck der wachsenden Konkurrenz von Ost und West wurden sie einer existentiellen Zerreißprobe ausgesetzt. Die auf der Gipfelkonferenz von Havanna (1979) von der prosowjetischen Fraktion unter der Führung Kubas vertretene Ansicht, die UdSSR stelle den „natürlichen Verbündeten" der Dritten Welt dar, wurde jedoch nach heftigen Diskussionen unter dem maßgeblichen Einfluß Jugoslawiens zurückgewiesen. Die Wunden dieses Streits aber blieben und schwächten die Einheit der Organisation. Weder konnte der Krieg zwischen Iran und Irak (1980–1988) verhindert werden, noch gelangte man 1986 zu einer einstimmigen Haltung beim Angriff der USA auf Tripolis.

Der Niedergang der Blockfreien wurde begleitet von einer rapiden Verschlechterung der ökonomischen Lage der Entwicklungsländer. Sie war das Ergebnis der **Weltwirtschaftskrise der 80er Jahre**, die durch die zweite Ölpreiserhöhung der OPEC 1978/79 ausgelöst worden war. Die Nachfrage der Industriestaaten nach Rohstoffen aus der Dritten Welt sank und drückte deren Preise drastisch nach unten (Schema 8). Die Exporterlöse gingen zurück. Selbst ehemalige „Wirtschaftswunderländer“ des Südens wie Brasilien und die Elfenbeinküste gerieten in schwere Krisen. Nach dem Verfall des Ölpreises (ab 1986) infolge des konjunkturellen Rückgangs im Westen galt dies auch für Ölländer wie Mexiko, Nigeria oder Algerien. Das Ausmaß der wirtschaftlichen Depression in der Dritten Welt wurde noch verstärkt durch das schockhafte Ansteigen des Zinsniveaus auf den internationalen Finanzmärkten (ab 1982), welches durch die Aufrüstungspolitik der USA unter Ronald Reagan hervorgerufen wurde. Die Schuldenberge der Entwicklungsländer wuchsen ins Gigantische. Seit 1982 mußten sie mehr Mittel für ihren Schuldendienst aufbringen, als ihnen aus dem Norden in Form von Entwicklungshilfe, Krediten und Direktinvestitionen zuflossen.

Dritte Welt im Wandel

Die **Auswirkungen der Wirtschaftskrise** waren katastrophal. Die Auflagen des IWF, dem es vorrangig um die Wiederherstellung der Schuldendienstfähigkeit der Dritten Welt ging, führten zur Kürzung von Subventionen für Grundnahrungsmittel. Die Ausgaben für den Gesundheits- und Bildungsbereich mußten rigoros beschränkt werden. Der gesteigerte Zwang zum Export beschleunigte die Zerstörung der natürlichen Lebensgrundlagen (Ausweitung der Monokulturen, Raubbau an den Regenwäldern). Die Verelendung breiter Schichten der Bevölkerung führte zu Hungerrevolten und einem Anwachsen der Armutskriminalität wie insgesamt zur politischen Destabilisierung weiter Teile der Dritten Welt.
Hieraus resultierten zahlreiche Bürgerkriege und zwischenstaatliche Konflikte, die die Militarisierung des Südens förderten. Die Ausgaben für den Import von Waffen und Munition stiegen gewaltig. Die Spirale der Verelendung drehte sich dadurch noch schneller. Verstärkt durch Umweltkatastrophen (Ausbreitung der Wüsten, Versalzung des Bodens, Überschwemmungen) wurden die 80er Jahre zum „Jahrzehnt der Flüchtlinge“. Weltweit rund 60 Mio. Arbeitsmigranten stehen heute vor den Toren der Wohlstandsinseln in Nordamerika, in Westeuropa, am Golf und in Ostasien. Verschärfte Einreise- und Asylbestimmungen sollen die befürchtete Zuwanderung verhindern.
Die Wirtschaftskrise der 80er Jahre verstärkte die sozialökonomischen **Unterschiede der Dritt-Welt-Länder**. Seither unterscheidet man zwischen „Schwellenländern“, die in einzelnen Sektoren ihrer Volkswirtschaft bereits den Sprung ins Industriezeitalter geschafft haben, und erdölexportierenden Ländern, deren wichtigste Staaten durch die OPEC das einflußreichste Rohstoffkartell der Welt bilden. Hinzu kommen die „am schwersten betroffenen Länder“, die bereits nach der Ölkrise 1972/73 von der UNO als besonders hilfsbedürftig bewertet wurden, sowie die „Länder der Urarmut“, die im Hungergürtel Schwarzafrikas und Südasiens liegen. Angesichts der gewachsenen Ungleichheit der Lebensbedingungen wird von einer III., IV. und V. Welt gesprochen (M 30).

Die UNO im neuen Nord-Süd-Dialog

Die von der UNO 1986 eingerichtete **Süd-Kommission**, der ausschließlich Vertreter aus der Dritten Welt angehörten, schob die Schuld an der Unterentwicklung des Südens nicht mehr allein den Industriestaaten des Nordens zu. Sie bot dadurch eine Grundlage für die Wiederaufnahme des Nord-Süd-Dialogs, der in den

80er Jahren vor dem Hintergrund der dramatischen Entwicklungen der Ost-West-Beziehungen weitgehend überdeckt worden war.
Organisatorisches Zentrum der wiedererwachenden Gespräche zwischen dem Norden und dem Süden waren die Vereinten Nationen. Im Juni 1992 veranstalteten sie die **Umwelt- und Entwicklungskonferenz** in Rio de Janeiro, 1993 die **Weltmenschenrechtskonferenz in Wien**. Hierbei traten erneut die großen Unterschiede zwischen den beiden Hemisphären zutage. Den ökologischen und am Individuum orientierten Forderungen des Nordens stellten die Drittwelt-Länder ökonomische Zwänge und ihre eigenen ethischen Normen gegenüber. Im April 1994 schließlich konnte in Marrakesch nach siebenjähriger Verhandlungszeit die sogenannte **Uruguay-Runde des GATT** abgeschlossen werden, das nach den Beschlüssen der Konferenz 1995 durch eine neue Welthandelsorganisation (WTO) ersetzt werden soll. Ein zweites wichtiges Ergebnis war die Senkung der Handelszölle um durchschnittlich 37 Prozent sowie der Abbau zahlreicher Handelshemmnisse für Agrarprodukte oder Textilien. Insgesamt verspricht das 26 000 Seiten umfassende Abkommen, das allerdings noch von den Mitgliedsstaaten des GATT ratifiziert werden muß, weltweite Einkommenszuwächse von mehr als 200 Mrd. Dollar jährlich. Gleichwohl wurde Kritik aus den Reihen der Entwicklungsländer laut. Sie befürchten, daß die Industrienationen nunmehr unter Hinweis auf soziale Rechte und Umweltschutzvorschriften den Handel der exportorientierten Länder des Südens behindern werden (M 32).
Nach dem Ende des Ost-West-Gegensatzes, der den UN-Sicherheitsrat über Jahrzehnte hin blockiert hatte, wurde die UN auch zur wichtigsten **Institution der internationalen Konfliktregelung**. Im iranisch-irakischen Konflikt (1988–91) zeigte sich dies ebenso wie in Angola (1988), Afghanistan (1988–90), Namibia (1990), El Salvador (1991) sowie im ehemaligen Jugoslawien (seit 1992) oder in Mosambik (1993). Ihre wichtigste Bewährungsprobe bestand sie dabei 1991, als es mit der Truppenhilfe der USA gelang, die irakische Invasion in Kuwait abzuwehren. Militäraktionen dieser Art, UN-Blauhelmeinsätze* sowie die Überwachung von Wahlen in politisch instabilen Ländern stellen seither einen wichtigen Beitrag zur Befriedung des jeweiligen Landes und somit zum Weltfrieden dar. Dieser allerdings wird nicht erreicht werden, wenn die entwicklungspolitische Zusammenarbeit zwischen Nord und Süd ausbleibt (M 33).

M29 **Neo-Kolonialismus als schlimmste Form des Imperialismus**

Das Entscheidende am Neo-Kolonialismus ist, daß der neokoloniale Staat theoretisch unabhängig ist, mit allen äußeren Insignien nationaler Souveränität ausgestattet. In Wahrheit werden sein Wirtschaftssystem und seine Politik von außen gesteuert. Methoden und Verfahren dieser Steuerung variieren. Im Extremfall können die Streitkräfte einer imperialistischen Macht das Territorium des neokolonialen Staates einzingeln und seine Regierung kontrollieren. Häufiger üben die Neokolonialisten Kontrollen jedoch mit wirtschaftlichen und finanziellen Mitteln aus: Der neokolonialistische Staat ist verpflichtet, die industriellen Erzeugnisse der imperialistischen Macht abzunehmen – der Kauf konkurrierender Produkte aus anderen Staaten ist ihm verschlossen. Kontrolle über die Regierungspolitik im neokolonialen Staat kann durch Zahlungen an die Staatskasse gesichert werden, durch Abordnung von Regierungsberatern in Positionen, wo sie die Regierungsgeschäfte diktieren können oder durch Devisenkontrollen in einem Bankensystem, das von der imperialistischen Macht gesteuert wird. [...]

Zunächst leiten die Regierungen neokolonialistischer Staaten ihre Autorität nicht vom Willen des Volkes ab, sondern von der Unterstützung durch ihre neokolonialen Herren. Sie haben daher wenig Interesse, den Bildungsstandard zu erhöhen, die Verhandlungsmacht der Arbeiter in ausländischen Firmen zu stärken oder irgendwelche Programme zu entwickeln, die die koloniale Struktur von Handel und Industrie infragestellen können, da sie ja gerade das Objekt ist, das es zu schützen gilt.

‚Hilfe' an einen neokolonialen Staat ist daher ein durchlaufender Kredit – vom neokolonialistischen Herren bezahlt –, der den neokolonialen Staat durchläuft und an den neo-kolonialistischen Herren in Form erhöhter Profite zurückkehrt. [...] Selbst Bildungshilfe wird verdächtigt, eine Studentenbewegung zu produzieren, und es ist wahr, daß die Studenten in unterentwickelten Ländern die Avantgarde im Kampf gegen den Neo-Kolonialismus gewesen sind. Am Ende entwickelt sich daher eine Situation, in der die neokolonialen Herren nur noch Militärhilfe als sichere Hilfe betrachten.

Neo-Kolonialismus ist die schlimmste Form des Imperialismus. Für diejenigen, die ihn praktizieren, bedeutet er Macht ohne Verantwortung, für diejenigen, die unter ihm leiden, Ausbeutung ohne Abhilfe. In den Tagen des alten Kolonialismus mußten die imperialen Mächte ihre Aktionen im Ausland zuhause wenigstens erklären und rechtfertigen. In den Kolonien konnten diejenigen, die der herrschenden imperialen Macht dienten, sie wenigstens um Schutz gegen ihre Opponenten angehen. Beides ist im Neo-Kolonialismus nicht der Fall.

(K. Nkrumah, Neo-Kolonialismus. The last Stage of Imperialism. New York 1966, S. IX ff. – Zit. n. G. Braun, Nord-Süd-Konflikt und Dritte Welt. Paderborn [4]1993, S. 118 f.)

1 *Erfassen Sie die wesentlichen Kritikpunkte des Staatspräsidenten von Ghana in einer strukturierenden Grafik und setzen Sie sich mit ihnen auseinander.*

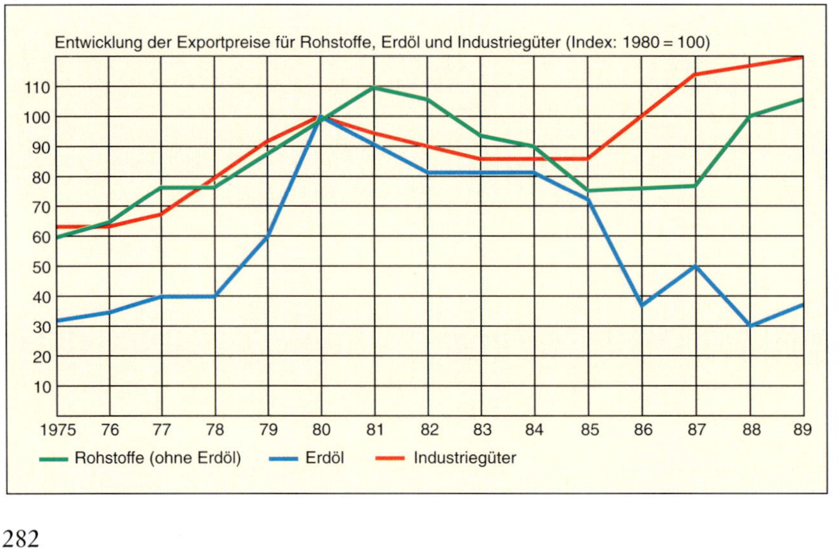

Schema 8 Entwicklung der Exportpreise für Rohstoffe, Erdöl und Industriegüter
(K. Engelhard, Dritte Welt und Entwicklungspolitik im Wandel. Stuttgart 1990)

M30 Ungleichheit der Lebensbedingungen in der Weltgesellschaft

Indikatoren	I. Welt marktwirtschaftliche Industrieländer	II. Welt sozialistische Industrieländer	III. Welt Schwellenländer	IV. Welt Entwicklungsländer mit mittlerem Einkommen	V. Welt Länder der Urarmut
Demographie					
Bevölkerung1988 (Mio.)	751	399	399	741	2 884
Anteil an Weltbevölkerung (%)	15	8	8	14	56
Geburtenziffer 1988 (pro 1 000)	13	19	26	30	31
Kindersterblichkeit unter 1 Jahr (pro Tsd.)	8	24	42	57	72
Lebenserwartung ab Geburt	76	70	68	65	50
Einkommen					
Bruttosozialprodukt 1990 (Mrd. Dollar)	13 120	2 892	1 056	548	894
Anteil am Weltsozialprodukt (%)	71	15	6	3	5
Bruttosozialprodukt pro Kopf 1990 (Dollar)	18 120	7 250	3 240	740	310
Bildung					
Analphabetenquote 1985 (%)	4	1	24	27	44
Bildungsausgaben pro Kopf 1986 (Dollar)	677	371	100	44	11

(G. Braun, Nord-Süd-Konflikt und Dritte Welt. Paderborn [4]1993)

M31 Wie entsteht Unterentwicklung?

Für die einen liegen die Ursachen von Armut und Unterentwicklung in der Dritten Welt selbst. Fehlen von Bodenschätzen und natürlichen Reichtümern, ungünstiges Klima werden genannt, vor allem aber soziale und kulturelle Entwicklungshindernisse: Unwissenheit, Festhalten an überholten Formen menschlichen Zusammenlebens, Feudalismus, fortschrittsfeindliche religiöse Überzeugungen und Wertvorstellungen, kurz: Mangel an gesellschaftlicher Modernität.

Für die anderen ist das gegenwärtige Weltwirtschaftssystem der Hauptschuldige. Geschaffen von Kolonialismus und Imperialismus, aufrechterhalten von neoimperialistischem Eigeninteresse der Industriestaaten, benachteilige es die Dritte Welt durch erzwungenen „ungleichen Tausch“: Die Dritte Welt müsse ihre Rohstoffe zu ungerecht niedrigen Preisen anbieten, während die Industriestaaten für ihre Fertiggüter ständig wachsende Erlöse erzielen und sich durch Ausbeutung der Dritten Welt bereicherten. Für die einen sind die Armen an ihrer Armut selbst schuld, für die anderen ist der internationale Kapitalismus der Hauptverantwortliche. Für die einen kann Armut nur überwunden werden, wenn die Armen selbst sich ändern – wobei man ihnen, wenn auch nur marginal, helfen kann; für die anderen ist eine grundlegende Änderung nur durch Überwindung des Kapitalismus – in der Dritten Welt wie auch in den Industriestaaten – notwendig.

In der ernsthaften wissenschaftlichen wie entwicklungspolitischen Diskussion wird bereits seit langem weitaus differenzierter argumentiert. Wer weiterhin gesellschaftliche Modernisierung für das Zentralproblem der Entwicklung hält, leugnet keineswegs, daß in vielen Fällen schwankende und zu niedrige Rohstoffpreise, aus der Kolonialzeit überkommene Monokulturen und Abhängigkeit von einem die Dritte Welt benachteiligenden Weltmarktsystems für Unterentwicklung verantwortlich sein können. Auch wer Dependenz von Industriemächten für das wichtigste Entwicklungshindernis hält, streitet nicht unbedingt das Vorhandensein und die Bedeutung interner Entwicklungshindernisse ab. Viele Wissenschaftler sind zu dem Schluß gelangt, daß die Frage nach dem Vorrang externer (exogener) oder interner (endogener) Hindernisse keine grundsätzliche und theoretische, sondern eine empirische Frage ist: Im Fall eines Landes könnten erste, in anderen letztere überwiegen; in den meisten Fällen hat man es mit einer komplexen Mischung beider zu tun. Entsprechend differenzierter sind auch die Vorschläge zur Überwindung von Unterentwicklung geworden. Die entwicklungspolitische Praxis hat gelehrt, daß es sowohl größerer Gerechtigkeit im Welthandel wie ernsthafter Strukturveränderungen in den Entwicklungsländern selbst bedarf, will man Armut in der Dritten Welt vermindern. Anders gesagt: die soziale Frage der Dritten Welt ist als eine doppelte Frage anzusehen – als Frage der wirtschaftlichen Beziehungen zwischen Erster und Dritter Welt einerseits, als Frage der sozialen, wirtschaftlichen und politischen Ordnung in der Dritten Welt andererseits.

(T. Hanf, Die Kirche vor der sozialen Frage in der Dritten Welt, in: Stimmen der Zeit, Heft 1/81. Freiburg, S. 28 f.)

1 *Stellen Sie die im Text genannten Erklärungsmodelle für Unterentwicklung gegenüber.*

2 *Welche entwicklungspolitischen Konsequenzen ergeben sich jeweils?*

3 *Erörtern Sie das Für und Wider der Ansätze.*

M32 Die Probleme des Welthandels

Das GATT, das bisher nur ein Abkommen ist, wie der Name sagt, verwandelt sich zum nächsten Jahresbeginn in die erheblich kompetentere Welthandels-Organisation (WTO). Die WTO wird nicht nur über ein größeres Maß an vertraglicher Macht verfügen, um die neuen Freihandelsregeln durchzusetzen. Sie wird sich, wie es der Brüsseler Außenhandelskommissar Sir Leon Brittan formuliert, „vermutlich auch zum maßgeblichen Forum der internationalen Diskussion über alle wirtschaftlichen Probleme entwickeln", zu einer Art Weltsicherheitsrat für internationale Wirtschaftspolitik. Zu den Stützpfeilern weltumspannender Wirtschafts- und Handelsbeziehungen gehören, darin ist sich der industrielle Westen im Prinzip einig, die Menschenrechte, der Umweltschutz und ein Minimum an anständigen Arbeitsbedingungen. GATT-Generalsekretär Peter Sutherland läßt derzeit am Text einer politischen Erklärung feilen, mit der die WTO feierlich beauftragt werden soll, dieserart umfassende wirtschaftspolitische Verhaltensregeln auszuarbeiten.

Amerika und Frankreich preschen indes in ungewohnter Allianz vor. Sie wollen bereits in Marrakesch festschreiben, daß die Gültigkeit der gerade erst beschlossenen Freihandelsregeln von der Wahrung künftiger Sozial- und Umweltstandards abhänge. Dies bringt die GATT-Mehrheit aus der Dritten Welt auf, denn sie befürchtet einen gegen sie gerichteten Protektionismus des Westens durch die Hintertür. Erzeugnissen beispielsweise, die durch Kinder- oder Gefangenenarbeit hergestellt worden sind oder durch Hungerlöhne billig gehalten werden, möchten Amerikaner und Franzosen den Marktzugang versperren können. Für gefährlichen Müll und den Ozonkiller FCKW als Ingredienzium könne es keine freien Märkte geben, so argumentieren sie, ebenso nicht für Geschäfte, durch die Tierarten ausgerottet würden. Die Dritte Welt stemmt sich nicht grundsätzlich gegen solche Prinzipien. Aber sie möchte darüber reden und sie nicht von vornherein wie ein Damoklesschwert über ihrem Export hängen sehen.

In der Europäischen Union ist die Mehrheit bereit, den Entwicklungsländern und vor allem den aufkommenden Industrieländern Asiens alle Garantien dafür zu geben, daß in das GATT-Gestein gemeißelte Mindestvorschriften über Umweltschutz und menschenwürdige Arbeitsbedingungen keinen Vorwand für Protektionismus bieten werden. Aber Frankreich und Amerika ziehen die Grenze der Toleranz. Die Franzosen glauben seit jeher, und in Washington ist die amtierende Regierung Clinton im Innersten davon überzeugt, daß sich ihre Vorstellungen über einen fairen Außenhandel besser durch ein Geflecht bilateraler Vereinbarungen als durch die klassischen multilateralen Freihandelsregeln des GATT verwirklichen lassen. Die Amerikaner haben schließlich ihre Erfahrungen mit Japan, die Franzosen können auf den Binnenmarkt verweisen. Ihnen geht es letztlich um das Gebot der Reziprozität.[1]

Länder öffnen ihr Märkte nur für die, die es ebenfalls tun, und sie lassen dem Wettbewerb zwischen ihnen nur dann freien Lauf, wenn sie unter halbwegs ähnlichen Kostenverhältnissen konkurrieren. Auf dem Binnenmarkt ist die Reziprozität, wenn man so will, zu hundert Prozent verwirklicht. Also stehen die Mitgliedstaaten der Gemeinschaft in fairem Wettbewerb miteinander, und also gibt es keinen Widerstand gegen den Binnenmarkt. Das GATT aber ist davon weit entfernt.

Doch nicht mehr lange. Die WTO soll die Brücke schlagen zwischen den Anhängern des bilateralen „managed trade" und denen weltweiter, freier Märkte. Sie soll den klassichen „free trade" mit „fair trade" verbinden. Also muß sie zumindest ansatzweise mit den Instrumenten ausgestattet werden, über die Amerika und die Europäische Union verfügen, andernfalls die beiden Wirtschaftsmächte auf den Einsatz ihrer Mittel nicht verzichten würden. Das ist die Philosophie hinter dem Streitschlichtungsmechanismus der WTO, dem sich in Zukunft jeder Mitgliedstaat unterwerfen muß, wie darüber hinaus der im zweijährigen Rhythmus tagenden Ministerkonferenz, die mit Dreiviertelmehrheit beschließen kann. So wird die WTO ein wenig dem Ministerrat in Brüssel nachgezeichnet, und das gefällt Frankreich. Amerika wiederum hätte nicht auf seinen „Super 301" verzichtet, wären nicht alle Partnerstaaten im GATT gehalten, ihre Gesetzgebung dem Genfer Regelwerk anzupassen. Die „Sektion 301" im amerikanischen Handelsgesetz dient dem Zweck, anderen Ländern Einfuhrbeschränkungen anzudrohen, wenn sie ihre Märkte nicht öffnen. Ihre Aufgabe, Reziprozität zu erzwingen, übernimmt von 1995 an die WTO. Die EU kann heute noch die Genfer Freihandelsregeln ignorieren und ihre regelwidrige Bananenmarktordnung durchsetzen. Vom nächsten Jahr an könnte sie es nicht mehr.

Als die Uruguay-Runde begann, im Jahre 1986, da dachte noch niemand an eine WTO. Wann hat es das je gegeben, daß internationale Politik mehr erreicht, als sie wollte?

(Süddeutsche Zeitung vom 9./10. 4. 1994, S. 33)

[1]Wechselseitigkeit

1 *Vergleichen Sie die handelspolitischen Standpunkte von Nord und Süd und beurteilen Sie sie.*

M33 Globale Perspektiven: Aus dem Bericht des Club of Rome 1991

(Es) ist damit zu rechnen, daß der Bevölkerungsdruck, fehlende Chancengleichheit sowie Tyrannei und Unterdrückung Auswanderungswellen in Richtung Norden und Westen auslösen werden, die sich nicht mehr eindämmen lassen. Unsere Nachkommen werden vermutlich Massenwanderungen ungekannten Ausmaßes erleben. Dieser Prozeß hat bereits begonnen, denken wir nur an die „boat-people" aus dem Fernen Osten, an die Mexikaner, die illegal in die Vereinigten Staaten kommen, und an die Asiaten und Afrikaner, die nach Europa drängen. Man kann sich unschwer ausmalen, daß im Extremfall unzählige ausgehungerte und verzweifelte Immigranten mit Booten an den Nordküsten des Mittelmeers landen werden. Desgleichen ist mit einer massiven Einwanderung von Lateinamerikanern in die Vereinigten Staaten zu rechnen, während der Bevölkerungsdruck in China möglicherweise in einem Vorstoß ins menschenleere Sibirien ein Ventil findet. [...]

Man muß deshalb dringend die wirtschaftlichen Bedingungen in den armen Ländern verbessern und gleichzeitig wirksame Mittel der Bevölkerungskontrolle einführen. Wir möchten jedoch betonen, daß eine Reduzierung des Wirtschaftsgefälles und eine sinnvolle und kooperative Entwicklung beileibe nicht nur eine bloße Geste darstellen, sondern auch für die reichen Länder von grundlegendem Interesse sind. Die breite Öffentlichkeit in den Industrieländern hat das noch nicht begriffen, und solange das so bleibt, werden die Politiker wahrscheinlich auch nicht handeln.

(Spiegel-Spezial 2/1991, S. 43)

1 *Welches Zukunftsbild des Nord-Süd-Konflikts entwirft der Club of Rome? Welches Verhalten der Industriestaaten legt er nahe?*

2 *Setzen Sie sich mit seinen Thesen auseinander.*

Zusammenhänge und Perspektiven

1 *Erarbeiten Sie ein Referat über die Entwicklung der EG / EU in den 1990er Jahren.*

2 *Untersuchen Sie die Gründe für den Beitritt bzw. das Fernbleiben europäischer Staaten von EWG / EG / EU seit den Römischen Verträgen.*

3 *Erstellen Sie eine Übersicht der Auswirkungen des Kalten Krieges auf die Politik europäischer, asiatischer, afrikanischer und lateinamerikanischer Staaten.*

4 *Erörtern Sie positive und negative Auswirkungen des Kalten Krieges auf die Deutschlandpolitik (Entstehung zweier Staaten in Deutschland, Ostpolitik, Einigungsprozeß, neue Unübersichtlichkeit in Osteuropa).*

5 *Verfolgen Sie die Auswirkungen des Kalten Krieges auf Entwicklungspolitik und Dritte Welt.*

Zeittafel zur Ersten, Zweiten und Dritten Welt 1950–1990

1950 Ausbruch des Koreakrieges: USA im UN-Auftrag gegen Nordkorea (bis 1953)
1951 Sicherheitsbündnisse der USA mit pazifischen Staaten und Australien (ANZUS, SEATO)
1954 Wasserstoffbombe der USA
1955 CENTO-Pakt im Mittleren und Nahen Osten
Aufnahme der BRD in die NATO, Wiederbewaffnung
1956 Suez-Krise: Einmarsch von Großbritannien, Frankreich, Israel im Oktober in Kanalzone
Ungarn-Krise im Oktober: Niederschlagung des Aufstandes durch Rote Armee
1957 Hallstein-Doktrin
1960 Gleichstand der atomaren Rüstung in USA und Sowjetunion
1961 Konferenz von Belgrad: Blockfreien-Bewegung
1962 Kuba-Krise: Konflikt USA-UdSSR über Stationierung von Sowjetischen Nuklearraketen auf Kuba
1963 Ende der oberirdischen Atomversuche
Elysée-Vertrag: Deutsch-französische Freundschaft begründet
1965 Eskalation des Krieges der USA in Vietman durch Ausweitung auf Nord-Vietnam (bis 1975)
1968 Einmarsch der Warschauer-Pakt-Staaten in die ČSSR
Atomwaffensperrvertrag: USA, UdSSR, Großbritannien verbreiten keine Atomwaffen
1970 Nixon-Kissinger-Détente
„Ostverträge" der BRD mit UdSSR und Polen
1972 SALT I-Vertrag USA-UdSSR: Rüstungsbegrenzung bei Interkontinentalraketen
1973 Vertrag über beiderseitigen Truppenabbau in Europa (MBFR)
1975 KSZE-Schlußakte von Helsinki
1979 SALT II-Vertrag: Einschränkung bei der Entwicklung neuer Raketensysteme
Islamische Revolution in Persien
Invasion der Sowjetunion in Afghanistan
sowjetische Aufstellung von SS 20-Mittelstreckenraketen in Europa
NATO-Nachrüstungsbeschluß
1983 SDI-Programm der USA; Nachrüstung der NATO
1985 Gorbatschow Generalsekretär der KPdSU: Glasnost und Perestroika
1987 INF-Vertrag: Vernichtung aller amerikanischen und sowjetischen Mittelstreckenraketen (1991 abgeschlossen)
1990 Charta von Paris: Ende des Kalten Krieges
Abschluß der „Zwei plus Vier"-Gespräche über die Vereinigung der beiden deutschen Staaten (BRD, DDR und die vier Siegermächte des Zweiten Weltkrieges)
1991 Juli: START-Vertrag über die Reduzierung der strategischen Nuklearwaffen um ein Drittel
21. 12.: Auflösung der Sowjetunion
1993 START II: Reduktion des Atomwaffenarsenals auf ein Drittel

Containment und Roll Back: Plan der USA, ab 1950 von der Eindämmung zur Zurückdrängung der sowjetischen Expansion überzugehen

Hallstein-Doktrin: Abbruch der diplomatischen Beziehungen durch die BRD mit jedem Land, das die DDR anerkennt

Status quo: Politik der Supermächte, ihre erreichten Einflußsphären anzuerkennen

Breschnew-Doktrin: Erklärung der Sowjetunion, gegen jede politische Veränderung in ihrem Machtbereich gewaltsam einzuschreiten

Entspannungspolitik: Rücknahme der Interventionsbereitschaft und Versachlichung der Beziehungen der Supermächte

KSZE-Akte: Vereinbarung der europäischen und nordamerikanischen Staaten über Sicherheit, Zusammenarbeit und Achtung der Menschenrechte

Neues Denken: Konzept Gorbatschows zur Reduzierung des Rüstungswettlaufs (auch einseitige Abrüstung)

Ende Ost-West-Konflikt: Aufhebung des Gegensatzes zwischen NATO und Warschauer Pakt durch die Auflösung des Warschauer Pakts und die Unterzeichnung der Charta von Paris

Das Ende des Kalten Krieges und die Folgen

Das Ende des Ost-West-Konflikts bewirkte einen Umbruch der Weltpolitik. Seiner historischen Qualität nach ist er nur noch mit dem Ende des Zweiten Weltkrieges zu vergleichen. Damals wie zu Beginn der neunziger Jahre erhält die internationale Politik die Möglichkeit, einen neuen Anfang zu setzen, einen Fortschritt in Richtung auf Frieden und Wohlstand auszulösen. Voraussetzung dazu ist eine Bestandsaufnahme der durch das Konfliktende hervorgerufenen Veränderungen. In welchem Zustand befindet sich das internationale System, welche Kräfte und Konstellationen sind wirksam? Diese Frage stellt sich zunächst für Europa, das Zentrum des Konflikts, wo dessen Ende die gravierendsten Folgen und größten Möglichkeiten einer Neuordnung hinterlassen hat. Sodann sind die neuen Machtfiguren der Welt, die gesellschaftliche Entwicklung der Staaten und die gestiegene Bedeutung zu untersuchen, die dem Sachbereich Wirtschaft gegenüber dem der Sicherheit zukommt.

In Europa hat das Konfliktende die von den beiden Militärallianzen über 40 Jahre aufgebaute Ordnung zerbrochen. Sie muß ersetzt werden durch ein internationales System, in dem symmetrische und demokratische Einheiten in ihrer kontinuierlichen organisierten Kooperation den Frieden erzeugen. Dazu muß sich die EG in eine Politische Union verwandeln und zusammen mit den ihr assoziierten Staaten Osteuropas im Rahmen der KSZE mit Rußland und den anderen Sowjetunion-Nachfolgern kooperieren. Gleichzeitig muß die Atlantische Gemeinschaft zwischen der EG und den USA und Kanada reformiert werden. Im Einzugsgebiet des ehemaligen Ost-West-Konflikts gibt es dann mit den USA, der EG mit Osteuropa, und mit der GUS drei große Einheiten, die aufgrund ihrer demokratischen Herrschaftssysteme, ihrer Symmetrie und ihrer organisierten Kooperation in der KSZE die europäische Friedensordnung produzieren. Strategisch vordringlich ist daher der Beitrag des Westens zur Demokratisierung in Osteuropa und der GUS sowie – als deren Voraussetzung - zur wirtschaftlichen Sanierung der ehemaligen Staatshandelsländer.

Global hat das Konfliktende die von den Supermächten erzwungene Einordnung aller Staaten in die Ost-West-Auseinandersetzung aufgehoben. Die zentripetale Kraft dieses Konflikts ist erloschen; als Folge verstärkt sich die Regionalisierung der Welt. Der Sozialismus ist als politische wie als ökonomische Alternative zu Liberalismus und Kapitalismus ausgeschieden. Dadurch erhalten alle Staaten größere Handlungsfreiheit. Der Überfall des Irak auf Kuwait war der erste Ausdruck gestiegener Autonomie; nicht zuletzt deswegen wurde er vom Westen mit Gewalt zurückgewiesen. Die expansionistische Gewaltpolitik Serbiens fällt auch in diese Kategorie. Da vor allem die Dritte Welt ihre Machtfigur noch nicht gefunden hat, sind dort weitere gewaltsame Auseinandersetzungen zu erwarten, geführt von regionalen Großmächten um den Vormachtanspruch. 1993 wurde nicht nur in Somalia, sondern in vielen anderen Staaten Afrikas um die Macht gekämpft. Die Renaissance des Krieges als Mittel der politischen Auseinandersetzung in der Dritten Welt kann nur vermieden werden, wenn die globale Organisation der Vereinten Nationen und regionale Organisationen sich auf die Gewaltvorbeugung konzentrieren und mit aller Kraft den gewaltfreien Konfliktaustrag sicherstellen.

Als zweite globale Wirkung hat das Ende des Ost-West-Konflikts die seit den siebziger Jahren zu beobachtende Demokratisierungstendenz verstärkt. Die Revolutionen in Osteuropa hatten hier Signalwirkung. Die Tendenz ist nicht unumkehrbar, aber auch nicht mehr aufhebbar. Die Relevanz der Gesellschaften gegenüber ihren politischen Systemen hat sich derart verstärkt – nicht zuletzt durch das Beispiel der westlichen Industriestaaten –, daß das internationale System vom Zustand der Staatenwelt in den der Gesellschaftswelt übergegangen ist. Sie ist noch immer staatlich geordnet, aber die Regierungen müssen mehr und mehr auf die Anforderungen ihrer Gesellschaft Rücksicht nehmen. […]

Von entscheidender Bedeutung für die Wirtschaftswelt ist die ökonomische Sanierung der ehemaligen Staatshandelsländer. Gelingt es nicht, sie rasch in die Marktwirtschaft zu überführen, kann die Frustration der Bevölkerung nicht nur die wirtschaftliche, sondern auch die politische Lage auf dem eura-

sischen Kontinent destabilisieren. Wirtschaftliche Entwicklung und Demokratisierung dieser Region sind daher die wichtigsten Aufgaben der neuen Weltordnung.
Davon werden die Entwicklungsländer zunächst negativ betroffen, weil die Hilfsressourcen vorrangig nach Eurasien fließen werden. Die durch das Konfliktende eigentlich mögliche, drastische Reduzierung der Rüstungsaufwendungen sollte genügend Kapital freisetzen, um beide Aufgaben lösen zu können.
Die Europäische Gemeinschaft hat besondere Verpflichtungen gegenüber den AKP-Staaten, denen sie seit 1991 im vierten Lomé-Abkommen verbunden ist, ohne daß sich die Lage Schwarzafrikas maßgeblich verbessert hätte. Dies endlich zu ändern und dabei gleichzeitig den früheren Staatshandelsländern wirtschaftlich aufzuhelfen, ist die spezifische Herausforderung für die Europäische Gemeinschaft.

(E. O. Czempiel, Weltpolitik im Umbruch. München ²1993, S. 159 ff.)

Lexikon

Achsenmächte Bezeichnung für jene mit dem Deutschen Reich verbündeten Mächte, die sich zum Antikominternpakt zusammenschlossen, den Mussolini 1936 als „Achse Rom-Berlin" bezeichnete (im weiteren Sinne alle Verbündeten Hitlers)

AKP-Staaten Bis jetzt 69 Staaten in Afrika, der Karibik und im Pazifik, die nach dem Lomé-Abkommen (s. S. 288) der EU assoziiert sind

Bekennende Kirche Ausgehend von Pastor Niemöllers Pfarrernotbund von 1933 bezeichneten sich so jene Teile der Evangelischen Kirche Deutschlands, die die nationalsozialistische Reichskirche ablehnten

Blauhelme s. UN-Blauhelmeinsatz

Blitzkrieg Strategie zur Erringung eines raschen Sieges durch konzentrierten Einsatz modernster Kampfmittel, wie z.B. 1939/40 massierte Panzerverbände unterstützt von gezielten Luftangriffen

Blocksystem Zusammenschluß aller Parteien der SBZ/DDR zum Demokratischen Block unter Anerkennung der Führungsrolle der KPD bzw. ab 1946 der SED

Briand-Kellogg-Pakt Erklärung des Völkerbunds von 1927, wonach ein Angriffskrieg zur Befriedigung nationaler Interessen als völkerrechtswidrig galt. 1928 unterzeichneten 15 Staaten, auch Deutschland, diesen Kriegsächtungspakt

BVP-Bayerische Volkspartei Als Regionalorganisation des katholischen Zentrums am 12. November 1918 in Regensburg von Georg Heim gegründet.

Cash-and-Carry-Klausel Nach Aufhebung des amerikanischen Waffenembargos im November 1939 gestattete dieses Gesetz den USA den Waffenverkauf an Kriegsführende in Europa, falls das Kriegsmaterial vor Verlassen der USA bar bezahlt war

Danzig Deutsche Stadt in Ostpreußen, die infolge des Versailler Vertrages nicht mehr Bestandteil des Deutschen Reiches war, sondern seit 1920 „Freie Stadt" unter Völkerbundsmandat. Die gewaltsame Annexion Danzigs durch das Deutsche Reich führte 1939 zum Zweiten Weltkrieg

Demarkationslinie Provisorische Trennlinie, die die Hoheitsgebiete verschiedener Mächte kennzeichnet

Einheitsgewerkschaft Parteipolitisch und konfessionell neutrale Organisation einer Gewerkschaft, wie z.B. der DGB (im Gegensatz zum ADGB der Weimarer Republik, s. Richtungsgewerkschaft)

Einheitsliste Gemeinsame Kandidatenliste aller Parteien und Massenorganisationen der Nationalen Front in der DDR, auf der alle Kandidaten ohne Parteinennung erschienen. Die Liste sollte bei allen Wahlen seit 1950 lediglich gefaltet und abgegeben werden

Einheitsschule Schulwesen, das für alle Kinder eine gleiche Ausbildung vorsieht und im Gegensatz zum gegliederten Schulwesen erst spät, z.B. nach der 10. Klasse differenziert, d. h. die Weichen zwischen höherer und allgemeiner Bildung stellt

Flexible Antwort („flexible response"), NATO-Strategie seit Anfang der 60er Jahre zur Vermeidung eines Atomkrieges. Ein feindlicher Angriff sollte möglichst dadurch unter der Atomschwelle gehalten werden, daß konventionelle Angriffe nur konventionell beantwortet werden (im Gegensatz zur Strategie der „Massiven Vergeltung")

Föderalismus Grundsatz der begrenzten Selbst- und Mitbestimmung eines Gliedstaates in einem Bundesstaat (z.B. Kultur, Polizei), während z.B. Außenpolitik beim Bund liegt

Freies Frankreich Bezeichnung für jene französischen Truppenteile, die nach dem Waffenstillstand vom 25. 6. 1940 im Schutze Englands unter dem Kommando De Gaulles den Krieg gegen die Achsenmächte fortsetzten

GASP Gemeinsame Außen- und Sicherheitspolitik innerhalb der EG bzw. EU

GATT („General Agreement on Tariffs and Trade") Allgemeines Zoll- und Handelsabkommen von 1947, um durch ein Verbot von Export- und Agrarsubventionen eine weltweite internationale Handelsordnung zu schaffen (bisher Zollsenkung erreicht)

Grenze Vertraglich vereinbarte Trennungslinie zwischen Grundstücken oder Staaten, jenseits derer verschiedene Hoheitsrechte gelten

Haager Konvention Verschiedene in Den Haag abgeschlossene internationale Abkommen wie z.B. die Haager Landkriegsordnung 1907 über die Regeln zur Humanisierung des Landkrieges (heute Genfer Konvention)

Holocaust Der biblische Begriff für Brandopfer bezeichnet heute weltweit die systematische Vernichtung der europäischen Juden durch den NS-Staat

IMF („International Monetary Fund“) Internationaler Währungsfond oder Weltwährungsfond, 1945 in Bretton Woods gegründet zur Bewältigung der internationalen Schuldenkrise (Sitz in Washington)

Importierte Inflation Geldentwertungseffekt, der durch hohe Exportüberschüsse eintreten kann: Die Geldmenge kann dadurch im Exportland unkontrolliert anwachsen

Industriegewerkschaftsprinzip Organisationsform von Gewerkschaften nicht nach Tätigkeitsformen, sondern nach Zugehörigkeit zu einem Produktionszweig. So sind z. B. in der IG Metall alle organisierbar, die in einem metallverarbeitenen Betrieb beschäftigt sind

Internierungslager Haftort zur Abwehr von Gefahren; z.B. in Kriegszeiten zur Festsetzung von Zivilpersonen eines Feindstaates. Deutsche Konzentrationslager wurden von den Sowjets 1945-50 als I. benutzt, dort starben über 50% der Häftlinge

Kaderpartei Parteitypus, in welchem nur wichtige Funktionäre einer politischen Bewegung Parteimitglied werden können (Kader = besonders qualifizierter Stammbestand einer Truppe)

Kollaboration Zusammenarbeit mit der Besatzungsmacht oder dem Feind, besonders in Frankreich 1940–1944

Kollektivierung Die Überführung von Privateigentum in Kollektiveigentum, z. B. bei den bäuerlichen Betrieben der DDR zur Bildung der Landwirtschaftlichen Produktionsgenossenschaften (LPG)

Kongokrise Nachdem der belgische Kongo als Zaire 1960 unabhängig wurde, trennte M. Tschombé die Provinz Katanga vom Zentralstaat ab; es kam zu blutigen Auseinandersetzungen, in die die UNO eingriff. 1963 unterwarfen UNO-Truppen Katanga

Konzentrationslager Lager zur Inhaftierung von Zivilpersonen, zunächst nur während eines Krieges (z.B. 1901 Burenkrieg), in totalitären Staaten des 20. Jahrhunderts Mittel zur Unterdrückung von angeblichen Staatsfeinden, bes. im NS-Staat, durch absolute Rechtlosigkeit der Gefangenen, durch Zwangsarbeit und Mißhandlungen bis zur physischen Vernichtung (s. Vernichtungslager)

Korridor Landstreifen zwischen Ostpreußen und Pommern (=Westpreußen), der laut Versailler Vertrag Polen einen Zugang zur Ostsee verschaffte und Ostpreußen vom Deutschen Reich abtrennte

Krieg, totaler s. Totaler Krieg

Kulturrevolution Auseinandersetzung in der Volksrepublik China von 1964–1969 zwischen der KPCh und den Roten Garden Mao Ze-dongs, die Säuberungen in Partei und Staat durchführten und einen Bruch mit Chinas Jahrtausende alten Kulturtraditionen herbeiführen wollten

Locarno Vertrag von 1925 zwischen Frankreich, Belgien und dem Deutschen Reich, in dem die Westgrenze des Versailler Vertrages garantiert und ein Angriffsverzicht erklärt wurde (Italien und England als Garantiemächte)

Massive Abschreckung („massive retaliation“) NATO-Strategie der 50er Jahre, in der jeder Angriff des Warschauer Paktes mit Atomwaffen beantwortet werden sollte

Nissenhütte Tonnenförmige Behelfsunterkunft aus Wellblech

Notstandsrecht Staatsrechtliche Ermächtigung der Regierung, bei dringender Gefahr besondere Maßnahmen zu ergreifen. Das Notstandsrecht von 1968 unterscheidet für die Bundesrepublik den Katastrophenfall, den inneren Notstand (Gefahr für die freiheitlich demokratische Grundordnung) und den äußeren Notstandsfall (Spannungs- oder Verteidigungsfall)

OEEC („Organisation for European Economic Cooperation") Vertrag von 16 europäischen Ländern, auf dessen Grundlage der Marshall-Plan (Finanzierung von Investitionen) durchgeführt wurde

Personalisiertes Verhältniswahlrecht Wahlrecht der Bundesrepublik Deutschland, bei dem die Gesamtzahl der Sitze im Bundestag nach dem Stimmenanteil der Parteien vergeben wird. Die Hälfte der Abgeordneten wird jedoch direkt im Wahlkreis nach dem Mehrheitswahlrecht gewählt

Pietà Darstellung der trauernden Maria mit dem Leichnam Christi

Planwirtschaft Wirtschaftsform, bei der der gesamte Wirtschaftsablauf (Produktionsmenge, Preise, Löhne, Ausbildung) von einer zentralen Planungsbehörde gesteuert wird (Zentralverwaltungswirtschaft)

Quislingregierung Bezeichnung für eine Regierung, die durch Kollaboration mit dem Feind die nationalen Interessen aufgibt. Vidkun Quisling war als Führer der norwegischen Faschistenpartei „Nasjonal Samling" Regierungschef unter der deutschen Besatzung

Ratifizierung Verfassungsrechtlich vorgesehene Bestätigung von Staatsverträgen, meist durch das Parlament

Realismus, sozialistischer Kunststil der staatssozialistischen Länder im Gefolge der UdSSR mit der Darstellung der Wirklichkeit im Sinne der marxistisch-leninistischen Ideologie, orientiert an den Ausdrucksmitteln des 19. Jahrhunderts

Rechtsstaat, materialer Verfassungsgrundsatz zum Schutz des einzelnen vor der Willkür des Staates durch vorstaatliche Grundrechte und Gewaltenteilung

Reichssicherheitshauptamt (RSHA) 1939 aus der Vereinigung von Sicherheitspolizei (Gestapo plus Kriminalpolizei) und Sicherheitsdienst der SS (SD) hervorgegangenes Amt unter Heinrich Himmler (Reichsführer SS und Chef der Deutschen Polizei)

Resistenz Im Gegensatz zu aktivem Widerstand eine Abwehrhaltung gegen die NS-Ideologie und ihre Erscheinungsformen (so im Katholizismus und im alten preußischen Offizierskorps)

Richtungsgewerkschaft Parteipolitisch oder konfessionell gebundene Gewerkschaft, wie z.B. die Freien Gewerkschaften des Kaiserreichs oder der ADGB (Allgemeiner Deutscher Gewerkschaftsbund) der Weimarer Republik, die der SPD nahestanden

Säuberung Bildlicher Ausdruck für den Vorgang des Parteiausschlusses, der Verfolgung und Kriminalisierung von mißliebigen Parteimitgliedern vor allem im Stalinismus der 30er, 40er und 50er Jahre

Schattenwirtschaft Illegale Wirtschaftsformen wie Schwarzarbeit (d.h. ohne Entrichtung von Sozialversicherungsbeiträgen oder Steuern) oder Schwarzmarkt

Schwarzmarkt Verbotener freier Markt in einem System der Warenbewirtschaftung, wie z. B. nach 1945 in Deutschland

Sitzkrieg Die passive Lage zwischen Frankreich und Deutschland zwischen dem 4. September 1939 und dem 10. Mai 1940, d.h. nach der Kriegserklärung Frankreichs und Englands an das Deutsche Reich wegen des Überfalls auf Polen und Hitlers Vorstoß nach Frankreich

Souveränität Verfügung über die Staatsgewalt – innere S.: Befugnis, Recht und Regierungsform zu bestimmen, äußere S.: Unabhängigkeit von fremder Gewalt und Vertragshoheit

Sowjetische Aktiengesellschaft Industriebetriebe der SBZ, die sich die Sowjets 1946 im Rahmen der Reparationsforderungen und Demontagen angeeignet haben (213 Betriebe) und die von der DDR 1953 für 2,5 Mrd. Mark zurückgekauft wurden

Sowjetisierung Einführung des sowjetischen Wirtschafts- und Politiksystems in den von der Roten Armee besetzten Ländern durch Bildung von Volksfrontregierungen und Bevorzugung der KP

Sozialisierung Überführung von Privateigentum an den Produktionsmitteln in Gemeineigentum, in staatssozialistischen Ländern in Staatseigentum. Nach Marx ist die Sozialisierung das Kernstück der sozialistischen Revolution. In der SBZ/DDR bildete die entschädigungslose Enteignung das Rückgrat der sozialistischen Planwirtschaft

Sozialismus Nach Marx jene Übergangsgesellschaft vom Kapitalismus in den Kommunismus, in der nach der Vergesellschaftung der Produktionsmittel die Diktatur des Proletariats herrscht; allgemein eine Gesellschaft, die durch rechtliche, politische und soziale Gleichheit und das Prinzip der Solidarität geprägt ist.

Sozialistischer Realismus s. Realismus

Soziallehre Die „doctrina socialis" der katholischen Kirche als Antwort auf die soziale Frage des 19. Jahrhunderts. Ausgehend von der „Enzyklika Rerum novarum" von 1891 vertritt die katholische Soziallehre das Prinzip von den gleichen Rechten und Pflichten von Arbeitgebern und Arbeitnehmern.

Stahlpakt Vertrag zwischen dem Deutschen Reich und Italien vom 22. Mai 1939 über Beistand im Angriffsfall und Sicherung des „Lebensraumes" und der „Lebensinteressen" der beiden Staaten

Strategische Waffensysteme Atomare Waffen auf Trägersystem von interkontinentaler Reichweite (im Unterschied zu taktischen Waffensystemen von begrenztem Wirkungsgrad und geringer Reichweite)

Totaler Krieg Im Unterschied zum Krieg der Armeen die Mobilisierung aller Kräfte des Volkes zur Erzwingung des Sieges

Triptychon dreiteiliges Tafelbild

Trizone Westdeutscher Staat aus den drei Besatzungszonen der Amerikaner, Engländer und Franzosen; im September 1949 mit der Regierungsbildung begründet

UN-Blauhelmeinsätze Friedenstruppen der Vereinten Nationen, die in der UN-Charta nicht vorgesehen sind (im Gegensatz zu den Truppen nach Art. 42), aber seit 1956 vielfach zur Friedenserhaltung eingesetzt wurden. Blauhelme sollen Waffenstillstände kontrollieren, Wahlen überwachen, humanitäre Hilfe sichern und dürfen die Waffen nur zur Selbstverteidigung einsetzen (Friedensnobelpreis 1988)

Verhältniswahlrecht, personalisiertes s. Personalisiertes V.

Vernichtungslager Konzentrationslager im SS-Staat wie Auschwitz, Maidanek oder Gettos wie in Warschau, Lemberg; eingerichtet in erster Linie zum Massenmord an Juden

Versailler Vertrag Friedensvertrag des Deutschen Reiches von 1919 mit den Siegermächten des Ersten Weltkrieges (Hauptbestimmungen: Alleinige Kriegsschuld des Deutschen Reiches, Gebietsabtrennungen, Reparationen in unbegrenzter Höhe, 100 000-Mann-Heer, Verlust der Handelsflotte)

Verstaatlichung Überführung von Privateigentum in Staatseigentum, mit oder ohne Entschädigung

Volksfrontpolitik Politische Strategie zur verschleierten Durchsetzung von Interessen der SMAD in der SBZ. Dazu wurde ein Mehrparteiensystem begründet, in dem der Führungsanspruch der KPD/SED anerkannt werden mußte

Volkskongreß Kongreß am 6./7. 12. 1947 zur Deutschlandpolitik von gewählten Delegierten vor allem aus der SBZ. Nach Verbot im Westen trat der 2. und 3. V. 1948 und 1949 zur Ausarbeitung des SED-Verfassungsentwurfs zusammen (s. DDR-Verfassung)

Westwall Deutsche Befestigungsanlage an der Westgrenze, von 1936–1939 errichtet

Wohnraumbewirtschaftung System der Wohnraumverwaltung nach dem Zweiten Weltkrieg in Deutschland, in dem unter Eingriff in das Eigentumsrecht von der staatlichen Verwaltung Wohnraum an Wohnungslose, vor allem Flüchtlinge und Vertriebene, vergeben wurde

Zentralisierung Abschaffung föderaler Strukturen durch Vereinigung aller Kompetenzen in einer Zentrale, z.B. Auflösung der Länder der DDR 1952

Zigeuner Historischer Begriff für ein Volk, das außer in Ostasien in ganz Eurasien lebt. Weil das Wort im Nationalsozialismus zur Diffamierung und Verfolgung mißbraucht wurde, spricht man heute von Sinti und Roma. Streng genommen bezeichnet dies aber nur die in Deutschland lebenden beiden Sippen

Literaturhinweise

Es gibt keine Gesamtdarstellung für alle Teile des Stoffs der 13. Klasse in der wissenschaftlichen Literatur. Deshalb sind hier nur Hinweise zu den vier einzelnen Stoffbereichen verzeichnet.

A Der Zweite Weltkrieg

Karl-Dietrich Erdmann, Die Zeit der Weltkriege, in: Gebhardt, Handbuch der Deutschen Geschichte, Bd.4, Stuttgart [9]1976, S. 455–592 (§§65–84)

Hans-Ulrich Thamer, Verführung und Gewalt. Deutschland 1933–1945, Berlin 1986, S. 467–770

Bernd-Jürgen Wendt, Großdeutschland. Außenpolitik und Kriegsvorbereitung des Hitler-Regimes, München (dtv 4518) [2]1993

Lothar Gruchmann, Totaler Krieg. Vom Blitzkrieg zur bedingungslosen Kapitulation, München (dtv 4521) 1991

Klaus Hildebrand, Deutsche Außenpolitik 1933–1945, Stuttgart [4]1980

Andreas Hillgruber, Der Zweite Weltkrieg 1939–1945, Stuttgart [4]1985

Militärgeschichtliches Forschungsamt (Hrsg.). Das Deutsche Reich und der Zweite Weltkrieg. Bd. 1–5 (bisher), Stuttgart 1979 ff.

B Nachkriegsdeutschland

Karl-Dietrich Erdmann, Die Zeit der Weltkriege, in: Gebhardt, Handbuch der Deutschen Geschichte. Bd.4, Stuttgart [4]1976

Christoph Kleßmann, Die doppelte Staatsgründung. Deutsche Geschichte 1945–1955, Göttingen [4]1986

Adolf Birke, Nation ohne Haus. Deutschland 1945–1961, Berlin 1989, S. 9–255

Rolf Steininger, Deutsche Geschichte 1945–1961. Darstellung und Dokumente in zwei Bänden, Frankfurt / M. 1983, S. 19–382

Jürgen Weber, Auf dem Weg zur Republik 1945–1947, München 1978 (und öfter); ders., Das Entscheidungsjahr 1948, München 1979 (und öfter); Gründung des neuen Staates 1949, München 1980 (und öfter) - (= Bayerische Landeszentrale für politische Bildungsarbeit A 61– A 63)

M. Broszat/W. Benz/H. Graml (Hrsg.), Deutsche Geschichte der neuesten Zeit, München (dtv 4522–4524, 4527) 1984 ff.

C Deutschland 1949–1990

Zu beiden deutschen Staaten:

Adolf Birke, Nation ohne Haus. Deutschland 1945–1961, Berlin 1986, S. 257–484

M. Broszat/W. Benz/H. Graml (Hrsg.), Deutsche Geschichte der neuesten Zeit, München (dtv 4525–4530) 1984 ff.

Christoph Kleßmann, Zwei Staaten, eine Nation. Deutsche Geschichte 1955–1970, Göttingen 1989

W. Weidenfeld/H. Zimmermann (Hrsg.), Deutschland-Handbuch. Eine doppelte Bilanz 1949–1989, München 1989

Imanuel Geiss, Die deutsche Frage 1806–1990, Mannheim 1992

G. Diemer/E. Kuhrt, Kurze Chronik der Deutschen Frage, München 1991

Zur Bundesrepublik Deutschland

K. D. Bracher u.a. (Hrsg.), Geschichte der Bundesrepublik Deutschland, 5 Bde., Stuttgart/Mannheim 1983 ff.

Dietrich Thränhardt, Geschichte der Bundesrepublik, Frankfurt/M. (es NF 267) 1986

Rolf Steininger, Deutsche Geschichte 1945–1961 in zwei Bänden, Frankfurt / M. 1983

Irmgard Wilharm, Deutsche Geschichte 1962–1983, 2 Bde., Frankfurt/M. 1985

Kurt Sontheimer, Die Adenauer-Ära. Grundlegung der Bundesrepublik, München (dtv 4525) 1991

Hermann Glaser, Kulturgeschichte der Bundesrepublik Deutschland. 3 Bde., München 1985 ff.

Zur Deutschen Demokratischen Republik

Hermann Weber, Kleine Geschichte der DDR, Köln [2]1988
ders., Geschichte der DDR, München (dtv 4430) [3]1989
Bundesministerium für Innerdeutsche Beziehungen (Hrsg.), DDR-Handbuch. 2 Bde., Köln 1985

D Europäische Einigung und neuere weltpolitische Konstellationen

Elke Thiel, Die Europäische Gemeinschaft, München 1983 (und öfter) (= Bayerische Landeszentale für politische Bildungsarbeit A49)
E.-O. Czempiel/K.-Ch. Schweitzer, Weltpolitik der USA nach 1945, Bonn [2]1987
H.-J. Torke (Hrsg.), Historisches Lexikon der Sowjetunion 1917/22 –1991, München 1993
E.-O. Czempiel, Weltpolitik im Umbruch, München [2]1993
Frank R. Pfetsch, Die Außenpolitik der Bundesrepublik 1949 – 1992. Von der Spaltung zur Vereinigung, München [2]1993
Andreas Boeckh (Hrsg.), Internationale Beziehungen, München 1994 (= D. Nohlen (Hrsg.), Lexikon der Politik Bd. 6)
Peter J. Opitz (Hrg.), Grundprobleme der Entwicklungsländer, München 1991
Franz Nuscheler, Lern- und Arbeitsbuch Entwicklungspolitik, Bonn [3]1991

Register

Bildquellenverzeichnis

Aus: N. Albrecht, Deutschland – Die illustrierte Chronik der Bundesrepublik Deutschland, Gondrom Verlag, Bindlach 1987: S. 171 (3); Allgemeine Wochenzeitung der Juden in Deutschland: S. 36; aus: Anschläge, Politische Plakate in Deutschland 1900-1970, Langewiesche-Brandt, Ebenhausen: S. 163; H. Antes, Karlsruhe (Kunstsammlung Nordrhein-Westfalen, Düsseldorf): S. 151; Archiv für Kunst und Geschichte, Berlin: S. 35; Archiv Whiting, London: S. 100; Argus: S. 266; Bayrisches Hauptstaatsarchiv, München: S. 83(2); L. Beckel, Bad Ischl (Luftaufnahme freigegeben durch Reg. OBB GS 300/6946): S. 138; aus: S. Boenke, K. von Zwehl (Hg.), „Angesichts des Trümmerfeldes..." Begleitheft zur Ausstellung anläßlich des 40. Jahrestages der Bayr. Verfassung, München 1986: S. 93 (2); aus: bsv Geschichte 4, Bayrischer Schulbuchverlag, München 1988: S. 192; Bundesarchiv Koblenz: S. 30 (2), 86, 89, 93 (1), 99 (4), 102, 105 (1), 125 (1), 181, 185; Bundesbildstelle Bonn: S. 76, 217, 269; Bundesvorstand der Grünen/Bündnis 90, Bonn: S. 173; Deutsche Presseagentur (dpa): S. 134, 162, 171 (4), 177, 197, 227, 253, 256, 260; Erich-Schmidt-Verlag, Berlin: S. 249; Globus Kartendienst, Hamburg: S. 277 (2); aus: Grundkurs Deutsche Geschichte 2, 2. Aufl., Cornelsen Verlag Hirschgraben, Frankfurt/M. 1988: S. 25; aus: Grundzüge der Geschichte Bd. 4, 5. Aufl., Diesterweg Verlag, Frankfurt/M. 1974: S. 16, 39, 49, 58; F. Hafner, Berlin: S. 83 (1); Haitzinger: S. 251; Harzfoto Brake, Osterode: S. 171 (2); R. Hausner, Mödling/Österreich: S. 224; aus: Hermes Handlexikon, Synchronopse des Zweiten Weltkriegs, Econ Taschenbuch Verlag, Düsseldorf 1983: S. 11, 18; aus: K. Hildebrandt, Von Erhard zur großen Koalition 1963-1969, Deutsche Verlags-Anstalt, Stuttgart 1984: S. 153, 166; Institut für Zeitungsforschung, Dortmund: S. 131, 159; Jürgens, Ost und Europa Photo, Köln: S. 188, 189, 199; Katholische Nachrichten-agentur, Frankfurt: S. 61; H.F. Köhler, Boppard: S. 207; Königliches Kriegsmuseum Brüssel: S. 47; aus: Kulturspiegel des 20. Jahrhunderts - 1900 bis heute, Unipart-Verlag, Stuttgart 1987: S. 27, 43; Landesbildstelle Berlin: S. 107, 187 (1); Langewiesche-Brandt, Ebenhausen: S. 78; F. Meinhardt, Stuttgart: S. 148; Münchner Stadtmuseum: S. 130, 139; Neues Deutschland, Berlin: S. 201 (1); Niederländisches Büro für Tourismus, Köln: S. 64; aus: H. Pleticha (Hg.), Deutsche Geschichte in 12 Bänden, Bd. 12, Geteiltes Deutschland nach 1945, Bertelsmann Lexikothek Verlag, Gütersloh 1984: S. 263; Preußischer Kulturbesitz, Berlin: S. 6, 17, 38, 54, 77, 271; Privatarchiv Schwippert, Bonn: S. 137; Public Information Division, Washington: S. 69; Smolan Contact, Focus: S. 154; Der Spiegel, Hamburg: S. 213; Staatsarchiv Freiburg (Vorlage und Aufnahme) - W 134 Sammlung Willy Pragher, Bild-Nr. 8660: S. 12; Stadtarchiv Bochum: S. 120; Stadtarchiv Hannover: S. 93 (3); Stadtarchiv München: 93 (4), 105 (2); Edition Staeck, Heidelberg: S. 159,161; aus: R. Steininger, Deutsche Geschichte 1945-61, Bd. 1, Fischer Taschenbuch Verlag, Frankfurt 1984: S. 114; Stern, Hamburg: S. 171 (1) (Foto: A. Carp), 201 (Foto: Anders); G. Strutz, Salzgitter: 143 (1); Süddeutscher Verlag, München: S. 26, 42, 71, 125 (2), 127, 153, 187 (2), 214, 276; Sven Simon, Essen: S. 196, 267; M. Szewczuk (aus: Einsichten und Aussichten, Hamburg, Essen, Berlin 1957): S. 186; Ullstein Bilderdienst, Berlin: S. 44, 117, 146, 178, 210; aus: Unser Jahrhundert im Bild, C. Bertelsmann Verlag, Gütersloh 1964: S. 99(2); aus: Unser Jahrhundert in Wort, Bild und Ton, Die 40er Jahre, Bertelsmann Lexikothek Verlag, Gütersloh 1987: S 85; VG Bild-Kunst, Bonn: S. 10; aus: D. Mrázkowá, V. Remes, Von Moskau nach Berlin, Stalling Verlag, Oldenburg, München, Hamburg 1979 (Foto: Georgi Zelma): S. 33; aus: J. Weber (Hg.), Geschichte der Bundesrepublik Deutschland, Bd. IV: die Bundesrepublik wird souverän 1950-1955, Bayrische Landeszentrale für politische Bildungsarbeit, München 1986: S. 99(1); aus: Wege durch die Geschichte 5, Cornelsen Verlag, Berlin 1992: S. 277 (1); Westermann Bildarchiv, Braunschweig: S. 143 (2); aus: C. Zentner, Deutschland 1870 bis heute, Südwest Verlag, München 1970: S. 99(3); aus: C. Zentner, Illustrierte Geschichte der Ära Adenauer, Südwest Verlag, München 1984: S. 183; aus: C. Zentner, F. Bedürftig, Das große Lexikon des Dritten Reiches, Südwest Verlag, München 1985: S. 30 (1), 34 (1); aus: D. Zimmer, Auferstanden aus Ruinen, Deutsche Verlags-Anstalt, Stuttgart 1989: S. 89 (1), 101